XIANDAIHUA JINCHENG ZHONG
QUYU JIAOYU FAZHAN YANJIU

现代化进程中
区域教育发展研究

郑州市教育科学研究所　编 ◎

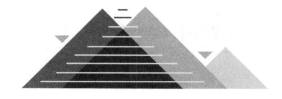

新 华 出 版 社

图书在版编目(CIP)数据

现代化进程中区域教育发展研究／郑州市教育科学研究所编.
—北京：新华出版社，2021.4

ISBN 978-7-5166-5776-8

Ⅰ.①现… Ⅱ.①郑… Ⅲ.①地方教育–发展–研究
–郑州 Ⅳ.①G527.611

中国版本图书馆 CIP 数据核字(2021)第 064483 号

现代化进程中区域教育发展研究

编　　者:郑州市教育科学研究所

责任编辑:蒋小云　　　　　　　　　　　封面设计:李甲鸣

出版发行:新华出版社
地　　址:北京石景山区京原路 8 号　　　邮　　编:100040
网　　址:http://www.xinhuapub.com
经　　销:新华书店
　　　　　新华出版社天猫旗舰店、京东旗舰店及各大网店
购书热线:010-63077122　　　　中国新闻书店购书热线:010-63072012

照　　排:天　一
印　　刷:河南省环发印务有限公司
成品尺寸:185mm×260mm　　1/16
印　　张:32.5　　　　　　　　　　字　　数:731 千字
版　　次:2021 年 4 月第一版　　　　　印　　次:2021 年 4 月第一次印刷
书　　号:ISBN 978-7-5166-5776-8
定　　价:68.00 元

编　委　会

前　言

2019 年,中共中央国务院印发《中国教育现代化 2035》,明确指出,到 2035 年总体实现教育现代化,迈入教育强国行列,推动我国成为学习大国、人力资源强国和人才强国,建成服务全民、终身学习的现代教育体系。同年,教育部印发了《教育部关于加强新时代教育科学研究工作的意见》和《教育部关于加强和改进新时代基础教育教研工作的意见》。新形势对教育事业的发展提出了新的、更高的要求,教育科研和教学研究的地位和作用也更加凸显。

2020 年是国家建设的奋进之年,也是教育发展的关键之年。郑州教育系统以习近平新时代中国特色社会主义思想为指导,深入贯彻党的一九大和十九届二中、三中、四中、五中全会精神,坚持高质量发展目标,坚持人民满意标准,全面贯彻党的教育方针,落实立德树人根本任务,深化教育综合改革,全面推进教育理念、体系、制度、内容、方法、治理现代化,加快推进更高水平、更高质量的教育现代化,在建设郑州特色的高质量教育体系,进行郑州市美好教育建设的新探索上迈出了坚实的步伐。作为郑州市教育发展智库,郑州市教育科学研究所秉持"引领主流、驱动发展"的理念,研究新形势、承担新使命,在推进更高水平、更高质量的教育现代化,推动高质量建设美好教育的工作中起到了积极的作用。

过去一年,郑州教育科研工作者以《中国教育现代化 2035》的目标为指针,为推进更高水平、更高质量的教育现代化,围绕郑州市教育发展的重点领域,针对系列热点、难点和焦点问题开展课题研究。2020 年,郑州市教育科学研究所共收到各类申报课题3941 项。经专家委员会评审,市教科所审核,共确立 1708 项课题立项,分别为教育科学一般课题 1531 项,重点课题 177 项(经费支持 40 项)。在各县(市、区)和局属各学校初评基础上,市教科所通过中国知网学术不端检测系统对申报结项课题和科研成果进行了检测,并组织专家评委对通过检测的申报结项课题和科研成果进行了鉴定评审,共有1439 项课题准予结项。为总结经验、树立典型,现将重点课题一等奖研究成果结集出版。

这本《现代化进程中区域教育发展研究》包括教育发展研究、教育教学研究、课程建设研究、学科建设研究、学生发展研究、教师成长研究六个章节。呈现了部分郑州在教育现代化进程中的区域性实践成果,进行了以课题研究为抓手,助力教育上层设计,提高教育教学质量,推动学科与课程建设,促进学生发展和教师成长,从而实现教育内涵式发展的探索。

一、研究亮点

本年度开展的研究与实践工作主要有以下几方面特点。

1. 教育科学研究关注体制机制创新

围绕《中国教育现代化2035》的目标,结合《郑州教育现代化2035》具体要求,郑州市教育局各业务处室牵头组建课题组,多部门协同工作,围绕民办学校招生政策、新时代教师队伍发展、学生培养方式变革等重点和热点问题进行了研究,关注政策的顶层设计,聚焦教育现代化发展的体制机制创新。郑州市教育局各业务处室以课题研究为契机和抓手,系统思考,协同行动,期望能够以点带面,共同研究破解制约教育发展体制机制障碍,力求在人才评价制度、招生考试制度、现代学校制度、教育管理体制、办学体制等方面形成本土化的研究成果,推动各部门、各级各类学校贯彻落实教育现代化发展的重大任务和改革措施。

2. 教育科学研究聚焦公平与质量

郑州始终坚持教育优先发展战略,全面深化教育改革,全面推进依法治教,着力促进教育公平,着力提高教育质量,实现全市教育事业快速发展。优质均衡是义务教育发展的时代主题。同基本均衡相比,优质均衡更加彰显全面发展理念,强调教育质量,突出五育并举。在本年度的教科研工作中,在各级各类单位的研究和实践中,"保公平""提质量"的价值始终渗透其中,是指引科研和教研的目标与取向。

3. 教育科学研究服务学校内涵式发展

学校发展的模式由以消耗教育资源为代价的外延式发展转变为内涵式发展是教育改革的趋势和必然。这主要体现在深入挖掘和形成学校内部的发展潜力和发展机制,使学校内部迸发出勃勃生机,形成学校特色,推动学校持续发展。在本年度的课题研究中,涌现出大量的关注学校文化建设、教师队伍素质提升、育人方式变革的课题。各级各类学校管理人员主动思考与研究学校内涵式发展的方式与路径,客观上能够帮助学校发现问题与薄弱环节,以便其寻找解决办法,实现更有质量的发展。

4. 教育科学研究指引教育质量提升

《2020中国基础教育年度报告》指出,"2020年义务教育段公民同招政策开始实施,学校之间的竞争从'依靠生源'转到'提高质量'上来"。教育科研是教育发展的重要软实力,通过教育科研活动所获得的丰硕成果不仅可以使教师收获快乐,更能够促进教学质量发展。当中小学教师在进行教育科研活动时,他们会通过亲身实践、反复尝试与总结提炼等方式掌握构建高效课堂的策略,教育资源开发体系及学生能力培养计划等具有重要实用价值的成果。此外,教育科学研究还是一个学习和借鉴的过程。研究的教师可借鉴、学习具有重要指导价值的教育科研成果,其他教师也可以参照此,少走弯路,使教学质量在短时间内得到快速提升。在探索的过程中,教师发现问题的能力、研究学生的能力、系统深入思考的能力都得到了锻炼,这些最终也都会促进育人水平的整体提升。

二、研究展望

在总结和肯定2020年度工作成绩的同时,我们仍要看到,高质量发展我市教育现代化事业还有更多新的挑战,教育科研工作还应有更高的要求。

1. 关注改革前沿,做前瞻性研究

2020年,国家连续出台了系列改革措施,在国家对教育的新要求下,在郑州市建设国家中心城市和发展区域增长极的背景下,郑州教育必须要承担起公平、优质、特色发展的区域示范作用。教育科学研究要更加关注改革前沿,关注国家政策法规的最新要求,针对教育改革发展实际和新变化,研究党的方针政策的内涵,研究教育高质量发展和教育评价改革的落地路径,对重点问题展开前瞻性思考和研究。只有研究走在前面,实践才能走在前面。

2. 提升科研规范,做深入性研究

随着我市教育发展水平的不断提升,教育实践的深度也不断加强。为期一年的研究周期能够解决教育教学中的一个问题,或者一个阶段的问题,但随着教学实践的不断加深,会不断涌现出新的问题,已有的研究成果和结论可能不足以解决新的问题。这就要求研究者在结束一个研究周期后继续抓住问题契机,开展深入性研究,避免以结项为问题研究的终点,反复开展"蜻蜓点水"的研究。

3. 重视成果推广,做应用性研究

在未来的研究工作中,教育研究者不仅要针对教育现代化做好课题研究工作,更要注重于对研究成果的推广应用。这既要求区域教育行政机关、教育科研机构为研究者搭建好的交流平台,也需要各级各类学校重视教师的科研成果,善于推广和落地。一线教师的科研问题从教育教学实践中来,只有最终应用和指导教育教学实践,才是最大程度发挥了教科研工作的价值。本学年的教育科学课题,教育发展课题的研究、管理和指导工作即将告一段落,郑州市教科所对所有台前幕后参与教育科研的教育工作者表示由衷的感谢。本书的结集出版是郑州教育研究工作者本年度在探索区域现代化建设中辛勤劳动和珍贵成果的缩影,是集体智慧的结晶,也将是我们研究与实践工作的新起点。

由于时间紧、任务重,汇编中难免会有疏漏和不足,敬请各位批评斧正。

编　者
2021年2月

CONTENTS 目录

第三章　课程建设研究

第四章　学科建设研究

第五章　学生发展研究

第六章　教师成长研究

第一章

教育发展研究

开展科学的教育研究工作是提高决策科学性的有效途径。多年来,郑州市教育局各处室围绕核心工作内容,聚焦核心问题,牵头做好教育发展课题研究工作,为相关政策的出台和落地提供了数据支持和决策参考。

　　本章节收录了郑州市教育局本年度发展研究专项课题成果,研究从较宏观的层面对关系我市教育发展的一些重大问题进行研究。如《中小学校责任督学挂牌督导工作标准和创新机制研究》通过比较分析、实地考察等研究方法,创新责任督学挂牌督导机制和责任督学挂牌督导工作流程,制定责任督学工作标准,创建责任督学督导工具包,切实提出了增加督导工作有效性、便利性的措施。再如《义务教育阶段民办学校招生政策研究》关注义务教育阶段学龄人口就学需求的快速增长与现有教育资源承载力有限的矛盾,对先进地市做法进行调研和梳理,在广泛征集本地区意见的基础上,指导了2019年郑州市区民办初中招生办法调整,形成了郑州市区2020年民办初中学校招生初步设想,深化了郑州市区公办学校、民办学校同步招生改革思路,完善了郑州市区公办学校、民办学校同步建设发展体系。

　　本章还有对于直属学校内涵发展专项资金使用效益、中小学管理评价指标体系构建、幼儿园教育装备成本核算、新时代教师教育模式、普通中小学班主任专业素养提升途径等研究,相信能够为你呈现不同领域与方向的精彩成果。

中小学校责任督学挂牌督导工作标准和创新机制研究

一、研究背景

1991 年,国家教育委员会令第 15 号颁布了《教育督导暂行规定》,以部门规章的形式将督导职责界定为:"对下级人民政府的教育工作、下级教育行政部门和学校的工作进行监督、检查、评估、指导,保证国家有关教育的方针、政策、法规的贯彻执行和教育目标的实现。"

2012 年颁布的《教育督导条例》进一步对督导职责进行了阐释。

2014 年,国务院教育督导委员会在《深化教育督导改革转变教育管理方式的意见》中指出,当前深化教育督导改革的总体思路是:"立足我国实际,借鉴国际经验,建立督促地方政府依法履行教育职责的督政机制,指导各级各类学校规范办学提高教育质量的督学体制,科学评价教育教学质量的评估监测体系,形成督政、督学、评估监测三位一体的教育督导体系,为促进教育事业科学发展、办好人民满意的教育提供制度保障。"

课题组对郑州市近年来挂牌责任督学工作成绩的梳理和总结,旨在为创新责任督学挂牌督导机制,制定责任督学挂牌督导工作标准,提升责任督学督导技能,完善责任督学考核制度,并提供决策建议。

二、课题研究的过程

2019 年 2 月—2019 年 3 月做开题报告,开始收集有关资料,购买学习专业书籍,到外地参观、考察、学习,咨询专家。

2019 年 4 月—2019 年 6 月进行郑州市督学工作现状分析,郑州市督学工作已取得成绩分析,设计郑州市责任督学工作调查报告并汇总分析,邀请部分责任督学座谈。

2019 年 7 月—2019 年 9 月完成课题主体部分。

2019 年 10 月—2020 年 1 月讨论、修改课题并上交。

三、主要做法和经验

(一)比较分析法

根据课题内容需要,有针对性地选取不同地区的督学工作情况,进行对比分析,以发现它们的异同之处。

目前为止,郑州市市属学校挂牌责任督学工作都是由他人兼任,责任人都有其本职工作,当需要进行督导工作时经常会出现脱不开身的情况,要么工作繁重,要么时间临时冲突,造成原定督导工作不能按时完成。这样就造成了责任督学硬性的考核机制(如,每月至少去学校一次)相应弱化。现实中,有的责任督学往往在开学时到学校转转,看看食堂、宿舍等地方,工作还停留在浅层次的例行公事上。

通过专任和兼任两种工作状况的对比研究,课题组认为应从聘任环节入手,寻找解决责任督学双重身份的措施。

(二)实地考察法

课题组决定到长春、南京、天津等地有目的、有计划地进行观察,以此获得这些地方督学工作的基本信息和原始资料。

我们考察长春、南京、天津等地发现,随着挂牌责任督学工作的深入开展,化解突出的家校矛盾、师生矛盾不再是督导的重点。督导不仅仅是检查、监督,更重要的是评估、指导。这就需要责任督学非常熟悉工作的政策性,具有很强的专业指导能力。部分责任督学能力不足、手段单一的问题变得更加突出;部分责任督学的理论水平和业务能力有待提高。

课题组进行考察,目的是寻找挂牌责任督学的学习策略,解决挂牌责任督学工作能力和工作水平不高的问题。

(三)文献研究法

文献研究法即根据课题的研究目的和内容,有选择地查阅有关专著、文章等。

课题组成员查阅了大量有关责任督学方面的文献,深入研究,试图建立一套科学、规范的运行模式,明确督导工作的基本流程和工作标准,确保责任督学的工作有序有质地开展,走向专业化和职业化的道路。

四、研究成效

(一)创新挂牌责任督学聘任机制,加强责任督学的权威性

1.责任督学聘任的硬性规定

挂牌责任督学聘任的基本要求是:坚持党的基本路线,热爱社会主义教育事业;熟悉教育法律法规、规章和国家教育方针、政策,具有相应的专业知识和业务能力;坚持原则,

办事公道,品行端正,廉洁自律;具有较强的组织协调能力和表达能力;身体健康,能胜任教育督导工作。

要想加强责任督学挂牌督导工作的权威性,就要提高责任督学的进入门槛。通过研究分析,以下几点可作为挂牌责任督学聘任的硬性规定。

(1)具有大学本科以上学历,从事教育管理、教学或者教育研究工作10年以上,工作实绩突出。

(2)原则上行政职务为副校级以上领导,或市级以上骨干教师、学科带头人、特级教师等,高级教师应不低于90%。

(3)校级后备干部进入督学队伍。

2.责任督学挂牌督导专职化制度

责任督学挂牌督导是一项专业性、政策性很强的工作,督导人员肩负着对教育发展状况和政策落实情况的监督、检查和辅导等重要职责,是教师的"引导者"、学校管理者的"伙伴"、上级政府及教育行政部门的"智囊团",必须具有胜任督导工作的专业能力和业务素质。

课题组对郑州市金水区、二七区、高新区及五县(市)等上交的督学工作总结进行了梳理,发现这些地方聘任的责任督学,多是专职督学,且效果很好。

课题组还先后考查了长春市、天津市和南京市的督学工作情况,发现他们聘任的责任督学也多是专职督学。

聘任专职督学挂牌督导解决了兼职责任督学双重身份造成的精力不足问题,既优化了资源,又能使督学人员全身心地投入督导工作中。

通过和兼职责任督学挂牌督导工作现状的比较,我们认为,责任督学挂牌督导应走职业化和专业化的道路。

(二)创新责任督学挂牌督导队伍培养机制,提高督学专业水平

培训学习是督学培养的基本方式,其策略如下。

一是集中进行培训。每学期责任督学人员培训学习不少于40个课时。培训内容上,以学校管理工作经验、政治思想素质、表达能力与沟通技能、学科教学能力为主;培训形式上,坚持理论联系实际,通过政策解读、专题讲座、网络培训、高校学习、现场观摩、案例剖析等多种方式增强实效性;坚持逢学必考,以考促学,注重实用,把学习落到实处;责任督学外出培训后须交学习心得(一人培训,众人受益)。

二是重视常规学习。坚持"四个一":每周推荐一篇文章,每月提交一份案例,每学期发表一篇论文,每年用PPT进行一次工作汇报,搜集整理相关资料。

三是注重实战研训。学会使用《挂牌责任督学工作手册》。

实践性培训:实践前政策学习、操作要点培训,督导中跟训见学,在工作平台开展多种形式的交流研讨,实践后分析点评,调整反馈,提高精准度。

四是搭建交流平台。建立"责任督学工作平台"(含责任督学工作邮箱、责任督学微信工作群),责任督学利用这个平台呈现工作轨迹,展示督导经验,提交工作资料,相互学习,共同提高。

五是以奖励促成长。定期对责任督学进行考评,优秀者给予表彰。提拔干部时,担任过责任督学者优先予以考虑。

这些举措的实施将激发责任督学的荣誉感和成就感,加速督学人员的成长。

(三)培养六种工作意识,增强督导的实效性

1. 依据意识

责任督学督导工作不是筐,什么都往里装。要按照政策、工作文件、指标体系开展督导,不做没有依据的事情。督学过程应"动口不动手",指出问题,给予一定的指导,不做示范动作。

2. 对象意识

根据对象的特点开展工作。督导的主体是小学还是初中、高中?是省级示范学校,还是市级示范学校?观察的主体是课堂教学,还是校园环境?对象不同,督导的方法也不同。

3. 目的意识

推进学校发展、教师进步是目的。督导的过程是推动的过程,推进的是人,督导不是治人,不是让人难堪。领导和老师发展了就达到了目的,否则就是失败。

4. 分析意识

见事追因,善于进行理性分析。针对所看的、所听到的实际情况,进行理性分析,透过数据、现象的归纳研究,把脉问诊,找出问题所在,反馈给学校,使学校对已开展的工作及时改正或调整。

5. 效果意识

即提前预判。比如,课堂上发现教师没有课堂设计,课堂结构混乱,学生的知识夹生现象明显,督学就要及时给教师提出合理化建议,最大限度地使用督导结果。

6. 联动意识

即联合其他部门进行督导。比如,国家政策、计划落实的督导,课堂教学的督导,可联系计划法规处、基教处。让这些处室提供督导内容所涉及的政策依据、量化标准、指标体系等,还可让这些处室派专家协助督导。

(四)创新责任督学挂牌督导工作流程,制定责任督学工作标准

1. 督导工作五项原则

(1)公正性原则:遵守工作制度,客观、公正、严明地开展督导工作。

(2)便利性原则:尽量不影响师生正常的工作和学习,督导方式方便易操作。

（3）准确性原则：全面、工整、翔实地填写相关表格。反馈时做出明确的对应性答复，不能含糊其词、模棱两可。

（4）服务性原则：坚持"督"与"导"相结合的原则。在反馈意见的同时帮助学校发现问题、改正错误；善于发现典型事例，并总结提升经验，指导学校的工作；对无法"导"的问题，及时反映给督导室，进行集体式"会诊"。

（5）保密性原则：调查投诉等敏感事件要遵从查处规范，注意资讯保密，特别要对与举报人有关的个人信息保密。

2. 督导工作"三三"路径

"三三"即"三进·三联"。三进：一是进班级，了解教师的常规教学与课改、学生学习和学校管理情况。二是进教研组，了解教师参与教科研、依法执教和进修培训情况。三是进宿舍和食堂，了解学生的养成教育、安全卫生和健康，以及学校的收费管理情况。三联：一是联系学生，采取个别交谈、集体座谈、班级问卷方式；二是联系家长，采取电话交流、家长座谈、网络沟通方式；三是联系教师，采取部分座谈、深入课堂、分析指导方式。

3. 常规督导三个步骤

督导前：备案、方案（确定督导主题）、评估量表（不带工具不进校），备检清单（督查什么），通知自评（针对主题督导）等。

督导中：亮证→说明目的→提出要求→过程督导→反馈意见→建议整改→填写记录→签字盖章。

督导后：实施督导回头核查。每月责任督学下校督导时，都要对上月督导反馈中提出的问题进行复查，实地查看整改效果并认真填写《督导整改情况反馈表》。

4. 主题督导基本流程（例：德育督导流程）

（1）进校前。在校园周边，观察学生入校时步行、乘车、骑车情况，完成《文明礼仪评价量表》的"行走"部分。（也可利用中午放学和进校时间观察。建议两个督学一人统计总数、一人统计负面例数。）

（2）参加升旗仪式，完成《文明礼仪评价量表》的"仪式""观赏"部分。（"观赏"部分也可在学校活动中观察赋分。）

（3）在课间及上课时巡查班级，完成《文明礼仪评价量表》的"仪表""言谈""待人"部分。

（4）巡食堂、厕所、超市等，完成《文明礼仪评价量表》的"餐饮""游览"部分。

（5）听班会课或有明确德育主题的班级活动课，完成《班级主题活动评价表》。

（6）访谈（访谈提纲、访谈对象、访谈记录）。

（7）查阅资料：网络德育教育近一年工作内容材料（以过程性资料为主）；问题学生帮扶台账（问题学生名单汇总、帮扶记录等）。（此两项工作属于调研性质，没有的话，请填写"无"。）

（8）向学校反馈。

（9）整理并上传材料。

（注："主题督导工作流程"参考了南京市江北新区的做法。）

（五）创建责任督学督导工具包，提高督导工作的便利性和准确性

目的：使督导的数据更加真实有效，督导的评价更加客观公正；一定程度上保证了督导的起点水平，为定点扫描、跟踪推进奠定基础。

工具：程序流程、问卷网、问卷题、调查提纲、主题督导手册、观察量表、评价量表、检查记录表、数据分析表等。主要工具是量表和问卷。

使用方法如下：

方法一：现场调查、访谈、统计。

方法二：信息化手段的运用。在学校显眼处张贴手机二维码，让家长、学生扫描微信公众号，并参与网上问卷调查。

下面列举设计出的四种工作量表。

表1　学校开学情况观察表

学校：　　　　　　　督导人：　　　　　　　时间：

项目	内容	检查方式
开学条件保障	教职员工是否及时到岗，学生是否按时返校	查找资料
	落实学生资助政策情况。核查是否出现学生因家庭经济困难而辍学现象	
	实验室、实习场所及其设施、设备配置是否符合教学需要，运行维护是否符合国家规范。职业学校落实《职业学校学生实习管理规定》情况，以及校内实训基地和校外实习基地条件是否满足教学计划需要，管理制度是否健全	实地督查
	学校网络、多媒体设备、教学终端等各种教学设施、设备及生活设施、设备是否经过检修维护，饮食、住宿、水电暖等各项后勤保障工作是否到位	实地督查
	开学主题教育活动情况。核查是否认真落实《中小学生守则》（2015年修订），做到上墙，并开展爱学习、爱劳动、爱祖国"三爱"和节粮、节水、节电"三节"教育活动及安全防范主题教育活动。检查是否做好学生身体、心理健康状况普查和心理危机排查工作	实地督查查找档案
超大班额整改情况	学校在消除起始年级超大班额的工作情况。起始年级是否存在超大班额；非起始年级超大班额是否采取有效措施，整改情况如何	入班调查核实

（续表）

项目	内容	检查方式
学校安全风险防控	学校是否配齐必要的安全防护、应急处置装备,校园重点部位是否安装视频监控,寄宿制校园是否设专职宿舍管理员,校园安全管理制度是否完善。保安是否持证上岗,年龄在55岁以下。是否进行了开学前的校园安全隐患排查	实地督查
	校园周边综合防控工作开展情况。警校联动机制是否建立,校园周边公安机关高峰勤务、"护学岗"和群防群治机制是否健全,校园周边警务室民警是否经常到校沟通联系、指导工作,教育行政部门是否经常协调有关部门对校园及周边治安乱点和重点隐患进行专项排查整改,对非法出版物、网吧、娱乐场所、危险玩具锥售整治,加强校园及周边治安环境综合治理工作	实地督查
	校车管理情况。是否制定《校车安全管理条例》实施办法和校车服务方案,校车管理机构及协调工作机制是否健全。是否存在使用拼装车、报废车、未取得校车使用许可的车辆接送学生,司机是否取得校车驾驶资格	实地督查
总体评价及建议		

表2　健康学校观察表

学校：　　　　　　督导人：　　　　　　时间：

项目	内容	检查方式
健康环境	1.路面平整,环境整洁,绿化合理	现场查看
	2.有清扫保洁人员,垃圾贮运设施密闭,管理规范	现场查看
	3.厕所设施完善,有专人管理,卫生条件符合要求	现场查看
	4.学生宿舍实行公寓化管理,卫生条件符合要求	现场查看
	5.学生食堂设施完善,工艺布局合理,有消毒设施,防蝇、防鼠设施合格,炊事人员管理规范,售饭实行微机管理	现场查看
	6.学校内饮食、食品店按要求达标	现场查看
	7.除四害工作达标	现场查看资料
个人技能	倡导学生做到"五个一",学会一项基本锻炼身体的方法;每周有一次体育活动;每天做一次课间操;参加一项体育比赛;每年接受一次健康体质测试	询问学生5人

（续表）

项目	内容	检查方式
健康知识知晓率及行为形成率	1. 健康知识知晓率达85%	随机抽查5名学生,现场测试
	2. 健康行为形成率达70%	现场查看学生10人
总体评价		

表3　课堂教学观察表

学校：　　　　　　观课人：　　　　　　时间：

教师		性别		学科		班级	
学历		年龄		职称		节次	
课题							

评价项目	评价内容	评价标准	观评满意度（分值）			
			好	较好	一般	差
教师的教	教学态度	教态亲切,师生关系和谐、平等				
	课堂表述	条理清晰,问题指向明确,板书规范				
	关注学生	面向全体学生,注重个性差异,注重学生良好学习习惯和学习方法的培养				
	教学设计	注重情境创设,关注课堂生成,善于激励调控,注重接受与探究方式的结合				
	思维训练	注重启发引导,强化思维训练				
	资源整合	注重学科资源的整合与开放,信息技术手段运用有效、恰当				
学生的学	学习态度	学习情绪饱满,全程投入				
	学习习惯	善于观察、思考,积极与同伴合作分享				
	学习品质	乐于表达个人见解,敢于质疑,勇于探究难题				
教学成效		目标达成程度				
总体评述						

表4　校园督导观察表

学校：　　　　　　观察人：　　　　　时间：

观察内容与要求	评价方法	观察满意度			
		好	较好	一般	差
校门两侧50 m范围内清洁有序,无乱设摊,学生无买小食品现象	目测				
学生有序进校园,值班老师、带班领导到位及时,师生相互问好	模糊评价				
校园环境整洁、优美,无安全隐患	目测				
校园和教室环境布置有艺术性、趣味性、教育性和主体性	目测				
教师办公室各类用品摆放整齐,环境清洁	目测				
厕所整洁,及时冲洗,洗手水龙头正常使用	目测				
教师准时上下课	目测				
课间文明休息,不喧哗吵闹,走廊秩序良好	目测				
教师仪表端庄,文明办公	模糊评价				
学生礼貌待人,个人行为习惯良好	模糊评价				
学生做广播操、眼保健操态度认真,动作到位	目测				
师生自觉使用普通话和规范字	模糊评价				
总体评价(等第:_____)					

五、存在的问题及下一步打算

首先,由于时间有限,加上课题组成员很多都是刚加入督学队伍,课题研究的工作标准和机制创新还停留在对以往成绩的提炼中,部分成果有待于实践的验证。

其次,可参考的具体经验较少。国内专家的督学知识培训具有片面性,培训内容多是督学史、督导工作原则、督导的重要性等,涉及具体责任督学如何实施督导工作,并不是太多,缺乏挂牌督学工作理论的实证性研究。

另外,很多责任督学的有关专著往往是成绩的总结,地域特色明显,缺乏理论的指导意义,这也为我们的研究带来了一定的困难。

今后,我们希望通过不断的学习和研究,逐步完善我们的课题。

参考文献

[1]涂文涛.教育督导新论[M].北京:人民教育出版社,2015.

[2][美]卡尔·D.格利克曼,斯蒂芬·P.戈登,乔维塔·M.罗斯-戈登.教育督导学:一种发展性视角(第六版)[M].北京:中国人民大学出版社,2014.

[3]梁盼.责任督学挂牌督导政策执行研究[D].上海:华东师范大学,2017.

[4]董奇,辛涛.如何开展中小学校督导评估[M].北京:教育科学出版社,2013.

[5]杨桂清.区域教育转型的动力之源[N].中国教育报,2014-11-11(1).

[6]张新香.河南荥阳责任督学帮助学校"每天进步一点点"督导触角延伸至全时段[N].中国教育报,2017-5-9(5).

[7]邰友圣.区域教育督导的创新实践——兼及"中小学校责任督学挂牌督导创新区"建设[R].南京.2018-12-27.

[8]郑州教育督导经验材料汇编[O].郑州.2017.

[9]教育部基础教育课程教材发展中心.为教育前行保驾护航——教育督导制度创新解读[M].北京:教育科学出版社,2015.

[10]张振忠.教育督导的实践与思考——督导队伍建设与专业发展[R].北京,2019-3.

(本文为2019年度郑州教育发展课题研究成果,课题研究单位:郑州市人民政府教育督导委员会办公室,课题负责人:刘鹏利,课题组成员:刘维丽、薛福成、张松贵、张鹭)

郑州市教育局直属学校内涵发展专项资金使用效益初探

一、研究背景

近年来,国家相继发布了《国家中长期教育改革和发展规划纲要(2010—2020 年)》《国务院办公厅关于进一步调整优化结构提高教育经费使用效益的意见》(国办发〔2018〕82 号)等重要的纲领性文件。2017 年河南省教育厅发布了《河南省教育事业发展"十三五"规划》(豫教发规〔2017〕40 号),规划提出要依法保障经费投入。2017 年郑州市政府正式公布《郑州建设国家中心城市行动纲要(2017—2035 年)》(以下简称《行动纲要》),《行动纲要》提出要把郑州建成富强、民主、文明、和谐、美丽的社会主义现代化强市,成为具有全球影响力的城市。

2012 年以来,郑州市教育局以《国家中长期教育改革和发展规划纲要(2010—2020 年)》和十八大精神为指导,围绕扩充资源、提高品质、以生为本、深化内涵的总体工作思路,勇于创新,提出了"学校内涵提升发展"的目标。目前,该项目已经顺利实施了八年。在"学校内涵提升发展"的初期阶段,郑州市教育局加强了统筹领导、协调推进等工作,积极对所属学校宣传动员,同时向郑州市财政局争取立项资金。在实施编制内涵发展预算的第一年,学校普遍存在着既无现成经验可借鉴,又无预算编制思路的困局,更有部分学校出现畏难观望现象。郑州市教育局直属学校首次上报预算内容后,财务处逐一分析每个学校的立项内容与立项依据,归纳统计内涵项目名称,按照局属学校的特点和实际情况,结合落实保障机制、促进均衡发展、培养创新能力等要求,明确了以课程开发、教研科研、学生社团、校园文化为内涵发展的四项主要预算内容。内涵发展项目如今在各个学校落地开花,取得了明显效果,促进了学校的现代化发展。

二、研究过程

(一)调查目标

通过各个样本单位近三年在内涵发展专项资金方面的趋势走向,分析郑州市教育内涵发展专项资金的使用效益研究。针对当前内涵发展专项资金管理面临的诸多问题,可以及时提出切实措施,进一步加强专项资金的管理,提高资金使用效益和透明度;全面落实绩效管理的要求,探索将绩效情况作为内涵项目资金的测算因素,推动基层单位不断提高资金使用效益;提供典型案例,供财政部门会同教育行政管理部门不断完善绩效目标管理,做好绩效监控和绩效评价,有效确保财政资金安全和投资效益。

（二）调查对象

包括郑州市教育局直属单位小学 1 所、幼儿园 2 所、特殊教育学校 2 所、初中 18 所、十二年一贯制 1 所、高中 10 所、完中 16 所、职业学校 9 所、二级机构 12 个。截至 2018 年年底,在校生共计 114013 人,专任教师 7 581 人。在对教育局直属单位进行分类的基础上,确定初中组、高中组、完中组、职业组 4 个小组,共 43 个样本单位,共同组成样本总体。具体接受调查的人员为财务人员、团支部书记、教学校长等。

（三）调查方法

访谈法、问卷调查法、实地调研法。

（四）调查时间

第一阶段:获取数据阶段。2019 年 6 月份安排对各个样本单位进行实地调研,初步设计调查问卷。8 月份对 5 个样本单位进行预调研,进一步完善调查问卷。9 月份向样本单位财务人员发放调查问卷 60 份,进行正式调查和数据搜集工作。调查内容包含学校基本情况、2016—2018 年内涵提升项目的预决算内容、学生社团资金使用情况、课程开发资金使用情况、教研科研资金使用情况、校园文化资金使用情况等。

第二阶段:数据分析阶段。回收有效调查问卷 43 份,课题组成员对数据状况进行统计、对比、集中分析研究。

（五）调查分析

1. 从 2016—2017 年的变化趋势分析

通过抽取样本学校的数据,绘制成图表可知 2017 年的项目决算数与 2016 年相比有少量下降,而 2018 年的项目决算数比 2017 年又有大幅增加。详见下图(图 1)。

图 1　2016—2018 年的变化趋势分析

课题组分析下降的原因主要有以下几点:一是由于前期各个学校拿捏不准内涵资金的定义及使用方向,内涵资金占比较高。而经过一年的实践和运行,到了 2017 年,学校在内涵资金的申报上更加理性,所以导致 2017 年跟 2016 年相比有了一定幅度的下滑。二是郑州市教育局财务处成立了专门的内涵管理领导小组,对学校的内涵资金进行专项的管理,给学校慢慢树立起"花钱必问效、无效必问责"的理念,完善细化可操作、可检查的内涵资金管理措施办法,开展目标执行监控,及时纠正偏差。三是 2017 年郑州市政府正式公布《行动纲要》,《行动纲要》要求,近期(2017—2020 年)开启郑州市全面建设国家中心城市的新征程,全面建成人民群众认可、经得起历史检验的高质量、高水平的大都市。为了积极配合和响应《行动纲要》的要求,财政局和教育局增加了对学校内涵资金的投入。四是学校领导者工作思路的转变。之前学校的工作重心只有一个,那就是教学。2017 年之后,特别是党的十九大召开之后,学校领导者的思路逐渐转变,他们意识到提升学生素质的重要性,各个学校都把提升学生素质和提高教学水平放到了同等重要的地位。而内涵资金作为提升学生素质的重要支撑,在 2018 年又出现了一定幅度的增加。五是经过几年的摸索和学习,各个学校对内涵资金的使用有了新的认识和新的体会,对于资金的申报和使用更加趋于理性。

2. 从内涵各个项目的占比变化分析

内涵资金分为四个方面,分别是教研科研、课程开发、校园文化、学生社团。我们将这三年的数据进行了对比,详见下图(图 2)。

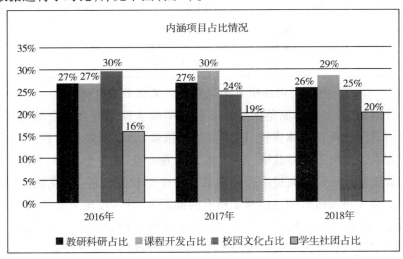

图 2　内涵各个项目的占比变化分析

课程开发资金占比基本呈增加趋势,主要是因为各个学校都开始重视以本校文化为基点的课程设计和教育教学活动的开展,带动了教师去组成教学研究团队,对学校的未来发展进行规划,对课程进行重新设计,从而导致内涵资金的占比不断增加。

校园文化资金占比略有缩减。从 2012 年开始实施内涵资金以来,经过五年的发展,各个学校的校园文化基本已经形成并且具有本学校特有的风格,已经脱离了初期的建设阶段。从 2016 年开始,校园文化开始进入维持期,所以在内涵的占比中,校园文化资金有所下降。

学生社团占比逐步增加。随着郑州市综合实力的不断提升,为了配合郑州市中心城市的建设,鼓励学校进行社团建设,学生社团外出参加比赛,对外进行交流学习。同时,随着社会和家长教育观念的转变,除了重视孩子的学习外,家长也开始注重提升孩子的综合素质,参加社团是个理想的途径和方式,所以导致社团以及参加社团的人数突增,目前平均人数竟达到在校学生人数的90%以上。

3. 从内涵项目的完成度的变化趋势分析

通过分析 2016—2018 年的数据,我们发现,各个学校的内涵项目的完成度都在不断变好,整体的完成度越来越高,详见下图(图3)。

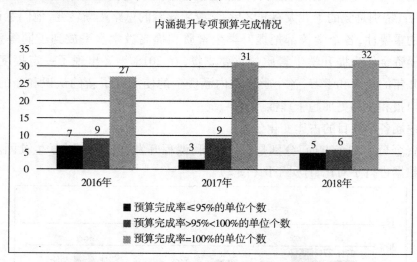

图 3　内涵项目的完成度的变化趋势分析

由图3分析如下:一是全面落实管理责任。明确学校是教育经费的直接使用者,在教育经费使用管理中负有主体责任,因此要依法依规、合理有效使用教育经费。二是全面改进管理方式。市财务处以监审、监控、监督为着力点,建立全覆盖、全过程、全方位的教育经费监管体系。三是全面提高使用绩效。各个学校逐渐树立"花钱必问效、无效必问责"的理念,逐步将绩效管理范围覆盖所有内涵资金,并深度融入预算编制、执行、监督全过程。四是全面提高管理能力。各个学校应重视对学校财务人员的培训,完善定期培训制度,实现全员轮训,增强专业化管理本领,加强学校财会、审计和资产管理人员配备。

三、研究成效

经过调查研究,我们对内涵资金的使用效果有了初步的认识和分析,内涵资金对不同类型的学校都起到了实质性作用。各类型学校内涵资金使用的做法和经验如下。

（一）促进郑州市公办优质初中的建设

以某初中学校为例，该学校是相同教育类型学校中，三年合计支出内涵资金最高的学校。该学校依据课程开发及教研科研的预算内容，突出构建并丰富本学校系列的校本课程。该校借助广泛的社会资源，开发数学、英语、语文、生物、地理等学科的拓展课程，聘请各方面的专家学者，开设特色学科大讲堂，满足学生多样化的课程需求。2017年，学校在《基于移动互联网的教育教学创新应用研究》的课题研究的基础上，借助多样化的学科课程资源平台，开发多样互联网＋的学科拓展课程，申报省教科研课程，创新了学校课堂教学模式，打造出学校的特色阳光课堂。2018年以来，学校继续探索课程建设的新思路，开展国际理解教育课程。学校大力引进国外优秀课程，引进原版外文教材，引入外籍教师，在社团活动中推广模拟联合国项目，运用网络技术，开设云课堂，以线上线下双重形式拓展国际理解教育课程的内容和形式。

在教师队伍的培养和打造中，学校创新校本教研的形式与内容，以教研品质来提升教学质量，以教研共同体的建设，促进教师队伍的不断发展。教研组读书展示活动、教研组主题研讨活动、多样化课例评比活动，学习共同体的建立和不断丰富，提升了教师队伍的文化素养、学科能力、理论水平等，让队伍建设走上了主动发展之路。这些都增进了学校内涵发展专项资金的使用效益。

（二）夯实了郑州市高中教育在河南省的领导地位

经实地考察某高中发现，该学校是近几年刚刚建立的新高中，在不到五年的时间，该学校已经走在了省示范性高中队伍的前列。

该学校在教研科研上加大投入力度，为突出主体课堂特色，保证课改的顺利进行，2016年该学校多次邀请名校课堂专家来校送课；积极组织优秀青年教师参与三校区教研观摩课、"四课活动"等赛课活动，利用竞技平台，促进教师专业发展。该学校为适应新课程改革要求，根据学校学情和学科特点，实施以"核心素养"为引领的课程改革，2017年继续大力推进"主体课堂建设"，举办专家讲座、名师引领、精品送课、学科组教研、经验分享会等活动，编写《学习指导书》《精讲集》《习题集》等相关资料。在这个过程中，教师的理念得到了深化、教学技能得到了提升，教师把教学内容核心从基本知识和基本技能转向学生的综合素质，对学生核心素养的培养贯穿到各学段，融合到各学科。对于学生来说，主体课堂的深入开展，在很大意义上超出了课程本身所带来的专业知识对学生的影响。主体课堂的开展有助于发展智力，养成良好的学习习惯，使学生意志、品质、情感和行为能力得以全面发展。

在校园文化上，学校2016—2018年三年的校园班级文化建设主要包括宣传栏、信息栏、展板等，通过这些丰富的展现形式，使全体师生教由其所、学有其所、乐有其所，在求知、求美、求乐中受到潜移默化的启迪和教育。

(三)强化了郑州市完中教育的特色发展

某完中学校在内涵资金的支持下,规范有效地推进各级各类课题研究和项目研究工作,科学有序地开展研究活动。学校进行零距离科研,促使科研扎根教师职业生命,获得专业成长,主要的措施有:提高课题研究实效,加强微课行动研究;加强小课题研究及专项培训,落实"五步走"策略;注重科研课题成果化,汇集教科苑地,教科研成果逐步普惠师生;打造"厚赟讲堂",激发师生对"厚文化"底蕴的追求;加大与高校联系力度,邀请重点高校招办专家讲座,提升师生科学素养;配合推进资源库建设研究,打造智慧型教师队伍。教师参与教学科研的积极性和素养能力大大提升,为一大批课题、成果荣获省市级奖励奠定了坚实的基础。

该学校先后获得河南"教育名片"、"河南省最具办学特色十大教育品牌"、全国中美"千校携手"项目示范校、全国 CEAIE - AFS 项目金牌学校、河南省普通高中多样化特色化发展试点唯一一所国际特色示范校,目前这所学校也是我省唯一一所在国外开设孔子课堂的学校。

(四)加快了职业教育产教融合

目前,郑州市市管九所职业教育学校在内涵资金的使用上,涵盖了专业开发与人才引进、技能竞赛、校园文化、校本课程、工学结合、专业社团等范围。特别是对职业教育学校的教学实训活动开展、学生专业素质及技能提升都带来实质性收益。

有政策有资金,学校积极协助主管部门开展各级各类竞赛工作,发挥学校专业、场地及地理位置的优势,扩大学校知名度,学生获奖的嘉报频传,并且还推动以技能竞赛为中心的"以赛促教"教学模式的开展。

职业教育学校开展校企合作、产教融合、现代学徒试点、植入"非遗"课程等活动,进行常态化教学。每个中职学校在校企融合项目上,与企业双方共同建立学生实习实训基地、就业创业基地,围绕学生就业、创业及人才培养等方面展开深入合作。校企双方共同制定教学计划、设置课程、编制教材,以及企业选派资深人力资源主管来学校授课教学,组织学生到企业定岗实践实训。中职学生实现了做中学、学中做、学会做、学做合一的目标。学校通过内涵发展的校企融合项目,让学生提前接触企业文化,使学生缩短与企业工作人员的差距,能够很快融入企业。中职学校发展订单式培养模式,使得学生毕业生就业率达到98%,对口就业率达96%,本地就业率达90%以上,毕业生满意度达97%以上,用人单位满意度超过95%。

四、存在问题及下一步打算

（一）存在问题

1.内涵发展专项资金预算编制不够合理

通过研究发现,内涵发展专项资金预算编制存在以下问题:一是内涵发展专项资金预算编制不均衡。不同学校在内涵发展专项资金的规划上存在较大差距,即使相同教育类型学校也存在不小差距。而内涵发展专项资金就其资金性质来说,除去学校教学类型及规模大小影响因素外,在课程开发、教研科研、学生社团、校园文化等方面建设应较为均衡。事实上,在预算执行过程中,部分学校对内涵发展专项资金的认识和把握仍存在不足。二是预算编制能力有待进一步提升。从预算完成情况及使用方向来看,预算编制与执行有偏差,导致预算完成率不达标或者调整预算审批困难。内涵发展专项资金涵盖项目种类多、范围广、用途灵活,这些都对预算编制能力提出了更高要求,必须事无巨细地做好评估,才能保证资金的用途、使用期限、预期目的等得以实现。

2.内涵发展专项资金绩效管理制度不够健全

为了提高财政资金配置效率和使用效益,近些年来,部门、单位和项目的预算绩效管理层层推进,逐渐构建全方位的预算绩效管理格局和全过程的预算绩效管理链条。调查过程中,学校普遍存在内涵发展专项资金绩效管理推进难度大的问题,主要表现在:一是对内涵发展专项资金的管理不够重视,认为内涵发展专项资金在总预算资金中占比较小,支付手续审核简单,从而疏忽了事前评估和优化;管理关注点也仅仅在预算执行率上,当运行结果与目的发生偏离时,还会出现权责不清、相互推诿责任甚至无人承担责任的现象。二是内涵发展专项资金的绩效指标的设置过于笼统和单一,有些指标设计达不到财政审核标准,还存在与项目内容不相关、不可行的不合格指标等。

3.优秀的管理经验推广困难

一支独放不是春,百花齐放春满园。郑州市教育局直管学校遍布各区,各个学校对于各自的教学工作都十分重视,经常相互交流经验。但是由于对内涵资金的管理缺乏认识,导致学校之间对于内涵资金使用方面的相关交流欠缺,使得部分优秀的经验和方法没有在学校中间推广使用。

4.舆论宣传缺失

社会大众对学校的关注度仅仅在于升学率等教学方面,对学校的内涵发展缺乏基本的认识,学校本身也没有对社会大众及学生家长进行广泛宣传,没有让大家认识到教育专项资金对于学校发展、学生成长的重要性。

（二）下一步打算

1. 科学、规范的内涵发展专项资金预算编制制度

内涵发展专项涉及学生社团、课程开发、教研科研、校园文化等内容，项目具有保障性与超前性、节约性与连续性并存的特点，编制预算时必须统筹当前与长远：一是合理优化支出结构，二是严格准入条件。纳入内涵发展专项资金预算的项目，一方面，应聚焦当前内涵问题，务实求效，并稳步推进软能力的长期效益；另一方面，应具有明确的项目内容和实施计划，并经过评审论证。三是预算编制与预算执行挂钩，预算一经批复，不得随意调整，即编什么支什么。同时，按照政府采购预算编制要求、资产购置预算编制要求及国库集中支付相关规定，做好涉及政府采购预算和资产购置预算，预先制定采购计划，批准后严格按照采购计划进行采购，做好项目的采购细化。

2. 建立全过程的内涵发展专项资金预算绩效管理

全过程的预算绩效管理链条包括事前绩效评估、编制环节的绩效目标管理、执行环节的绩效运行监控、决算环节的绩效评价及最后绩效评价结果应用等。想要做好内涵发展专项资金的预算管理，就要做到以下几点：一是应加强内涵发展专项中新增的重大政策和项目预算审核，审核和评估结果要作为预算安排的重要参考依据。评估小组可由学校的主要领导、财务部门等人员共同构成，必要时可以组织第三方机构独立开展评估。二是依照"谁申请资金，谁设置目标"原则，落实内涵发展专项资金项目责任制度，绩效目标的设计应分类、分性质，可从产出、效果、满意度等角度出发，并结合定性、定量具体设计，使绩效目标可行、可考核。三是各项目责任主体定期采集项目绩效信息，分析项目的进展、资金使用、绩效目标完成等情况，做到发现问题、分析原因并及时纠正。四是强化内涵发展专项资金的绩效评价及结果应用，对绩效好的项目优先保障，对绩效一般的项目督促改进，对低效、无效的项目予以削减。

3. 完善各层次人才队伍培训，做好内涵发展专项资金管理的交流和宣传

郑州市教育局直管学校遍布各区，内涵发展专项资金在各学校都有涉及，业务的相似性有利于学校间的经验交流和推广。做好绩效管理需要各业务人员和财务人员的共同配合，故完善各层次人才队伍培训，有利于内涵发展专项资金管理的系统性和协同性。此外，通过交流，可以考虑建立公共的内涵发展专项资金的绩效指标库、同类型案例库，以供学校参考。各学校在设置各自的绩效指标时，可结合项目实际情况进行修改完善。

（三）展望

希望财政主管部门，针对教育行业的特征，定制关于学校的绩效考评体系。同时各个学校之间应加强交流沟通，教育主管部门也应举办内涵资金的使用成果展评，扩大政策宣传。课题组的研究目的是让学校办人民满意的教育，让内涵资金充分发挥作用，为郑州市建设国家中心城市加油助力。

参考文献

[1]滕文忠,姜海琪.《国家中长期教育改革和发展规划纲要》中教育的经纬度[J].
学术探索,2013(12):148-150.

[2]杨墨函,可遥,司彬,等.谈健全教育经费监管机制的基本途径[J].企业导报,
2011(9):102-103.

[3]王萍.基层学校财政资金绩效管理探析——以江苏省苏州市第六中学为例[J].
财政监督,2017(10):86-88.

[4]朱琳.提高义务教育学校公用经费使用效益的探析[J].教育财会研究,2013,24
(4):56-59.

(本文为2019年度郑州教育发展课题研究成果,课题研究单位:郑州市教育局财务
处,课题负责人:张大龙,课题组成员:何海涛、马莉、黄晨、张鹏丽)

普通中小学班主任专业素养提升的途径研究

一、研究背景

(一)新时代教育发展的需要

十九大报告中提道,中国特色社会主义进入了新时代,这是我国发展新的历史方位,开启了中国发展的新征程,这是从政治角度做出的判断。课题组认为如果从教育角度判断新时代,应树立以生为本的教学观、终身发展的教育观、学生全面发展的人才观、坚定社会主义的价值观。根据当前调查结果显示,新时代背景下学生呈现出情绪波动性大、自主意识性强、人际交往需求明显等特点,因此班主任工作也应打破旧模式,聚焦新时代学生的特点,及时反思自己工作中存在的各种问题,探究原因,调整工作角度和方向,转变班主任管理策略,助力学生个体生命的成长。

(二)班主任自身成长的需要

2006 年,《教育部关于进一步加强中小学班主任工作的意见》文件中指出:班主任的专业素养对于班级向师力、凝聚力、学生健康成长都有很深的影响。但从目前班主任专业素养的现状角度来看,我们经常能听到家长对班主任工作不满而出现的不和谐的声音;从学校领导层和班主任个体自身角度来看,对班主任岗位的专业性、特殊性认知不到位;从提升班主任专业素养的培养机制的角度来看,还需要不断完善和进步。

(三)学生核心素养提升的需要

《关于全面深化课程改革　落实立德树人根本任务的意见》于 2014 年出台,文中强调将进一步丰富各学段、各学科学生核心素养的具体内容,推动学生终身发展目标的落地。在这一背景下,基础教育培养目标也应随之重新定位。因此,中小学班主任专业素养这一无形的教育资源,能在实际的班级生活中有效地促进学生核心素养的提升。

二、研究的过程

2019 年春季,教育发展课题《中小学班主任专业素养提升的途径研究》正式启动。该课题经历了三个阶段的探索。

（一）第一阶段：摸索阶段（2019 年 3 月—2019 年 7 月）

在这一阶段，我们成立了课题组，完成课题的申报、立项工作。为了使研究样本多样化，课题组陆续邀请 10 所小学，16 所中学。5 月 27 日，在郑州 52 中召开了"教育发展课题开题研讨会"并将前期自主研修的成果汇总如下：课题组将从新时代中小学班主任应具备的专业素养、班主任专业素养的现状及归因分析、班主任专业素养的提升途径三个子课题展开，并对每一个子课题划定负责内容，建立课题月会制度。

（二）第二阶段：实践阶段（2019 年 8 月—2019 年 12 月）

子课题 1 组、2 组从思想道德素养、知识素养、能力素养、身心素养四个维度设计教师问卷、学生问卷、访谈提纲。课题组将质的研究方法和量的研究方法相结合，选取 26 所学校的 368 名班主任和 1000 名学生作为量的研究对象，并选取 78 位班主任作为质的研究对象，采用问卷法、访谈法收集资料。

子课题 2 组根据访谈结果，对影响专业素养提升的因素进行了分类分析，明确了与班主任工作相关的规章制度、外界环境、培训内容，它们均在一定程度上对专业素养的提升产生影响。

（三）第三阶段：成果阶段（2020 年 1 月—2020 年 3 月）

子课题 3 组在实践中进一步探索、积累经验，总结出具有普遍性又有较强操作性的做法。课题组通过职前培养的规范与优化、职后提高的多样化途径两个方面，各组依据研究方向撰写有指导意义、推广性较强的论文或者案例，进行成果的整理和总结。

三、主要做法和经验

（一）丰富内涵，明确方向

由于国内外对中小学班主任的专业素养内涵的意见不一，在深入研讨后，本课题组确定中小学班主任的专业素养应从思想道德素养、知识素养、能力素养、身心素养四个方面来评估。

班主任工作的重要性和复杂性决定了该岗位更应具备特有的专业知识、能力、道德及良好的身心素养。在思想道德素养上，班主任要有高尚的教育理想和坚定的育人信念；在知识素养上，班主任专业知识包括班级组建、班级管理、班级文化等范畴；在能力素养上，班主任应以科学智慧的方法教育学生；在班级管理中运用相关理论、知识、智慧的完成复杂决策的能力，这是班主任培养与培训的重点；在身心素养上，课题组认为应包括健康的体魄、良好的心理素质、丰富细腻的情感。班主任自身要注重生活品质,锻造健康的体魄。郑州市教育局曾对 400 多位中学教师进行心理健康调查,结果显示:半数以上的教师存在心理问题,其中大部分教师感到精神疲惫、倦怠,47% 的教师伴有焦虑、失眠等身体症状,35% 的教师对自己的情绪难以掌控,而且班主任压力要远远大于普通教师。班主任应该具有丰富的情感,这对学生的各个方面都有极大的影响。现实生活中,相当一部分班主任的管理是程式化、机械化的,从主观上不愿意当班主任,对职业没有认同感,平时对学生的管理和约束是工作的常态,缺少生涯教育的思想和人文关怀。

(二)数据整理,归因分析

基于家长、学生、班主任调查问卷及访谈提纲的整理,我们把影响班主任专业素养发展的因素分为主观方面和客观方面。

1. 影响中小学班主任专业素养的主观因素

中小学班主任专业素养的提升不仅仅是顶层设计、专家引领、同伴互助,更需要班主任的在自觉自愿的基础上,主动生成并实践反思。

(1)班主任工作动机现实化。

班主任群体中并非都是心理明媚的班主任,其中有相当一部分并不愿意从事这份工作,认为自己的付出与回报不成正比。从访谈情况分析,造成这种想法的原因多是班主任工作任务重、待遇低等,但探究其深层次原因是自己担任班主任工作动机的现实化、利益化,使得这部分班主任缺乏崇高的教育理想和坚定的育人信念,他们只看成绩,弱化了学生的品德修养的培养。

(2)班主任缺乏专业发展意识。

调查显示,部分班主任把智慧的建设当成是简单的看管,认为班级不出大问题就行,无须进行专业发展。还有的班主任认为自身的工作已经很繁重了,这种心理造成专业素养提升的动力不足,严重影响了中小学班主任专业化的发展。

(3)班主任对专业素养提升的方向不明确。

有些班主任因缺乏专业素养,不懂得如何与问题学生沟通,不知怎样应对突发事件,对于学生身上容易发生的问题缺乏梳理和反思,前期的干预、引导做得不够,没有将问题转化为课题的研究意识,这也同样制约着班主任专业素养的提升。

2. 影响班主任专业素养的客观因素

(1)未参与职前培养导致班主任相关知识的缺失。

据调查,师范类院校课程设置中鲜少将班主任学作为一门独立的课程进行授课学习。师范类高校应确保学生在校期间就已经具备一定的班主任学的相关知识和能力,为职后工作打下良好的基础。教育实习是师范生走向职场的绝佳的见习机会,但在实际生活中,很多学生为了考研逃避教育实习,即使参加了实习,工作内容也常常流于形式,跟岗的指导教师往往不愿意将自己所带的班级放手给实习生,一定程度上使学生们缺少了班级管理的实践经历。

（2）班主任任命的随意性。

现实生活中，部分班主任是学校直接安排的，这就造成了很多现任班主任被动接受工作。他们对自己的专业发展毫无动力，也未经相应的考核要求和知识能力的培训，缺乏相应的任职条件。那些被迫上岗的班主任因为缺乏专业的道德情感，对学生缺乏关心，容易身心疲惫，甚至反感，严重影响了班主任专业素养的提升。

（3）班主任工作职责不明确。

中小学班主任工作职责不清，也会导致班主任工作量过大。课题组调查时发现，大多数班主任认为自己的工作量大，没有精力再对所教学科的教学工作进行深入地学习。在实际的教学管理中，班主任的工作很难做到细致划分、职责明确，因为学生在校的生活，甚至科任教师与学生在课堂上发生的突发性事件这些无不包含在班主任的工作范畴内。如果没有明确的职责划分，班主任就不可能达到真正意义的专业提升。

（4）班主任工作与实际回报不成正比。

日常生活中，许多班主任为了学生和班级的发展，不惜牺牲个人的家庭生活，这种利他精神，从某种意义上来说是班主任高尚的思想道德情操和坚定的理想信念作支撑。据调查，部分区属学校的班主任工作待遇不高，尤其是生源一般的学校，长此以往，会挫伤班主任工作的积极性。

（三）梳理路径，形成成果
1.职前培训的规范及优化

职前培养是班主任专业发展的初始阶段，对其今后的专业成长有着十分重要的作用。但实际上许多师范院校仍然沿袭了传统的教师培训模式，开设的教育专业课程一般局限于教育学、心理学和教法相关知识，包括职前跟岗实习也很少涉及班主任学的相关内容。与职后培训相比，职前教育对"准班主任"专业发展的关注度不够，尚待加强。课题组认为，中小学班主任的专业化应始于职前。一个不够专业的新晋班主任，不仅不能成为管理学生工作的主要实施者、成长的引领者，很有可能会做出违背教育规律，有损学生心灵的行为。因此，课题组认为很有必要审视当下师范生的职前、职后教育，建构有效地促进准班主任专业发展的新体系。

（1）重视班主任工作的教育实习。

教育实习是职前师范教育的重要环节，能够对师范类学生学习的理论知识进行必要的补充，因此师范类学校都有安排学生到中小学校进行见习。然而在实际操作中，教育实习却往往流于形式。虽然师范类学校对师范生实习内容、时间做出了明确的规定，但实习内容很少涉及班主任工作，而且实习时间短暂。课题组认为应该以教育部颁布的法规政策为指导，做以下调整。

首先，实习时间的调整。实习活动可以安排到每学年的最后一个月，每个学年的实习任务与目标可以不同。第一学年以进班观察、听课为主。师范生通过观摩，了解课堂教学、班级管理工作并写好实习日志和小结。第二年，师范生以备课、上课为主。他们的教育学、心理学知识已有了一定量的积累，已具备一定的教学能力，可以得到上课实践的机会。在指导教师的帮助下，备课、上课、进行课后反思，从而得到专业教师的改进意见。第三年，以班级管理为主，可以担任副班主任，发挥在高校学到的知识，在实践中锤炼各种技能。第四年，可以尝试带一个班级，成为真正的班主任。班级的原班主任可以放手，协助师范生完成一个月的班主任实习工作。

（2）课程设置。

首先要开设专业课程。一名称职的班主任需要将教育学、心理学的基本理论应用在日常的班级管理中，当学生出现心理问题时，班主任要掌握一定的询问技巧，在沟通中运用非暴力的语言化解冲突，引导学生从不良的情绪中走出来。这就要求师范类院校在专业课程设置上要涉及班主任工作的相关内容，培养师范生在职前具备能与家长、学生沟通的话术技巧。

（3）考核认定。

并非所有的师范类学生都能胜任班主任工作，所以师范类学校可以在国家完善班主任资格认定的前提下，在明晰班主任培养目标的情况下，做好资格认定工作，让师范生真正在未成为班主任之前奠定专业素养的基础。

2.职后培训的多样化途径

（1）集中培训。

中小学班主任专业素养提升的主要途径是通过职前和职后培训完成的，只有职前培养与职后培训有机结合，才能让班主任专业化成为行之有效的成长途径。

鉴于之前的归因分析，课题组认为班主任的培训内容要依据工作实际需要去设定，培训内容的设定应注意以下几点：第一，必要的教育政策法规的培训。教育政策法规是开展德育工作的指导性依据，中小学班主任应该对相应的工作内容涉及的政策法规有基本了解，明确自己的岗位职责和角色定位。第二，班级管理与相关能力的培训。据课题组调查，目前有一部分中小学班主任缺乏班级管理的能力，对于管理、建设、发挥班集体的教育合力无从下手。第三，问题学生教育和处理突发事件能力的相关培训。目前很多中小学班主任认为自己在问题学生的教育方面的能力亟待提高。第四，身心调节能力的相关培训。从调查问卷和访谈结果来看，72%以上的班主任感到身心压力比较大，有些班主任甚至出现了焦虑、抑郁等心理问题，因此，提升班主任身心调节能力应该被列入培训的内容。第五，各学校应积极开设以提高中小学班主任工作实践能力为主的校本培训，选拔一批骨干班主任参加教育行政部门组织的培训活动，各校创设机会，积极推选班主任参与市名班主任工作室组织的各项活动，为班主任提供施展的平台。学校本身也可以根据学情的不同，针对不同年级的班主任开展校本培训，凝聚智慧，提升班主任团队的整体水平。

（2）自主研修。

班主任要紧跟时代发展的步伐，不断学习，提高自身专业素养。作为新时代的班主任，必须树立终身学习的意识，不断丰富拓展自己的知识外延，在班级管理中不断提升自己心理学、教育学的应用能力。在职班主任也应该树立终身学习的理念，在书籍中汲取有益的养分，结合班级管理实践，撰写读书笔记、德育案例、随笔、班级叙事等，将平时与学生相处的所感所悟记录下来，成为一名孜孜不倦的学习者，做好班级育人工作。事实上，班级里每天发生的小事，学校组织的每项活动，学生参与的每项课程，都值得班主任记录。从这些看似琐碎的事情中，品味班主任的工作，在工作中增长阅历，在实践中提升自我，在失败中寻找办法，生活与学习并行，将反思意识融入自己的日常生活，从而实现真正的成长。

（3）课题研究。

当前随着新课改、核心素养相关理论的出台，班主任的工作理念已有所改变，班级管理方面的书籍也不断丰富，在各级各类班主任相关培训的推动下，班主任的能力层次也在不断提升，但专业素养水平还存在差距。班主任专业素养的提升除需要研究教学相关的课程策略外，也要研究学生，包括他们的情感、兴趣、个性等，在管理中发现问题，总结经验，积极参加教科研工作，将理论与日常的管理实践相结合，丰富自己的班主任经历，让其成为自己受益终身的资历。

四、研究成效

课题组从提升班主任专业素养的途径出发，通过引领班主任从思想道德素养、知识素养、能力素养、身心素养四个维度进行实践，让班主任采取有效措施做好学生的日常管理工作，让教育政策法规真正落地。本课题的研究达到了推动班主任专业素养的提升的目的，增强了班主任的责任意识、创新能力，提高了其与家长有效沟通的能力，在样本校中形成家校合力的育人氛围，发挥了班主任在中小学思想道德教育的引领作用。通过素养的提升，班主任树立了专业理想，进一步坚定了自身的职业信念，丰富了知识和能力素养，增进了师生感情，促进了学生学习的显著进步，有利于学生身心发展。

五、存在的问题及设想

（一）研究存在的问题

在研究过程中，课题组还遇到一些困惑，在研究过程中还存在一些不足，汇总如下。

（1）课题研究过程中理论支撑的工作做得不是很到位，还需要进一步找准理论支撑，为课题研究寻找依据。

（2）在课题调查问卷及访谈提纲的设计上，只覆盖了初中、小学班主任的相关研究，未涉及高中班主任，所以参照数据不够全面。

（二）今后设想

（1）课题在研究初期的定位就是小学及初中班主任群体，如果课题结项时间可以进一步延长,课题组可以将高中学校列为实验样本,丰富研究成果,提高课题研究的广度和深度。

(2)班主任专业素养的提升是一个与学生共同成长的过程,因为班主任工作提升的途径涉及职前培养,这是一个可以进一步研究的内容,需要多方力量的努力。课题组抛砖引玉,希望能引起相关部门的重视,优化师范类高校的培养模式,也对师范生实习培训提供一些新思路。

在局领导直接参与和支持下,课题组及课题加盟成员在班级管理实践中不断反思,在反思中进一步深入开展研究,积累过程资料,从而超越了前人已有的研究成果。尽管梦想与现实之间常有距离,但只要目标在那,我们一直行走在路上,一群人亦可以走得更远……

参考文献

[1]教育部.中小学教师专业标准(试行)(2011).

[2]教育部关于进一步加强中小学班主任工作的意见[J].中华人民共和国教育部公报,2006(10):41-43.

[3]班华.班主任专业化问题的探讨过程[J].人民教育,2010(5):33-34.

[4]魏群.中学班主任专业化:专业素养及实施路径[D].苏州:苏州大学,2010.

[5]张万海.21世纪初中教师应具备的综合素质[J].教育探索,2001(10):94-95.

[6][捷]夸美纽斯.大教学论[M].北京:人民教育出版社,1984.

[7]班华.专业化:班主任持续发展的过程[J].人民教育,2004(Z3):9-14.

[8]黄正平.关于班主任专业化的思考[J].教育理论与实践,2008,28(15):19.

[9]王玲.中学班主任专业发展及学校管理促进对策研究[D].成都:四川师范大学,2007.

[10]王小红.高校辅导员工作的理论与实践[M].北京:北京大学出版社,2010.

(本文为2019年度郑州教育发展课题研究成果,课题研究单位:郑州市教育局,课题负责人:王海花,课题组成员:崔晓勇、周晋娜、徐文杰、王萌)

义务教育阶段民办学校招生政策研究

一、研究背景

新时代赋予了郑州教育新使命,义务教育阶段民办学校的招生工作是郑州教育工作的重心之一,对其政策的研究至关重要。

(一)郑州市特殊的城市地位推动了市区民办教育的快速发展,这决定了郑州市区民办学校招生有着极其特殊的社会影响

郑州市作为河南省省会城市和国家支持建设的中心城市,吸引着外来人口源源不断地迁入,义务教育阶段学龄人口就学需求的快速增长与现有教育资源承载力有限的矛盾不断加剧。在此背景下,郑州市区的民办中小学校迅速发展起来。以民办初中和公办初中的比较为例。

表1 郑州市区公办初中和民办初中招生规模比较

年度	招生学校数(所)				招生班级数(个)			
	公办学校		民办学校		公办学校		民办学校	
	数量	占比	数量	占比	数量	占比	数量	占比
2016年	122	68.9%	55	31.1%	908	71.3%	366	28.7%
2017年	125	67.9%	59	32.1%	981	72.6%	370	27.4%
2018年	136	69.0%	61	31.0%	1029	73.7%	368	26.3%
2019年	146	71.2%	59	28.8%	1088	75.1%	361	24.9%

从数据来看,郑州市区民办初中学校的招生规模已经很大了,成为一支不可忽视的教育力量。

(二)为了强化义务教育的政府保障责任,切实履行政府职责,营造清爽的招生和教育环境,对民办学校招生方式的研究势在必行、刻不容缓

因为多种原因,郑州市区公办学校与民办学校在生源质量和教学质量上逐渐出现差距,整体呈现出"民强公弱"的现象。在郑州市两会上,关注郑州义务教育的人大代表、政协委员,提出了改进我市民办学校招生办法的议案,很大程度上代表了群众的呼声。

(三)郑州市教育研究者不断致力于探索改进民办学校招生办法,为政策研究的持续跟进奠定了坚实基础

随着社会形势的发展,郑州市民办学校招生方法也在不断改进,2013和2014年实施了"三统一",即统一时间节点、统一录取方式、统一实施步骤;2015 年采取综合素质评价的方式,即过程性评价与阶段性评价相结合的方式;2016—2018 年采取联合评价、成果共享、自主录取的方式。总体来说,民办学校招生政策研究工作取得了很大成绩,为推进郑州教育事业的发展贡献了重要力量。

二、研究过程

(一)准备阶段(2019 年 3 月—2019 年 4 月)

课题组召开会议,制定切实可行的课题研究方案与计划,从研究目标、研究内容、任务分解落实、工作要求等方面做出详细的安排。

(二)实施阶段(2019 年 4 月—2019 年 12 月)

围绕着郑州市如何调整民办学校招生政策,课题组从学习方针政策、调研其他城市实际做法、倾听本地声音三个方面入手,进行了两个阶段的课题研究。

(三)成果汇总和完善阶段(2019 年 12 月—2020 年 2 月)

课题组对调研记录和研究资料进行分类、汇总、整理,并认真分析、研讨和总结,初步撰写出结题研究报告。随后,课题组邀请有关专家对课题成果进行鉴定,并将课题成果与其他城市进行交流,在此基础上,对结题研究报告进行完善。

三、主要做法和经验

(一)学习方针政策

面对新的社会发展形势,各级政府和部门在相关文件和通知中,对义务教育阶段民办学校的招生办法做出了越来越明确的要求。

2019 年 3 月 20 日发布的《教育部办公厅关于做好 2019 年普通中小学招生入学工作的通知》(教基厅〔2019〕1 号)中规定,报名人数超过招生计划的民办学校,采取电脑随机派位方式招生。

2019 年 6 月 23 日中共中央国务院下发《关于深化教育教学改革全面提高义务教育质量的意见》,提出"完善招生考试制度,义务教育学校不得以面试、评测等名义选拔学生。民办义务教育学校招生纳入审批地统一管理,与公办学校同步招生;对报名人数超过招生计划的,实行电脑随机录取"。

2019 年 12 月 24 日,山东省教育厅发布了《关于做好 2020 年义务教育学校招生入学工作的通知》,规定"对于报名学生超过招生计划的民办义务教育学校,全部采取电脑随机派位方式招生",这一规定拉开了 2020 年各地调整民办学校招生办法的帷幕。之后,内蒙古、广东、河北、广西、上海、江苏、浙江等地陆续出台了相关政策,均明确表示义务教育民办学校采取电脑随机派位方式进行招生。

(二)调研外地城市实际做法

部分城市对调整后民办学校招生方式进行了大胆的尝试,并且积累了宝贵的经验。课题组研究学习了 8 个国家中心城市、16 个省会城市的民办学校招生方案,并且分两次实地考察了广州、杭州、西安、成都、南京、福州等城市的实际做法,全面、系统、准确地掌握了外地城市招生政策。

表2 2018 年部分城市义务教育阶段民办学校招生方式统计

序号	城市	招生方式			备注
		电脑派位	自主招生	电脑派位与自主招生相结合(比例)	
1	北京	对于报名人数超过招生人数的民办学校,各区在现有工作基础上,可以引导学校采取电脑随机派位方式招生			
2	上海		√		
3	天津		√		
4	重庆				民办中小学校报名人数超过学校招生计划数时,采取电脑派位、面谈等方式招收新生
5	广州		√		
6	成都			3:7	
7	武汉			4:6	
8	西安			4:6	
9	杭州			6:4	
10	合肥	对于报名人数超过招生计划的民办学校,可采取电脑随机派位等方式录取新生			

（续表）

序号	城市	招生方式			备注
		电脑派位	自主招生	电脑派位与自主招生相结合（比例）	
11	济南				各县区教育行政部门根据上级要求、结合辖区内教育发展实际，统筹谋划，制定各自招生方案
12	南昌		√		
13	长沙		√		

表3　2019 年部分城市义务教育阶段民办学校招生方式统计

序号	城市	招生方式		
		电脑派位	面谈	电脑派位与自主招生相结合（比例）
1	北京	√		
2	上海		√	
3	天津	√		
4	重庆	各区县可结合实际，探索采取电脑随机派位方式招生。同时鼓励辖区内的民办学校从招生计划中拿出一定比例通过随机派位方式进行招生		
5	成都			3∶7
6	武汉			4∶6
7	西安			4∶6
8	合肥	√		
9	南昌			4∶6
10	长沙			凡与公办学校合作办学的民办学校，电脑派位与自主招生的比例为5∶5；凡没有与公办学校合作自主办学的民办学校，电脑派位与自主招生的比例为2∶8
11	沈阳	√		
12	福州	√		
13	南京			电脑派位方式录取的学生比例不低于招生计划的20%

由上表可以看出,在民办学校招生方式上,2018 年的被调研城市多数采取了全部自主招生或电脑派位与自主招生相结合这两种方式。2019 年采取全部自主招生方式的城市已寥寥无几,电脑派位、电脑派位与自主招生相结合成为民办学校招生的两种主要方式。

除此之外,课题组还关注了广东省、宁夏回族自治区银川市、陕西省宝鸡市三地对 2019 年既定招生政策的调整。2019 年 4 月广东省发布通知,民办学校不得以面试、面谈、人机对话、简历材料等任何形式为依据选择生源,深圳、佛山、东莞、中山和珠海等多个地市紧急研究新规。2019 年 7 月银川市发布紧急通知,取消民办初中学校招生计划的 60% 面谈招生方式,全部改为电脑随机录取。2019 年 7 月宝鸡市取消原招生办法中面谈的招生方式,对报名人数超过招生计划的,实行电脑随机录取。

(三)倾听本地人士声音

课题组多次组织有关会议,听取市内九区教育局局长、分管副局长、教育科科长、民办学校校长、部分公办学校校长对民办招生政策的建议,还多次邀请郑州市人大代表、政协委员、家长代表进行现场座谈,对招生政策做深入调研。

2019 年 11 月,河南省教育厅副厅长毛杰、郑州市教育局局长王中立一同参加《百姓问政》节目,毛杰副厅长、王中立局长就民办初中的招生改制问题认真听取了问政代表的想法和建议,这为课题组提供了宝贵的材料。

2019 年 12 月,课题组部分成员跟随河南省教育厅调研组,赴周口市实地调研民办学校招生情况,调研组走访周口新星学校、郸城县光明中学等民办学校,详细了解了周口市民办学校招生政策的落实情况,同时听取地方教育主管部门和民办学校对招生政策调整的意见和建议。

四、研究成效

课题组本着确保义务教育入学机会公平的原则,同时体现对民办学校办学自主权的尊重,依据国家、省有关民办教育的法律法规政策,在借鉴外地先进经验和广泛征求意见的基础上,形成了以下成果。

(一)指导了 2019 年郑州市区民办初中招生办法的调整

1. 研发招生政策方面

课题组在招生政策层面形成了"五个一"体系,即"一个通知文件,一个实施意见,一个操作流程,一个实务手册,一个服务平台"。"一个通知文件"即《关于 2019 年郑州市市区民办初中学校招生入学工作的通知》,"一个实施意见"即《2019 年郑州市市区民办初中学校招生工作实施意见》,"一个操作流程"即《2019 年郑州市市区民办初中学校电脑派位流程》,"一个实务手册"即《2019年郑州市市区民办初中学校面谈工作实务手册》,"一个服务平台"即郑州市义务教育入学服务平台。

2. 指导招生实践方面

2019年,郑州市区约3.5万人参加了民办初中学校电脑派位,约5万人参加了民办初中学校的面谈。课题组协助郑州市中招办在政策支持、招生组织、保密措施、招生纪律等方面做了精心部署,保证了招生工作总体平稳有序。

3. 推进均衡发展方面

整体来看,2019年民办初中招生方式的调整,一定程度上削弱了民办学校"择校热",缩小了公办初中与民办初中的差距。课题组抽检了多所公办初中学校的数据,由数据分析可知,相对于2018年,多数公办初中学校2019年新生入学率都有所增长,增幅从5.3%到11.6%不等。此外,根据2019—2020学年上期期末郑州市统一考试学业质量来看,公办初中学校2019年新生的学业质量较以往同期也有明显提高。

(二)形成了郑州市区2020年民办初中学校招生的初步设想

1. 招生范围

理顺办学体制后,民办初中学校全部交由区级管理,因此2020年招生计划按归属地由各区教育局下达。考虑到改革的稳慎性、社会的稳定性、招生的秩序性,经区教育局同意后,民办初中学校仍可面向市区招生。

2. 志愿填报

具有郑州市区学籍或郑州市区户籍的小学毕业生,可以自主选择民办初中学校进行报名,每一位小学毕业生可以选报一所民办初中学校。

3. 招生实施

对于报名学生数未达到招生计划数的民办学校,实行"注册入学、直接录取";对于报名学生数超过招生计划数的民办学校,采用100%电脑随机派位的方式招生录取。电脑派位由郑州市教育局统一协调,各区教育局具体实施。未被民办初中学校录取的学生,按照"免试、相对就近入学"的原则,直接分配到公办初中学校就读。

(三)深化了郑州市区公办学校、民办学校同步招生的改革思路

课题组认真研究了《中华人民共和国义务教育法》(2018修正)《中华人民共和国民办教育促进法》(2018修正)等法律法规,提炼出了公办义务教育和民办义务教育的共同特点:一是两者均属于公益性事业,都是社会主义教育事业的组成部分,都是服务于社会的,成果为社会和居民所共享;二是两者均需要国家统一实施、统一保障,都应纳入国民经济和社会发展的统一规划之中。

基于此,公办义务教育和民办义务教育必须同时纳入社会发展的范畴,做到同时发展、同频发展。坚持实行公办、民办同步招生,就是实现公办义务教育和民办义务教育同时发展、同频发展的根本体现。为了保障公办学校、民办学校同步招生,课题组将加强对义务教育入学服务平台研究的指导,保障符合条件的适龄儿童全部通过这个平台同步进行信息采集、注册、志愿填报和网上录取。

(四)完善了郑州市区公办学校、民办学校同步建设的发展体系

为了促进公办义务教育阶段学校的发展,2018 年以来,郑州市委、市政府构建了"新优质初中"的创建和培育、午餐供餐、课后延时服务等一系列发展举措。

1."新优质初中"的创建和培育

2018 年 9 月,郑州市启动"新优质初中"的创建和培育计划,对公办初中的发展做出明确规划。

2.实行午餐供餐

公办学校实施午餐供餐,不仅解决了很多家庭的后顾之忧,更是一项惠民工程,同时提高了入学率,稳定了巩固率,因此也是一项强校工程。

3.开展课后延时服务

公办义务教育阶段学校充分发挥场地条件和管理服务的优势,普遍建立课后延时服务制度,有效地解决家庭面临的"四点半难题",这无疑又是一项强校工程。

推进公办学校、民办学校同步招生的改革,无疑是对以上举措的重要补充,是促进义务教育公平和社会公平的直接体现。

五、存在的问题及下一步打算

(一)存在的问题

(1)民办教育身处市场经济的大潮中,市场经济的微小变化可能就会对民办教育的发展起到至关重要的影响,此外民办教育的发展状况已经引起国家层面的高度关注,国家对民办教育发展的指导频度越来越高,由此来看,民办教育的发展形势在较长时期内很难稳定下来,这为政策研究的持续跟进带来了较大的难度。

(2)义务教育阶段的"民办热"在很多地方都不同程度地存在着,但是不同地域差异较大,不仅城乡之间存在差异,城市之间因发展水平不同也存在较大差异。郑州作为省会城市和国家中心城市,其经济地位、政治地位和教育地位虽然都处于快速发展阶段,但与国内一线城市相比仍存在较大差距,这就使得相关研究很大程度上被动受制于一线城市的改革情况。

(二)下一步打算

对民办学校招生政策的研究是民心工程,面对各种困难和矛盾,相关研究不能止步不前或者绕道而行,而是要以蹄疾而步稳的节奏一往无前地走下去。课题组尽力捕捉最前沿的信息,让课题的研究紧随国家政策,结合社会需求和郑州市区实际情况,及时调整研究方向和内容,为郑州市区民办学校招生的改革工作提供理论依据,保障郑州市区民办学校招生改革顺利推进。

课题组通过积极推广课题成果,持续优化郑州市教育发展体系,凸显"科学发展、惠民共享"的改革方向,逐步推进郑州市义务教育均衡优质发展,满足郑州市居民对优质教育的需求。

参考文献

[1]孟照海.民办初中自主招生的异化在于制度供给不足[J].中国德育,2015(17):7.

[2]张永谊.为"择校热"求解[J].杭州(周刊),2018(30):30 – 33.

[3]王恩奇."公办初中办不过民办初中"的冷思考[J].福建基础教育研究,2018(1):6 – 9.

[4]河南省民办教育协会课题组,胡大白,王建庄.河南民办教育发展报告(2017)[J].黄河科技大学学报,2018,20(1):1 – 12 + 14.

(本文为2019年度郑州教育发展课题研究成果,课题研究单位:郑州市教育局基础教育处,课题负责人:曹章成,课题组成员:薛莹、杨晖、刘延茹、董小刚)

郑州市中小学管理评价指标体系构建研究

一、研究背景

《教育部 2019 年工作要点》中明确指出：深化教育评价体系改革的目标任务是推动构建更加科学有效的教育评价制度体系，促进党的教育方针和立德树人根本任务的落实。目前，我国正大力推进教育"管办评"分离，构建政府、学校、社会之间的新型关系，切实提高政府"管"的针对性、学校"办"的规范性及社会第三方"评"的科学性。评价作为"管办评"中的重要环节，对改进政府的教育管理和规范学校办学行为具有引导性和基础性作用。做好中小学管理评价工作的核心问题是评价标准的设置问题，即如何构建科学、合理、全面的学校管理评价指标体系。

目前，郑州市人民政府教育督导室开展的有关中小学的督导评估主要有春秋季开学专项督导、三年发展规划督导评估、县级政府履行教育职责督导评估、义务教育基本均衡发展督导评估等，但还没有针对中小学管理的综合督导评估。因此，构建郑州市中小学管理评价指标体系，为政府统筹教育提供参考，为学校依法办学提供指导，为社会第三方评价教育提供依据，成了教育督导部门亟待解决的问题。

二、研究过程

(一)准备阶段(2019 年 3 月)

召开开题会议，公布课题研究方案，明确课题组成员的职责与分工。

(二)实施阶段(2019 年 4 月—2020 年 2 月)

查阅文献资料，明确中小学管理评价的内涵、目标及评价指标体系构建的原则，通过理论分析、实地调查等确定评价指标体系的构成要素——评价指标、指标权重、评价标准，形成郑州市中小学管理评价指标体系。

(三)总结阶段(2020 年 3 月)

对研究材料进行分析整理，按规范框架撰写研究报告。

三、主要做法和经验

（一）中小学管理评价的概念界定

1. 中小学

这里所说的中小学是指小学、初中和普通高中，它们同属于基础教育，可以统称为基础教育学校。

2. 学校管理

学校管理有广义和狭义之分。广义的学校管理包含国家教育行政部门对学校的管理和学校自身的内部管理。狭义的学校管理指学校对自身的微观管理。本研究中的学校管理是指狭义的学校微观管理，其内涵是学校管理者采用一定的措施和手段，充分利用学校的现有资源，引导和组织师职员工实现学校育人目标的一种活动。

3. 学校管理评价

评价是一种价值判断活动，是对客体满足主体需要程度的判断。学校管理评价是根据一定的教育价值观或教育目标，运用可行的科学手段，通过系统地搜集信息资料并分析整理，对学校教育活动、教育过程和教育结果进行价值判断，从而促使学校不断自我完善，为教育决策提供依据。

（二）中小学管理评价的目标和评价指标体系构建应遵循的原则

1. 中小学管理评价的目标

中小学管理评价以中小学校为评价对象，以提升中小学管理水平，提高教育教学质量，促进学校改进为主要目标，从整体上对学校管理的方方面面进行评价，诊断学校管理的规范性、创新性和社会价值性。

2. 评价指标体系构建应遵循的原则

（1）导向性原则。体现时代精神和时代特征，遵循现行的国家教育方针及法规政策，为教育实践提供正确导向，发挥指挥棒的作用。

（2）科学性原则。实事求是，严格按客观规律办事，确保评价结果能准确反映评价对象的真实情况。

（3）有效性原则。能准确反映评价对象的特性，指标分解具有可操作性、客观性和度量合理性。

（4）全面性原则。具有全面性和系统性，不遗漏任何一项重要指标，同时同级指标之间又具有相对独立性。

（三）中小学管理评价指标体系的构成要素

评判准则的确立是中小学管理评价得以开展的先决条件，中小学管理评价的评判准则一般由中小学管理评价指标体系来体现。中小学管理评价指标体系是由评价指标、指标权重和评价标准按一定要求组合起来所形成的系统化的有机集合体，其构成要素包括评价指标、指标权重和评价标准三部分。

1. 评价指标

学校管理的评价目标就是引导学校管理层树立质量意识，并以质量为核心来区分不同学校管理质量的层次水平，诊断学校管理的规范性、创新性和社会价值性。因此，中小学管理评价指标既要立足学校管理的主要方面，也要兼顾学校的长远发展，既要关注学校管理的过程，也要关注学校管理的结果，应该涵盖基础性指标、发展性指标和结果性指标三个方面。

（1）基础性指标（学校常规管理评价指标）。

课题组梳理与中小学管理评价有关的资料文献，发现袁贵仁主编的《中小学校管理评价》涵盖学校治理结构、学生管理、课程教学管理、教师管理、教育资源管理、安全管理六个方面，王晓妹所著的《中小学校内涵发展督导评估体系》涵盖办学方向、师资队伍、课程实施、学生发展、学校文化、办学特色六个方面，《普通中小学校督导评估指标体系》涵盖学生发展、教育教学、教师队伍、领导与管理四个方面，《义务教育学校管理标准》涵盖平等对待每位学生、促进学生全面发展、引领教师专业发展、提升教育教学质量、营造和谐安全环境、建设现代学校制度六大方面。课题组对其评价指标要素进行对比分析，发现它们共同指向了学生发展、教师队伍、课程管理、治理结构四个方面，回应了"培养什么人、怎样培养人、为谁培养人"的时代关切，这四个方面都属于学校的常规管理、规定动作，我们称其为学校管理评价的基础性指标。

①治理结构。治理体系和治理能力现代化是现代学校建设的必然要求。《国家中长期教育改革和发展规划纲要（2010—2020年）》提出了"依法办学、自主管理、民主监督、社会参与"的现代学校制度建设目标，为中小学深化管理改革、提高治理能力指明了方向。因此，对学校治理结构的评价可以细化为依法办学、自主管理、民主监督、社会参与四个指标。

②教师队伍。教师是立教之本、兴教之源。习近平总书记关于好教师的"四有""四个引路人""四个相统一"的重要论述体现了对广大教师思想、道德、学识、能力、作风、纪律等方面全方位的要求，是新时代加强教师队伍建设的行动指南。因此，对教师队伍建设的评价可以细化为师德建设、教师培养、专业发展、保障机制四个指标。

③课程管理。课程在学校建设中具有核心地位，彰显着学校的办学特色和文化品位。《国务院关于基础教育改革与发展的决定》明确指出，必须全面贯彻党的教育方针，加快构建符合素质教育要求的新的基础教育课程体系，实行国家、地方、学校三级课程管

理。因此,对学校课程管理的评价可以细化为课程规划、课程开发、课程实施、课程评价四个指标。

④学生发展。新时代党的教育方针明确了教育的培养目标——努力培养担当民族复兴大任的时代新人,培养德智体美劳全面发展的社会主义建设者和接班人。学校高质量发展的标志是学生得到更好的发展,因此,应坚持"五育"并举,为学生的终身发展奠基。因此,对学生发展的评价可细化为品德素养、文化素养、身心素养、艺术素养、劳动素养五个指标。

(2)发展性指标(学校管理创新评价指标)。

创新是一个民族进步的灵魂,是一个国家兴旺发达的不竭动力。学校要想获得可持续发展的动力,管理创新势在必行。学校管理创新是指学校领导在创新理念的指导下,创造性地采用新的措施手段,对管理要素进行扩展更新和优化组合,以形成新的管理格局,产生新的管理效果。因此对学校管理创新的评价可以细化为办学理念、管理机制、管理手段、学校文化四个指标。

(3)结果性指标(学校管理质量评价指标)。

美国著名教育家布鲁姆曾说过:"衡量学校好坏的唯一标准是看学生在原有基础上的进步幅度。"看进步幅度、增值大小的测评方法就是增值评价。关注每一所学校、每一名学生的发展,以增值大小来评判学校管理不仅是教育公平的具体体现,也是学校管理评价应有的价值追求。因此,对学校管理质量的评价可以细化为管理成效和学校声誉两个指标。

2.指标权重

权重,就是根据组成事物的要素在整体中的地位和作用而赋予一定的数值。中小学学校管理评价标准满分为 100 分,各指标要素的权重确定在 0 至 1 之间,权重之和为 1。

依据"培养德智体美劳全面发展的社会主义建设者和接班人"这一育人目标和"落实立德树人、推进基础教育公平而有质量的发展"这一管理目标,根据各要素在中小学管理评价系统中所处位置高低和作用大小,为各指标赋值如下:学生发展、教师队伍、管理质量权重各为 0.20,治理结构权重为 0.16,课程管理权重为 0.14,管理创新(学校不易实现)权重为 0.10。二级、三级指标遵循此法进行权重分配。

3.评价标准

评价是在一定评估目标指导下,以明确的标准做价值判断的过程。为保证评价指标要素及各指标的权重在具体评价时不出现偏离现象,必须依据末级指标一一对应地设定评价标准,将其作为每个评估主体在实施评价时的参照点,以评价教育实际达到指标的程度。

评价标准的制定既要依据国家现行的教育方针、法规政策,又要体现地方政府部门的有关要求和学校管理工作的实际需要。根据前文对学校管理指标要素的层级分解,本着价值取向与评估内容有机融合的原则,课题组将中小学管理评价标准用表 1 予以呈现。

表1　郑州市中小学管理评价指标体系测评表

一级指标		二级指标	三级指标	评价标准
基础性指标（70分）	A1 治理结构 （16分）	B1 依法办学 （5分）	C1 办学方向 （2分）	坚持社会主义办学方向,办学理念体现以人为本、促进学生全面发展的素质教育要求,办学目标与培养目标符合学校实际需求且为师生所熟知
			C2 制度建设 （1分）	依法制定和修订学校章程,围绕章程的实施与学校的有序运作,制定、完善适应现代学校建设和发展实际的管理制度与操作规程
			C3 办学行为 （2分）	坚持依法办学,在招生、考试、编班、收费、学生课业负担等方面符合相关政策规定,做到校务公开,责任落实
		B2 自主管理 （6分）	C4 目标管理 （2分）	建立符合自身实际和发展要求的目标体系,依据办学目标设置符合教育管理理论与学校发展实际的组织架构,实施岗位责任制
			C5 发展规划 （2分）	学校发展规划契合学校发展的实际要求,体现现代教育思想,重点和特色项目具体明确,发展目标可分解、可操作、可达成,师生参与度、认同度高
			C6 特色建设 （2分）	发挥办学优势,在文化建设、课程教学、德育活动等方面形成区域内具有一定影响力的特色项目、特色课程或特色活动,学生受益面广,同行认可度高
		B3 民主监督 （3分）	C7 党组织保证监督 （2分）	充分发挥党组织的政治核心作用,以高质量党建促进学校领导班子建设、工作作风转变、师德师风建设、办学行为规范、教育教学质量提升
			C8 教职工民主监督 （1分）	充分发挥教职工的主人翁作用,通过教职工代表大会对学校各项决策提出意见和建议,对学校工作实行民主管理与监督
		B4 社会参与 （2分）	C9 家长参与 （1分）	建立家长委员会,发挥家长在学校管理和改革中的积极作用,构建学校、家庭、社会密切配合的育人体系
			C10 社区参与 （1分）	依法健全社会参与学校管理机制,通过多种方式向社区单位和公众通报学校规划执行、学校管理改进等情况,征求他们对学校发展的建议
	A2 教师队伍 （20分）	B5 师德建设 （4分）	C11 理想信念 （1分）	系统开展"不忘初心、牢记使命"的主题教育和"四个自信"的专题教育,引导教师成为先进文化的传播者、党执政的坚定支持者、学生健康成长的指导者和引路人

（续表）

一级指标		二级指标	三级指标	评价标准
基础性指标（70分）	A2 教师队伍（20分）	B5 师德建设（4分）	C12 思想政治（1分）	开辟思想教育阵地，通过多种形式的社会实践活动，引导广大教师带头践行社会主义核心价值观，增进对中国特色社会主义的思想认同、理论认同和情感认同
			C13 职业道德（2分）	贯彻落实《新时代中小学教师职业行为十项准则》，建立师德师风教育、宣传、考核、监督、奖惩的长效机制，广泛开展师德主题教育活动，树立师德典型，教师无违反职业道德的行为
		B6 教师培养（4分）	C14 培训制度（1分）	根据不同教师的专业需求制定教师培训规划，有青年教师、骨干教师、班主任的培养方案与专任教师继续教育、学历提升计划
			C15 培训实施（1分）	培训形式多样，积极组织教师参加国培、省培、市培及校本研修，"派出去""请进来"等交流活动丰富
			C16 培训成效（2分）	形成了校内"优秀教师—骨干教师—名师—首席教师"的梯级结构，在教学中发挥很好的引领作用，教师队伍学历达标、结构合理
		B7 专业发展（8分）	C17 专业规划（1分）	指导教师制定个人专业发展规划，教师专业发展目标清晰、措施得力，成长档案资料翔实，能体现教师进步足迹
			C18 学习能力（2分）	构建教师学习共同体，理论学习在"高度"上着力，业务学习在"精度"上提高，广采博览在"宽度"上拓展，教师专业知识扎实
			C19 教学能力（3分）	定期开展集体备、说、听、评课活动，不断提高教师基于学科课程标准的教学设计、实施、评价能力，教师能采用启发式、合作式、探究式等教学方式激发学生参与课堂学习的主动性和积极性
			C20 研究能力（2分）	教师善于学习、总结和反思，能将教育教学中的问题变成研究课题，在研究中促进教学改进与育人能力的提高
		B8 保障机制（4分）	C21 考评制度（2分）	绩效工资考核方案能体现教师劳动的付出与贡献大小，收入分配向一线骨干教师和班主任倾斜，建立优秀教师表彰奖励制度，做好教师节庆祝活动
			C22 福利待遇（2分）	关心教师的身体健康与工作感受，定期组织教职工体检，开展形式多样的体育健身、文化交流活动

（续表）

一级指标		二级指标	三级指标	评价标准
基础性指标（70分）	A3课程管理（14分）	B9课程规划（2分）	C23文本结构（1分）	框架完整,体现了学校的办学理念,课程目标、范围、内容、设计、实施、评价等适合学校所处地域及学生发展需求
			C24内容结构（1分）	按国家课程方案开设各类课程,关注学生全面发展与个性发展,课程内容丰富,能根据学生差异提供可供选择的课程
		B10课程开发（4分）	C25课程纲要（1分）	校本课程开发立足于学校实际情况,目标定位准确,校本课程纲要能清晰体现课程的内容框架、实施策略及评价方法
			C26校本教材（2分）	学校所编写的校本教材格式规范、内容丰富,在教学中深受学生喜爱
			C27特色课程（1分）	依据学校办学优势,形成了体现学校办学个性的特色课程,发挥了课程的品牌效应
		B11课程实施（5分）	C28实施方案（1分）	按规定开齐、开足国家规定的课程科目,不随意增减课时,学生实际所上课程与课程安排表上的科目与周课时一致
			C29实施途径（2分）	国家课程、地方课程、校本课程有机融合,通过课堂教学、课外活动、社团活动等得到有效落实
			C30实施效果（2分）	课堂教学目标达成度高,课外活动与社团活动参与面广,学生的综合素养与教师的专业能力得到提升
		B12课程评价（3分）	C31评价主体（1分）	评价主体多元化。充分发挥教师和学生在课程评价中的主体地位,听取他们的建议,及时调整课程内容,改进教学管理。邀请课程专家对课程实施中的问题进行诊断,不断完善、优化课程实施
			C32评价内容（1分）	评价内容全面化。学校的课程评价方案能从课程目标与规划、课程准备与投入、课程实施与效果等方面对学校课程进行评价
			C33评价方式（1分）	评价方式多样化。教师自评与同事互评相结合、学生评价与学校评价相结合、过程性评价与终结性评价相结合,科学呈现评价结果

（续表）

一级指标		二级指标	三级指标	评价标准
基础性指标（70分）	A4 学生发展（20分）	B13 品德素养（5分）	C34 理想信念（1分）	把社会主义核心价值观落实到教育教学全过程，发挥其对学生的价值导向作用，促进"三位一体"德育教育模式有效运行，增强学生的社会责任感
			C35 道德品质（2分）	贯彻落实《中小学德育工作指南》，学生热爱祖国，了解祖国的历史文化及家乡变化，遵守国家法律与社会公德，诚实守信，无违法犯罪行为
			C36 行为习惯（2分）	学生遵守《中小学生守则》，有良好的文明习惯，尊敬师长、团结同学、爱护公物、乐于助人
		B14 文化素养（5分）	C37 学习习惯（1分）	学生学习习惯良好，勤学善思，课前预习认真，课堂听讲专心，课后总结及时
			C38 学习方法（1分）	学生能运用自主、合作、探究的学习方式发现、分析、解决问题，具备收集、识别、管理、使用信息的能力，能对学习过程与结果进行调控与反思
			C39 学业成绩（3分）	作业完成质量好，掌握较为全面的学科知识技能、活动经验和思想方法，学科测试成绩达到国家规定的学业质量标准
		B15 身心素养（5分）	C40 身体素质（3分）	有效落实"两课一操"，学生养成良好的体育锻炼习惯，掌握2—3项运动技能，睡眠时间符合规定，身体素质主要指标达到《学生体质健康标准》
			C41 心理品质（2分）	学校开设健康教育课与心理咨询室，学生心理健康，具有乐观向上、积极自信的心理品质，能有效调控情绪行为，人际关系和谐
		B16 艺术素养（3分）	C42 艺术课程（1分）	实施美育提升行动，严格落实音乐、美术、书法等课程，结合地方文化开设艺术特色课程
			C43 艺术活动（1分）	广泛开展校园艺术活动，组建特色艺术社团，办好校园艺术节，注重校园环境建设的美育熏陶
			C44 审美能力（1分）	学生学会1—2项艺术技能，会唱主旋律歌曲，具备一定的审美能力和创意表达能力

（续表）

一级指标		二级指标	三级指标	评价标准
基础性指标（70分）	A4 学生发展（20分）	B17 劳动素养（2分）	C45 劳动态度（1分）	充分发挥劳动综合育人功能,确保劳动教育课时,加强学生生活实践、劳动技术和职业体验教育,培养学生热爱劳动的品质
			C46 实践能力（1分）	学生在家务劳动、校园劳动、校外实践基地研学、社区志愿服务中增长见识,学会生活自理,掌握劳动本领
发展性指标（10分）	A5 管理创新（10分）	B18 办学理念（2分）	C47 办学理念（2分）	办学理念与时俱进,符合学校发展定位与新时代教育要求,被全体师生所认同
		B19 管理机制（4分）	C48 管理机制（4分）	注重管理效能的提升,在教育教学、队伍建设、育人模式的某一方面有新的突破
		B20 管理手段（2分）	C49 管理手段（2分）	适应"互联网＋"教育的要求,在智慧校园建设的智慧学习空间建设、智慧管理平台运用、数据驱动教学改进的某一方面有新的举措
		B21 学校文化（2分）	C50 学校文化（2分）	注重办学理念与思想的引领,形成富有时代和学校个性特色的物质文化、制度文化、行为文化和精神文化
结果性指标（20分）	A6 管理质量（20分）	B22 管理成效（15分）	C51 教师发展（5分）	学校骨干教师数量或级别较上年有所提升（2分）;教师优质课、示范课获奖人数、等次、级别较上年有所进步（2分）;课题研究参与率及论文成果发表获奖数量、等级较上年有所增长（1分）
			C52 课程建设（4分）	课程和教学资源较上年增加,开发有新的校本课程（2分）;课堂教学模式较以前更加科学完善（2分）
			C53 学业质量（6分）	学生学业测试成绩实现增值,学习负担适度（4分）;踊跃参加各种社团活动和兴趣小组,市级以上比赛获奖人数、等次、级别较上年有所增加（2分）
		B23 学校声誉（5分）	C54 示范效度（3分）	学校在治理结构、教师专业发展、课堂教学改革、学生德育工作、学校文化建设等方面成效显著,获得市级以上奖励表彰或经验交流,在区域内有一定的影响、示范作用
			C55 社会认同（2分）	学校有良好的校风、教风、学风,教师敬业奉献,学生乐学善思,学生、教师、家长、社区对学校的评价满意率分别达到90%以上

四、研究成效

（一）构建了较为完备、科学的中小学管理评价指标体系

依据现行教育政策，抓住学校管理的关键问题，本着导向性、科学性、有效性、全面性原则，确定了学校管理的评价指标，涵盖治理结构等6个一级指标、依法办学等23个二级指标、办学方向等55个三级指标，依据各指标要素在学校管理中所处位置或所起作用的不同赋予相应的权重，本着将价值取向与评价内容有机结合的原则，为55个三级指标一一对应地设定了较为科学的评价标准，形成了要素完备的郑州市中小学管理评价指标体系。该指标体系关注过程、着眼发展、注重成效，为教育督导部门和社会第三方评价中小学管理提供了工具支撑，为学校自我诊断与反思改进提供了参照目标。

（二）该评价指标体系在评价对象与评价目标方面有新的突破

我国现行的与学校管理评价指标直接相关的评估指标有三个：《中小学校素质教育督导评估指标体系框架》（简称《标准一》）、《义务教育学校校长专业标准》（简称《标准二》）、《义务教育学校管理标准》（简称《标准三》）。本课题研究的学校管理评价指标有其自身特点，即以中小学校为评价对象，以提升中小学校管理水平，提高教育管理质量，促进学校改进为主要目标。它既不同于《标准一》以教育质量为直接评估指标，也不同于《标准二》对校长的能力、职责等方面的评价，更不同于《标准三》以教育公平为核心对义务教育学校管理状况进行评价。该评价指标体系是以管理质量、教育公平为核心，从整体上对中小学管理的方方面面进行评价，诊断学校管理的规范性、创新性和社会价值性，顺应新时代教育发展的要求。

五、研究存在的问题及设想

（一）该评价指标体系的二、三级指标有待进一步简化、优化

在追求中小学管理评价的全面性，指标细化时导致评价指标的二、三级指标有些繁杂，部分指标的评价标准不易量化，给实际操作带来一定难度。如何比较分析、删繁就简、化难为易，是下一阶段课题组需要重点解决的问题。

（二）该评价的实现需要中小学校管理运行数据系统作支撑

在评价手段实现方面，评价指标的选择需要以信息采集和分析为基础，学校管理的可问责性与回应性也需要以信息的易得性、透明性和可比性为前提，这就需要在技术层

面建设具有易得性、透明性和可比性的中小学校管理运行数据系统,在专业层面提升督导人员的理论素养、技术水平与分析能力。

参考文献

[1]杨颖秀.学校管理[M].北京:北京师范大学出版社,2012.

[2]袁贵仁.中小学校管理评价[M].北京:人民教育出版社,2014.

[3]王晓妹.中小学内涵发展督导评估体系[M].北京:教科学育出版社,2016.

[4]宋莉.构建普通中小学教育督导评估指标体系与措施分析[J].青少年日记(教育教学研究),2019(2):235.

[5]孙绵涛,郭玲.学校管理评价指标体系研制中的几个方法论问题.新浪博客,发布日期:2015 – 10 – 14.

[6]巫倩文.美国基础教育学校评价指标体系研究——兼与中国比较.万方数据,发布日期:2018 – 9 – 28.

(本文为2019年度郑州教育发展课题研究成果,课题研究单位:郑州市人民政府教育督导委员会办公室,课题负责人:赵力勇,课题组成员:翟惠瑜、王超、邱晓辉、马一平)

新时代教师教育模式研究

——以郑州市为例

一、课题研究背景

教师教育是教师培养和培训的统称,更大程度是在于提高教师职业精神,为祖国培养更加敬业、专业的教师。教师教育概念的提出,不是简单的文字游戏,而是标志着教师培养进入一个新的历史阶段,是教育发展的内在要求,是为了适应当今世界科技知识的更新加速和教育普及程度的提高,体现了教师教育的与时俱进。教师教育的质量直接关系到我国基础教育师资培养的制度、模式、方法、标准、课程设置、权利责任,关系到我国基础教育的发展水平,是一项复杂而又意义重大的系统工程。

十九大报告明确提出,中国特色社会主义进入了新时代。为适应新时代以及党和国家对教育现代化的要求,教师教育也必须与时俱进,为促进教育发展目标的实现而提供必要的支撑作用。2019 年 2 月,中共中央国务院印发了《中国教育现代化 2035》,重点部署了面向教育现代化的十大战略任务,其中之一就是建设高素质、专业化、创新型教师队伍,这对教师教育提出了更高、更新的目标和要求。

二、课题研究过程

(一)新时代郑州市教师教育需求调研

随着时代的发展,教育改革的深入推进,教师教育工作也进入了新的阶段。为此,课题组首先针对郑州市不同类别和特点学校的教师教育需求进行了调研和走访,并对调研结果进行了分析。

(二)郑州市教师教育的现状调查研究

课题组对郑州市教育有关部门、郑州市属初高中、职业学校等教师教育的现状进行调研和问卷调查,了解当前郑州市教师教育的现状。

(三)对新时代郑州市教师教育模式进行初步构建

结合新时代教师教育需求和当前郑州市教师教育现状的调查,对当前郑州市教师教育模式进行顶层设计,初步确立新时代郑州市教师教育模式。

三、主要做法和经验

(一)对新时代郑州市教师教育需求调查

结合当前的教育发展形势,为深入了解进入新时代后各级各类学校教师教育的具体需求,课题组进行了调研。下边是具体的调研分析。

1. 新时代郑州市教师教育需求调查(访谈)提纲

(1)您目前在教学中最需要提升的方面有哪些?

(2)您希望继续教育可以给教师提供哪些方面的教学资源?

(3)您认为教师教育安排在哪些时间比较合适?

(4)在班级管理方面,您认为需要增加哪些培训?

(5)您最期待的培训是怎样的?

(6)您参加培训的动因是什么?

(7)您如何评价当前郑州市的教师教育(教师培训)?

2. 新时代郑州市教师教育需求调研对象

(1)公立学校的高中、初中教师代表:主要是郑州九中、郑州四中教师各20人。

(2)民办初中、高中教师代表:主要是枫杨外国语学校教师代表和桐柏一中教师代表。

(3)幼儿园教师代表:主要是市实验幼儿园和二七一幼教师代表。

(4)中职学校教师代表:主要是财贸学校教师代表。

3. 新时代郑州市教师教育需求调研结果分析

(1)对当前郑州市教师教育的培训评价。

超过60%的教师对郑州市当前的教师教育表示"满意"或"比较满意",30%的教师认为"一般",该评价结果表明教师们对过去的培训是基本认可的,但培训的满意度仍有较大的提升空间。在培训内容上,教师们对那些与课堂教学直接关联的,对教学实践具有指导意义的,操作性相对较强的培训内容较为感兴趣。在认为效果最好的培训模式选项中,教师们认为最有效的是"名师带教"和"观摩考察","经验交流""专题讲座""自主研修"方式也比较受欢迎。培训方式与培训内容相似,相对集中在实践性、指导性、可操作性较强的几种方式上。

(2)对新时代郑州市教师教育的需求和期待。

在培训时间安排上,有70%的教师希望在"学期中"组织培训,近30%的教师愿意在"暑假"接受培训,愿意在"双休日"和"寒假"接受培训的仅各占1%。这样的数据表明教师们一方面工作负担和家庭负担较重,仅有的休息时间(尤其是双休日)需要休息调整或用来处理个人的一些事务,另一方面也反映出教师们的自我权利意识增强,希望能充分享受国家法定节假日。

在最需要的培训内容方面，"教育实践与教学新技能"以超过50%的得票位列各项之首，"专业发展与教科研能力"以近30%的比例居其次，"教育理论与学科新知识"得票数占18%，"教育政策与法规"和"职业道德与素养"仅占4%。与前述有关数据相一致，教师们还是迫切希望得到"教育实践、教学技能"等课堂教学实践、操作能力方面的培训，对"专业发展与教科研能力""教育理论与学科新知识"等涉及个人专业发展的理论、知识和能力也有一定的需求。

在最希望的教师培训方面，"名师""教授和专家""骨干教师"分别位列前三，"优秀教研员"和"进修学校教师"分别居后。该数据表明，一方面老师们希望得到既有丰富教学实践经验又能将实践上升到一定理论高度的"名师、专家和骨干教师"的培训和引领；另一方面，"教研员"和"教师进修学校教师"的水平和能力亟待提高。

（3）教师培训面临的问题。

①认识问题。这里既有领导重视的问题，也有教师认识上的问题。领导重视不够，对培训工作缺乏强有力的管理措施和激励机制，造成教师参训主动性不够。教师认识不到位，出现了对培训应付了事的现象。

②内容问题。过去培训内容的确定，主要是自上而下确定的，教师们主要是被动接受，而且培训的内容往往与教师的需求还是"两张皮"，培训的针对性还不强，对实践的指导还不够。

③方式问题。当前的培训主要是集中培训、校本培训、远程培训。集中培训主要以专题报告的形式组织开展，一人讲，数百人（甚至上千人）听，方式单一，受训者被动接受，效果不好。校本培训由于缺乏有效的互助和真正的专业引领，没有落到实处，往往变成了枯燥的读书和填写报告册，校本流于形式，成为教师的负担。远程培训由于缺乏有效的监控，以及在农村学校还受到条件制约，实际效果也大打折扣。

④成果转化问题。各种培训的训后跟进不到位，出现了培训结束，就画上了"圆满"句号的现象，使得有限的培训成果失去了及时转化为自己或指导他人实践的最佳时机，训了就"训了"。

（二）当前郑州市教师教育的基本情况

近年来，郑州市教育局师训处坚持师德为重、名师引领，扎实做好新时代教师教育工作，在方方面面都取得了发展和进步。下边重点结合2018和2019两年的工作，对郑州市的教师教育基本情况进行总结。

1.师德为重，高度重视师德师风建设

（1）结合实际，制定政策，加强师德师风建设。

（2）开展师德师风大检查活动，包括幼儿园师德师风专项检查活动。

（3）开展师德师风专项督导评估活动。

（4）开展丰富多彩的师德主题教育活动。

（5）进行学年全员师德考核及年度师德先进个人评选表彰。

（6）深入开展向李芳同志学习活动。

（7）严格贯彻执行师德管理规定，严厉惩处违反师德行为。

2. 不断完善教师专业发展梯队攀升体系

（1）中原千人计划、中原教学名师、中原名师、省级名师、省级骨干教师培养成效显著。

（2）"国培""省培"项目工作高标准完成。

（3）扎实推进中小学千人教育名家培育工程和名师培养工程建设。

3. 市级培训项目分层次精准化推进

（1）2018 年教师培训原则：课程精准、群体精准、目标精准。

（2）2019 年教师培训原则：高端项目做精做强、精品项目做实做细、常规项目做全做好。

4. 持续开展教师全员继续教育

5. 有序开展其他教师教育相关工作

四、课题研究成效

依据郑州市教师教育需求调研和当前郑州市教师教育的基本现状，课题组对新时代郑州市教师教育的基本模式进行了如下框架设计。

（一）抓好"三支队伍"建设，搞好"四项工程"建设——简称"三四"模式

1. 抓好"三支队伍"建设，提高政治站位，为做好教师教育工作提供保障

（1）抓好师德队伍建设，提升师德队伍的工作人员素质。

建设一支以市教育局为主线，以县（市、区）教育局和局属学校为重点的师德建设工作队伍，进一步补充完善师德队伍，提升师德管理者综合素质。一是加强对师德管理工作人员的业务培训，提高师德管理人员的综合素养。二是开展师德管理队伍先进个人评比表彰活动，激发师德管理队伍人员工作的积极性。通过抓师德管理队伍建设，为提高师德管理队伍的政治站位、增强大局意识、找准工作抓手、顺利开展工作打下坚实的基础。

（2）抓好培训者队伍建设，提高教师培训者队伍素质。

近几年各单位都加大了教师培训的力度，但在实际工作中，受训者意见大的根本原因不在于集中培训或校本研修模式本身，而是培训者队伍不能很好达到培训的要求、不能很好满足受训者对课程的需求。改进措施有两点：一是建设一支专兼结合的培训者队伍，重视各县（市、区）教师进修学校的建设，同时教师培训者的业务素质提升也要重点来抓。二是开展培训者队伍先进个人评比表彰活动，激发教师培训者队伍工作的积极性。

（3）抓好名师、骨干教师队伍建设。

一是高标准选拔培养市级名师和骨干教师，确保名师队伍与骨干教师队伍素质。二是不断壮大我市名师和骨干教师队伍，使名师的辐射更加广泛。三是发挥好名师和骨干教师的引领、示范、带动作用，整体提升我市中小学教师的专业水平。

2. 坚持党建统领，搞好"四项工程"建设，全面提升新时代教师教育工作

（1）师德师风建设工程。

健全师德师风的长效机制，推动师德师风建设常态化和长效化。以提高教师思想政治素质和职业道德水平为重点，以打造"四有好老师"队伍为目标，以引导广大教师"以德立身、以德立学、以德施教"为统领，突出全员、全方位、全过程师德养成。建立健全师德师风违规行为受理查处和责任追究机制，把师德表现作为教师年度考核、绩效考核、岗位聘任、职称评审、评优奖励的首要标准。

（2）教师专业化提升工程。

持续开展教育部规定的中小学教师每5年360学时的学习工作，采取个人自修、网络研修、集中研修、跟岗实践、名师送课、名家论坛等形式对教师进行分层次、有针对性地培养，全面提升在职教师专业化水平。具体措施如下：一是改革我市初、高中教师继续教育网络研修模式。二是全面做好"国培""省培"项目工作，指导学校开展好校本研修。三是持续加大中小学基础学科教师的培训力度。四是持续加大中小学校体育、美术、音乐、英语、科学、信息技术、生命教育、心理健康教育等学科教师的培训力度。五是继续实施与河南师范大学联合培养在职教师攻读非全日制教育硕士、博士专业学位工作。六是继续做好农村小学全科教师培养计划工作。七是举办第四届乡村教师优质课评选活动。八是举办第十一届县级教师培训机构优质课比赛活动。

（3）梯级名师培养工程。

多年来，我市注重教师队伍梯队攀升体系的打造，着力建立教师梯队攀升格局，按照实际需求、多级培养、整体提升的三大原则，选拔培养了一支学习型、研究型、专家型教师队伍。一大批年轻教师与名师结下师徒对子，签订师徒合同，通过开展名师送课下乡、名师论坛、教学基本功展示及教学经验报告交流，使得我市名师的率先垂范效应和引领辐射作用得到了充分发挥。

培养工程措施如下：一是开展郑州市第六届名师、第四届杰出教师、第三届终身名师评选。评选坚持公开、公平、公正的原则；坚持师德表现与专业能力并重的原则；坚持以中青年教师为培养和发展重点的原则。二是启动首届郑州市乡村名师的评选工作。依托我市梯级名师培养工程，增加乡村名师队伍数量。多年以来，我市在乡村教师教育工作的开展上，坚持采取"四个倾斜"的原则，即项目倾斜、资金倾斜、人员倾斜、奖励倾斜，为乡村教师提供了更多的学习提升机会，搭建了更多、更广的提升平台。比如开展郑州市最美乡村教师评选，郑州市乡村中小学幼儿园教师优质课评选，"国培""省培""市培"项目的乡村教师覆盖及各种评优评先工作，均坚持向基层学校、乡村学校倾斜。三是

2019 年将培养 530 名郑州市中小学骨干教师,200 名郑州市幼儿园骨干教师,100 名郑州市民办中小学骨干教师,落实"新优质初中"创建和培育三年行动计划,选拔培养郑州市骨干教师 200 名。

(4)中小学(幼儿园)教师"千人教育名家"培育工程。

2019 年启动了以郑州市杰出教师、名师为中坚,以市级骨干教师、县(区)级名师和骨干教师为主体的"千人教育名家"培育工程。该项目培养了一批我市基础教育战线领军人才和教育教学专家,引领形成一支师德高尚、业务精湛、结构合理、充满活力的高素质专业化教师队伍。在郑州市梯级名师培养工程的基础上,以每 3 年为一个周期(第一周期为 2019—2021 年),遴选 1000 名郑州市中小学教育名家培育对象(其中幼儿园教师 100 名,小学教师 400 名、初中教师 300 名、高中教师 200 名)。经过 3 年的培育,到 2021 年届满时对 1000 名教育名家教师培育对象进行全面考核,对考核成绩突出的,根据"千人教育名家"培育工程实施方案,按一定的比例授予"郑州市教育名家"荣誉称号,颁发"郑州市教育名家"证书。

(二)新时代郑州市教师教育模式的实践策略——以 2020 年郑州市教师教育工作为例

2020 年,郑州市教育局教师教育处在具体落实新时代教师教育模式中将立足于"整体工作有提升,重点工作有突破"的工作思路,全面提升处室服务质量,创造性开展工作,提高师德素养和教师专业能力,在保障教育公平和促进教师内涵式发展上下功夫。重点从以下实践路径求突破。

1."三支队伍"建设的实施路径

(1)持续抓好师德师风建设。

以教育部印发的《新时代高校教师职业行为十项准则》《新时代中小学教师职业行为十项准则》《新时代幼儿园教师职业行为十项准则》的通知(教师〔2018〕16 号),关于印发的《中小学教师违反职业道德行为处理办法(2018 年修订)》的通知(教师〔2018〕18 号),关于印发的《幼儿园教师违反职业道德行为处理办法》的通知(教师〔2018〕19 号)为准则,深入开展学习活动,做好师德师风工作,使其重要性深入到每位教职员工心中。其工作具体如下。

一是严格落实各项制度。在师德师风上严明规章制度,监督从教行为。加强师德监管,完善师德投诉机制,加大违反教师职业道德行为查处。

二是开展形式多样、效果明显的师德师风主题教育活动。结合 2020 年师德活动主题,在全市范围内掀起一个弘扬师德师风,积极开展"四有好老师"的活动。

(2)抓学习、强队伍,为完成各项工作提供动力。

首先是提高政治站位,进一步抓好党的十九大和习近平同志系列讲话精神的学习贯彻,在全处室营造比学赶帮的学习氛围,形成政治学习的自觉行动。其次是抓好处室队伍的建设,关心老同志、爱护新同志,继续保持处室互学、互帮、互相关心的良好风尚,让大家上班开心,工作顺心,为教师服务热心,遇棘手问题有耐心,完成任务有决心。

(3)继续抓好各项市级教师培训项目的实施。

常规培训项目将总结过去的经验,进一步做好各项培训工作的同时,注重把握我市中小学教育教学的实际情况,结合教学质量分析情况,加大对学科教师的培训力度,尤其是加大政治学科教师和薄弱学科教师的培训力度,补齐短板,整体提高教师队伍素质。

2."四项工程"的实施路径

(1)全面做好"国培""省培""市培"各项工作,指导学校开展校本研修。

我们将严格把关培训质量,精心设计,提质挖潜,密切跟踪各个培训项目,在课程设置、教师选聘、学员管理等环节严格把关,力争做成精品。2020年除按照上级要求完成"国培""省培"系列项目外,要把计划开展的市级专项培训做好,确保每个培训项目的经费安全、人员安全,并且富有成效。

(2)着力做好郑州市第三届名师工作室的换届工作。

第二届名师工作室每三年一届的任期已到,随着我市第六届名师的产生,名师队伍逐渐壮大,名师工作室需要更换新鲜血液,也要根据不同区域和学科综合设置名师工作室。2021年我市将对名师工作室进行换届,通过换届使工作室布局更合理、更科学,功能发挥更突出。

(3)持续开展好郑州市中小学教师"千人教育名家"培育工程。

在今年培育工作的基础上,总结经验,2021年将继续在郑州市中小学教师"千人教育名家"培育工程领导小组的领导下,统筹安排、组织和协调,认真做好中小学教师"千人教育名家"培育工程成员的培育、考核及其他日常工作的开展。

(4)做好公费师范生就业服务指导和跟踪管理工作。

依据省教育厅的文件精神,指导各县(市、区)、局直属中小学(幼儿园)精心制定本单位2020届公费师范毕业生就业方案,严格执行国家政策和相关协议,落实工作岗位,做好派遣、接收工作,并办理相关手续。做好就业服务和跟踪管理工作,为公费师范生"留得住"营造良好氛围,完善条件保障,吸引和鼓励公费师范生长期从教、终身从教。

(5)做好教师资格证的认证、面试工作。

2020年下半年教师资格的认证、面试工作刚由我们师资培训处负责,教师资格认定工作持续时间长,规模大,组织环节多,是一项复杂的系统性工作。2020年课题组一是依据教育部、省教育厅相关文件要求,不断改进工作方法,创新工作思路,确保2020年两次教师资格考试、面试工作安全顺利完成。二是将尝试建立首席考官制度。计划遴选首席考官1000名进行重点培训,作为考场首席考官,不断完善培训机制,切实提高面试考官培训的有效性,努力建设一支师德高尚、业务精湛的高素质教师资格考试、面试考官队伍。

五、研究存在的问题及下一步打算

(一)研究中存在的主要问题

(1)在培训项目既定的情况下,如何进一步提升培训和研修的实效,如何有效把培训资源应用于培训。

(2)培训效果的评估和反馈如何有效进行,如何把这些反馈用于改进培训。

(3)新时代教师教育模式如何更加有机地把教育行政部门的要求、学校的实际情况和教师的需求有机结合起来。

(二)下一步研究打算

通过实验研究、行动研究对郑州市教师教育模式进一步优化,切实提升其效果,形成确切的模式和方案,服务于郑州市教育改革发展的需要。

参考文献

[1]钟启泉,金正扬,吴国平.解读中国教育[M].北京:教育科学出版社,2000.

[2]叶澜.新编教育学教程[M].上海:华东师范大学出版社,2006.

(本文为2019年度郑州教育发展课题研究成果,课题研究单位:郑州市教育局师资培训处,课题负责人:马胜宇,课题组成员:马辉、郭淑琴、孔令婕、师光)

互联网＋时代下学校财务信息共享的应用研究

一、研究背景

伴随着互联网的迅猛发展,我国从最开始消极、被动地接受互联网对社会产生的影响,到如今逐渐开始主动并积极接受互联网,发展互联网行业。2015年3月5日上午,十二届全国人大三次会议正式召开,政府报告第一次正式提出"互联网＋"这个名词。李克强总理对"互联网＋"对经济的影响寄托了很大的希望,他表示希望可以通过"互联网＋"的行动计划,使云计算、大数据、移动互联网等新兴起的技术和传统行业结合起来,促使各个行业能够迅猛发展,提高各个行业企业在全球市场中的名誉,扩大各个行业企业的产业领域。

"互联网＋"是一个新名词,它是指被互联网影响的各个行业,与互联网相融合的产物。它开始逐步地深入到各个行业,影响着各个领域。例如,打车软件——滴滴出行,借助互联网,在很大程度上缩短了打车时间,降低了打车费用,为大家的出行带来了实质性的改变。淘宝、天猫、京东、当当等购物网站利用互联网的实时性和共享性等特点吸引大量顾客,增加了消费者的购物渠道和方式,且在价格上给予优惠,所以也受到广大消费者的青睐。这些在互联网的影响下发展起来的新型模式都极大地促进了社会的发展。

在"互联网＋"时代下,学校财务信息也可以借鉴信息共享的方法,提高工作效率,减少重复劳动,为学校等单位掌握信息、快速决策提供支持。

二、研究过程

(一)第一阶段:参考文献的收集

(1)廖卫玲、汪晶的《电子信息化推进高校财务管理创新》。

(2)王晓辉的《法国教育信息化的基本战略与特点》。

(3)李俊的《高校会计信息化的现状及其改革研究》。

(4)武春江的《高校财务信息化管理模式的设计与完善》。

(5)陈琳的《中国高校教育信息化发展战略与路径选择》。

(二)第二阶段:实地调研

课题组对郑州幼儿师范高等专科学校、郑州职业技术学院在互联网＋下的财务信息共享进行调研。

(三)第三阶段:分阶段研讨

课题组成员召开课题会议,研讨前期文献、调研数据。

(四)第四阶段:专家研讨会

课题组成员在郑州幼儿师范高等专科学校召开专家座谈会,深入交流意见。课题组对前期、中期的工作进行了梳理,在会上大家积极发言,勇于面对不足与困难,找出解决问题的方法,及时总结先进经验。

(五)第五阶段:结项报告总结阶段

课题组开始整理结项报告、撰写论文、总结经验。

三、主要做法和经验

(一)收集相关文献,形成文献综述

课题组通过对文献的认真研究,厘清了本课题的研究现状,从中发现了本课题研究的理论意义和价值。课题组成员具体通过研读《电子信息化推进高校财务管理创新》《法国教育信息化的基本战略与特点》《高校会计信息化的现状及其改革研究》《高校财务信息化管理模式的设计与完善》《中国高校教育信息化发展战略与路径选择》等文献作为理论指导,在前人研究的基础上,以中小学财务信息的共享为主题,以财务综合管理系统、OA 系统、报销系统为突破口,对郑州市部分高校及中小学校的优秀做法进行了归纳总结,为课题的深入研究提供了思路。

(二)召开课题组成员会,拟定课题实施方案

组织课题组成员开展研讨会,成员通过"头脑风暴法"集思广益,提出建设性意见。另外,课题组各成员收集课题相关各类材料,并拟定本课题的实施方案。

(三)实地调研,总结经验

实地调研郑州幼儿师范高等专科学校、郑州职业技术学院两所高校,并对两所高校财务信息共享的情况进行了研究,特别是对两所高校的内部财务报销情况进行了深入的调研和探讨。课题组通过观察、交流、体验,逐步了解了两所高校内部财务信息共享的一些先进做法,为本课题的深入研究展开了思路。

(四)厘清中小学校日常财务信息的主要构成

要想研究中小学校财务信息共享,首先必须研究中小学校财务信息的主要构成。课题组通过基层中小学校日常财务活动的开展,明确了中小学校日常财务信息的构成,其主要包括学校预算信息、收入和支出信息,往来资金状况信息,政府采购活动信息,财务决算信息,日常报销信息。

(五)探索中小学校财务信息共享应用

本课题以财务综合管理系统和高校网上报销系统为例,来研究中小学校进行财务信息共享的可能性。

1.学校预算信息的共享

通过预算制定的整个过程,课题组发现学校基层业务处室、学校财务部门、市教育局财务部门之间形成了一条信息线,而学校财务部门成了这条线的关键节点,即学校财务部门就是学校财务信息共享的关键点,课题组可以通过这个节点来共享预算信息。

从这个思路出发,要完成三部门之间的信息搭建及共享,需要解决三部门的权限问题、预算项目的分类填报问题、学校内部财务处室获得第一手信息的途径问题。课题组目前借助财务综合管理系统、数字化校园 OA 系统等具体的应用实例,基本完成了这条财务信息线的搭建。

2.学校收入和支出信息的共享

从现状来看,学校内部还无法通过财务综合管理系统掌握学校收入和支出的状况,相应的信息也无法实现共享。因为学校的收入和支出主要由财政局提供的财政支付系统获取信息,而此信息如若要提取到财务综合管理系统,主要面临两方面的问题:一是多系统的端口对接的授权和技术问题;二是系统对接后的安全保障问题。针对这两方面的问题,要想实现学校收入和支出的信息共享,首先必须获得市财政局的授权,并要花大量精力和财力解决端口对接技术问题。另外,即使第一个问题解决了,之后的安全问题如何保障也是要重点研究的课题,鉴于课题组对网络安全问题的理论及实践研究能力有限,此处就不再深入研究,希望通过以后的实践研究再进一步完善该课题成果。

3.学校往来资金信息共享研究

学校除了当年的财政预算资金外,往往还有一定的往来资金来保障学校的部分活动。例如,代收代缴书本费、代收代缴水电费、上级下拨的考务费、党费团费等,都是中小学校往来资金的重要组成部分。

学校根据当年的实际业务开展的活动,合规收取一定费用,并通过往来票据把该笔资金上缴到财政专户。随后市财政局和市教育局核对学校上缴的往来款项,核对无误后,郑州市教育局会把学校每月上缴财政局的往来资金明细导入到往来管理模块。学校根据需求通过财务综合管理系统,申请往来资金,获得往来资金的使用额度,并根据资金用途使用往来资金。

参考市教育局财务综合管理系统,郑州市教育局通过该模块,加强了对学校往来资金的统一管理,规范资金使用,避免了学校乱收费用、坐支现金等违法、违规现象的出现。学校财务部门也可以及时获得当年的往来资金信息,并合理申请使用该项资金。由于往来资金的特殊性,学校非财务部门的其他财务综合管理系统账号只能通过登录来阅览往来资金信息,而无权更改或使用往来资金。这样既实现了往来资金信息的共享,也保障了往来资金的安全。

4.学校政府采购活动信息的共享研究

学校采购活动是财务工作的重要组成部分,但该活动并不只局限于财务一个部门,它是学校业务处室、总务部门、财务部门、资产管理部门等多个处室集体智慧的结晶,牵动了多个部门,关系到整个学校,因此政府采购活动信息的共享意义重大。课题组借鉴财务综合管理系统,研究实现学校政府采购活动信息的共享的可行方法。

5.学校财务决算信息的共享研究

财务决算是学校财务工作的重要内容之一,每年年中学校要上报来年预算,而到了年底则又要进行年终决算。决算工作是对学校一年财务信息的汇总和总结,决算信息也是学校财务信息的重要内容,财务决算信息的公开共享十分必要。

鉴于财务决算的重要性,如何把学校财务决算信息进行共享,也是本课题研究的重要内容之一。

根据日常财务决算的工作要求,学校年终决算上报工作主要在财政局的决算网上进行填报,而财政局的决算网只有学校会计有填报和浏览的权限,所以想要借助财政局决算网进行校内信息共享,那是绝对无法办到的事情。因此我们只能改变思路,借助该网络数据的导出功能来间接实现决算信息的共享。

6.学校日常报销信息的共享研究

财务工作是一项严谨的工作,各项财务活动都要遵循财务制度的要求,规范财务活动流程。日常报销是财务活动的重要内容,而报销所需的相应的单据、审批表、流程都有具体的要求,传统的报销流程相对烦琐,并且由于报销经办人的专业限制,报销过程可能并不通畅。为了实现报销环节的通畅,最好的办法就是信息畅通并及时共享,鉴于此,借助网上报销系统进行报销信息的共享极具现实意义。

四、研究成效

(一)现实成效

1.手机审批与手机互联

随着信息化的发展和手机功能的增强,财务工作的申报和审批不再像传统会计那样局限于学校一个地点，也不再局限于白天的工作时间。

之前一项简单的物品采购活动，需要先填写物品购买审批单，经过各部门签字，购买完毕后，又要各部门签字报销，工作烦琐，效率低下。随着信息化的发展及智能手机的出现，以上问题得到了解决，它从时间和空间上改变了人们的工作习惯，拉近了人们之间的距离，减少了时间的阻隔。现在，可以通过互联网及电脑手机软件，轻松进行财务工作的申报及审批。还以上文中提到的物品采购及报销活动为例，采购经办人可以通过网上报销软件直接提出采购诉求，而每个责任审批岗的领导，也都可以通过电脑或者手机短信进行签批，当所有审批岗审批完毕后，经办人就可以进行采购活动了。采购回来后，可以通过电子发票及出入库单照片等附件进行签批报销。采购经办人再也不用像传统采购报销活动那样，一个环节接一个环节的往复跑腿，只需看看手机的网报信息，就能知道流程进行到哪个环节。如环节遇阻，一个简单的电话就能解决其中的问题。如此，便提升了采购及报销的工作效率，节省更多的时间去完成更多的工作。

2. 基于财务综合管理系统的学校内部信息的共享

通过登录郑州市教育局的财务管理系统，实现学校内部信息的共享。以上文分析的财务综合管理系统为例，课题组发现，借助类似于财务综合管理系统的系统，通过其基本账号管理功能，依赖几个关键账号的管理，可以延伸出来更多子账号。这些子账号可以不具备系统上报的权限，但完全可以具备信息浏览的功能，即各账号具备查阅系统主要信息的权限，只要相关项目负责人想获取项目进展状况的信息，就能够得知项目的进展状况、预算申报及审批情况、往来资金的使用情况、日常财务工作的申报情况等。

3. 借助郑州市教育系统财务综合管理系统，实现局域信息共享

通过对财务综合管理系统主要模块的分析，类似于财务综合管理系统的信息共享软件对预算编制、执行过程起到了很好的效果。通过软件做到了较好的预算数据的合规性检查、快速的数据汇总和编制数据的分析。根据市教育局财务管理业务的发展，遵守教育经费"局管校用"的财务集中管理体制，加强对学校财务管理与监督，规范会计工作制度与财务行为，基于统一组织机构、统一业务规范、统一基础资料、统一权限管理、统一门户集成的应用平台体系设计，涵盖机构与人员管理、通知管理、年度预算需求管理、项目库管理、预算编制、项目执行、往来资金管理、决算管理、修缮项目竣工评审等模块。这种平台体系设计能确保教育资金安全、可靠、准确、高效地运行，强化预算管理，提高教育资金的使用效益，并提供各角度的统计分析报表，为领导的决策提供支持。

另外，互联网软件的运用在郑州市教育局、学校、学校内部间形成了一个共享网络。郑州市教育局可以通过财务综合管理系统跟学校进行信息的沟通与共享，而学校内部也可以通过财务综合管理系统的不同账号获得相应权限的财务信息，从信息共享的角度来看，学校内部已经能够初步完成财务信息的共享。

(二)研究成果的推广与效益

1. 研究成果的推广

该研究成果主要适用于河南各地教育行政机关及所属中小学校。由于本次研究主要着眼于郑州市教育局及其所属中小学校,所以此次研究成果相对具有一定的局限性。虽然如此,但放眼于河南各地方的教育系统,该成果还是具有一定的现实意义的。

2. 研究成果所取得的社会效益

(1)学校能够按照制度、章程办事,实现了部分数据的共享,提升了工作效率。

财务工作是一项严谨的工作,整个工作过程都由各种财务规章制度所制约。但由于传统的财务工作缺少前期工作的监管,整个财务工作口规章制度的执行只能依赖于经办人、财务人员及领导的觉悟、专业知识及对于法律的敬畏。基于此,课题组的研究成果具有很大的现实意义。还以财务综合管理系统为例,通过系统来进行前期的监管审批,降低了财务违法、违规操作的可能性,这样不但能使国家财政资金更加安全高效运行,也能保护相关财务人员,使其不会做出违法违规的事情。

(2)借鉴先进做法,优化工作流程,提高工作效率,降低工作成本。

由于研究范围及人力所限,本研究成果具有一定的局限性,但从河南当地的实际情况来看,由于地方经济及学术条件的制约,欧美及我国沿海发达地区的应用成果的套办势必会造成水土不服,基于此,本成果还是具有一定的现实意义。本成果借助于当地高校的先进做法,可以拓宽中小学校的财务视野,进一步实现财务信息的校内共享,提升工作效率,降低工作成本。

五、存在问题及下一步打算

(一)存在问题

1. 应用成果研究面较窄

从应用研究的角度来讲,本研究所涉及的研究面较为狭窄,未涉及欧美及我国发达地区的应用研究成果。这主要是因为地区差异往往会造成应用成果研习的水土不服,故本次课题只对当地的先进做法进行了研究。

2. 目前共享范围太小

目前,放眼郑州市乃至整个河南中小学校,财务共享也只能做到学校内部的信息共享,共享范围较小,提升工作效率的空间还很大。

(二)下一步打算

(1)放眼欧美日及我国发达地区,在现有研究的基础上,加大对先进理论及互联网+财务共享应用成果的研究,进一步拓展眼界,扩大研究成果的范围面。

（2）进行一系列研究,逐步实现财务信息的区域共享及整个系统内的共享,让财务信息共享更加快捷实用。

本课题可借鉴的相关参考文献较少,理论基础薄弱,加上本研究在郑州市教育系统尚属首次,本应用研究难免有不足之处。但随着本课题研究的不断深入,理论基础的不断加强,专家指导意见的不断完善,我们有信心把本课题研究做得更加丰富实用。

参考文献

[1]陈琳.中国高校教育信息化发展战略与路径选择[J].教育研究,2012,33(4):
　　50-56.

[2]廖卫玲,汪晶.电子信息化推进高校财务管理创新[J].电子科技大学学报(社科
　　版),2010,12(6):40-43.

[3]武春江.高校财务信息化管理模式的设计与完善[J].深圳大学学报(人文社会科
　　学版),2007(2):158-160.

[4]李俊.高校会计信息化的现状及其改革研究[J].湛江海洋大学学报(社会科
　　学),2005(5):69-71.

[5]王晓辉.法国教育信息化的基本战略与特点[J].外国教育研究,2004(5):
　　60-64.

（本文为2019年度郑州教育发展课题研究成果,课题研究单位:郑州市教育局财务处,课题主持人:张杰,课题组成员:夏德保、李付、阴强、刘湘奇）

郑州市幼儿园教育装备成本核算研究

一、研究背景

（一）问题提出

党的十九大报告进一步把教育放在优先发展的战略地位,明确提出要"办好学前教育""幼有所育""努力让每个孩子都能享有公平而有质量的教育"。办好学前教育、实现幼有所育,是党的十九大作出的重大决策部署,是党和政府为老百姓办实事的重大民生工程。

《中共中央国务院关于学前教育深化改革规范发展的若干意见》(中发〔2018〕39 号)中提出,坚持公办民办并举,加大公共财政投入,着力扩大普惠性学前教育资源供给。到 2020 年,全国学前 3 年毛入园率达到 85%,普惠性幼儿园覆盖率达到 80%,广覆盖、保基本、有质量的学前教育公共服务体系基本建成。

教育装备是保障办园的基本条件,是幼儿园实施科学保教,促进幼儿健康快乐成长的重要载体。幼儿园教育装备成本核算,是政府财政投入和社会举办者必须面对的问题。

（二）概念界定

1. 幼儿园教育装备

课题组研究认为,狭义的幼儿园教育装备,是幼儿园教育教学所需要的设施、设备和教玩具,是完成保教任务、实现育人目标的物质技术保证。广义的幼儿园教育装备,还包括保证幼儿园运转所必备的办公装备。

2. 幼儿园教育装备成本

本课题研究的幼儿园教育装备成本是幼儿园首次投入使用前所投入的设施、设备成本,是广义的幼儿园教育装备成本。它具有以下两个特点。

（1）可货币量化。

（2）收付实现制方法核算。本研究不考虑成本分摊,不再分年度计算折旧。

（三）研究现状

从中国知网数据可知,以"幼儿园教育装备"为篇名的文献共有 5 篇,研究主要集中在幼儿园教育装备的意义、应用及规范建设等方面,对幼儿园教育装备成本的调查与核算,基本没有相关研究。

二、研究过程

(一)第一阶段:准备阶段(2019 年 2 月—2019 年 5 月)

课题组依据《河南省幼儿园办园基本标准(试行)》《河南省省级示范幼儿园评估标准(修订)》《郑州市幼儿园督导评估细则》,并对浙江省幼儿园教育装备规范、辽宁省幼儿园装备规范、天津市幼儿园保教设备装备标准进行比较借鉴,对装备供应商进行访谈与征求意见,起草适宜本地的、新时代的幼儿园教育装备目录。

(二)第二阶段:实施阶段(2019 年 5 月—2019 年 9 月)

首先,对装备供应商进行调查访谈,对大件装备及成套装备进行询价,征求商家意见。其次对县区教育局基建科工作人员进行访谈,了解幼儿园教育装备的投入情况。最后设计调查问卷,对有代表性的公办幼儿园园长进行访谈和问卷调查。

(三)第三阶段:总结阶段(2019 年 10 月—2019 年 12 月)

该阶段对访谈材料和调查问卷进行整理,分析幼儿园教育装备成本的核算。

三、主要做法和经验

(一)确立适宜的幼儿园教育装备目录

课题组根据《河南省幼儿园办园基本标准(试行)》中的幼儿园园舍组成,设立 3 个功能用房大类,与信息技术类、教玩具类并列,最终形成幼儿园教育装备 5 个大类,即活动及辅助用房装备、生活用房装备、办公及辅助用房装备、信息技术装备、教玩具装备。

1. 活动及辅助用房装备

根据《河南省幼儿园办园基本标准(试行)》可知,活动及辅助用房包括幼儿班级活动用房和共用活动用房。各用房装备如下。

(1)幼儿活动室装备。

幼儿活动室装备清单(按班配置):椅子、桌子各 30 把(符合《学校课桌椅功能尺寸及技术要求》GB/T 3976—2014),可按一定比例增配,备用;空调 1 台(功率视面积大小而定,无集中供热条件的要有冷暖功能);电扇(具有防护网、且可变风向的吸顶式电风扇)2 台,选配;收录机 1 台(或便携式音响播放器);钢琴(或电子钢琴)1 架;计算机 1 台;实物投影仪 + 银幕 1 台,50 英寸液晶电视机 1 台,推荐液晶触控一体机替代;数码相机1 台,选配;黑板(移动或固定的磁板、白板)1 个;玩具柜 10 组(开放式、可移动);自然角架若干个；图书架、教具柜、水杯柜、衣帽柜、毛巾架各 1 个；挂钟 1 个；毛巾 60 块，每学期人均两条；幼儿水杯 30 个，人均一个；餐具（碗、碟、勺、筷子）30 套，人均一套；热水器（满足温、热水使用需求）1 个；饮水设备、消毒柜、加湿器各 1 台；温湿度计 1 个；紫外灯若干盏；窗帘若干副；灭火器 2 个；新风系统 1 套，选配，亦可选配空气净化器。

与现有幼儿园装备规范或要求相比，目录清单中幼儿园桌椅规格按照现行的《学校课桌椅功能尺寸及技术要求》（GB/T 3976—2014）执行。根据我市幼儿园的教育实践经验，推荐液晶触控一体机替代实物投影仪＋银幕＋电视机。清单增加了灭火器、加湿器、新风系统或空气净化器设备。电源插座、网络接口等作为装修必备设施，不计为教育装备清单。

按照《郑州市幼儿园督导评估细则》要求，各班区角不少于 5 个。活动室应根据幼儿年龄特点和活动需要，设置多种活动区域，如角色区、益智区、科学区、美工区、语言区、建构区、表演区等。活动区角按照国家《幼儿园玩教具配备目录》和河南省办园基本要求，配备能满足区角活动的材料。

（2）幼儿寝室装备。

幼儿寝室装备清单（按班配置）：床 30 张（长度符合幼儿身高要求）；橱柜（衣橱、被橱）1 套，保证每个幼儿的衣物能够存放；空调 1 台（功率视面积大小而定，无集中供热条件的要有冷暖功能）；电扇（具有防护网，且可变风向的暖顶式电风扇）2 台，选配；紫外灯或臭氧发生器若干；窗帘（防晒、遮光）若干副；灭火器 2 个；新风系统 1 套，选配，亦可选配空气净化器；加湿器 1 个，选配。

与现有幼儿园装备规范或标准要求相比，增加了灭火器、加湿器、新风系统或空气净化器设备。

（3）盥洗室装备。

盥洗室装备清单（每班配置）：拖把 1 个；储藏柜 1 组；热水器 1 组；洗衣机 1 台，用于班级清洗幼儿毛巾等；梳洗镜（与幼儿身高相适宜）1 个。

因为幼儿活动室、寝室与卫生间一般是毗邻设置，所以课题组将毛巾、水杯列到活动室设备中。盥洗室水龙头、水池、储藏柜，卫生间水池、便槽、便器等列为装修物品。

（4）多功能活动室装备。

多功能活动室装备清单：钢琴 1 台；镜子与把杆若干组；活动桌椅若干张（可叠放的幼儿及成人椅）；会议室讲台 1 张（可移动）；黑板 1 个（可移动）；舞台灯光 1 组，选配；布景、道具若干，选配；电子白板 1 块，选配；专用组柜 1 套，用于存放各项设备；摄像机 1 台，选配；投影机＋银幕 1 套（或液晶触控一体机）；视频展示台 1 台；控制台 1 套，控制幕布升降、音视频切换等；功放 1 台，或带功放的调音台；音箱若干套；话筒、无线话筒若干套，可配领夹式无线话筒；DVD 播放机、录音卡座各 1 台，选配；空调 1～2 台（功率视面积大小而定，无集中供热条件的要有冷暖功能）；窗帘（防晒、遮光）若干副；灭火器 4 个；新风系统 1 套，选配，亦可选配空气净化器；加湿器 1 个，选配。

多功能活动室小舞台、镜子与把杆可以列为装修设备。

（5）专用活动室装备。

①科学发现室装备。

科学发现室可配置如下装备若干套。

自然现象观察与操作类：生命物质，包括植物、动物的图片、模型或标本，反映动植物外形特征和生长变化的观察实验设施设备。幼儿园教师可以根据主题教育需要，创设昆虫、鸟类等科学探究区域。

机械操作类：平衡材料、齿轮材料、斜面材料、重力操作材料、反映体积大小的容器材料，磁性材料，声、光与影、电、火等材料与玩具。

化学现象观察与操作类：物质的溶解、沉淀等使用的材料，烧杯，容器等。

地理与天体观察与操作材料：地形图、地球仪、三球仪、望远镜、日月星辰资料及四季变换资料等。

现代科技材料：电子玩具、遥控玩具、机器人、无土栽培等。

无生命物质：沙、石、土、水、空气等实验材料。

幼儿操作工具材料（多种）。

灭火器、空调为必配装备。实验操作台、仪器柜、窗帘、新风系统等选配。水源、照明灯光列为装修物品。

②美术创意室装备。

美术创意室装备清单：幼儿画板 30 块。幼儿画架 30 个。颜料、画纸、泥、画笔、剪刀、调色盘、泥工板等工具若干套，幼儿工具根据需要，可人手一套。幼儿画桌（GB/T 3976—2014）4 ~ 6 张。幼儿用椅（GB/T 3976—2014）30 张。教师用椅 2 张。磁性白板 1 块。视频展示台 1 台。彩电 1 台，选配。工具架（高度不超过 90 cm）1 个，供摆放美工工具。护衣或围裙（与幼儿身高相应）30 件。衣架（适合幼儿身高）若干个，挂幼儿护衣。材料柜或材料（高度不超过 90 cm）10 个。作品陈列柜（高度不超过 90 cm）4 ~ 6 个，选配。空调 1 台（功率视面积大小而定，无集中供热条件的要有冷暖功能）。灭火器 2 个。新风系统 1 套，选配，亦可选配空气净化器。洗水池若干，必备，列为装修物品。

③资料室（幼儿阅读室）装备。

《河南省省级示范幼儿园评估标准（修订）》要求：幼儿读物和教师专业用书及音像资料配备齐全，幼儿读物人均 5 册以上，幼儿园教师专业用书不少于 10 种，报纸杂志不少于 5 种，应包含学前类 CN 级和核心刊物。同时还要有一定数量的经典图书、图片、音像资料。

幼儿图书阅读室应结合活动室区角，提供适合不同年龄段幼儿的书籍、杂志、音像材料等。幼儿阅读室配置书架、阅读台、座椅、软靠垫等，配置空调 1 台，灭火器 2 个，可选配加湿器、空气净化器。

按照省级示范幼儿园标准配备教师所用的图书资料,教师所用的图书资料可以归到教学研究室或其他办公用房装备。

④建构室装备。

提供各种类别排列组合搭建的玩具,如大、中、小型积木;接插连接玩具,如各种片、块、管、粒等;螺旋连接、嵌接玩具;各类穿编玩具;地垫若干;空调1台,灭火器若干。

⑤幼儿计算机室装备(选配)。

幼儿用机30台,幼儿桌椅30套;教师机、服务器、交换机、UPS电源各1台,无尘白板1个,空调1台;防盗设施1套,灭火器若干。

2. 生活用房装备

《河南省省级示范幼儿园评估标准(修订)》提出:"生活用房包括厨房(主副食加工间、烹饪间、备餐间、主副食仓库)及辅助用房(开水/消毒间、炊事员更衣室)。"生活用房装备按9~12班级规模/幼儿园计算。

(1)厨房装备。

主副食加工间装备清单:洗水池(不锈钢)3个;操作台、货架各1个;绞肉机、冰箱、热水器、和面机、烘箱、电饼铛、饺子机、切菜机、蒸箱、电冰箱各1台;刀具8套;砧板8块;面粉车1辆;搅拌机/打蛋机1个;灭蝇灯1盏。

烹饪间装备清单:灶台、烹调锅3~4个,蒸饭车1辆,排油烟机1个,灭蝇灯1盏,不锈钢餐盆8个。

备餐间装备清单:备餐台1个,空调1台,留样冰箱1台,臭氧或紫外消毒灯1个,餐车12辆。

主副食仓库备货架4个。

(2)辅助用房(开水/消毒间、炊事员更衣室)装备。

开水间配备电热开水炉2台;消毒间配备消毒柜3台,热水器1台,碗筷匙托盘20个,保洁柜1个;更衣室配备消毒灯1盏,衣架1个,衣橱1个,办公桌1张;洗衣房配备洗衣机1台。

3. 办公及辅助用房装备

办公及辅助用房包括行政办公室、保健室、晨检室、教师办公(教研)室、财务室、会议室、传达(安保)室等。

(1)保健室装备。

按照《河南省幼儿园保健室设备目录》配备要求,保健室设备分为一般设备、体检设备、常用消毒用品、常用医疗用品、常用药品五类。按照卫计委发布的《托儿所幼儿园卫生保健工作规范》要求,还应配备儿童观察床。

根据实际需要,配置电脑及营养计算软件,配备空调1个,灭火器2个。

根据突发传染病应急预案,设立(临时)隔离室,配置测温仪、口罩、防护服等装备。

（2）晨检室装备。

晨检工作车 1 个,晨检用椅 3 张,晨检桌 1 张,长方盘 1 个,手电筒 1 个,剪刀 1 把,棉签数包,体温计数支,外用药若干种,口罩、酒精棉球、压舌板、记录本、签字笔若干。还应配备免洗洗手液若干瓶,医用废物桶 1 个,(移动)紫外线灯 1 个,配备空调 1 个,灭火器 2 个。

（3）办公用房装备。

幼儿园办公用房装备按房间功能和人员岗位配备办公桌椅、电脑、打印机、纸张、笔、订书机、计算器、报架、组柜、会议桌、保洁用品、共用移动红外线灯、电源插座等。

按规定配备旗杆、国旗、党旗;财务室配备财务专用电脑及软件、防盗设施;各室配备空调 1 个,灭火器 2 个。

4. 信息技术装备目录

（1）计算机教学研究室(教师发展中心)装备。

计算机桌人均 1 个,计算机人均 1 台,彩色打印机 1 台,数码复印机 1 台,扫描仪 1 台,过塑机 1 台,刻字机 1 台,照相机 1 个,摄像机 1 个,专用柜若干,(移动)紫外线灯 1 个(可共用),空调 1 个,灭火器 2 个,还应配置防盗设施。

（2）网络中心装备(选配)(清单略)。

（3）广播系统装备。

计算机 1 台,自动播放系统 1 套,调音台 1 台(可带功放),功率放大器 1 台,室内音箱每班 1 组,室外若干组,手持式无线话筒 2 套,领夹式无线话筒 2 套,有线话筒 2 套,监听器 1 套,输出分配器 1 台,UPS 电源 1 台,空调 1 个,灭火器 2 个,还应配置防盗设施。

（4）安全监控系统装备。

摄像头若干个,电脑 1 台,液晶显示器若干台,硬盘录像机 1 台,硬盘若干块,红外线报警系统 1 套(覆盖室内、室外重要部位)。

5. 教玩具装备目录

幼儿园按国家《幼儿园玩教具配备目录》一类配备目录和《河南省幼儿园办园基本标准(试行)》的要求配备。教玩具配备目录包括体育类、构造类、建构类、角色及表演游戏类、科学启蒙类、音乐类、美工类、图书挂图与卡片类、电教类、劳动工具(包括玩沙、玩水、种植、饲养)类。园内大中型活动器械班均两件以上。

（二）确立适宜的幼儿园教育装备成本计算方法

幼儿园装备品种、数量繁多,成本的计算方法较为复杂。国家《幼儿园玩教具配备目录》所附的《幼儿园玩教具配备金额核算表》为 1992 年发布,距今有 27 年。课题研究一是吸纳服务业采用的顺序结转法,根据采购设施设备的先后顺序逐步核算成本;二是参考订单核算的方法,即对已有的装备采购单据按批进行核算;三是在前两种方法经验的基础上,由专家按照项目要求进行估算。

顺序结转法和订单核算法都可以对幼儿园实际教育装备投入进行核算。

(三)确立适宜的幼儿园教育装备费用

1.典型示范幼儿园调查

示范学校法是测算教育成本的一种方法,它从教育产出的角度来确定该项支出的充足标准。示范学校定义为达到特定教育目标的学校,其教育产出达到设定的标准。理论上来说,可用多种不同的指标来筛选示范学校。课题组对 15 位富有办园经验的幼儿园园长进行调查,抽取的幼儿园为园长亲身主持开园准备工作的幼儿园,幼儿园均按照示范幼儿园的设置标准进行设备配备,调查结果如下表。

表1　各类幼儿园教育装备投入一览表

幼儿园名称	办园性质	办园规模(班数:个)	装备费用(万元)	班均费用(万元)
市区 A 区 A 幼儿园	公办	18	900	50
市区 A 区 B 幼儿园	公办	18	900	50
县市 A 幼儿园	公办	9	100	11.11
市区 B 区 A 幼儿园	公办	12	600	50
市区 B 区 B 幼儿园	公办	12	361	26.33
市区 C 区 A 幼儿园	民办	12	500	41.66
市区 C 区 B 幼儿园	公办	12	240	20
市区 C 区 C 幼儿园	公办	12	826	68.83
市区 D 区 A 幼儿园	公办	6	326	54.33
市区 D 区 B 幼儿园	民办	13	117	9
市区 B 区 A 幼儿园	民办	12	360	30
市区 B 区 C 幼儿园	民办	12	195.6	16.3
市区 B 区 D 幼儿园	民办	8	60	7.5
县市 B 幼儿园	公办	18	81.5	4.5
市区 E 区 A 幼儿园	公办	12	484	40.33

上表显示,幼儿园班均教育装备成本从 4.5 万元到 68.83 万元不等,其中,装备成本在 20～50 万元的居多。

2.成功园长评判

成功园长评判法是幼儿园成本核算常用的一种方法。成功园长评判法是富有办园经验的幼儿园园长,结合主客观因素对办园成本进行估算的一种方法。课题组在对

15 位园长访谈中,当提问到 1 所 12 班规模省级示范幼儿园较为适宜的装备费用的预期性、较为理想性的预测时,园长们根据自己的办园经验、办园标准和理想期待来估算,园长们给出的班均装备成本从 16 万元到 60 万元不等,其中 30～50 万元的居多。

3. 县区教育部门基建负责人评判

2019 年,郑州市新增公办幼儿园 113 所。课题组通过对幼儿园实地考察,听取 16 个县级教育部门基建负责人介绍,了解到幼儿园教育装备投入情况为:农村地区班均预算经费 10～20 万元能基本满足开园需要,市区班均预算普遍在 40～50 万元之间。

结合典型示范幼儿园调查、成功园长评判和教育部门基建负责人的评判得出,按照省级示范幼儿园的标准开办优质幼儿园,班均教育装备成本在 30～50 万元之间较为合适。

四、研究成效

幼儿园的装备成本研究目前在国内是一个空白。本研究为优化幼儿园教育装备提供了技术支持,为办园投入提供了决策参考,为研制幼儿园奖补政策提供了决策依据,并进一步丰富了幼儿园管理理论。

(一)建立了幼儿园教育装备目录、完善了装备清单

本研究将幼儿园教育装备分为活动及辅助用房装备、生活用房装备、办公及辅助用房装备、信息技术装备、教玩具装备 5 类,并根据社会发展情况进一步完善装备清单。

(二)科学核算出适宜的幼儿园教育装备成本

幼儿园教育装备水平与幼儿园办园水平、保育教育质量密切相关。结合典型示范幼儿园调查、成功园长评判、县区教育部门基建负责人评判,研究得出幼儿园班均教育装备成本一般在 20 万元以上,在 30～50 万元之间较为理想。

五、存在的问题及下一步打算

本课题研究的幼儿园教育装备成本,采取收付实现制方法核算,能核算出建园时的首次装备投入成本,或装备投入费用。这种核算方式,便于幼儿园举办者核算首次投入的设施、设备成本。由于没有分年度计算折旧,没有进行成本分摊,故不能直接反映幼儿园办园成本。在后续的研究中,计划会以权责发生制的方法,根据设施设备的折旧年限,核算教育装备成本。

参考文献

[1]卓敏,马如宇,王明治,等.标准引领幼儿园建设装备支撑学前教育发展[J].教育与装备研究,2018(1):31-34.

[2]朱丽娜.优化幼儿园教育装备配置 促进幼儿全面发展[J].中国教育技术装备,2019(5):85-86.

[3]徐倩.教育装备新体验[J].上海教育,2019(30):14-17.

[4]何建闽,樊汝来,孙古.关于加强幼儿园教育装备规范化建设若干问题的思考(上)[J].教育与装备研究,2018(1):23-27.

[5]马林琳.公办普通高中教育财政充足度研究——以南京市为例[D].南京:南京师范大学,2017.

(本文为2019年度郑州教育发展课题研究成果,课题研究单位:郑州市幼教发展中心,课题负责人:任保国,课题组成员:李艳玲、王海燕、闫荣林、张凡)

郑州市高中阶段资助宣传文化构建研究

一、研究背景

该研究背景主要是关于助学金存在问题的背景分析。

在实际的资助过程中,助学金管理、发放及宣传方面存在的问题有重事前,轻事后,重短期,轻长期等特点。助学金的申评过程中,贫困证明泛滥,学生诚信缺失,出具虚假家庭经济困难证明等问题屡屡出现。在评定国家助学金时,各校评定标准不一,基本有幕后评定或没有公示等。因此,学校要重视在相关媒体上资助政策的宣传,注重校园资助宣传文化的建设,探索建设以社会主义核心价值体系为引领的高中教育阶段校园资助宣传文化,以期更好地完善资助工作的育人功能,培养更多品德高尚、知识丰富的新时代人才。

学校应采取各种文化宣传形式,加大资助宣传力度,全面落实党和国家学生资助政策。郑州市教育局结算资助中心结合高中学校,面向各学校征集学生宣传资助政策的微宣讲视频,聘任国家奖学金、国家励志奖学金的获奖学生担任本校的学生资助宣传大使,遴选组建一支懂政策、会宣传的市级宣传队伍,开展资助宣传活动,宣讲学生资助政策。同时努力培养受助学生的创新实践能力,引导其践行社会责任,开展资助育人活动,助力学生幸福成长。

2018 年,课题组已经对郑州市高中阶段校园资助文化构建进行了初步研究,经过一年的探索与实践,界定了校园资助文化的概念和内涵,明确了校园资助文化的重大意义,对校园资助文化之制度文化建设、申请及评审文化建设两个方面进行了初步探索,积累了一些有效经验。我们认为,校园资助宣传文化是校园资助文化的核心组成部分。课题组希望通过对高中阶段校园资助宣传文化内涵进行深入挖掘,探索更加有效的高中阶段校园资助宣传文化的构建及资助育人的方法和途径,以期更好地实现学生资助工作中立德树人的目标。

二、研究过程

课题组在研究中着重进行了 6 个方面的研究:自强文化宣传与营造、感恩文化宣传与营造、成才文化宣传与营造、人文关怀文化宣传与营造、信任文化宣传与营造、防诈骗舆论氛围宣传与营造。

首先,通过资助宣传,营造助学、励志、感恩为核心的育人文化氛围。在资助过程中,把资助工作与学校人才培养紧密结合起来,依托资助工作平台,将家庭经济困难的学生资助工作与诚信、感恩教育紧密结合,培养学生乐于助人、阳光进取、知恩图报的价值趋向。

其次,宣传、营造贫困生的自我成才机制,提高贫困生的自我发展能力。通过贫困生成才教育的宣传,提高贫困生的全面素质,帮助他们合理获取和调动资源,从而满足自身基本需求的能力。具体言之,就是为贫困生提供经济资助的同时,通过创新教育管理方式方法,实现贫困生自我解困能力的培养。

三、主要做法和经验

(一)资助宣传文化构建遵循的原则
1.广泛性

加强资助宣传,开展形式多样、内容丰富、颇具特色的资助政策宣传活动,提高政策知晓度。

2.公开性

标准、条件、程序、组织等都要公开,实现公正、公平、公开的资助,体现严肃性和公信力。让学生和家长都明白申请流程,明白在什么条件下,可以申请资助,申请什么资助和怎样申请等相关政策。

3.人文性

保护受助者隐私,防止伤害学生及家庭尊严。课题组定制的资助宣传要求,必须是有温度的宣传,具有人文性,呵护孩子敏感的心灵。

4.针对性

抓紧宣传时机,以日常教学和校园活动为平台,在招生、开学、放假、毕业之际,集中开展学生资助工作宣传。学校深入了解贫困学生家庭的实际情况,有针对性地做好精准扶贫、宣传育人工作,使学生放下包袱、安心学业,顺利完成学习并及时就业。

5.时效性

充分利用电视、报纸、杂志、网络等各类媒体和媒介,进行宣传和发布资助等热点问题。同时要及时、主动进行公开公示,发布相关信息,提高资助育人的时效性,持续开展"资助育人"的主题活动,确保信息公开及时、准确。

(二)构建资助宣传文化的传媒体系
1.充分利用传统媒体积极发声

市教育局结算资助中心负责人做客教育电视台,进行学生资助政策讲解,并现场解答网友问题。录制生源地信用助学贷款业务宣传片,并在教育信息网和教育电视台进行展播。撰写生源地信用助学贷款及高中低保低收入家庭成员考取高校一次性救助相关内容的新闻通稿,并在省市主流媒体上进行宣传。

2.积极借助新媒体拉近和学生距离

我们非常重视加强新媒体手段的利用,采取一些学生喜闻乐见的方式,如建立微信公众号、官方微博、拍摄小视频等方式进行资助政策的宣传,这样的宣传方式拉近了与学生的距离,也让他们特别容易接受,受到了学生的一致好评。

3. 校园宣传面对面

一是利用校报、校刊、宣传栏、展板、横幅、校园广播等多种形式,对家庭经济困难学生进行资助政策宣传;二是由学校资助人员或班主任直接宣讲或个别交流,介绍各级各类资助政策、育人导向,让学生对资助政策有直观且深刻的掌握;三是在资助工作布置或落实的过程中结合资助宣传工作,班级资助学生干部也可以起到适当的宣传作用。

(三)构建资助宣传文化的具体做法及实践探索

1. 设计资助宣传文化的策略和途径

为了使资助宣传达到预期效果,让学生和家长透彻理解资助政策和申报程序,课题组经过研究,提出了一些很有建设性的策略和方法。

(1)提出响亮的资助口号,产生思想上的强大冲击和震撼。比如,"不让一个学生因家庭经济贫困而失学"。看到这样的口号,马上给人以希望、力量、信心,也看出了政策的底线。再比如,"应助尽助""国家资助,助我飞翔"等,都能让人一看便知,过目不忘,实现了很好的宣传效果。

(2)做到资助政策的系统性宣传。通过各个学校层面的大小集会、班主任主题班会,需要对政策、申报程序进行详细解读,系统宣传,必须纵向有深度,横向到边到沿,防止个别人特殊情况的漏报、错报。

(3)通过举办大型活动,邀请重要领导出席,社会媒体广泛参与报道,使受众面极大增加。这种宣传形式要拟定宣传主题和重点内容,不可面面俱到,不作为操作层面的宣传,只作为广泛性宣传。

(4)课堂主渠道融入资助宣传。一是讲好"两课",即入校时资助政策宣讲课和入校后资助育人特色课,确保师资,确保课时。

(5)设立表现为实物的资助宣传文化。郑州市资助中心制定的宣传措施要求各高中段学校必须有公示栏、宣传橱窗,必须树立成才典型、发放奖状奖品等。同时,课题组也为郑州市策划了资助形象大使宣传方案,落实正在进行中。

(6)其他资助宣传途径。举办资助演讲、征文比赛、不同层次和范围的座谈会、调查问卷等,这些都是资助宣传的有效补充,为资助宣传文化营造增添了应有的分量。

2. 做好顶层设计,加强系统谋划

为进一步促进资助宣传文化的构建,在全市范围内建立起资助宣传教育的长效机制,教育局结算资助中心专门下发了《郑州市教育局关于印发〈2019 年郑州市学生资助宣传工作方案〉的通知》,对各县(市、区)教育局和局直属各学校做了统一规划,同时要求各单位结合实际情况制定 2019 年学生资助宣传工作实施方案,并要做好以下工作。

(1)提高政治站位,建立完善各级组织机构。通知明确要求,各县(市、区)教育局和各学校要提高政治站位,充分认识到学生资助宣传工作的重要性;要求各县(市、区)教育局和各学校要建立健全学生资助宣传工作领导小组,实行分级负责、责任到人。

(2)加强经费保障,确保资助宣传工作顺利实施。要求各县(市、区)教育局和各学校从工作经费和专项奖补资金中安排学生资助宣传工作的专项经费,让学生资助宣传工作有物质保障,确保了各项资助政策宣传工作的顺利开展。

(3)强化育人效果,积极探索资助育人途径。围绕社会主义核心价值观,强化资助育人理念,抓好励志教育、诚信教育、感恩教育和社会责任感教育,探索保障型资助向发展型资助的转变路径。

(4)制定资助应急预案,强化舆情管理。要求各县(市、区)教育局和各级学校建立健全学生资助舆情监控与应急处置机制,向社会公布各级学生资助工作的咨询热线电话,提升舆情应对处置能力,积极稳妥应对突发事件。建立预警机制,加强受助学生的防范网络、电信诈骗等警示教育。

(5)开展专项考核,加强资助宣传监管。全市每年将资助宣传工作纳入学生资助工作年度的考核重点,对各县(市、区)教育局和各级学校资助宣传工作的开展情况进行监督检查,并及时通报。

3.加强学生资助宣传工作业务培训,提升工作人员业务素养

4.在全市统一开展资助主题系列宣传活动

(1)开展"国家资助,助我成长"主题宣传活动。课题组在2019年统一开展了以"国家资助,助我成长"为主题的学生演讲比赛暨成才典型评选活动。郑州市教育局组织成立专家评审委员会对所有候选人进行评选,最终在全市范围内评选出50名励志成长成才学生的优秀典型,对入选者进行表彰,颁发证书,并通过新闻媒体等各种渠道对优秀学生进行集中宣传并编印郑州励志成长成才优秀学生画册。

(2)举办全市中职教育国家奖学金颁奖启动仪式。2019年是中职国家奖学金实施的第一年,为了让这项工作宣传到位,提升育人效果,2月26日上午,我市的中职国家奖学金颁奖启动仪式在郑州市电子信息工程学校分会场举行。郑州市教育局党组成员、副局长张大龙同志亲临会场,并做了重要发言。他在讲话中说,国家设立中职国家奖学金,体现了国家对于中职教育的肯定和鼓励,并对全体学生提出要求,希望学生们能意志坚强、发奋成才,能知恩图报、关爱他人,不辜负国家奖学金的设立初衷。

(3)开展"国家资助托起大国小匠"职业院校技能大赛获奖受助学生典型案例评选活动。"国家资助托起大国小匠"是由教育部全国学生资助管理中心主办的一项旨在展现中职教育资助育人成效的重要活动。各县区和学校按要求认真组织、全面征集、层层推选上报典型案例,我市组织专家进行评审,我市共遴选出20篇优秀获奖学生典型案例,其中郑州市电子信息工程学校、郑州市国防科技学校、郑州市商贸管理学校等3个单位共6篇优秀获奖学生典型案例入围全省优秀典型案例,2篇优秀获奖学生典型案例代表我省参加全国评选,进一步展现了我市学生资助工作的宣传成效。

(4)举办建国70周年庆典系列资助宣传活动。充分利用宣传资源,结合各单位工作实际,开展丰富多彩的学生资助宣传专题活动,包括征文比赛、志愿者活动、感恩教育等。

5.资助政策宣传全覆盖,确保每个学生均知晓政策

(1)印发三封信。在暑期放假前,统一印制好《致初中毕业生的一封信》《致普通高中毕业生的一封信》和《致学生资助工作者的一封信》,并分发给各个学校,确保在中考、高考前发放到每个毕业学生手中。

(2)上好两节课。在各级各类学校每学期开学时为所有学生上一节资助政策宣传

课,讲解本学段的资助政策及办理办法,让广大家庭经济困难学生能及时了解资助政策并获得资助,在毕业时为毕业学生上一节下一学段的资助政策宣传课,解除广大学生和家长的后顾之忧。

(3)发放两张卡。各级各类学校在新生录取时,向学生全面发放"郑州市建档立卡学生资助政策明白卡";在期末结束前,向建档立卡贫困家庭的学生家长(或监护人)发放本学期"建档立卡贫困家庭学生受助情况温馨告知书"。

(4)发布一篇学生资助发展报告。编订年度学生资助工作的开展报告,并面向社会公开发布,在宣传资助成效的同时,接受社会监督。

(5)发放一份学生资助政策简介。各级各类学校都要随录取通知书发放资助政策简介、咨询热线电话等宣传资料。

四、研究成效

本课题组经过近一年的努力研究和探索,助推了郑州市的资助宣传工作,收获了以下几个方面的成效。

(一)理论方面

经过课题组成员近一年的探索与实践,对高中阶段校园资助宣传文化内涵进行了深入挖掘,探索了一些更加有效的高中阶段校园资助宣传文化构建,以及资助育人的方法和途径,对于更好地开展学生资助宣传工作提供了理论支撑。

(二)实践方面

1.初步形成具有郑州特色的资助宣传机制

结合社会主义核心价值观教育,发挥资助育人功能,课题组通过市教育局官网,面向我市所有学段学校,大力宣传国家、省及我市建立的学生资助政策体系。在此过程中课题组拓展宣传渠道,创新宣传内容,形成系统的宣传机制,让资助宣传工作能够真正面向学生、面向家长、面向学校、面向社会其他群体,有效扩大宣传影响人群,取得切实有效的宣传效果。

2.建立起一支专业的资助宣传队伍

做好新形势下资助宣传工作,关键靠人才、靠队伍。经过这几年的不断努力,目前,我们初步建立了一支由资助管理部门和学校资助工作人员组成的稳定的、专业的资助宣传队伍。我们通过县区资助管理部门和学校资助工作人员全方位、多渠道地收集整理一线工作中有效的宣传手段和途径,在全市范围内做经验推广,为广大资助宣传人员提供更多思路,打开更宽视野,强化宣传效果,有力推进了资助宣传工作的开展。

3.推典型,资助宣传育人工作成效斐然

自2019年3月份以来,课题组组织学校陆续开展了中职学生"国家资助,助我成长"演讲比赛,中职及普高"国家资助,助我成长"主题征文比赛,广泛宣传我市优秀获奖学生的成长成才事迹,一是将优秀学生演讲集合成视频,并在郑州市教育电视台播出;二是将优秀征文整理成册,统一制作后发放到各学校,展示受助学生的精神风貌和资助工作的育人成效,同时树立成长成才目标榜样,激励广大学生看齐优秀学生、努力学习、奋发图强;三是及时通报参加由教育部全国学生资助管理中心主办的"国家资助托起大国小匠"活动时所获得的成绩,我市有6篇优秀获奖学生典型案例入围全省优秀典型案例,有2篇获全国优秀典型案例,这些成为我市资助工作中不可忽视的成绩。

4.郑州市学生资助工作得到了社会及家长的广泛赞誉

学生资助工作作为一项重要的民生工程,郑州市全体学生资助工作人员秉承着"好事办好"的理念,兢兢业业、如履薄冰,以一腔热血呵护、支持家庭经济困难学子完成求学梦,力求做到应助尽助,以强大的后盾保障我市家庭经济困难学生顺利接受教育,促进教育公平。

目前,我市学生资助工作已经实现全学段覆盖,那么宣传工作就显得尤为重要,2019年的宣传工作做到了全方位、无死角。在市教育局的领导下,我市各学段学校开展了多项资助宣传工作,其中包括春、秋两季学生国家助学金申报与发放、"国家资助,助我成长"主题演讲比赛暨征文活动、向家长送达三封信(全国学生资助管理中心致高中毕业生一封信、全国学生资助管理中心致初中毕业生一封信、致全省国家助学贷款毕业生的一封信)、向学生发放两张卡(建档立卡贫困家庭学生受助情况温馨告知书、郑州市建档立卡贫困家庭学生资助政策明白卡)、两节课(入学一节课、毕业一节课)等,还包括建档立卡贫困家庭学生识别与录入,撰写2019学生发展报告等工作,做到所有学段学校全部参与和宣传,力求有需要的学生及家长能够第一时间了解资助政策,知晓申请渠道,能够有效申请。

经过我们的全方位、多角度的宣传,做到了资助政策宣传的全覆盖,社会、家长、学生对资助政策的知晓率越来越高,有需要的家庭申报成功率达到100%。同时困难学生受资助比例越来越高,社会及家长对资助政策的满意度也稳步提升,得到了社会及家长的广泛赞誉,基本实现了"不让一名学生因家庭经济困难而失学"的工作目标。

五、存在问题及下一步研究设想

由于时间和实际条件所限,课题组本次对高中阶段校园资助宣传文化的研究还没有深入开展。同时,研究中也发现部分学校对学生资助工作重视不够,资助文化开展和资助育人工作还存在许多不足之处。下一步,我们希望继续对高中阶段校园资助宣传文化内涵进行深入挖掘,探索更加有效的高中阶段校园资助宣传文化构建及资助育人的方法和途径,以期更好地实现学生资助工作"立德树人"的目标,培养更多乐观自信、感恩奉献的新时代青年,为实现中华民族伟大复兴的中国梦而不懈奋斗。

(一)开展"关怀万里行,精准助成长"家访活动和"资助政策乡村行"政策宣传活动

与国家的精准扶贫相结合,课题组大力推动精准资助、精准育人,将国家、省市政策宣传到家,精准宣传,助人育人,将温暖送到贫寒学子的家中。选拔优秀学生组建宣讲团,充分利用寒暑假空余时间,通过讲述自身感人肺腑、励志成才的动人事迹,把政策送到田间地头,送到困难学生手中。

(二)推出资助宣传"形象大使"活动

在全国范围内,寻找一些少时贫穷,青年时发奋力强,立志成才的知名爱心人士,推送其作为郑州市资助宣传的形象大使,以其影响力、号召力,正面引导、激励贫困学子养成积极向上、乐观进取的心态,让他们的人生道路充满自信和阳光。

(三)坚持以人为本,解决家庭经济困难学生心理问题

抽调心理咨询专家、骨干心理教师,对家庭经济困难,有心理困惑、心理压抑,甚至心理障碍学生进行有效疏导和心理暗示,让他们能够正确面对家庭、面对现实,走向积极乐观的人生。

(四)宣传勤工助学岗位的实用价值,吸引更多贫困学生加入进来,通过劳动教育,提高贫困生的就业技能与职业能力

目前,勤工助学是职业院校学生资助工作的重要手段,也是提高学生综合素质和就业技能的有效途径。学生通过勤工助学岗位上的辛勤劳动获得相应的报酬,达到心安理得和心理平衡,同时也在工作岗位上锻炼了能力,增长了才干。学生只有参加社会实践活动,才能更客观地认识自己,定位自我,从而扬长避短,树立正确的择业观和就业观,实现资助劳动育人的价值导向。

参考文献

[1]孙维佳."互联网+"视域下高校资助文化建设[J].科教文汇(下旬刊),2017(5):128-129.

[2]李敏.浅议高校资助工作育人功能的内涵及其拓展[J].西南农业大学学报(社会科学版),2010(6):193-196.

[3]陈永俊.资助制度与政策对育人文化的影响探究[J].中国职业技术教育,2013(36):27-30.

[4]刘宁、卜士演.新媒体背景下高校学生资助宣传工作路径探析[J].华中理工大学学报(社会科学版),2017.17(1):97-101.

(本文为2019年度郑州教育发展课题研究成果,课题研究单位:郑州市教育局结算资助中心,课题负责人:张兴华,课题组成员:高勤华、支兴通、王淼、李富森)

新课标背景下英语教师专业发展研究

一、研究背景

2017 年 12 月,中华人民共和国教育部重新修订了《基础教育课程改革实施纲要》,并将基础教育的总目标修订为"注重培养学生的综合语言应用能力,促进学生的全面发展,提倡以人为本,以学生为中心"。总目标的实施对英语教师的专业发展提出了新的和更高的要求。

为全面贯彻落实《河南省专业技术人才队伍建设中长期规划(2011—2020 年)》,省教育厅、财政厅、科技厅、人力资源和社会保障厅制定了《关于进一步加强全省专业技术人员继续教育工作的意见》。河南省政府、省教育厅、郑州市政府和市教育局一直以高标准完成"国培"和"省培"项目,分层次精准推进"市培"项目,持续开展教师全员继续教育,着力建立教师梯队攀升格局。同时"中原千人计划"、中原教学名师、中原名师、省级名师、省级骨干教师和郑州市中小学"千人教育名家"培育工程成效也很显著。

在此背景下,郑州市教育主管部门每学期组织郑州市中小学教师以所属区、协作区、教研共同体、学校等为依托,通过专家讲座、学科研讨、观摩教学、案例分析、教学大赛、自主研修、校本研修等方式提高英语教师的教学水平及能力,并提升英语教师的学习观念,督促英语教师更新教育理念,帮助英语教师掌握足够的知识和方法,为教学工作提供新的思路。

二、研究过程

本研究主要分为三个阶段:理论准备阶段、实施研究阶段和课题总结阶段。具体过程如下。

(一)理论准备阶段(2019 年 3 月—2019 年 4 月)

2019 年 3 月,本课题申报立项。课题组整理、学习和分析大批文献资料,召开课题组会议,反复推敲和论证研究思路、内容和方法,确定时间节点和主要任务。

(二)实施研究阶段(2019 年 4 月—2020 年 1 月)

(1)2019 年 4 月,召开课题组会议,负责人传达专家指导意见,各成员制定所负责领域的计划和实施方案。

课题组参照教师专业发展标准中有关教师专业知识、专业技能、职后培训等方面的要求,设计教师专业发展综合调查问卷和访谈大纲。

(2)2019 年 4 月下旬—2019 年 8 月,课题组利用样本学校教研共同体的研讨会、教研会、备课组会、同课异构等教研教学活动时间,进行问卷调查和访谈,细查当前本市中小学英语教师专业发展现状和问题,对个别访谈重点进行个案探讨。课题组利用分析软件处理相关数据,并对访谈结果进行现状和可能性原因分析。

(3)2019 年 9 月—2019 年 10 月,召开课题组中期成员会议,负责人传达专家组指导意见,部署后期工作。课题组成员根据工作安排调整相应分工,确认后期任务并明确时间节点及相关要求。

(4)2019 年 11 月—2020 年 1 月,课题组全体成员定期召开会议,对本课题的研究内容做出补充性说明,并安排好总结阶段的任务事宜。

(三)课题总结阶段(2020 年 1 月—2020 年 2 月)

一是在负责人的带领下,课题组成员认真分析和深入讨论研究过程、信息记录、数据分析和报告撰写等相关事宜;二是基于现有状况借鉴外部成功经验和做法,提出郑州市中小学英语教师专业发展的建议;三是按照课题结题的相关要求,整理过程性资料和结题材料,迎接课题组和专家组的课题验收工作。

三、主要做法和经验

历时 11 个月,本课题的研究已基本完成,达到课题研究的预期目标,完成预设的研究内容。

(一)英语教师专业发展现状调研报告

课题组成员对样本学校进行问卷调查和访谈,从英语教师师资队伍特点、英语教师专业发展意识与行动力、样本学校英语教师专业发展需求及英语教师专业发展途径和实用性等层面做出如下分析。

1.英语教师师资队伍特点

表 1　郑州市中小学样本学校英语教师队伍分析表

内容	选项	人数	百分率(%)
性别	男	110	26.3
	女	308	73.7

（续表）

内容	选项	人数	百分率（%）
年龄	25 岁以下	26	6.2
	26 ~ 40 岁	250	59.8
	41 ~ 45 岁	102	24.4
	46 岁以上	40	9.6
教龄	5 年以下	38	9.1
	6 ~ 10 年	64	15.3
	11 ~ 20 年	188	45.0
	20 年以上	128	30.6
入职学历	本科	282	67.5
	研究生	114	27.3
	其他	22	5.3
当前学历	本科	256	61.2
	研究生	152	36.4
	其他	10	2.4
周课时	1 ~ 9 节	44	10.5
	10 ~ 15 节	318	76.1
	16 节以上	56	13.4

由表 1 可知,女性教师人数大大超过了男性教师人数,占比达到 73.7%。年龄在 26 ~ 40 岁之间的中青年教师积累了一定的教学经验,成为教师队伍的中坚力量。从本次调查问卷数据分析结果看出,样本学校英语教师师资队伍存在性别结构不平衡、年龄分布不均匀、学历上升空间大等现状。

2. 英语教师专业发展意识与行动力

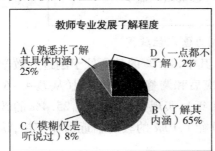

图 1　教师专业发展了解程度扇形图

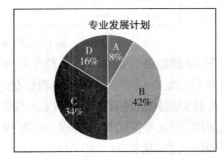

图 2　专业发展计划分布图

从图 1、图 2 数据可知,多数英语教师对于专业发展处于一知半解状态,且对自身专业发展缺少具体的规划。

由调查和访谈结果显示,超过50%的教师不满意自身专业发展状况,他们的入职年限集中在3~5年,投身教育的热情高涨,能意识到自身缺乏应有的专业发展知识储备,但不知从何下手来提高自身专业发展,不能准确、清晰定位自己的发展需求,无法将其落实到实际行动中。

3. 样本学校英语教师专业发展需求

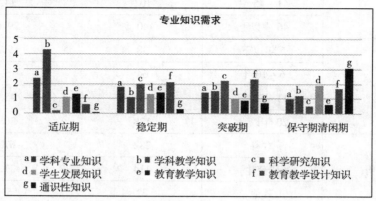

图3 英语教师专业知识需求柱状图

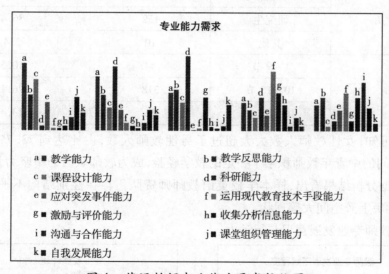

图4 英语教师专业能力需求柱状图

首先,课题组将受访教师按从教年限分类。其中,4.5%的教师处于刚进入教学生涯的适应期(从教1~3年),4.6%的教师处于适应后和调整前的稳定期(从教4~6年),55.5%的教师想跳出现有的舒适区(从教7~18年),实现突破和飞跃,25.4%的教师守着原有成绩,进入平淡的保守阶段(从教19~30年),10%的教师临近退休年龄,认为自己处于清闲状态(从教31~40年)。

其次,不同任教阶段教师的专业知识需求与专业能力需求不一。由图3可知,适应期的教师对于学科教学知识、学科专业知识教育和心理教育教学知识等需求较多;处于稳定期和突破期的教师更多看重的是教育教学设计知识、科学研究方法知识,他们更愿意在授课方式、授课理念、教学思路及科研成果方面有所建树或突破;保守期和清闲期的教师对通识性知识的关注更为突出。

图4结果显示,适应期的教师在提高教学能力方面最为上心,同时也需要提高教学反思、课堂组织与管理及应对突发情况的能力;稳定期的教师对专业能力需求依然更多地体现在教学能力与教学反思上,同时在科研能力方面的投入开始增多;突破期的教师认为提升自我激励和评价能力、科研能力和自我发展能力迫在眉睫;保守期的教师更倾向于现代教育技术手段能力的提升和应用;清闲期的教师希望提升自己的沟通能力以优化师生关系,保持与时俱进。

此外,课题组分析了参与专业提升活动次数与教龄的相关性,结果显示青年教师参加专业培训的次数最多,教龄在30年及以上的教师参加专业培训的次数最少。另外,教师专业发展需求与教师自身的性格特点、个人天赋、家庭环境及工作环境等有一定的相关性。

4.英语教师专业发展途径和实用性

(1)教师专业发展途径。

教育界和学术界结合各地实际情况,根据不同层次的需求,提出了诸多提高教师专业发展的途径。在调查中,被选率大于50%的发展方式包括教学反思与交流(85.6%)、参与课题研究(74.6%)、校本教研培训活动(70.8%)、专家报告讲座(69.9%)、进修学校培训活动(53.6%)、坚持英文阅读(52.6%)。从以上方式可知,教师本人、学校、教研组织和教育培训机构在教师专业发展方面扮演着重要的角色。

(2)培训课程的实用性。

调查发现,中小学教师对专业发展培训课程的实用性非常看重,过分强调理论性知识对于实际课堂教学指导的意义不大。他们认为目前教师专业发展培训存在较大问题,偏离教师教学实际的培训只会逐渐消磨教师学习的热情,不符合教师实际需要的发展。

此外,在访谈中,课题组收到来自不同学校、不同年龄层次和不同学段教师的反馈信息,这些教师对当下培训项目在理念上和理论上拔得太高的现象提出了自己的看法。在心理学与教育学上,教师被要求掌握合适的理论来分析学生的需求层次,了解学生的人格、气质,但缺乏实践带领;理论学习过于深奥与晦涩,激不起教师转变为学习者后的学习热情,也无法解决教育实践活动中无法灵活运用的困境;同时,教师期望综合素质的提升。

(3)供需结合的培训内容。

表2　培训内容重要性调查

培训内容	重要性百分率(%)		
	紧急	一般需要	不需要
新课程理念的学习	65	31	4
英语课堂教学方法与技能的培训	53	38	9

（续表）

培训内容	重要性百分率（%）		
	紧急	一般需要	不需要
英语教材分析与使用	41	49	10
英语教学资源开发与利用	39	45	16
现代化教育资源的利用的培训观摩	28	56	16
名师、骨干教师的示范课怎样备课	25	43	32
任务的设计与任务型教学	27	49	24
怎样评课、议课	16	55	29
怎样对学生进行评价	15	52	33
怎样进行课后反思	13	64	23
课堂教学常用语的培训	19	58	23
英语专业知识的培训	31	48	21
学历提高培训	30	44	26
科研方面的培训	42	47	11
选修课的培训	26	49	25
西方英语教学理论的培训	11	42	47

由表2可知，教师对新课程理念、教育教学方法与技能、教育专业知识和科研能力的需求较高。如果学校、培训机构和教育主管部门等相关主体能把教师专业发展培训内容与教师的实际需求相匹配，可达到帮助教师专业快速发展的效果，否则就会出现高耗低效，使教师在新的发展机会面前犹豫不定等问题。

（二）英语教师专业发展现状归因

1. 教师自身发展意识淡薄，职业认同感低

教师专业发展的实现途径主要是通过教师自身的努力，而实际上部分教师对教师专业发展目标缺乏足够的重视，或者缺乏职业情感投入和应有的专业理想，他们选择教师这一职业多是由于外因，如教师待遇、社会地位或假期等，因而缺乏职业发展所需的激情和活力。

2. 教师专业发展内外驱动力不足

通过调查和访谈发现，教师入职时的学历与现有学历之间差别不大，不难看出，有些教师安于现状，自满于现有学历水平。专业发展课程是教育主管部门或学校下达的非教学任务，这种强迫性使教师消极、被动地完成相关培训。在部分学校，教师专业发展与职称评定、教师待遇之间的相关性弱，也造成了教师缺乏专业发展的积极性和主动性。另外，相关部门未针对教师的专业发展提出适当的评定和考核机制，导致教师专业发展内外驱动力严重不足,不能有效调动教师的积极性、主动性和创造性。

3.教师专业发展规划和专业指导不强

教师自身专业发展规划不足是最突出的问题,专业指导的缺位也是阻碍目前教师专业发展的一个重要原因。部分教师有着极大的潜在科研能力,但由于视野或教龄等原因,对自身的教学发展方向不是很明确,没有凸显出自身优势。

4.教师专业发展的有效途径不丰富

现有教师专业发展形式和内容多以培训部门或教育主管部门的意志为主,未考虑到教师的真正需求。再加上培训时间冲突、培训面窄、培训内容缺少综合性等原因,英语教师对现有的教师发展个别途径认可度尚可,但对途径的多样化存在异议。

5.家庭与生育等非智力因素的影响

在问卷调查和访谈中,课题组发现女性教师在中小学英语教师中占据着大部分江山,占比仍在增加之中,并且呈现年轻化的趋势。女教师须承担教师与母亲的双重角色,势必会在一定程度上影响教师的专业发展。

四、研究成效

通过该课题研究,课题组从以下层面形成了促进英语教师专业发展的建议。

(一)教师层面

教师的专业成长成功与否最终取决于教师是否具备内在的发展意识,当个人的自主意识与自主能力通过成才动机有机地结合在一起,其反思能力能够得到卓越提升,进而做出有利于自身发展的选择。

1.坚持自主发展

要把教师专业发展转化为发自内心的真心想做好的事情,通过积极行动实现自身价值。

2.勤做教学反思

教师要主动思考教学中的问题或困难,多撰写教学日记、教学反思和课题研究,将理论研究应用于教学实践,做到研思与教学相长。

3.寻找事业榜样

以教育界或校内的一些教育理念先进、教学经验丰富的教师为榜样或导师,在他们的影响或带领下不断成长。

4.积极指导活动

参与学校举办的英语书写大赛、单词比赛、英语戏剧等活动,增进师生关系,提高师生实践能力并增强教师职业成就感。

5.参加教研团队

积极加入由教育厅、教育局、学校、名师工作室等牵头成立的学科教研部门,承担不同的教研任务。在团队成员集体探讨、汇总教学或研究中的问题时,提出解决方案的过程中促进自身专业发展。

6.利用提升途径

善于抓住教育部门组织的教师观摩活动、名师教学、教师大赛、专家讲座、各级各类评课、赛课和讲课活动等机会,为自身能力提升提供有效的通道。

7.做好网络研习

要利用好网络资源,通过"学习强国"、知名网站公开课、省市级专家或优秀教师公众号等途径,提升自主学习能力,优化专业教学水平。

(二)教育主管部门和学校层面

1.加强人文关怀

面对新课程改革与新高考改革的冲击,英语教师承受了巨大的心理压力。作为教师的主管单位,教育主管部门和学校需要为教师提供积极有效的心理疏导方式,如建立教师心理咨询室,邀请专家开展心理健康知识普及或讲座,定期或不定期召开座谈会,举办教师个人书画作品展等,通过积极有效的方式缓解教师压力,使其充满被认同感、幸福感与满足感。

2.提供外驱动力

在问卷调查和访谈中,课题组成员了解到样本学校为教师的专业素养提升提供多样学习平台,如脱产研修、在职培训、岗前培训、进修班等,并有计划地组织教师参加、观摩各级优质课大赛,阶段性地派出骨干教师到衡水中学、人大附中、北京四中等名校参观学习。教师应在条件允许的情况下充分利用外部学习平台,以促进全新的自我发展。

3.加强专业指导

教育部门和学校应为教师专业发展提供环境、平台及相关支持,并针对不同阶段、不同教龄、不同层次、不同水平的教师,给出不同的指导意见。以新入职教师为例,教育主管部门组织相关机构对其进行岗前培训,使其为即将展开的职业生涯做好充分准备。

4.开展多层培训

为进一步探究中小学英语教师专业发展途径,课题组成员在某些样本学校专门展开英语教师座谈会,座谈会上提出的专业发展途径如下:专家讲座、学科研讨、观摩教学、案例分析、课题研究、校本教研、教学大赛、社团指导、脱产进修和自主研修等。教师普遍认为观摩教学研究和案例分析在教学过程中有着积极的指导意义,值得借鉴学习或吸取教训,同时教师在一定程度上积极参与自主研修和校本研修,提升自我发展。但在调查中课题组也发现,这些发展途径的落实力度还需要进一步加强,同时要深化现有的有效途径并拓展其他发展方式。

教育部门应继续对英语教研组主管教师和学科带头人进行"国培""省培"和"市培"计划培训,深入开展省市骨干教师教育前沿内容培训,扎实进行校级培训。

值得一提的是,部分教师和课题组成员利用工作之余在以社交媒体为依托的公众号上学习或分享,促进自己的专业发展和提升。这种新颖的学习方式也在不断地丰富着中小学英语教师的专业发展,教师也可以利用互联网和现代教育技术开发网络课程资源,或和学生一起参与课程资源的开发等。

5. 考核培训效果

针对当下郑州市教师培训监管力度不足的情况,教育主管部门要验收培训效果,并对授课和听课教师进行考核,尽可能实现培训的实用化和高效化。教育主管部门对达不到既定标准的培训部门、授课和听课教师实行退出制度或再培训制度,完善培训评价机制。

6. 优化职称评聘

现有的职称评聘制度挫伤了一些教学能力突出,但评聘条件不够的教师的积极性,使得他们在专业发展中缺乏动力。评聘时教师的专业发展因素被排除在外,这也在一定程度中加重了教师对此的不重视心理。因此,教育管理部门和学校应在职称评聘上做相应调整。

7. 协助职场平衡

教育部门和学校可以按照年度教学计划及实际情况为教师安排工作,个别职位可以参照学校任务和教师本人意愿进行双向选择。此外,安排工作时间的同时还应考虑到不同年龄与性别的教师的不同需求,教师也应与学校沟通自身发展计划,以便学校最终做出满足时间需求的策略。同时,学校后勤部门和工会给教职工提供能解决实际问题的福利待遇,如儿童托管中心、教师探望父母补助等,这些有助于提升他们的职业认同感,从而使教职工更尽心、更认真地工作。

五、存在的问题及下一步打算

(一)存在的问题

1. 研究对象与研究范围不全面

由于时间仓促,人手有限,课题组只能对一小部分学校教师进行专业发展调研,研究对象和范围具有一定的局限性。

2. 调查研究数据的真实性有待进一步考察

问卷调查采用不记名方式发放调查表,个别教师对于调查的严肃性认识不够,造成数据统计过程中有效性缺失的现象,数据的真实性还有待进一步分析、考察。

3. 可参详的本土研究不多

自20世纪80年代以来,教师的专业发展已成为教师专业化的方向和主题,受到了许多国家的重视,也是我国目前教育改革实践中的新课题。但关于郑州市英语教师现状的可参考的调查资料寥寥无几,关于郑州本土英语教师专业发展的文献资料几乎没有。因此,课题研究在一定程度上受到了限制。

(二)下一步打算

(1)进一步跟踪课题研究成果在样本学校中的试用情况,以期得到更加真实、有效和全面的数据内容。

(2)征求教育主管部门对专业发展途径的意见与看法,结合本研究的相关调查,为多样化的发展途径、供需结合的培训内容及行之有效的教育教研方式献计献策。

(3)调查学校管理层应对消除职业倦怠做出的努力,调动英语教师的教学积极性,点燃教育科研的热情,由内而外地推动教师的个人专业发展。

(4)继续关注教育改革实践中的教师专业发展新课题,时代在变化,科技在进步,未来教师专业的蓬勃发展定然可期。

参考文献

[1]白尚祯.新课程背景下高中英语新教师专业化策略探究[J].考试周刊,2016
(32):86-87.

[2]黄丽娟.新课程背景下中学英语教学存在的问题及对策分析[J].校园英语,2019
(4):107.

[3]蓝玉玉,黄燕,周坤颖,等.新课程改革背景下中学英语教师角色转变的研究
[A].《教师教学能力发展研究》总课题组.《教师教学能力发展研究》科研成果
集(第十三卷)[C].《教师教学能力发展研究》总课题组,2018:4.

[4]叶秀林,何娉.核心素养背景下高中英语教师专业发展研究[A].《教师教学能力
发展研究》总课题组.《教师教学能力发展研究》科研成果集(第十二卷)[C].
《教师教学能力发展研究》总课题组,2017:5.

[5]庄雪梅.区域中小学英语教师专业发展培训的思考与实践——以广州市 H 区为
例[J].科教文汇(中旬刊),2019(1):129-130.

(本文为2019年度郑州教育发展课题研究成果,课题研究单位:郑州市教育局教学研究室,课题负责人:陶继红,课题组成员:曹晓洁、刘朋宇、张燕、谭晓寒)

郑州市学生学习方式变革的现状、问题及对策研究

一、研究背景

学习方式的变革和发展是一个永恒的教科研三题,是高等教育和基础教育共同关注的热点和难点问题。自 2001 年我国新课程改革明确提出变革学生学习方式以来,许多学者和一线教师就持续对学生学习方式进行思索、研讨、反思和提炼,对其现状进行观察、调查、分析和研究,取得了显著的研究成果,为本次的课题研究奠定了坚实的基础。我国从新课程改革一开始,就将学习方式的转变作为新课程改革成功的重要标志。随着新课程实施的进一步推进,有效促进学生学习方式的变革成为新课程实施最为核心和关键的环节。学习方式的变革对学生而言并不仅仅是外在的学习行为方式的变化,还有着更为深刻的意义和内涵,它积极改变着学生的存在方式及发展方式,对学生的终生发展有着不可估量的重要影响。现在所倡导的新的学习方式有自主(独立)性学习、研究(探究)性学习、合作(小组)式学习、慕课学习等等。在教学实践中,教师要结合教学内容、学生实际、社会现实、时代特征、生活现状等具体情况确定科学、合理、有效的学习方式,真正地促进学生的全面发展和可持续发展。然而据调查发现,在新课程的实施过程中,仍有不少教师唯分数至上,强调死记硬背,信奉"题海战术",沿袭机械、单一的传统学习方式。

二、研究过程

本课题组紧紧围绕"学生学习方式变革的现状、问题及对策研究"中"现状、问题、对策"三个关键词语,进行了较为全面深入的理论学习,开展了一系列调查和研究活动。

第一阶段:2019 年 1 月—2019 年 2 月,查阅相关文献资料,更新理论认识,完成课题申报工作。

第二阶段:2019 年 3 月—2020 年 1 月,开展常规性研究活动,具体实施各项研究任务,及时整理研究成果。

第三阶段:2020 年 1 月—2020 年 3 月,提炼研究成果,撰写研究报告,申请结题,接受专家鉴定。

三、主要做法

课题组按照不同的地区和学校类别,对郑州外国语学校、郑州市第一中学、郑州市第四十七高级中学、郑州市第七十一中学、郑州市第一零六高级中学、郑州市第八十中学、

郑州市马寨一中、郑州艺术幼儿师范学校、郑州中原区互助路小学、郑州惠济区东风路小学、登封市崇高路小学、河南建业外国语学校等二十余所(含县、区农村学校)中小学校(含中职、中专)进行资料查阅、问卷调查和师生访谈,得到了较为丰富的第一手资料。在此期间共查阅学校资料836份,发放调查问卷600份,有效收回578份,当面或电话、微信访谈师生236人。通过对以上资料和数据进行统计分析,结合课题组成员对所在学校相关情况的了解和掌握,最终基本梳理清楚郑州市新课程实施过程中学生学习方式的现状。当前的学习方式现状主要表现为,自新课程实施以来,教师教学方式和学生的学习方式,都较之前发生了明显的变化:学生学习的主动性明显提高,学习态度明显好转,解决实际问题的能力明显增强,创新意识和能力明显提高,初步形成了以"自主、合作、探究"为特征的现代化学习方式;研究数据表明,新课程倡导的现代化学习方式受到了师生的广泛认可和接受,实践程度有了大幅度提升,学生的主动性、创新性和社会性发展状况整体上比较令人满意。具体来说,郑州市学生学习方式的主要特点体现在以下几个方面。

第一是中小学生学习方式存在地区差异。在学习的主动性、创新性和社会性方面,市区学生普遍优于县区和农村学校的学生。从调研情况来看,三类学校在学习的主动性方面差别不是很大,但在创新性和社会性方面,市区学校组织开展的相关活动在数量和频次方面明显高于县区和农村学校,市区学生有更多的机会进行创新性和社会性学习,对于学习方式的变革起到了积极的促进作用。详细评分(满分10分)见表1。

表1　不同区域在校生学习方式对比表

学习方式	市区学校	县区学校	农村学校
主动性	8	7.5	7
创新性	9	7	5.5
社会性	8.5	7	5

第二是不同层次学校学生的学习方式存在差异。按照郑州市对学校的评级情况来分析,省、市、区(县)示范性学校的学生在发现学习和意义学习(此处两个概念参考布鲁纳和奥苏贝尔的相关理论,在此不予具体说明)方面都显著高于普通学校,而普通学校在合作学习方面表现较突出。详细评分(满分10分)见表2。

表2　不同层次学校在校生学习情况对比表

学习方式	示范性学校	普通学校
发现学习	8.5	7.5
意义学习	8	7
合作学习	8	8.5

第三是不同学段学生的学习方式存在差异。就郑州市中小学的情况而言,除主动性以外,在创新性和社会性方面都是小学生要好于初中生,初中生要好于高中生,这与课题

组此前做过的一个关于"中小学生创新意识表现特征'的调查结论基本一致。详细评分（满分 10 分）见表 3。

表 3 不同学段在校生学习方式对比表

学习方式	小学生	初中生	高中生
主动性	6.5	7 5	8.5
创新性	8.5	7 5	7
社会性	8.5	3	7.5

第四是不同学习成绩的学生在学习方式的主动性、创新性和社会性方面存在差异。差异呈现的特点基本是学生的学习成绩越优秀，即在一个周期内的考试分数越高，在学习方式的各种积极表现中也越突出，两者之间呈正向比例关系。当然，这个结论是基于本次调研数据得出来的，至于出现的一些特殊情况另当别论。详细情况见图 1。

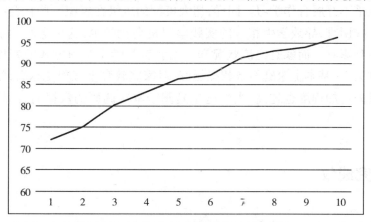

图 1 不同程度的学生学习方式对比图

说明：纵坐标表示成绩，满分 100 分；横坐标表示学习方式的积极表现，满分 10 分

第五是不同类别学校学生在学习方式的主动性、创新性和社会性方面存在差异。概括来说，普通中学优于中专、中职学校，公办学校和民办学校情况基本持平。需要说明的是，以该标准划分的学校类型会有部分学校交叉重复，所以在取样调研时，课题组尽可能避免出现交叉重复的学校，尽量保证数据的广度、信度和效度。详细评分（满分 10 分）见表 4。

表 4 不同类别学校在校生学习方式对比表

学习方式	公办学校	民办学校	普通中学	中专中职
主动性	8	8	8.5	7
创新性	8.5	8	7	6.5
社会性	8	8	7.5	7

第六是不同性别学生的学习方式在主动性、创新性和社会性方面存在差异。总体来

看,女生在学习方式的积极表现方面略好于男生,但在创新性方面男生略占优势。究其原因,这与学生天然的性别特点有一定关系,当然肯定还会有更为专业的解释,在此只提供结论,不展开论述。详细评分(满分10分)见表5。

表5　男女生学习方式对比表

学习方式	女生	男生
主动性	8.5	7.5
创新性	8	8.5
社会性	8	7.5

除此以外,班额大小、家庭经济状况、家庭教育等因素,对学生的学习方式也存在一定程度的影响。概括来说,班额越大越不利于学生在学习方式方面展现积极的表现。从调研数据来看,超过80人的超大班额的班级,合作学习很难有效开展,大多流于形式,甚至有些班级几乎不开展合作学习。同样,超大班额的班级在组织一些社会综合实践活动方面也存在一些困难,导致学生相应的实践学习机会比较少,这也会对学生学习方式的社会性产生不利影响。而家庭经济状况和家庭教育与学生学习方式的积极表现总体上是呈正向比例关系,基本上家庭经济状况越好、对家庭教育重视程度越高,学生在学习方式方面的积极表现的程度也越高,当然这也是基于本次调研的数据而言,特殊情况另当别论。

四、研究成效

(一)基本概括出郑州市新课程实施中学生学习方式变革存在的问题

第一是部分教师和学生对学习方式的理解不够科学、准确。如前文所言,学习方式包含技术和精神(品质)两个层面的内容,部分教师和学生只注重技术层面的学习,掌握了一大堆关于学习方式的新名词,而实际运用中的效果极其不理想,自信心屡屡受挫,甚至对新课程倡导的新学习方式产生了怀疑。殊不知,问题正出在自己身上。认识是行动的先导,只有认识正确,才有行动的高度自觉,才会收到良好的实际效果,反之亦然。

第二是学习方式的变革还存在流于形式的现象。虽然在新课程实施中,我市中小学生的学习方式有了令人欣喜的转变,但也同时反映出一些教师在转变学生学习方式中存在严重的形式主义倾向,教师片面追求学习方式的形式,忽视了学习方式的内涵和目的。究其原因,这跟学校的管理者特别是校长的错误认识和要求有很大关系。在调研过程中,发现有些学校明文规定每节课教师的讲授不得超过一节课的四分之一时间,即10分钟左右,还要求每节课必须有合作讨论的环节。面对这些不科学、不合理的行政要求,教师大多只能"从命",具体表现为,机械地按照讲授不能超过10分钟的要求进行授课,不管学生是否真正理解。教师机械地在课堂上安排小组合作学习,不管提出的问题是否需要合作讨论,都必须安排小组合作学习,课堂表现热热闹闹,但课堂效果微乎其微,从一个极端走向另一个极端,最终的结果就是形式主义大行其道,师生深受其害。

第三是完全抛弃传统的接受性学习方式。新课程倡导"自主学习、合作学习、探究学习"的发现性学习方式,并不能机械地理解为要完全抛弃接受性学习等传统的学习方式。我们反对的是"满堂灌""填鸭式"等低效的教学方式,因其不利于提高学生的学习主动性,反而会使学生的学习主动性和学习兴趣大大降低,所以要改变以前过于强调单一的被动地接受性学习。然而客观地来看待接受性学习,还是存在一定的合理性和必要性,在长时间的实践中,充分证明了人们需要接受性学习,特别是需要运用接受性学习方式来发展和提升自我,这一观点应该会得到绝大多数人的理解和接受。

(二)结合理论和实践,初步探究出有效促进郑州市中小学生学习方式变革的对策

自新课程实施近 20 年以来,郑州市教育行政部门(教育处和教育科)和业务部门(教研室和教科所)就一直积极探索学生学习方式转变的有效策略,广大教育工作者也积极投身于相关的研究和实践当中,取得了一些显著的成效。其中成效最突出的就是由郑州市教育局原副局长田保华同志所倡导的"道德课堂",其"合乎道、至于德"的教育理念已经在郑州这片热土上生根发芽、开花结果,并且在全省乃至全国范围内产生了较大的辐射影响。与此同时,郑州市还积极推进校本课程(2019 年调整为"学校课程")建设、综合实践活动、创客教育、STEAM 教育和编程教育等等。截至目前,郑州市教育局已连续开展四届校本课程建设奖的评比活动,共评出九十余所校本课程建设先进单位、一百多门优秀校本课程;连续开展五届研究性学习优秀成果评审活动,评选出近千项优秀成果,其中已有一百多项成果荣获国际大奖和国家专利认证。此外,各县(市、区)教体局和各学校也积极开展相关活动,均取得了令人瞩目的成绩,在此不一一赘述。

综上所述,这些活动的开展,直接有效地促进了学生学习方式的转变,强有力地推动学生形成以"自主、合作、探究"为特征的学习方式,产生了良好的社会效应。

结合郑州市基础教育的实际状况,课题组提炼概括出以下五个方面的对策和建议。

1. 强化观念,深入认识学生学习方式转变的重要意义

从现实层面来看,仍有部分教师和学生的认识不到位,对转变学习方式重视不够,要么因循守旧,要么敷衍了事。当务之急仍需要积极引导这部分教师和学生深入认识转变学习方式的重要性。只有认识到位了,才能落实到位。因此,要进一步强化新课程理念,引导师生充分认识新课程倡导的自主学习、合作学习、探究学习等现代化的学习方式,一方面能培养学生学习的主动性,另一方面能发展学生的创新能力和合作能力,而这两种能力正是当今时代人才的必备品格和关键能力。

2. 加强学习,科学辩证地认识学生学习方式变革的内涵

如前文所言,中小学教师在教学实践中要重新审视传统的接受性学习方式,新课程倡导自主学习、合作学习、探究学习的学习方式,并不能机械地理解为要完全抛弃接受性

学习等传统的学习方式。学习方式的变革并不是一个抛弃传统学习方式,然后接受一个全新的现代学习方式的过程,是变革而不是断层,新课程要创造性地继承传统学习方式。作为教师,要能够根据学科特点和教学内容,科学合理地运用教学方法,从而引导学生运用正确的学习方式,最终两者相得益彰,互相促进。

3. 采取有效措施,切实提升学生学习方式转变的成效

自新课程实施以来,转变学生学习方式的实践已经进行了近20年,但成效不尽如人意,原因之一就在于采取的措施缺乏针对性和可操作性,效果自然就大打折扣。就郑州地区而言,目前大致有七种做法针对性比较强,经过实践检验效果比较好,值得继续推进和推广。

一是通过改变课堂生态,促进学习方式的有效变革。在道德课堂"合乎道,至于德"的理念指导下,郑州市的很多学校都自主开发了适合本校校情的道德课堂有效形态,比如郑州一中的"主题课堂"、郑州外国语学校的"思悟课堂"、金水区第一中学的"合作课堂"、新密市实验小学的"三环五步自主快乐课堂"、郑州市第四十七中学的"切问近思自能发展课堂"、郑州市第一〇七中学的"生本课堂"、中原区互助路小学的"互助课堂"等等。这些课堂形态都是新课程背景下的一种高品质课堂形态,在教育教学活动中,遵循学生身心发展和教育教学规律,让学生在学习中体验到愉快和幸福,得到学业与身心的全面发展。

二是持续开展研究性学习活动。从连续开展的五届中小学生研究性学习优秀成果的评比活动来看,郑州市中小学生的学习方式正在向积极方面转变,而且效果极为明显。课题组从提交的材料中发现,很多中小学生在研究性学习活动的心得体会中这样写道:"研究性学习活动不仅使我增长了知识,开阔了眼界,增强了自信,还激发了我的学习兴趣和主动性,锻炼了我的语言表达能力和沟通能力,增强了我的合作意识,提高了我的创新能力,展现了我一个前所未有的新形象,真可谓一举多得,以后我还要继续参加研究性学习活动。"由此不难看出,研究性学习活动是非常有必要持续开展下去,并且要不断激励学生参与,以期取得更好的效果。

三是深入推进创客教育。"互联网+"时代已到来,"创新驱动发展""大众创业、万众创新"成为国家战略,在这样的大背景之下,将创客文化引入学校,开展创客教育,是势之必然。开展创客教育,有利于提升中小学生的科学素养,培养中小学生勇于探索的创新精神,以及善于解决问题的实践能力,有利于开展创新人才的培养模式,铺就创新型人才成长新路径,深入实施素质教育。由此可见,创客教育对于中小学生学习方式的变革有着非常有效的促进作用。郑州市开展创客教育这几年来,稳中求进,成效卓著,走在了全国前列,为全省做了示范和引领,受到了国家领导人的称赞。

四是继续开展人工智能教育。人工智能、大数据、信息技术爆炸式发展,极大地影响着我们日常生活的方方面面。特别是在2020年疫情期间,人们亲密接触了人工智能,对此体会更加深刻。面对这样的形势,有必要让中小学生深入学习和了解人工智能,主动

适应社会的快速发展。另外,学校教学运用信息技术形成数字化的学习环境、学习资源、学习方式,从而促使中小学校转变教学模式,充分发挥中小学生的主动性、创新性和合作性,最终有效地促进了学生学习方式的变革。在当今的人工智能时代,"学会学习"将比"学了多少"更为重要,这也是学习方式变革重要意义的有力证明。

五是持续开展 STEAM 教育。STEAM 教育"以项目学习、问题学习为主要组织方式,强调整合多学科知识,进行跨学科知识的迁移与交流协作,以培养具有问题解决能力和创新精神等综合素养的人才为目标"。郑州市将继续完善基于 STEAM 理念的课程规划,开展基于深度学习的 STEAM 课程实施,通过推进实施 STEAM 教育,郑州市中小学将更新育人理念,提升学生创新能力、责任意识等综合素质,实现从知识本位到素养培育的转变,回归教育的育人本质。

六是继续开展编程教育。编程成为信息时代的核心能力,计算机编程从小学生抓起,不只是对孩子负责,更是对未来负责。学习编程有利于青少年更好地认识世界,有利于青少年从科技的消费者转变为创造者,有利于培养青少年的计算思维。自 2016 年 12 月开始,郑州市启动编程教育项目,通过开展"郑州教育编程 1 小时"活动,共有近十万名中小学师生参与到编程活动中来,得到了教师、家长和学生的广泛认可。

七是鼓励开展翻转课堂、微课和慕课。翻转课堂、微课和慕课均是近些年基于互联网技术而涌现出来的新课堂形式,体现了新的学习理念,能使学生产生有别于传统的学习体验,深受年轻人推崇。这些新课堂形式能够充分发挥学生学习的主动性,激发学生的内在的学习需求,从"要我学"发展为"我要学",从"教什么就学什么"转变为"学什么就教什么"。在这些新课堂形式中,学生和教师已经形成了一个有机的学习共同体,在相互讨论交流、沟通碰撞的基础上,共同致力于深层次、有价值的问题解决,收到了教学相长的理想效果。

4. 抓住薄弱环节,多措并举,有效改善学生学习方式

从调研情况来看,农村学校、城乡接合部的学校及一些县城中小学校在转变学生学习方式方面存在一定的局限性和滞后性,要给予特别关注,作为重点突破对象。教育行政部门可以定期组织乡村教师和学生到市区优质学校跟班学习,并将先进经验带回原学校推广普及;也可以开展专项帮扶活动,由市区优质学校定期派出教师到帮扶学校进行指导;还可以利用互联网技术,建立两校之间的"网络学习群",师生可以随时在线交流,共享资源。

5. 积极创造条件,加强师资培训,加快转变学生学习方式

教师作为教育教学变革的先锋部队,要积极创造条件,加强有关学习方式转变的主题培训。从调研的情况来看,正是因为部分老师自身的素养和认识水平有限,导致学生在学习方式转变方面得不到正确有效的引导,出现了一些原本可以避免或者及早解决的问题。因此,加强师资培训,不仅仅是变革学生学习方式的需要,更是践行新课改的需要。师资培训不能停留在形式上,坚决反对"训而不学""学而不用"的现象。

五、存在的问题及下一步打算

（一）存在的问题

本课题研究还存在一定的问题，主要集中在两个方面，一是郑州市学校数量众多、类型复杂，状况参差不齐，而且学生数量庞大，课题组成员受种种条件所限，研究覆盖面还不是特别充分，难免会挂一漏万，以偏概全。二是课题组成员自身理论水平和科研能力有待提高，研究还比较肤浅，尚需进一步深入。

（二）下一步打算

课题组将进一步从郑州市中小学中选取典型案例，继续深入挖掘道德课堂有效形态中学生学习方式转变的具体情况及研究性学习、校本课程建设、创客教育、STEAM 教育、编程教育等对学生学习方式转变的积极意义，梳理、提炼能促进学生学习方式转变更加有效的策略。

参考文献

郑州市教育局. 关于推进中小学 STEAM 教育的指导意见(试行)[S].郑州,2019.

（本文为 2019 年度郑州教育发展课题研究成果，课题研究单位：郑州市教育局教学研究室，课题负责人：杨瑞旭，课题组成员：曹亦清、赵军浩、刘学理、刘可）

第二章

教育教学研究

一线教师是中小学开展教育科学研究工作的主力军,其研究的出发点和落脚点都在于解决教学中的难点和问题,提升教育教学质量。

　　本章节收录了基础教育阶段教师的教育教学研究成果,研究选题围绕教学实践中的具体问题,采用行动研究的思路和方式,在实践中解决研究问题。如《小升初衔接英语语音教学策略的实践研究——以郑州市第五十二中学为例》,研究者发现教师重词汇意义的教授,忽视良好的拼读能力对词汇记忆和积累的促进作用的具体问题,采用问卷调查、访谈法聚焦小升初衔接阶段语音教与学的现状,明确语音学习课程标准,整合开发小升初语音学习资源,开展小升初衔接阶段语音教学实践,提升了小升初语音学习成效。再如《生命教育背景下幼儿园小班安全教育的实践研究》,针对小班幼儿安全意识薄弱、自我保护能力较弱的问题,通过调查研究聚焦小班幼儿教育现状,针对梳理的四类问题进行有针对性的实践探索,取得了提升幼儿参与安全教育主动性,增强自我保护意识等研究成效。

　　他山之石,可以攻玉。本章还收录了基于核心素养的高中语文群文阅读教学、中学语文课堂朗读教学有效性、基于培养学生时空观的初中历史教学等研究成果,他们研究的问题或许是读者困惑已久的,或许是读者正在研究的,相信它们能为读者打开新的思路。

小升初衔接英语语音教学策略的实践研究
—以郑州市第五十二中学为例

一、研究背景

《全日制义务教育英语课程标准》指出,基础教育阶段英语课程的目标是以学生语言技能、语言知识、情感态度、学习策略和文化意识的发展为基础,培养学生综合语言运用的能力。而语言知识和语言技能是综合语言运用能力的基础。基础教育阶段学生应该学习和掌握的英语语言基础知识包括语音、词汇、语法、功能和话题等五方面的内容。语音学家吉姆森(A. C. Gimson)认为:"要学会任何一种语言,一个人只需要它的50% ~ 90% 的语法、1% 的词就够了,但语音知识却必须近乎100% 的掌握。"任何语言学习都是从拼音字母开始,从发音开始,语音教学是基础教育阶段英语教学的起点,语音教学的重要性不言而喻。

日常的教学过程中,教师往往比较重视词汇意义的教授,一定程度上忽视了良好的拼读能力对词汇记忆和积累的促进作用。这主要体现在:①教师普遍不了解小学英语语音学习状况;②缺少适合的语音学习资源(教材);③语音教学效率较低;④学生小学阶段语音学习不达标。存在的主要问题有:字母名称音发音不熟练、不准确,不了解基本的拼读规律,不能根据读音拼写单词,看音标或单词不能正确发音,单词遗忘快,积累少等。

因此,为了更好地落实核心素养的要求,达成课程标准目标,课题组在前期小升初衔接课程的基础上,进行了更为深入的思考。例如,如何更准确地把握学生的学习基础?汉语拼音对学生进行音标学习有什么影响?如何更有效地开展音标学习活动?如何帮助学生掌握拼读规律,建立音形义之间的联系?怎样的语音和词汇学习课课型更为有效等。鉴于此,课题组提出了《小升初衔接语音教学的实践研究——以郑州市第五十二中学为例》这一课题。

二、主要做法和经验

(一)通过调研,充分认识小升初衔接阶段语音教与学现状

为了使本课题研究更具有针对性,并取得更好的实践效果,课题组开展了较为细致的学情和教情分析,进行了学生问卷调查和语音学习基础口语调查测试,并对我校英语教师进行了专题访谈。

1.英语学习问卷调查统计分析

为了更好地开展英语教学,课题组对我校新入学的七年级新生展开了英语学习情况的问卷调查。问卷的内容主要涉及英语学习经历、英语语音学习经历及状况、学习兴趣、学习方法、单词学习策略等。共计发放问卷 322 份,回收问卷 322 份,有效问卷 322 份。

课题组通过对问卷的统计和分析可以看出,将近98%的学生在进入初中之前学过英语,其中88.44%的学生从小学三年级开始学习,9.52%的学生从小学一年级开始学习英语。69.33%的学生表示喜欢或是非常喜欢英语,但也有 20.45%的学生对英语无所谓,更有 10.22%的学生明确表示不喜欢。从调查问卷中可以看出,学生英语语音学习的现状不甚乐观。虽然有80.72%的学生认为语音学习比较重要,但高达80.58%的学生表示没有学过或学过音标但大多都忘记了。还有超过 10%的学生表示对英语语音学习不感兴趣或不会完成老师布置的语音学习任务。同时,学生对英语语音学习的作用认识不足,有 19.28%的学生认为语音学习不重要或不知道,只有 16.77%的学生表示遇到单词不会读时会根据发音规则来推测单词读音,其他同学表示会问同学、老师或听录音等方式来了解单词的读音。大多数学生对单词的记忆主要通过机械反复强化记忆来进行,只有11.78%的学生会根据单词的发音规律来记忆单词的拼写。79.74%的学生对单词的学习表示记不住、特别容易忘或是学的快忘得快,还有 25% 左右的学生是通过汉语标识来学习单词。

2.语音学习基础测试情况统计分析

为了进一步了解学生在初中英语学习之前的小学语音的学习基础,课题组随机抽取了 182 名学生,由 7 位英语老师对学生进行了一对一的语音口语测试,测试主要包含五项内容:读出五个元音字母;读出指定的辅音字母;读出指定的元音音素和辅音音素;看所给的音标读出单词;读出所给的单词。

课题组的所有成员均参加了本次测试。测试的目的在于了解学生对字母和音素的掌握程度,以及是否具备一定的拼读能力。课题组成员在进行测试的过程中随时记录学生所呈现的英语语音表现水平。测试完成之后,课题组成员召开了专题会议,对测试情况进行了集中汇总。统计结果(略)。

根据测试结果,课题组得出如下结论。

(1)虽然郑州市各小学根据课标要求,从小学三年级开设了英语课,但仍有超过一半的学生没有掌握 26 个英文字母。在小学的教材中虽然有音标的教学内容,但仍有超过一半的学生不能认读音标,不具备基本的拼读能力。因此,在开始初中英语的学习之前,进行字母和音标的教学很有必要。

(2)鉴于语音的教学在课标中被要求贯穿初中三年,因此,在初中起始阶段开展英语语音教学要从基础做起,要以学生的语言学习经验为基础,开展形式多样的语音教学,尤其要突出拼读能力的获得和提升,通过不断反复强化提升,为语言的学习打下良好的基础。

3. 教师访谈分析

课题组对我校 14 位英语教师就语音教学的开展情况进行了访谈,访谈的内容主要包括:开展小升初衔接语音教学的必要性,开展语音教学的主要方法、教学效果及学生进入初中阶段时英语学习存在的主要问题与对策及其效果等。通过访谈,课题组发现,全体老师都认为开展语音教学很有必要,是学生学好英语的基础。所有教师都在开始英语教材学习之前开展语音专项教学,一般都是依照英语国际音标进行 48 个音素的名称音教学,主要以名称音的识记为主。教师通过讲解语音知识、音位等带领学生进行反复模仿发音,集中进行识记。但实际的课堂教学手段较为单一,教学效果一般。学生学习音标之后,遗忘率较高,仍有相当一部分学生不会利用语音规则进行单词的拼读。所有教师们对探讨更为有效的语音学习方法都表现出积极的态度。

(二)明确语音学习课程标准,开展细化解读研究

1. 明确课程标准关于语音教学的相关要求

郑州市的小学一般都是按照国家课程标准的要求从小学三年级开设英语课,在小学毕业时,学生应达到课程标准所要求的二级水平。在初中三年,学生分别要达到三到五级的目标要求。为了不增加学生的学习负担,提高语音教学效果,课题组成员在课题研究的初期,对《义务教育英语课程标准》中与语音学习相关的内容进行了深入的学习和梳理,尤其重点分析总结了与本课题主题相关的标准内容。

2. 细化解读课程标准,开展语音学习检测

基于学情的教学才是具有针对性和有意义的教学。为此,课题组为了更进一步了解新入校的小学毕业生语音学习的基础与现状,开展了一对一的语音学习情况测试。对于测试试卷的编写,我们主要以《义务教育英语课程标准》中关于语音学习的二级标准为依据来制定测试试卷的内容,具体内容为:①能正确读出 26 个英文字母;②了解简单的拼读规律,能根据拼读规律读出单词;③知道单词是由字母构成的,要根据单词的音、形、义来学习单词。

(三)以正迁移理论为支撑,整合开发小升初语音学习资源

课题组首先进行了语音教学相关理论的学习,进一步明确了在小升初衔接阶段进行语音教学的基本原则和路线。即"字母—音标—拼读"为一体的语音教学。这是依据正迁移理论,把汉语拼音规则与英语字母、音标的学习有效地结合起来。根据这一原则和课程标准的要求,以学生的英语学习基础为起点,课题组针对我校学生学情,开发了小升初衔接阶段的英语语音学习导学手册。

1. 统一认识,明确语音学习导学手册的编写与教学原则

(1)集中分类识记。导学手册的编写,打破原有的 48 个国际音标的排列顺序,以学生的先前学习经验为基础,把字母和字母读音相结合,把音素和汉语拼音相结合,借助汉语拼音的正迁移来进行字母和音素的集中学习和识记。

（2）拼读练习为主。在字母、音素的教学中，要尽早开展拼读的教学，使学生学会字母和音素就能应用，在实践中充分体会字母、音标和单词发音及拼写之间的逻辑关系，让学生"学中用，用中学"，不断促进其见形知音，听音知形能力的提升。

（3）重复螺旋上升。为了避免遗忘，每一课时的学习内容都应建立在以往学习的基础上。首先进行已学知识的巩固和练习，在此基础之上开展新的知识的学习与训练。

（4）不断总结内化。通过不断的归纳总结和足够的练习，学生能初步掌握英语拼读的基本规律，能达到根据读音拼写单词，看到单词知其读音的能力，建立起音、形、义的有效链接，为进一步的词汇学习和语言学习打下良好的基础。

2.进行语音学习内容与课时的划分

课题组成员在进行多番研讨和论证后，根据正迁移理论，通过对比汉语拼音和英语国际音标，并统筹考虑教学进度的要求，决定用两周的时间，分10个课时首先完成英语48个音素的集中教学。同时，确定了每个课时的学习目标和学习内容。

3.进行语音学习导学手册的编写

在进行了前期的分课时的目标确定与内容划分之后，课题组成员对每个课时的内容进行了反复的讨论和修改，历经五轮修改和反复，最终完成语音学习导学手册的定稿。

（四）开展小升初衔接阶段语音教学实践

在初中英语学习的起始阶段，适当利用学生的汉语拼音基础，重视正迁移对英语学习的影响，在教学中通过让学生经历"观察音素—尝试发音—模仿发音—尝试拼读"的学习过程，不断总结归纳语音学习的知识，从而有意识地建立音与形之间的联系，打好词汇学习和语言学习的基础，这是开展本课题研究的根本目的，也是语音导学手册编写的依据。基于此，为了更好地开展语音教学，课题组通过研究与实践，确立了小升初衔接阶段英语语音教学的实施原则与教学方案。

1.小升初衔接初中起始阶段语音教学的实施原则

（1）以学生为本的原则。

建构主义理论以学生为中心，强调学生对知识的主动探究、主动发现和对所学知识意义的主动构建。初中起始阶段的语音教学实施要以学生为中心，基于学生已有的语言基础知识，关注学生在语音学习过程中的困难，激发学生的学习潜力和兴趣，在不断地学习中获得提高语言学习能力。

（2）循序渐进的原则。

在语音教学的过程中，教学环节的设置要注意系统连贯，教学内容的设计要由易到难，由简单到复杂，层层递进。这种层层递进表现为由和母语发音相近的音素到英语中独有的音素，由单音节拼读练习到双音节、多音节拼读练习；由看音标会读到看单词会发音再到听音会拼写单词。遵循语音知识的学习不断循环往复，拼读技能的习得不断螺旋上升的规律。

（3）汉语和英语发音系统和规则的比较的原则。

现实生活中，越来越多的不同民族和语种的人用英语进行交流，着重于理解而不追求发音非要达到英语为本族语者的发音标准。越来越多的研究也发现，学外语要达到如同本族人发音的要求是不现实的。因此，在初中起始阶段英语语音教学中，利用学生汉语拼音的知识背景进行英语语音的比较教学有利于学生区分汉语和英语发音系统的差异，快速了解音素读音，掌握拼读规律，达到语音学习的基本能力和要求。

（4）聚焦拼读能力提升的原则。

英语语音学习的根本目的不单单是了解 48 个国际音标的名称音，更重要的是为词汇学习和口语表达打下良好的基础。就初中英语起始阶段的学习而言，良好的拼读能力是提高词汇量的基本保障。见词知音，听音能拼，建立音、形、义的基本联系，能从根本上降低学生的词汇拼写记忆负担，形成良好的词汇学习习惯，为今后的语言学习打下坚实的基础。

2. 小升初衔接语音课堂教学的实施

依据小升初衔接语音教学实施原则，在开展英语误程学习之前，以《语音教学导学手册》为教学资源，课题组的两位七年级任课教师对所任教班级的七年级入学新生开展了为期两周的语音教学活动。通过不断地上课、听课、研课与总结，课题组最终就语音课的教学达成了共识。在教学过程中，教师要有意识地引寻学生通过观察、听辨音、模仿、对比、总结等方法，体会汉语拼音与英语发音的异同，了解英语字母及其发音在单词中的使用。语音教学不能仅停留在音素的识记上，应尽快进入拼读环节，做到学以致用。通过经历字母—音素—单词—音素—字母的过程，做到足量的拼读练习，逐步找到并内化规律，建立音和形的有意链接，从而优化学习策略，为语言学习打下良好的基础。一般应经历以下环节：①回忆汉语拼音发音对比英语音素；②听音模仿；③观察对比字母与音素的形态及其在单词中的发音与形态；④拼读练习；⑤趣味练习或情景对话。

（五）进行学后的评估和分析

经过两周的学习，一个月后，课题组对七年级全体学生进行了语音口语测试，内容和前测完全一样，样本数为 317 份。（统计结果与分析略）

三、研究成效

（一）开发了小升初衔接英语语音教学的课程资源

本课题由我校教师自主探索开发语音教学课程资源，通过国家课程的校本化实施，探索符合我校学情的语音教学手段和课堂教学模式。课题组通过语音导学手册的开发和应用，形成典型案例，逐步形成小升初衔接初中起始阶段英语语音学习的基本样式和特色，为学生的语音学习及教师的语音课堂教学，提供了较好的学习和教学资源，填补了我校小升初衔接英语课程的空白,为开展英语学习起始阶段七年级的语音教学做出了有益尝试。同时,在研究过程中,所编写的《英语语音学习导学手册》也提供给郑州市及其他地市的兄弟学校使用,收到了良好的效果。

(二)提高了学生语音学习成效

为期两周的语音学习结束后,我们对七年级全部学生进行了学后测试。这次的测试结果显示,学生在字母的认读、音素的认读、单词的拼读方面有了较大的提升。元音字母满分率由 40.7% 上升到 84.5%,辅音字母满分率由 38% 上升到 76%;元音音素 0 分率由 49.5% 下降到 17.7%,辅音音素 0 分率由 55% 下降到 17%;正确拼读音标 3 个以上的由 15.4% 上升到 22.4%,正确拼读单词 3 个以上的由 23% 上升到 24%;正确读出音标或读出单词 1~3 个的上升率为 10%~20%。同时,我校本届七年级有四个班级没有使用语音学习导学手册,这些班级与使用语音学习导学手册的班级相比,各项成绩有待提高。

(三)促进了教师专业化发展

课题研究的过程就是培训和提升的过程。通过英语语音教学的相关理论的学习和研究,课题组成员探索了开发和整合教学资源的方法,掌握了指导学生进行语音学习的教学策略。教师自主开发校本教材,从教材的使用者成长为教学资源的开发者。同时在研究过程中对问题能够主动总结和反思,教学方法和策略上不断改进和创新,不断优化课堂教学成效,提高了教学质量。

四、存在问题和今后研究方向

一年来,课题组成员在不断地实践、反思、研究中,积累了一定的研究经验和成果,掌握了优化语音教学的策略和方法,坚定了继续在起始阶段开展语音教学的信心。但在研究和实践过程中,课题组也发现一些问题有待改进。

(一)研究的样本前后不一致

在研究初期,为了开展学情调查,课题组随机选取了 182 位同学进行了学前的语音口语测试。进行语音教学之后,课题组对全年级的 317 位同学进行了语音口语测试。把二者得出的数据进行了对比分析。但因为前后两次检测的样本数不一样,所以得出的数据有待进一步分析考证。

(二)导学手册的设计应进一步优化

知识呈现与练习的关系应进一步厘清。目前的导学手册每课时的设计思路是集中呈现全部知识内容,然后再进行集中练习,这样的安排给教学带来了一定的难度。同时,因为学生的语言学习基础比较薄弱,集中呈现大量的知识内容,也不利于学生的学习和掌握。

（三）拼读教学有待持续加强

在研究的前后两次语音测试成绩的对比分析中,课题组发现,学生的拼读水平并没有显著提升。一方面可能是因为两次测试的样本不统一,第二次测试的样本数据里包含了没有使用语音学习导学手册的学生(约占43%);另一方面是在课堂观察中也发现,在语音学习的后期,教师因为课时的关系,开展的拼读针对性训练不足,在进行日常的语言教学过程中,教师没有有意识地对学生进行已学语音知识和拼读能力的进一步强化,这也是学生拼读能力没有持续提升的重要原因。

因此,在后续的研究中,课题组应该首先对导学手册的编写进行优化,采取"学学—练练—再学—再练"的思路进行编写设计。其次是在进行日常的语言教学中持续对学生进行语音知识的巩固和拼读能力的训练。最后是要进行下一届新七年级学生的学前和学后评估检测,做到样本前后统一,通过不断的实践和研究,提高学生语音学习效率和水平。

（本文为2019年度郑州市教育科学重点课题,获科研成果一等奖。课题研究单位:郑州市第五十二中学,课题负责人:李培红,课题组成员:张筱煜、曹艳君、田华、周艳静、刘瑜）

生命教育背景下幼儿园小班安全教育的实践研究

一、研究背景

《幼儿园教育指导纲要(试行)》中明确指出:"幼儿园必须把保护幼儿的生命和促进幼儿的健康放在工作的首位。"全国教育大会上提出,要通过多渠道增加对学前教育资源的覆盖面,完善学前教育管理制度,确保"幼有所育"能够取得明显效果。

我园始终把保护幼儿的生命和促进幼儿的健康发展放在教育的首要位置,在生命教育的背景下,坚持开展主题安全教育活动。我国通过帮助幼儿认识生命、珍惜生命、敬畏生命、欣赏生命,提高幼儿的生存技能和生命质量。但学前教育阶段,尤其是小班,由于幼儿年龄较小,意外伤害时有发生,孩子的安全意识淡薄,缺少自我保护的方法,因此,对小班幼儿进行有效的安全教育,增强并丰富其自我保护的意识并找到解决方法迫在眉睫。

作为长期奋战在学前教育一线的幼教工作者,我们发现如下3个问题。

(1)小班幼儿身心发展尚未成熟,缺乏对生命初步的认知。

(2)幼儿园安全教育碎片化,具体教育策略和方法不适合小班幼儿的学习方式和特点。

(3)家园未形成合力,无法高效实施小班安全教育。

为解决上述问题,让小班幼儿的安全教育成效最大化,通过反复研讨,我们将课题确定为《生命教育背景下幼儿园小班安全教育的实践研究》,同时成立研究小组,以郑州市实验幼儿园小班组为研究目标进行研究。

二、研究过程

(一)课题申报阶段(2019年4月)

课题组确立研究主题,阅读并了解课题申报相关资料,填写立项申报表。

(二)准备阶段(2019年5月—2019年6月)

(1)组织召开课题组会议,研讨课题研究方案,进行研究分工。

(2)在原有资料的基础上,进一步收集和整理小班幼儿安全教育的资料,如查阅国内外有关的教育理论与文献资料。

(3)确定调查和访谈对象,初步设计调查问卷、访谈提纲。

（三）实施阶段（2019 年 7 月—2020 年 2 月）

（1）制定调查问卷,确定访谈提纲,进行实际调查与访谈,对小班幼儿安全教育的现状进行总结和分析,让课题组成员做到心中有数。

（2）组织课题组成员进行座谈和研讨,梳理整合我园小班幼儿安全教育中存在的问题。

（3）课题组成员分别进行安全教育活动设计与实施,及时记录效果与经验。

（4）课题组定期召开座谈会,通过分享课例、课堂观察记录、案例分析、反思等多种形式汇报、小结研究情况,并讨论遇到的新问题。

（5）对课题组成员进行科研培训,让每一名课题组成员都了解和掌握课题研究的基本做法和技能。

（四）总结阶段（2020 年 3 月—2020 年 5 月）

（1）对实施进展中的资料信息进行归纳总结,完成课题研究报告。

（2）汇总过程性资料,提交研究成果。

三、主要做法和经验

（一）通过调查,对小班幼儿安全教育的现状做到心中有数

为深入开展《生命教育背景下幼儿园小班安全教育的实践研究》,了解教师对幼儿安全教育的认知和实施现状,了解家长对幼儿安全教育的重视程度及安全方面的家庭教育现状,了解幼儿掌握的安全知识和具备的自我保护意识等,课题组进行了前期调查,分别是对全体小班教师进行无记名问卷调查,对全体小班幼儿进行口头问卷调查,对小班家长进行个别访谈调查。

通过对三项调查结果的分析与整理,课题组归纳出小班幼儿安全教育存在四个方面的问题。

第一,心理方面的安全教育匮乏,幼儿缺乏安全的心理氛围。

第二,安全教育未成体系,碎片化的教育使得教育成效甚微。

第三,教师捕捉教育契机的敏锐度不够,易错过安全教育的最佳时期。

第四,家园未形成合力,家庭与幼儿园安全教育不同步。

（二）针对问题,我园教师积极进行实践探索

1. 建立良好的师幼、幼幼关系,营造安全的心理氛围

小班幼儿年龄较小,来到幼儿园这个陌生的新环境,会出现不安、焦虑的情绪,因情

绪异常可能会出现误伤等情况。教师根据小班幼儿的年龄特点和心理发展水平,实施了以下措施。

(1)通过创设班级环境,开展丰富的活动;通过教师家访和家长入园等方式,帮助幼儿适应幼儿园生活,建立良好的师幼关系。

①创设安全温馨的幼儿园生活环境。

教师利用幼儿喜欢的元素、色彩及其作品来装饰教室;在幼儿园的宣传栏和家园联系栏中以图画的形式呈现各种安全标识;在楼梯上贴上彩色的小脚印,在教室插座旁贴上"小心触电"的儿童标志等,帮助幼儿认识环境、注意安全。

②组织丰富多彩的室内外活动,陪伴幼儿一起游戏。

我园教师基于幼儿感兴趣的内容积极开展丰富多彩的活动,在活动中陪伴、鼓励每一位幼儿,通过教师的呵护与陪伴,幼儿较快地融入了幼儿园生活。

③积极进行家访,建立师幼间信任的桥梁。

对于比较调皮或者比较内向的幼儿,教师采用了家访的方式密切与其联系,针对性地增进感情交流。教师在幼儿觉得安全、熟悉的地方与幼儿交流、游戏,两者间信任的桥梁逐渐建立起来。

④邀请家长入园,与幼儿一同参与幼儿园的各项活动。

家长陪伴幼儿一同参与幼儿园活动,是稳定幼儿情绪、帮助其适应幼儿园生活的有效途径之一。

案例:在新年即将到来之际,班级教师邀请家长来到幼儿园与孩子一起制作拉花,孩子与父母在制作的过程中特别开心。活动结束后,家长还用幼儿制作的拉花装饰教室,孩子看到后开心地自说自话。

贝贝:哇,教室好漂亮啊。

牛牛:那是我做的拉花,我好喜欢呀。

小花:那是我和形形一起做的,真好看。

…………

通过上述案例中幼儿的行为表现可以看出,幼儿在家长和教师的共同陪伴下心情愉悦。由此可见,邀请家长入园陪伴幼儿一同体验,对营造良好的心理氛围有着极其重要的作用。

(2)鼓励幼儿参与游戏活动,增强同伴间互动,形成良好的幼幼关系。

积极的同伴关系对幼儿情绪稳定有着很大的影响,幼儿在游戏中与同伴互动、结交新朋友,从而找到归属感,慢慢地融入新环境。如在音乐游戏《找朋友》中,幼儿跟随音乐快乐地舞蹈,在间奏处去寻找新的朋友,体验与同伴互动的快乐。

2.结合小班幼儿的年龄发展水平和园本课程,对小班安全教育的目标和内容进行初步探索

小班幼儿因为年龄较小,生活经验不够丰富,对基本的安全常识并不是特别了解。

为提升安全教育质量,使教育有据可依,课题组成员展开了关于安全教育目标和内容的初步探索。

(1)依据《3~6岁儿童学习与发展指南》,设立小班年龄段健康领域的教育目标,我们将小班的安全教育落脚在萌发安全意识和学习安全常识。

(2)结合本园生命教育的内容,明确安全教育的内容范围。

针对小班幼儿年龄小、以自我为中心、肌肉控制力弱、喜欢探索发现周围事物等特点,小班基于生命教育背景下的安全教育内容为认识生命、珍惜生命。

案例:小班安全主题集体教育活动《保护我们的眼睛》,这次活动旨在加深幼儿对眼睛重要性的认识,让幼儿初步懂得保护眼睛的一般常识,使幼儿养成良好的用眼卫生习惯,增强自我保护意识。

表1　《保护我们的眼睛》活动目标

教学目的	1. 让幼儿初步了解自己的眼睛的结构、特点
	2. 使幼儿懂得眼睛的用途、重要性,进而培养保护眼睛的意识
	3. 通过看眼睛、说眼睛,增进互相了解和交流,懂得保护眼睛的重要性

(3)整合幼儿安全行为观察记录和学习故事,补充安全教育的内容。

随着社会的发展和科学技术的进步,幼儿教育内容需要更新,我们将幼儿安全行为观察记录和学习故事中符合当今社会现状的教育内容补充到了安全教育的内容中。例如,性安全教育,引导小班幼儿认识自己的身体和性别,知道不能让别人触摸自己的身体。

3. 寻找有力抓手,积极开展丰富的安全教育活动

召开小班教师会,号召每位教师将自己的安全教育实施过程记录下来,然后将有代表性的活动进行展示并整合。

(1)借助多媒体积极开展丰富的安全主题教育活动。

利用多媒体直观生动的呈现形式将安全教育中抽象难懂的安全知识进行展示,便于幼儿理解和接受。

案例:在本次寒假安全教育专题活动中,孩子们和老师一起观看了安全宣传视频,了解了安全知识和自我保护的方法。观看后,教师组织幼儿结合图片展开讨论,在讨论的过程中幼儿提高了安全警惕性和自我保护意识。

(2)借助绘本引导幼儿习得安全知识。

利用绘本资源提高幼儿认识生命、保护生命的意识,积极展开集体阅读活动和幼儿自主阅读活动;班级内设置安全教育绘本展示区,供幼儿自主欣赏阅读;幼儿园绘本室为小班幼儿配备了一定数量的安全教育绘本;幼儿园组织图书漂流亲子活动,鼓励家园共读、同伴共享,进一步培养孩子们的阅读兴趣与习惯,在主动阅读的过程中习得安全常识。

（3）观看舞台剧表演，提高幼儿安全意识。

安全主题对幼儿来说较为抽象，我园通过舞台剧表演，将有安全教育意义的故事展现给幼儿，借助幼儿熟悉的角色来呈现故事，便于幼儿理解、模仿学习。

案例：小班幼儿观看了一场教师表演的舞台剧《三只小猪盖房子》。

乐宝：大灰狼好可怕啊，一定要保护好自己。

彤彤：盖结实的房子才不会被大灰狼抓走。

小宝：一定不要给陌生人开门……

通过观看表演，孩子们增加了安全知识的积累，知道要保护好自己，不给陌生人开门，危险的事情不要做，等等，增强了自我保护的意识。

（4）开展角色扮演游戏，引导幼儿认识生活中危险的事情。

开展安全教育主题的角色扮演游戏可以让孩子在游戏情景进行实践。例如，小班刚入园的幼儿，他们的生活习惯还未形成，进餐时常常会有咬勺子、玩勺子等现象。教师单纯的说教效果并不理想，于是教师换了一种方式，在区域游戏时，以扮演小朋友的方式加入幼儿的娃娃家游戏中去，用情景式案例提醒幼儿进餐的正确方式，展示玩勺子的危险性，这样的引导更为有效。

（5）进行常态化实战演练，帮助幼儿习得紧急避险的安全经验。

《3～6岁儿童学习与发展指南》中指出："幼儿的学习是以直接经验为基础，教师要支持和满足幼儿通过直接感知、实际操作、亲身体验获取经验的需求。"因此，我园组织幼儿每月进行一次安全演习，如消防演习、地震演习、防控演练等，邀请相关专业人士来进行指导，丰富幼儿的紧急避险经验。

（6）通过一日生活培养幼儿的生活常规，引导幼儿养成有序的生活习惯。

良好有序的常规是幼儿安全的重要保障之一，幼儿养成有序的生活常规，能够避免很多安全事故。一日生活皆教育，针对幼儿的学习特点和发展水平，我们用幼儿感兴趣的方式教育幼儿，例如，上下楼梯儿歌，"上楼梯，向前走，你在前，我在后，一个跟着一个走，我们都是好朋友"。这样既增加了趣味性，也有助于幼儿快速记忆。

4. 教师发挥支持者、引导者的作用，抓住教育契机进行安全教育

（1）为幼儿创设安全、宽松的户外活动场地。

表2　郑州市实验幼儿园小班幼儿户外活动场地安排情况

幼儿园户外场地安排(小班)					
场地 时间	1号场地 (2～3个班)	2号场地 (2个班)	3号场地 (2个班)	4号场地 (2～3个班)	5号场地 (2～3个班)
周一	宝一、宝二	小一、小四	小五、小六	小二、小一、小五	小三、小四、小六
周二	小一、小四、小五	小六、小二	小三、宝一	宝二、小六、小三	小二、宝一
周三	小六、小二、小三	宝一、宝二	宝三、小一	小四、宝一	小五、宝二、宝一
周四	宝一、宝二	小一、小四	小五、小六	小二、小一、小五	小三、小四、小六

（续表）

幼儿园户外场地安排(小班)					
场地 时间	1号场地 (2~3个班)	2号场地 (2个班)	3号场地 (2个班)	4号场地 (2~3个班)	5号场地 (2~3个班)
周五	小一、小四、小五	小六、小二	小三、宝一	宝二、小六、小二	小三、宝一
备注:户外场地说明					
1号场地位置	分园前操场、两个沙池、梅花桩、攀爬架、三个大型玩具				
2号场地位置	保健室、电梯间及东侧大树为界以东草坪处				
3号场地位置	国旗前两棵树之间的草坪				
4号场地位置	西大树西侧草坪、西二楼平台、平台下大型玩具				
5号场地位置	南侧连廊、连廊下跑道、小车、小乐园及连廊下攀爬、平衡器械、器材室平台及耕园				

我园占地面积较小,为了保障小班幼儿有充足的空间和时间进行运动,经商讨后,教师将幼儿园户外场地的利用进行了统筹安排。户外场地分为五个区域,各班错时、错区进行户外活动。同时,在户外活动时,教师适时介入,对幼儿进行安全提醒。

(2)积极引导幼儿参与户外体育活动。

学前时期,幼儿的运动能力处于不断发展的阶段,针对幼儿的运动特点,我园充分考虑幼儿年龄特征与运动发展水平,制定了适合小班幼儿的体育活动,并引导其积极参与。

(3)把握生活中的安全教育契机,及时进行安全教育。

生活中的每一个题材都是教材,每一次危机都是成长的契机,因此,我们可以抓住生活中的教育契机,对孩子有的放矢地开展恰当的安全教育。

案例:2020年春节,新型冠状病毒在全国范围内爆发,幼儿园教师抓住时机,以网络推送的方式,及时向幼儿普及预防病毒的安全知识,利用儿歌、手指游戏等形式,让幼儿知道疫情期间要勤洗手、出门戴口罩等常识,并倡导家长与幼儿一起操作,幼儿在游戏中学习到了许多安全知识。

(4)教师加强学习,定期研讨与实践,提升自身安全教育能力。

课题组以自主学习和集中学习相结合的方式不断学习相关书籍、文献资料,以先进的理念与指导策略为我们奠定理论基础,在实践、研讨与反思中让教师的安全教育能力得到大幅提升。

5.积极联系家庭,探究家园合力进行安全教育的有效措施

《幼儿园教育指导纲要(试行)》中指出:"家庭是幼儿园的重要合作伙伴,应本着尊重、平等、合作的原则,争取家长的理解和主动参与,并积极支持、帮助家长提高教育能力。"课题组通过访谈可知,家长们对幼儿的安全教育非常重视,同时也希望能够得到教师的科学指导,能用恰当的方法向幼儿传递安全知识。

（1）加强安全教育宣传，引起家长重视。

我园通过安全专题家长会、家长进课堂、家长开放日等活动，积极对家长进行安全教育宣传。此外，教师还邀请家长入园参与班级开展的各项安全教育活动，引起家长对安全教育的足够重视。

案例：为了加强家长对幼儿交通安全的重视，幼儿园小班召开了安全专题家长会，旨在保护幼儿每日入园离园的安全，增强家长的安全意识。

（2）利用家长资源，将安全教育渗透在家园合作中。

教师在了解家长信息和征得家长同意的基础上，邀请家长入园参与班级开展的安全教育活动。例如，邀请职业是警察或者是医务工作者的家长，为幼儿提供一些操作材料，亲身体验或实地观看安全教育有关活动。

（3）幼儿园科学指导幼儿居家安全生活，助力幼儿健康成长。

假期前后，幼儿园会通过微信公众号发送安全提醒、《致家长的一封信》等安全文章联动家长。同时，幼儿园还邀请家长定期入园参与安全主题的讲座与活动，为年轻的爸爸妈妈提供科学教养的理论与经验支撑。

（4）回顾实践内容，提炼经验。

幼儿园安全教育要以幼儿为本，内容、目标要符合幼儿发展水平，教育形式要多元化，教育要全方位进行。外部创设安全环境，开展安全游戏，实施安全课程，内部营造轻松、愉悦的心理氛围。同时，教师要及时发现一日生活，特别是户外活动中的安全隐患，与幼儿共同讨论，引导幼儿规避危险，防患于未然。

鼓励家长以身作则，利用身边的案例正面引导幼儿树立安全意识，通过情景模拟的方式将身边的动态资源作为教材对幼儿进行有效引导。

通过家长和教师、家长和家长之间的分享交流，使安全教育经验发挥最大价值。幼儿园鼓励家长进课堂，发挥自身专业性，丰富幼儿安全常识。

四、研究成效

（一）幼儿参与安全教育的主动性增强

通过一系列的实践活动，幼儿自我保护能力和动作发展明显提升，例如，在奔跑中会躲闪、摔倒时会用手撑地护头，会简单的排除身边的安全隐患。在每周一次的安全实践活动中，幼儿也由拘谨被动变为主动投入，兴趣更浓厚、专注度更高。

（二）幼儿的安全知识与自我保护的意识得到提升

幼儿园对小班幼儿实施近一年的安全教育，形成系统、有层次的课程内容，包含逐月安全主题（层层递进、相互衔接）、集体安全课堂（针对共性问题、常识性知识）、安全游戏与区域游戏(个别化指导、亲身体验)、户外运动(动作协调)、家园共育(活动延伸、巩固提升),五个方面有所侧重、各不相同,既可合为一体,又可各自为重。

幼儿在游戏中不仅习得了大量安全知识,增强了安全意识,并且能将游戏中的安全经验迁移到日常生活中,即使改变场景也可以轻松应对。例如,红绿灯游戏的开展让幼儿在现实生活中不同场景(十字路口、小街道、小区院内)下,自觉遵守交通规则(在没有具体标识情况下先左看后右看等)和躲避机动车辆。

(三)教师的科研能力获得提升

课题组成员在研究过程中拧成一股绳,共同致力于课题研究。科学合理的分工、规范有序的推进、理论与教育实践的结合、一次次高质量的案例分析和研讨、分阶段的小结评析,使得教师在科研思路、方法、实际操作上都获得了很大提升。

(四)家长对家园合作有了更深刻的认识

家园合作是幼儿教育的重要途径之一。通过此次研究,家长对家园合作有了更深刻的认识,知悉家园合作不仅仅是教师向家长单句传达幼儿需要学习的内容,让家长辅助学习,还是家长与教师在把握统一目标的基础上,以多种形式进行的家园双向互动教育。

五、存在的问题及下一步打算

小班幼儿安全教育的内容涵盖比较广,本课题研究重点涉及的内容并不全面。例如,户外安全教育实践中,课题组发现:固定的空间与时间降低了幼儿的自主性。在接下来的工作中,课题组会针对这一部分,重新设计,尝试以周为单位,以幼儿为主体,让其自己选择每周的活动场地和内容。

课题组理论学习浅显,总结不够精确。我园采购了安全教育相关的理论书籍和安全教育绘本供教师学习,但理论的积累不是一蹴而就的,课题组成员缺乏系统性学习,语言不够精准恰当,逻辑结构不够清晰,故在以后的工作中需要积极阅读、不断学习,提升自身专业水平。

参考文献

[1]张莉.幼儿园安全教育的内容与途径[J].安徽教育,2000(Z2):35-36.

[2]曹雪芳.利用绘本资源建构幼儿生命教育初探[J].科教文汇(中旬刊),2012(9):26-27.

[3]张吉丽.有效的幼儿园安全教育活动探微[J].学前课程研究,2008(12):31-32.

[4]王悦怡.教育戏剧应用于幼儿园安全教育的行动研究[D].济南:山东师范大学,2019.

[5]闫宁.小班幼儿日常安全教育指导策略[J].科教导刊(上旬刊),2014(2):200－201.

[6]郭静静.浅谈幼儿园安全教育[J].淮阴师范学院学报(自然科学版),2011(1):79－81.

[7]中华人民共和国教育部.3～6岁儿童学习与发展指南[M].北京:首都师范大学出版社,2012.

[8]中华人民共和国教育部.幼儿园教育指导纲要(试行)[M].北京:北京师范大学出版社,2001.

(本文为2019年度郑州市教育科学重点课题,获科研成果一等奖。课题研究单位:郑州市实验幼儿园,课题负责人:张莉,课题组成员:陈鹤婷、吴越、赵蕾、樊梦露)

立人教育：基于校本实践的学校品质提升研究

一、研究背景

学校的办学文化与发展理念,犹如意识形态之于国家,重要性怎么提都不为过。它可以为学校变革厘定方向、凝聚人心、调动资源,继而克难攻坚,由量变到质变,实现跃迁式发展。郑州师范学院附属小学(简称附小)向来重视学校文化建设,并且随着时代的变迁,在继承优秀办学传统的基础上,不断融入新理念、新思路,以期不断打开新局面。立人教育就是附小人优秀办学经验在新时期的崭新表达。

(一)深入落实立德树人的教育根本任务

党的十八大把立德树人作为教育的根本任务,无疑是对教育如何培养人这一本质的新认识,即"德育为先,树人为本"。如何把"树人"工作在学校教育中落地,这就需要我们在办学过程中勇于探索创新,立人教育便是我们的答卷。

(二)充分发挥附小教育的特色优势

作为附属依托机构,郑州师院对附小的发展影响深远。郑州教育界90%以上的小学教师均毕业于郑州师院。小学教育专业是郑州师院当之无愧的特色优势学科与专业。师院历来关心重视附小的各项发展工作,积极整合学院资源,扶持附小建设,为附小发展的顶层设计及课程教学开发等提供强有力的智力支撑。立人教育理念中,教师队伍建设是重中之重,师资队伍"立己"素养的提升,离不开师院小学教育学科的专业引领,同时附小立人教育的系统育人环境,也为师院小学教育的人才培养提供了特色化的实习基地。附小将利用立人教育作为课题实践平台与师院理论研究平台形成互补共赢的发展态势,努力为郑州师院小学教育优势学科增加新特色,探索新理念,真正做到"优势＋特色"。

(三)传承与创新附小的学校发展理念

60余年来,学校曾确立了"一切为了师生的发展"的办学理念,形成了"尊重、友爱、勤学、健美"的校风和"责任、爱心、民主、参与"的教风及"乐学、善思、合作、探究"的学风。并且,学校曾以生命化教育为抓手,开展生命化课堂实践,构建生命化校园文化,提升教师的教育素养,用高尚的思想和情怀引领学生的成长,让师生人人尊重生命、珍爱生命、欣赏生命、敬畏生命,提升师生生命品质与价值,这种理念已经成为河南省特色教育的一面旗帜。当然,随着时代的发展,育人理念也需要不断更新,学生在成长的过程中,要经历"生存、生活、生命"的三重人性考验,生命教育的内涵与外延都需要进一步扩充,以适应未来社会的挑战。所以完整的人的教育,应该包含生存教育(职业化教育)、生活教育(世俗化教育)及生命教育(人本化教育)三个层面。生存教育重视体育与技能教育,生活教育重视智育与知识教育,生命教育重视德育与审美教育。所以"立人教育"是附小对生命教育在新时期的尝试性探索。

二、研究过程

(一)准备阶段(2019 年 3 月)
(1)课题立项申请,填写《郑州市教育科学课题立项申报表》。
(2)课题组成员明确各自分工,组织相关学科教师进行专项培训。

(二)研究阶段(2019 年 4 月—2020 年 1 月)
(1)进行问卷调查,了解师生关于"立人教育"的需要和需求。
(2)邀请专家进行课程开发的专题培训,提升教师的课程领导力。
(3)进行课题相关的培训和指导,挖掘教师的课程资源并与购买社会资源相结合,开设附小"立人"课程。该课程分为必修课程、选修课程、自修课程、个体课程,并在实施的过程中不断总结和完善,为每一个学生提供适合自己发展的课程。

(三)总结阶段(2020 年 2 月—2020 年 3 月)
(1)整理过程性资料,进行统计分析,撰写研究报告。
(2)对课程成果进行收集、整理。

三、主要做法和经验

(一)构建梯级发展机制,助力教师专业发展
学校重新架构职能部门,独立出教师发展中心,为促进教师的专业成长凝神聚力。2019 年 9 月初,学校开始采集每位教师"个人专业发展基本信息"的业务清单,建立教师个人专业成长档案,明晰教师业务现状,合理构建梯层教师团队,形成层级晋升机制。学校对有培养前途的教师进行量身定制,有计划、有针对性地跟踪听课,三年至少培养一名专家型(或骨干型、提升型)教师;每年至少上一节校级公开课、示范课或观摩课;三年至少主持或参与完成一项省级(或市级、区级)或省级(或市级、区级)以上课题进行量化考核。

（二）构建"四课研讨"机制，提升教师专业能力

"四课制"，即指省市名师每期一节引领课、省市骨干教师每期一节示范课、提升教师每期一节研究课、任教五年内的青年教师每人一节达示课。以注重实效、与时俱进为原则，结合学科特点和教育发展状况，在不断完善"四课制"活动的内容要求和实施程序的动态管理中，使"四课制"活动在促进教师专业发展方面发挥更大作用。比如3月和11月，教育部领航工程寇爽名校长工作室、郑州市寇爽校长工作室举行名师引领研修活动。该活动围绕"基于核心素养的习作教学"等主题开展研讨，呈现了附小"三好·生"课程下"学本课堂"的真实样态，促使教师们以专业的精神引领学生认真学习、真实学习。

（三）构建"三好·生"课程体系，完善顶层设计

为落实"立人教育"的办学理念，学校以"三好"为核心的学生培养目标为导向，以"三生"为核心的课程建构为价值取向，对三级课程进行了统整，构建了"三好·生"课程体系。

1. 立足"三生"，用课程成全学生

丰盈生命是学校课程的根本目的。人是教育的最高目的，课程的价值在于成全人，因此课程作为教育的载体，在知识学习、技能获得、价值观养成的过程中，需要敬畏生命的独特与高贵，彰显生命的激扬与丰盈。用阅读丰盈生命，为幸福人生打好底色是附小教育人的共识。基于这样的理念和思考，附小专门设置了阅读课程。

晨读古诗词，午读名著经典，更多的阅读发生在语文课堂上。精读深思、辩论思考、班级读书会、项目式阅读探究活动等，使整本书的阅读由课外进入课堂……这不仅开阔了孩子们的视野，而且从书中获得了自我教育和成长启示。同时两节连排的阅读课，还会在环境优雅、功能先进的近千平方米的美好阅读中心上课，让附小的孩子阅读的愿望喷薄而出，为幸福人生奠基。

2. 让生活成为课程的源头活水

面向生活是学校课程的建构根基，生活经验也是学生和课程建立联结的纽带。面向生活的课程才能促进学生对生活意义的发现，而课程的学习不仅是为美好生活做准备，而是让学生每一天都感受到生活的美好。

2020年春季新型冠状病毒疫情突如其来，李克强总理深入武汉疫区考察指导疫区防控工作，84岁的钟南山再度挂帅出征，全国数万名医务人员紧急奔赴前线。在这场没有硝烟的战争中，学校变危机为教育契机，附小用开学会客厅的形式举行了开学第一课，引导学生认识到课程无处不在，生活才是学习和成长的源头活水！

案例：开学第一课，专家"围坐"附小会客厅

…………

寇爽校长的开学寄语令人倍感温暖，也让人备受鼓舞和深思，她用春风化雨般的语

言分享了抗击疫情时冲锋在一线的附小家长们的感人故事和画面。这些课本上学不到的知识，既让孩子们体会到了生活的艰辛不易和人性的美好，又让他们深切地感受到中国科技和大数据的力量，也明白了决策的关键。

附小会客厅的第二位嘉宾是来自清华大学的大四学生袁舒。她以多次参与国际赛会的志愿服务和2019年国庆70周年庆典服务的经历，与学弟学妹们分享了她的成长故事，总结了自己的学习方法，同时也告诉学弟学妹们，危机也是契机，抓住线上学习这个机会，学会自主学习，进行自我管理，实现自我挑战，合理规划自己的这段线上学习生活，才能不负韶华。

河南省首席科普专家、专门从事野生动物研究的刘冰许向大家讲述了保护野生动物、维护生态平衡的重要性。他用丰富的野外考察经历、近距离拍摄的野生动物图片、美丽的自然风光让附小的学生们大开眼界，在美好的享受中更加明白人与自然相互依存的关系。

特殊时期，特殊的开学典礼，赋予了附小学生们成长的特殊意义，附小开学的第一课一经播出，河南日报、大河网、郑州教育信息网、头条、映象网等近十家媒体进行了报道，引起了社会各界的关注和家长的高度评价。

3.让学习自然发生

自主生长是学校课程的立人价值。学习是人的天性，儿童是天生的未知探索者，课程要尊重人性、顺应天性，成就天然的学习者，帮助学生学会学习。终身学习是课程核心的价值理念，赋予生命自主生长的力量，是教育者的使命与荣光。对处于人生中好奇心和求知欲最强的小学时期的学生，保护充分并激发学生的学习愿望，让学习变得顺应天性，教师是引导者，辅助他们学习，真正地赋予每一个学生自主自愿和自动生长的力量，这也是课题组探索的重要课题。

（四）提炼课堂有效形态，提升课程品质

学校以"三好"为育人目标，在梳理不同学科课堂的共性规律的基础上，提炼了学本课堂形态，并以此规约学科课堂教学的价值立场、基本范式、评价标准，实现学科育人的本质追求。

1.以活动任务促使学习自然发生

学本课堂的活动设计，强调以情境化的任务作为教学活动设计的背景。学习活动必须与学习目标相一致，这样既能够促进学生思维的发展，调节学生在学习过程中情绪良性的变化，也能够促进学生对知识的理解和掌握。因此，在学习活动设计过程中需要思考学习策略的应用，以及导入、衔接、总结等环节的设计。

2.以学习方式创新促使学习真正发生

课堂由教师主导的知识传递变为学生主动探索未知，由个体与知识的互动变成同伴之间围绕问题互动探究，能够让课堂看上去是学生为主体，呈现真活动、真探究。学校学本课堂形态紧扣课程标准的要求,用情境化的活动与任务引发学生的主动思考、深度探究,以品质化的学习体现对学生作为学习者的尊重。

在科学案例《小实验大课程》中,教师用简单的小实验点燃了学生极大的科学探究兴趣,小实验探究课中教师始终只是一个引导者,学生们一直在体验和不断地探究,他们一直是课堂的主角,而且主角的探究一直延伸到课外。

(五)以劳动实践为突破口,撬动课程改革

综合实践活动课程作为一门新设的国家必修课程、承载着课程改革的核心理念和价值追求。学校以《中小学综合实践活动课程指导纲要》的具体要求为指导,秉持学校"立人教育"的办学理念,落实立德以树人之本,立身以树人之基,立智以树人之才,立美以树人之灵,立劳以树人之能"五育并举、立人至上"的总体目标来设置课程。

1. 立体的课本,生长的课程

关注学生的生活、生长和生命,是学校构建丰富多样、动态开放、充满活力的附小"三好·生"课程体系的核心。学校的综合实践课程是以学生的真实生活和发展需要为核心,拓宽学习经历,利用探究、服务、制作、体验等方式,促进学生在不同领域、学科、主题之间的横向拓展和纵向交融,整体提升学生的综合素养和实践创新能力。

在《研转六一快乐足迹》案例中,记录了 2019 年的六一儿童节,附小学生以"小脚走商都"的研学经历,足迹由校园延伸到了黄河之滨,以探究大河文化为主线,以"知行合一"为研学理念,实现文化、艺术、自然、道德的整合,让课本变得立体起来,让课程富有生命、充满活力。

2. 以综合实践为杠杆,撬动课程改革

结合学校"立人教育"的办学理念,将综合实践课程作为撬动课程改革的杠杆,变单兵作战为团队合作,课程变得更开放,内容更为丰富,形式更为灵活,评价更为立体多元。"立人教育"推进学校综合实践活动课有序开展,引领学生在广阔的世界中寻找问题、解决问题,鼓励学生在"在生活中体验、在体验中生长"。

(六)选课走班,私人定制的校本课程

学校从每个学生的个体条件及发展成长的不同需求出发,尊重每个学生的兴趣选择和个性发展,让每个学生享受成长的快乐,开发了可供学生选择的课程,即具备附小特色的校本课程体系,全面落实立人教育。

在学校开展的问卷调查中,获知更多的家长和孩子期待能为其成长提供个性化课程。基于学校和教师的实际情况,整合周边的社会和社区资源,2019—2020 学年上学期,学校开设了 4 大类 32 门 43 个课程,以选课走班的形式施课程,在一定程度上满足了学生的成长需求。

1. 基于校本的课程开发，每位教师都是课程

宋华老师是学校的一位年轻教师，个头不高，眼睛很有神。学校无意中发现，她在朋友圈中发了几张自己拍的儿子的生活照片，光影的处理颇为专业，多么好的课程资源！于是，学校鼓励宋老师把爱好开发成校本课程，最终打磨出一门融摄影和写作为一体的课程——小记者诞生了。

2. 非遗进课程，每一位同学都是传承人

为传承和保护非物质文化遗产，激发学生的文化自信，2019年11月29日起，汴绣和黄河号子作为课程走进了附小，每个孩子都成了非遗的传承人。汴绣传承人程曼萍老师向学生们展示了其图案各异的汴绣扇作品，手把手教同学们刺绣。汴绣进课程，让学生们感受到传统工艺之美和民间艺术的多彩，加深了对传统文化的理解，传承了中华优秀传统文化。

3. 成长不能等，备受期待的"你猜课程"

"停课不停学"不只是学校课程的学习，也是一种广义的学习。郑州师范学院播音与主持艺术系毕业的何向向老师，将专业的知识转化成浅显易懂的语言，精彩的展示让同学们体会到了声音的魅力和语言表达的重要性，在特殊时期让同学们以劳逸结合的方式感受祖国语言的博大精深。附小优秀毕业生和附小名师团队也纷纷为附小学生提供了丰富的课程。非常时期，附小的教师团队释放教育能量，推出的"你猜课程"，有效地培养了学生自主探究和研究性学习的意识和能力。

（七）建设班级文化，引领班级健康走向

班级是学校组织建构中最基础的单位，也是最具活力的"校园细胞"，学校尤其重视班级文化的建设。学校首先从硬件上改善教室的视觉效果，之后采用自下而上的方式，让班级文化落地生根。班主任利用主题班会和全班同学展开讨论，寻找班级形象代表事物，为班级取名。正是因为立足在学生端，从学生需求出发，以学生的认可作为工作方向，才有了渐渐深入孩子们内心的班级文化。

（八）质量监测，用评价把脉课堂

各学科课程实施的效果需要定期及时进行监测并分析问题，以便进一步改进教师的教与学生的学。学校学业质量监测，在评价内容上，除纸笔测试内容外，更注重学生在能力、素养等方面的发展评价。在评价过程中，覆盖学生学习的全过程，特别要突出实践能力和创新能力的评价。在评价形式上，低年级采用了信息化评价工具，以Ipad为载体，对学生进行期末学业水平测试。

四、研究成效

（一）整体提升教师素质，铸就一支"精业尚研、追求卓越"的教师队伍

教育研究共同体的成立为教师素质提升提供了更为专业和针对性的指导。学校聘请郑州师范学院的四位博士为学校的科研导师，通过专业引领、精准指导，提升教师的教科研能力，促进教师专业成长，最终获得了喜人的成绩 2019 年 12 项市区课题获奖，其中市级一等奖 7 项；2020 年立项课题，省级 2 项、市级 8 项（含一项重点课题），区级 3 项。

（二）构建"三好·生"课程体系，完善学校的顶层设计

该课程体系构建了七大学习领域，包括语言与交流学习领域、数学与数据学习领域、人文与社会学习领域、科学与技术学习领域、艺术与审美学习领域、体育与健康学习领域及劳动与实践学习领域。

图 1　"三好·生"课程体系

"三好·生"课程作为知识技能与价值观获得的载体，以"好"为目标，让课程成就美好；以"生"为根本，让课程成全学生。"三好"从内在底蕴、外显行为、基础素养等方面明确了课程的育人取向，"三生"是指"丰盈生命、面向生活、自主生长"，从根本目的、建构根基、立人价值等方面界定了课程的性质，形成了科学规范的课程体系，完成了学校课程的顶层设计。

（三）提炼学本课堂的有效形态，提高教学质量

学本课堂有两层含义：以学生为本、以学习为本。在"立人教育"的思想统领下，学生是学校教育教学的中心，更是课堂存在的基础，课堂的目标、内容、文化、流程、规则都应以学生为中心来构建，成为学生的课堂。同时，课堂是学习之所，让学习在课堂发生是教师"立人"使命和专业职责的体现，引起学习、维持学习、促进学习是"学本"课堂对教师

主导角色的定位,通过指向目标的学习任务设计,为学生在学习、真学习、会学习创造机会、提供支持。

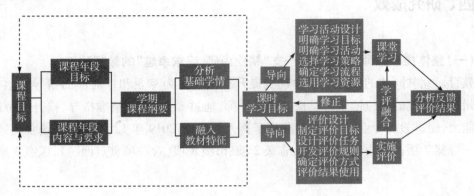

图 2　学本课堂形态教学设计与实施流程概念图

该课堂形态在 2019 年 10 月份获得了郑州市课堂形态的有效认定。

(四)完善德育目标,形成德育体系

课题组构建具有附小特色的"立人三好"的德育工作体系,在德育体系的依托与规范下,学校德育工作更聚焦、更扎实、更有效。学校在 2019 年被省教育厅评为河南省中小学德育工作先进集体,被郑州市教育局评为郑州市中小学社会实践活动先进单位等。学生在各级各类比赛中,获奖人次达 500 以上。

五、存在的问题及下一步打算

课题组经过一年的研究,从学校的管理架构改革到教师素质提升工程、课程、课堂教学质量的提升等,进行了积极的探索和实践,学校的硬件得到了改善,教学质量有了明显的提高,办学品质得到了显著提升。

但国家课程校本化的实施还需要进一步深入,以综合实践为切入点撬动课程改革的尝试才刚刚起步,对其课程体系、课程实施和评价的顶层设计能力还有待提升,教师的课程领导力还需要进一步提高。

针对学生学习的质量监测体系,课题组在进行了大量的学习、研究之后,形成了一套从教师备课、教研到期末评价的一整套的管理制度。因为受义务教育阶段不得进行大规模测试的限制,学校更多的是对教学的教师过程和学生的学习过程进行监测,监测体系还有待于进一步完善,学生学业的评价制度也有待于进一步完善,教师开展基于表现的评价的能力还有待提高,这都是课题组下一步研究的方向和重点。

参考文献

[1]鲁洁.一个值得反思的教育信条:塑造知识人[J].教育研究,2004(6):3－7.

[2]蒋文君,朱成堂,卢寿云.试论学校标准化管理[J].天津教育,1997(4):9－10.

[3]熊丙奇.改变"流水线"教育需全方位变革[N].南方日报,2015－03－10(A22).

[4]顾明远.全社会来共同治理"教育污染"[N].中国教育报,2015－09－15(004).

（本文为 2019 年度郑州市教育科学重点课题,获科研成果一等奖。课题研究单位:郑州师范学院附属小学,课题负责人:寇爽,课题组成员:王慧、刘素平、王燕玲、冯春雁）

基于核心素养的高中语文群文阅读教学研究

——以高二年级为例

一、研究背景

我国基础教育正处于深入改革时期,语文课程的教与学也取得了飞速发展。2017 年版的《普通高中语文课程标准》从"语言建构与运用""思维发展与提高""审美鉴赏与创造""文化传承与理解"四个方面规定了语文学科的核心素养,并提出"学习任务群"的概念及实施措施。在新课程理念下,阅读教学改革势在必行。"群文阅读教学"作为一种新型教学方式,其指导理念、实施路径与新课标契合,可成为阅读教学改革的良方。

同时,课题组成员发现诸多问题制约着文言文的阅读教学:一是学生学习文言文的兴趣不高;二是缺乏有效的阅读方法;三是无法挖掘出文言文的深层意蕴;四是不能使所学习的文言知识内化,并进行迁移运用。

课题组在实践和研讨中分析产生此现象的原因有如下几个方面。

(1)文言文知识繁杂,文言语境对学生来说相当陌生,学生存有畏难心理;课时少,教师缺乏充足的时间进行系统的知识传授。

(2)传统的单篇阅读教学模式,导致文言文教学无法形成文本联动效应,无法让学生在比较中深化认知。

(3)文言文教学缺少高层次的统率设计,导致知识传授较为零碎割裂,没法使学生内化吸收。

(4)没有将阅读教学与写作教学结合,学生无法将文言知识迁移外化到现实生活中。

二、研究过程

(一)课题申报阶段(2019 年 2 月)

学习《关于组织申报 2019 年度郑州市教育科学课题的通知》,了解课题申报的相关材料,填写立项申请表。

(二)课题准备阶段(2019 年 3 月—2019 年 4 月)

(1)2019 年 3 月,由语文教师组成课题小组。

(2)2019 年 4 月,课题组召开研讨和座谈会,商讨研究思路,对组员进行明确的分工,组织学习理论资料。

（3）2019 年 4 月—2019 年 5 月，课题组根据问卷调查、访谈记录、智学网的数据分析，初步制定教学策略。

（三）课题实施阶段（2019 年 5 月—2019 年 12 月）

（1）2019 年 5 月—2019 年 11 月，课题组有序实施教学策略。

（2）2019 年 11 月 26 日，课题组在教科所专家的指导下进行了观摩课展示和中期报告，总结了有效的教学策略。

（3）2019 年 12 月，课题组成员以自主学习、集体学习的方式，继续更新群文阅读的教学理念与方法，总结实践经验。

（四）课题总结阶段（2020 年 1 月—2020 年 4 月）

课题组对理论资料和实践经验进行归纳，完成结项报告。

三、主要做法和经验

课题组的教学策略探索如下：在选文呈现上，可以有课内多篇、课外多篇、课内外多篇等多种形式；在组文原则上，关键在于适合学情，材料之间有对比整合的可能；在实际教学中，应当给学生充足的自主合作探究时间，保证学生的主体地位。

（一）简单文本阅读，夯实文言基础

1. 学情分析

为了解学生文言文学习情况，课题组设计了简单的文言文知识测试题，并在 2019 年 3 月进行了一次测试，依托智学网对学生的答题数据进行了统计分析。考试结果统计如下。

表 1　第一次考试文言文得分情况统计分析

题号	题型	分值	难度	区分度	均分	得分率（%）
10	断句题	3	0.55	0.27	1.66	55.35
11	文化常识题	3	0.54	0.2	1.62	54.09
12	概括理解文章内容题	3	0.34	0.34	1.02	33.96
13	翻译题	10	0.51	0.14	5.11	51.07

文言文试题难度维持在 0.5 左右，难度适中，区分度较好，但学生均分较低。文化常识题，学生得分非常低，说明其积累薄弱；概括理解文章内容题得分较少，表明很多学生根本无法概括文章事件；翻译题均分 5.11，意味着学生仅能译出大意，无法翻译出关键

词;断句题虽然稍好,但通过对学生的访谈,发现学生基本也是连蒙带猜居多,说不出断句的依据。

2. 简单文本阅读

根据我校学生学情,课题组甄选了一些篇幅短小、句式简单、语言浅近但又不失哲理和趣味的古文。其中以"诸子中的成语故事"为议题,选取了《孟子》中的《齐人乞墦》,《庄子》中的《涸辙之鱼》《庄周梦蝶》,《韩非子》中的《画鬼最易》,让学生在生动的故事中积累字词,理解成语文化;以"魏晋风流"为议题,选取《世说新语·雅量》中高德懿行的故事,让学生在疏通文义时体会魏晋名士的人格美。2019 年 5 月初对我校高二学生进行了第二次测试。

表 2　第二次考试文言文得分情况统计分析

题号	题型	分值	难度	区分度	均分	得分率(%)
10	断句题	3	0.68	0.17	2.04	68.13
11	文化常识题	3	0.37	0.39	1.11	36.87
12	概括理解文章内容题	3	0.51	0.5	1.52	50.63
13	翻译题	10	0.52	0.2	5.18	51.75

第二次测试分析:断句题和概括理解文章内容题难度加大,但学生均分和得分率有所提高,证明一段时间的文言文教学,提高了学生读懂文章的能力;翻译题和文化常识题仍然不理想,说明字词和文化常识仍然是学生的薄弱环节。

3. 夯实基础,检测反馈

课题组在暑假布置了阅读任务,这些文本篇幅有所增长,类型丰富,语言风格各异。有论说名篇《谏逐客书》,写景抒情类骈赋《小园赋》《雪赋》,叙事散文《项羽本纪》《高祖本纪》,文言小说《婴宁》《连城》,让学生自主积累字词、归类句式,并按时完成测试,及时反馈(见表3)。同时让学生通过蓝墨云班级群进行学习成果展示。

在"奇文共欣赏,疑义相与析"的主题活动中,分享阅读心得,探究存疑问题,在巩固文言知识基础上形成美美与共的阅读圈。

表 3　第三次考试文言文得分情况统计分析

题号	题型	分值	难度	区分度	均分	得分率(%)
10	断句题	3	0.84	0.3	2.52	84.11
11	文化常识题	3	0.63	0.21	1.48	15.89
12	概括理解文章内容题	3	0.6	0.39	1.79	59.6
13	翻译题	10	0.74	0.29	7.39	73.91

第三次测试分析:试题难度均有所增加,断句题学生答题良好,证明学生进一步了解到文言规律;概括理解文章内容和翻译题得分率和均分均有所提高,证明学生进一步读

懂了文章;一向薄弱的文化常识题在难度加大的情况下得分率有所下降,但均分提高,证明有一部分学生已积累了一定的文化常识,文言文群文阅读教学初见成效。

4.拓展巩固

2019 年 11 月 26 日,课题组进行中期汇报。李鹏老师选取《史记·张耳陈余列传》组织了观摩课,以老师引导、学生主持、小组合作的方式阅读文本,以回扣文本字词、归类特殊句式、翻译重点句子、延伸文化常识作为教学环节,师生互动积极。专家们提出了细致的指导意见,为课题组的下一步研究指明了方向。

(二)师生共建议题,训练思维能力

周振甫先生提出文言文学习要做到"立体的懂"。夏丏尊也提出在文言文阅读教学中,以选文为中心,辐射多方面的知识。议题是群文阅读教学中重要又有效的工具,它可以是课内选文组合,可以是课外选文组合,也可以二者兼有,关键是适合学情,具有对比整合的作用。以下为课题组对人教版文言篇目的整合归类。

表4　人教版高中语文必修一到必修五17篇文言文

古代记叙散文	《烛之武退秦师》《荆轲刺秦王》《鸿门宴》
山水游记散文	《兰亭集序》《游褒禅山记》《赤壁赋》
古代议论性散文	《师说》《劝学》《寡人之于国也》《过秦论》
人物传记	《张衡传》《廉颇蔺相如列传》《苏武传》
古代抒情散文	《归去来兮辞》《逍遥游》《滕王阁序》《陈情表》

结合课内的 17 篇文言文,师生共同构建议题,以下列方式呈现。

1.课内多篇,克服畏难心理

文言文的"言"在暑假群文阅读材料中得到了一定巩固。但从学生的反馈中发现,他们对文言文中的"文"的风采还不能很好体会,根本原因是没有掌握文本的深层内涵,导致他们失去了学习文言文的兴趣。课内文本组合,有利于克服畏难心理,引领学生走进文言文的"文"。

议题之"游记小品",以"文章体式"为线索设置,将《兰亭集序》《游褒禅山记》《小石潭记》《醉翁亭记》组合构成群文材料。我们设置以下学习任务群。

任务一:通读文本,完成挖空训练,疏通文义。

任务二:四篇文章中作者运用哪些景物描写来抒发情感?

任务三:王羲之、王安石、柳宗元、欧阳修在作品中表现了怎样的人生态度?

任务四:结合王羲之和王安石的人生观和处事态度,你想对此时的柳宗元和欧阳修说些什么?

任务五:结合自身,面对祖国大好河山,你有什么样的人生追求?

五个任务设计由"言"到"文",层层深入。《小石潭记》《醉翁亭记》是初中篇目,《兰亭集序》《游褒禅山记》是高中篇目。任务一在课前预习中基本完成;任务二、三、四需要2课时,任务五需要2课时。学生自学占3课时,即总课时的3/4,把课堂还给学生,让他们主动参与课堂的教学活动。学生在讨论被贬后忧伤凄苦的柳宗元时,教师可适当点拨:我们不仅可用王羲之和王安石的观点来开导愤懑抑郁的内心,也可用苏轼的旷达胸怀来安慰自身。学生不仅能欣赏祖国的大好河山,也能体会作者在作品中蕴含的思想情感和人生追求。

2. 群文分享,阐明观点道理

议题之"对比论证的艺术",以"考点"为线索设置。《考试大纲》中要求学生能写论述类文章,近年高考作文越来越偏向于议论文的写作,要求学生能透过现象看本质,培养自身思辨能力。对比论证结构能把两种性质截然相反的事物加以比较,阐明观点,这能考查学生能否说清一个道理,三观是否端正。选取课内四篇运用对比论证的文章《劝学》《师说》《过秦论》《六国论》组成阅读材料,让学生更容易接受。以下是此议题的学习任务群。

任务一:通读文本,完成挖空训练,疏通文义。

任务二:细读文本,划出四篇文章的对比论证,列出具体事例。

任务三:分别写出四篇文章中每一组对比论证对中心论点的作用。

任务四:就社会中的热点话题,运用对比论证的方法进行探究。

任务一、二、三需要3课时,学生自主完成;任务四需要3课时,2课时讨论并完成话题写作,1课时点评优秀作品。四个任务夯实了学生的语用知识,也让学生在归类整理时熟悉了对比论证的概念和作用。学生将其运用到社会热点探究中,在语用表达中体会说理效果,增强辨析力。

3. 群文齐"读",促进知识迁移

议题之"也"的魅力,以"语辞"为线索设置,选择《寡人之于国也》《冯谖客孟尝君》《烛之武退秦师》《阿房宫赋》课内课外相结合的形式组成群文,让学生体会"也"的意蕴,从而感受文章的魅力。我们设计了以下学习任务群。

任务一:通读文本,结合注释和工具书准确把握文章脉络。

任务二:细读全文,找出文本中含有"也"字的句子,做好批注。

任务三:精读文本,结合"也"的多重意思,感受"也"的语气。

任务四:仔细品读文本,小组合作,总结"也"体现的人物心理状态。

任务一、二需要2课时,任务三、四需要3课时。语文课堂少不了品读涵泳,在对"语辞"文本进行解读时,品读应为主要的学习方式。在问题设计中,"通读—细读—精读—品读—整合"字眼为学生提供了阅读方法,让学生先有阅读体验,然后进行合作探究。文言文教学"心动"比"形动"更为重要,沉浸式的阅读思索更有利于提升学生的文言文知识迁移能力。

4. 单篇带多篇,提高思维能力

议题之"孝",以"文化"为线索设置,旨在培养学生"文化传承和理解"的核心素养。郑力乔在《中国文言文教学的现代转型——以 20 世纪二三十年代中学文言文教学的考察为依据》中指出,"文言文作为一种'文'的系统,对它的学习和掌握不仅是限于词义的理解,更是在真正'读懂'的同时,建立起一种与古人相通的思维方式,从而深入传统,使得传统文化在语言使用的同时得以延续"。该议题可选择《陈情表》《论语》《孝经》,汉文帝亲尝汤药、老莱子戏彩娱亲、曾参愚孝的故事,让学生理解古人之孝,并指导自己今后的生活。设计以下任务群。

任务一:通读文本,结合注释和工具书把握文章脉络。

任务二:从人物、事件、评价、感悟等几个方面归纳详文材料。

任务三:古人如何来表达"孝"的含义?

任务四:联系生活现实,你用怎样的方式传承中国孝文化?

《陈情表》是课内篇目,带动其他课外篇目。任务一需要 2 个课时,任务二、三需要 3 个课时,自主完成后小组讨论展示,任务四需要 3 个课时,先讨论交流再限时写作。用《陈情表》打开话题,让学生带着任务阅读《论语》,体会孔子根据什么给出不同人的"孝"的含义。《孝经》以"孝"为中心,主张把"孝"贯穿于人的一切活动之中。学生通过文本的学习,集体建构,知道了"善事父母为孝";孝有多种表现,包括敬亲、奉养、侍疾、立身、谏诤和善终,不能一味的愚孝。孝文化有助于学生处理亲子关系,让他们树立正确的家庭观。同时以言化文,让学生传承优秀传统文化,提升语文素养。

以上四种文本阅读方式,层层深入,步步延展。每一种阅读方式都让学生在听、说、读、写方面得到了很好的锻炼,不仅减轻了高三复习文言文的压力,而且让学生学会了运用群文阅读的方法去研读文言文的"言"和"文",平衡两者的关系,提高了知识迁移的能力。

(三)课外阅读反馈,提高鉴赏能力

"一个有希望的民族不能没有英雄,一个有前途的国家不能没有先锋。"2020 年初医护人员穿上戎装,走上了白色战场,打起了一场没有硝烟的战疫。议题之"医者仁心,家国情怀",以"人物"为线索,联系时事热点,旨归核心素养,选取了"古代名医"的文言篇目《史记·扁鹊仓公列传》《三国志·华佗传》《旧唐书·孙思邈传》《鲁云谷传》《明史·李时珍传》。此议题设计了以下任务清单。

任务一:诵读文本,结合注释和工具书解决字词句难点。(2 个课时)

表5　总结表模板

篇目:		人物:	
疑难词句	你的解释		其他类似的表达
1.			
2.			
3.			

任务二:结合文本的具体内容,梳理文本脉络,小组讨论华佗、孙思邈、鲁云谷、李时珍、扁鹊"医者仁心,家国情怀"的形象表现在哪些方面?(2课时)

表6　记录表模板

文本脉络	"医者仁心,家国情怀"形象表现	你的评价
《史记·扁鹊仓公列传》	1.2.……	
《三国志·华佗传》	1.2.……	
《旧唐书·孙思邈传》	1.2.……	
《鲁云谷传》	1.2.……	
《明史·李时珍传》	1.2.……	

任务三:联系社会现实,搜集疫情中具有"医者仁心,家国情怀"品质的人物事迹,小组讨论交流,并积累素材。(2课时)

表7　素材表模板

人物	事迹	评价

任务四:(三选一)(2课时)

①古今中外,医者仁心,写一篇致敬抗疫英雄的慰问信。

②如果你喜欢医生这个职业,请结合自身感受和对未来的思考给自己写一份职业生涯规划方案。

③如果你想拜华佗、孙思邈、鲁云谷、李时珍、扁鹊其中一个为师,请你写一封自荐信。

从以上任务的设计可以看出:整个文本学习的不同任务对应不同核心素养。具体分析如下。

任务一让学生在自主学习中学会梳理常见的文言现象,形成语感,培养语理,侧重"语言建构和运用"。

任务二引导学生体会医者的文学形象,体现"审美鉴赏与创造"。

任务三引导学生学习古代医者的精神品质,联系社会现实,对医者有一个立体的理解,指向"文化理解与传承"。

任务四旨在培养学生用文章中的观点进行思辨,结合自己的生活经验,提高学生的批判能力,着重"思维发展与提升"。

学生通过对古代医者的学习,结合当前最美逆行者的英雄事迹,对"英雄"的含义进行了立体的解读,在文言学习中渗透了立德树人的理念。

四、研究成效

(一)激发学生文言阅读兴趣,克服畏难心理

群文阅读内容丰富,呈现方式多样,紧密联系社会现实,探讨空间大,可以使学生在课堂上处于主动学习的状态,发挥了学生的主体作用,克服了畏难心理,调动了积极性。

(二)提升教师的专业素养,形成知识体系

为确定选文,教师要不断扩大阅读量,通过高层次的统率设计,形成有机联系的学习任务群,改善传统的教学模式,促进教学相长。

(三)提高学生的写作水平,阅读教学与写作有机结合,

为学生创设生活化、真实化的情境,让学生将文言知识迁移外化到现实生活中。这样使读和写有机结合,减轻了高三文言文复习和写作的压力。

(四)提升学生的语文核心素养,设计学习任务群

议题的设计紧密围绕学科核心素养,课题组成员在学科教学实践中总结有效的教学策略,设计系统联动的学习任务群,有效地提升了学生的学科核心素养。

五、存在的问题及下一步打算

(一)存在的问题

1.学情影响研究的深化

我校学生文言文基础较差,采取一些简单的文本组成阅读材料,以夯实学生的文言知识,训练学生的思维能力,但对于高阶的评价鉴赏和探究延伸却涉足不深。

2.部分教师在选材和课堂实践中偏离群文教学理念

群文阅读需多角度、求异地选择文本,而非重复性文本的叠加。并非所有的教材选文都要以群文阅读的形式进行教学,部分教师在教学时没有根据议题、学情、授课风格来确定教学方式,导致教学效率不高。

3.课堂评价机制需要进一步完善

群文阅读追求在单位时间里完成多篇阅读任务,实现"一课一得"或"多课一得"。课题组虽然确定了教学目标、课时安排、教学内容,但针对课堂效果,尚未形成科学的评价体系。

（二）下一步打算

（1）将研究的经验方法进行推广，使文言文群文阅读适用于不同学情的课堂，推进研究的深化。

（2）继续加强理论学习，一方面将群文阅读理念内化于心，活化为识，植根于课堂，升华为理论；另一方面继续进行课堂实践，确定更为科学的评价体系。

（3）进一步开发教材和课外资源，在研究核心素养、学情的基础上，形成更有探究空间的系列议题。

参考文献

[1]于泽元,王雁玲,黄利梅.群文阅读:从形式变化到理念变革[J].中国教育学刊,2013(6):62-66.

[2]王雁玲,尹浪.为学生的建构而反馈——群文阅读课堂教师反馈的艺术[J].语文教学通讯·D刊(学术刊),2016(6):5-7.

[3]王雁玲,张键,方东流,等.群文阅读之议题生成[J].中学语文教学参考,2015(15):5-72.

[4]胥光茂,郭传金."教材内外结合的群文阅读"议题确定策略[J].教育教学研究,2018(14):39-41.

[5]王力.古代汉语[M].北京:中华书局,1962.

[6]蒋军晶.让学生学会阅读:群文阅读这样做[M].北京:中国人民大学出版社,2016.

[7]教育部考试中心.2019年高考语文全国统一考试大纲[M].北京:高等教育出版社,2019.

[8]来永桂.辅以群文阅读的文本批注——高中文言文有效教学策略研究[D].武汉:华中师范大学,2018.

[9]张宵.基于"群文阅读"的高中文言文教学研究[D].西安:陕西师范大学,2019.

[10]中华人民共和国教育部.普通高中语文课程标准[S].北京:人民教育出版社,2018:4-5.

（本文为2019年度郑州市教育科学重点课题,获科研成果一等奖。课题研究单位:郑州市信息技术学校,课题负责人:张继波,课题组成员:李冰冰、李小娜、李鹏、李亚亚）

中学语文课堂朗读教学有效性的实践研究

一、研究背景

郑州经济技术开发区实验小学是一所新建学校,生源具有地域性,学生的基础本就参差不齐,学生的语文学习潜能总是得不到充分开发,学生的主体地位得不到提升。静悄悄的课堂成为一种可怕的课堂现状,这样的语文课堂缺少了可读性和趣味性,致使教学总是处于低效状态。一次同课异构《昆明的雨》后,课题组回顾课堂实录并交流各自的日常教学,发现中学阶段语文课堂教学普遍存在如下问题。

(一)课堂朗读教学资源利用不当,重讲轻读,重写轻读

旧式语文课堂教学中教师对学生进行讲授灌输,让学生用笔把重点知识记录下来,课后让学生重复书写背诵,机械性地听课和记笔记,导致学生失去了逻辑思辨和语言表述的能力。学生对课堂的利用率只有40%,课下的重复书写和背诵也让学生心生厌烦,课堂教学十分低效。

(二)课堂朗读教学方式单一,缺乏创新,偏于形式

以往的课堂中朗读多被形式化,无法达到真正的课堂效果。课题组观察发现课堂上使用朗读的次数不多,更甚至有的学生害怕在课堂上"被朗读"。课下采访一些学生得知,教师的课堂朗读很少也很突然,采用的方法无非是全班齐读、男女生分开读等,读的不好还会被嘲笑,很没有意思,也不想参与,觉得对学习课文没有帮助。

(三)课堂朗读教学目标不明,没有重点,无的放矢

执教朗读课时,教师即使使用多种创新的朗读教学形式,但课堂效果仍然不佳,一部分同学神情紧张,一部分同学仍然游离在课堂之外。观课王妙月老师的《紫藤萝瀑布》一课时,发现太多的朗读形式使得学生应接不暇,课堂朗读要求和重点不明确,使得学生在课堂上又忙又累,收获很少。

(四)课堂朗读教学评价单一,缺乏激励性和导向性

课堂朗读活动后,教师对学生的评价一般都是"很好""你真厉害""很不错"等等,这些评价唤不醒学生的课堂朗读主动性。教学评价的单一无效,导致课堂学习效率大

打折扣,有效的教学评价的缺失让教师一度十分头疼,一直想要探索出高效的教学评价。

那么什么样的教学方式才能更有效地促进学生在语文课堂上的成长呢? 课题组决定在平时教学实践探索的基础上,以《中学语文课堂朗读教学有效性的实践研究》为课题开展研究,构建适合于我校特色的新型语文课堂教学模式。

二、研究过程

(一)准备阶段:(2019 年 2 月—2019 年 5 月)

1. 选定研究方向,确定选题

根据以往课堂教学经验以及我校同课异构的活动感想,结合当下语文课堂教学现状、教学改革需要和社会文化教育的需要,确定将课堂朗读教学、朗读教学有效性、朗读教学实践以及朗读教学评价作为课题的研究方向。

2. 开展学科和课题研究的理论准备

组织全组人员对国内外现存的朗读教学的研究成果进行学习分析,撰写朗读教学国内外的相关研究综述。同时,课题组针对课题研究理论进行深入学习,梳理归纳中学语文课堂朗读教学的优秀成果经验,确定研究选题为《中学语文课堂朗读教学有效性的实践研究》。

3. 定向进行课堂调研

精心设计调研问卷,选择本校师生 300 名,校外师生 100 名进行抽样调查。了解师生在语文课堂教学的现状及存在的困难,分析致使中学语文朗读课堂出现困难的原因,并结合学生问题确定研究方向。

4. 进行开题汇报及论证

开展课题启动会议,制定详尽的课题研究计划并对课题组成员做好研究分工,认真撰写开题报告。参加我区教科室组织的开题报告会,根据专家老师的建议和指导,对课题进行修改。

(二)课题研究实施阶段:(2019 年 5 月—2020 年 1 月)

1. 组织进行子课题研究

组内教研,分四个专项进行相应的子课题研究,即朗读教学有效性的实践研究、朗读教学有效性实施现状研究、朗读教学有效性实施的策略研究、朗读教学有效性评价方案研究。

2. 建立学生追踪式档案

课题组结合教育学和心理学,开展集体讨论交流,尝试探索个体案例,找寻根源问题,设计"私人订制"式解决方案,并跟踪、记录、验证方案效果,及时做出调整。

3. 开展朗读课程课例的研修活动

课题组成员进行组内定期听评研修课 12 次,并积极学习课题研究专项知识。在课例研讨中提高课程组织能力、课程掌控能力与课程指导的能力。

4. 梳理修改参加中期报告

针对前一阶段的研究进行反思和总结,及时修订调整研究方法和研究重点,撰写中期课题报告并积极参加区里组织的中期汇报,认真学习并反思订正,然后对后阶段进行新的部署。

(三)课题结项申请阶段:(2020 年 1 月—2020 年 4 月)

(1)收集整理课题研究过程中的过程性材料,做好收纳汇编。

(2)梳理课题研究中的有效策划和主要经验方法,做好课题结项的各项评审工作。

(3)网络在线听取专家结项指导,组织成员认真进行学习,整理学习心得,并结合本课题进行修改和完善。

三、主要做法和经验

课题组从朗读教学资源、朗读教学方式、朗读教学目标、朗读教学评价四个课堂方面,以及子课题开展和朗读教学成长档案的建档来进行梳理总结如下。

(一)合理分配朗读教学资源,精心设计,启发学生主动开口思考

1. 指导学生对授课文体梳理归类,激发学生参与课堂的兴趣

指导学生主动参与课堂教学规划,梳理文体。学生瞬间就会有"课堂小主人""小老师"的新鲜感,他们更乐于去探索学习,不再游离于课堂之外。

例如授课《蒹葭》,让学生课前 3 分钟进行文体梳理,"叽叽喳喳"的讨论方式很好的活跃了课堂气氛,3/4 的学生会对文体进行提纲列写。王雪莹同学的提纲是小组推选出来的:《蒹葭》——诗歌——四言体——爱情诗——重章叠句——一唱三叹,朗读方式为吟唱最为宜。学生在上课前 3 分钟很快就梳理出了这篇文言古诗歌的大部分重点,而且在讨论中所发现和提出的拓展知识更多。就这节课而言,学生对课堂的利用率达到 80%。

2. 朗读教学资源配比时侧重讲读的比重,引导学生开口和思考

新式语文课堂更注重的是学生自主、积极表现的能力,因此学生思辨和语言组织能力的提升成为课堂教学的主要侧重,我们对教学资源的合理配比应更注重讲读。

例如授课《未选择的路》时,会在课前对学生进行诗歌体裁的学情补充,让学生明确现代诗歌的特色。该课的重点是指导学生体会人生之路的选择,所以在教学资源的配比

中教学目标的设计就倾向于朗诵体悟为主：读中悟，反复的朗读，体会诗歌内容；悟中读，体会文章所蕴含的哲理。

（二）改组朗读教学方式，多法并举，提高学生的学习主动性

旧式教学时教师"一言堂"的现象严重打击了学生自主学习的信心，学生对教师的"依赖心理"其实是一种病态教学。因此在朗读教学中，应该多注重创造学生发声的机会，减少教师的语言支配，以朗读教学为主线，采用多种方法调动学生学习朗读的热情。

1.强化学生在课堂上的朗读体验，注重朗读指导

教师要对文本中的朗读要求认识到位，紧扣学科本质属性，传授学生课堂朗读的学习规律，使其产生正迁移。教师更要注意鼓励和引导学生挖掘语言文字中的情感元素，形成情感记忆意识，建构学生自己的情感图式，最后达到言语内化和语感渗透。

例如，王妙月老师讲授《金色花》一课时，更注重学生对朗读学习规律的掌握。学生在反复诵读中自行寻找能够体现母爱的关键词语，用分角色、轻重音、寻音色等方式去揣摩文字中流露出的情感元素，以此来帮助学生自主品析、自己建构、自我内化。

表1　课堂朗读教学指导

项目	《金色花》	《未选择的路》（学生版）
教学目的	母子可贵真情	人生的选择
自读问题	声音死板无感	声音太过沉重
朗读准备	熟读原文，纠正读音，初步揣摩作者感情的润色	
朗读指导	语调要柔和，声色要调皮清亮，读出母子嬉戏的愉快	语调要舒缓，然后慢慢提快，读出焦急感，情绪的变化要由原来焦躁不安到安静

2.朗读教学充分利用教材语言情境，提高学生朗读兴趣

中学阶段的语文教材内容多且复杂，不能让学生的朗读学习仅停留在皮毛，否则学生的学习热情就会被消磨殆尽，这样就十分不利于教学，因此教师在朗读教学方式上要有一些改变，我们要学会充分利用教材语言情境。

就班级学生的基本情况专门开设了一堂具有朗读意识的教学课，聆听各大作家的优秀作品，从教材自身的语言情境和文学特点来体会朗读的价值和意义。比如，有气贯山河的《黄河颂》，有清新婉约的《春》，有幽默诙谐的《皇帝的新装》，有巾帼豪情的《花木兰》，也有很多古香古色的诗歌文言《观沧海》《浣溪沙》，等等。这种由中学教材独特语言特质所带来的朗读体验，让学生们跃跃欲试。为此我们特意为孩子们准备了宗璞的《紫藤萝瀑布》，为学生们准备音乐、场地，在学校的报告厅进行朗读表演，结束后学生还分享了自己的感受："扬洒肆意的紫藤萝，不仅是作者对弟弟的祈祷，更是自己对生命的感悟，我觉得自己更走近了作者。"之后的每两周我们都会举行一次自由朗读会，与优秀作品为伴，与作家相随，感受文学的独特魅力。

表2　朗读展演场次纪录单

朗读演出时间	内容	地点/方式
2019.5.16	《春》	社团活动室
2019.5.29	《金色花》《荷叶·母亲》	报告厅
2019.6.07	诗歌节选朗读	报告厅
2019.6.13	《天上的街市》《莺之歌》	社团活动室
2020.3.15	《回忆我的母亲》	网络直播
2020.3.23	《浣溪沙》词系列	网络班级圈

3. 朗读教学以问题为先导,学会理解朗读与朗读理解

以设置问题为先导,学生就会不由自主地进行相应的朗读,对文本进行探寻和辨析,这样一来学生的语言意识和思维主动性就被调动起来了。

例如,霍玉雪老师《异木棉》朗读课教学片段。

师:请认真读下面这段话,思考作者此刻具有怎样的心理。

"那迎着夏日烈阳的向日葵,没有收拢自己的手掌,它努力地朝向那灼人的光芒,渴望得到它的眷顾,它没有被灼伤的哀痛,也没有被冷落的失望,它努力地追赶。"

生1:作者为向日葵的努力而感动。

生2:不对! 我觉得作者对向日葵有怜惜之情,因为在读到"灼伤"和"冷落"两个词语的时候我感受到了那种怜惜之情。

生3:你说的不全,我认为作者除了怜惜之情,更多的是对自己的安慰和鼓励,因为他说"因为知道向阳而生的精彩"。

理解朗读能帮助学生抓住朗读重点来进行分析,朗读理解可以让学生不由自主地深入文本进行朗读,用语音意识带动思维发展。

(三)高效制定朗读教学目标,明确课堂学习方向及重点

1. 提前一周发送学习目标和学习重点,让学生有效预习

每周提前将下一周的授课学习目标提前发给学生,指导学生明确预习的方向,结合自己的理解做到有效预习,并撰写课前朗读学习提纲。

表3　学生撰写《诫子书》朗读学习提纲

目标导学一	初读准字音停顿,疏通文章内容大意
目标导学二	细读扫除生难词语解释,准确翻译文章
目标导学三	有感情地品读课文,体会诸葛亮拳拳教子心

2. 课前提供教材重要内容,学生自主绘制朗读学习思维导图

课程开始前及时给学生提供教材内容,学生结合自己对教材内容的理解和掌握去发现联系,建立属于自己的完整的朗读知识框架,这也有助于学生对文章内容进行深入理解。

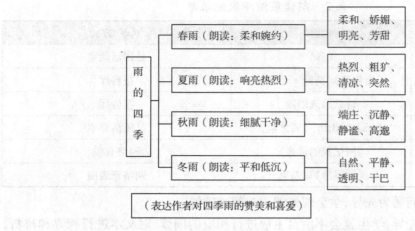

图 1　老师课前出示《雨的四季》重点内容

　　课前为学生明确该课的朗读教学目标及相关要求,学生在课堂上的注意力会更集中,课堂效率能提高 30%。

(四)丰富多元的朗读教学评价、导向激励,驱动学生多重有效发展

　　朗读最重要的目的是满足课堂教学中各层次学生的心智需求。朗读教学中,教师对朗读的评价应更注意赏识性、导向性、趣味性、多元性。

　　比如,"你的朗读应该更多联系作者的背景,站在他的思想上进行品阅朗读",这样的评价具有指向性;"这篇文章更倾向于流连山水的惬意态度,在朗诵的时候加入一种炫耀感会更棒!",这样的评价具有赏识性;"你要把自己想象成那个疯狂的李白,狂放不羁,世间就数你最牛",这样的评价具有趣味性,等等。

　　明晰的朗读评价更能让学生接受且学会反思改进,学生会更喜欢朗读。课堂评价之外,教师也会对学生进行课堂表现综合评价,记录学生课堂表现的同时也给予学生相应的课堂反馈,帮学生找准朗读课堂的学习方向。

表 4　课堂朗读评价表

姓名:　　　　　　　学期:　　　　　　　授课班级:

评价内容		分值
课程内容	课前朗读预习,填写课前导学案	5 分
	朗读课文简介,提纲撰写,思维导图画制	10 分
	课堂朗读技能技法的掌握	10 分
	文本主旨的掌握	5 分

（续表）

评价内容		分值
课程过程	朗读学习按要求做到学习目标与实践一致	10分
	学生参与课堂度及课上表现情况	5分
	课堂秩序良好,朗读活动有序进行	5分
	朗读学习活动有语音意识和思维深度	10分
	学生朗读活动设计完成及时,有检测和反馈	5分
	朗读资料收集整理完整有针对性	5分
课程结果	朗读活动的目标实现	5分
	课堂朗读作业高效完成且有订正和反思	5分
	学生掌握课堂朗读技能技法	10分
	能自主设计朗读教学学前导学案	10分

（五）依托课题本身开展朗读教学的相关子课题研究

课题组在落实朗读教学有效性的实践研究上,探索朗读教学有效性实施现状研究、朗读教学有效性实施的策略研究、朗读教学有效性评价方案研究等多方面的研究,其中的朗读教学有效性的实践研究,探索了现有朗读教学现状之间的对比,为之后的策略研究提供了研究思路和方向。

例如,朗读教学不再局限于课堂,喜爱朗读的学生有专门的训练表演课。学生通过朗读对文章的感知有了更深层次的追求,甚至会自发组织朗读活动来完成课堂目标。例如,"与你在时空里对白""为你读诗""诵·读"等有趣又好玩的朗读活动,学生们乐于参与,老师们乐于实践。子课题之间相互衔接、相互依托、相互补充,服务于主课题。多方面多形态的研究方式,力求能提高朗读教学的课堂效率,并提升课题研究对教学实效性的引领。

表5 课题研究方向与简要内容

子课题研究方向		
朗读实施现状研究	朗读实施的策略研究	朗读评价方案研究
（对比、方向、思路）	（措施、实践、活动）	（多元、生成、自主）

（六）组建学生的朗读跟踪调查式发展档案,记录并促进学生发展

处于学习黄金时期的学生们有着强大的可塑性。我们会不断地给学生记录下来,形成不同时期的"私人定制"的学情监控,并形成阶段式教学反思。这样不仅更有利于我们看清楚学生在朗读教学模式下的真实发展状况,还能监测到语文课堂朗读教学是否具有有效性。

表6 朗读学习成长档案记录表

时间:

学生成长档案						
姓名		性别		年龄		班级
基本学情						
自我评价						
教师评价						
解决方案						
教学评价						

总之朗读课堂教学教授时应注意提升学生驾驭语言的能力,强化学生的语言敏锐性,从而培养学生的语音意识和文本意识,切实提高学生的有声思维能力。

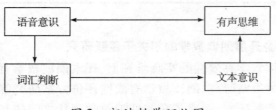

图2 朗读教学环状图

四、研究成效

"朗读教学"系列实践研究,提高了学科的朗读专注性和实践性,也提升了学生们对国学的认同感和归属感。

(一)学校层面:构建学校特色的语文朗读教学模式

随着学校朗读课程的开设发展,逐步形成了以朗读教学为核心的新式语文教学模式。不管是课堂教学还是主题活动教学都具有自身不可取代的文化传承性,使语文"活"了起来,这些特色教学模式也成为我校教研和课堂改革的典范。朗读教学模式的研究从始至终都抱有解放课堂的心态,长时间的工作开展、项目运行、课堂改制、主题活动等的研究历程,奠定了我校语文课堂发展的新起点。

(二)学生层面:追踪式帮扶提高了学生的朗读技能和学习能力

追踪帮扶发展,使学生在掌握基础知识的前提下更多地打开了思维和声音的发展,同时也再塑了学生性格。帮扶式的教育更具有针对性和研究性,档案式的记录方法更深刻具体地体现了朗读教学所带来的价值。

例如,我校七八班小姑娘张某某,小姑娘是属于天生就不爱说话的类型,在我们开展朗读式教学时,因为她特殊的表现,我们选定她作为七年级的追踪学生。我们与学生一起探讨调整,鼓励她为自己"发声",长时间的朗读指导与熏陶,张同学变得十分开朗,热爱文学并成了我们课题研究的小助手。她积极发展自己的爱好——主持,并受邀参加了2020年河南省电视台举办的河南省青少年春晚,现在的张某某同学性格开朗,学识与朗读能力都有很大的进步。

(三)教师层面:更新了教师的教学理念,促进教师的专业发展

从课题研究的进行到课题研究的结束,教师们对语文课堂也有了新的改观和新的教学视角。教师们对语文课堂的关注点由原来的教师讲授转变为学生学会学习,由原本的知识传授转变为学生语言思维的发展,做到了更关注学生作为"全人"的发展。

五、存在的问题及下一步打算

(一)朗读教学课程资源需要进一步补充完善

朗读课是一门融学科知识和实践活动为一体的综合课程,学习目标设定也不再是单个的知识点,而是需要融合多种方法和思维方式。所以朗读教学课程还需结合大部分学生的学情进行分层朗读教学,一方面课程需要贴近学生,贴近国家课程进行设计,但教师团队有限,做不到全部的分层,做不到面面俱到。另一方面,课程所用资源获取的途径多为互联网,社会资源杂乱,利用率也不高。因此建立一个基于我校所有学生学情的朗读课程教学资料库是我们急需解决的一个问题。

(二)课堂评价体系有待完善

朗读课堂注重学生在朗读中发展思维,从而激发学生的创造性和语音意识。但是该项课堂在发展过程中会受教师自身因素、教学目的要求、教学硬件条件等的影响,会存有传统教学的不自觉的倾向讲授式。教师们对学三的评价也缺少激励性、创新性、多元性等,这在一定程度上会扼杀学生的表现欲与创造性。因此,我们要及时建立并积极完善朗读课堂评价,拓展教师的教学思维与评价思维,最终促进学生的多元化发展。

参考文献

[1]林剑丽.小学语文课堂朗读教学的有效性思考[J].情感读本,2015(26):40.

[2]张小娟.提高课堂效率,朗读教学先行——浅谈小学语文朗读教学[J].新课程（下）,2012(5):97.

[3]中华人民共和国教育部.义务教育语文课程标准(2011版)[M].北京:北京师范大学出版社,2012.

（本文为2019年度郑州市教育科学重点课题,获科研成果一等奖。课题研究单位:郑州经济技术开发区实验中学,课题负责人:王彩华,课题组成员:郑珂、霍玉雪、王妙月、张燕明）

小学美术教学中示范有效性的策略研究

一、研究背景

新课程改革的进一步深入,对学生的能力与创造性提出了新的要求,美术教学不能仅仅停留在学科本位的知识、技能层面展开教学。美术课程已逐步由单一学科时期到完整学科时期再到现在关注人的发展时期。在新的教育背景下,为了促进学生全面多元发展,就要求美术教师在日常教学中要注重示范的有效性。

本课题结合微研究的思路,发现我校美术课堂(小学二年级)中学生作品整齐划一,缺乏个性,经研究发现主要原因是教师在课堂的示范失效,从而引申出对本课题的研究。

基于上述思考,课题组成员确立了研究问题,找出问题产生的原因,并寻找解决问题的策略,回到实践进行验证,并总结经验。力争通过对《小学美术教学中示范有效性的策略研究》这一课题的研究,解决学生绘画作品单一,在绘画时缺乏思考的问题。

二、研究过程

本课题以我校低、中、高三学段的三个实验班为对象进行实践与研究,课程建设时通过查阅相关资料、问卷调查、开展合力分析研讨会等多种形式让课程内容在前人研究的基础上有所创新。

(一)申报阶段(2019 年 2 月)

学习《关于组织申报 2019 年度郑州市、经开区教育科学课题立项的通知》,了解课题申报的相关材料,填写立项申报表。

(二)准备阶段(2019 年 3 月—2019 年 4 月)

准备阶段:召开课题组成员会议并进行课题成员的分工,进一步明确各成员的任务。搜集国内外美术课堂范画演示的现有成果,篆写课题立项申请书,申请立项开题论证。

(三)实施阶段(2019 年 5 月—2019 年 12 月)

实施阶段:确定分步进行重点研究;整理研究活动材料;总结范画演示的有效方法;进行中期成果汇报。

(四)总结阶段(2020年1月—2020年2月)

总结阶段:梳理课题研究成果并撰写课题结项报告。

本课题按照课题申报时讨论的研究计划,有序地开展研究,历时一年,下面将课题研究中主要的研究内容进行梳理与总结(见表1)。

表1 课题研究过程的梳理与总结

课题研究的四个阶段	时间	研究内容	研究结果
申报阶段	2019.2	学习《关于组织申报2019年度郑州市、经开区教育科学课题立项的通知》	领会通知内容,学习课题申报的相关材料并认真填写立项申报表
准备阶段	2019.3.4	召开课题组成员会议和座谈,进行课题成员的分工和明确任务	成立研究小组,并根据每个人的特长明确分工
	2019.3.18	搜集国内外有关美术课堂中的范画演示现有成果	通过查阅相关资料,收集整理国内外有关美术课堂中示范演示的现有成果,总结经验方法,并整理成文
	2019.4.1	计划制定能使研究顺利而有效的策略	制定翔实的研究计划
	2019.4.15	研究过程中需要哪些制度保障?过程性材料如何储存?	制定课题研究管理规章制度,保障课题研究顺利开展。专人收集整理资料,并整理课题研究准备阶段的相关过程性材料
	2019.4.29	校级申请开题论证	编写开题报告
实施阶段	2019.5.7	校情、学情调查研究	通过调查问卷、师生采访交流梳理出我校的校情、学情
	2019.7.2	对以往示范方法取其精华,去其糟粕,研发、归纳、总结针对小学生不同学段和不同美术课型的示范方法	寻找前人经验,对前期工作进行阶段性总结。整理出适合我校学生学情的美术课堂示范方法,并整理成文
	2019.8.5	现阶段小学美术课堂范画的无效性问题的突出表现	现阶段教学模式倾向性严重,学校课程设置中对考试科目明显偏重。对美术课程缺乏重视,教学质量普遍不高。教师设计课堂示范形式单一,局限了学生的创造思维。同时,美术课堂教师示范内容陈旧,缺乏时代气息,难以激发学生学习兴趣

（续表）

课题研究的四个阶段	时间	研究内容	研究结果
实施阶段	2019.9.9	区级开题报告	进行了区级开题报告
	2019.10.8	探讨教师示范有效性的策略	针对现阶段小学美术课堂范画无效性问题提出了五大针对性策略,分别从不同时段的示范、不同内容的示范、不同形式的示范、多媒体的示范四个方面发展学生创造性等四方面给予可行性的策略建议,为教学提供有益的借鉴
	2019.11.5	小学美术课堂范画有效性的实践研究	通过对美术四大领域的课例的实践,得出了小学美术课堂范画有效性的更切实的体会与方法,以实践指导理论,对论文研究进一步地深入拓展提供支持
	2019.12.3	中期汇报	进行了区级中期汇报
总结阶段	2019.1.7	课题研究成果如何呈现	专人收集整理资料,并将研究成果整理成文。研究报告、课例、学生作品、教师教具制作、微课视频
	2019.1.21	结题报告如何撰写	课题组成员学习结题报告书写规范,规范撰写课题结题报告
	2019.2.25	推广课题研究成果进行	首先在校内进行推广,并进行再研究

注:此表是根据实际研究过程不断做出调整的

三、主要做法和经验

本课题的主要做法和经验(如图1)。首先,解决从"无"到有的问题,让学校、教师和学生,三位一体重视美术教学示范的有效性,播撒下美术教学示范的有效性种子。其次,"营养施肥,让种子开枝散叶"——扩展美术教学示范有效性的维度。最后,开花结果、多彩呈现有效的示范策略。

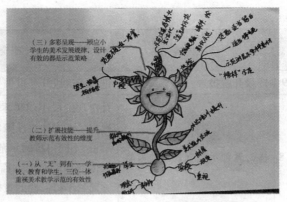

图 1　做法和经验的逻辑关系图

（一）从"无"到有——学校、教师和学生，三位一体重视美术教学示范的有效性

应试教育以来，学校、教师和家长心中的唯分数论已经根深蒂固。一方面，学生认为美术课是一门"副科"；另一方面，学校领导也不是很看重美术课。由于没有得到足够的重视，导致美术教师根本没有劲头去专注研究教学示范的有效性。最终造成的结果是，小学美术课看似热闹非凡，实则学生并没学到多少专业知识。

因此，首先要做的就是改变美术教学所谓"副科"地位的尴尬局面，促使学校、教师和学生，三位一体重视美术教学示范的有效性。策略如下。

一是学校领导重视。我校严格落实教育部的规定和要求，开足开好艺术课。作为课题组主要成员的张校长，在校领导班子会议中明确表示，我校的教育不应再为了分数而教。学校还制定了严格制度，例如，开齐开足艺术课，语数英老师不得以任何理由占用艺术课等。之前都"没有美术课堂"，更不用谈及示范教学的有效性，而今这种现象在我校已得到改变。

二是转变教师观念。在学校领导的重视和引领下，我校发起了转变美术教学观念的倡议书。教师感受到了校领导的重视，统一了思想且干劲十足，信心十足地投入提升示范教学有效性的研究中。

三是培养学生兴趣。在培养学生兴趣方面，首先要创造良好的课堂氛围，改变填鸭式讲解灌输的方式。课堂热闹但秩序井然，学生参与互动积极。

其次，我校教师通过课前播放美术欣赏视频，课上展示范画，定期在学校展示学生优秀绘画作品的方法，来培养学生学习美术的兴趣。学生的学习兴趣高了，潜移默化中将所谓的"副科"学好了，示范教学的成效也就落到了实处。

（二）扩展技能——提升教师示范有效性的维度

受自身学识和专业能力等综合因素的影响，教师在进行示范教学时，通常只会选择自己擅长的内容开展教学。例如,我校美术老师有的擅长素描,有的擅长水彩,有的擅长水粉。但美术是一个综合性较强的学科,我校教师所擅长的部分不足以涵盖教材中全部的示范课类型,导致示范的有效性不充足。

学校可通过扩展技能——提升教师示范有效性的维度,教师进行自我学习提升,教研组内互相交流提升,外出培训提升来解决此问题,具体措施如下。

1.我校教师进行自我学习提升

为了进行示范有效性的维度提升,我校开展自我反思活动,对美术课堂示范教学中发现的问题通过反思日记、理论学习记录表的形式,及时总结当节课的得与失,找出处理问题的策略,对自己的课堂教学做出修正与改进,并制定行动方案。

2.我校以教研组为单位,组内开展交流提升

我校以教研组为单位,建立团体协作小组,不同教龄、不同年级、不同专业出身的教师不断地互动、观摩,对美术示范教学课中出现的问题进行梳理和检讨交流,以提高美术教师的专业素养。

除此之外,教师们还一起进行学习本专业知识,同时涉猎人文社会、自然科学知识。他们自觉学习其他学科优秀教师的教学技能和方法,以全面增强自己的知识结构、开阔自己的视野。

3.美术教师外出培训提升

为帮助美术老师提高专业能力,保证有足够的时间培训学习,我校采用时间分段式,包括寒暑假期培训的方式、短期学习的方式、校本培训等方式,给美术教师提供外出学习、培训的机会。

（三）多彩呈现——顺应小学生学习美术的发展规律,设计有效的教师示范策略

为了研究有效的示范策略,需要深入了解学生群体的特点和发展规律。课题组通过研究发现在相同的年级段大部分孩子在绘画中表现出相同的特性,于是,结合我校学生的实际情况,按低段、中段和高段,设计有效的教师示范策略。

1.小学低段（一、二年级）——让学生在有限的空间自由想象

对我校一、二年级孩子的学情分析如下。

一、二年级的孩子处于图式期,我校这一时期的孩子仍然以自我为中心,对形象大小、色彩搭配呈现出由直觉向理性发展的趋势,这一阶段的孩子们开始了主动接触和细心地观察外界的一切。他们也试着表达所体会到的事物,而此时的表达是比较夸张的符号或是图画,会侧重关键的部分而忽视或是直接省去认为不起作用的部分。

适合低段学生教师示范的方法如下。

（1）范画适当留白,给学生想象空间。

教师在教学过程中的恰当引导,会让示范成效事半功倍。

在《折纸动物》教学中,刘林菲老师运用留白式示范,不再把示范时间都用在示范一种动物上,而是把示范分散在不同的教学环节,从而发挥不同的作用。这样既留给学生进行发散性思维的余地,又给学生充分联想、借鉴的空间。同时她还运用问题引导孩子,让孩子自己去探索发现,从行动上成为学生学习的陪伴者。

为了激发学生的创作欲望,在本节课上,刘林菲老师给出了适当的描述,留出空白动物给学生,让学生运用折纸的形式集体创作完成"欢乐动物城场景"。让学生自己参与,既增加了学生的学习乐趣,又点燃了学生的创作信心。

(2)适当停顿,激发学生的参与意识。

刘林菲老师在当堂示范的时候,为了能跟学生随时互动,做到了适当停顿。这样一来,她便能结合自己的范画作品,通过对学生进行启发式提问,引导学生积极参与到示范教学中来。

讲授《折纸动物》的第一课时,教师在示范过程中适时地引导:"这只小鹿生活在丛林里,那你喜欢的小动物生活在什么地方?"教师的做法不再是快速完成示范画,而是进行停顿引导和启发式的提问,学生纷纷被吸引,发散式的思维得到锻炼。

(3)展示多种素材,为学生自我提炼加工提供便利。

为了让我校学生作品不再单一的呈现,同时体现出教师示范的有效性。在给学生示范时,我校教师会教授、示范多种技法。大胆放手让学生自我提取重构,犹如排列组合般对教师的示范画重新编排,使学生作品多彩呈现。

如湘美版二年级上册《画格子小牛》一课,我校教师除了重视示范色彩和格子技法外,还引导学生进行小牛的各种形态练习。教师运用绘画或是视频的实行展示多种形态的牛。例如,悠闲吃草的、奔跑的、趴着的等等,让学生自我创作,展现不同形态的牛。

(4)提供符合学生心智发展的"范画"。

在我校的美术课堂教学中,教师会给学生选择适合年龄特点的"范画"素材(特点:此处"范画"不一定是教师的,也可能是班级学生自己的),站在学生的角度,帮助学生感受作品的内涵。

例如,《我的同桌》,教师把观察的方式教授给学生,然后通过欣赏同龄孩子的"范画"启发学生思考。低年级段的孩子通常会用相对固定的图形、符号表达看到的事物,我校教师会适时的以提问的方式,例如"孩子们,每幅画哪里不同呀?",借此引导孩子发现每幅作品独特的表达。

2. 小学中段(三、四年级)——在临摹基础上创作

对我校三、四年级孩子的学情分析如下。

三、四年级的孩子,绘画上的自我中心意识减弱,他们开始将绘画当作独立的客体对待,逐渐摆脱几何拼装形象图式的追求,会对绘画的事物的明暗、细节、比例进行真实描绘,因此这一时期称为写实萌芽期。学生们在这个时期,会注重表达出作品所处的环境、

独特之处及动态,会根据自己的体会描绘出周边的事情和人物,但是会在色彩和空间透视上,客观意识和主观意识混淆使用,因此学生在完成作品时常常处于纠结状态。

适合中段学生教师示范的一般方法有以下几个。

(1)把写生创作和临摹范画相结合。

美术课堂教学中由于范画的无效示范,导致学生只会单纯模仿,"依葫芦画瓢"。当离开范画样本,让学生进行实物写生时,学生就表现为元从开始,缺乏创作能力。

我校美术教学非常注重学生的创作和写生,让学生通过创作来还原生活。例如,在进行植物写生时,我校教师会依照范画的构图方式,摆出相同的静物,也会把学生带到实物面前讲解范画。通过两者直观的对比,让学生体会到生活与艺术的差别,感悟作者独特的创作技巧,从而提高艺术素养。

(2)不把范画当唯一答案。

当学生看到范画后,由于他们的鉴赏观点和审美标准不同,会对范画的美感产生差异。此时,我校教师会因材施教,鼓励学生作画时要敢于表现个性,寻找属于的自己的艺术表达,促进学生自我创作。

我校教师在上课时会借助范画来讲解其中的一些专业技法,指出哪些是普遍的作画方法,哪些是作者的创作方法。教师会告诉学生范画不是为了让其照着模仿,而是让学生分析、借鉴、提炼、描绘自己的独特感受。

例如,《我的情绪词典》这节课,教师利用谈感受、讲故事的方式讲述自己在旅行中的经历,示范如何运用艺术绘画的技法展示行程中情绪的变化。教师让学生根据自己的体会,动手尝试用相同的方法来表达自己经历过的情绪变化。可以说这节课的教师示范是非常成功的,学生r作品也体现了每个人不同的心理感受。

3. 小学高段(五、六年级)——增加绘画专业技法的趣味性

对我校五、六年级孩子的学情分析如下。

这一阶段的学生随着身体的成长,心理也变得趋向成熟,天真烂漫的想法慢慢减退,对画的要求也越来越高。他们已经不满足于现状,希望自己的画更像真实的事物,不仅从色彩、轮廓上要求真实,而且立体和空间感也渐渐显现,对事物认识有了初步的深入。他们自我要求提高,希望绘画更加写实和接近实际,因此教师在示范专业技法时要注重趣味性,使学生更易于接受。

适合高段学生教师示范的一般方法有以下几个。

(1)示范内容注重情感化、生活化。

艺术创作源于生活又高于生活,我校美术教师在讲授创作技法时,利用身边熟悉的事物为范例并升华到绘画作品,调动了学生的积极性,激发了学生学习的兴趣。

(2)适"时"的示范,既完成了教学进度又提高了课堂效率。

课堂教学一般由导入、新授、实践、评价这几个环节构成,小学高段美术课,开始注重

学生专业美术知识和艺术表现技法的学习,因此在每个环节适"时"的示范效果是截然不同的,具有灵活性特征,因此教师运用示范教学要把握课堂适"时"性。

①课堂导入中的示范。

"万事开头难"。在短暂的课堂上,导入阶段是吸引学生投入的重要开端。我校教师在课堂导入时会运用多种方式,包括示范式、叙事式和动画式等。例如,在教授水墨动物时,教师以有趣多变的墨点和丰富变化的墨色,演示了憨态可掬的水墨动物。此举吸引了学生的注意力,引出本课教学重难点的同时,还让学生大开眼界,充分调动了学生学习的积极性。

②课堂过程中示范。

课堂中示范是教学中最常见的方法,而步骤示范是针对小学高段学生最常用的方法,能让学生全面了解本课学习的重难点。

步骤一:先立干。（先画树干）起笔自顶上往下画,用笔以中锋为主,先蘸水,再蘸墨。

步骤二:画枝干。用笔以中锋为主,有前有后,穿插自然,先蘸水,再蘸墨。

步骤三:添叶。以中锋为主,给树干添上叶,先蘸水,再蘸墨。

步骤四:晕染。先蘸水,再蘸墨,用笔以侧锋为主,大面积晕染树的各个部分,适当留有空白。

图2　树的画法步骤示范

③教学评价中的示范。

教学评价是将学生的作品汇集起来进行自评、互评和师评。例如,我校教师在师评时,会选择学生评选出的特别作品为对象,让学生互评后汇总提炼出修改意见,现场示范修改,让学生看到先后的变化,感受整个创作过程,发散学生思维。

(3)现代手段增加了示范趣味性。

多媒体示范教学能在有效的课堂时间内,通过视觉审美来了解绘画创作的整个过程,让学生对本节课的所学内容有全局性的把握。如今,多媒体技术越来越多地走进了课堂。我校利用微视频示范、课件示范和投影仪示范,根据课程内容与情境去选择最优化、最科学的形式,从而达到最佳的课堂效果。

四、研究成效

（一）从"无"到有，奠就了示范有效性的基石

美术教学所谓"副科"地位的尴尬局面得到改变，美术教学从"无"到有得到重视，从而促使学校、教师和学生，三位一体重视美术教学示范的有效性。学校领导的重视，教师和学生观念的转变，进一步调动了学生们的积极性。

课上，教师和学生通过示范教学进行情感交流。课上少了看热闹的旁观者，多了一个个认真参与，专注创作自己作品的小画家。教师也更喜欢在课堂上和孩子们一起完成属于他们的作品，为示范有效性的开展打下坚实基础。

（二）开枝散叶，扩展了示范有效性的维度

教师通过自我学习提升、教研组内互相交流提升和外出培训提升，扩大了知识面、开阔了视野，教学能力也得以提高。刘林菲老师的绘本教学示范在线研讨课——《我的情绪词典》，不仅受到了线下观课教师的好评，还受到了评委嘉宾姚颖副教授和曹淑玲老师的一致好评，示范教学有效性的维度也得到扩增。

（三）多彩呈现，有效示范的多元展示

有效示范应顺应小学生的美术发展规律，通过列举实例，展示有效的教师示范策略。通过教学实践，针对小学美术不同年级阶段的发展规律，总结出教师示范有效性的一般方法。

美术课堂上，教师不是为了"教"学生画而教，更多的是给予他们对事物的真实体验，学会在体验生活事物的基础上进行自我创作和表达。

通过本课题的研究，能够缓解学生作品雷同这一问题，培养学生的自主思考和创新的能力，保证教师的示范策略能有效发挥。

五、存在的问题及下一步打算

经过为期一年的努力，学生在美术学习上取得了很大的进步，美术学习的效果明显提高。不过，这些注重有效性的小学美术课堂示范教学策略还可以更加细化，深入研究过程中也出现了以下问题。

学生美术基础较差，学习能力参差不齐，学习速度不能同步，这给教师教学带来很大难度。下一步打算如下。

（1）不直接按年级划分学生，研究按学习接受程度和同步性来组班教学。

（2）丰富课堂中示范教学的方式，结合河南地区文化特色示范相关的绘画作品，以培养学生的创造思维和家国情怀。

（3）继续加强教师自身的专业内涵，探索与地方文化融合的示范教学方式，把小学美术教学中示范有效性的策略研究运用到教学实践中，通过研究进一步完善小学美术教学中课堂示范教学的有效性，使之能发展得更为系统，并在更大的范围内得到推广。

参考文献

[1]尹少淳.美术核心素养大家谈[M].长沙:湖南美术出版社,2018.

[2]汤伟.小学美术课堂示范的艺术[M].上海:上海教育出版社,2011.

（本文为2019年度郑州市教育科学重点课题,获科研成果一等奖。课题研究单位:郑州经济技术开发区锦龙小学,课题负责人:刘林菲,课题组成员:张遂增、魏芳、张洋、王清安）

基于培养学生时空观的初中历史教学研究

一、研究背景

（一）宏观背景

历史学科核心素养时空观念强调"将历史事件与历史现象置于具体的时空条件下，根据时间顺序和空间要素对历史事件进行观察、分析和建构，厘清历史人物之间的关联，理顺历史事件之间的逻辑关系"。时空观念是历史学科五大素养中学科本质的集中体现，是历史学科有别于其他学科的重要特征。掌握时空观念对历史学习至关重要。

2011 年修订的初中《义务教育历史课程标准》，要求学生能够在了解历史时序的基础上，梳理历史发展线索，学会在具体的时空条件下，分析、考察历史上较有影响力的人和事。因此，在初中历史教学中要培养学生形成正确的时空观念，把握好时空观既体现了课标要求，也是培养其他历史素养的基础和关键。

（二）存在问题

通过调查，发现我校教师在培养学生时空观的教学中，存在如下几方面的问题。

1. 教师的教学目标不够清晰，体现不出对时空观的培养

在以往的教学实际中，教师设计的教学目标过度关注知识层面的训练，而忽略了学生的时空观念、学科思维方面的培养。

教学目标是课堂内容实施和评价的依据和标准。教学目标设计出现问题，那么实施过程和评价过程也一定会出现问题。因而教师应在深入分析教材内容和学情的基础上，科学地确定具体、明确、可操作的教学目标。

2. 教师教学资源缺乏，不会创造性地使用教材

实际教学中的大部分资源是常年积累下来的围绕老教材的资源，尤其是对学生时空观培养的教学资源不充足。例如，统编教材九年级上册西欧庄园与中国古代庄园的对比研究，对租地农场与手工工场的特点分析等，缺乏充足的史料进行解读。

其实初中历史统编教材符合初中阶段学生的认知水平，是按照历史时序编写的，注重历史与现实的联系，体现了历史学科的综合性。因此，教材是我们培养学生时空观的首要优质资料，应该深入挖掘和剖析其价值。

3. 教师注重知识灌输，缺乏培养学生时空观的教学策略

在九年级专题复习的过程中，往往是教师代替学生，去对不同专题之间联系及同一专题下中外对比联系等不同维度的历史知识进行整合分析，而这个过程，恰恰是培养学生不同维度时空观的好机会。

二、研究过程

课题组依据研究计划开展研究工作,每一个季度都制定提前计划,每一个研究阶段都有总结。具体研究过程如下。

(一)准备阶段(2019年3月—2019年5月)

课题组成员在课题负责人张娜娜的带领下认真学习了《中国学生发展核心素养》《基础教育改革实施纲要》《义务教育历史课程标准》(2011年版),并上网查询了有关历史时空观的著作、论文、学术文章等理论材料,对历史时空观培养的国内外发展现状及研究前沿有了更加充分的认识和了解。

(二)实施阶段(2019年6月—2019年12月)

1. 开题汇报,纠偏引路

课题组组织开展了课题的开题活动,并根据陈瑞华、陈婷老师的建议,对课题的研究目标和研究内容又进行了讨论和修改。

2. 调查了解,改进研究

课题组通过访谈、问卷等方法,以七、八、九年级师生为对象,调查了目前我校历史课程的开设与教学状况,以及学生历史学习中存在的问题。

调查分析显示:不少历史教师自身缺乏对时空素养的认识和重视,对学生时空观的培养缺乏系统的技巧和方法,不能有效地将年代尺、历史地图、思维导图等手段综合系统地应用到教学中。学生在时空素养方面的水平参差不齐。从时间维度来说,学生只是简单地按教材时序性来记忆,对将历史事件转化成年代尺、大事年表的方式掌握不牢,难以把握历史实践的变化和阶段性特征。从空间维度来说,学生迁移所学知识的能力差,不能把历史事件的文字叙述转化到对地图的认知上;对图标、图注的关注度不够,对教师的依赖性强,对跨度较大事件之间的联系及发展特征处理不好,缺乏社会空间中的知识体系建构。

3. 中期汇报,承前启后

2019年12月16日下午,课题组在郑州市九十六中学召开了课题的中期交流活动。课题负责人张娜娜在会上对前一阶段课题研究的进展做了汇报,也提出了课题组在研究中遇到的困惑与问题。

(三)总结阶段(2020年1月—2020年3月)

1. 补充完善教师课例、学生作品

2. 撰写结项报告,总结主要做法、经验及对未来的展望

三、主要做法和经验

(一)构建课堂核心目标,渗透时空意识

教师是一堂课的设计者、引导者,时空意识的渗透要从教师自身开始,而教师则要从构建一节课的核心目标开始。教学目标是一节课的指挥棒和出发点,它不仅仅是教学的准则,还指导着教师的教学行为。所以,在课题研究中,课题组通过开展集体教研,把历史学科核心素养的内涵和历史课程标准结合起来,从而设计出渗透时空意识的学习目标,并循序渐进地、持之以恒地贯彻下去。

例如,统编教材八上第二单元第 5 课《甲午中日战争与列强瓜分中国狂潮》的教学目标:通过观察示意图、设计表格等方法,归纳甲午中日战争的时间、主要战场、条约内容、帝国主义强占租借和划分"势力范围"的史实、美国提出的"门户开放"政策;通过引导学生比较鸦片战争形势示意图、第二次鸦片战争形势示意图、甲午中日战争形势示意图、时局图等,深入分析通商口岸开放特点及《马关条约》的影响,培养学生分析提取信息的能力和时空观念。

在学习目标的指引下,教师在组织实施教学活动时,通过多种方式构建历史时空认知体系,帮助学生搭建历史与现实的联系、历史事件之间的纵向和横向联系,从而引导学生学会认知和理解历史的方式方法。

(二)挖掘教材资源,命制原创试题

课题组充分利用教材的单元导读、新课导语、相关史事、材料研读、图片、知识拓展等资料,命制培养时空观能力的相关原创试题,并融合到教学设计中,为培养学生时空观提供了符合实际的有效参考。

1.选用教材文字史料,命制选择题

例如,统编教材七年级下册第 1 课《隋朝的统一与灭亡》中,利用材料研读中《旧唐书·李密传》的内容,命制选择题,引导学生探究历史事件爆发的内在原因,从而构建时空的逻辑关系。

例题一:隋末社会出现"父母不保其赤子,夫妻相弃于匡床,万户则城郭空虚,千里则烟火断灭"的社会状况,其原因是(　　　)

A. 隋末农民起义　　　　　　　B. 隋末的暴政

C. 修建大运河　　　　　　　　D. 创立科举制

例题二:"以往搞革命的人,眼睛总是看着上层的军官、政客、议员",如今"上层的社会力量显得何等的微不足道。在人民群众中所蕴藏的力量一旦得到解放,那才真正是惊

天动地、无坚不摧。"中国部分先进知识分子认识上的这种转变,直接促成了(　　)

    A.新文化运动　　　　　　　　　B.五四运动

    C.马克思主义的广泛传播　　　　D.北伐战争

2.利用教材历史图片和地图,增强学生的时空意识

(1)历史图片与历史图示相结合。

利用教材中的图片,加深学生对大事件的判断,并与历史图示相结合,可以创造性地引导学生梳理历史事件之间的内在联系,增强学生的时空意识。

例如,统编教材八年级下册第1课《中华人民共和国成立》中,对图一《中国人民政治协商会议第一届全体会议会场》和图二《开国大典》两幅图片进行分别设问:图一反映的历史事件有什么影响? 图二反映了哪一历史事件? 然后引导学生用图示法表示出二者的内在联系。这要求学生能够通过图片判断出大事件,在理解二者联系的基础上,绘制出简易示意图。

(2)整合历史地图、图片,探究历史发展趋势。

从地图、图片中获取信息也是学生需要掌握的历史学习方法之一。通过对统编教材八年级上册"鸦片战争形势图"和"第二次鸦片战争形势图"的对比,引导学生依据地图指出两次战争期间开放通商口岸的分布特点。通过对比,得出近代列强的侵略势力逐步从东南沿海深入到长江中下游地区。学生不仅能从时间、空间上感知近代列强的侵略,而且能据此认识到近代列强侵略的趋势特点,加深其对历史知识的理解。

3.整合教材内容,把握历史发展特征

学生对某一新的历史事件的理解是抽象的,但如果能以同一领域中已经学习过的其他的历史事件为基础,进行对比或联系,学生会更容易接受新知识,并且对同一领域的历史发展特征有所认识。

例如,统编教材九年级上册第13课《西欧经济与社会的发展》中,学生对租地农场的认识比较模糊,但对已经学习过的庄园有一定了解。基于租地农场是在庄园逐步衰落的过程中产生的,二者有一定的联系性,我们对教材相关内容进行了整合。

材料一:典型的庄园一般是一村一庄……有些小庄园只是一个村庄的一部分。庄园中的农民被领主剥削压迫,承受着沉重的赋役……农奴更是受到超经济强制的剥削和奴役……庄园以农业为主,面粉、奶酪、火腿、蔬菜等食物均可自给,鞋帽、衣服也自己制作,很多庄园还有铁匠、金银匠等。

材料二:一些富裕农民通过承租、购买领主的土地,或者转租、购买其他佃户的地产等方式将土地集中起来,建立租地农场。在租地农场,土地所有者出租土地,经济实力较强的实际经营者承租土地,提供种子、牲畜、农具和其余资本,使用少量雇佣工人来耕种土地,并将产品面向市场。

设问:依据材料一、二,对比西欧庄园和租地农场的不同点。

通过以上庄园和租地农场的对比,学生不但对租地农场有了一定认识,还能依据整合的内容,概括出租地农场的典型特征。

(三)发挥学生主体作用,采用多种形式培养学生的时空观念

结合学情和不同年级教材内容特点,课题组同时在七、八、九三个年级有针对性地采用不同的培养时空观的策略和方法。

1.设计历史示意图,简化知识突出重点

历史是由无数历史事件构成的,历史事件在历史长河中的位置是由时间和空间确定的,因此历史时空观的形成非常必要。教师可利用地图,设计历史示意图来简化知识、突出重点,直观地表达历史事物之间的关系。

统编版七年级历史下册辽宋夏金元时期,涉及众多政权的建立、更替,很难厘清历史发展的线索。所以本课就从读地图、绘制历史示意图入手,培养学生的历史空间感,从而感知这一时期的历史特征和民族关系。

首先 PPT 展示《辽、北宋、西夏形势图》,讲述契丹族起源的传说,引导学生去了解契丹民族生活的地区主要在我国的北方和东北一带;在学习西夏民族时同样出示地图,引导学生去了解西夏民族生活在我国的西北地区,北宋的统治区域是广大的中原地区和南方。然后引导学生把整个地图当作一个整体,把整体分成三个部分,根据北宋、辽、西夏的相对位置,在地图上相应位置标出,并且强调只是根据相对位置,不用考虑每个政权的统治范围。学生经历了观察、实践的过程,通过绘制历史示意图,从而清晰地感知这一时期民族政权的并立。知识的获得不再是死记硬背,并在后续学习过程中能够灵活地运用知识来掌握新的知识点。例如,辽与北宋的议和,在边境地区设立榷场进行贸易,促进了经济文化的交流,也加深了各族人民之间的了解。从而感知这一时期的民族关系是有战有和,和为主流。

有了绘制《辽、北宋、西夏形势图》的基础,在统编教材七下第二单元第 8 课《金与南宋的对峙》中,运用同样的方法进行巩固。根据教材的讲述,女真族兴起于我国的黑龙江流域和长白山一带,也就是我国的东北地区,引导学生在地图上找出女真族兴起的地区。随着女真势力的壮大,金灭辽,先是金代替了辽,辽的位置变成了金,金灭北宋,南宋建立,原来北宋的位置变成了南宋,就形成了金与南宋的对峙,成功绘制金与南宋对峙历史示意图,并且根据金与南宋的分界线,感知南宋的统治区域相对于北宋大大缩小。从而让学生理解林升的《题临安邸》对南宋统治者苟安于南方,不思收复失地的讽刺以及对国家命运的担忧。随着蒙古族的崛起,蒙古灭西夏、金,学生原来绘制的示意图再次修改,西夏和金在示意图上被蒙古取代,形成了蒙古与南宋对峙的局面。元灭南宋,全国统一。

引导学生以《辽、北宋、西夏形势图》历史示意图为基础,不断地运用新知识进行修改、重构、迁移训练,直观简洁地把纷乱复杂的知识加以整理并高度概括,使知识条理化,充分发挥学生的主体意识,培养学生融会贯通历史知识,提升学生核心素养。

2.巧用年代尺梳理时序分析比较

利用年代尺建构时空观念,有助于学生避免出现混淆历史人物、事件与年代的现象,把握历史事件间的联系,认清历史发展的规律。根据学情,课题组侧重在七年级加强绘制年代尺的训练，下面以统编教材七下第三单元第 16 课《明朝的对外关系》为例，详细阐述。

教师在授课过程中，让学生用绘制年代尺的方法总结本课学习的主要知识点，并且能用不同的方法表述时间，用准确的时间、空间历史术语讲述历史。例如，郑和下西洋的时间可以表述为明朝前期，也可以准确地表述为公元 1405—1433 年；戚继光抗倭的时间是在明朝中期，具体的台州九战九捷发生在 1561 年。葡萄从 16 世纪开始侵扰我国沿海，具体取得在澳门的居住权的时间表述为公元 1553 年。通过对本课的学习，学生掌握表达时间的方法有早期、中期、世纪、公元，并且随着时期的变化明朝的国力随之变化，中外交往的特点也随之变化，从而认识到国家实力决定对外关系。

因此，在初中历史教学中合理应用年代尺，用不同的方式表达时间，将历史演变过程按照时间顺序呈现出来，可以帮助学生更好、更快、更深入地了解掌握历史知识，掌握历史发展、时代特点等，有助于学生感受历史魅力，最大限度地提升历史素养，促进历史教学效率和质量的提高。

3. 运用历史地图迁移延伸

历史地图是时空观念中空间观念最直观的体现，分析初中历史教学过程中所采用的历史地图，基本包括历史与地理两方面的内容。历史地图按其呈现的内容可以分为：历史地理位置图（七年级居多，如《周初分封形势图》）、历史区域分布图（常见各朝代的疆域图）、历史范围扩展图（八、九年级居多）、历史空间移进图（如三角贸易航线图）等。

在八年级重点实施了历史范围扩展图的指导和实践，以统编教材八上第二单元第 5 课《甲午中日战争与列强瓜分中国狂潮》为例。

在本课的学习中，大量运用了地图去引导学生分析战局变化，以及通商口岸地域分布特点，在加深学生对内容认知的同时，培养学生的时空观和历史学科思维。

甲午中日战争过程是本课的重点，在讲解这部分内容时，紧紧抓住"甲午中日战争形势示意图"，让学生直观感受到随着战场的转移，地图上的时空也在发生着转移，以及战局所带来的影响。前面在讲鸦片战争、第二次鸦片战争、太平天国运动时，已经教了学生如何读图。但因甲午中日战争过程较之前复杂，所以在看图前要反复强调看图方法。第一步引导学生看甲午中日战争形势示意图的图例，如清朝陆海军进军路线、日本陆海军进军路线、日军进攻方向、清军反击方向、重要战场及年代等。第二步通过设置问题引导学生结合课本内容和地图讲述战争过程。如根据图例和地图标注信息，找找甲午中日战争在哪爆发的？清政府战败后向哪个方位撤退？紧接着在哪个地方对战？后来又向哪里转移？最后在何时何地结束？通过一系列的问题帮助学生读取地图信息，了解战争过程。

在学生有一定读图能力的基础上，通过对比《鸦片战争形势示意图》《第二次鸦片战争形势示意图》《马关条约增开口岸示意图》等，能够帮助学生清晰地掌握通商口岸的分布特点。第一步引导学生看地图名称和图例，第二步用不同颜色的水笔圈划出每个图中所展示的中国被迫开放的通商口岸从南到北都有哪些城市;第三步分析这些城市在地域分布上有何特点;第四步通过动态图直观地演示变化过程。最后得出列强侵略势力由东南沿海地区进一步深入到中国腹地的结论。

这种识图能力后来在八年级历史学习中继续得到锻炼和提升。教师在讲对外开放时,让学生在地图上用不同颜色的笔圈划出分批次对外开放的城市和区域,深入分析对外开放的格局和特点。

识图能力是在历史学习中所要具备的比较高层次的能力。通过识图可以分析在一个相对固定的空间内,随着时间推移而发生的历史变迁,帮助学生确定具体的空间位置,寻找空间上的关联性,并在此基础上将复杂的空间变化予以简化,以此加深学生对历史时空的认知。

4.绘制年代尺和思维导图,构建知识脉络

在历史核心素养的要求下,学生历史时空观培养的要求在不断提高,不仅包括对学生时序性和地理空间性的把握,还包括不同阶段的历史特征,同时代但不同领域的联系,不同事件之间的内在联系,同一历史事件内部的逻辑联系,中国和世界的联系,等等。在历史学习的不同维度中,学生构建出历史知识的框架,树立历史的整体意识,以整体的时空观把握历史发展的总趋势。

5.其他方式

除以上最基本的方法以外,课题组还尝试了以下这些方法。

(1)创设历史情境,让学生直观感受历史。

(2)建立坐标体系:以时间为横轴,事件的发展态势为纵轴,绘制出不同时期事件发展的坐标体系。

四、研究成效

(1)在历史课堂中渗透时空观念,在教师的引导下,学生思考和动手绘制的机会越来越多,运用年代尺、大事年表、思维导图等归纳历史知识的自主意识提高了。学生的课堂参与度迅速提高,他们能够积极思考历史事件发生的先后顺序、前因后果及规律,主动沟通、交流。相比教师的讲解,学生更期待自己去梳理总结,形成框架体系,在分享交流中加深自己的认知。时空观念和历史学科思维能力得到了提升。

(2)基于时空观培养的历史教学中,课题组成员老师精心准备,呈现多节高水平的探究课、观摩课,教师们在集体备课和听评课方面得到了很大的提升。师生双方在基于时空观培养的历史课堂中,互相启发,互相分享,逐步达到了教学相长和共同发展。

(3)专家高度评价。

朱红庆(校长)给予肯定,认为选题具有必要性。他认为课题组成员结合学情,对初中历史学生时空观的培养提出了切实可行的方法策略,是非常有必要的。

五、研究存在问题及未来展望

（1）教师关于培养学生时空观案例的归纳整合还不够系统，部分学生资料的收集、整理、归类等工作滞后于研究活动的进展。

（2）课题组成员的相关理论素养相对较薄弱，对资源的整合能力还很有限，这使得课题研究和历史教学视野仍比较狭窄，能呈献给学生的历史天地还不够广阔。

（3）对学生时空观素养的评价形式不够多样，缺少发展性的评价。

下一步，课题组将继续提炼课题研究中存在的问题，有针对性地解决。教师努力提高自己的理论素养，提高资源的整合能力，构建理论体系，并将理论与实践相结合，及时反思总结在教学上的得失。

参考文献

[1]陈雪莲.思维导图在初中历史教学中的运用[J].西部素质教育 2018,4（1）:224-225.

[2]褚宏启.核心素养的概念与本质[J].华东师范大学学报（教育科学版）,2016（1）:1-3.

[3]黄飞.素养立意下历史时空观念的尝试性架构——以《抗日战争》一课为例[J].中学历史教学,2018（4）:21-23.

[4]教育部.中国历史地图册七年级上册[G].中国地图出版社,2017.

[5]教育部.中国历史八年级上册[G].人民教育出版社,2017.

[6]教育部.世界历史九年级上册[G].人民教育出版社,2018.

[7]王灿.高中历史教学中时空观念的培养方法——以滕州二中为例[D].贵阳:贵州师范大学,2019.

[8]央视纪录片.甲午战争专题:国运之战——纪念甲午战争 120 周年[V].2014.

[9]赵恒烈.历史思维能力研究[M].北京:人民教育出版社,1998.

（本文为 2019 年度郑州市教育科学重点课题，获科研成果一等奖。课题研究单位：郑州市第九十六中学,课题负责人:张娜娜,课题组成员:肖哨卡、孙秀芹、王鑫、王晨曦）

幼儿园儿歌教学的实践研究

一、研究背景

儿歌作为儿童文学样式之一,它是儿童文学宝库中一颗璀璨的明珠,闪耀着独有的光辉。儿歌在伴随孩子成长的过程中,发挥着无可替代的作用,潜移默化地陶冶孩子的性情,丰富孩子的想象力和创造力,提高孩子的口语表达能力,教给孩子一些做人的道理……

结合幼儿园的实际发现,一线教师在开展儿歌教学时存在一些问题。

1. 儿歌教学开展次数少

一般来说,幼儿园的教学活动会涉及健康、语言、社会、科学、艺术等五大领域。但是语言领域很少涉及儿歌教学。结合幼儿园的"阅读"特色,大多数语言活动都是以早期阅读绘本为主,绘本色彩鲜艳、画风夸张,给幼儿以强烈的视觉冲击,家长、幼儿和教师特别喜欢这种文学样式。而儿歌作为一种口口相传的文学样式与色彩鲜艳且富有冲击感的绘本相比受到的关注程度比较少。

2. 教学的场景布置简单,教学用具准备较少

大多数教师能意识到教学场景布置有益于幼儿的学习,但是由于幼儿园事物繁杂,在实际的操作中,教师大多采用简单的直观展示导入活动,过程中较少会去布置与儿歌教学相关的环境和场地。简单的教学场景布置,幼儿在一定程度上对儿歌教学活动的兴趣也在减少,课堂效果也不容乐观。这样的情况长久存在下去,会对幼儿的全面发展和教师的专业能力提升产生不利影响。

3. 情感性目标在儿歌教学中目标关注较少

教师在儿歌教学活动目标的设计上,比较偏重知识目标和能力目标,缺乏情感目标的设定,因此在儿歌教学活动中情感方面的达成度较低甚至没有体现。

4. 教学内容选择片面

在幼儿园的教学活动中,丰富的儿歌内容是有效开展儿歌教学的重要前提,选择的儿歌内容好坏关乎着孩子的兴趣、能力等。从时间方面看,古代儿歌少于现代儿歌;从形式角度看,颠倒歌、连锁调等较其他形式学校选择的偏少。

5. 儿歌教学方式单一

在教学过程中采取有效正确的教学方法,对幼儿积极主动地参与教育教学活动,实现教学目标,完成教师的教学任务,提高教学效果以及实现幼儿的全面发展等多方面的教育价值有非常重要的意义。但实际上,大多数教师在教授儿歌时采用单一的动作或语言示范及出示图片等方式,孩子缺乏参与活动的积极性,注意力集中的时间较短等。

通过以上分析,课题组成员认为本园儿歌教学的开展情况不容乐观。希望通过本课题研究,一方面找到当前幼儿园儿歌教学中存在的一些问题,为总结幼儿园儿歌教学策略提供强有力的依据;另一方面能较好地转变幼儿教师对幼儿园儿歌教学的认识,提升一线幼儿教师关于儿歌教学方面相关的专业知识能力,从而指导幼儿园教师有效开展儿歌教学活动。

二、研究过程

(一)第一阶段(2019 年 3 月—2019 年 6 月)

(1)运用文献法,查找和了解与儿歌教学相关的文献资料,对已经取得的研究成果进行归纳与分析。

(2)运用观察法,对儿歌教学课例进行研究。

(二)第二阶段(2019 年 7 月—2019 年 12 月)

(1)运用访谈法,对幼儿园小、中、大年龄段的一线教师进行访谈,深入了解儿歌教学方面存在的问题。

(2)在儿歌教学实施过程中,运用观察法,采用拍照、文字记录等多种方式记录,完整全面记录观察的过程和结果,发现儿歌教学中存在的问题。例如,记录儿歌教学中的环境创设、教学内容、幼儿和教师在儿歌教学中的行为表现等。

(3)运用行动研究法,把儿歌运用到幼儿园一日生活的各个方面,通过实践—反思—再实践—再反思的过程,提出幼儿园儿歌教学的有效指导策略。

(三)第三阶段(2020 年 1 月—2020 年 4 月)

(1)收集整理资料。

(2)撰写结项报告。

(四)研究成果

(1)课题组在儿歌教学活动中的环境创设方面有一定的见解。

(2)整理出一本适合小、中、大年龄段幼儿的儿歌集。

(3)探索出儿歌与绘本、区域游戏、音乐等相互渗透、相互融合的一些方法。

三、主要做法和经验

(一)积极创设儿歌教学开展所需的条件

1.注重布置儿歌教学的场景环境

《幼儿园教育指导纲要(试行)》中指出:"环境是重要的教育资源,应通过环境的创设和利用,有效地促进幼儿的发展。"丰富的教学环境可以提前把幼儿吸引到教育教学活动中去,激发幼儿参与活动的兴趣。此外,在开展儿歌教学活动时,环境场景的设置要与儿歌内容相匹配,才能起到事半功倍的效果。以小班儿歌《可爱的小动物》为例。

首先,教师在儿歌里巧妙地设计了房子、丛林,让每一个小朋友制作一个头饰,墙上还粘贴了各种小动物的图片。小班的幼儿一看到这样的环境布置,自然而然地就把自己想象成了其中的一只小动物,短短15分钟的时间,幼儿尽情地模仿小动物的动作和声音,乐此不疲,很好地达成了活动目标。其次,教师在创设环境时也会积极调动幼儿亲身去参与,通过幼儿自身的劳动创设出来的环境,幼儿会有一种成就感和自豪感,参与的积极性会更加高涨,教学效果也更好。

2.提倡师幼共同制作道具

道具和环境布置在儿歌教学中都发挥着重要作用。还以上述小班儿歌《可爱的小动物》为例,每一个幼儿都参与了头饰制作,而且还得到了一个与众不同的动物头饰,他们特别喜爱和珍惜自己的动物头饰,在儿歌角色扮演时,幼儿特别投入,模仿得惟妙惟肖。

师幼在共同制作道具的过程中,蕴含了很多的教育价值。比如,锻炼幼儿的手眼协调能力、小肌肉能力、颜色搭配能力等,同时教师尊重幼儿、理解幼儿,把自主选择权完全交给幼儿,真正地体现了"以幼儿为本"的理念,师幼关系进一步发展。

(二)积极落实情感性目标的设定

1.情感目标设计的原则

《3~6岁儿童学习与发展指南》中指出,要为幼儿创设一个想说、敢说、喜欢说并能及时得到积极回应的环境。在儿歌教学中,教师设定的情感目标也要达到此要求。同时,情感体验对幼儿的心理发展也起着非常重要的作用,所以,在设定情感性目标的过程中,要注意以下两点。

(1)情感目标的设定一定要与儿歌教学内容相符,要有针对性,不能太笼统,这样才能在幼儿能力的指导中有明确的方向。

(2)在设定情感性目标时要注意与其他目标相联系,在情感目标中体现出知识与能力的目标,知识与能力的目标要渗透出情感目标。

2. 多种途径落实情感目标

情感目标设定好之后，教师在进行儿歌教学时应抓好情感目标，把握好教学内容中的情感，经过教师的引导、朗诵等潜移默化地传递到幼儿心中，使幼儿深刻地感受到儿歌所蕴含的情感。

（1）教师可利用肢体语言等丰富的情感，感染幼儿的情绪。

在儿歌教学中，教师可以加入自身丰富的情感，例如，根据角色的不同夸张地表演（爸爸：严肃，妈妈：温柔，老奶奶：和蔼），用抑扬顿挫的语调来念儿歌（声音高时高、低时低），还可以用起伏的语调来表达出相应的词语（如紧张、着急、兴奋等）。

（2）通过选择相应的儿歌教学文本落实情感目标。

其实，很多儿歌本身都是具有情感色彩的，简短的儿歌中隐藏着幼儿应该了解的情感内容。教师可以根据这些儿歌文本来发散和拓展幼儿的思维，同时也感染和影响幼儿。

（3）在师幼互动中体现情感性目标。

在儿歌教学过程中，教师与幼儿的肢体互动与言语的表达会让儿歌中的情感目标完成得更好。当然，在师幼互动中，提前设置的儿歌教学中的场地以及学习儿歌中所用到的角色头饰和服装，都对儿歌教学过程中的情感目标的达成起到了推动作用。

3. 丰富儿歌教学内容

通过调查研究发现，目前幼儿园儿歌教学内容是不均衡的。很多教师偏重于知识类型的儿歌，而选择古代儿歌和教诲类的儿歌却是少之又少。儿歌的选择在形式和句式方面也存在不均衡的现象，因此幼儿园教师在促进幼儿全面发展的过程中，儿歌的选择更应该均衡考虑，选择不同种类的儿歌，让孩子们亲身感受，体会不同儿歌作品的感染力和表现力。

（1）增加古代儿歌，提升幼儿的文学素养。

在平时的工作中，教师可以有意识地查阅与儿歌相关的书籍、报刊等，收集长短不一的古代儿歌内容，结合小、中、大年龄段孩子的特点和发展水平进行统一分类，并渗透到一日生活中的过渡环节或者集体教育活动中。教师应该提高自己的文学素养和儿歌的教学能力，同时，在古代儿歌的教学过程中也要不断创新，逐步提升幼儿的文学素养。

（2）丰富教诲类儿歌，规范幼儿行为习惯。

教诲类的儿歌更偏重于教育的引导，又称为"启发益智儿歌"。教诲类儿歌包括礼仪、习惯的养成，爱祖国、爱家人、爱幼儿园等。比如，小班孩子学习叠衣服时，可以教给孩子《叠衣服》的儿歌："小衣服，放放平、对对门、抱抱臂、点点头、弯弯腰，小衣服，叠好了。"这样的儿歌适合幼儿的年龄特点和发展水平，促使小班孩子对叠衣服感兴趣，且掌握叠衣服流程。

（3）发展形式多样的儿歌，增加趣味性的语言活动。

儿歌的形式多种多样，如有颠倒歌、字头歌、连锁调、绕口令等。例如，山东省曹县市有一首讲述从种到收再到吃的颠倒歌,语调非常紧凑,卖起来朗朗上口。"说胡拉,就胡拉,寒冬腊月种棉花。锅台上头撒种子,鳌子底下发了芽,拖着几根葫芦秧,开了一架眉豆花,结了一个大茄子,摘到手里是黄瓜,舀到碗里是芝麻,吃到嘴里是豆腐渣。"再如,在幼儿园学的绕口令《葡萄皮》《买醋》《八百标兵奔北坡》《鹅和河》《板凳宽板凳长》《四和十》……在平时的教育教学活动中,有些孩子的语言发展缓慢,可以利用过渡环节,让孩子集体练习绕口令,训练孩子口齿清楚,吐字辨音正确,提高孩子的口语表达能力,提升幼儿思维的灵敏性。

(4)选择更多句式的儿歌,培养幼儿的节奏感。

在学习的过程中,通过吟唱儿歌,感受优美的旋律、和谐的节奏,体会儿歌所表达的真挚情感,可以给孩子带来美的享受、情感的熏陶,以及训练孩子的节奏感。

例如,连锁调《唐僧骑马咚啦个咚》,这首儿歌内容是四大名著《西游记》中的故事,虽然内容较长,但童趣盎然,富有节奏、声韵的美感,深受孩子们的喜欢。在学习的过程中,无论是以儿歌的形式呈现,还是以歌唱的形式展示,都能让孩子一遍遍不厌其烦地有节奏地说唱儿歌。

此外,在幼儿园儿歌教学中,教师可以选择多种形式的儿歌开展活动,可根据孩子的年龄特点和发展水平着重增加三言、四言、五言、七言等。教师对儿歌内容的选择也要扩大范围,收集不同形式的儿歌,不能局限于幼儿园教材。除此之外,儿歌的教学形式也可以多样化,可创编、可演唱、可有节奏地边拍打边学习,逐步培养孩子的节奏感。

4.采用多种形式,丰富儿歌教学活动的实施手段

儿歌可以发展幼儿的语言表达能力、想象力、创造力、认知能力和积极的情感态度等,所以,开展有效的儿歌教学方式是发展幼儿各种能力的基础。为此,通过一系列探究,本课题主要从以下几方面开展。

(1)故事式。

教师在平时开展儿歌教学时发现,有一些儿歌孩子们不是特别感兴趣,但是他们喜欢听故事,教师可以根据孩子的年龄特点和认知规律,把一些趣味性不太强的儿歌改编成生动丰富的故事,加上孩子们的想象和创造,激发孩子们对儿歌的兴趣和欲望。例如,小班儿歌《调皮的小老鼠》。"小老鼠们真调皮,大象鼻子当通道。大象有点不注意,小老鼠们钻进去,痒得大象打喷嚏,小老鼠们笑嘻嘻。鼻子变成高射炮,老鼠飞到天上去。"教师可以把这个儿歌改编成故事,让孩子发挥自己的想象力,想象大象打喷嚏时的憨厚窘态和小老鼠的调皮可爱。

(2)游戏式。

爱玩是孩子的天性,幼儿是以游戏为基本活动的,让幼儿在游戏中去理解和学会儿歌是非常有效的。例如,在学习儿歌《小汽车》时,借助平时学习的音乐律动《开火车》改编成《小汽车》,孩子们一边听音乐律动,一边朗诵"小汽车呀真漂亮,嘟嘟嘟嘟喇叭响。你开过来,我开过去,我们都是小汽车"。几个小朋友为一组,在教室的空地上开着,每每

遇到还会友好地打个招呼,玩得可带劲了,几遍过后,孩子们非常轻松愉悦地学会了这首儿歌。

(3)歌唱式。

幼儿是非常喜欢唱歌的。为了使儿歌教学更富有情趣,教师可以上网下载一些跟儿歌教学有关的音乐,让幼儿伴随着音乐,和着曲子唱,编一些简单的动作,把静态的教学变成动态的,效果也非常好。比如,在教孩子们学习古诗《春晓》时,让孩子机械记忆,孩子可能也能学会,但是很容易忘记,且这种学习方式是枯燥的,孩子的兴趣极低。为此,可下载《春晓》的音乐,孩子们一边翩翩起舞,一边跟着音乐唱,兴趣特别浓厚。借用这种方法,我们把很多儿歌都编成了歌曲。

(4)图画式。

3~6岁幼儿以直观形象的思维为主,且大多数孩子不认识汉字,对内容的理解可能有困难。如果将儿歌内容转化成图画,可以帮助幼儿理解和记忆儿歌内容,且能进一步激发幼儿学习的兴趣。例如,中班儿歌《春风吹》。"春风有一张神奇的嘴巴,它轻轻一吹:吹绿了柳树,吹红了桃花,吹来了燕子,吹醒了青蛙,还吹得小雨,轻轻地下……"孩子在学习这首儿歌时,遇到了两方面的问题:一方面不太容易记住柳树、桃花、燕子、青蛙和小雨这些事物,总是弄错这些顺序;另一方面颜色词、动词"绿、红、来、醒"等记不住。基于此,我们在教孩子学儿歌时,引导孩子为儿歌配上图画,为各种事物配上相应的颜色,"来"这个词不太好表示,经过讨论,孩子们决定先画一个燕子窝,燕子朝窝飞过来就是"来"的意思。这样的做法,不仅加深了孩子对儿歌的感性认识,而且很容易理解和记忆。

(5)表演式。

在儿歌教学方面,通过表演,不仅可以加深对儿歌内容的记忆,而且还可以培养幼儿的肢体语言,激发孩子学习儿歌的兴趣,让儿歌学习起来更有意思。例如,大班儿歌《我帮爷爷背竹篓》。"有一个老头六十九,肩上背着大竹篓,装着一篓花生豆,一步一摇到村口,又累又热汗直流,孙儿见了直摇头,紧紧拉着爷爷的手,我帮爷爷背竹篓。"孩子根据儿歌内容以小组为单位,合作编排表演的动作,一边演一边说,加深了对儿歌的感受和理解,提高了儿歌教学的效果。

(6)引导幼儿有感情地朗读儿歌。

儿歌读起来朗朗上口,且具有韵律美。教师可以根据儿歌的内容进行加工,教师在示范朗读儿歌时,带上节奏和饱满的情绪、情感,要抑扬顿挫、快慢适当,再加上适合的音乐烘托,为孩子创建一个美好愉悦的朗读氛围,让孩子在儿歌的世界里翱翔,那种快乐和收获妙不可言。

(7)以绘本为载体,实现儿歌与绘本相融合。

绘本作为一种图文并茂的读物,不仅构图巧妙、造型生动、色彩优美,对幼儿具有很大的吸引力,且富含节奏韵律感,幽默诙谐,拟人夸张的语言也符合幼儿语言的年龄特点。教师在借助幼儿园的绘本特色,开展绘本阅读时发现,绘本里面有很多适合孩子朗诵的儿歌。例如，绘本《一园青菜成了精》。"绿头萝卜称大王，红头萝卜当娘娘，隔壁莲藕急了眼，一封战书打进园。豆芽儿跪倒来报信，胡萝卜挂帅去出征，两边兄弟来叫阵，大呼小叫争输赢……"以绘本的形式呈现儿歌内容，将孩子特别喜欢的绘本与儿歌完美融合，既满足了幼儿视觉、听觉上的体验，又能更好更容易地发挥儿歌的教学价值，使儿歌变得生动有趣，激发幼儿学习的兴趣。

四、研究成效

通过课题组一年来的研究发现，儿歌教学研究不仅对孩子的成长发挥了重要作用，也带给教师很多的改变和提升，课题组全体倍感欣慰。

（1）教师在开展儿歌教学时，更加注重创设儿歌教学开展所需的条件，注重布置儿歌教学环境，引导孩子们自主设计与儿歌内容相符合的道具、服装、背景墙等，在轻松、愉悦、和谐创设环境的氛围中，孩子们学儿歌的兴趣明显提高了。教师通过教授儿歌，为孩子们创设了一个想说、敢说、喜欢说的语言环境，进一步提高了孩子的语言表达能力。

（2）教师在选择儿歌教学内容时更加多元。通过调查发现，在课程设置方面，教师不再局限于现代儿歌，而是在原有的基础上增加了古代儿歌，丰富了教诲类儿歌，以及选择了更多句式的儿歌，等等。孩子们在儿歌中逐渐掌握了一些活动常规、行为习惯和道德行为标准。

（3）教师在开展儿歌教学时形式更加多种多样。经过大半年的指导，教师们在开展儿歌教学时，不再是单一的通过图片来学习儿歌，而是增加了故事式、游戏式、歌唱式、图画式、表演式，儿歌与绘本有效融合等形式。很多儿歌是通过有趣的情节、生动形象的语言、丰富的想象表现出来的，对孩子的想象力、创造力等潜移默化地发挥着积极的促进作用。

（4）整理出一本适合小、中、大年龄段幼儿的儿歌集。课题组在儿歌教学研究过程中，收集了很多小、中、大各年龄段适宜的儿歌文本，每班发了一本，教师们表示很实用。

总之，虽然在研究过程中，我们遇到了种种困惑和问题，但我们没有停下挖掘儿歌价值的脚步。课题组通过儿歌教学的研究，使教师不断反思儿歌教学行为，优化课程设置，同时推广的儿歌教学策略提升了教师的专业素养，也丰富了园本课程内容。

五、存在的问题及下一步打算

通过以上研究，我们对儿歌教学有了较全面的了解，经过反思，课题组成员下一步研究的重点方向是在儿歌教学师幼互动和教学提问策略方面做研究。我们都知道幼儿园师幼互动的质量直接影响幼儿的发展水平，其中教学活动中的提问是师幼互动多种形式中的一种，希望通过对此课题的研究，帮助教师反思自己的教学行为，从而改进教学方法,更好地促进幼儿的全面发展。在此期待专家批评指正,希望更多的教师关注儿歌教学,使儿歌教学不断发挥其最大价值。

参考文献

[1]教育部基础教育司.《幼儿园教育指导纲要(试行)》解读[M].南京:江苏教育出版社,2002.

[2]中华人民共和国教育部.幼儿园教育指导纲要(试行)[M].北京:北京师范大学出版社,2001.

[3]中华人民共和国教育部.3~6岁儿童学习与发展指南[M].北京:首都师范大学出版社,2012.

[4]宋维妮.儿歌的教育价值研究[D].西安:陕西师范大学,2011.

[5]甄珍.幼师生儿歌教学能力培养[D].石家庄:河北师范大学,2014.

(本文为2019年度郑州市教育科学重点课题,获科研成果一等奖。课题研究单位:郑州高新区第一幼儿园,课题负责人:牛丽娜,课题组成员:孟娇娇、李珍珍)

小学低年级学生古诗词学习生活常态化的策略研究

一、课题研究背景

教师要珍惜儿童13岁之前学习母语的记忆黄金期,让学生通过小学阶段积累大量经典古诗文,学习先人精神和文化的精华,培养语感和独特审美情趣,磨炼意志,为其精神世界的成长奠定基础。我们对二年级的学生进行观察,发现学生古诗词学习较差的原因有如下几点:一是学生年龄尚小,认知能力较弱;二是学生古诗背诵得快,但遗忘速度也很快;三是古诗词的内容大多距离现代生活太远,且有一定难度,大部分学生对古诗词没有兴趣,有畏难情绪;四是部编新教材古诗词的数量不大;五是部分家长仍然是重分数、重课本、轻积累、轻素养,家校配合不得力;六是因为古诗词课堂教学形式和学法单一,不容易激起学生的兴趣,班级中没有形成学习古诗词的氛围。

为了解决如上问题,通过深层次思考,反复琢磨,我们最终将课题锁定为《小学低年级学生古诗词学习生活常态化的策略研究》。

二、课题研究过程

(一)第一阶段:课题准备阶段(2019年1月—2019年2月)

(1)2019年1月,召开课题组成员会议,商讨思路,初步制定研究方案和计划。

(2)2019年2月,在本学期第一次语文大组教研会上进行研讨,主题是"怎样让古诗词的学习走进低年级学生的生活"。

(二)第二阶段:逐步研究阶段(2019年3月—2020年2月)

(1)问题诊断、原因分析、搜集资料。

(2)初次筛选、整理"低年级学生与生活结合的古诗词学习单"。

(3)召开家长会,介绍本次课题背景、概况、目标、初步计划、奖励制度,争取家长们的支持和配合。

(4)进行古诗文群文阅读公开课的准备工作。课题组教师学习有关群文阅读的资料和案例,精心设计古诗文群文阅读指导教案。

(5)完善"低年级学生与生活结合的古诗词学习单"中的诗词篇目。

(6)寻找完善古诗词学习与生活的结合点,梳理策略研究的思路。

（7）听取家长、学校语文教学负责领导和教研大组长的建议，完善评价机制。

（三）第三阶段：结题总结阶段（2020 年 3 月—2020 年 4 月）

课题组对过程性资料信息进行完善、筛选、修改，完成课题报告，整理研究资料，提交成果。

三、主要做法和经验

课题组制定了课题的研究目标，即打破古诗词学习只针对教科书及课堂教学的局限，让古诗词学习的课上与课下结合起来，与学生的生活结合起来，与低年级写话结合起来，与口语交际表达结合起来，与课外阅读结合起来，与常规的作业结合起来。同时还要以部编本教材的单元主题有计划、有周期地进行古诗词背诵、积累、运用等各项学习活动。让古诗词教学生活化、常态化，融入成为大语文教学的一部分，真正为提高学生的语文素养打下坚实的基础。

（一）与生活结合起来的古诗词学习——全面提高学生的语文素养

1. 课上与课下结合起来

二年级上第四单元的语文课堂上，教师带领着学生学习了李白的《夜宿山寺》。课上，学生们对李白这种浪漫、夸张的独特写作手法惊叹不已。教师趁热打铁和同学们商量在课下继续背诵李白的几篇代表性名作，这个主意学生都很支持。于是为期 17 天的"向李白致敬——李白诗词背诵周"活动开始了。每天学生都在小组群中积极背诵打卡，在愉快的氛围中轻松地背完了《将进酒》这样的长诗。

学生在学习完古诗《梅花》后又继续背诵了几首关于梅花和其他有关花的诗，同时积累了关于梅花的词语。

表1　古诗词生活常态化学习单

日期	事件	积累篇目	学习活动
9.13	语言园地——日积月累《梅花》拓展背诵	《卜算子·咏梅》　宋·陆游	积累关于梅花的词语
9.19	拓展关于花的古诗	《不第后赋菊》　唐·黄巢	
9.22	拓展关于花的古诗	《大林寺桃花》　唐·白居易	
9.23	拓展关于花的古诗	《赏牡丹》　唐·刘禹锡	

2. 与低年级写话结合起来

秋天,汝河路小学的生命科学园有一道靓丽的风景线——茂盛的金桂树。语文课堂上,教师领着学生们观花、闻花、赏花,还诵读了关于桂花的名篇,即杨万里的《咏桂》和皮日休的《天竺寺八月十五夜桂子》,并在观察日记中引导学生把背诵的名句引用在自己的作文中。这次的日记学生们不仅描写得细致生动,把自己的感受表达得很准确,还能引用名句,在作文中起到了画龙点睛的作用。

3. 与部编本教材的单元主题结合起来

部编版二年级上册第四单元——"祖国大好河山"。在这个单元的学习中,教师和学生们一起体味了《黄山奇石》《日月潭》《葡萄沟》等文中文字的美妙。学生们欣赏美丽的照片、视频,分享自己假期游览的 PPT 和旅途中的故事,大家都沉浸在祖国河山的壮美之中。在这种学习氛围中我们学习了《登乐游原》《黄鹤楼》《登金陵凤凰台》《次北固山下》《望岳》《观沧海》《钱塘湖春行》,这些大气磅礴的描写祖国河山的诗歌,恰好符合"祖国大好河山"的单元主题。

4. 与生活结合起来,品味文字里的美妙四季

大自然是美妙的,一年四时季节更替。在这些季节里,看到的风景,听到的声音,闻到的各种气味,品尝的食物都是成长最宝贵的经历和美好体验。如果能借助这种真实的体会来理解诗人们的诗词精品,何尝不是一种美妙的学习体验。

表 2　《春的赞歌》古诗词学习表

时间	背诵内容	背诵情况	家长签字
3.9	《春雪》　唐·韩愈		
3.10	《新雷》　清·张维屏		
3.11	《望江南·超然台作》　宋·苏轼		
3.12	《望江南·超然台作》　宋·苏轼		
3.13	《临安春雨初霁》　宋·陆游		
3.14	《临安春雨初霁》　宋·陆游		
3.15	《和晋陵陆丞早春游望》　唐·杜审言		
3.16	《和晋陵陆丞早春游望》　唐·杜审言		
3.17	《卜算子·送鲍浩然之浙东》　宋·王观		
3.18	《忆江南》　唐·白居易		
3.19	《赠范晔诗》　南北朝·陆凯		
3.20	《天净沙·春》　元·白朴		
3.21	《夜月》　唐·刘方平		

5. 与家乡文化结合起来

我们的家乡郑州同样也是杜甫、李商隐、刘禹锡这三位伟大的诗人的故乡，他们是我们郑州人的骄傲。学校开展了"走近家乡伟大诗人"的学习活动。在春天我们游学来到杜甫故里，在鲜花簇簇的公园里诵读诗词。教师们还给同学们讲了爱国诗人杜甫忧国忧民的故事。这些学习活动既给予学生文学上的熏陶，也能在热爱家乡的情感和价值观教育上有所收获。

6. 与假期生活结合起来

暑假的时间充足，家长们有机会领着孩子饱览祖国的大好河山，这是积累、复习的黄金时期。我班开展了"读万卷书、行万里路"活动，将古诗词学习、写作结合起来，充分提高学生的语文素养。活动安排如下：(1)连续背诵古诗30天，并坚持在小组群中打卡背诵，每天积两分。(2)假期出门游玩，饱览祖国山河的时候，在适当的情境下有感情地背诵古诗，并将小视频分享在班级群和朋友圈中，每次记三分。(3)外出游玩时，拍照分享照片积1分，认真写日记每次积4分，在日记中引用恰当的诗句加1分。(4)鼓励独立创作小诗，每首积6分，分享在班级群中，再加1分。

表3　与生活结合的古诗词学习单
(9月—次年8月全学年)

时段	学习主题	诗题	诗人	语文实践活动
9月	中秋节	《嫦娥》	唐·李商隐	1. 读传统节日绘本《中国记忆——中秋节》。阅读中国神话故事《嫦娥奔月》《吴刚伐桂》 2. 全家一起过中秋，体会中秋团圆的乐趣
		《古朗月行》	唐·李白	
		《十五夜望月》	唐·王建	
	思乡思亲	《望月怀古》	唐·张九龄	
		《水调歌头》	宋·苏轼	
	重阳节	《九月九日忆山东兄弟》	唐·王维	
		《采桑子·重阳》	毛泽东	
10月(国庆节期间)	热爱祖国	《示儿》	宋·陆游	1. 和家人观看国庆阅兵仪式，写观后感 2. 了解爱国诗人、爱国将领的故事(任选一)
		《己亥杂诗·其五》	清·龚自珍	
		《过零丁洋》	宋·文天祥	
		《秋夜将晓出篱门迎凉有感》	宋·陆游	
		《菩萨蛮·书江西造口壁》	宋·辛弃疾	
		《满江红》	南宋·岳飞	
	秋花桂花	《咏桂》	宋·杨万里	1. 一起观察桂花、菊花，写观察日记 2. 学会将积累的诗句用在日记中
		《天竺寺八月十五夜桂子》	唐·皮日休	
	菊花	《不第后赋菊》	唐·黄巢	
		《菊花》	唐·元稹	

（续表）

时段	学习主题	诗题	诗人	语文实践活动
11月	秋景	《秋词》	唐·刘禹锡	1. 积累秋天的四字词语 2. 写秋天的观察日记
		《秋夕》	唐·杜牧	
		《登高》	唐·杜甫	
		《峨眉山月歌》	唐·李白	
		《天净沙·秋思》	元·马致远	
		《山居秋暝》	唐·王维	
		《枫桥夜泊》	唐·张继	
12月—次年1月	冬天	《江雪》	唐·柳宗元	1. 积累冬天的四字词语 2. 赏雪、玩雪后写日记
		《别董大》	唐·高适	
		《逢雪宿芙蓉山主人》	唐·刘长卿	
		《卜算子·咏梅》	毛泽东	
		《长相思》	清·纳兰性德	
		《雪梅》	宋·卢梅坡	
		《问六十九》	唐·白居易	
次年2月	春节 除夕	《元日》	宋·王安石	1. 和家人体验春节的各种民俗活动，感受浓浓的年味 2. 阅读绘本《斗年兽》《中国记忆—春节》《中国记忆—元宵节》
		《除夜作》	唐·高适	
	元宵节	《正月十五夜》	唐·苏味道	
		《青玉案·元夕》	宋·辛弃疾	
次年3月	走近家乡伟大诗人	《绝句》二	唐·杜甫	1. 游学走进杜甫故里——巩义 2. 观看杜甫记录片，读杜甫故事
		《春夜喜雨》	唐·杜甫	
		《闻官军收河南河北》	唐·杜甫	
		《春望》	唐·杜甫	
		《春日忆李白》	唐·杜甫	
		《江南逢李龟年》	唐·杜甫	

（续表）

时段	学习主题	诗题	诗人	语文实践活动
次年4月— 5月	清明节	《清明》	唐·杜牧	1. 读传统节日绘本《中国记忆——清明节》 2. 积累春天的四字词语 3. 春游，观察春天，描写春天，并把积累的四字词语和名句运用在日记中
	春花	《江畔独步寻花》	唐·杜甫	
		《大林寺桃花》	唐·白居易	
	春树	《咏柳》	唐·贺知章	
	春景	《春日》	宋·朱熹	
		《惠崇春江晓景》	宋·苏轼	
		《江南春》	唐·杜牧	
		《忆江南》	唐·白居易	
		《渔歌子》	唐·张志和	
		《早春呈水部张十八员外》	唐·韩愈	
		《卜算子送鲍浩然之浙东》	宋·王观	
	母亲节	《游子吟》	唐·孟郊	制作母亲节礼物，给妈妈一个惊喜
	走近李商隐	《夜雨寄北》	唐·李商隐	走进荥阳李商隐公园，进行春游、背诗活动
		《嫦娥》	唐·李商隐	
		《登乐游原》	唐·李商隐	
		《锦瑟》	唐·李商隐	
		《无题》	唐·李商隐	
次年6月	儿童节童年童趣	《小儿垂钓》	唐·胡令能	1. 参加儿童节趣味运动会和文艺汇演，分享成长感言 2. 古诗词群文阅读赏析课《童年·童真·童趣》
		《四时田园杂兴》	宋·范成大	
		《村居》	清·袁枚	
		《拜新月》	唐·李端	
		《池上》	唐·白居易	
	端午节	《端午》	唐·文秀	1. 了解端午节吃粽子、赛龙舟的习俗和屈原的故事 2. 读古诗想象端午赛龙舟竞渡的热闹场面
		《减字木兰花》	唐·黄裳	

（续表）

时段	学习主题	诗题	诗人	语文实践活动
次年6月下旬—7月中旬	夏天	《乡村四月》	宋·翁卷	1. 积累有关夏天的词语和优美语句 2. 体会夏季的季节特点，了解夏季特有的景物特点，以及人们的生活习惯
		《月夜》	唐·刘方平	
		《西江月·夜行黄沙道中》	宋·辛弃疾	
		《约客》	宋·赵师秀	
		《山亭夏日》	唐·高骈	
		《蝉》	唐·李商隐	
		《闲居初夏午睡起》	宋·杨万里	
		《夏日南亭怀辛大》	唐·孟浩然	
次年7月下旬—8月中旬（暑假期间）	饱览祖国大好河山	《黄鹤楼》	唐·崔颢	1. 假期出门游玩饱览祖国山河的时候，在适当的情境下有感情背诵古诗，并将小视频分享在班级群和朋友圈中 2. 外出游玩时，认真写日记，并在日记中引用恰当的诗句
		《黄鹤楼送孟浩然之广陵》	唐·李白	
		《登金陵凤凰台》	唐·李白	
		《题西林壁》	宋·苏轼	
		《登乐游原》	唐·李商隐	
		《观沧海》	东汉·曹操	
		《望岳》	唐·杜甫	
		《六月二十七日望湖楼醉书》	宋·苏轼	
		《使至塞上》	唐·王维	
		《终南山》	唐·王维	
		《望洞庭湖赠张丞相》	唐·孟浩然	

（二）古诗文群文阅读赏析课——"授之以渔"，手把手教学生赏析的方法

群文阅读课是在一节课上安排主题相关的一组阅读材料进行学习，这种课型特别适合本次的课题。因为我们的课题就是把学生感兴趣的及离他们生活较近的同一主题的古诗词放在一起学习。教师引领学生进行略读，分享感悟，以探索和分享阅读为乐趣。

六一儿童节期间，以"童年、童趣"为主题，让学生背诵了一系列描写古代儿童天真快乐生活的一组故事。古诗词群文阅读赏析课《童年·童真·童趣》以诗人杨万里的《稚子弄冰》为引领，梳理出"抓重点词，结合自己生活想象画面"这种赏析古诗的方法。在此基础上试着用这样的方法品读其他几首关于童年、童趣的古诗《舟过安仁》《宿新市徐公店》《小儿垂钓》《所见》，让学生在诵读诗词中感受童年的"趣"，激发学生阅读古诗词的兴趣。课题组成员在课例中总结古诗词群文阅读课的教学思路。

引入：情景引入，引出主题。

精读：在赏析一首有代表性的古诗中梳理学法。

自读:利用自学清单,独立阅读两首古诗。

交流:学生交流读后的感受。

拓展:出示一组古诗略读感悟。

(三)把学习、生活中的契机变成教材——让古诗词学习闪烁智慧光芒

1. 不能忽略的学生中的"小"事情,珍视学习与生活中的独特感受

表4 "发现生活之美"古诗词学习单

主题	诗题	诗人	诗题	诗人
珍爱友情	《送杜少府之任蜀州》	唐·王勃	《别董大》	唐·高适
	《赠汪伦》	唐·李白	《山中送别》	唐·王维
	《江南逢李龟年》	唐·杜甫	《闻王昌龄左迁龙标遥有此寄》	唐·李白
面对挫折	《过零丁洋》	宋·文天祥	《将进酒》	唐·李白
	《竹石》	清·郑板桥	《行路难》	唐·李白
可爱的小精灵	《蜂》	唐·罗隐	《画眉鸟》	宋·欧阳修
	《孤雁》	唐·杜甫	《宿新市徐公店》	宋·杨万里
劳动最光荣	《清平乐·村居》	宋·辛弃疾	《四时田园杂兴》	宋·范成大
	《乡村四月》	宋·翁卷	《无题》	唐·李商隐
感受生活之美	《行香子·述怀》	宋·苏轼	《浣溪沙·细雨斜风作晓寒》	宋·苏轼
	《夜行黄沙道中》	宋·辛弃疾	《鸟鸣涧》	唐·王维

2. 关注国家、社会中的"大"事

2020年的春节,疫情突如其来,给我们生活、学习带来了巨大的变化和烦恼,但它仍是生活的一部分。把疫情灾难变成教材,让灾难、不幸成为通向幸福的桥梁。于是教师安排,网课期间围绕"万众一心 战胜疫情"这个主题,每次利用网课辅导的一部分时间,结合疫情的不断变化,开展古诗词的学习。

表5 "抗疫"主题诗单

主题	诗题	作者	诗题	作者
温情互助篇	《诗经·秦风无衣》	春秋	《送瘟神》	毛泽东
众志成城战胜困难篇	《送柴侍御》	唐·王昌龄	《七律·和郭沫若同志》	毛泽东
	《满江红》	毛泽东		

（续表）

主题	诗题	作者	诗题	作者
心灵滋养篇	《定风波》	宋·苏轼	《游山西村》	宋·陆游
	《沁园春·雪》	毛泽东		
勤奋学习报效祖国篇	《冬夜读书示子聿》	宋·陆游	《明日歌》	文嘉
	《满江红》	宋·岳飞	《偶成》	朱熹

（四）"唱""演""玩"——为学生提供平台，在展示口得到提升

低年级的学生年龄尚小，"学"与"玩"的结合符合低年级学生心理发展的特点。"唱""演""玩"多种感官的调动能既提高学习效率，又能为学生提供展示的平台。唱诗班把诗词唱起来，一年一度的诗词大会把古诗"演"起来，我们把学习过的古诗词编排成以"惜时""传统节日""四季"等为主题的古诗词情景剧，设有飞花令，让学生把古诗词"玩"起来。

在湖南卫视金鹰卡通《龙的传人》选拔现场，我校二年级的杨雅程同学一举战胜众多高年级的哥哥姐姐成为种子选手。学校的古诗词大会飞花令专场上，二年级的众多小选手镇定的台风、丰富的诗词储备量也丝毫不亚于高年级同学。

（五）制定合理的评价机制

古诗词的学习不是一蹴而就的，需要日积月累，滴水穿石。积分制的采用，能鼓励学生坚持每日的诵读积累，养成及时复习的良好习惯。

1. 评价方式一

常规评价：学习群中交流完成"与生活结合的古诗词学习单"中的篇目背诵每次积2分；能将背诵过的诗句恰如其分地运用在日记、作文中每次积1分；鼓励独立创作小诗并分享在班级群中，每首积3分，如果以精华作品选入《班级诗词作品合集》，再加2分；每周积极参与班级"飞花令擂台"攻擂活动，每次积1分，夺得擂主称号的同学积3分。

两个月进行一次总结，根据学生的积分"优秀""良好"等评选"古诗词学习小明星"和"古诗词学习小能手"的荣誉称号。

2. 评价方式二

积极参与"唱诗班"训练活动的同学，学会一首歌并在群中分享交流每次积2分；在班级中教授大家学歌，每次积5分（这项评价单独积分）。最后根据积分，对表现比较积极的同学授予"优秀小歌手"称号。

3. 评价方式三

二年级学生期末语文成绩期中50%为过程性评价，总分值为50分。其中古诗词学习占10分，即学生抽签背诵75首必背古诗词其中两首。背诵内容正确5分，流畅2分，节奏、诗韵2分，仪态大方1分，共计10分。

4. 评价方式四

对在班级初选中获胜,并代表班级参加学校古诗词大会的同学,以及在古诗词知识竞赛专场、飞花令专场、古诗词表演专场表现优异获得奖项的同学授予"班级特别贡献奖"。

四、研究成效

(1)在古诗词学习生活常态化的研究中,我们根据时间线索(月份、季节、节气、节日)和主题线索(思乡、友谊、爱国、动物、花卉、童趣、劳动、生活之美等),整理出一个学年适合学生学习的古诗词篇目。这套古诗词学习单经过课题组的实验,效果良好,可以在小学各个年级段进行推广。因为我们的课题开展的效果较好,我校的古诗词校本教材也采用了结合学生生活的主题式学习方法,编纂了古诗词学习的校本教材。课题主持人李莹老师成为三年级教材的主编。

(2)这种集体式的、浸润式的学习方式,让学生的古诗词学习沉浸在自然环境和人文环境中,降低了学习古诗词的难度,提升了学生学习古诗词的兴趣。两年合计学习积累古诗词286首。

在背诵积累的过程中,教师引导学生采用循序渐进的方法,由易到难,每天适量(一般每天4~6句)读记,一首长诗往往分成几天背完。五天一个周期,周末两天复习前五天的内容。过一段时间又会把前段时间学习的古诗进行复习,就这样日积月累地坚持,收到了意想不到的效果。

(3)量变到质变,学生在教师的指导下,在大量的积累中逐渐学会了学习古诗词的方法。他们知道借助插图、注释简单理解诗意,抓重点词体会思想感情,找到诗中描写景物色彩的词语去想象诗词所描绘的画面,从而体会诗意,通过了解诗人的生平、写作背景来体会诗情,抓住古诗词中最常见的意象,"月""落日""寒风"等来体会诗人的思想感情。

(4)课题的实施孕育了许多"小诗人"。在大量的古诗词积累过程中,自然有一些学生在课堂上、生活中会时不时冒出一两句或一两首有灵气的诗句。学生们在与大自然的亲密接触中更是纷纷萌发了创作灵感,在班级群、朋友圈里,在班里营造的"诗香班级"氛围里,有了"人人都能创作"的自信。

五、存在的问题及下一步打算

(1)仍有个别家长只看到孩子眼前的试卷成绩,忽视学生的语文素养,而语文素养的提升需要长时间的积累才能显现出来。这部分家长从心里不重视古诗词的学习,配合度比较低,导致孩子的背诵积累无法扎扎实实完成,从而使学习效果不好。

（2）怎样能给孩子们的学习活动一个更为客观公正的评价，以及怎样使评价的过程更多样、多元化，从而更好地激发学生学习古诗词的热情，是课题下一步需要深入思考的问题。

（3）学生接下来会进入中年级，已经有了大量的诗词积累。我们的古诗词群文阅读课的主题需再深入一步，从体会诗情的角度上，引导学生进行古诗词的赏析，逐步培养学生独特、独立的审美品位和诗词鉴赏能力。

（本文为 2019 年度郑州市教育科学重点课题，获科研成果一等奖。课题研究单位：郑州市二七区汝河路小学，课题负责人：李莹，课题组成员：王蒙莉、汪艳、谭红伟、武中华）

新时代小学整体转型性变革的实践研究

一、研究背景

(一)问题提出及原因分析

1.问题提出

习近平总书记在 2018 年 9 月 10 日全国教育大会上发表的重要讲话指出,要坚持深化教育改革创新。这一重要论断,既是我国教育改革发展在实践中的重要经验总结,又是党和国家教育事业发展的根本动力所在,也是新时代教育改革发展的必由之路。

巩义市子美外国语小学建于 2006 年,一直行走在课堂教学改革的路上,先后进行了"三疑三探""导学自主""五步三查"课堂教学模式的改革,努力寻求一条推进子美小学内涵式发展的道路。但是每次改革都是少部分骨干教师在积极跟进,而大部分教师持观望状态。尤其是随着研究的深入推进,因为缺乏理论指导和专家引领,改革常常陷入原地打转的状态,以至于改革效果不显著。

2017 年,学校发展进入了瓶颈期,领导团队对学校和自身的发展缺乏长程规划,工作中见事不见人,管理制度和运行机制不系统,教师课堂上走教案和明显替代现象较为严重,多数教师养成了教教材的习惯。各学科教师缺乏长期规划,不能挖掘学科独特的育人价值。教学工作没有充分立足学生的成长需要,以德育和班级管理等代替学生工作。各层面的活动多是散点式,缺乏整体性、序列化。

求变、求发展的想法一直激励着我们寻求发展和变革的机遇,致力于改变师生在校的学习状态,力求实现学校整体转型性变革,促进学校内涵式发展。

2.原因分析

原因之一:在进行"新基础教育"实践研究之前,改革仅限于课堂教学改革,学校管理、德育工作几乎没有涉及。没有学校管理的改革,不能很好地促进课堂教学的改革。原因之二:没有先进的理论基础,教师改革的目标不明确,改革的步伐不坚定。每个学期开学初,教师总会在"改革的方向对不对?""这种上课模式可以不可以?"这样的犹豫不决中摇摆。

(二)研究现状综述

2006 年 9 月,叶澜教授出版了《"新基础教育"论——关于当代中国学校变革的探究与认识》一书,书中对当代中国学校转型性变革进行了分析和解读,强调了教育观念的系统更新,勾勒了新型学校整体形态的变化:价值提升、重心下移、结构开放、过程互动、动力内化。书中针对学校领导与管理变革、课堂教学变革、班级建设变革进行了系统的理论解读和指导。"新基础教育"实践研究专家团队根据20多年的研究,形成了一套系统的教育理论,一批转型学校。叶澜教授还创立了"生命·实践"教育学派,目前用理论指导着全国各地十多个"新基础教育"生态区的实践研究。

2017年6月,经过遴选,巩义市子美外国语小学有幸成为巩义市"新基础教育"实践研究生态区的三所实验校之一。我校有华东师范大学"生命·实践"教育学研究院专家的指导,有巩义市教育体育局的行政支持,有子美一支敢于拼搏、善于学习的教师团队,为学校的内涵发展提供了保障。我们围绕"学校层面的领导与管理变革、班级层面的课堂教学和班级建设"实施学校的整体转型性变革。我们从初期的尝试到浅层次的探索,直至中期扎实坚定地践行,全体教师在"新基础教育"实践研究的道路上持续学习、实践、反思、研究,学校管理不断优化,课堂教学变革渐入佳境,校本教研扎实有效,教师专业发展焕发活力,学生工作逐渐序列化,学校整体转型逐步推进。

2019年3月,课题立项之初,80%的教师对"新基础教育"理念下的学校整体转型性变革表现出极高的热情,全体教师已经系统学习了"新基础教育"理论,同时进行了大量的实践研究,学校初步进行了组织变革和制度重建,为学校整体转型性变革奠定了坚实的基础。

如今,"新基础教育"研究促进学校整体转型的研究已经在巩义区域内落地、扎根、开花、结果,全市目前有3所实验校,3所合作校,16所跟进校,这22所学校目前引领着巩义市中小学校基础教育的发展。

二、研究过程

(一)课题研究启动阶段(2019年3月—2019年4月)

2019年3月,成立课题研究小组,课题组经深入调查研究,确定科研方向决定,以《新时代小学整体转型性变革的实践研究》为课题进行研究。课题组制定课题实施方案,从研究目标、研究内容、课题组分工及职责等方面做出详细的安排,并组织课题组成员系统学习"新基础教育"研究系列书籍,进行学校整体规划修订。

(二)实验探索阶段(2019年5月—2019年12月)

2019年5月—2019年6月,针对四个研究内容整体推进:学校管理变革的实践研究,学科教学变革的实践研究,学生工作变革的实践研究,变革主体发展的研究(即教师队伍发展的研究)。

课题组完善各领域研究团队,分领域进行实践研讨,利用课堂教学研讨、班级建设、学生活动、班队会召开、学校制度重建等形式开展课题实施与研究;及时总结实践研究中存在的问题,各领域在中期评估的基础上发现问题,针对问题制定相应的解决策略,在此基础上推进各领域的实践研究;利用课堂教学、学生活动、论坛交流等形式进一步开展课题实施与研究。

2019 年 7 月—2019 年 8 月,课题组修订学校的管理制度,梳理学校管理的运行机制,在原有基础上删减并完善,重点凝练学校的"子美文化",初步形成新的《学校管理制度》,以制度统领管理学校,助推学校转型。

2019 年 9 月—2019 年 12 月,借助"新基础教育"研究全面普查,充分利用各领域成长起来的骨干教师,引领、指导本领域教师备课、上课、评课、进行班级建设等。课题组引领教师全员全面进行"新基础教育"实践研究,以新理念指导课堂教学和活动开展,以全面普查促进学校的整体转型和内涵式发展。

定期请专家指导,开展课题研讨,解决理论转化实践过程中的实际问题,进行经验交流,实施课题。其间,借助"新基础教育"中期评估,促进各领域培养的骨干教师迅速成长,同时各领域形成部分研究成果,探索出有价值的策略、经验,在学校及时进行分享交流,推广辐射至各梯队教师,促进学校的整体转型。

(三)实验总结阶段(2020 年 1 月—2020 年 5 月)

汇集各领域研究资料和研究成果,进行系统的梳理总结,形成手册,撰写论文和研究报告,然后由学校统一组织,以经验交流会或专栏形式进行展示交流。课题组准备相关资料,申请结题,并整理课题研究资料存档,完成《新时代小学整体转型性变革的实践研究》的结项报告。

三、主要做法和经验

本课题是在巩义市进行"新基础教育"实验改革的背景下进行的实践研究。前后经历了三年的实践,目前达到了研究的目标,初步实现了学校的整体转型性变革。具体做法和经验如下。

(一)学校领导与管理变革——从被动执行走向主动变革

最初进行学校的整体转型性变革,只是觉得子美需要改革,从而实现内涵式发展。随着实践研究的深层推进,越来越觉得"新基础教育"实践研究能够使子美突破发展瓶颈,实现学校的整体转型。

1.组织变革,扁平管理:由被动执行变为自主决策

建校以来,学校管理一直是上传下达,层层执行。研究中,学校合并中层,由三大中心组成。管理服务中心依托办公室开展工作,负责学校的管理、安全、后勤服务等;学科发展中心依托教研组、备课组开展工作,负责课堂教学、教师发展、教研科研;学生成长中心依托年级组开展工作,负责各级活动、班级建设、少先队工作等。三大中心和六个领域直接对接校长,领域之间各负其责,又相互协作,扁平化的网络管理格局逐步形成。

领导团队、第一责任人、教研组长、级部长、办公室负责人每人负责一个领域,中层职责明确,自主策划、实施、总结,和一线教师一起发现问题、解决问题,形成了责任人和合作者的关系。学校各项工作纳入领域管理,教师的内在潜能被激发出来。每周五坚持举办中层论坛,或经验分享,或梳理成果,中层逐渐成长为各领域的明白人、引领者。

2.制度更新,整体策划:由外在约束变为保障激励

学校对原有制度进行分析梳理,删除部分早已不适用的制度,合并重复的制度。从整体入手,重建"学校管理服务、学科教学教研、学生工作"三大序列的制度,在发动教师积极参与到新制度的形成过程中,整合制度48项,增添6项,重点修订了教师评价制度序列和学生评价制度序列,以评价引领师生发展。

3.管理机制,创生优化:由控制规定变为服务引导

在组织变革和制度更新的同时,学校运行机制初步建立。

(1)校长负责,民主参与。学校整体策划,民主参与管理。首先是每周的行政例会或中层扩大会议,中层在各项方案形成前通过座谈、问卷等方式征询教师、家长、学生意见,带着议题和较为成熟的方案参加例会,例会从简单的工作安排变为群体智慧的交流。凡牵涉到教师切身利益的制度方案,均要经历几个回合的修订完善。每学期召开家长会、家长委员会,他们的建议为学校决策提供了基础依据。每年召开教工大会、少代会,广泛征求教师、学生的意见和建议,召开专题会议解决问题。校长作为第一责任人,带领中层深层分析学校发展的优势和问题,在学校建设、文化凝练等方面做出合理决策,形成系统的学校发展思路。

(2)分工负责,沟通协作。在全校推行"岗位责任制",每位教师除在教学岗位外,都兼任学校和学生管理岗位,即班主任岗、中队辅导员岗、管理服务岗三大岗位。各岗位分工明确,职责清晰。每学期召开一次管理研讨会,深度剖析实际问题,并进行下阶段的工作策划。三大中心、六大领域负责领导和第一责任人承担起团队发展和领导任务,每个领域、团队之间既分工负责,又协作推进。

(3)评价反馈,激励发展。依据教师评价系列制度,各领域做好课堂教学、教研等记录,定期进行过程性评价,学期末进行阶段性评价,每学年评选优秀、骨干、名师,利用微信公众号宣传教师典型事迹。依据学生评价制度,每学期评选子美之星、阅读明星、优秀

班集体,每月表彰岗位明星,每周评选班级快乐果,定期评选"新时代好少年",以评价引领学生自主、健康、快乐成长。

(4)常规保证,研究创新。根据教育教学活动规律,进行年度整体策划,形成校历,各教研组、年级组依据校历制定具体的月历。修订"学生一日常规""教师礼仪规范""教师一日常规""课堂教学常规"等常规系列,增加"'前移后续三部曲'教研常规""四季综合活动序列"等,形成学校运行的新秩序。

管理运行机制的初步建立,构建起完善而强有力的支持系统,有效激励了师生主动、自觉、健康发展。

4.子美文化,凝练深化:由外显走向内涵

以"子美"为主题的外显文化已经初步完成。"子美"是杜甫的字,巩义是伟大诗圣杜甫的诞生地,学校一直在致力于引领师生诵读诗词,使其渐渐融入师生的日常学习和生活,并将其提炼为"子美文化"。目前"子美文化"逐渐融入日常,内化为师生的气质和素养。

(二)课堂教学变革与发展——从外力推动走向内省自觉

课堂教学呈现互动生成的良好态势,各领域核心骨干40余人迅速成长起来,引领各领域的课型、课例研究。

1.学—做—研循环推进,教师全员滚动卷入

(1)行政推进,系统学习理论,尝试实践。学校启动"百日阅读"活动,教师全员阅读《"新基础教育"研究手册》《数学教学改革指导纲要》等书籍,各领域组建学习交流微信群,每天在群里交流学习心得。教师利用共生体学校的研讨课例,立足实际,尝试把学到的理论落实到课堂实践中。

(2)骨干引领,专题学习,指导实践。在责任人的引领下,各领域聚焦课型、课例进行专题学习。首先是围绕课型、育人价值开发、课堂实施的环节进行专题学习。其次是通过看视频、切片教研等方式提升教师现场学习力,通过"移植课""每周一课"将理论落实到课堂实践中。专题学习提升了课型、课例研究的实效,对教学实践的指导更加准确贴切。

(3)基于成长,自主学习,深入实践。一月一次的研讨活动,华师大专家贴地式指导,深入浅出的点评,促使教师不断反思与提高。每当日常研讨遇到困难时,教师首先想到的就是在理论书籍中寻找宝藏,阅读理论书籍逐渐从"要我读"变成了"我要读"。

(4)"学习—实践—研讨"形成常态。校内各领域负责人和责任人、核心骨干组成核心团队,在研讨中献计献策,推进了研讨的高质高效。首先是在研课时身先士卒,同时对一梯队教师"日常课""节点课"的学习等全面指导跟进,及时进行心理疏导,确保骨干教师开放心态坚持研究。教师经常观看常州、镇海等共生体学校的活动现场录像,积极踊

跃参与常州举行的各领域研修班,从模仿到创造,在成长中蜕变。

"学—做—研"循环推进,二三梯队教师也融入理论学习,模仿上课、评课,逐渐深入实践研究中。

2."前移后续三部曲"研究路径,促进课型、课例研究

在巩义生态区区域引领下,学科领域逐渐形成了"前移后续三部曲"的有效教研路径。

例如"数运算"教学研讨:

第一步:确定"三位数乘两位数"为研讨课例,首先围绕"数运算"学习理论,之后初建教学设计,并对教学设计进行反思与重建。

第二步:第一或第二梯队教师上研讨课"三位数乘两位数",围绕教学实施过程中出现的问题进行反思与重建。

第三步:第一梯队教师上重建课,梳理"数运算"的研究成果:"数运算"的育人价值—数运算的知识结构—数运算教学的展开逻辑。

节点活动后,针对存在的问题,数学团队进行了"节点活动"后续"三部曲"的专题研讨。

第一步:还原、思考专家评课,修正教学设计。

第二步:第一、二、三梯队教师上重建课,再次进行研讨交流。

第三步:梳理"数运算"教学的研究成果,主要梳理"数运算"教学的教学策略。

课型、课例的"前移后续三部曲"同时在其他领域推广,各学科聚焦课型课例,增加研讨频次,深入开展专题研究。

3.双组长制强化备课组,助推研究日常化

每个学科、每个年级实施双组长制,即"2 + X"组长负责制,"2"指两名组长,一名业务组长负责新基础研究,另一名事务组长负责日常工作,两名组长分工合作,营造浓厚的研究氛围。"X"指二、三梯队教师,组长带领二、三梯队教师,依托"校级节点""定期教研"推进梯队建设和课堂变革。这一方式带动更多的教师深入研究中。

（三）学生工作变革与发展——从层层执行走向学生立场的专业研究

学生工作的独特育人价值越加凸显,聚焦班级建设、主题活动、班队会的专业研究已经成为班主任的重要任务。

1. 立足学生立场,优化班级建设

班主任依据学生年龄特点和班级发展需要,梳理各年级岗位建设工作的要点及实施策略。各年级通过岗位启蒙、设置、认领、实施、指导、升级、评价等活动,实现班级"人人有岗,岗岗有责",促进了学生社会性的发展。

2.综合融通多方资源与需求,重建学校四季活动序列

根据学生的成长需求,发放调查问卷,收集、汇总学生对活动的评价和建议,保留学生喜欢的活动,删除不喜欢的应景活动,增加了"一年级入学礼""四年级成长礼"活动,由学生自主策划六年级毕业礼。此外,学校还长程规划、重建了"子美四季综合活动"等活动。学校、年级、班级依据活动校历开展主题活动,班主任组织学生自主参与活动的策划、实施、总结全过程,培养了学生完整做事和系列思考的思维品质。

3.基于 PDCA 循环,提升学校班级活动的育人价值

基于成事成人的目标,我们引领学生在活动中经历一个完整的过程——PDCA 的循环过程,即前期的策划,中期的实施、推进和反馈,后期的反思总结。

例如"子美娃过大年"活动:

P(计划):放假前,班级策划"子美娃过大年"活动,制定行动计划。

D(实施):假期中,学生依据计划,参与"子美娃过大年"活动,教师、家长及时指导、鼓励、评价。

C(检测):开学后,各班对"子美娃过大年"进行展示、评比、表彰。

A(处理):各班召开"子美娃过大年"活动总结会,总结好的做法,解决存在的问题,寻找策略,运用到新的活动中。

四、研究成效

随着研究的逐步推进,学校、教师和学生呈现出蓬勃向上的发展状态。

(一)学校的变化

各项工作形成序列,并实现了重心下移。管理层改变了思维方式,能够立足教师、学生立场考虑、解决问题,改变了工作方式,采用研讨、协商的方式形成方案。清晰学校和自我的发展,六位负责人已经成为各领域的明白人和引领者。学校修订编撰了《教工管理手册》《学生评价手册》。2019 年 12 月,关于学校发展的情况在 CN 刊物《E 教河南》以《诗圣故里传佳音,"新基础教育"结硕果》为题进行报道,关于学校戏曲社团在《E 教河南》以《薪火相传"梨园春",传统文化百年承》为题进行报道。历经变革,学校在 2019 年先后荣获河南省省级平安校园、河南省中小学德育工作先进集体、河南省第三届中小学体育艺术"一校一品"示范学校、河南省武术特色学校比赛体育道德风尚奖、郑州市级文明校园、郑州市中小学德育建设先进单位、巩义市教育教学工作先进单位、河南省卫生先进单位等荣誉称号。

（二）教师的变化

教师改变了思维方式和工作方式，立足学生，备课时学会了整体思考，课堂上由教教材变为用教材教。同时主动参与实践研究的教师增多，参与"新基础教育"课题研究的教师达到了95％。教师共梳理课型、课例"前移后续三部曲"成果15篇，教育叙事、反思案例、还原报告等233篇。

课题负责人撰写的《聚焦专题深研讨　培养学科明白人》《理念引领师生自觉成长实践推进学校整体变革》两篇文章被收录进巩义市"新基础教育"实践研究报告集，成果论文《真研究促师生自主发展　育自觉引学校整体转型》在CN刊物《E教河南》发表。负责人多次在学校、巩义市做专题报告，有力推进了课题研究。课题组成员在实践研究中多次开展市级、校级节点课，在各领域交流成果10次，同时撰写篇高质量论文5篇。

（三）学生的变化

学生生命状态发生了变化，他们逐渐成为活动、班级的主人，敢于在众人面前大胆表达自己的观点；沟通、协调、服务他人的意识增强；学生的个性特长也得以发展。杨皓翔参加第四季中国诗词大会，荣获两届巩义诗词大会冠军，于子航荣获全国轮滑冠军，等等。2019年10月，我校学生获得了巩义市第五届运动会小学组女子足球第一名、巩义市第五届运动会小学组女子篮球第三名、巩义市第五届运动会小学组男子足球第二名、巩义市第五届运动会小学组男子篮球第三名等。

五、存在的问题和设想

"子美文化"还没有形成体系，需要从环境、课堂、活动等多方面深化"子美文化"，以文化引领学校发展。

教师发展不均衡。应继续使用"前移后续三部曲"的教研路径，聚焦课型、课例研究，带动三梯队教师深层卷入。

三梯队班主任对学生工作的独特价值认识不足。各级（部）成立学生工作教研团队，重视级（部）活动的开发与构建，做实校级节点，加强与学科的融合，实现三梯队班主任的深度参与。

研究没有止境，本课题的研究仅是学校变革道路上的初级阶段，学校会继续以"成人·成事""育生命自觉"的价值观为引领，发扬"合作共进、自觉成长"的学校精神，突破自身发展瓶颈，聚焦问题、深度研究、主动发展，改变师生在学校的生存状态，在成事中成人，以成人促成事，打造一所现代化的新型学校。

参考文献

[1]叶澜."新基础教育"论——关于当代中国学校变革的探究与认识[M].北京:教育科学出版社,2006.

[2]张向众,叶澜."新基础教育"研究手册[M].福州:福建教育出版社,2015.

[3]吴亚萍,庞庆举.学校转型中的教学改革[M].北京:教育科学出版社,2011.

[4]李政涛,吴玉如.语文教学改革指导纲要[M].福州:福建教育出版社,2016.

[5]吴亚萍.中小学数学教学课型研究[M].福州:福建教育出版社,2014.

[6]吴亚萍.数学教学改革指导纲要[M].福州:福建教育出版社,2017.

[7]李家成,王晓丽,李晓文.学生发展与教育指导纲要[M].福建:福建教育出版社,2016.

[8]卜玉华.英语教学改革指导纲要[M].福州:福建教育出版社,2017.

（本文为 2019 年度郑州市教育科学重点课题,获科研成果一等奖。课题研究单位:巩义市子美外国语小学,课题负责人:王晓丽,课题组成员:董明虎、康艳丽、张延锋、李艳艳）

第三章

课程建设研究

实施素质教育需要进行课程改革和课程建设。作为教育改革的一部分,课程改革是微观层面的改革,是教育改革进入深水区必做的功课,解决的是育人方式问题,是创设和提供符合学生发展规律的、满足学生需求的课程和教学方式。

　　本章节收录了基础教育领域教师及管理人员开展校本化课程研究、提升课程成效的成果。例如,《幼儿园"趣"课程体系建构的实践研究》中,在"趣"园本教育理念下,调查、了解家长期望、园所实际情况和幼儿发展需求等,制定适切的"趣"课程目标,编制适切的课程内容,确定课程的体系架构,并通过实践探索加强过程管理和课程评价。再如《田园课程在拓展小学教育教学资源方面的应用研究》,对田园课程与各个学科的融合点进行梳理,有效将田园资源融入教学,拓展学生课程学习资源,通过合作学习、探究学习、综合体验等方式有效地提升了对学生进行的劳动教育和生命教育的效果。

　　除此以外,本章还包括基于核心素养下少先队活动课程的评价、小学低年级黏土绘本课程开发、幼儿园有效开展户外运动大循环等课题研究成果。相信本章能为想要进行校本课程研究、提高课程成效的研究者提供一定的参考。

从整本书的原生价值中寻找教学价值和文化价值的实践研究
——初中语文课堂"整本书阅读"教学策略研究

一、课题的研究背景

(一)阅读碎片化、浅表化,阅读数量及时间难以保证

目前的语文课堂多是单篇阅读教学,虽在一定程度上能够培养学生的语文综合素养,但也存在着明显的弊端。比如,该教学形式限制学生的阅读量,遮蔽学生真实的阅读情形,导致阅读教学技术化倾向等。学生课下阅读时间缺乏系统安排和必要的监督,且受手机、kindle 等阅读方式的影响,导致阅读碎片化、浅表化。

(二)学生选书质量参差不齐,阅读类型及阅读方式单一

学生课外阅读的类型与其性别、知识储备、眼界胸怀及家庭和学校教育环境等关系密切。因学生缺乏指导,且受限于自身的认知水平,选书时,学生往往没有明确的思考和认识,仅凭个人兴趣或受同学影响随性选择阅读内容。关于学生最常用阅读方式的调查显示,30% 以上的学生采用的是快速浏览的方式。

(三)"整本书阅读"未得到足够重视,课堂上缺乏系统有效的方法指导

实际教学中,很多学生和一些教师在畏难情绪或急于求成的心理影响下,往往选择避开或极少进行"整本书阅读"的课堂教学。

教学内容建构时也存在不少问题,比如教学随意,并将其归结为兴之所至,还有就是"只见树木,不见森林",讨论的还是细枝末节的问题,做的还是个别词句的局部赏鉴,将"整本书"教成"单篇"。

(四)"整本书阅读"效果评价的方式粗糙、僵化

整本书阅读效果的考查形式目前多是考试,而名著阅读的考题呈现出某种规律性,且考查内容也比较单一。粗糙、僵化的考查和试题类型不可避免地给学生带来了一些负面认识,比如学生误以为似乎"名著阅读"只考常识,用不着读书,只需考前速记即可搞定。测量评价侧重名著内容的识记和再现,整本书阅读教学指导也就流于浅层的内容梳理和记忆。

二、课题的研究过程

（一）准备阶段（2019 年 4 月—2019 年 5 月）

组建课题组，确定课题方向，基本确定书目，收集相关资料，商讨研究意图，确定试验班级、实施方案，明确分工，申请立项。

（二）实施阶段（2019 年 5 月—2020 年 3 月）

1. 启动课题，确定书目（2019 年 5 月—2019 年 6 月）

制定阅读调查问卷，在本校试验班开展实地调查，对整本书阅读的现状、亮点及问题进行分析。课题组理清思路，确定研究书目和研究方向，围绕具体实施计划，明确课题组人员分工，各自收集整理相关资料，安排实验班级学生有序地进行阅读活动。

2. 设计教案，研讨修改（2019 年 7 月—2019 年 8 月）

针对如何利用课堂开展整本书阅读的方法指导，以及用课内带动课外，保障课外整本书阅读行为和效果两大核心内容，课题组成员形成初步方案，汇总成员各自负责书目的阶段性资料及课程计划，反复商讨、修改、打磨。

3. 课堂指导，精品示范（2019 年 9 月—2020 年 3 月）

课题组成员将教案投入试验班使用，进行课堂展示，开展系列活动推动学生主动阅读经典著作，并跟踪实践效果，定期做好成员之间的交流和汇报，收集学生阅读过程中的阶段性成果，形成中期研究报告。

（三）结题阶段（2020 年 4 月—2020 年 5 月）

汇总资料，筛选并整合各项研究成果，撰写结题报告等。明确研究中存在的问题，参考课题组成员及学校其他老师的意见及建议，为阅读活动的持续开展积累经验。

三、主要做法和经验

（一）把控阅读过程，保障阅读时间，增加阅读数量

1. 校内确定专门的阅读时间，教师把控阅读过程，不断增加学生的阅读量

将试验班级每周两节的语文晚自习固定为读书时间，明确《小王子》《水浒传》《鲁滨孙漂流记》三本指定书目的阅读进度、阅读任务，让学生及时在课上交流，分享阅读情况和收获。整个阅读过程课题组成员全程参与，要求学生读的书教师要先读、多读、读懂、读透，并通过书籍、网络、校内外听课学习等方式，广泛收集关于"整本书阅读"的论文、专

著、视频、课件等资料。课题组坚持定期开展交流会,分享正在阅读的书籍,例如《阅读教学教什么》《整本书阅读与研讨》等,不断提升理论水平,及时发现学生阅读中存在的问题并给予针对性指导,保证学生能保质保量完成阅读任务。

2.调动家长形成合力,保证假期阅读的时间和数量

假期作业中包括读书板块,明确阅读具体要求,借助"阅读进度表""读书写作卡片"等形式,跟踪、把控学生阅读过程。疫情期间,利用微信、钉钉等平台继续开展"好书推荐"录播活动,保证阅读行为不中断、阅读意识不懈怠,同时避免网课期间因缺少引导可能出现的沉迷低劣读物的现象。

表1　八·下暑假选读书目阅读进度表

内容　时间	选读书目名称及阅读页数	家长签字
第一周		
第二周		
第三周		
第四周		
第五周		
第六周		
第七周		
第八周		

(二)教师引领、生生影响,丰富阅读类型,调整阅读方式,保证阅读质量

1.开展课前演讲

以学期为时间节点,三年来在试验班级每节语文的课前开展"我最喜欢的一首诗""我最喜欢的一篇文章""我最喜欢的一本书""我最喜欢的一个作家"等主题的课前演讲,教师和其他学生对演讲者演讲的对象、内容、观点等进行点评,教师发现学生阅读中存在的问题并及时引导。

2.教师引领,生生影响,及时调整阅读方向

三年六个学期,每个学期开始,课题组会在第一时间商定并给学生推荐该学期的书目。课题组书单的确定考虑到学科要求、难度和学生学情实际,进行由课内到课外的延伸,其中有作家作品的延伸和课内文本体裁的延伸等,内容涵盖文学性、实用性及思辨性,保证选书范围的广度。

除了教师引领,学生之间的影响也是不容忽视的,这方面则充分利用语文学科中的周记,安排学生将自己每周的阅读思考和收获形成文字,写到周记中,教师及时批改,并将优秀作品张贴到班级墙壁上设置的"展示窗口"内。七年级暑假,汇总试验班的学生一

年来的优秀作品,结集成册。作品被选中的学生备受鼓舞,其他同学在看到文字时也会受到激励。

表 2 初中语文八年级下册书目推荐表

推荐书目	推荐原因
《钢铁是怎样炼成的》《傅雷家书》	课标推荐必读书目
《吴伯箫散文选》	他的散文以铺排历史掌故、风俗民情见长,语言错落多姿
《把栏杆拍遍》 梁衡	其作品融"大事、大情、大理"于一体,具有强烈的现实感和时代气息
《最精彩的演讲词》 黎娜	这些文字,可以激发思考,开阔视野,提高演讲水平,提升审美品位
《马克·吐温小说精选》	奥巴马称其为美国最伟大的讽刺小说家
《许三观卖血记》 余华	血肉人生,鲜活残忍
《水浒传》41~80 回或读完	中国四大名著之一
《沙乡年鉴》 [美]奥尔多·利奥波德	"土地伦理学"开山之作
《拥有一个你说了算的人生》 武志红	拥有一个你说了算的人生有多爽? 不试试怎么知道!
《诗经》	子曰:"诗三百,思无邪。不学诗,无以言。"
《庄子諵譁》 南怀瑾	是当代读者接近《庄子》的最好读本
《中国哲学简史》 冯友兰	名副其实可以影响人们一生的大众必读书

(三)重视阅读课,以语文课堂为阵地,上好"整本书阅读"指导课

根据本课题的研究背景、研究目标和内容,开展"整本书阅读"指导课,进行"整本书阅读"方法的教学是本课题任务的重中之重。因此,课题组成员陈闪闪、梁莉莉、千泽阳三位教师分别针对《小王子》《鲁滨孙漂流记》《水浒传》进行授课。每节课均大致分为三步具体实施。

第一步:课前准备。课前让学生产生阅读行动,学会阅读方法,保持阅读兴趣。例如,在阅读外国作品《小王子》时进行了"比较不同版本翻译文学的优劣""书中人物形象整合与比较"等活动,帮助学生从不同角度解读作品,也为之后的课堂教学和同类作品的拓展阅读做好准备。

为了确定"一本书"最恰当的切入点,确定"一节课"教学内容和环节的可行性及有效性,课题组成员课前多次教研、磨课,反复探讨和修订教案,为后续的课堂教学做好准备。

第二步:课堂教学。三部名著的阅读课在激发学生阅读兴趣的同时旨在教会学生该文本及同类文本的阅读方法。如《鲁滨孙漂流记》的阅读课注重将学生的主题活动与相关课程同步展开,旨在教会学生以多元的方式解析人物、解读文本、看待世界。比如分小组从不同角度来读书,设置问题如"假如你是鲁滨孙/鲁滨孙的父母/鲁滨孙的子女/鲁滨孙的同时代人/作者笛福,你如何评价鲁滨孙的行为?"教师带领学生结合自己的知识储备和生活经验走近"鲁滨孙"。学生从人文的角度,看到了殖民者对财富的狂热追求导致了原住民的血泪屈辱史;站在历史发展的角度,则发现了热衷财富的殖民者对于资产阶级积累资本和开拓海外市场起到关键作用,这是时代的需要。通过本课的学习,学生基本建立了一种意识:优秀的文学作品具有多重而丰富的内涵,阅读时要从多角度、多方面解读。

第三步:课后反思。教案设计看起来再怎么完美无缺,真正授课的过程也难免有不尽人意的地方,课后反思不仅必要而且重要。每节课后课题组全体成员都会针对整节课进行点评、反思,重新修订教案。

《水浒传》课后,千泽阳老师认为课上未能充分激发学生的兴趣,另外对作者施耐庵人生经历的介绍不是很有必要且导致课堂时间紧张,反而影响了对主要人物的关注度,可以删除。课题组其他成员也提供了一些新的思路,比如能不能通过绰号去整合几个人物的形象,或者将鲁智深的绰号"花和尚"也合理地放入教学环节中,作为分析人物的另一个切入点。课堂在打磨的过程中越来越成熟,也越来越有效,教师们虽然辛苦但干劲满满。

(四)寻找丰富的活动形式和评价方式,让学生通过多种途径整合自己的阅读收获

1. 活动形式

阅读活动主要包括教学活动和假期活动两个板块。

(1)教学活动。包括以下几种形式:①课堂自动生成的活动。比如在开展《小王子》这本书的阅读指导课时,在引导学生评价、了解书中的人物后,思考"你想成为怎样的大人?"并为"我想成为的样子"设计画报。②课下小组活动。试验班成立了语文阅读兴趣小组,如小说组(包括科幻小说组、历史小说组、武侠小说组等),散文组(包括写人记事组、写景抒情组、哲理散文组等),诗歌组(包括古代诗歌组、现当代诗歌组、外国诗歌组等),每月利用晚自习时间在小组内部和小组之间开展一次阅读活动。③班级竞赛活动。七年级下学期在各试验班内开展了诗歌朗诵比赛,八年级下学期开展了主题演讲比赛。

(2)假期活动。假期作业设置"读书板块",明确阅读书目和具体要求,设计"阅读进度表"帮助学生记录过程,组织设计"我的虚拟书店"。

2. 评价方式

评价包括课堂评价、活动评价和考试评价等多种形式,通过自评、互评等方式进行。

(1)课堂评价。主要通过师评开展,对学生阅读中真实独特的感受,及时给出有效且令其信服的反馈和评价。

(2)活动评价。对学生活动的相关作品,例如"我的虚拟书店""我最喜欢的水浒人物"思维导图,"我最喜欢的一本书""我最喜欢的一个作家"演讲和征文稿等及时评比,并进行嘉奖与鼓舞。

（3）考试评价。除了学校统一组织的考试之外，还通过学生自拟试题及教师拟定试题来评价、检测阅读效果和思维深度，不断激发学生的阅读兴趣。

四、课题的研究成效

（一）学生阅读数量明显增加，逐渐养成良好的阅读习惯和阅读趣味

在教师引领及师生、生生的互相影响下，学生能够主动辨别所选及所读书目的质量，例如，在对《小王子》这本书进行学习时，学生通过比较该书不同翻译版本的表达效果来比较外国文学不同译本的优劣，再去阅读其他翻译作品时就能有意识地就作品优劣进行分辨和筛选。课题活动进行将近一年，课题组设计了新的调查问卷，对学生的阅读现状进行了再次调查，共发放问卷 71 份，收回 71 份，其中有效问卷 70 份。调查结果显示绝大部分学生已经能认识到阅读的重要性和必要性，能主动选择经典文学并在阅读过程中有记录、有思考，阅读书目数量明显增大，类型更加丰富，原本极少涉猎的艺术、哲学等，现在已经出现在他们已读和想读的书单中，其阅读趣味明显提升。

（二）学生阅读热情高涨，语文能力和综合素养在提升

课题组开展的各种阅读活动，既尊重学生的个性阅读口味，又注重集体阅读风尚的引导。课堂教学既教给了学生阅读的方法，又通过丰富的教学活动及时展示反馈阅读收获，让学生尝到了经典阅读、整本书阅读的趣味性和成就感。回望自己的阅读历程，学生会发现其语文能力和综合素养已经在不知不觉中提升。2022 届 4 班高嘉阳同学说："还记得第一次的读书笔记，真是不堪入目，字体潦草，内容匮乏。奇怪的是，老师并没有批评我，而是提出了一些建议。在一次次鼓励中，我慢慢成长了。"外物之味，久则可厌。读书之味，愈久愈深。

（三）教师的文本解读能力和教育教学能力持续提升

课题组的教师们不断提升自身的理论水平和文本解读能力，同时也积累了一定的阅读教学经验，提高了课堂组织能力，并形成了关于"整本书阅读"的优质教案和课堂，比如梁莉莉老师教授的《鲁滨孙漂流记》整本书阅读、《西游记》整本书阅读，陈闪闪老师教授的《"我想成为怎样的大人"——〈小王子〉整本书阅读》等课例均录制成视频，形成过程性资料，可供语文组其他老师观摩参考。

（四）实现了由整本书阅读到群文阅读，由浅层阅读到深度阅读的过渡

《水浒传》的教学推动了学生对其他古典名著的阅读，《三国演义》《西游记》《儒林外史》等都出现在了学生的阅读书单里。同时，学生还能有意识地将已学方法运用到其他

作品的阅读活动中,对古典白话文的理解力和鉴赏力有不同程度的提高。在《鲁滨孙漂流记》的教学活动结束之后,学生继续去阅读与其风格相近的《海底两万里》,甚至已经养成了用自己喜欢的方式记录阅读成果的习惯。2022届4班李芊润同学边读《海底两万里》边做出笔记49页,2022届1班张墨扬同学自主创作了漫画书80多页,实现了由浅层应付式阅读到深层主动性阅读的过渡。

(五)探索并发现整本书教学的模式,突出学校语文学科的教学特色

课题组探索并形成了阅读激趣课、推进课及阅读成果展示课等课型。备课、上课的过程不仅深化了教师们对新课程理念的理解,同时实现了整本书阅读教学模式的探究和整合,也为学校、学区不断提高教师整本书阅读教学能力提供了可参考、可借鉴、可操作的方法和经验。其中陈闪闪和梁莉莉老师教授的《小王子》和《鲁滨孙漂流记》阅读指导课,均邀请了学区其他学校的语文老师观摩指导,课后陈闪闪老师分享了关于"如何带领学生系统开展读书活动"的思路和做法,得到了学区老师的充分认可。郑州教育信息网专门对此做法进行了采访,并刊登文章《学区研讨整本书阅读 引导语文课堂新方向》。

五、课题存在的问题及下一步打算

(一)课题研究过程中遇到的问题和困惑

(1)阅读时间仍然不够,阅读进度难以保持一致。

(2)对"整本书"的理解受限于师生当下的阅读能力。

(3)课上教授的阅读方法在课下阅读中的具体实施情况难以及时追踪。

(4)考试仍是唯一有力的评价方式。

(5)叙事性类型之外的整本书阅读教学仍需进一步探索。

(二)课题研究的下一步思路和打算

(1)积极与学校、班主任、家长沟通,争取在全校范围内开展语文阅读课堂;争取班主任的支持,以保证校内、班内专门的阅读时间;加强家校合作,保障学生课后及假期的阅读进度和效果。

(2)教师养成阅读习惯,积极参与关于整本书阅读的学习活动,研读与整本书教学相关的理论知识、论文专著,不断提升解读文本的能力。

(3)继续利用"课前演讲""周记练笔"等活动,有意识、有目的地安排学生将学得的阅读方法运用到其他的阅读写作活动中,教师及时关注、了解、评价具体情况。

(4)继续开展丰富的阅读活动,通过活动让学生持续收获读书的成就感。教师继续寻找、优化阅读评价的方式,探索考试评价的有趣、有效形式,以真正起到促进学生阅读的目的。

(5)积极尝试各种文本的教读方法探究。例如,以《海底两万里》为例来探究科幻小说的读法,以《红星照耀中国》为例来探究纪实类文本的读法等。师生一起,摸索由一个到一类、由一种到多种文本的阅读方法。

参考文献

[1][美]吉姆·崔利斯.朗读手册[M].海口:南海出版社,2009.

[2]王荣生.阅读教学教什么[M].上海:华东师范大学出版社,2016.

[3]褚树荣,黄会兴.开卷有益:整本书阅读与研讨[M].上海:上海教育出版社,2018.

[4][美]莫提默·J.艾德勒,查尔斯·范多伦.如何阅读一本书[M].北京:商务印书馆,2004.

(本文为2019年度郑州市教育科学重点课题,获科研成果一等奖。课题研究单位:郑州外国语中学,课题负责人:陈闪闪,课题组成员:梁永艳、梁莉莉、千泽阳、梁茜)

基于核心素养下少先队活动课程的评价研究

一、课题研究的背景

小学教育阶段是少年儿童道德情操、心理品质和行为习惯培养与教育的最佳时期，也是他们树立正确的人生观、世界观和价值观的重要时期，而少先队活动课作为国家课程的重要组成部分，是落实立德树根本任务的重要途径。"人文底蕴、科学精神、学会学习、健康生活、责任担当、实践创新"这六大素养是学生应具备的必备品格和关键能力。近年来，学生核心素养如何落地已经成为热门话题，如何从课程入手，借助有效地评价，引领学生自主管理与发展，成为思考的中心问题。基于核心素养下少先队活动课程的评价研究对学生良好品德和行为素养的形成起着重要作用，也是学校实施德育工作的重要环节。因此，课题研究在这样的背景下具有积极的意义。

郑州市金水区文化路第一小学有着90余载的历史积淀，"乐享教育"是文一人共同追求的教育哲学，内涵是"快乐学习，共享精彩"，校训"以文化人，知行合一"，是希望学生在丰富的课程资源的滋养下，实现知识与实践的统一。

在"乐享教育"哲学的统领下，围绕"立德树人"的根本任务，全面贯彻落实"育人为本，德育为先"的教育方针，基于学生核心素养发展，学校整体设计了少先队活动课程结构。少先队活动课程包括必修课程（主题教育活动课程、仪式课程、节日课程、一日课程）；选修课程（红领巾社团课程、研学旅行课程、项目学习、知行院家长课程）。学校通过开展有特色、有内涵、有品质的德育课程，教育引导少先队员健康成长、全面发展，这是我们的追求。课程评价则是促进少先队活动课有效实施，让核心素养落地的最直接、最重要的保障。

学校围绕"培育仁、礼、智、和、艺于一体的文一少年"这一育人目标，设计实施"文一榜样"评价。"文一榜样"是雏鹰奖章的校本化奖章，是希望通过积累榜样奖章进行层级兑换的一种激励性评价模式，用榜样形象实现思想引导的形象化、榜样化、行动化。

在学校少先队活动课程体系的建设与实施的过程中，我们以《基于核心素养下少先队活动课程的评价研究》为课题开展研究，以期有效促进少先队活动课程体系更加完善，让其更好地服务于少年儿童快乐生活、全面发展、健康成长；更好促进少先队员核心素养的提升。

二、课题研究的理论依据

根据《少先队活动课程指导纲要（试行）》，少先队活动课的评价共有四个方面：一是对少先队员的评价；二是对少先队集体的评价；三是对少先队辅导员的评价；四是对学校的评价。学校通过颁授"雏鹰奖章"、评选各级优秀少先队员等,对少先队员通过少先队活动课程培养重要思想意识,促进全面发展的成效进行评价,及时进行过程性激励。注重队员自我评价和队员相互评价、少先队组织评价和家长、社会评价相结合。

余文森教授《核心素养导向的课堂教学》中指出,科学的思维方式决定一个人脑力劳动的水平和质量。学校教育教学不能只在知识点和能力点、知识和能力的细节上做文章,而是要在引导和启迪学生学会正确的思维上下功夫。品格是一个人的行为(广义)表现和为人形象(管"行"的),它是一个人素养的直接反映。如果缺乏基本的礼貌、礼节、涵养、教养,其他一切又有什么意义呢?"若失品格,一切皆失。"

三、核心概念的界定

核心素养是指学生应具备的适应终身发展和社会发展需要的必备品格和关键能力,突出强调个人修养、社会关爱、家国情怀,更加注重自主发展、合作参与、创新实践。从学校教育的角度讲,正确的价值观是关于如何做人做事的观念、准则、规范,它是一个人信念、信仰、理想的基石(内核),决定一个人的精神品性。少先队员应在生活中时刻严格要求自己,听党话,爱祖国,爱人民,爱劳动,爱科学,爱护公共财物,努力学习,锻炼身体,培养勤于思考的能力。这些能力的建设是从本质上让学生拥有热爱祖国的品格,立志为建设中国特色社会主义现代化国家贡献力量,做共产主义事业的接班人。

少先队活动是在辅导员指导下,由少先队组织发起和组织领导的,以少先队员为活动主体,快乐实践、快乐体验、快乐发展的群体性自我教育过程。少先队活动是少先队组织各种活动的总称,包括举行队会,组织参观、访问、野营、旅行、道故事会,开展文化科学、娱乐游戏、军事体育等各种有意义、有趣味性的活动,以及各种力所能及的公益劳动和社会实践。

评价是指对一件事或人物进行判断、分析后的结论。在本次研究中,主要是针对少先队员在各方面能力的培养方面进行有效成果的判断,从而引导学生树立正确的人生观、价值观,在评价体系的构建中让学生立志为建设中国特色社会主义现代化国家做出贡献,做共产主义事业的接班人。

四、课题研究的主要过程

(一)召开课题开题工作会

2019年9月,课题组成员在学校党建室召开课题开题工作会,课题组成员及中队辅导员梯队的骨干教师参加了此次开题活动。在开题会上,课题组再次明确了课题研究目标及内容,并邀请学校名师针对课题研究的方法及注意事项进行了经验分享。课题组成员知道了如何从理论和实践层面更科学合理、切实有效地开展课题研究,骨干中队辅导员们针对课题积极建言献策。会后在侯校长的带领下,课题组成员又观摩少先队活动课开学的第一课,课后进行了研讨,进一步理清了课题的研究思路,并制定了详细的课题研究方案。

(二)确定课题的研究目标并进行成员分工

1. 研究目标

(1)通过本课题的研究促进学校少先队活动课体系的不断完善,更好地服务于少年儿童的快乐生活、全面发展和健康成长,更好促进少先队员核心素养的提升。

(2)在少先队活动课程评价过程中指向学生核心素养的发展,指导教师开展基于核心素养的评价设计,形成具体、可操作的评价内容和方法。

(3)依托中队辅导员团队,同学科教师共同探讨基于不同年级学生的自身素养来探寻适合的评价方式,关注阶段化、过程化。

(4)用基于核心素养下少先队活动课程的评价研究来改进学校教育管理理念,进一步完善制度管理体系,细化评价标准和多样评价方式,努力实现评价的校本化,不断提升评价品质。

成员分工:

侯清珺——负责制订课题计划、研究方案、结项研究报告。

马至猛——负责撰写开题报告、实验论文、反思论文。

侯建敏——负责撰写中期报告、反思论文。

徐剑冰——负责关于"基于核心素养下少先队活动课程的评价"调查问卷,撰写调查报告。

曹晶——负责收集性过程资料,撰写反思论文。

2. 实施阶段(2019年12月—2020年2月)

(1)制定相关调查问卷,对我校少先队活动课现状、亮点与问题进行分析,课题组成员做到心中有数,并结合问题与现状开展研究。

(2)组织课题组成员进行座谈和研讨。

(3)课题组成员分头针对活动中的问题寻求解决方法,并在部分班级开展实践活动,及时总结和提炼,记录时间、效果和经验。

(4)在研究过程中,课题组成员积极撰写与课题组相关的论文、教学反思等。

3. 总结阶段

对课题的资料信息进行归纳总结,完成课题结项报告,整理研究成果,并提交研究效果。

五、主要做法和经验

文化路第一小学已经构建了一套完善的课程体系。在乐享课程体系中,学生在多样的活动课程体验中感悟、反思、成长。学校为了更好地以评价为载体将核心素养落在实处,运用评价发挥少先队组织作用,以党代团,以团带队,并构建完善的评价体系培养仁、礼、智、和、义于一体的文艺少年。本次课题从评价出发,对少先队评价的方式、策略、工具、效果进行了深入研究。

(一)完善组织构建,搭建评价体系,是课题开展的首要条件

课题进入研究以来,为了更好地落实核心素养,学校逐层完善少先队组织构建,组建少先队大队、中队、小队和红领巾小社团,以网格化细化少先队的组织管理。少先队组织构建中民主参与,竞选队干部,形成全面和自主的少先队阵地。首先组建先锋中队,创建优秀队集体,各班级自发填写少先队中队、小队申请表,根据学校制定的评价标准,学生自发地参与竞选,并依据评价标准,每班选出五位中队委,他们分别是班长、学习委员、劳动委员、文体委员、纪律委员,并选出九个小队长。每班中队委申报校级大队委竞选,在全校竞选后,依据评价标准来构建校大队委组织。各机构间,因为评价相互关联,同时相互牵制,相互成就。在完善少先队组织的过程中,少先队评价体系的搭建也极为重要。学校形成了以大队部为中心的辐射圈,各中队紧密围绕在大队周围,交流、探讨,每周组织例会,制订活动计划,确保积极良好的沟通效果。

(二)巧妙地运用少先队活动课程组织好少先队开展活动,发挥少先队的作用,是课题研究的重要途径

少先队活动课程是国家规定的必修的活动课,小学一年级至初中二年级每周安排1课时。依据上级文件要求,我校坚持开展少先队活动课程,少先队活动课程以组织教育、自主教育和实践活动为基本实施方式,可根据不同的教育内容采取不同的活动形式来组织建设活动。例如,利用少先队活动课开展组织教育、自主教育,借助节日课程、劳动实践课程更好为少年儿童培育和践行社会主义核心价值观服务,把广大少年儿童团结好、教育好、带领好。

习近平总书记于2013年5月29日在北京市少年宫参加"快乐童年放飞希望"主题队日活动时说:"生活靠劳动创造,人生也靠劳动创造。你们从小就要树立劳动光荣的观念,自己的事自己做,他人的事帮着做,公益的事争着做,通过劳动播种希望、收获果实,也通过劳动磨炼意志、锻炼自己。"我校设立了"知行苑的故事"实践体验课程,是文化路一小翰林校区开发实施的,隶属于学校"乐享课程"体系。该课程依托于"知行苑"实践基地,按季节设置课程内容,按学期规划课程梯度。该课程还采用"知—行—

创"立体学习模式,利用基地、社区、家长资源,通过感官体验、对比试验、小课题研究等方式,在亲近自然的过程中感知中原文化根脉,在手脑并用的实践中进行学习,学会研究创新。

　　学生在参与"知行苑的故事"评价中,最深刻地感受莫过于从用眼睛辨认到自己寻找,最后发现事物发展的变化规律,从而开动脑筋进行创造性的生活。"知—行—创"这一系列的学习方式,从自我、教师、家长三个层面给出评价标准,让学生真正地从外部世界的客观认识走向自己内心世界的深刻反思,真正达到"知行合一"的境界。

评价活动/成绩评定	评价是课程的重要组成部分,《知行苑的故事》根据"知—行—创"的立体学习方式,采用多元评价方式。									
	评价标准　　评价内容	我会认			我会行			我会创		
		自评	师评	家长评	自评	师评	家长评	自评	师评	家长评
	知行苑里都有啥									
	泥土爱吻小脚丫									
	伯伯手里的巧农具									
	我给小苗浇浇水									
	确定个人等级:各组在组长的带领下,根据小组活动纪律记录上所记录的各位组员参与活动的情况及同学们活动资料的整理情况,参照小组基本等级,将小组成员确定为三个等级。如基本等级为"优"的小组,组为成员的等级分别为"优★""优"和"良",基本等级为"良"的小组,组内成员的等级分别为"优""良""达"。									

图1　知行苑学生评价标准

　　借助纪念日、重大节日,开展主题中队活动,利用开展自我评价去增强学生自我意识的同时增强仪式感。例如在清明节,全校师生参加"网上祭英烈"活动。学生以"我为英雄写首诗""我向英雄敬队礼""寻找英雄的足迹"等几个主题内容,深入了解英雄的生平,在探寻英雄故事的同时,弘扬红色精神,牢记中华民族伟大复兴的中国梦。

　　开展红领巾心向党的主题中队活动,学习少先队章程,掌握少先队基本知识,了解党对少年儿童的希望,学习掌握其他有关知识。

(三)发挥评价作用,开展优秀队员评选,以"文一云榜样"为载体发挥评价的最大价值

　　学校组织比、学、赶、帮、超活动,从说优点到讲不足,确定改进目标,接受组织和他人帮助,在线上进行小组活动,进行自主评价。

　　为落实郑州市金水区教体局《关于进一步做好中小学延期开学期间停课不停教不停学有关工作的通知》要求,金水区文化路第一小学在延期开学期间,通过线上课堂开展各项教育教学活动。学校为进一步发挥"文一榜样"的激励作用,"文一榜样"评价体系也相应地由线下转换为线上评价,并通过线上学生自评、小组互评、教师评价、家长评价等方式来完成。线上学习更关注如何提高学生的自主学习能力与自控力,培养学生养成自动自觉的学习习惯,从而在学生成长过程中增强其责任感。同时,加强家校沟通,创建学习型家庭,让线上评价真正发生,从而培养仁、礼、智、和、艺于一体的文艺少年。

本次评价的目的主要是:学生能通过线上开展的"文一榜样"评价活动,将好习惯落实在生活中,具有自我管理的能力。通过有效的自我评价、小组互评、教师评价、家长评价,使学生保持良好的习惯,最大限度减少长期居家隔离和延期开学带来的影响。在开展评价活动的过程中,密切促进家校共学,创建学习型家庭。具体措施如下。

(1)制定学生自主管理评价量表。自主管理评价量表从"学习、阅读、劳动、体艺"四个方面引导学生在家中学会自主、自立、自强。

(2)多维度评价机制促进学生发展。通过开展学生自主评价、小组评价、教师评价、家长评价,促进学生在延期开学期间德智体美劳全面发展。

(3)结合实际制定评价方案。疫情防控期间各年级结合学生心理特点及背景环境,按实际情况制定本年级专属实施方案。

(4)评价原则。

自主学习:上课认真,主动思考,按要求完成作业。

书香阅读:阅读积累,分享感受,记录感受。

家务劳动:主动分担家务,至少学会一道菜。

体艺展示:坚持锻炼,加强艺术特长。

各班级可根据班级特点,结合实际丰富评价原则。

(5)发放形式。

一周20颗文一榜样星,一类别5颗。

(6)兑换时间。

开学后,以班级为单位,由学校德育处统一安排各班有序兑换。

表1 金水区文化路第一小学____年级线上学生自主管理评价表

第_____周 班级:_____ 姓名:_____

项目 / 星期	自主学习	书香阅读	家务劳动	体艺展示
周一	☺☺☹	☺☺☹	☺☺☹	☺☺☹
周二	☺☺☹	☺☺☹	☺☺☹	☺☺☹
周三	☺☺☹	☺☺☹	☺☺☹	☺☺☹
周四	☺☺☹	☺☺☹	☺☺☹	☺☺☹
周五	☺☺☹	☺☺☹	☺☺☹	☺☺☹
周六	☺☺☹	☺☺☹	☺☺☹	☺☺☹
综合评价	☺( )个	☺( )个	☹( )个	
我想说				
爸爸妈妈说				

学生在近三个月的线上学习中,通过自主管理评价表对自己进行了客观、翔实的分

析。少先队员从学习习惯、实践体验、运动才艺等三方面深刻地反思自己,75%的少先队员认为自己在居家学习期间,有着良好的学习习惯;90%的少先队员认为自己在家务劳动这一实践体验中积极展示,参与度高,与父母之间的亲子关系得到改善;67%的少先队员认为虽然在居家学习,但是自己可以创造性地开展体育运动,如与父母进行亲子小游戏,每天进行固定的拉伸等柔韧训练,做好时间分配,培养良好的自主管理能力。

以疫情为教材,从学生的生活实际入手,以评价加强学生的感恩教育、生命教育、爱国教育。激发学生感恩社会,增强与祖国共同成长的责任感与使命感。同时,对构建新型家校关系也提供了全新的探索模式,自主管理的评价形式收到了家长的一致好评,家长们纷纷对这样的评价模式给予肯定。

六、课题研究的成果

(一)学生一日常规有长足进步

各中队利用少先队评价让学生有了一定的自我约束,学生从无目的、无意识的状态转变为自觉主动地接受学校规则,自觉执行校内一日常规。学校制定了入校礼、用餐礼和学生一日常规,并且将学生熟悉的生活场景编成儿歌方便记忆,例如,"红领巾系胸前,文明礼仪要记牢。见到老师要问好,走路靠右不跑跳,吃饭洗手静俭洁,音量轻轻有秩序。"学生不但知于心中,更将内容落实在行动中。各年级中队委组织检查反馈,校园秩序井然,学生素养得以落地。各中队还组织了特殊劳动服务小组,做到人人有事做,事事有人做,增添了队员的自豪感、责任感。

(二)增强了少先队员的自信心、责任感,加强了中队的组织与管理能力

少先队员们在评价实施的过程中呈现出一日常规的井然有序,同时在各项活动中也推陈出新、大胆展示,他们作为"乐享大使"先后接待了全国数百所学校的领导、教师,自身的表达能力、应变能力、组织与沟通能力都得到了提高,获得了参会教师的一致好评。

(三)以少先队课程评价厚植红色基因

少先队课有着强烈的政治色彩,从培养可靠接班人的角度,应注重党、团、队组织意识和教育内容的衔接,培养少年儿童对党和社会主义祖国的朴素感情。少先队辅导员更需要有敏锐地意识,通过课中的活动形式加强学生对少先队的认识与了解,起到一定的强化作用。

利用庄严的升旗仪式,在升降旗制度的确立下,每个校区都组建了自己的校园旗队,选拔升旗仪式主持人。主持人及国旗队的升旗手、护旗手成长于无形之中,他们表示自己肩上的担子更重了,责任感更强了。一部分人的努力一定会带动一群人的发展,自觉践行升降国旗仪式的内容。无论晴天、雨天、日出、日落我们总能看到升降旗期间队员们

驻足停留,或凝视或敬礼。少先队活动课程的评价从方方面面正在潜移默化地影响着学生的行动,改变着学生的内心世界,由"知"到"行",一切润物细无声。

七、课题研究中的未来计划

在少先队评价中,要想更好地落实辅导员在政治上、思想上、行动上与习近平同志为核心的党中央保持高度一致,需要建立完善的少先队辅导员考核评价机制。例如对考核优异者,可推荐优先入党,成立校级名师工作室,发挥其辐射作用,从多个维度调动少先队辅导员的积极性,更好地体现少先队辅导员的价值。

终身之计,莫如树人;育人之本,莫如铸魂。从少先队活动课程评价体系的构建到课程育人,本次课题研究更明确了我们要培养什么样的价值观,培养什么样的人,进而将学生思想意识逐步深化——以爱国主义为主旋律,将我们的学生行为意识的转化——从要我做,变成我要做。相信我们少先队活动课程将会加强落实核心素养的培养,以评价为载体,一切以学生的实际为出发点,润物细无声,立德以树人。

参考文献

[1]中国少年先锋队全国工作委员会.少先队活动课程指导纲要(试行)[S].2013.
[2]余文森.核心素养导向的课堂教学[M].上海:上海教育出版社,2017.

(本文为2019年度郑州市教育科学重点课题,获科研成果一等奖。课题研究单位:郑州市金水区文化路第一小学,课题负责人:侯清珺,课题组成员:马志猛、侯建敏、徐剑冰、曹晶)

小学"童真语文"课程群建构的实践研究

一、研究背景

《义务教育语文课程标准》(2011 版)中指出:"语文课程的多重功能和奠基作用,决定了它在九年义务教育中的重要地位。"同时,《国家中长期教育改革和发展规划纲要(2010—2020 年)》中指出:"尊重教育规律和学生身心发展规律,为每个学生提供合适的教育。"从学校实际出发,我们发现,目前我校的语文课程还不能很好地引领学生去发现语言美,语文学习还不能够在学生身上真实自然地发生。课题组分析原因主要有三大方面:一是单一的语文基础课程难以满足学生日益增长的语文学习兴趣;二是语文拓展课程零零散散,没有形成统一逻辑体系;三是教师对语文课程建设的认识不足,缺乏改革动力。

要想让语文课程真正读懂学生,让语文学习在每一个学生身上真实自然地发生,深度整合语文课程势在必行。因此,课题组根据学校语文学科的实际情况,在学校整体课程规划设计之下进行语文学科课程群建设和研究。

二、研究过程

(一)酝酿准备阶段(2019 年 1 月—2019 年 3 月)

1 月:通过书籍、网络等途径了解教育部最新印发的《关于全面深化课程改革　落实立德树人根本任务的意见》文件精神,通过问卷调查了解我校语文课程现状,为课题研究奠定坚实的理论基础。

2 月—3 月:确定课题题目,明确研究目的,进行课题研究前的培训,明确分工与任务。初步制定研究方案,确定具体研究方法与措施。了解课题申报的相关材料,填写立项申报表。

(二)课题实施阶段(2019 年 4 月—2019 年 10 月)

4 月—5 月:组织课题组成员继续进行理论方面的学习,关注与本课题相关理论研究方面的进展;进行网上课题申报,召开课题开题会。

6 月:在研究过程中,通过多样方法开发适合的"童真语文"课程;开展实践研讨交流活动,开展语文大教研活动,并不断积累过程性资料与成果。

7 月—8 月:利用假期时间,深入读书,继续学习"课程群建设"的相关理论知识。

9 月—10 月:开展研讨活动,深入反思实践过程中的问题,撰写反思论文;通过交流讨论,实践反思,发现问题,总结经验,撰写中期报告。

（三）课题修正阶段（2019 年 11 月—2019 年 12 月）

举行课题中期报告会，通过不断学习，逐步开展实践活动，在过程中发现问题，及时反馈、交流、反思、调整并实践。做好重点案例的实践和总结性反思的撰写，并且修正下一阶段的实施方案及改进措施。

（四）课题再实施阶段（2020 年 1 月—2020 年 2 月）

纠正课题实施过程中发现的问题，将课题实践过程中总结的研究成果用于指导再实践。课题组根据教师、学生反馈及时调整实施方案，使我校"童真语文"课程能够顺利实施。

（五）课题总结阶段（2020 年 3 月—2020 年 4 月）

梳理一年来研究的过程性材料，并进行完善、总结以及汇总整理。根据所整理的过程性材料撰写结项报告。

（六）课题推广阶段（2020 年 4 月以后）

将本课题的研究成果进一步推广实施。

三、主要做法和经验

（一）制定学校语文课程群建设方案并不断修改和完善

我校作为"金水区品质课程"的项目实验校，课程建设工作一直是重中之重。参与项目之初，我们便成立了语文课程群方案设计编写团队，初步制定了黄河路第二小学"童真语文"语文学科课程群建设方案。该方案从学科课程哲学、课程目标、课程框架、课程建设思路、课程实施与评价、课程管理与保证等六大方面规划了我校语文学科的课程建设。然后，我们召集全校语文教师对此方案进行学习探讨。不同学段、不同教龄的教师分别从不同角度提出了很多宝贵的意见和问题。例如，低段教师提出语文课程群实施要根据不同年级的学生有不同的侧重；高段教师认为学校语文课程群建设与实施要形成系统的模式，并且是循序渐进地促进学生语文素养的提高；年轻教师关注"童真语文"课堂的实施，以及自己该如何上好一节语文课；而老教师更多关注的是"童真语文"如何实施才能更好地让学生获益……经过多次研讨和学习，我校不断完善语文学科课程建设方案，最终形成"让语文学习真实地发生在儿童身上——郑州市金水区黄河路第二小学语文学科课程群建设方案"。

（二）全面开发切实可行的"童真语文"拓展课程

我校采取分学段、分年级、分学期的模式进行"童真语文"拓展课程开发。各年级语文教师在教研组长的带领下,先认真学习语文课程标准,然后根据各年级学生的不同学习特点,从识字与写作、阅读、习作、口语交际、综合性学习等五大方面开发了丰富多彩的语文拓展课程,其中阅读课程又分为经典诵读课程和阅读品味课程。我校开发了六个学年上下 12 个学期共 72 门语文拓展课程(见表 1)。目前我们开发的 72 门课程都有了较为科学、合理的课程纲要和完整的学习方案。此外我们还编写了"童真语文"总课程纲要,这些都为我们具体落实"童真语文"拓展课程打下了坚实的基础。

表 1　金水区黄河路第二小学"童真语文"课程设置表

内容 年级		拓展型课程					
		经典诵读 课程	识字写字 课程	阅读品味 课程	口语交际 课程	写作表达 课程	综合性学习 课程
一年级	上学期	《三字经》 (节选)	汉语拼音游戏	绘本花园	猜猜我是谁	你问我答	我是超市 理货员
	下学期	古诗十五 首(一)	识字大擂台	童诗润童心	请你帮个忙	彩绘故事	小小故事家
二年级	上学期	《声律启蒙》 (节选)	攻克字典	童话阅读	有趣的动物	我喜欢的玩具	一张票 的学问
	下学期	古诗十五 首(二)	成语王国	儿童故事	能说会道	神奇的大自然	小鬼当家
三年级	上学期	《大学》	帮字找朋友	神话与传说	畅所欲言	观察日记	有趣的汉字
	下学期	古诗二十 首(一)	猜字谜	诗情画意	小小演说家	生活日记	恐龙世界
四年级	上学期	《笠翁对韵》 (节选)	汉字六书	童声诗韵	我们去旅游	我是小作家	古韵春联
	下学期	古诗二十 首(二)	有趣的多音字	话说三国	帮他出主意	我是小老师	星光影院
五年级	上学期	《论语》(节选)	归类结构字	论水浒英雄	"语"妙天下	佳作有约	"字"有玄机
	下学期	《论语》(节选)	初识字理学	上下五千年	开讲啦	我是小诗人	编辑部 的故事
六年级	上学期	《中华经典 诵读》	追字溯源	荒野求生	金话筒	校园小说	每日播报
	下学期	《中华经典 诵读》	汉字书写 大赛	漫话西游	"辩"幻莫测	我的第一本 作文集	记忆沙滩

(三)进行问卷调查,了解"童真语文"课程群的实施情况

课题组通过问卷调查的方式,对我校各年级"童真语文"课程群的实施情况进行了调查,调查对象分别是我校一至六年级部分学生和一至六年级所有语文教师。本次调查发放学生问卷 300 张,回收 300 张;发放教师问卷 35 张,回收 35 张。

1. 经过调查数据统计与分析,发现我校"童真语文"课程群的实施存在以下问题

(1)学生层面。

①认识问题。被调查学生都认为"童真语文"课程提高了自己的语文素养,让自己在多方面得到发展。但是,只有 79% 的学生对自己年级所开设的"童真语文"课程特别清楚,还有部分学生虽然知道自己上的有拓展性课程,但不知道这些课程属于"童真语文"拓展课程。

②实施问题。问卷调查结果显示,98% 左右的学生都很喜欢"童真语文"课程群中的拓展课程,对上语文拓展课程充满期待。95% 左右的学生反映"童真语文"拓展课程学习形式多样、互动性强。但这些拓展课程多数由本校语文教师担任,只有个别课程聘请了校外专家。86% 的学生更希望自己能上一些由校外专家指导的课程。也有一些学生在问卷中写道,希望能开设一些由学生自己讲的课程。

(2)教师层面。

①认识问题。全校教师都了解"童真语文"课程的设置及实施方式,同时普遍认为"童真语文"课程对提高学生语文素养有促进作用。此外,大部分教师对于本年级所实施的"童真语文"课程比较熟悉,但对于其他年级的课程知之较少。也有个别教师把"童真语文"课程和日常教学割裂开,认为实施"童真语文"课程只是为了完成课改任务。

②实施问题。91.4% 的教师认为实际操作起来"有点难度"或者"难度较高"。由于教师的专业水平参差不齐,一些教师没有经过系统的课程理论培训,专业素养不足,在课程实施的过程中表现出力不从心。也有些课程的实施教师并不是之前的开发教师,在一定程度上也增加了课程的实施难度。

2. 通过问卷调查给出以下建议

(1)进一步加大教师培训力度。

从调查中发现,有 85.7% 的教师都希望在课程建设和实施过程中能够得到专家的指导。因此我们认为必须进一步加大教师的培训力度,培训方式开始可以少一些集中讲授,多一些现场观摩;少一些理论性知识的传授,多一些有指导性的讨论与研究。这样才能逐渐培养出一批学者型、研究型、专家型的"童真语文"课程群建设教师。

(2)采取多种途径进行"童真语文"课程的开发。

开发"童真语文"课程对于普通教师来说可能确实有一定难度,学校可以组织骨干教师进行开发,可以和片区学校一起进行开发,教研员也可以深入协助学校开发。同时,需要每位教师结合班级情况,开发适合本班的"童真语文"课程。在开发过程中,教师同样可以征得多方援助,通过多种途径来完成。

(3)设计制定"童真语文"学习手册。

教师可以分年级制定"童真语文"学习手册,就像发课程表一样,在学期初发给学生,让学生对自己本学期要学习的"童真语文"拓展课程有更清楚的认识。"学习手册"除了

有课程的内容简介、设置和安排,还可以有课程评价、家长寄语、学生感言和建议等。这样可以让"童真语文"课程的实施更加贴近学生,更加适合学生,也进一步达成我们"让语文学习真实地发生在学生身上"的愿景。

（4）继续联合多方力量,深入挖掘课程资源。

学校不应是一个封闭式的环境,我们要积极发动家长、社会、民间等多方力量,在过去利用校外各种学习场馆资源的基础上,挖掘人力资源,例如"家长进课堂""校外专家讲座""校友代表经验分享"等。这些活动把学生感兴趣的人请进学校,为学生上课,这样不同的教师带来不同的课堂,学生也会有耳目一新的感受,对"童真语文"的学习也会永葆新鲜感。

（四）开展"童真语文"教研活动,总结反思课程群的实施情况

我校开展了独具特色的"童真语文"年级大教研活动。每次教研都有主持人、记录人、重点发言人。大教研时所有语文教师集中在一起,在分享研究过程和成果的同时,听一听不同的声音,拓一拓自己的视野。针对各年级"童真语文"课程实施的不同情况,各年级语文组分别进行了年级教研,探讨课程的可操作性和评价制度等,确保学生学有所获。具体情况如下。

一年级:"如沐春风,让教育有根"主题教研。

二年级:"'绿之言'渲染校园翠色"主题教研。

三年级:"以童为本,以真为先"主题教研。

四年级:"以童为本,真实发生"主题教研。

五年级:"让'童真语文'滋养童心"主题教研。

六年级:"童真语文:感染学生的语文"主题教研。

各年级立足于本年级"童真语文"课程群的实施情况,从语文课堂、语文作业、学生语文学习情况、语文拓展课程开展情况、语文课程评价方法等不同方面,对各年级"童真语文"课程群的实施情况进行反思、总结,并形成教研成果集。

（五）制订"童真课堂"评价量表,提升语文课堂质量

"童真语文"课程实施的主要阵地还是语文课堂,课题组通过打造"童真课堂",彰显了语文课堂魅力。"童真课堂"坚持以"童"为本,教师在课堂上创设童趣盎然的教学情境,激发学生学习的兴趣,让学生始终处于一种良好、和谐、愉悦的学习氛围中,让每个学生都觉得学习是快乐的、幸福的,并且乐此不疲。依据我校"绿色课堂"的基本理念,课题组提出了"童真课堂"解放、丰富、立体、灵动、缤纷、童真的基本要求,并设计了符合"童真课堂"的内涵评价量表(见表2),以量化的方式对课堂进行评价。听评课后,由听课教师填写评价表交给执教教师,通过评价量化分数曲线图的绘制,记录教师课堂教学成长的过程,并作为教师成长足迹的重要组成部分。

表2 金水区黄河路第二小学"童真课堂"评价量表

指标及权重 评价要求	优 完全达到	良 基本达到	合格 部分达到	待合格 少量达到或未达到
解放10分	1.尊重学生主体地位;2.关注不同学生学习需求			
	10—9分	8—7分	6分	6分以下
丰富10分	1.创造性使用教材;2.综合能力全面发展			
	10—9分	8—7分	6分	6分以下
立体20分	1.注重学科资源的整合与开放;2.多媒体技术运用有效、恰当			
	20—18分	17—14分	13—12分	12分以下
灵动20分	1.注重情境创设,关注课堂生成;2.善于激励调控,注重接受与探究方式的结合			
	20—18分	17—14分	13—12分	12分以下
缤纷20分	1.教学方式多彩,提高课堂效率;2.多种评价方式,促进学生发展			
	20—18分	17—14分	13—12分	12分以下
童真20分	1.学习情绪饱满,全程投入;2.善于观察、思考,与同伴合作;3.乐于表达个人见解,敢于质疑,勇于探究难题			
	20—18分	17—14分	13—12分	12分以下
总评	优:100—90分	良:89—70分	合格:69—60分	待合格:60分以下

（六）形成从学校到学生、再由学生到学校的"童真语文"课程实施策略

"童真语文"课程主要从打造"童真课堂",设立"童真语文"节,建设"童真语文"社团,评选"童真语文"阅读王,组织"童真语文"探索之旅五大方面予以实施。我们逐渐形成了先从学校到学生自上而下推行实施,再由学生到学校自下而上评价反馈的课程实施策略。课程建设之初,学校组织课程建设团队进行校级顶层课程建设方案设计;然后由学校骨干教师带动全校教师,以点带面进行学习与实施;最后全校学生通过五大方面全面进行"童真语文"课程的学习。而这并不是"童真语文"课程实施的终点,课题组通过学生评价、学生调查、学生反馈等方法,从学生处获得第一手信息,再由各年级语文组教师分类整理反馈到学校,最后学校根据反馈信息再次审视课程实施。这样从学校到学生又从学生到到学校的循环,其实正是一场全面的课程改革。

四、研究成效

课题负责人撰写论文《让语文学习真实地发生在儿童身上》,将我校"童真语文"课程群建设的方法形成理论。我校"童真语文"语文课程群建设方案,被编入由华东师范大学出版社出版的学校课程发展丛书《语文学科课程群》中。2019 年 11 月 4 日,全国中小学(幼儿园)第四届品质课程研讨会上,我校党支部书记、校长石伟平针对我校"童真语文"课程群的实施情况,进行了题为《童真语文——让语文真实地发生在学生身上》的主题汇报,石校长从四个方面对学校的语文课程的实施和与会代表进行了分享,给在场的教育者留下了深刻的印象。2019 年 11 月 29 日,金水区课程与教学工作会暨品质课程建设总结表彰会议上,我校"童真语文"课程获得"金水区中小学特色学科"称号。随着我校"童真语文"课程群建设的推广,我校为更多兄弟学校提供了语文学科课程群建设的经验和教训,也为各校课程建设的实施落地提供了很好的范例。

五、存在的问题及下一步打算

(一)教师层面确保"童真语文"课程的有效实施

"童真语文"课程群实施的主力军是一线语文教师。从课程开发到实施评价,都是一线教师亲力亲为,特别是在课程实施过程中,对学生参与兴趣度的提升,以及对家长配合度的提高,更需要教师的调动和协调。因此影响"童真语文"课程实施效果的重要因素就是教师。教师层面如何确保"童真语文"课程的有效实施,是一个关键性问题。此问题主要表现在两个方面:一是如何最大限度调动教师实施"童真语文"课程的积极性;二是在课程实施过程中如何对教师的实施情况进行评价,以更好地促进"童真语文"课程的实施和开展。

(二)教师开发实施课程的相关奖惩制度仍须完善

为激励教师主动实施"童真语文"课程,可制定更科学、更合理、更细化的教师评价制度,对课程实施较好的教师进行适当的精神奖励和物质奖励等。例如,每学期末开展一次"童真语文"课程评比活动,评选出一、二等奖,并通过绩效工资给予优秀教师奖励等。

(三)拓展课程群课程的设置与实施须不断发展

"童真语文"拓展课程开发首先是依据语文课程标准,其次是依据语文教材。但很多教师反映最初课题组开发和制定课程时,使用的是苏教版教材,而现在使用的是教育部审定的统编语文教材。有些课程出现了重复或脱节。例如,三年级"童真语文"习作拓展课程是《观察日记》,而新版统编语文教材四年级上册第三单元的习作内容也是写观察日记。因此,对拓展课程群中现有的课程,课题组须要进行再审视、编排。

(四)拓展课程的编排与设计须继续整合

对于在实施过程中不符合学生实际、与教材关联小、可操作性低的拓展课程应该及时停止实施,征求学生、教师、家长等多方面意见,及时开发新课程以满足学生的学习需求。课程再整合,也可设置分层课程,例如同一类型课程开设 A 班、B 班,以满足不同层次学生的不同需求。另外在某些同品类课程的安排中,应注意梯度的上升,增强课程的实用性,多开发小课程。也有一些教师提出不必所有的拓展课程都作为必修课,而是让学生根据自己真实的学习情况,进行有针对性的选修。

(五)整合课程资源,做好课程资料共享工作

学校积极发动家长、社会、民间等多方力量,在过去利用校外各种学习场馆资源的基础上,挖掘人力资源,最大限度地发挥已有课程资源的价值。纵观学校"童真语文"课程群建设的实施过程,设计课程的是一组人,编写课程纲要和教学方案的是另一组人,而真正实施课程的又是另一组人。所以应该做好课程资料的共享和传承工作,同时课程资料还要增强可操作性。这样,不管学校人员如何变化,只要拿到课程资料,就知道这门课程是干什么的、该怎样实施。

不论是学校课程建设还是学科课程建设,都须要学校、教师、学生甚至社会各界的联合,课程建设之路还很漫长,我们会脚踏实地,继续前行!

参考文献

[1]杨四耕,李春华. 课程群:学习的深度聚焦[M]. 上海:华东师范大学出版社,2017.

[2]施良方. 课程理论:课程的基础、原理与问题[M]. 北京:教育科学出版社,1996.

[3]朱英. 进入学科深处的六个秘密[M]. 上海:华东师范大学出版社,2016.

[4]李青春. 新美课程:演绎生命之诗[M]. 华东师范大学出版社,2018.

(本文为 2019 年度郑州市教育科学重点课题,获科研成果一等奖。课题研究单位:郑州市金水区黄河路第二小学,课题负责人:白秀彩,课题组成员:薛小梅、于莉莉、赵梦语、张小茜)

"全能小公民"小学德育评价体系构建的实践研究

一、研究背景

十八大以来,党中央要求全面贯彻党的教育方针,坚持让教育为社会主义现代化建设服务,为人民服务,把"立德树人"作为教育的根本任务,培养德智体美全面发展的社会主义建设者和接班人。

我校深入学习和解读《中小学德育工作指南》(教基〔2017〕8 号)(以下简称《指南》),以德育为核心全面推进各项工作。我校为使德育工作系统化、科学化、常态化,把建构德育工作体系作为学校三年发展规划的主要任务。

在德育工作推进的过程中,有些问题亟待解决。

问题一:在《指南》中,中小学德育的总体目标充分体现了我国教育以"立德树人"为根本任务的总体方向,内容全面而丰富。但是,正因为内容太过丰富,难以聚焦,目标过于概括,不够细化,对教师德育教育的实践指导性不强,容易出现教育过程面面俱到、蜻蜓点水,教育效果浅而不实、泛而无效的现象。

问题二:德育侧重于人的政治思想、道德修养、法纪意识等内在素养的培养,难以开展定量评价。定性评价能够突显人本思想和发展性评价的理念,关注到学生的个性与多元发展,但是评价结果模糊笼统,弹性较大,难以精确把握。

传统的学校德育评价方式包括思政课纸笔测试、少先队"争章创优"活动和三好学生评比等,但评价周期过长,不能发挥即时的调节功能,不能对学生的发展情况做出准确的反映,往往成了部分优秀学生的专属荣誉,具有一定的功利性。

问题三:学校教师认同德育的重要意义,但因德育评价主体单一、评价标准不明确,导致学生和家长对德育重视程度不高,或者是思想上重视但行动上缺失。家校之间在德育工作上要求不对等,衔接不紧密,削弱了学校德育工作的效果。

综上可见,德育中的德育评价环节是关系到德育效果的重要因素。课题组将在专家的引领下,结合学校课程建设和文化建设工作的推进,构建"全能小公民"德育评价体系,努力促使学生思想道德、意识品质、行为修养的全面提升。

二、研究过程

(一)明确德育评价工作思路

课题组深入学习了关于开展德育工作的指导性文件,针对课程育人、文化育人、活动

育人、实践育人、管理育人和协同育人等不同德育形式的特点进行了分析,明确了我校德育评价改革工作的基本思路:

第一阶段(2019 年 9 月—2020 年 6 月)针对学校只有一至三年级学生的实际情况,将低年级学生行为习惯的养成和家庭德育评价作为德育评价工作的研究重点。

第二阶段(2020 年 9 月—2023 年 6 月)随着年级的不断增长,德育评价工作重心将转至学生道德修养和班级团队建设评价的研究。

第三阶段(2023 年 9 月—2024 年 6 月)课题组对建校六年来的德育工作实践经验进行全面回顾、梳理、总结,修订各年级德育目标和评价标准,完善《"全能小公民"德育工作实施方案》。

(二)创新改进德育工作模式

课题组从德育工作经验入手分析,创造性地提出"育行评一体化"的德育评价工作模式,即将教育活动和评价活动有效结合,提供明确的评价标准供学生、教师和家长参照,及时进行反馈指导,促使学生养成良好的行为习惯,形成社会规范意识。

(三)开发使用德育评价工具

对德育工作来说,评价工具更应体现时效性、广泛性、持续性和趣味性,使校内校外评价、短期长期评价不致脱节。课题组采用慧币和晓卡片助力德育工作,借助教育技术实现数据化分析,协助教师了解学生行为习惯的发展情况。

(四)开展德育评价工作实践

课题组在领导支持和专家的指导下,积极推广"育行评一体化"的德育评价工作模式,创设"全面育人、全员育人、全程育人"的浓厚氛围。课题组积极检验、评价工具使用效果,收集德育评价案例,反思不足,总结经验,推动学校德育工作高质量发展。

三、主要做法和经验

(一)确定评价标准

德育工作和学科教学相比,存在评价标准不明确,评价与教育活动脱节,评价结果滞后等问题。课题组以《指南》的总体目标为经,以核心素养要求为纬,参照《中小学生守则》的内容,从道德修养、法纪意识、政治思想三个方面对小学德育评价标准进行了系统、清晰的校本化构建,便于教师、学生和家长开展教育和评价活动。

表1　"全能小公民"德育评价标准

	一二年级	三四年级	五六年级
道德修养	1. 能使用"请、你好、谢谢、对不起"等礼貌用语,借用物品要征得他人同意,离家返家向家长打招呼,见到师长主动问好,用双手接过长辈递送的物品 2. 上课发言要举手示意,不会的问题及时请教老师,作业按时完成,书写认真规范,错题及时订正,正确使用文具 3. 能自己记作业,独立完成整理书包、整理书桌、擦桌扫地等简单的家务和班务,种好1颗绿植 4. 养成用流动水和肥皂勤洗手、咳嗽或打喷嚏捂口鼻、定时开窗通风、垃圾分类投放等良好的卫生习惯 5. 爱护图书、水电开关、桌椅门窗、宣传图片等公共物品及设施,爱护花草树木,不随地乱扔垃圾 6. 不说谎话,说到做到,不欺负同学和小动物,主动帮助遇到困难的人	1. 养成每天规律作息的生活习惯,坚持每天读书半小时、运动一小时。能选择健康有益的图书运动项目 2. 养成预习、复习等良好的学习习惯,正确使用工具书,遇到问题要学习独立思考,参与小组合作要尊重同伴,积极表达自己的想法,虚心听取别人的意见,为团队完成任务做出贡献 3. 进出他人房间要敲门,离开时随手关门,公共场合自觉排队、自觉购票,与同学互相帮助,看到不文明的行为能主动制止 4. 及时关闭暂不使用的水龙头或电器开关,合理使用纸张和文具,学习管理零用钱,养成节约好习惯 5. 独立完成洗小件衣服、做简单饭菜、清洗碗筷、到超市购物等家务,积极参与美化教室、校园活动 6. 了解传统礼仪,掌握在家庭、学校、社会上待人接物的生活礼节	1. 学习管理时间,制定并执行学习计划,定期进行自我反思,对不能解决的成长问题要及时向师长咨询请教,听从师长正确的教导和指点 2. 尊重他人的想法和习惯,与同学、老师发生意见分歧时能用正确的方式表达,并学习和他人协商解决问题 3. 积极参与打扫卫生、公益宣传等志愿者活动,公共场合主动帮助老人、幼儿、病患和残疾人 4. 积极参加团队拓展实践活动,维护集体荣誉,主动承担责任,团结同学,乐于助人 5. 善待他人,爱护弱小,尊重生命 6. 初步具备辨别是非、善恶、美丑的能力,对普遍的社会现象有自己的想法和判断

	一二年级	三四年级	五六年级
法纪意识	1.了解遵守纪律的重要性,自觉遵守班级文明公约,不迟到,不打架 2.认识常见的信号灯、交通标志,过马路走斑马线 3.掌握火灾自救、防拐骗安全常识,会正确拨打119 4.掌握同伴交往中的基本安全知识与安全技能,和同学玩耍不做危险动作,不玩危险的游戏	1.自觉遵守学校纪律和公共秩序,不破坏公物,不插队 2.了解常见的交通违法行为及危害,不在马路上玩耍,不骑车上路 3.掌握地震自救、防溺水安全常识 4.了解未成年人保护法的基本内容,知道自己的合法权益	1.了解面对校园欺凌的应对方法,能合理合法地保护自己 2.了解国家法律体系的基本构成,知道未成年人违法犯罪的后果 3.了解公民的基本权利和义务,了解家庭关系中的法律知识 4.掌握社会生活中的基本安全知识与安全技能
政治思想	1.喜欢上学,喜欢学校、同学和老师,能读出和写出同学的名字。见到所有的老师和同学主动问好 2.知道自己是中国人,认识国旗,会唱国歌,知道祖国的首都,会背诵5首以上爱党爱国的儿歌 3.了解少先队组织的名称、历史和红领巾的意义,能规范佩戴红领巾,爱护红领巾	1.知道中国共产党的名称和党的生日,知道党在中国发展建设中的主要贡献,会唱5首以上爱党爱国的歌曲 2.知道5位以上老一辈革命家的名字,喜欢阅读相关书籍,能讲述革命的事迹 3.开展社会调查、实地走访,了解自己家乡的风土人情和名胜古迹,能从2~3个方面说出家乡的发展变化 4.了解学校校史、校风、校训,以校为荣,自觉维护学校的声誉	1.知道中国人民解放军的名称和光荣历史,能说出5名以上战斗英雄的名字和事迹 2.能正确理解"英雄""楷模"的含义,在清明节、公祭日、中国烈士纪念日、学雷锋纪念日积极参与悼念活动 3.了解自己民族的历史,了解中国的版图组成、政治制度 4.对自己的未来有初步的目标和理想,有自己的人生计划

（二）丰富评价主体

1.自我评价

学生是塑造个人道德修养、法纪意识、政治思想的第一责任人。学生参与对自己品德、行为的评价,有助于形成向内反观、修身正己的意识和习惯,促进学生道德判断能力的发展。

我校每月评选"文明小标兵",期末的评优除设置"全能小公民"奖项外,还设置了"学习认真小模范、劳动服务小能手、乐于助人小榜样、轻声慢步小标兵、健康运动小达人、扮美生活小行家、知书达礼小明星、学习态度进步奖、行为习惯进步奖、课堂表现进步奖"等单项奖。奖项涉及学生健康成长的各个方面,评选标准具体明确,重在激励学生挑战自我,不断进步。学生可以自愿申报,申报过程就是学生自我认识、自我反思、自我评价的过程,评选过程公开、公正、公平,力求使班级中每个学生都能得到肯定。教师可以在评优中根据学生申报的奖项与其平时表现进行对比,对学生的道德认知水平发展做出准确的判断,在后续的德育工作中有针对性地开展教育活动。

2.同伴互评

在评价学生的道德情感、道德意志、道德行为时,班级里朝夕相处的同学最有发言权。同伴互评一般在班会上进行,班会借鉴正面管教的理念和方法,班主任组织学生用"向同学致谢、赞美同学的行为、帮助同学解决行为问题"等方式,以互相评价为手段,以改善行为为目的,引导学生学会用客观、公正、发展的态度看待同学,营造和谐互助、团结友爱的良好班级氛围。

3.家庭评价

德育评价具有连续性,引导家庭成员参与学生的评价,可以将德育由校内延伸到校外,从课堂扩展到生活,让德育无处不在、无时不在,有利于形成家校教育合力,使德育效果最大化。

我校《学生校外行为习惯评价表》在"负责任、有能力、慧生活"3个一级指标下,设置了"主动学习、文明有礼、关注新闻、参与家务、认真作业、坚持阅读、兴趣活动、时间管理、关心家人"9个二级指标。学生可根据自身情况拟定每项评价的具体标准,家长在尊重学生意见的基础上提出调整建议,评价标准确定后填入表格中,学生和家长每天根据标准进行反思自评。考虑到学生年龄小,习惯养成有待时日,只要学生当月达标天数达到自己制定的标准,即可获得五星好评,由家长联系班主任申请奖状和相应数额的慧币。家长还可以在备注栏内写下评语,对学生的表现进行个性化评价。

评价过程中,学生和家长之间的交流和沟通有助于加强彼此的了解,对学生健康成长有着重要的促进作用。由于家长的人生观、价值观不同,对德育评价标准的理解和把握也不同,教师要正确引导家长,对学生做得好的地方要给予鼓励,做得不足的地方要帮助改进,防止家长的不当评价对学生产生不利影响。

为提高家长的德育评价与家庭教育的指导水平,学校积极开展家长学校活动,多次邀请专家为家长传授正面管教的理念和方法。每月的"校长接待日",家长可以提前预约,到校与校长聊孩子、聊教育,听取校长的家教实施建议。这些措施都深受家长欢迎,家校互动和谐有效,有助于家庭德育及评价工作的顺利推进。

(三)创新评价模式

近年来,教学以一致性的教学模式得到了教师的广泛认可。课题组认为德育工作可以和学科教学一样,将养成教育、实践行动、评价反馈三位一体紧密融合,使德育各个环节相互作用、相互促进。基于此,课题组创造性地提出"育行评一体化"德育工作模式。

"育行评一体化"是依据学校德育工作的实施方案,促使德育目标系统化、实施过程规范化、评价标准具体化的工作模式。该模式促进教师、学生和家长共同参与德育工作,通过灵活的、即时的、有效的评价,及时了解学生的观念意识、行为习惯发展状况,以及与目标的差距,以便调整改进德育策略和方法。操作流程如下。

1. 确定德育评价工作重点

有效德育追求的不仅是高尚道德内化于心,更是优秀品格外化于行。德育"有效"的唯一证据是学生的客观行为,因此,德育评价的重点必须是学生的客观行为,在一件件琐事中,通过学生、教师、家长看到的、听到的、感受到的,用心灵、语言而不是用分数做出判断。

课题组结合我校育人目标,每个学期从"负责任"和"有能力"两个方面入手,重点抓好 3~4 个有利于优秀品质养成的好习惯的落实,积少成多,力争使澜景小学的学生经过六年的熏陶与训练,能够达到未来好公民的成长目标。

标准先于评价,且可观察、可记录、可量化,便于开展先期教育、中期指导和同期评价。举例来说,《指南》的低年级德育目标中提出,要保护环境,爱惜资源,养成基本的文明行为习惯;在核心素养框架中,健康生活素养包括了珍爱生命——养成健康文明的行为习惯和生活方式。结合国家提倡的"垃圾分类"和科学学科的学习内容,我校在二年级上学期提出"能做到不乱扔垃圾,并主动提醒他人保持周边环境卫生"的倡议。教师在一个学期内,有计划地组织开展垃圾分类知识讲座、知识竞赛和情境表演,一周家庭垃圾数量和种类调查,社区宣传服务、宣传标语制作等一系列活动。教师和家长随时关注学生对垃圾处置的态度和行为,利用晨读、班会、家访、家庭会议等时间,使用语言鼓励、电子奖状,发放慧币和推荐评优等方式进行评价反馈。经过一个学期的实践,学生基本能养成不乱扔垃圾的良好习惯。

为帮助学生、教师和家长要了解每学期的行为习惯养成标准,课题组编写出朗朗上口的儿歌。开学典礼上,校长带领学生诵读,并进行具体讲解。平时,由班主任、家长负责督促学生借助儿歌熟悉行为习惯要求,使学生在校内外学习和生活中自觉践行,不断进步。

2. 持续开展养成教育实践

明确细致的标准转化为学生的自觉行为,关键在坚持不懈地实践、评价、再实践、再评价。学期初,各年级教师根据评价标准设计出一个学期的教育实践活动计划,学生则在一个学期内持续参与各种活动,学生、教师和家长对学生的行为表现持续进行评价、反思、改进。

以我校一年级上期行为习惯"轻声慢步靠右走"为例,行为标准如下。

(1)在公共场所(如教室、走廊、楼梯、卫生间、校园、马路等)行走时自觉靠右侧,看到迎面来人时主动避让。

(2)公共场所人数较多时,要慢慢走,不推不挤,不拉拽同行的伙伴。

(3)行走时可以交谈,室内使用一级音量,室外使用二级音量。

表2　各年级教育实践和评价活动计划表

时间节点	教育实践	评价活动	评价主体
一年级上学期第一周	1. 入学课程中安排观看澜景小学行为习惯养成教育片《澜精灵的幸福一天》，了解各种行为习惯养成标准 2. 学习儿歌《澜景好苗苗》 3. 交流观后感受，制定本班的班级行为公约。	1. 观察学生在观看、交流中的表现，对学习态度认真、参与交流积极的学生给予鼓励，可安排做路队长、领读员 2. 每天放学前，让学生采用自评、互评的方式评价当天的表现，对能够自评、自省的学生予以鼓励	班主任、各学科教师、全体学生
其他年级每学期第一周	1. 回顾"轻声慢步靠右走"的行为标准 2. 根据实际情况修订班级行为公约	每天放学前，学生采用自评、互评的方式评价当天的表现，对能够自评、自省的学生予以鼓励	班主任、各学科教师、全体学生
学期中	自觉在校内外各种公共场合践行"轻声慢步靠右走"	楼层安全值班教师、学科教师、学生监督员、家长随时针对学生的行为予以鼓励或提醒，并将观察到的特殊情况反馈给班主任	班主任、各学科教师、全体学生和家长
学期末	班级经过自荐、民主评议进行评选"文明小标兵"	公布"文明小标兵"名单	班主任、学生部

经过近两个学期的实践，课题组通过问卷调查和日常观察发现，通过持续不断的教育和评价活动，学生对"轻声慢步靠右走"的要求已烂熟于心，规范言行的自觉性增强了，教师对学生文明行为习惯的教育意识也提高了。

3. 创设真实情境实施评价

德育教育融入学生的校园和家庭生活，德育评价也要回归学生完整而真实的现实生活。我校开发了低年级特色表现性评价活动——"慧城求职记"，每学期设有不同的职业体验项目，采用低龄儿童喜闻乐见的职业体验游戏，将各学科适用的评价内容巧妙融为一体，学生跨班级组成临时小组参与评价。

评价时，教师依据德育目标和学科目标来细化评价标准，通过观察学生的语言、行为、表情、态度，对个人表现做出评价，根据整体表现提出德育工作的改进建议。下面这段话节选自"精灵图书馆"项目教师的总结。

个别孩子参与感较低，不能很好地融入集体中，不善于表达自己的想法，遇到问题不能积极主动地寻求帮助。另外，部分孩子注意力不集中，会做与要求无关的事情。学生的行为礼仪素养仍有待提高，存在问题有：

1. 进门不敲门或敲门声音过大。

2. 在转场期间，走廊里追逐打闹声音过大。

3. 不知道用双手接物。

4. 不主动问好及道别。

5. 等候期间在室内说话走动,不能安静等待。

今后教学中,每位教师都要时刻关注学生的一言一行,从小事抓起,注意细节,明确要求,监督到位,让学生变得更加文明懂礼。

(四)开发评价工具

我校在"育行评一体化"实践过程中,引入教育技术手段,设计了两种评价工具助力德育工作。

1. 慧币

我校围绕"负责任、有能力、慧生活的未来好公民"的育人目标,力求为学生创设接近社会生活的成长环境,设计制作了充分体现我校教育理念和特色的"慧币",构建了慧币评价体系。

(1)慧币获取。

学校每学期初发放给各班一定数额的慧币,师生一起讨论、制定班级评价方案,定期组织学生根据方案开展自评、互评,发放慧币。

①学生参与各种养成教育活动可获得相应数额的慧币。

②学生参与班级管理岗位的竞聘,完成工作的可领取当月"岗位工资"。

③家长参与志愿者服务,所获积分可兑换相应数量的慧币。

(2)慧币使用。

慧币可以在校内流通、消费,充分发挥慧币的赏识、激励和导向作用,引导学生在实践中逐步形成自我管理、服务社会的意识和能力。

良好的表现可以兑换慧币,学生享有自主选择喜欢的奖励或奖品的权利,兴趣的满足和荣誉感的获得反过来促进学生表现得更好。学生对慧币的态度由新奇到喜爱,参与班级服务和学校活动的积极性更高了。

2. 晓卡片

晓黑板是一种家校沟通软件,"晓卡片"是其推出的在线评价工具。各学科教师针对学生的行为习惯,依据学科性质、特点制定评价指标,定制专用卡片,在日常教学中可根据学生的表现随时发放。学生家长可扫描卡片背面的二维码,评价结果就会自动记入晓黑板平台的学生档案,管理后台定期生成学生、班级评价统计雷达图。学生的晓卡片积累到一定数量后,可兑换慧币,获得"全能小公民"荣誉称号的参评资格。

晓卡片弥补了过程性评价中不易记录、不易量化、不易反馈的缺陷,家长能及时通过晓卡片的获得情况了解学生的校内表现。学校借助网络平台对评价结果进行全面分析和个性化管理,该软件的统计数据和分析结果能让学生、家长、教师了解学生各方面发展情况,及时开展有针对性的教育活动。

表3 晓卡片德育评价指标及评价标准

评价指标	评价标准
遵守规则	按时到校,自觉排队,轻声慢步靠右走,控制音量等级,借用物品及时归还
热爱劳动	在学校和家里主动参加力所能及的劳动,自己的事情自己做
文明有礼	尊敬长辈,使用礼貌用语,不打架不骂人,节约用纸,随手关灯,不随地乱扔垃圾
团结友爱	能及时帮助有困难的同学,积极参加集体活动

四、研究成效

(一)德育工作成为学校教育特色

随着研究的开展,学校德育工作实施方案不断修订完善,在丰富多彩的活动中充分体现了人文关怀、创新意识、合作精神,以"负责、自律、积极"为特点的澜景学子形象正逐步形成。

学校对德育工作的重视,影响和改变着家长重视智育、轻视德育的教育观。德育评价工作全面改进以后,家长感受到孩子的成长变化,对学校开展的各项活动都能大力支持,家校共同教育、和谐同步。

由于在德育中取得的成效,我校被评为2019年度区级文明校园。在领导视察和专家调研中,我校的德育工作亮点得到了认可与赞许。

(二)德育工作助推教师专业成长

我校借助课题研究全力推进"全面育人、全员育人、全程育人",其首要任务就是提升全体教师的德育工作能力。课题组组织德育理论学习和德育技能培训,邀请专家到校传授正面管教理念和实操技术,邀请外校和本校优秀教师分享德育案例和经验,促使学校德育教师队伍向专业化发展。

学校几乎所有教师都担任了学生管理工作,他们积极主动履行育人职责,每次德育活动都融合了全体教师的教育智慧、心血和热情。

教师全力投入德育工作,形成了严肃认真的工作态度,教育工作水平快速提升。教师收获了个人的发展与成长,换来了家长的支持与信任。2018年12月,我校德育工作案例《因为有我,世界更美》被评为郑州市"不忘初心立德树人"师德师风的优秀案例。

五、存在问题及下一步打算

（一）"育行评一体化"有待完善

德育工作不是一朝一夕之功，"育行评一体化"的理论与实践需要在专家引领下进一步寻找理论支撑，需要在实践中不断对其科学性、有效性进行检验。

（二）评价工具的使用有待完善

慧币和晓卡片在使用中存在的问题有待解决。

（1）各班级、各学科教师在发放标准的把握上存在差异，需要全体教师不断完善评价工具的使用规则。

（2）慧币的消费项目中，物质消费居多，精神消费较少，需要增加精神消费的比重和种类，还可以增设慈善公益项目、班级团体消费项目、自主经营项目，引导学生积极参与。

（3）慧币可以作为对学生进行金融知识、理财意识启蒙教育的手段。数学学科教师可以开发设计项目式学习活动，给慧币评价赋予新的使命。

参考文献

［1］中央文明委、中央宣传部. 公民道德建设实施纲要［S］. 2001.

［2］中华人民共和国教育部. 中小学德育工作指南［S］. 2017.

［3］中华人民共和国教育部. 关于全面深化课程改革落实立德树人根本任务的意见［S］. 2014.

［4］教育部基础教育司. 中小学德育工作指南实施手册［M］. 北京：教育科学出版社，2017.

［5］杜时忠. 我国学校德育体系将进入"五个德育"新境界［J］. 人民教育，2018（22）：36－42.

［6］王红顺. 中小学QQ币评价体系的构建与实施［J］. 教书育人，2011（23）：16－18.

（本文为2019年度郑州市教育科学重点课题，获科研成果一等奖。课题研究单位：郑州市中原区澜景小学，课题负责人：赵京雯，课题组成员：李玉莲、张书娟、魏维、王嘉莹）

幼儿园大班创意编织课程的开发研究

一、研究背景

习近平总书记在全国教育大会上曾讲到,要全面加强和改进学校美育,坚持以美育人、以文化人,提高学生审美和人文素养。《3～6岁儿童学习与发展指南》中提出:"运用多种方式,积极地、有个性地、创造性地表达和表现在共同生活和探索世界的活动中所获得的感受和认识,并体验表达与表现的乐趣。"因此,在幼儿教育阶段进行中国传统文化和艺术的熏陶十分必要。

我园深入践行以幼儿为本的发展理念。目前,幼儿园大班的幼小衔接成为家长、教师普遍关注的话题,然而在大班幼儿发展中出现了诸如注意力不集中、动手能力较弱、观察能力和生活能力不强等突出问题,这些问题在一定程度上阻碍了幼儿快速适应小学生活。如果追究其原因则是教师未能全面关注幼儿的能力发展,幼儿园游戏活动有待完善;家庭教育中家长过于关注幼儿知识、技能方面的掌握,对学习习惯和生活能力的培养较弱等。

基于此,本课题组以习近平新时代中国特色社会主义思想为指导,遵循学前教育的规律,提升幼儿的综合素养。结合我园实际情况,课题组以传统的民间编织艺术为切入口,进行审美教育和创新教育的尝试。该课程充分挖掘幼儿游戏中、生活中宝贵的资源,深入课程建设,将我国民族传统文化中的编织艺术融入课堂,让幼儿喜爱又利于其发展的创意编织活动更加系统化,进一步培养幼儿的专注力、观察力、创造力及双手协调能力等,同时注重各种品格和习惯的养成。本研究以幼儿园大班组为实验班,进行重点的研究和探索,通过对创意编织课程的开发,进一步丰实幼儿园的课程建设,提升大班幼儿的综合能力,为幼小衔接奠定基础。

二、研究过程

(一)准备整理阶段(2019年2月—2019年5月)

(1)收集、学习五大领域相关经验,增强教科研能力,了解课题研究的相关资料。

(2)制定研究方案和实施方案,营造幼儿玩乐的区角环境。课题组成员制作相关的表格,对幼儿大班的活动开展、幼儿需求、家长需求等情况进行调查。

(3)创设别具一格的手工编织。

(二)实施提升阶段(2019年6月—2019年12月)

(1)定期为幼儿开放创意编织游戏区域,提供自主的游戏环境。

（2）每周进行一次手工编织的集体教学活动,注意及时记录内容,便于研究参考数据。

（3）教师通过范例的出示、讲解,以及讲评编织的相关内容,充分调动幼儿的兴趣,激发幼儿的自主性和创造性,鼓励幼儿的自主学习行为。

（4）课题组成员在班级进行调查,对创意编织活动的开展情况进行记录,进行多元评价,关注并搜集编织活动的过程性资料。

（5）每学期组织两到三次"请进来"和"走出去"的社会实践交流研讨活动,发挥每个教师、家长、幼儿的能量,多途径收集本土资源,设计适合大班幼儿发展的创意编织活动。

（6）充分挖掘幼儿园周边的自然资源,结合美术节特色活动,进行深入调查,对现阶段的编织成果进行展示,总结开展创意编织活动中的有形性成果和无形性成果。

（三）经验总结阶段（2019 年 12 月—2020 年 2 月）

（1）总结整理,汇总研究中的相关资料,形成中期报告,请专家面对面指导。

（2）整理创意编织课程研究中的数据,完善课题相关资料,对研究过程及相关资料进行总结、分析,撰写研究报告初稿。

（3）积极修改完善,形成研究报告。

三、主要做法与经验

（一）幼儿园大班创意编织课程的开发价值与可行性调查研究

陶行知先生在生活教育理论中指出:"生活教育是生活所原有,生活所自营,生活所必需的教育。"大班创意编织课程的主题即来源于生活。即将步入大班的幼儿在教师的组织下参加"丝绸之路"社会实践活动,活动中幼儿们对编织活动特别感兴趣。因此从幼儿兴趣出发,大班组教师成立了课程研发小组,结合大班幼儿年龄特点,引进编织资源,进行大班幼儿编织课程的开发研究。

（1）充分利用资源,创设良好编织环境,不断引起幼儿兴趣。在班级环境创设的不断丰富中,最大程度利用环境教育,让幼儿对创意编织有更多的了解,扩大幼儿的认知层面,让幼儿有收获并在知识的获得积累中充满自信。

（2）结合游戏化的教学模式,不断增加课程的趣味性。在创设良好编织环境的学习中,教师利用自身专业素养,结合游戏化的教育方式,将编织内容融入有趣的游戏中,让幼儿在游戏中潜移默化地学习编织的简单技巧。

（3）将课程内容与幼儿园五大领域相互渗透与整合。为了让创意编织课程形成体系,使其呈现得更加立体,课题组成员在探索研究过程中,多层面、全方位地展现创意编织的教育培养价值,让幼儿在语言表达、动手操作、创新探索、艺术审美、同伴合作等方面有更多更丰富的学习和收获。

（4）通过创意编织课程，让幼儿有更多的获得感、成就感。在创意编织课程的实施中，更多的是让幼儿有作品呈现，而不仅仅是简单的技能技巧的锻炼。开展课程最重要的意义在于，让幼儿真实地感受到创造后收获的结果，从情感上丰富提升幼儿的获得感、成就感和自信心。

（二）幼儿园大班创意编织课程目标及内容设计研究

通过课题组前期对大班幼儿的编织活动兴趣、编织活动对幼儿发展的影响、编织课程开发及实施可行性等多方面的调查，了解到目前我园生活课程构建不系统、不完善，课程中各领域之间的渗透、融合度不高。我园部分园本课程中存在有课程目标定位不明确，课程内容不全面，课程实施中形式单一等问题，基于此，以我国教育颁布的《3～6岁儿童学习与发展指南》为参照，重点对艺术领域的目标进行汇总、提炼，并和五大领域大班阶段的发展指标相融合，制定我园大班编织课程总目标。

1. 结合《指南》各领域目标，制定编织课程的月重点及目标（见表1）

表1　2018—2019学年上学期9月份工作重点

时间：2018年9月1日—9月30日

班级		大三班	制定人员	王文君、谢红瑞、刘雅静、赵永浩、郑舒婷
编织工作重点		1. 观看丝绸之路（视频）、物品、图片，了解丝绸的制作工艺 2. 参加丝绸之路的游戏体验活动，引起对织布机的兴趣 3. 了解纺织时所需要的操作工具，尝试操作编织工具 4. 大胆制作手工品，体验动手操作织布机的乐趣		
五大领域渗透课程内容	健康	1. 尝试进行编织，进行手的精细动作练习 2. 喜欢新的编织，对手工编织感兴趣		
	语言	1. 在集体中能注意听老师或其他人讲编织方法 2. 听不懂或对编织有疑问时能主动提问		
	社会	1. 能有礼貌地与同伴进行编织操作 2. 了解的编织视频、图片愿意与大家分享		
	科学	1. 对丝绸之路视频、图片、照片感兴趣，刨根问底、寻求答案 2. 探索中发展编织方法与技巧，感到兴奋与满足		
	艺术	1. 对生活中编织工艺品，衣物等产生喜爱之情 2. 乐于收集编织手工艺品，并向大家介绍		
家长工作		1. 与孩子一起收集编织手工艺品、视频、图片 2. 陪伴孩子参加丝绸之路的游戏体验活动 3. 鼓励孩子与他人分享收集的成果		
备注				

2.创意编织课程结构(见图1)

通过课题组的调查与分析,我们在实验班现有的活动中进行持续观察与提炼,并在现有基础上进行创意编织课程的调整与完善。

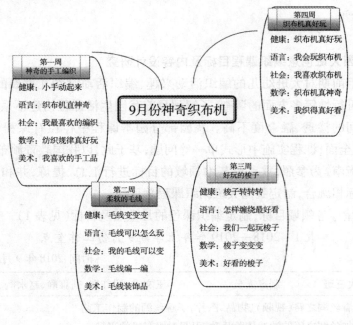

第四周
织布机真好玩
健康:织布机真好玩
语言:我会玩织布机
社会:我喜欢织布机
数学:织布机真神奇
美术:我织得真好看

第一周
神奇的手工编织
健康:小手动起来
语言:织布机真神奇
社会:我最喜欢的编织
数学:纺织规律真好玩
美术:我喜欢的手工品

9月份神奇织布机

第三周
好玩的梭子
健康:梭子转转转
语言:怎样缠绕最好看
社会:我们一起玩梭子
数学:梭子变变变
美术:好看的梭子

第二周
柔软的毛线
健康:毛线变变变
语言:毛线可以怎么玩
社会:我的毛线可以变
数学:毛线编一编
美术:毛线装饰品

图1 创意编织课程结构

3.制定课程安排表(见表2)

根据开发与完善创意编织课程结构内容的要求,结合上级部门相关文件要求和幼儿园实际情况,制定我园大班创意编织课程活动计划安排,以9月份为例。

表2 9月份第1周教育活动及游戏计划

班级:大三班		时间:9月3日—9月7日			
本周重点	1.观看丝绸之路视频、物品、图上,了解丝绳的制作工艺 2.参加丝绸之路的游戏体验活动,引起对织布机的兴趣 3.了解编织时所需要的操作工具,尝试使用编织工具				
教育活动	丝绸之路				
游戏活动	区域游戏;织布编织				
星期	一	二	三	四	五
游戏内容	认识工具	绳子缠绕	缠线团	缠绕梭子	认识织布机

在大班创意编织课程的教学活动设计上,我们坚持基础性与时代性相结合、科学性与生活性相结合、完整性与开放性相结合、基础发展与五大领域的渗透与整合的原则,根据幼儿的年龄特点与发展需要进行设计。

（三）幼儿园大班创意编织课程实施策略研究

编织是我国民间传统艺术，是珍贵的文化资源。根据《幼儿园工作规程》的指导精神，课题组以编织为切入点，进行审美、创新教育的探索，营造适合我园大班幼儿发展需要的编织活动氛围。

1. 多样化编织工具，激发幼儿的艺术想象与创造

在研究中，我们发现幼儿最开始对编织的兴趣是基于有趣的编织工具。幼儿园引进多样化的编织工具，教师也会引导幼儿利用现有的废旧物品自制各种编织工具来进行编织。幼儿自制编织工具有自制布艺绳圈编织器、多边形手工编织器、花篮编织器、DIY 织头发工具等。每样编织工具分不同型号与种类，可以满足幼儿多样编织的需求。

课题组在研究中发现，自制的编织工具能够激发幼儿的想象与创造，幼儿在现成的编织工具运用中，能够按照一定的方法进行编织，随着编织技巧和能力的增强，他们对多样化编织工具的需求日益明显。在教师的引导下，幼儿们对自创编织工具抱有很高的热情。不同的编织工具需要不同的编织材料。另外，除了编织工具的多样性之外，课题组在编织资源的开发上不断深入，幼儿园邀请有相关经验的家长和社区志愿者走进课堂，参与幼儿园创意编织活动，拓宽幼儿的视野，极大地激发了他们的学习兴趣和积极性。

2. 游戏化教学模式，营造轻松、愉悦的游戏环境

在规则制定方面，让幼儿进行自由结伴，自主选择编织活动内容，进入相应的操作区，真实而大胆地在活动中表达自己的想法，展示自己的作品。通常，创意编织活动是在教师的集中指导下完成，这样集体化的教学活动主要强化了幼儿操作时的技能技巧，教师在活动中提出统一目标，这样容易削弱幼儿的创造与表现。教师根据幼儿的游戏需要提出相关操作要求，更多的是让幼儿进行自主操作，教师在幼儿需要的时候进行指导。在游戏开展与指导方面，教师通过小组比赛、同伴合作等形式让编织活动氛围更加轻松，从对幼儿技能的关注上，转移到对幼儿游戏习惯、品质及兴趣的发觉上，把创意编织融入游戏中，让孩子们在游戏中体验获得快乐。

3. 情景化教学导入，创设别具一格的编织空间

在创意编织活动中，我们充分调动幼儿的兴趣，激发幼儿的自主性和创造性，教师尊重每位幼儿的独立性，根据他们不同的审美情趣、发展水平、能力经验等进行个性化教育和指导，创设一定的游戏情境，在趣味情境的导入下，极大地提高幼儿编织积极性。

活动之后，教师及时正面评价孩子的每一个作品，把孩子们的编织作品进行环境创设，并在编织区进行展示。孩子们在鼓励中成长，在独具一格的编织空间中发散思维，获得能力的提升。

4. 自主化课程体验，鼓励幼儿自主游戏的行为

活动组织与实施过程中，教师运用多种方法，进行积极有效的师幼互动，把部分枯燥、无趣的内容融入更多的美育，再结合班级多媒体互动式教学设备，让幼儿获得更丰

富、有趣的活动体验。孩子们有单人进行编织，有双人的合作编织，还有多人共同参与创作的成果作品。

5.互动式教学策略，让幼儿在体验中收获成长

教师在日常的教育教学活动中，通过有效的引导和教育方法等，提高幼儿活动兴趣及参与活动的积极性，提升幼儿的自信心，让幼儿有更加强烈的体验感和参与兴趣。课题组也十分重视运用身边的资源，挖掘有价值的内容，在不同的途径引入有助于创意编织活动有特色发展的资源。

（四）幼儿园大班创意编织课程评价研究

根据《幼儿园教育指导纲要（试行）》《3～6岁儿童学习与发展指南》（以下简称《指南》和《纲要》）精神，结合本园实际及幼儿园课程建设的总目标，制定我园大班创意编织课程评价方案。我园通过多元的评价进一步完善课程体系，进一步激发教师的主观能动性，挖掘潜能、提供智慧，参与课程管理与评价，促进幼儿健康、快乐、聪慧、向善地和谐发展，为其一生的发展奠定良好的健康基础。

1.课程评价原则

在课程评价中，结合大班幼儿年龄特点和创意编织课程实际，坚持整体性原则、游戏性原则和自主性原则。

（1）整体性原则。《指南》中指出，关注幼儿学习与发展的整体性，注重各领域之间、目标之间的相互渗透和整合。在创意编织课程中体现整体性原则，主要是在进行课程评价时，要对本课程的不同方面有充分有效的科学评价，体现出多角度、全方位。课题研究重点关注幼儿的身心全面发展，并在各领域内容融合，达到促进幼儿全面发展的要求。

（2）游戏性原则。根据《纲要》《指南》精神，遵循幼儿的发展规律和学习特点，以游戏为基本活动。在大班创意编织课程中，要根据幼儿的年龄特点和身心发展规律，通过游戏的途径最大限度地支持和满足幼儿的发展需求。

（3）自主性原则。园本课程是动态发展的，根据不同时间、不同阶段的幼儿需求，要适当地给予调整和完善。课程在设置上要有适度的自主空间，给课程的实施者一个方向和引导，而非统一的标准。课程要支持和引导每个幼儿从原有水平向更高水平发展，体现尊重幼儿发展的个体差异。

2.探索多元化的课程评价

根据国家教育部颁布的《3～6岁儿童学习与发展指南》内容，结合本园实际，制定《二七区实验幼儿园大班创意编织课程目标与效果评价表》（见表3）。班级教师定期对我园大班幼儿健康领域园本课程目标达成情况进行评价。

表3 二七区实验幼儿园大班创意编织课程目标与效果评价表

内容	目标	目标内容	达成情况 ☆较好△一般○未完成
感受与欣赏	喜欢自然界与生活中美的事物	1. 乐于收集美的物品或向别人介绍所发现的美的事物 2. 乐于模仿自然界和生活环境中有特点的事物,并产生相应的联想	
感受与欣赏	喜欢欣赏多种多样的艺术形式和作品	1. 艺术欣赏时常常用表情、动作、语言等方式表达自己的理解 2. 愿意和别人分享交流自己喜爱的艺术作品和美感体验	
表现与创造	喜欢进行艺术活动并大胆表现	1. 积极参与艺术活动,有自己比较喜欢的活动形式 2. 能用多种工具、材料或不同的表现手法表达自己的感受和想象 3. 艺术活动中能与他人相互配合 也能独立表现	
表现与创造	具有初步的艺术表现与创造能力	1. 能自编自演故事,并为表演选择和搭配简单的服饰、道具或布景 2. 能用自己制作的美术作品布置环境、美化生活	

同时,课题组结合研究需要制定《二七区实验幼儿园大班创意编织课程实施过程评价表》和《二七区实验幼儿园大班创意编织课程设置评价表》(见表4、表5)。

表4 二七区实验幼儿园大班创意编织课程实施过程评价表

内容		评价标准及其得分			
		A(10分)	B(8分)	C(5分)	得分
1	教师对课程的理解与认知	对编织课程理念熟悉,目标清晰明确	对编织课程理念基本熟悉,目标较清晰明确	对编织课程理念及目标需要进一步了解	
2	教师的教学设计与组织	活动目标清晰,内容合理,符合幼儿发展需要	活动目标清晰,内容较合理,基本符合幼儿发展需求	活动目标及内容设计模糊,不能满足幼儿发展需求	
3	教师的教学过程与方法	教学过程组织合理有效,方法科学,活动开展有序	教学过程较为合理,方法需要进一步改善	教学过程及教学方法模糊,无法有序开展	

（续表）

内容		评价标准及其得分			
		A(10分)	B(8分)	C(5分)	得分
4	教师对编织工具的使用与创新	能熟练使用操作工具,善于利用工具与幼儿互动	基本能使用操作工作,与幼儿有简单互动	对编织工具不能熟练使用,与幼儿互动少	
5	教师对幼儿活动观察与指导	能及时发现问题,并能有效解决,与幼儿互动频繁	能发现问题,与幼儿有简单的互动交流	没有及时发现问题,与幼儿互动少	
6	幼儿对教学活动的反馈情况	幼儿参与积极,与同伴和教师互动频繁	大部分幼儿能参与,和教师有简单的交流互动	部分幼儿能积极参与,与同伴、教师互动少	

表5 二七区实验幼儿园大班创意编织课程设置评价表

填表说明:评估项目分为三个等级(A 很好、B 一般、C 待改进),请在相应出打√

类型	内容	等级
选择	1.课程整体架构上能够把握课程全局,循序渐进,深入浅出	A 很好 B 一般 C 等改进
	2.您在课程实施过程中有深刻的理解和丰富的经验	A 很好 B 一般 C 等改进
	3.课程中所举案例针对性强、分析透彻	A 很好 B 一般 C 等改进
	4.课程内容条理清晰、重点突出,能够引起幼儿兴趣	A 很好 B 一般 C 等改进
	5.课程设计对大班幼儿需求的分析和把握比较准确	A 很好 B 一般 C 等改进
	6.课程内容帮助我更新理念、拓展思维、学会方法	A 很好 B 一般 C 等改进
	7.课程实用,可操作性强	A 很好 B 一般 C 等改进

（续表）

类型	内容
问答	8.我对大班健康领域园本课程的整体评价
	9.我认为最有益的地方
	10.需要改进的地方

　　根据我园园本课程的总目标及大班艺术领域园本课程目标,课程开发小组及班级教师针对我园大班艺术领域的园本课程实施过程及课程设置进行评价。我园坚持幼儿为本的教育理念,坚持整体性、游戏性、自主性的评价原则,探索多元化课程评价体系,提高幼儿的创新思维和动手能力等方面。

四、研究成果

（一）显性成果

1.初步开发我园大班创意编织课程

　　我园依据教育部颁布的《幼儿园教育指导纲要》《3~6岁儿童学习与发展指南》和《幼儿园教师专业标准》要求,结合我园大班幼儿幼小衔接需要及艺术领域教育情况,初步开发、构建大班健康领域园本课程,形成园本特色的果程结构,促进幼儿身心全面和谐发展。在课题开展中,课题组通过观察、评价、反思、总结等方式研究出适合本园的课程评价表,对课程的开发、实施、效果等进行多元化的评价,稳步扎实地推进我园课程建设。

2.形成我园编织课程案例集锦

　　在课题开展中,随着我园大班创意编织课程研究的不断深入,课题组深入一线搜集了大量的相关教育案例。课题组成员对案例内容进行了系统的分类与整理,使它们更加清晰与规范,并挑选典型性的案例进行汇编,形成具有我园特色的创意编织课程案例集锦,为教师的相互学习交流提供了参考资料,提升教师的教育水平。

（二）隐性成果

1.幼儿综合素养提升显著

　　在课题研究的实践中,幼儿通过编织活动,运月高变集中的注意力、灵活的手眼协调能力和不断变化的编织技巧来构建物体形象,能有效训练幼儿手部小肌肉及动作的精确性和灵活性,完善神经系统的控制能力。同时,幼儿的有意注意、观察探究能力也得到整体性提高,他们在民族艺术的熏陶下,在生活体验中,感受编织的丰富多彩,促进幼儿审美情趣的养成。

2. 教师游戏化活动的组织能力增强

编织活动的开展,教师通过多种形式组织开展活动,充分利用资源,创设了良好编织环境。课程渗透并整合五大领域内容,可以让教师开展游戏化课程,并结合游戏化的教学模式,将编织活动融入区角活动。全面精细的整体布置,系统完善的课程设计,游戏化基于幼儿的细节处理都是教师教育教学能力的体现和发展。一个主题"编织"有利于教师系统性地组织活动,开展课程研究,组织教育评价方式和灵活实施的方式方法,促进教育教学能力的发展。

3. 创意编织课程更加科学系统

创意编织课程是以幼儿发展为根本,在不断的实践、创造、总结中,课题组将编织课程与大班年龄段幼儿的身心发展特点及成长规律科学相结合,依照园本课程的目的性、计划性实施原则,科学有效地引导幼儿主动参与。我园将创意编织艺术通过多种形式、多种途径和大班课程融合,并在班级环境创设中合理实施,同时在主题活动、区角游戏、创意美术等活动中开展实施,让幼儿在不同活动中都能亲身体验、实际操作,使得他们的学习兴趣有了很大的提升。

五、存在的问题和设想

课题研究以来,课题组组对开展创意编织课程及幼儿园课程的特点和组织,有了更多的方向性研究和价值特点的分析与判断。当然,随着研究的不断深入,一些内容还需要进一步完善。主要有如下几点:一是课程时间安排问题。由于大班下学期相关的幼小衔接活动多,一些班级计划的课程内容会和幼儿园的整体活动安排冲突。二是幼儿发展中的个体差异。在开展编织活动中幼儿的个体差异性表现明显,需要教师给予更多的关注和引导。三是操作材料的发掘和有效利用问题。课程实践过程中部分工具材料并不能同时满足幼儿人人参与,有时需要分组教学,导致更多的时间和精力的流失。四是课程评价体系需要完善的问题。在课程的实践研究中,总结积累了大量的有价值的内容,但是对于幼儿发展和课程实施效果的评价方面还需要继续丰富完善。

针对创意编织课程实践研究中出现的问题,课题组成员在下一步的工作中将继续研究跟进,聚焦问题、改善问题,不断改进实践研究方法,并从以下方面解决问题。

首先,在课程时间安排方面,进一步调整针对下学期出现的时间冲突问题。课题组决定从小班开始,尝试让幼儿接触了解有关编织的基础知识,在经过中班的基础练习,到了大班就可以有更多的时间进行创意编织的培养与锻炼。随着幼儿对于编织兴趣与技能的不断提升,个体差异问题也会有明显的改善,班级教师也会有更多的经历关注到个别幼儿的发展,从而达到面向全体,让不同个体都有所收获,获得更高的发展水平。

其次,操作材料的分配使用问题。我园应继续挖掘适合孩子发展的材料,利用更多的家长、社会资源,进一步的落实"走出去、请进来"策略,让孩子体验更多的有关编织的活动,接触更多的传统艺人,把社会资源变成"活教材",保证让幼儿有更加丰富的体验和参与机会。

最后,课程评价体系。这是一个长期任务,也表明了课题组要坚持研究,不断实践、积累、总结的决心,要把课题研究长期进行下去。结项报告不是结束,只是课程开发研究的开始,不断完善评价体系就是课题组不断深入挖掘、研究的动力。

参考文献

[1]杨欣蓝,冶伟萌.幼儿手工活动中创造能力提升的行动研究[J].文学教育(下),2019(7):158-159.

[2]庄富娟.大班幼儿美工编织活动初探[J].新课程学习(上),2014(11):17-18.

[3]顾志红,陈雪花.在幼儿园中开展民间编织艺术活动的实践研究[J].早期教育(美术版),2011(Z1):4-5.

[4]黄菲菲.幼儿师范手工活动教学的重要性[J] 科学大众(科学教育),2019(3):112+175.

[5]李春芳.创意手工制作活动对促进幼儿创新能力发展的效果分析[J].陕西学前师范学院学报,2019,35(8):89-92.

(本文为2019年度郑州市教育科学重点课题,获科研成果一等奖。课题研究单位:郑州市二七区实验幼儿园,课题负责人:王文君,课题组成员:谢红瑞、赵永浩、刘雅静、郑舒婷)

田园课程在拓展小学教育教学资源方面的应用研究

一、研究背景

(一)课题背景

田园之于中国,是一个内蕴极其丰富的文化概念。五千年的中华文明史,无论是经济基础还是上层建筑,都是建立在农业耕种的文明基础上的。近代以来,工业文明的更迭和信息时代的来临,使我们的教育教学也不断改变和进化,演变成现在这样的大班集中授课和分科教学的学校教育现状。但无论怎样,作为承载了很多历史文化信息的田园课程,仍然蕴含着十分丰富的教学资源,这是一个不争的事实。田间劳作、实验观察、生命教育、情感教育等是教育教学的良好素材和有效途径。

随着时代的快速发展,身处在城市里的孩子越来越远离田园,也远离了实地亲近田园文化的机会。目前,一些教育人开始觉醒,已把田园课程融入课程改革中来。但大部分学校因场地受到限制,只开设有少部分的田园课程,或者当成了一次玩乐体验,并没有深入分析田园环境资源,也没有和各个学科联系在一起,仅仅是田园课程在某一学科的实践和应用,局限性很大。

因我们的课题比较大,为了让课题开展方便,研究得更加深入,所以课题组决定以五年级教育教学为例进行研究。

(二)解决的主要问题

在具体教学中,我们发现,小学学科教学中,对田园课程资源的重视和利用不足,致使有些内容学习效果受损。例如,语文学科中《落花生》一课,很多学生对花生的生长特点、周期等了解不足,课文就理解不够。有一些同学很是疑惑那句象征做人品质的句子意思,这都是对花生这个物种不了解所造成的,还有科学、英语学科,甚至美术和音乐都有田园课程资源这方面的需求。

长期以来,在语数英等学科的学习中,学生的学习方式相对单一,大致是教师根据教学设计提问,学生回答,如此反复,完成一堂课的学习。在这种班级(教室里)授课模式下,虽然也有自主、合作、探究等学习方式的存在,但存在的作用小,流于形式。尤其合作和探究很多都是假合作和伪探究。在涉及田园课程资源一些内容的学习时,往往是用课件代替,没有给学生实地体验和操作的机会,在学习方式的拓展方面做得比较薄弱。

在学校德育活动中,劳动教育和生命教育一直是短板。学生在家不怎么劳动,个别学生也只是做一些简单的家务。于是,在劳动中逐渐建立起来的那种生命的韧劲就不够。同时,很多学生对生命的漠视日趋严重。因为他们没有亲历一个生命从埋下种子到发芽、生长、开花、结果的过程,所以体验不到生命的不易和可贵。

二、研究过程

(一)准备阶段(2019 年 3 月—2020 年 4 月)

(1)召开课题组研讨会,课题负责人做开题报告,明确课题组分工,制定具体措施。

(2)分析五年级田园课程的实施现状,包括课程开发,课程实施方式,学生参与方式,课程开发教师的学科构成等。

(3)召开五年级学科教师研讨会,与教师、学生交流田园课程对教育教学当前的好处与意义,以及还有哪些问题,最后进行研讨汇总。

(二)实施阶段(2019 年 4 月—2020 年 1 月)

(1)列出五年级语文、数学、英语、科学学科与田园相关的资源,并分析其可行性。

(2)结合音乐、美术学科教师的意见,分析以田园环境为背景资源可以在哪些方面对本学科有促进作用,如写生场地、田园歌曲等。

(3)与劳动教育和生命教育活动结合,开展相关活动,力求在生命体验、道德意志等方面发挥出田园课程应有的作用。

(4)学习过程中,注重各学科与田园课程结合的各样收获,特别是学习兴趣、动手能力、意志力等方面的提升程度。

(5)开发《在农历天空下》课程,结合观察、记录、搜集等形式,具体调查学生在学习方式方面的变革,特别是合作、探究意识的提升。

(三)结题阶段(2020 年 1 月—2020 年 4 月)

(1)分工合作,分析各项原始材料,先把各小块的分析报告完成。

(2)讨论结题报告的思路及框架,确定主笔人及后续的修改工作。

(3)集体修改至少三次,确定最终定稿,整理过程材料,完成报告。

三、主要做法与经验

一花一叶皆世界,一草一木皆课程。基于此,学校深度开发并整合校内资源,将教学楼后面的闲置土地(1300 平方米)进行工程改造,给学生营造了一个美好的"馨园农场",南流小学田园课程顺势而生。相较于校外的田园资源,"馨园农场"并不是以浅层的、表面的、短暂的自然体验为目标,而是在有计划、有目的的实践、反思和整合中。学校以田园课程为主线,着力为基础教学提供丰富的资源,强调提升学生体验的内涵。为此,田园课程与五年级各学科教学进行有效衔接,探索出了田园课程中有利于提高教学质量的学科资源。

(一)各学科与田园课程有效衔接

课题组在田园课程建设中,融通了不同学科,为学生搭建实践应用平台,以最大限度提供教育教学资源。

1.寻找田园与各个学科的融合点

在与各学科教学进行融合的过程中,课题组成员和各学科负责人将田园与学科相关内容进行梳理,找出不同学科与田园课程的融合点。与此同时,课题组与授课教师共同将场地从教室更多地转向后面的馨园农场,让活动与学科教学融合,形成了独具特色的学科融合课程。前期,课题组还与学科教师做了相关的教学设计,并与课题成员进行讨论、修改,并安排了课题的实施具体周次、场地、物品准备、小组分工,以便于更好地让学生在田园中进行体验。

表1　各个学科与田园的融合点

学科	学科与田园融合点	融合效果
语文	语文要素的听、说、读、写与田园课程的有机融合	提升了学习效果,又使语文素养的训练得到拓展,思想情感得以升华
数学	密切联系学生的生活实际,为他们提供观察、操作、实践探索的机会	体会身边的数学,感受数学的魅力
英语	借助田园进行情境感知,帮助学生掌握英语,学生在情境中能真实感知	对于单词、句型的理解和训练就会更加深刻
科学	在田园中才能让学生进行体验探究	实践中才能真正发挥科学的探究精神
艺术	教学中的内容和情景设计到田园中	学生在大自然中感受艺术的魅力

2.教学设计和教学的有效实施

在教学设计时,对课堂教学和田园中的教学实施课题组进行了规划和设计,让学生能够有时间到田园的情境中去感知和理解,从而在一定程度上做到理解和应用学科知识,拓展学生的资源空间。在设计和实施教学时,有效利用田园资源,利用田园空间进行授课,同时将田园中的土地、情境、实物等纳入授课中,落实学科和田园的融合点及预期效果。

这种学习方式,不仅颠覆了过去教育中过分依赖班级授课学习的传统,打通了教与学的界限,让学生在生活中体验,在体验中发展。这可以让学生回归到课程融合所带来的全新的、融通的学习天地中来,从而解放儿童四肢、大脑和心灵,成为培养学生动手能力和合作精神的重要平台,成为发展学生核心素养的有效途径。

(二)田园课程,让合作学习和探究学习落到实处

为了让学生在田园中体验到不同的学习方式,课题组成员与任教学科教师沟通,结合各自学科的特点对学生的学习方式进行设计,比如美术以感受体验为主,科学以探究

合作的学习方式为主,语文以学科对比、体验研讨的方式为主等。

1. 合作学习

合作学习是通过学生间合作交往、互动来达成目标的,我们让学生四人为一小组,组内设小组长、记录员、汇报员等各一名,组内成员分工明确、各司其职,确定本组研究主题,制定研究方案。在田园实践中,我们抓住最有利的时机组织有效的小组合作,不仅加深了小组成员之间的合作意识与默契度,更有利于学习任务的有效完成。合作学习最终要让各小组面向全班交流,分享成果,将收集到的数据进行分析、归纳并总结,所有成员积极倾听、表达和反思。

2. 探究学习

学生以班级为单位,自主认领"责任田",给自己的菜地取名字,根据时节选择种植蔬菜的品种。学校还专门聘请了菜农师傅担任学生的"种菜导师",还邀请有关农学专家给学生们讲解蔬菜里的科学。在任课教师和菜农师傅的具体指导下,在"小农夫带头人"的引领下,学生们亲手种植各种蔬菜。围绕田园种植的不同阶段,我们精心设计、开展丰富多彩的特色活动,让学生在活动中探索,在活动中成长,在活动中创造,在活动中展示,让探究过程充满意义感和神圣感,让教育回归生活,让孩子热爱生活。

表2　2019年"一米菜园"种植安排

种植时间	劳动任务	具体内容	适用年级
3月份	土地翻整	翻地、施肥、打垄、覆膜	5~6年级
4月上旬	种瓜点豆	种植苋菜、空心菜、辣椒、茄子、番茄、黄瓜、豆角	1~6年级
9月—10月	种植秋冬季蔬菜	种植菠菜、生菜、香菜、大葱、大蒜、黄心菜、油菜、萝卜、白菜	1~6年级

备注:

1. 劳动时间:各班利用课间操、下午第三节课和课余时间等自行组织,采用班级轮换和合作制进行种植,并对参与劳动的学生进行劳动学时积分

2. 劳动工具:班主任教师到农场管理员处借劳动工具,记得按时归还,劳动时务必提醒学生要注意安全

3. 负责人:正副班主任老师

3. 综合体验

结合田园环境,我们在五年级开发了《农历的天空下》课程,以中国的传统历法(农历)为主线,立足学校的田园项目,融合诗歌、历史、民俗、谚语、田园种植、科学观察、摄影等主题,科学地组织学生到田园观察实验,对比记录和实践探索,丰富他们的内在体验,激发他们的思维能量。同时,我们还在种植的基础上积累诗歌、谚语、民俗、种植要点等具体知识,从各个角度体会传统文化的魅力,以及传统历法在中国历史和社会生活中的影响,尤其是对当下社会生活的重要意义。学期末,学校会将课程实施过程中的各项成

果进行展览,包括照片、记录、实物的收获等,对一年来的课程进行总结,对表现好的个人和小组进行颁奖,让学生能够在课程中获得综合性实践体验。

(三)劳动教育和生命教育,感受劳动的艰辛和生命的奇妙

课题组成员与学校各部门负责人进行沟通,积极创设多样的田园活动,挖掘和丰富田园课程所能提供的劳动和生命教育的价值。

1. 劳动教育

(1)种植篇。

正副班主任教师在几个重要的种植节点,如春分、清明前后和入冬等,围绕相关的劳动技能,有重点地为学生进行讲解,让学生了解为什么要在这个时间段种植,种植的意义是什么,实践操作的基本程序和规则是什么,从而让学生明晰劳动的意义和程序。在操作的过程中为了让学生更好地关注到每个劳动过程,各个班级进行了小组分工,合作进行种植。学生在种植后,通过小组探究,梳理整个种植的过程,通过思维导图、图表说明和手绘等方式将自己参与劳动的过程在班级内分享和讲解。学生在整个分享过程中把自己当作一个种植小能手,通过对比、交流和反思发现自己劳动过程中存在的问题,从而引导学生在交流中优化小组的种植方案,强化种植每个环节的精准到位,加强小组成员间在任务面前的合作精神。

(2)日常养护。

劳动在进行时,教师们梳理出蔬果需要的日常养护,并根据学生的年龄特点进行安排。

表3　学生日常养护技能目标

适用年级	养护技能	养护目标
1~3年级	浇水	班级小组合作,轮流浇水,能定时利用水管或水盆给田间作物浇水
	除草	能够区别农作物和草,认识田间的草类,并按时到田间除草
	施肥	根据农作物需要,在教师的指导下及时给农作物施肥,认识和了解肥料的作用
4~6年级	移栽	了解需要移栽的农作物种类,在劳动中掌握移栽的方法
	搭架	能在田间管理员的辅助下通过小组合作给豆角、黄瓜、西红柿进行搭架,并了解其作用
	剔苗	认识需要剔苗的农作物,并在其生长期进行剔苗管理,帮助作物更好地进行生长

劳动时间:各班利用课间时间自行组织,采用班级轮换和合作制进行日常养护,并对参与劳动的学生进行劳动学时积分

负责人:正副班主任老师

在养护过程中,每个班级都是自己"一米菜园"的管理者。除了教师对于养护技能的讲解,教师还可以与孩子一起查阅相关资料。小组成员积极合作参与田间管理,询问农场管理员,学习不同蔬菜瓜果的养护知识和技能等,从而梳理出自己班级的养护技能和要点,引导学生在交流中明确养护的过程,激发学生参与的兴趣和积极性。

（3）收获篇。

每到收获的季节,学校按照《南小农场蔬果收获制度》,组织学生开展蔬果收获活动,形成了具有校园文化的采摘节日,例如樱桃采摘节、花生收获节、白菜丰收节等。学生也通过这些节日,体验了项目化和具有劳动内涵的收获过程,做好了劳动整个过程的有始有终。

表4　不同蔬果的采摘技能

收获蔬果类别	负责年级	采摘注意事项	劳动安排
叶类蔬菜: 生菜、苋菜、黄心菜、油菜、白菜、荆芥	1~6年级 （地下果实类由五、六年级负责）	1. 连根拔起,一次性采收 2. 只采收植株外围新鲜、油亮的大叶子,但根部务必保留	1. 劳动时间:各班利用课间操、下午第三节课等时间自行组织,采用班级轮换和合作制进行收获,并对参与劳动的学生进行劳动学时积分 2. 劳动工具:班主任教师到农场管理员处借劳动工具,记得按时归还 3. 负责人:正副班主任老师
果实类蔬菜: 黄瓜、辣椒、番茄、茄子、豆角、萝卜、洋葱、花生、大蒜		1. 地上果实类:果实与茎的连接处要保护好 不能硬拽,可以用剪刀 2. 地下果实类:挖掘时不宜过浅或离果实过近,容易损坏果实的完整性	
水果类: 樱桃	5~6年级	不能用手直接摘樱桃果实,容易把樱桃捏破,也不能把樱桃枝折断,避免损伤果树	

2.生命教育

在开展生命教育时,教师组织学生从春季播种到秋季收获。在这一过程当中,教师引导学生播种、栽苗、浇水、除草,再到后来的收获,学生们用明亮的眼睛发现植物生长的奥秘,用纯净的心灵感受生命的变化,体会生命的奇妙。主题班会中,学生更是由此谈到感恩天地滋养万物,感恩父母养育之恩,感恩老师辛勤教导,感恩同学关心帮助。多样的田园活动让学生品味到特有的真、善、美,他们在汗水的挥洒与收获的喜悦里体验,感受劳动的艰辛和生命的奇妙。

四、研究成效

(一)把田园课程资源运用到各学科相关内容的教学中,有效地提升了这些内容的教学质量

田园环境很大地提升了学生的学习兴趣,将各个学科与田园相结合,学生兴趣十足,能把所学知识融会贯通。田园不仅滋养了学生的童年,更提高了学生学习的动力。

实地体验:例如在学习数学测量时,学生认知观察、测量计算、劳作体验、记录绘写,加深了学生对所学内容的理解程度。

田园课堂:让相关知识的掌握更加生动和容易,在科学课上,学生每天观察和记录植物生长变化,让课本上知识变得逐渐生动,学生更容易学习和掌握。

(二)田园课程让学生的合作学习和探究学习更好地得到了落实

在田园进行各学科的学习,可以展开小组合作,使得每个学生积极参与、发表观点、集思广益,在合作中展现集体智慧。这一过程增强了学生学习的兴趣和主动性,这种合作意识大大提高了各学科的学习效果。

课题组科学地组织学生到田园观察实验、对比记录、实践探索,丰富他们的内在体验,激发他们的思维能力。特别是课题组深入开发的《在农历天空下》课程,在种植的基础上又能积累诗歌、谚语、民俗、种植要点等具体知识等,让探究学习落到了实处。

(三)田园课程资源的利用,有效地提升了对学生进行的劳动教育和生命教育的效果

实地劳动让学生们"劳其筋骨",更加认识到了生活不易以及父母的艰辛。春天,学校举办了垦荒栽种活动,并邀请家长到校,与孩子一起体验农场生活的亲子活动。学生通过听、看、嗅、摸去真正体验农耕文化,深入馨园农场劳作,在掌握一定的劳动技能的同时,深深感受创造的乐趣、劳动的光荣、生命的价值和智慧的力量。家长纷纷反映孩子参与田园劳作后,挑食现象有了很大的改变,并能积极帮助父母做家务,乐于回老家去田间参与劳作。

看着植物从出芽到结果的过程,学生们对生命的感受和感悟得到提升,更加珍爱生命,增强了同理心。他们在劳动中体验过辛勤付出后的快乐,学会了感恩。通过在馨园农场系列活动中的协同劳作,增进同学间的感情,促进了彼此间的了解。这些珍贵的田园资源如春风,吹开了孩子们的心扉,在孩子们的心底种下了爱的种子,相信这颗种子定能生根发芽,让孩子们终身受益。

五、存在的问题及下一步打算

在田园课程与学科融合的过程中,教师的思维容易受限,导致在实际操作中,与各个

学科的融合在教学中的效果不是很好。今后课题组将继续通过书籍、报刊、网络等多种途径收集学习相关的研究资料,积累教育资源,及时总结,并做好下一步的规划。

田园课程在实施时,课题组并未做与多个学科的融合,应该有所尝试,让学生有不同的学习体验。接下来的时间里,课题组将继续分工合作,加强集体交流的力度,应每两周进行一次集体研讨,互相探究课题实施过程中的教学点滴和学科的融合点,解决疑惑,交流经验。

在课程实施过程中,各学科的评价制度做得还不够完善。下一步,课题组将深入到课堂,对教师和学生要多询问调查,找到问题和策略,完善评价制度。

目前,课题组正以前所未有的信心和勇气努力实践着师生共同的田园梦,满心期待田园课程能够充分滋养每个儿童的幸福成长,成就每一个孩子的精彩人生。

参考文献

[1]金丽洁.田园课程在课堂教学中的探究与实践[J].甘肃教育,2018(12):77.

[2]朱珠.小学德育渗透田园农耕课程的实践与研究[J].新课程教学(电子版),2018(5):28.

[3]季海燕.开发田园课程　丰富数学认知[J].教育,2019(21):30.

[4]姜琳.生态教育背景下田园课程的开发与实施[J].中国信息技术教育,2018(1):51 − 52.

[5]贾小梅,张岗.苏霍姆林斯基的田园教育思想对中国农村教育的启示[J].文理导航(中旬),2013(8):92.

[6]黄文贵,晏胜会.美丽的自然诗化的教育——苏霍姆林斯基田园教育思想初探[J].时代文学(下半月),2008(11):53 − 54.

(本文为2019年度郑州市教育科学重点课题,获科研成果一等奖。课题研究单位:郑州高新技术产业开发区南流小学,课题负责人:李末,课题组成员:崔磊、秦璐璐、郝晓燕、李菲)

幼儿园"趣"课程体系建构的实践研究

一、研究背景

(一)园所高品质发展的需求

园本课程的建构是幼儿园彰显办园理念、实现办园愿景的一个重要的支撑和载体，它基于园所"培养什么样的人"的幼儿培养目标，回答了"怎样培养"的问题，为幼儿发展提供了可遵循的路径，为教师的教育行为赋予了意义，从而使园所得到内涵提升式的高品质发展。因此，建构个性鲜明、科学合理、丰富完善的园本课程，是园所向着高质量、高品质发展的过程中的必由之路。

(二)落实"趣"教育的重要载体

开园之初，我园提出了"自由、尚真、乐享、开放"的办园理念和"趣教育"的主张，明确了"趣"教育的内涵是"尊重天性，发展个性"。"趣"字由"走、耳、又"组成，"走"代表主动探索，"耳"代表认真倾听，"又"代表循环往复和不断尝试，这说明幼儿的学习是参与式、体验式的，需要不断尝试才能获得成长的经验。同时，在古文中，"趣"又通"趋"，意为"努力与当时的形势、环境及条件相适应"。教育亦是如此，需要尊重幼儿发展规律，正确引导，才能使其天性得到尊重，个性得到发挥。而建构"趣"教育理念下的"趣"课程，将"趣"教育从无形转向有形，是"趣"教育落地的重要载体。

(三)课程建构过程中问题解决的需要

课题组在建构"趣"课程的过程中遇到了许多问题，例如课程目标体系不完善且与园所发展目标、幼儿发展目标不匹配，课程内容拼凑痕迹严重，缺乏园所个性和特色，课程实施中众多课程内容之间组织的交叉衔接存在矛盾等问题，解决这一系列问题，需要以科学的研究为抓手，通过系统的顶层设计和思考，建构符合要求和实际的园本课程。

二、研究过程

(一)课题准备阶段

1. 召开开题会，明确课题研究思路，完善研究计划

通过文献研究法，收集相关文献资料。通过文献学习，进行分类整理分析，挖掘本课

题研究的价值及创新之处。明确课题的研究思路,对误题的核心概念、关键词重新界定并调整研究的内容与目标。

2. 细化课题研究内容,明确研究分工

经过课题组成员的商讨,课程建设研究不仅仅是对目标体系的建构,同时包括课程实施和课程评价,因此课题组决定把研究的目标重新定位在课程体系的建构和目标体系的完善方面,同时将课题分为三个子课题进行研究,分别为《“趣”课程目标体系建构的研究》《“趣”课程实施途径的研究》《“趣”课程实践的评价研究》。课题组成员制订详细合理的研究计划,并进行明确分工。

(二)课题实施阶段

(1)结合趣教育理念,通过实地调研、问卷分析等形式,整理出趣课程目标体系。

(2)根据趣课程目标体系及实施过程中反馈的问题,定期进行课程领导小组会议,并邀请专家专项指导。同时根据班级教师观察和评价反馈不断调整课程实施,编制适切的课程内容,形成“趣”课程实施方案。

(3)对课程阶段性的实施情况进行过程性评价,对收集的评价数据进行整理分析,并不断调整趣课程实施方案,结集成册。收集课题研究过程性资料,撰写研究报告。

(三)总结提升阶段

运用经验总结法,对研究过程进行梳理、归纳和总结。同时通过“趣”课程各种形式的汇报活动及家长、教师、幼儿三方评价,组织各种教学观摩活动等,检验课程体系的适用性及操作性。整理总结课题成果,撰写研究报告。

三、主要做法与经验

根据对幼儿园各种资源的调查分析,综合幼儿、家长对课程的需求,逐步构建幼儿园“趣”课程目标体系,完善课程体系。课题组对“趣”课程实施进行评价,通过行动研究,根据课程目标体系,实施“趣”课程,根据课程实施评价,初步形成“趣”课程实施方案。

(一)分析园情,制定“趣”课程总目标

在“趣”教育理念下,进行综合调查,了解家长期望、园所实际情况和幼儿发展需求等,制定适切的“趣”课程目标。

1. 问卷调查了解家长期望

向家长发放问卷调查表,了解家长对幼儿发展的期望以及园所课程设置的需求。问卷调查从“家长对园本课程的主观认识”“家长期望开设的课程内容”“家长期望幼儿发展的关键能力”三个维度出发,共发放 650 份,回收有效问卷 600 份。从问卷的分析中可以看出,"家长期望幼儿发展的关键能力"中健康占 87.4%,其次是适应及习惯,分别为 85.9% 和 75.6%。由此可见,在身心健康的基础和前提下,幼儿社会适应能力及习惯的养成是家长非常关注的。

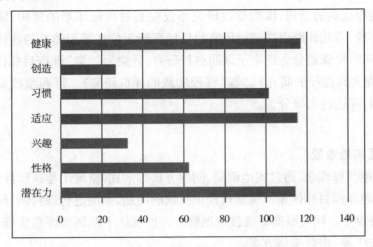

图1　家长期望幼儿发展的关键能力

2. 园情分析

(1)园所优势:幼儿园 24 个教学班,均为寝教分离,并有 11 个功能室,设备齐全。幼儿园户外场地充足,为"趣"课程实施提供了充分的场地和物质保障。

(2)家长基本情况调查分析。

选取小、中、大班 135 位幼儿家长为抽样代表,对他们的教育观念及受教育程度进行了问卷调查。调查数据分析显示,家长年龄大多在 30~35 岁(见图2),有 80% 的家长学历为专科、本科,普遍受教育程度较高(见图3)。这些数据表明家长普遍有文化、有知识、有阅历、有精力,也有比较正确的教育观念和期望值。

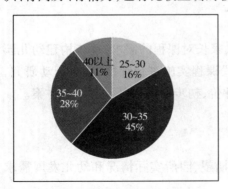

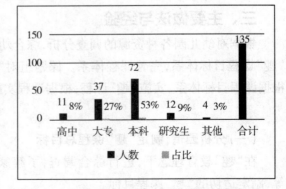

图2　幼儿家长年龄分布图　　图3　幼儿园家长受教育程度分布图

在问卷调查"哪方面对孩子未来的发展是至关重要的"一题中,出现频次最多的关键词是"兴趣",其次是"创新"(见图4)。

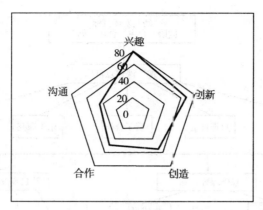

图4 幼儿发展能力关键词出现频次图

（3）教师情况调查分析：课题组对所在园所教师教龄、学历等情况进行了统计分析。全园共有男、女专职教师60名，均为学前教育专业大专以上学历，其中本科以上学名占64%以上，教龄3年以下的教师36名，占60%，教龄3～10年的19名，占32%。

这些信息反映出课题组所在园所教师的学历普遍较高，理论基础比较扎实，教师自身的特长为幼儿个性化教学提供了专业支持。同时幼儿园8位男教师勇敢、阳光、豁达，可弥补女性教师运动教学、幼儿性格培养等方面的不足。

3.深挖"趣"教育内涵，结合多种教育理论，制定"趣"课程总目标

研究发现，无论是卢梭的"自然教育"，还是陈鹤琴的"活教育"，杜威及福禄贝尔的教育观点，都提倡"顺应自然""尊重儿童""从儿童出发、回归生活"。结合这些教育观点和"趣"教育主张，课题组提出了"健康、自主、合作、创新"的幼儿发展总目标，将课程总目标确定为"身心健康、自理自主、善于合作、乐于探究、勇于创新"。

（二）根据"趣"课程总目标，构建"趣"课程目标体系

在"身心健康、自理自主、善于合作、乐于探究、勇于创新"的"趣"课程总目标下，课题组又依据"趣"课程内容的不同，设置了基础课程总目标和特色探究课程总目标。课题组依据两个模块下不同的内容，设置了年龄段的主题活动目标（包括预设目标和生成目标）和各类特色探究课程目标，形成了"趣"课程目标体系。

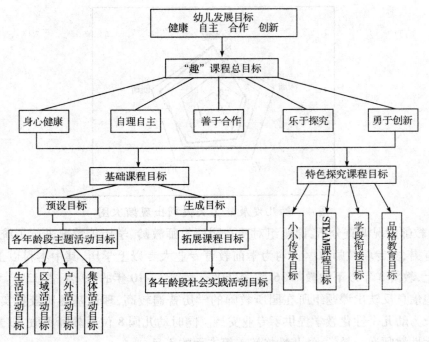

图 5 "趣"课程目标体系图

(三)根据"趣"课程目标体系,编制适合的课程内容,逐步实施"趣"课程

1. 明确"趣"课程体系架构

依据《幼儿园教育指导纲要》及《3~6岁儿童学习与发展指南》的要求,综合健康、语言、社会、科学、艺术五大领域,融入我园"健康、自主、合作、创新"为培养目标的教育理念。将"趣"课程分为基础课程和特色探究课程。(如下图)

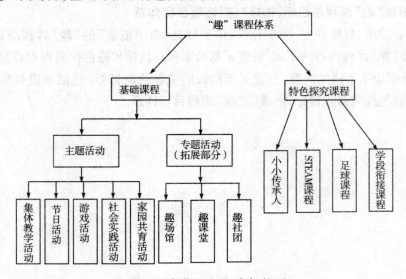

图 6 "趣"课程体系架构图

2.编写"趣"课程内容

以园所为基地,充分利用我园的教育资源优势,努力发掘本地教育资源,将我园原创教学活动同经典教学内容相结合,开发出具有多样性、符合幼儿兴趣和需求、促进幼儿发展的课程内容。

3.专家指导"趣"课程建设

2019年课题组邀请教育部园长培训中心副主任、东北师范大学张泽东教授对园本"趣"课程体系和内容进行了指导。张教授通过实地查看、听取汇报、进班听课、集中研讨等形式,帮助园所明确园本课程建构的方法和路径,梳理园所发展目标、幼儿发展目标、课程总目标之间的关系,建构了更准确、更科学的课程架构,解答了教师在课程建设中的疑惑。

(四)基于幼儿发展需要,创设"趣"课程实施途径

1.主题活动实施途径

"趣"课程实施方案集锦了我园优秀的原创集体教学活动,汇集成册,合理安排教学进度并从中选择小班每周三节集体教学活动,教学内容从"趣"课程实施方案中选择。

表1 主题活动实施安排表

主题活动名称	年龄班/次数			说明
	小班	中班	大班	
集体教学活动	3	5	10	每周次数
节日活动	4	4	4	每月一次
游戏活动	3	3	3	每周次数
社会实践活动	8	9	9	每两周一次
家园共育活动	5	5	5	每天更新

2.专题活动实施途径

根据我园教师专业特长和自身优势,依托园内8个功能室,开展美术、剪纸、手工、奥尔夫音乐、武术、轮滑等专题活动。我园借助幼儿园男教师多及功能室齐全的优势,使专题活动真正有趣。

表2 专题活动实施安排表

主题活动名称	年龄班/次数			说明
	小班	中班	大班	
趣场馆	2	/	/	每周次数(至少)
趣课堂	/	1	1	同年龄段混班教学
趣社团	/	1	1	每周次数

专题活动要求：

（1）趣场馆。

依托 8 个功能室，充分利用科学发现室（课程：爱迪生科学发现课程＋精选课），每个班级每周一次；美食坊课程（小、中、大班），每个班级每月一次；木工坊及陶艺坊每个班级两周一次；绘本馆资源充足，全天开放，定期活动，同时班级的绘本活动在绘本馆进行，幼儿可以每周自由借阅书籍拿回家阅读，培养爱阅读的好习惯，营造书香氛围；美劳室、舞蹈室、钢琴房等功能室根据幼儿园课程活动安排开展活动，强调参与的全体性、机会的均等性。

（2）趣课堂（选修活动）。

根据我园教师自身的专业特长，发挥自身优势，开展美术、剪纸、手工、奥尔夫音乐、武术、轮滑等趣课堂。每周三、周四下午，中、大班幼儿自行选择自己感兴趣的内容，由具有特长的教师进行授课。同时借助幼儿园功能室齐全等优势，使趣课堂真正有趣，让孩子们的兴趣在这里得到发展。其中，在课程选择上体现自主性；在课程设置上体现多样性；在课程实施上体现灵活性。包括以下内容：①艺术类，有合唱、舞蹈、奥尔夫音乐等；②体育类，有篮球、武术、足球、轮滑等；③科技创新类，有人工智能小天才、木工坊等。

（3）趣社团。

为丰富课程，发展幼儿的兴趣与特长，促进幼儿的全面发展，以社团活动为平台，以"丰富生活、展示个性、培养兴趣，拓宽知识、开发潜能"为宗旨，成立相应的幼儿社团，努力使幼儿园成为孩子们愉快而有趣的乐园。其中我们开设了快乐梨园、乐在棋中、以武会友、足球小将、健身达人等活动。

3. 特色探究活动实施

以"释放天性、发展个性、培养兴趣、开发潜能"为宗旨，将传统文化、科学、技术、工程、数学相结合的特色探究课程纳入日常的教育教学活动计划中。这样能够解决小班幼儿入园焦虑和大班孩子面临适应小学生活的问题，支持幼儿全面的发展，培养孩子的综合素质。

表3　特色探究活动实施安排表

活动名称	年龄班/次数			说明
	小班	中班	大班	
小小传承人	1	1	1	每周次数
STEAM 课程	4	4	4	每月一次
品格教育课程	1	1	1	每周次数
学段衔接课程	1	／	16	每学期次数

（五）通过加强过程管理，提高"趣"课程实施的科学性、严谨性

1.建立"趣"课程管理网络

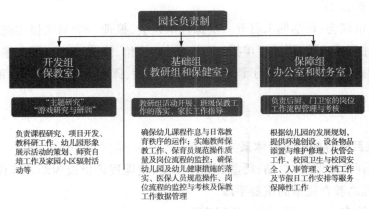

图7　"趣"课程管理网络图

2.完善课程制度

（1）**课程申报制度**：申报教师提交课程计划。课程计划包括课程类型、名称，课程参考资料、目标、考核方式等。

（2）**课程审议制度**：课程审议委员会的成员必须本着以幼儿发展为目的，客观、公正、科学、民主地参与课程的审议活动。

（3）**选课制度**："趣"课堂采取自主选择的形式，家长可根据每学年开学初公布的课程内容结合自己孩子的意愿选课。每个课程班限定30人，每人可选择两个课程班，选课时要填写选课理由，教师根据选课情况，对报名人数超过班级名额的进行调剂分配。

（4）**教研制度**：保证教室落实每周一次的教研组备课和每月一次的集体教研活动，教师以幼儿为本，备好课程，备好教学设计，填写备课记录和备课感受。

（5）**成果展示制度**：每学期开展一次园本课程展示活动。

3."六个一"推动课程发展

（1）建构一个课程实施范式。

建构"萌趣——奠定兴趣基础、激趣——实施兴趣教学、引趣——强化教学主旨、延趣——固化已有认知"的课程实施范式，让课程的实施从无形到有形，有章可循，为教师的课程组织提供范式。

（2）备课＋反思来保证教学质量。

①一次集体备课：每周一次年级学科教研活动，提前一周备课，研讨教学方法，确定教学策略。

②一次教学评价：每周一次教学活动后反思与自评。

（3）及时解决课程问题。

①一次"花脸稿"修改：每月一次教研交流课程内容，引导教师从孩子的角度观察，确

定管理者从教师的角度介入的问题并寻找模式,支持并推进课程发展。

②一次课程研讨会:每两月召开一次课程研讨会,依据课程实施情况对课程内容进行更新与调整。

(4)确定课程内容。

一次课程审议会:每学期末召开一次课程审议会,梳理一学期课程实施中的问题,将其修改、调整并汇编成册,形成了申报、审议、实施、评价、修改、完善、再实施、再申报的闭环式的课程动态管理模式,保证了课程内容的适宜性、课程方案的有效性和课程实施的高质量。

(六)构建目标导向的评价体系

积极发挥评价的监控、总结、反馈和导向作用,使课程评价成为幼儿园课程有效的反馈机制,成为提高教育质量的重要手段。

1. 评价主体多元化,共同参与、协同合作

由园长、保教主任组成评价监督调控小组,由各年龄组教研组长、各领域专业教师、家长与幼儿组成评价实施小组。

2. 评价方式多样化,重视过程性评价和终结性评价相结合

坚持过程性评价与终结性评价相结合的原则,以过程性评价为主,认真观察并记录区域活动、集体教学活动中的幼儿行为表现。通过幼儿发展学期初测评、幼儿发展期中测评、家园联系手册等多样的评价量表来检验培养幼儿的目标达成情况,积极开展终结性评价,全面了解幼儿的发展水平与状况,完善教育教学工作。

3. 评价方式与课程内容紧密相连,不同课程采取不同的评价方式

在"趣"课程实施中,围绕"健康""自主""合作""创新"的培养目标,对基础课程和特色探究课程开展评价。

(1)基础课程的评价。

①主题活动评价。

主题活动评价是对每位幼儿都要参与活动的幼儿园基础课程之一的评价。主题活动包括集体教学活动、节日活动、游戏活动、社会实践活动、家园共育活动。针对集体教学活动开展的系列集体教学观摩、研讨、诊断活动,不断推门听课、预约听课及半日诊断,反馈听课情况,针对共性问题及个性问题,最终由年级组教研并商定修改办法。

学期初制定保教计划,幼儿园骨干教师进行集体教学活动示范观摩,青年教师进行达标课展示。

幼儿一日生活反馈表,包括有幼儿区域活动观察记录表、创造性游戏观察记录表、个案跟踪观察表等过程性资料。评价过程以幼儿作品自评、互评、教师评价、家长评价等多元形式展示。

学期末组建测评小组对幼儿进行学期末学业水平测评,引进第三方——思来氏评估

等多样的评价量表来检验幼儿目标达成情况。

②专题活动评价。

明确评价载体。根据幼儿园"健康""自主""合作""创新"的培养目标,建立相对应的"五福芽芽悠悠吉祥物"评价体系。

确立三级评价机制。从一级到三级,由五福娃娃积累的数量递增级别逐级提高。

表4　专题活动评价说明表

评价载体	评价方法	评价三体	评价时间
五福娃娃卡贴	根据在趣课堂、场馆、社团里各维度的表现	各趣课程执教教师	每次活动统计,每周五发放
五福娃娃吉祥物	按规定兑换	保教室	每月汇总颁发
五福娃娃大礼包	按规定兑换	幼儿园园长	每学期末汇总抽取

根据我园教师专业特长和自身优势,依托园内功能室,开展美术、剪纸、手工、奥尔夫音乐、武术、轮滑等专题活动。学期末举行"趣课堂汇报展演活动",利用"趣课堂"平台,让每一个幼儿的潜能都能得到挖掘和激发。

(2)特色探究课程评价。

特色探究课程评价主要以展示性评价为主,设计场景化的活动作业,由教师根据STEAM评价标准推选小小工程师,举办足球活动趣味竞赛,评出快乐足球达人等。

四、研究成效

(1)明确了园所幼儿培养目标与课程目标的匹配关系,建构了完善的"趣"课程目标体系。

(2)依据"趣"课程目标体系,制定了适切的"趣"课程内容。

(3)初步构建了可操作的"趣"课程实施方案。

(4)提高了教师专业化水平,转变了教师的儿童观、教育观,提升了教师的目标意识。

(5)形成完善的"趣"课程实施管理办法及成熟"趣"课程三级评价体系。

五、存在问题及下一步努力方向

(一)存在的问题

(1)"趣"课程实施方案有待完善,课程内容还不够全面,课程实施操作的要求和设计在方案中有所缺失。

(2)教师的"趣"课程实施能力水平有待提升。教师的课程实施水平与课程的文本要求存在偏差,根据实施情况对课程内容进行实时更新与调整不足。

(3)探索出的特色课程评价模式和方法的实际落实还不到位,需要探索评价操作方法的有效性。教师评价意识没有充分建立起来,不能意识到评价对幼儿发展的重要性和重要影响,过于重视对结果的评价,忽视活动过程性本身在幼儿发展中的价值。

（二）下一步努力方向

(1)加大园本课程培训力度,提升教师对课程目标的认识,提高全体教师的课程意识。

(2)进一步完善课程审议方案,根据实施中问题反馈,调整"趣"课程实施方案。

(3)提升教师对幼儿行为观察的意识,学会观察儿童,解读儿童,使教师的教育行为与教育观念充分保持一致。

(4)对课程实施的动态管理进一步细化,建立"趣"课程动态管理机制。

参考文献

[1]陶小娟,汪晓赞.中国3~6岁幼儿运动游戏课程目标体系的理论框架构建:基于三大"核心素养"的价值取向[J].武汉体育学院学报,2017,51(12):68-74.

[2]蔡菡."课程游戏化项目"背景下江苏省幼儿园课程建设的效果与启示——基于教师评价的视角[J].学前教育研究,2018(12):39-51.

[3]王幡,刘在良.适童自然教育课程建设之探索[J].大连大学报,2019,40(4):116-121.

[4]教育部.教育部关于印发《3~6岁儿童学习与发展指南》的通知[EB/OL].(2012-10-09)[2020-10-23]http://www.moe.gov.cn/srcsite/Aob/s3327/201210/t20121009_143254.html.

[5]吴明蕊,李恩琦.幼儿园"集体体育教学活动"评价指标研究[C].中国体育科学学会.第十一届全国体育科学大会论文摘要汇编.中国体育科学学会:中国体育科学学会,2019:2.

[6]赵三苏.评价引领课程聚焦儿童核心素养[J].教育科学坛,2017(23):70-72.

[7]中华人民共和国教育部.3~6岁儿童学习与发展指南[M].北京:首都师范大学出版社,2012.

[8]上海市教育委员会教学研究室.幼儿园课程图景:课程实施方案编制指南[M].上海:华东师范大学出版社,2013.

[9]王春燕.幼儿园课程概论[M].北京:高等教育出版社,2007.

（本文为2019年度郑州市教育科学重点课题,获科研成果一等奖。课题研究单位:郑州经济技术开发区第一幼儿园,课题负责人:毛宁,课题组成员:张焕、岳彩英、王洋、康佳佳）

小学生表演与口才校本课程的开发与实践研究
——以学校演讲校本课程为例

一、研究背景

（一）政策背景

2014年教育部印发了《关于全面深化课程改革　落实立德树人根本任务的意见》，提出了"核心素养体系"的概念，这一概念的提出为学校落实立德树人根本任务和设计学校课程提供了重要依托。从专家对"核心素养"概念的解读和教育实践中我们可以看出，学生的核心素养不是与生俱来的，而是通过后天的教育、努力和培养获得的。

（二）学生背景

科学家研究发现，小学阶段的学生接触到的人群更广泛，也会逐步参与到各种形式的活动中，如当众发言、学习讨论、课前演讲、活动主持、表演展示等，这是学生阅读及写作能力、语言表达和理解能力、人际交往和沟通能力发展的关键期。

我们发现的问题：在这些活动中只有少数孩子能应对自如，大部分学生在"当众讲话"时普遍存在中心不明、思路不清、词不达意、声音过小、紧张怯场、手足无措等问题，甚至存在部分学生从不参与活动只默默地充当听众与配角的现象。

分析原因有三：一是学生缺乏信心，在众人面前羞于表达，即使平时滔滔不绝，一到公众场合便哑口无言；二是学生语言表达能力较弱，情绪紧张时更难以准确地、清晰地表达自己的思想，甚至部分学生有很多有趣的想法，能够下笔成文，却无法恰当地用语言将想法和观点传达给他人；三是学生对活动缺乏一定的热情和兴趣，对活动漠不关心，每当活动，表现积极的只是部分学生，其他学生则是游离于活动之外，主动参与性不强。因此，培养学生的语言表达能力，抓住语言训练的关键期，势在必行且刻不容缓。

基于以上思考，课题组从学校和学生的实际情况出发，确定了《小学生表演与口才校本课程的开发与实践研究》的课题，意在开发并提高学生的口语表达能力，以及与人交往能力的演讲校本课程，培养为梦发声、自信从容的六一逐梦少年。

二、研究过程

（一）准备阶段（2018年10月—2019年2月）

（1）确定课题研究的方向及相关理念，结合我校"逐梦少年"的育人目标和学生演讲能力水平的实际情况,确定《小学生表演与口才校本课程的开发与实践研究报告》的总课题,作为学校的主要课题。

（2）课题研究分工:课题研究根据学校课程的开发和实践的工作要求,结合课题组成员的专业、兴趣和特长,合理分工,通力合作。

（3）通过理论学习,了解学生核心素养的要义及校本课程计划纲要课程,明确开展表演与口才校本课程实践研究的重要意义。

（4）召开课题启动会议,商讨课题研究方法及细节,对学校演讲课程提出开设意见和建议。

（二）实施阶段（2019 年 2 月—2020 年 1 月）

（1）召开演讲校本课程启动会、推进会和分享交流会,为任课教师明确课程方向。

（2）各教研组根据课程实施方案进行研讨、制定课程纲要和内容,开展校本课堂教学。

（3）基于校本课程开设的实际,举行演讲比赛和演讲节汇报展出,在课程实践和系列活动中分析成效和不足。

（4）交流分享,反思总结,每学期都对演讲校本教学实践进行阶段性的交流分享和总结。

（三）总结阶段（2020 年 1 月—2020 年 5 月）

（1）论文交流。通过微研究论文的撰写进行反思和梳理,充实总课题论文,并和大家进行交流,听取意见,不断完善。

（2）经验总结。通过课题组成员的交流,探讨课题研究中遇见的问题和困惑,总结经验,查找不足,准备结题工作,并为后继研究做准备。

（3）结项验收。召开课题结题报告分析会,请教科研主任对结项报告进行评估,邀请区教科室有关领导对研究课题进行评审、鉴定和验收。

（4）成果展示。

①书面材料:《小学生表演与口才校本课程的开发与实践研究》的结题报告,以及课题研究过程中的教学设计、日常反思、经验总结、调查问卷等。

②组织演讲节活动,通过活动的静态展、动态展、学生参与度、学生演讲状态等呈现演讲课程给予学生的成长。

三、主要做法和经验

（一）成立领导小组,指导课程建设

1. 成立领导小组

我校成立了以褚玉红校长为组长的演讲课程开发领导小组,统筹规划学校的演讲校本课程,从学校的办学理念"用爱托起美丽人生"出发,坚持学校的校训"厚爱逐梦",确定逐梦演讲课程。课程开发小组多次召开研讨会,制定演讲校本课程的实施方案,细化校本课程实施的过程管理。

2. 制定调查问卷

为充分了解学生的学习需求和热情,了解教师对演讲课程的认识理解和授课风格,为演讲课程开展提供依据和保障,学校制定师生问卷,以分析学习者特征,征集教师的智慧和想法,合理规划课程内容和师资配备。参与学生问卷的共有380人,有效问卷率为380份,其中有83.95%的学生表示喜欢逐梦演讲课程,34.8%的学生表示能够积极参与各级各类演讲活动。

3. 明确课程目标

基于国家核心素养的要求和经开区演讲课程开设的指导意见,为培养为梦发声、自信从容的逐梦少年,课题组梳理出了该课程的目标。

(1)通过演讲课程的系统规范的学习与训练,加强学生对表达规律的认识,提高口语表达能力和展示能力。

(2)通过课程学习的参与和锻炼,让学生克服当众讲话紧张怯场的心理,让他们面对众人讲话思路清晰、语言流畅,培养较强的交际能力。

(3)通过课程活动和展示,让学生变得更加自信勇敢、开朗活泼、大方从容。

(二)加强教师团建,深化课程发展

为了更好地开展逐梦校本课程,让演讲融入每个孩子的学习生活,让自信大方渗透在演讲课程中,该课程的教师团队由校内语文学科组牵头,以年级组为单位组建演讲课程教研组。语文教师遵循合作探究、共享开发、广泛参与的课程研究原则,在校级课程实施方案的指导下对课程内容进行集体教研和规划。

1. 研讨明方向

在课程开发过程中,学校以部署会、研讨会和分享会等为依托,对课程提供支持、指导和方向。学校组织演讲校本课程启动会,部署课程开发工作,确定以语文教师为主体的演讲校本课程的教师实施团队。课题组组织教研组内研讨会,集体搜集资料,精心准备,完成课程纲要的拟定;组织校内演讲校本课程推进会,邀请区教研室演讲课程负责人指导课程的发展和推进;组织演讲课程级部分享交流会,以"我眼中的演讲"为主题,组内共同讨论和发表对演讲课程的见解。

2. 交流促成长

在课程实践过程中,学校以观摩研讨、比赛活动和学区汇报为契机,为教师提供分享探究、交流碰撞的机会。学校组织"感恩成长""绽放生命的精彩""年味儿"等为主题的教师演讲比赛,活动中促进教师专业成长,引领演讲课程的开发和建设。作为学区长学校,学校还组织了六一学区对演讲课程的建设进行的阶段性汇报,各学校在交流中互相学习,取长补短。

3.引领保质量

学校设计规范是基于标准的教学设计模板,组织演讲示范课和研讨课的录制与观摩学习,引领演讲课程的优化和落实。其中岳兴华老师的《趣味故事会》和张欢欢老师的《推荐一部动画片》经过教研组的集体备课和精心打磨,被录制成优秀课例供大家学习。

(三)设计演讲活动,促进课程推进

以活动促发展,以体验促成长,学校精心设计演讲课程活动,让学生在系列活动中体验参与,从而促进课程的深入推进。

1.守住课堂阵地———应俱全

演讲校本课程按照分学段、分内容、整体推进的原则开展,结合不同年级学生的特点开设了《看绘本学说话》《小小演说家》《这事我这样看》的主题内容,以丰富的课程内容面向全体学生,并纳入课表中,以绘本阅读、品读经典、演讲艺术与文化滋养为途径进行课堂教学。

2.开展课前演讲———鸣惊人

语文课前,班级自发组织 3 分钟小型演讲,按照学生名单的顺序轮流演讲,学生自由选取演讲内容,可以就热点问题发表个人观点,或推荐好书,或分享读书感悟,人人都有参与机会和选择权利。这样可以充分为学生提供练习演讲和展示自我的舞台,也让学生在耳濡目染中了解、感受和学习演讲,演讲不再是少数优秀学生的展示活动,而是全员可参与的体验平台。

3.举行国旗下演讲———领风骚

学期开始前,学校结合德育处的升旗主题和节日活动内容,制定了每周的国旗下演讲主题,每周一的升旗仪式上,都会有一名年级选拔出来的学生代表进行国旗下演讲。这名学生从年级的选拔中脱颖而出,他的演讲从内容上、形式上、效果上经过了活动策划教师的技术指导和帮助,力求在展示自己的同时,传递社会和校园正能量,带动全校师生积极参与演讲的兴趣,最重要的是为全校师生树立演讲的标杆和榜样。

4.组织演讲达人赛———展风采

在组织学校演讲达人赛中,课题组精选主题,创新赛制,充分调动学生的参与积极性,不仅有班级选拔赛,还有年级复赛、校级决赛,经过层层选拔和角逐,场场精彩和激动,让比赛耳目一新,让比赛促进成长。整个活动中不仅学生积极参与,教师和家长也乐在其中,有的为小选手指导演讲稿,有的为小选手审核 PPT,还有的为小选手进行演讲彩排。

5.举办盛大演讲节———起绽放

学校举办每年一度盛大的"梦想杯"演讲节。在节日中,有班级展、年级展和校级展,

有以画报、绘本、手工、感悟等为主的静态展,更有以主题演讲、即兴演讲、辩论赛为主的动态展。每一个环节都设计了评价量表,组织评审小组参与评价。教师和同学们精心筹备,有别出心裁的邀请函,有设计精美的节目单,还有盛装出席的主持人和演讲嘉宾,大家沉浸在演讲节日的欢乐中,展示着大方从容的演讲风姿、酣畅淋漓的辩论风采、阳光自信的生活状态和积极向上的精神状态。

(四) 建立评价体系,保证课程质量

评价是检验课程质量的重要环节,在演讲课程评价体系中,学校抓住两大板块,一是过程性评价手册,它是学校精心设计并印制的学生评价手册,从学生的学习态度、合作意识、表达能力、信息处理、实践创新、成果展示等多方面进行自我评价、同伴评价和教师综合评价,保证课程实施过程中的督促和指导。二是终结性评价,在演讲活动中,制定评价标准,从自然大方、条理清晰、观点鲜明、表达清楚等方面考虑,引导学生们关注语言表达和形象体态,不仅有评委和教师的评价,更注重家长和同伴对学生的评价,通过问卷星对"小小演说家"进行投票评价,让每一次成长都有一份可视化的评价,以评价促成长,以评价保质量。

表1　六一小学第一届"梦想杯"演讲节年级动态活动评价表

评价形式:评审一组评价　评价对象:四至六年级动态展

活动形式	评价指标	指标要点	权重	评分		
				四年级	五年级	六年级
动态展	有序性	年级活动安排合理,组织有序,有条不紊.学生和家长秩序良好,会场演讲氛围深厚	10			
	参与度	学生参与度和积极性高,活动有适切性和拔高性的分层项目	10			
	有效性	活动开展有效性强,学生乐于参与并积极展示自己的演讲才能	10			
	丰富性	动态节目主题和内涵深刻丰满,呈现形式丰富多样,有辅助的PPT或道具等	10			
	实用性	活动能调动学生演讲热情,培养和提高学生演讲的能力,有普适和拔高的不同层级	10			
	创意性	活动组织新颖有想法和创意,寓教于乐	10			
			总分			

评分人:＿＿＿＿＿＿＿

表2 六一小学第一届"梦想杯"演讲节班级动态活动评价表

评价形式:评审二组评价 评价对象:___年级动态展

活动形式	评价指标	指标要点	权重	评分							
				1班	2班	3班	4班	5班	6班	7班	8班
动态展	有序性	年级活动安排合理,组织有序,有条不紊,学生和家长秩序良好,会场演讲氛围浓厚	10								
	参与度	学生参与度和积极性高,活动有适切性和拔高性的分层项目	10								
	有效性	活动开展有效性强,学生乐于参与并积极展示自己的演讲才能	10								
	丰富性	动态节目主题和内涵深刻丰满,呈现形式丰富多样,有辅助的PPT或道具等	10								
	实用性	活动能调动学生演讲热情,培养和提高学生演讲的能力,有普适和拔高的不同层级	10								
	创意性	活动组织新颖有想法和创意,寓教于乐	10								
		各班平均总分									
		年级平均分									

评分人:___

表3 六一小学第一届"梦想杯"演讲节班级静态活动评价表

评价形式:评审三组评价 评价对象:___年级静态展

活动形式	评价指标	指标要点	权重	评分							
				1班	2班	3班	4班	5班	6班	7班	8班
静态展	方案制定落实	按照校级方案参与制定年级方案,方案完善细致,并认真落实活动	2								
	材料收集	班级演讲稿内容丰富、收集规范、上交及时	5								
	班级廊道布置	有展示墙,如手抄报、书画、作业展示	5								
		展示内容贴合演讲主题,作品干净整洁	5								
		粘贴美观大方,有创意	5								

（续表）

活动形式	评价指标	指标要点	权重	评分							
				1班	2班	3班	4班	5班	6班	7班	8班
静态展	班级环境布置	教室内板报布置以演讲为主题	5								
		总体布局合理,视觉美观大方,给学生营造积极的演讲氛围	5								
		班级装饰温馨化、特色化、个性化,兼具实用性	5								
		各班总分									
		年级平均分									

评分人：_____

表4　六一小学第一届"梦想杯"演讲芖评价成绩汇总表

表一:四至六年级年级活动

年级	评审一组动态评分	评审二组动态平均分	评审三组静态平均分	总分	奖项（特等奖、一等奖、二等奖各一个）
四年级					
五年级					
六年级					

年级	评审二组动态平均分	评审三组静态平均分	总分	奖项(特等奖、一等奖、二等奖、三等奖各一个)
一年级				
二年级				
三年级				

表三:一至六年级年级活动

年级	年级最高分	特等奖
一年级		
二年级		
三年级		
四年级		
五年级		
六年级		

表5　六一小学第一届"梦想杯"演讲节自我评价表

评价形式:评审—组评价　评价对象:＿＿＿级＿＿＿班

活动形式	评价指标	指标要点	权重	评分
静态展	方案制定与落实	按照校级方案参与制定年级方案,方案完善细致,并认真落实活动	5	
	材料收集	班级演讲稿内容丰富、收集规范、上交及时	5	
	班级廊道布置	有展示墙,如手抄报、书画、作业展示	5	
		展示内容贴合演讲主题,作品干净整洁	5	
		粘贴美观大方,有创意	5	
	班级环境布置	教室内板报布置以演讲为主题	5	
		总体总局合理,视觉美观大方,给学生营造积极的演讲氛围	5	
		班级装饰温馨化、特色化、个性化,兼具实用性	5	
动态展	有序性	年级活动安排合理,组织有序,有条不紊,学生和家长秩序良好,会场演讲氛围浓厚	10	
	参与度	学生参与度和积极性高,活动有适切性和拔高性的分层项目	10	
	有效性	活动开展有效性强,学生乐于参与并积极展示自己的演讲才能	10	
	丰富性	动态节目主题和内涵深刻丰满,呈现形式丰富多样,有辅助的 PPT 或道具等	10	
	实用性	活动能调动学生演讲热情,培养和提高学生演讲的能力,有普适和拔高的不同层级	10	
	创意性	活动组织新颖有想法和创意,寓教于乐	10	
			总分	

评分人:＿＿＿＿＿＿

四、研究成效

（一）本文的研究成果

课题组通过对表演与口才校本课程的开发与实践的研究,梳理出六一小学演讲校本课程的方向目标和发展脉络,初步总结出课程实践背景、课程目标制定、课程纲要制定和教学实施策略四方面的内容。

（二）课程的教学成果

1. 课题立项

（1）郑州市重点课题：《小学生表演与口才校本课程的开发与实践的研究——以学校演讲校本课程为例》。

（2）微课题研究。

本校的任课教师围绕演讲校本课程撰写的微研究论文共34篇，如《如何提高小学生演讲口语表达能力的微研究》《高年级学生即兴演讲能力培养的微研究》《演讲学习中培养学生自信表达的策略研究》等。

2. 获奖情况

（1）教师：徐一凡获河南省"学习时代楷模，成就出彩人生"师德主题演讲比赛二等奖、郑州市师德主题演讲比赛一等奖、经开区"向李芳学习"演讲比赛二等奖等荣誉；司坦知获经开区"不忘初心立德树人"师德演讲比赛三等奖；李萌获郑州市中华经典诵写讲优秀辅导教师。

（2）学生：在经开区师生中华经典诗文诵卖比赛中，二年级缪彧和四年级张梓妤同学均获一等奖；在第四届"曹灿杯"全国青少年朗诵大赛郑州赛区中，五年级翟梦点和苏煜宸同学获得少儿B组银奖，翟林熙和王雨彤同学在河南省总决赛中获二等奖；翟梦点同学还获得了全国青少年朗诵大赛河南省总决赛少儿B组二等奖、郑州市文化志愿者朗读之星（少儿组）一等奖、郑州教育暑假讲故事大赛二等奖等。

3. 成果展示

（1）在经开区课程与教学工作会上进行演讲课程优秀成果展示，《我和我的祖国》从演讲内容、形式、创意和效果上得到了与会人员的认可。

（2）第一届"梦想杯"演讲节的静态展和动态展成功举办，并形成"为梦发声"演讲课程材料汇编。

五、存在的问题和下一步打算

（一）研究局限

（1）课程开发小组和教研团队的内容开发及教材编写能力还有待提升，对如何保证演讲课程走向生活化、全员化和有效化，还有待进一步研究总结和提升完善。

（2）教师在开展演讲课程的过程中，还存在放不开或担心影响学业质量的现象，校本课程的课时量有限，效果不是很明显。

（二）研究展望

本研究是在学校表演与口才校本课程下针对演讲课程开发和实践的初步探究,下一步将继续在实践中丰富和完善课程体系,使课程内容可操作、更完善、有趣味,使课程评价更及时、更全面、更有效。

参考文献

[1]蒋璐娜. 小学生演说能力培养校本课程的实践策略[J]. 生活教育,2016(13):39-40.

[2]刘成琴. 如何培养小学生当众演讲的能力[J]. 课程教育研究,2018(2):181-182.

[3]薛文志. 小学语文教学中学生演说能力的提高策略分析[J]. 中国校外教育,2020(4):84.

（本文为2019年度郑州市教育科学重点课题,获科研成果一等奖。课题研究单位:郑州经济技术开发区六一小学,课题负责人:褚玉红,课题组成员:马宁、郭歌、宋冰倩、李梦）

小学低年级黏土绘本课程开发的实践研究

一、研究背景

《基础教育课程改革纲要(试行)》明确指出:"学校在执行国家课程、地方课程的同时,应视当地社会、经济发展的具体情况,结合本校的传统和优势、学生的兴趣和需要开发或选用适合本校的课程。"一直以来,经开区实验小学都是在"乐学乐行,唯实唯新"的学校理念指导下,基于学生兴趣与学校优势进行校本课程的开发。

在学校,我们经常会看到,小学低年级的孩子不论在课上还是课下,都会拿着黏土把玩,也经常听到很多低年级的家长说孩子在家也非常喜欢玩黏土,这足以说明孩子们对黏土的喜爱。基于孩子们对黏土的兴趣,经开区实验小学开设了黏土手创课程,课程取得了一定的成效,还在低年级段进行了普及,满足了低年级对黏土课程的需求。但在课程开发和实施过程中,我们发现,对于低年级黏土课程的发展越来越有局限性,低年级孩子的造型能力和理解能力还比较缺乏,老师们越来越想不出要教什么。在2018年年底,学校加入了全国绘本教研联盟,成为郑州市的试点校。我们通过研究发现,从身心发展特点来看小学低年级段的孩子对色彩形状的感知最为敏感,他们文字语言和口头语言的表达能力还不够完善,需要借用图画来帮助理解,通过动手操作来进行表达。绘本故事简单易懂,图画精致美观,构思巧妙独特,特别适合低年级段孩子的身心发展。

基于低年级孩子对黏土和绘本的喜爱以及其心理和年龄特点的考虑,我们决定把黏土和绘本相结合进行黏土绘本课程开发,使课程更有趣味性、知识性、操作性、持续性,并以此来培养学生阅读与动手创作的兴趣,激发学生学习潜能,拓展学生思维品质,提高学生解决问题的能力,培养学生综合素养,丰富学生黏土学习的途径。同时,我们也会努力创作出以黏土为材料的绘本作品,打造学校精品课程.从而把黏土与绘本在小学低段教学中的优势充分挖掘出来。

二、研究过程

(一)准备阶段

(1)确立课题,制定课题研究方案,成立课题研究小组。
(2)审定小组各成员上报的研究项目。
(3)召开课题开题会,确定各成员分工,明确任务。
(4)建立课题实践资料档案。

(二)实施阶段

(1)课题组成员交流讨论,制订出本课题的研究计划。

（2）把黏土与绘本结合,从课程目标、内容、实施、评价等方面进行实践探索。

（3）按实验方案开展课题研究。

（4）进行阶段性工作总结。

（三）总结阶段

（1）收集整理研究资料,进行系统分析,总结经验,汇编汇总。

（2）撰写研究报告。

（3）迎接专家鉴定课题成果。

三、主要做法和经验

（一）制定课程目标

学生发展的核心素养,要求培养全面发展的学生,这为校本课程的开发指明了方向。在开发校本课程的过程中,既要考虑学生核心素养的培养,还要考虑学校情况与学生情况。

1. 依据核心素养设计课程目标

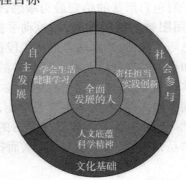

图1　中国学生发展核心素养

核心素养回应了教育要培养什么样的人,校本课程作为学校课程的重要组成部分,在目标设计上要结合学校特点和学生情况,紧紧围绕核心素养的文化基础、自主发展、社会参与三大领域展开设计。

2. 校情分析

乐智黏土手创课程作为学校特色课程之一,不仅受到了学生和家长的认可,也得到了上级领导的支持与肯定。2019年,我校开始将黏土和绘本结合进行课程开发,秉着"以实践促成长,以活动促发展"的理念,形成了独具特色的黏土绘本校本课程,让学生在玩中学会合作、学会知识、学会创新。

3. 学情分析

玩泥是孩子的天性,低年级的孩子对黏土有一种特殊的情感,对黏土爱不释手。低年级的孩子由于语言和文字表达能力还不够完善,需要借助图画来帮助理解。绘本以图为主,特别适合低年级段的孩子阅读,而且绘本中有大量经典的形象、巧妙的构图、丰富的色彩,是学生进行艺术活动非常好的教学资源。基于低年级孩子的身心发展特点,在低年级的教学中,不仅要注重课程的趣味性,还要注重保护孩子的想象力,培养孩子的创造力以及优良的思维品质,加强同伴间的合作。

基于以上分析,将黏土绘本课程的目标制定如下。

(1)拓展文化知识,塑造健康人格,掌握黏土绘本创作基本技法,培养黏土绘本创作兴趣。

(2)提升创作能力,培养创新精神,提高合作探究的能力。

(3)增强社会参与意识,提高社会交往能力以及问题解决能力。

(二)开发课程内容

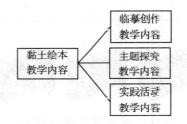

图2　黏土绘本教学内容结构图

课程内容的丰富性和多样性为培养全面发展的学生提供了具体的路径。该课程基于学生的核心素养,将课程分为三大类,分别为临摹创作教学内容、主题探究教学内容和实践活动教学内容。三类内容穿插进行,充分体现课程"以体验促成长,以活动促发展"的理念。临摹创作教学内容为主题探究教学内容做铺垫和基础,主题探究教学内容又为实践活动教学内容服务,三者环环相扣,层层递进。

1.临摹创作教学内容

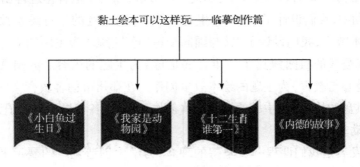

图3　临摹创作教学内容

临摹创作教学内容甄选适合学生身心特点以及能塑造学生健康人格的绘本。根据低年级学生认知水平和便于跟黏土结合的原则选择绘本作为教学资源,以《黏土绘本可以这样玩——临摹创作篇》为主题设计教学内容。选择了绘本《小白鱼过生日》《我家是动物园》《十二生肖谁第一》《内德的故事》。在绘本内容的选择上,先从动物入手,再逐步转向人物,这样可以有一个难度的过渡。选择绘本时还要注意故事的趣味性以及对孩子的教育意义,用故事中的情感来激发孩子的创作热情。在用绘本教学内容选择时,考虑拓展文化知识的同时,还要注重对学生健康人格的塑造。例如《内德的故事》这个绘本,以儿童跳跃性创意思维呈现故事,内德惊险的一天遇到了各种倒霉和幸运的事,跌宕起伏的故事情节激发了孩子的好奇心与发散思维,通过微课展示黏土立体故事的创作,让学生掌握黏土绘本创作基本技法。在黏土与绘本的结合中,不仅让绘本成了激发灵感的教育资源,更是让孩子明白了深刻的道理,即:幸运不光是上帝的安排,更要靠自己的勇敢和努力去争取。

2. 主题探究教学内容

图4　主题探究教学内容

主题探究教学内容主要结合学校活动进行内容设计,在"临摹创作篇"的基础上,学生掌握了一定的绘本创作方法,随之进入进阶篇"主题探究篇",该内容主要结合研究过程中学校参与和主办的活动进行设计。本学年,学校主要参与了5个大活动,分别是"2019'小圭璋'中国原创绘本插画展"暨"优秀绘本教学研究活动"郑州巡展开幕式、郑州市创意非遗教研联盟活动、经开实小第五届足球文化艺术节、苏州展演、郑州市创客教育文化艺术节,每一个活动都需要主题性的作品展出。在绘本巡展中我们设计了以《班级的故事》为主题的创作内容,让学生结合校园生活,写出简单的故事,然后小组合作进行创作。在创意非遗教研联盟活动中,我们设计了以《十二生肖谁第一》为主题的生肖绘本故事创作内容。在足球文化艺术节上,我们设计了以《与国同梦追"球"精彩》为主题的立体绘本创作,分别设计了以《我爱我的祖国》与《十二生肖踢足球》为主题的内容。苏州展演活动中,我们设计了以《爱心与教育》为主题的绘本故事创作。在郑州市创客教育文化艺术节上,我们设计了以《棋盘的故事》为主题的游戏绘本创作,以设计各种棋盘和棋子为内容。

3. 实践活动教学内容

以活动促发展是我们课程一贯坚持的理念,为学生创造宽广的展示平台,让学生走出教室,走进社会,走进各项丰富多彩的活动,来锻炼他们的综合能力。学生在活动中既可以展示自己的作品,增强其自信心,又有了更多与人交流的机会,可以锻炼其胆量。在每一次展示活动中,学生需要参与许多准备活动,例如在展前创作作品、布展等;在展示中介绍作品,当小老师等;最后还要参与撤展卫生打扫等。

（三）开展课程实施

1.临摹创作式教学模式的探索

图 5　临摹创作式教学模式图

在课程初期,采用临摹创作式教学模式进行教学。通过读、看、做、玩,将有趣的故事带入课堂,用好玩的黏土演绎故事,给低年级的孩子带来快乐的学习体验。例如在《十二生肖谁第一》这一课中,首先进入读——情感导入阶段,带孩子一起读绘本,感受十二生肖中每一种小动物的性格特点,引起孩子的共鸣。通过游戏让孩子们找到自己喜爱的生肖动物,说一说自己心目中的第一名应该是谁。随后进入看——观察特点阶段,带领孩子们观察感受绘本中生肖的特点,用简单的几何图形进行表现,让孩子们想象自己就是这个生肖动物,想象一下,加上什么样的表情和动作更能体现这个生肖动物的性格呢?带着这个问题,进入做——形象创作阶段,孩子们对动物的创作进行大胆尝试,做出自己心目中的第一名。最后是最有趣的环节玩——组合创编阶段,小组合作将每个人的作品融合到一起,编一个十二生肖的故事,将故事创作成一组场景并讲述给大家听。

2.主题探究式教学模式的探索

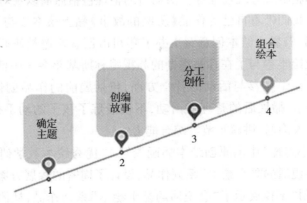

图 6　主题探究式教学模式图

在课程发展的第二阶段,开始尝试主题探究式教学模式,此阶段以小组合作形式为主,学生要经历确定主题——创编故事——分工创作——组合绘本四个过程,之前的学习为此阶段学习奠定了坚实的基础,学生不仅有了一定的创作能力,也有了一定的合作能力。在主题探究式学习中,既可以为学生确定一个既定的主题范围,也可以让学生进行天马行空的想象,自己设计主题。

例如在《班级的故事》绘本创编课程中,给了学生"班级的故事"这一既定主题,学生可在这个范围内进行创作。先让小组合作确定主题,每个小组经过探讨,确定不同的主题,例如元旦联欢会、下雪啦、母亲节……接着小组内的同学根据主题编一个简单的故事,例如有个小组的主题是"下雪啦",他们编的故事是:在一个冬天的下午,下起了大雪,老师突发奇想,带我们到前广场上去玩雪。你瞧,郭心灿同学手握一个雪球,向正在拍照的老师砸去,杨超兰和张程浩正在堆雪人,我们玩得好开心啊! 故事编好后,小组成员进行分工,一起来创作,有的做雪人,有的做人物,最后,大家将做好的内容组合在一起,展现自己的主题。当所有小组的作品做完后,师生还一起将这些作品组合成了一个绘本墙书,并将作品拍成照片,设计了《班级的故事》黏土绘本画册,印刷出品。

3. 实践活动课程教学模式的探索

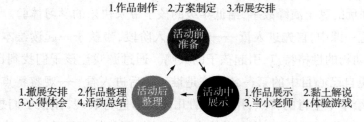

图7 黏土绘本活动课程教学模式图

实践活动课程教学模式,将课程分为三个阶段,分别为活动前、活动中和活动后。活动前的准备包括参展作品的设计与制作,展会方案的制定,人员的分工,布展的安排,展前的彩排等前期任务。活动中的展示包括作品的展示,对黏土绘本作品的介绍与解说,当小老师教黏土,体验游戏等现场任务。活动后的整理包括撤展以及对活动的总结。

在活动课程中,我们带着自己的作品《班级的故事》黏土绘本参与了小圭璋绘本展,带着《十二生肖谁第一》黏土绘本创意课主办了郑州市创意非遗教研联盟活动,带着《爱心与教育》组歌黏土绘本参与了在苏州举办的苏霍姆林斯基年会……活动课程为学生发展提供了展示的平台,学生参与活动的各个方面,包括展前的作品创作、前期的布展活动、展会上的分工展示、撤展后的整理等活动,不仅锻炼了孩子的动手操作能力,还锻炼了孩子组织协调、与人沟通、讲解示范等综合能力。

例如在"2019'小圭璋'中国原创绘本插画展"暨"优秀绘本教学研究活动"中,我们在活动前创作了"会说话的黏土绘本"系列作品,设计了周密的参展方案。在活动的开幕式上,"乐智黏土社团"不仅展示了"会说话的黏土绘本"系列作品,社团学生宋一诺同学还在开幕式开场演出中为大家讲演绘本故事《十二生肖谁第一》。随后,近400本原创绘本与30幅原创插画在学校巡展两周,全校师生有序观展。

《爱心与教育》组歌创作活动中,师生共同创作了一组讴歌李镇西的爱心教育故事的黏土绘本场景作品,七组作品造型立体、形象逼真,在全新声电技术配合下,得到了李镇西老师的肯定和称赞。孩子们的努力创作、班主任的文字斟酌、美术老师的专业指导……该作品的创作历程被拍摄成纪录片在"中国陶行知研究会苏霍姆林斯基研究专业委员会第五届年会"上展演。黏土作品以及纪录片在苏州的这次展演,不仅为学校社团提供了展示平台,提高了学校的美誉度,还使师生在创作过程中得到了锻炼,增进了情感。

(四)优化课程评价

作为一门特色校本课程,我们注重对学生进行综合性评价,以促进学生全面发展为目标,以人人能展示,人人有提高,人人被肯定为原则,以形成性评价为主,总结性评价相结合的方式进行。

1.形成性评价

形成性评价是为了了解学生学习情况与教学行为的缺失而在教学过程中进行的信息反馈评价,通过及时的反馈,不断改进教学行为,强化学习活动。

(1)临摹创作篇教学评价。

在临摹创作篇中,我们根据学生的学习情况给学生发奖励卡。学生通过玩闯关游戏,获得奖励卡。对在每个活动中积极参与并完成任务的同学发一张"星星卡",5张"星星卡"兑换1张"月亮卡",2张"月亮卡"兑换1张"太阳卡"。

(2)主题探究篇教学评价。

学生在每次活动后填写一张"星空评价卡",星空评价卡中共有9颗星星,上面的6颗对应的是学习过程中的不同任务,完成一项任务点亮一颗星。下面的三颗星对应的是学生自评、互评和师评。当认为自己完成本次活动非常出色的时候,自己就可以点亮"自评智多星",还要邀请同伴为他点亮"互评智多星",最后请老师点亮"师评智多星"。学生每次完成星空评价卡后,需要自己进行保存,满星卡可以得到老师的小印章,学期末可以兑换奖励。该评价形式有效促进了小组合作的积极性,使小组间配合更加默契。

(3)实践活动篇教学评价。

在实践活动教学中,对学生的评价以小组为单位运行,重点考查学生合作探究的能力、主动参与的意识与社会交往能力等。每次活动评出2个优秀小组,奖励小组成员每人1张太阳卡,以鼓励在活动中做出突出贡献的小组。

2.总结性评价

黏土绘本校本课程在学期末,为学生举办黏土立体绘本作品展,以检测学生一个学期的学习成果。

(1)期末作品以立体绘本形式完成,给每人发放一颗星星卡作为选票,根据作品完成情况及展示分享进行公开投票,得到的星星计入小组总分。

(2)期末评出创意明星小组、文明之星小组、勤劳合作小组、团结互助小组,各奖励1张太阳卡。

3.形成性评价结合总结性评价

小组整个学期所得的星空评价满星卡、太阳卡计入小组总分,期末可用卡兑换班级币,用班级币到班级超市兑换奖品。对表现优秀的小组和个人,还会颁发奖状作为鼓励。

四、研究成效

（一）探索出了黏土绘本课程这种独特的发展模式

采用"课堂教学＋活动课程"模式进行黏土绘本教学，让孩子在课堂体验中成长，在活动参与中发展。开发黏土绘本临摹式教学模式与主题探究式教学模式，教学内容层次分明，丰富多彩。

（二）黏土绘本教材和绘本作品结集出版

我们开发了黏土教材，帮助孩子掌握黏土绘本学习的方法，从动物、植物、食物和人物等方面启发学生的创作。在学习过程中，梳理了学生作品，结集出版《班级的故事》。

（三）促进学生全面发展

黏土绘本课程的开展，提升了学生阅读与动手创作的兴趣，促进提高了学生综合解决问题的能力，加强了团队合作能力。通过在课堂和活动中的锻炼，学生自信心显著提高，做事情更能够坚持到底，不怕困难。在孩子全面发展方面，取得了显著成效。

（四）促进教师专业素养的提高

教师在实践过程中，不断探索，集体参与郑州市绘本联盟的各项活动、积极参加各种优质课的评比，取得了部级优课、省级优质课一等奖、郑州市观摩课一等奖的成绩。在"2019'小圭璋'中国原创绘本插画展"暨"优秀绘本教学研究活动"郑州巡展单元开幕式展演活动中，《班级的故事》黏土绘本场景作品进行了现场展示，受到了与会师生的称赞。在中国陶行知研究会苏霍姆林斯基研究专业委员会第五届年会上，《爱心与教育》组歌黏土绘本场景作品参与了年会展演，受到媒体和领导的一致好评，该作品也助力了中国班主任建设。

五、存在的问题及下一步打算

（一）存在的问题

1. 低年级绘本资源选择有难度

绘本种类繁多，在选择绘本时，教师既要考虑选择的绘本适合黏土教学，又要考虑学生的心理发展特点，注意一二年级学情的不同，选择的绘本也应有所区别。在前一段的研究中就发现，要在众多的绘本资源中，筛选出符合低年级学生心理特点的，画面生动、情节有趣、形式新颖、适合黏土创作的绘本,老师们普遍觉得有难度,积极性有所减弱。

2. 主题作品创作困难

在让学生进行自由创作时,学生能够发挥天马行空的想象,在进行有主题且与文字结合的创作时,学生就会出现不敢动手开始的情况。

(二)下一步打算

针对课题研究中出现的问题,今后的黏土绘本课程要从以下几个方面进行改进。

1. 建立绘本资源库,储备丰富的教学资料

在面对数不胜数的绘本时,今后将重点从绘本领域各大奖项中的获奖书目中选择,例如凯迪克图画书奖、丰子恺图画书奖等。

2. 开发微课资源,提高学生创作能力

在用黏土进行绘本创作时,要加强引导,给予主题的同时,要给学生自由发挥的空间。在进行黏土表现时,要降低难度,借助各种材料,让学生拓展思路,大胆创作。教师要录制相关视频资源,在微课的制作上下大功夫,以更好地突破重难点,引导学生创作。

参考文献

[1]陈慧玲.以黏土为材质的绘本艺术创作探索[D].上海:上海师范大学,2018.

[2]于梦溪.深圳红岭中学校本黏土手工美术课程研究[D].武汉:华中师范大学,2018.

[3]尹少淳.义务教育美术课程标准解读2011年版[M].北京:北京师范大学出版社,2012.

[4]赵志国."儿童绘本"在小学美术教学中的应用分析[J].教育现代化,2018,5(37):361-362.

(本文为2019年度郑州市教育科学重点课题,获科研成果一等奖。课题研究单位:郑州经济技术开发区实验小学,课题负责人:赵丽,课题组成员:吴玉红、马晓伟、郭亚楠、冉鹏)

幼儿园有效开展户外运动大循环的实践研究

一、研究背景

《幼儿园教育指导纲要》中明确指出"幼儿园要开展丰富多彩的户外游戏和体育活动,培养幼儿参加体育活动的兴趣和习惯,增强体质,提高对环境的适应能力"。幼儿户外运动大循环是一种区别于传统户外体育活动的一种新的组织形式,能够最大化地利用幼儿园的场地特点、体育器械和教师价值等进行最优化的组合,确保每位幼儿的每一个动作都得以全面、均衡地锻炼和发展。给予每位幼儿自行选择活动路线的机会进行体格锻炼,促进幼儿体能全面而富有个性的发展,为幼儿健康、全面、协调的发展提供强有力的支撑。

依据教育部《幼儿园教育指导纲要》《3～6岁儿童学习与发展指南》的精神,郑东新区龙子湖幼儿园将课程培养总目标确定为"培养健康的中国娃"。特别是2018年9月以来,运动大循环项目更是作为我园的办园特色,申报了郑东新区学校特色项目建设,并成功获批,现正在稳步实施中。

我园开展户外运动大循环活动以来,存在以下问题。

一是教师对户外运动大循环的概念、组织形式、活动价值的认识不足。

二是幼儿户外运动大循环中的规则意识、运动能力等有效参与度较低。

三是幼儿园户外运动大循环的组织形式单一,不能很好地应对恶劣天气的影响和形式多样化的需求,户外运动大循环的组织体系需要完善。

四是户外运动大循环的评价策略需要建立和完善。

二、研究过程

(一)准备阶段(2019年4月—2019年5月)

1. 制定研究方案,进行课题申报

采用文献研究法,了解国内外相关研究成果,建立课题研究组,制定课题方案和初步的研究计划,进行课题申报。

2. 进行课题培训,提升认知水平

2019年5月22日,我园组织教师进行课题研究的专题培训《课题就在你我身边》,坚定了课题组进行课题研究的信心,明确了课题研究的方向。

3. 实施开题论证,明确研究方向

2019年5月28日,课题组成员参加了郑州市教科所组织的《2019年度郑州市经费支持重点课题研究共同体开题会》,聆听学习课堂教学重点课题组负责人的开题报告,再次明确了课题研究的方向和方法。

（二）**实施阶段**（2019 年 6 月—2020 年 2 月）

1. 结合篮球特色，开发篮球版户外运动大循环

2. 开展具体实践，依次开展研究

依据课题研究计划，定期开展户外运动大循环实践及特色教研活动。

3. 定期开展体能测评工作，了解幼儿动作发展水平

4. 定期邀请专家来园指导，提升教师整体认知水平

5. 形成个人观点，撰写相关论文

在课题研究带领下，课题组教师在课题研究过程中总结经验，撰写相关教育论文。

6. 开展中期活动，明确后期计划

2019 年 11 月 14 日书写中期报告开展课题中期活动。中期活动向专家组展示了运动大循环园本课程《穿越火线》和全园基础版户外运动大循环，拓展了核心概念外延，明确和调整了后期研究方向。

7. 形成户外运动大循环组织体系，进行应用推广

接待各种国培班、高校生、家长等进行入园观摩。

（三）**总结阶段**（2020 年 3 月）

1. 收集研究资料，形成有形成果

伴随着实践的深入开展，将典型个案分析、活动课例、经验总结等有形成果进行梳理和整合，结集成册。

2. 撰写研究报告，申请结项

对课题研究的关键因素、多样化组织模式等进行提炼总结，撰写结题报告，并进行结题鉴定。

三、主要做法和经验

（一）通过多种途径，全面了解幼儿园户外运动大循环活动的开展现状

1. 采用网络调查问卷和教师访谈的形式，了解教师及幼儿对户外运动大循环的认知情况

全园教师中有 23% 属于新入职教师，对户外运动大循环了解不足，需要组织专题培训作为理论指引。在"运动大循环中指导动作会面临哪些问题"一题中，有 88.46% 的教师选择幼儿太多，只能个别指导；有 61.54% 的教师选择组织幼儿活动秩序，无暇指导幼儿动作；有 61.54% 的教师选择时间紧凑，来不及指导 有 38.46% 的教师选择对动作不清楚，指导不到位。

通过分析问卷可以得出以下结论。

（1）新入职教师缺乏户外运动大循环的理论和实践经验，但学习积极性高，接受新事物的能力快，有较强的实践能力，需要学习户外运动大循环的相关理论知识，积累实践经验。

（2）幼儿在运动大循环活动中的流动性极强，教师更多考虑活动的组织和幼儿的安全，无暇顾及幼儿动作的发展和指导。其次，教师指导幼儿的动作比较泛化。在户外运动大循环中，教师对幼儿动作的指导仅限于在开始前对动作提出要求，活动过程中、活动后对幼儿具体动作指导较少，缺少规范性。

2.通过开展体能测评，了解幼儿动作发展现状

（1）幼儿动作水平发展不均衡。幼儿动作的不均衡表现在：相同学段不同年龄的差异，相同年龄不同发展水平的差异。

（2）幼儿在动作规范性上存在明显的不足。

3.开展户外运动大循环专项观察记录活动

《幼儿园指导纲要》中指出："评价应自然地伴随着整个教育过程进行。综合采用观察、谈话、作品分析等多种方法。幼儿的行为表现和发展变化具有重要的评价意义，教师应视之为重要的评价信息和改进工作的依据。"

面向个体的观察：在每周户外运动大循环的过程中，由本班教师以个体为观察对象进行动作、规则等内容的具体观察，了解班级个别幼儿在具体循环过程中的具体表现，以个体为突破口，了解幼儿在具体活动中的参与现状。

面向整体的观察：课题组成员每周定期对全园户外运动大循环组织情况进行观察和记录，了解幼儿园整个年龄段班级与班级之间循环路线、活动规则、器械投放等方面的整体活动情况，为后期教研和指导做好资料基础。

（二）通过专家培训、园本教研、分年龄段过程指导，提升教师开展户外运动大循环的认识水平

1.邀请专家入园，定期开展培训

幼儿园为提升教师对户外运动大循环的认知水平，定期邀请体育组织方面的专家进行理论培训和现场指导。通过具体实践和专家中期指导，把户外运动大循环的概念外延进行延伸，把概念确定为：幼儿户外运动大循环是以促进幼儿体格健康发育为目的，以音乐为活动信号，以发展基本动作和场地特点为活动区域划分，以班级或者个体为组织单位，由班级轮换制户外体育运动大循环和幼儿个体大循环两种组织形式相结合的一种运动组织形式。

2.开展户外运动大循环园本专题教研活动

每月定期开展一次以户外运动大循环为研究内容的园本特色教研，围绕"户外运动大循环中教师的站位""室内版运动大循环的组织和开展""指示牌的制作"等主题，在同伴互助中总结、梳理出幼儿园各年龄段动作发展的水平、户外运动大循环活动的组织策略、注意事项等，全面提升教师对户外运动大循环的认知水平和实践组织能力。

3.分段开展户外运动大循环过程性指导

幼儿园每周四上午定期进行户外运动大循环活动，明确年龄段指导教师并进行分段指导，根据各年龄段、各个班级师幼在户外运动大循环中出现的具体问题进行记录分析，围绕班级之间的循环路线、幼儿遵循的活动规则、器械投放等问题，分段进行现场指导和调整，确保各段、各班循环路线的流畅性。

案例:中班年龄段室内版运动大循环——地面动作标识与路线标识的创设

中班年龄段在室内版运动大循环路线设置上,教师在活动过程中对循环路线的难易程度进行了观察,在地面标识的设计上经历了一个从易到难的调整和研究过程。

首先,设置直线路线标识。中班孩子们能非常顺利地根据区域的动作要求,通过沿直线走、跑、跳等方式进行循环,虽然也锻炼了孩子的运动能力,但是对于中班孩子来说,直线简单、快速,通过性太强,没有挑战性,且容易形成其他环节的拥堵。

其次,增添小脚丫动作标识。通过对幼儿活动情况的观察,教师将直线替换成小脚丫。孩子们通过识别,将自己的脚丫和线上的脚丫一一对应,同时进行走、跑、跳运动,稍微增加了通过难度和挑战性,适度激发了幼儿运动的兴趣。随着孩子们的参与次数增多,动作难度和路线变化上都需要进行调整,以适应幼儿能力水平的整体提升。

最后,增加手印和脚印动作标识,增加路线变化标识。老师们经过研讨,采用增加手脚并用的动作地标和增加路线变化标识相结合的复合方法改进,使中班年龄段室内版运动大循环更加有序、有趣、有效。

户外运动大循环分段过程性指导保障了运动器械的有效使用、班级之间循环路线的衔接与流畅、最大化发挥教师的组织价值,以及持续且有针对性的分段现场指导,也提高了户外运动大循环开展的有效性。

(三)通过对户外运动大循环幼儿动作的指导、活动组织要素的梳理和不断优化,提高幼儿户外运动大循环的有效参与度

1.通过对幼儿动作的指导,提高其户外运动大循环的有效参与度

(1)通过理论学习提升教师对幼儿动作指导的意识和水平。

组织教师学习运动大循环的理论知识,细化各年龄段幼儿动作发展的内容、要求和动作要领,明确教师指导动作的责任,为教师更准确地把握幼儿动作水平和发展状况打下坚实的基础。幼儿园邀请了健康领域的专家针对运动大循环区域的设置、循环的方式和幼儿动作要点等进行指导,老师们在培训专家的带领下分析幼儿园场地的特点和区域创设之间的关系、运动器械的呈现方式与幼儿动作发展之间的关系等,为教师指导幼儿具体动作奠定认识基础。

(2)通过教研活动提升教师对幼儿动作指导的有效性。

针对幼儿动作指导的诸多问题,幼儿园开展每月一次的运动大循环专项教研活动,在教研活动中引导教师对走、跑、跳、投、钻、攀爬、平衡、悬垂等动作进行梳理,并亲身体验、感受动作的要点。

(3)通过开发户外运动大循环特色课程指导幼儿动作发展。

运动大循环中教师面对的是幼儿群体,没有充足时间对幼儿进行动作的指导。动作的学习非片刻之间,故幼儿动作的学习应该在运动大循环之前。幼儿园通过分阶段的研讨,制定了户外运动大循环特色课程,共3个版本45个体育游戏。在活动中引导幼儿学习动作要领,在运动大循环活动中进行动作练习和巩固。户外运动大循环特色课程的开发与实施,规范了幼儿基本动作,为教师现场指导奠定了动作基础,减轻了其工作强度。

(4)通过运动大循环方式的调整为教师指导幼儿动作发展提供机会。

在户外运动大循环中,器械的摆放因为场地的原因更多的是单循环摆放,有器械摆

放差异的体现,因为活动时间的要求、组织幼儿的需要没有根据幼儿动作水平进行区分,摆放方式不能满足不同幼儿动作发展的需要。要解决这个问题,有如下几个办法:①根据动作发展目标设计难易结合的循环路线;②根据幼儿动作水平分层组队;③根据幼儿兴趣加入自选环节。

2.通过对活动组织要素的梳理和不断优化,提高幼儿对户外运动大循环的有效参与度

(1)梳理出户外运动大循环的组织要素。

通过课题组成员的不断学习、总结,将户外运动大循环活动组织的关键要素归结为区域划分依据、器械摆放原则、教师职责、教师站位、指示牌的运用与设置、休息区的开设等几个关键要素,并梳理出来影响和决定关键要素的关键点,制作《户外运动大循环组织要素总表》。户外运动大循环组织要素的确定与梳理,提高了教师开展户外大循环的方向性和有效性,提升了全园幼儿在运动大循环中的有效参与度。

表4　户外运动大循环组织要素总表

活动组织基本要素	参考因素	备注
1.区域划分依据	1.幼儿园本身场地的特点 2.幼儿园动作发展的需要 3.天气、季节等多种因素	基础版室内版篮球版
2.器械摆放原则	1.根据学期测评结果和幼儿动作发展的需要 2.器械的多种组合方式,提供不同难度的通过线路,满足幼儿个性化发展的需要 3.器械的摆放与收纳	学期测评的针对性
3.教师职责	1.幼儿园参与运动的节奏把控与协调 2.区域内幼儿动作指导 3.活动前、中、后的器械收整 4.运动中特殊情况的处理 5.运动中区域转换时的方向与路线指导 6.幼儿物品的管理、恢复、收整	
4.教师站位	1.被活动区域的最远端,一般一名教师在起点,另一名在活动区域的对角线位置 2.幼儿动作难度较大需帮助或者指导位置 3.区域内循环中易拥堵的位置 4.器械需要反复摆放和回收的位置 5.定点与流动相结合	为了活动规范开展的需要,一般设定为2名老师
5.指示牌的运用与设置	1.标准动作展示与提示 2.运动方向与路线的指引 3.安全提醒	
6.休息区的开设	1.满足幼儿个性化需要 2.摆放物品的收纳与运送	

（2）优化户外运动大循环的组织要素。

优化户外运动大循环的组织要素主要有：①音乐创设让幼儿想玩游戏；②游戏录像分享让幼儿会玩游戏；③指示牌让幼儿玩转游戏；④休息区创设让幼儿适度游戏。

（四）根据天气、园所特色等因素，丰富幼儿户外体育大循环的组织形式

幼儿园自开展户外运动大循环实践研究以来，活动区域从局部到整体，活动参与从个别年龄段到全园参与，活动形式从单一到丰富，根据以上变化，课题组最终梳理出《郑州市郑东新区龙子湖幼儿园户外运动大循环开展实录》，为后续开展课题研究奠定了实践基础。

1. 结合幼儿能力水平、教师现状，确定每年9—10月份开展基础版户外运动大循环

9月份是各年龄幼儿动作水平最低、教师变动最大的阶段，基于这两点，幼儿园每年9—10月份开展基础版运动大循环。基础版运动大循环是以本年龄段幼儿的实际动作水平为出发点，以本段基本规则、基本路线、基本动作为主要设计思路的最低版本的户外运动大循环。

2. 根据天气状况，开发11—12月的冬季室内版运动大循环

冬季的"雾霾"天气影响了孩子户外活动。为保障幼儿的健康发展，幼儿园在户外运动时间开展"室内版运动大循环"，以各个班级活动室、卧室和走廊等室内场所为活动区域，以音乐为活动信号，以动作发展为各区域器械设置重点。小班采用区域内循环、中班采用班级轮换制循环、大班采用以幼儿个体为单位大循环组织形式。

3. 根据幼儿园园本特色发展需要，开发3—6月的篮球版户外运动大循环

幼儿园在基础版运动大循环的基础上增加了篮球元素，将篮球动作融入户外运动大循环中，形成了"篮球版户外运动大循环"。在活动中引导幼儿利用各种篮球动作通过各个活动区域，全面提高了幼儿篮球动作练习的频率和趣味性，提升了全园幼儿篮球动作水平。篮球版运动大循环的开展，创新了户外运动大循环的组织形式。

4. 综合各种版本，制定全年运动大循环组织模式

表5　户外运动大循环的组织与实施体系一览表

版本	时间	年龄段	场地	循环模式	重要元素
户外版运用循环	上学期的9—10月	小班	二楼草坪	区域间班级轮换制	公共循环路线，教师引导幼儿有序活动有规则意识
		中班	中厅	区域间班级轮换制	公共循环路线需要教师指导
		大班	外围	个体为单位的大循环	安全、路线、动作指牌的设置
室内版运动大循环	上学期的11—12月	小班	一层室内	区域内大循环	幼儿活动量的考虑
		中班	二层室内	区域间班级轮换制	首尾两区域间的路线指引
		大班	三层室内	区域间大循环	活动后幼儿较分散，如何回归真实班级

(续表)

版本	时间	年龄段	场地	循环模式	重要元素
篮球版运动大循环	下学期的3—6月	小班	二楼草坪	区域间班级轮换制	
		中班	中厅	区域间班级轮换制	
		大班	外围	个体为单位的大循环	休息的设置

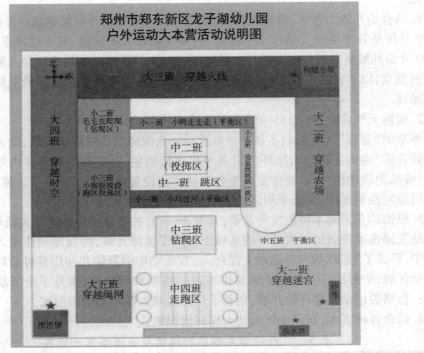

图1　郑州市郑东新区龙子湖幼儿园户外运动大本营活动说明图

幼儿园根据天气、季节、特色发展等多种因素,把幼儿园的运动大循环分为三个版本:在阳光充足的9—10月份开展基础版户外运动大循环;在恶劣天气较多的11—12月开展室内版运动大循环;在3—6月份开展篮球版运动大循环。最终,形成了一套贯穿全年、涵盖各个场地、包含各个年龄段、适合全年各个季节的全方位立体运动大循环组织模式。

(五)初步探索户外运动大循环的评价策略

《3~6岁儿童学习与发展指南》中指出:评价的最终目的不是观察、记录幼儿的表现,给予幼儿一个定量或定性的评价结论,而是指导教师根据评价结果分析、生成新的教育内容,调整教育目标,改进教育方法,从而促进幼儿更好的发展。幼儿园尝试采用以教师、家长为评价主体的评价活动。

1.以教师为评价主体

定期开展期初、期末全园幼儿体能测评,了解全体幼儿动作发展水平。自课题开展以来,把体能测评项目在 10 米折返跑、立定跳远、双脚连续跳 6 项内容的基础上,优化为包含 10 米折返跑、立定跳远、双脚连续跳、坐位体前屈、网球投远、走平衡木 6 项内容的体能测评部分和包含搓球、双手地面推滚球、双手拍球、原地单手运球、双手行进间直线运球、双手行进间运球绕障碍、投篮(3 点 6 投)7 项内容的篮球测评部分。把每次测评结果进行数据比较、柱状图比较和文字分析,梳理总结出全本幼儿纵向体能变化、横向班级间对比的体能发展情况。

2.以家长为评价主体

幼儿园每学期举办家长开放日,邀请家长进行户外运动大循环的现场观摩。家长观摩活动后,通过班级微信群、反馈表等方式表达自己的建议和想法,为幼儿园的户外运动大循环活动提供支持和保障。

四、研究成效

(一)幼儿运动能力全面提升

1.纵项对比

从每学期的体能测评成绩看,幼儿运动能力显著提高。

2.横项对比

从与同地域幼儿的运动会比赛成绩看,与同区同年龄段幼儿相比,多个运动项目成绩突出。在郑东新区 2019 秋季幼儿体能运动会中,荣获大班组"青蛙过河"第一名、大班组"我们都是大力士"第二名、中班组"羚羊跨越群山"第三名、中班组 100 米接力赛第一名,取得了团体总成绩排名第二名的好成绩。

(二)教师对开展户外运动大循环的认知水平和组织水平全面提高

(1)通过户外运动大循环组织要素的明确和划分,提升了全体教师对户外运动大循环的组织水平。

(2)根据教师对运动大循环的深入认知,探索出了"户外运动大循环特色课程活动流程"模式,成功构建了 3 个版本 45 个体育游戏的户外运动大循环的园本课程。

(3)通过对课题的不断研究,课题组成员撰写了相关论文 4 篇,其中一篇还参与了市级优秀论文的评比。课题研究提升了课题组成员的科研能力。

(三)幼儿园运动大循环形式多样化组织体系的成功创建,促进了幼儿园健康教育特色的深入开展

(1)幼儿园户外运动大循环共经历了从局部尝试到全园覆盖,再到特色融入三个阶段的发展变化,形成了涵盖全园各个场地、年龄段、季节的运动大循环模式,确保幼儿能够健康、全面、持续地发展。

（2）幼儿园成功录制篮球版运动大循环视频资料,直观展示了幼儿园户外运动大循环的活动特点,为幼儿园健康教育特色的持续性发展创造条件。

（四）幼儿园户外运动大循环活动多次向高校、国培班、家长等进行展示和引领,成为彰显幼儿园健康教育特色的有形名片

五、存在的问题及下一步打算

（1）邀请体育运动专家进行活动专业引领,提升活动组织质量,就体能测评数据分析、针对性的器械投放等进行专业引领。

（2）针对每学期新教师调整现状,梳理相关内容的新教师培训资料,确保新入职教师对运动大循环活动的有效组织与衔接。

（3）结合 2020 年新冠疫情的防控需要,根据居住特点、物品特点,尝试开展家庭版运动大循环,提高运动大循环方面的家园共育水平。

（4）探索以幼儿为评价主体的多元评价模式。

参考文献

[1]中华人民共和国教育部.幼儿园教育指导纲要:试行[M].北京:北京师范大学出版社,2001.

[2]中华人民共和国教育部.3~6岁儿童学习与发展指南[M].北京:首都师范大学出版社,2012.

[3]顾芳芳.幼儿园晨间户外活动评价策略[J].山海经,2015(18):64.

（本文为 2019 年度郑州市教育科学重点课题,获科研成果一等奖。课题研究单位:郑州市郑东新区龙子湖幼儿园,课题负责人:焦可心,课题组成员:张春美、马莉莉、刘芳、樊芳飞）

第四章

学科建设研究

学科是传授知识与技能、培养高素质人才的依托和基础。早在 2008 年,国家就出台了《关于加强中小学学科建设的意见》,强调提升中小学学科建设水平在提高教育教学水平中的重要性。新时期对于教育教学高质量发展的新要求和落实五育并举,为实现全面育人的工作要求,更加需要增强学科建设研究,提升学科品质与内涵。本章节收录了各学校加强学科教研建设,提升学科教学有效性的研究和探索成果。如《小学英语语音练习有效性的实践研究》从本校英语教师的教学中普遍存在现象和问题出发,深入学习本学科课程标准等理论,采用有效多元的语音练习形式进行实践研究,拓展了学生语音练习的内容,创新了学生语音练习的方法。再如《初中语文名著阅读分类指导的实践研究》,结合初中语文名著阅读教学现状和本校初中学生名著阅读活动存在的问题,结合调研数据和课例研究,梳理阅读策略,创新阅读方法,激发了学生语文名著阅读兴趣,提升了教师名著阅读教学的研究与指导能力,形成初中语文名著阅读分类指导的基本办法,并促进学生语文核心素养的发展。除此以外,本章还有关于小学英语科研成果转化应用的策略、小学综合性阅读评价体系的创建与实施等研究。加强学科建设的核心是教师综合素养和能力的提升,让我们一起关注课题研究的过程性及在过程中的教师成长和队伍建设。

小学综合性阅读评价体系的创建与实施

一、研究背景

近年来,各区域、各学校对阅读的重视程度逐年增加,许多学校还开设了阅读课程。但通过调查学校现行的小学阅读评价制度与方式,发现仍存在许多问题,如下所示。

(一)评价缺乏规划性

阅读评价在各学科、各年级各行其道,学校没有一个系统的、全面的规划。

(二)评价缺乏综合性

更多的学校只关注语文学科阅读而缺少综合性,平价局限于阅读成绩而非阅读方法、表达交流与实践能力的提升。

(三)评价缺乏系统性

大多数老师进行阅读评价存在随意性和盲目性,往往仅限于随机评价、口头评价;即便是书面评价,往往也是形式单一,缺乏过程性。

(四)评价主体缺乏多元性

阅读评价的主体大多是老师,尤其是语文老师,其他学科教师参与感弱,更缺少学生以及家长视角。

(五)评价体系缺乏校本性

各地方、各学校的特点不一,学生情况各异,一些国家或地方出台的阅读评价并不适用于每个学校的学生。

因此,开展课题研究,创新构建一套学生乐于参与、执行通畅、科学有效,并具有校本借鉴特色的小学生综合性阅读评价体系,并以此为支点,多链路带动解决上述这些问题,具有重要的意义。

二、研究过程

课题组本着"以终为始,以评价为导向,以评价促发展,以评价促实施"的思路,围绕新课程对学段阅读书目推荐的要求,创新构建了一套小学生综合性阅读评价体系,通过系统的规划、科学的设计、落地的实施,使之既成为阅读推广工作新的增长点,也成为学生素养落地生根的有机组成部分。

（一）开题

2019年5月,系统研究《新课程标准》《新课程改革》等文件、书籍,学习相关阅读及评价理论知识,制定研究方案,进行开题。

（二）论证

2019年6月,开展开题论证活动,邀请相关专家及创意阅读工作坊的部分老师参加本次研讨活动,与会专家对开题报告进行了专业的评议,提出了中肯的意见与建议。

（三）调查

2019年6—7月,举行研讨会,多个维度设计了学生、老师及家长调查问卷,之后进行了问卷的发放与回收,撰写出调查报告。

（四）构建

2019年8月,根据课题研究目标,立足于学校文化特色,遵循和把握各年级学生年龄特点及阅读发展规律,反复研讨,修改完善,创新构建了优胜路小学学生综合性阅读评价体系,并明确了实施评价的原则。

（五）动员

2019年9月,召开了课题实施动员会,优胜路小学各年级语文、数学、英语、科学等学科的组长和骨干教师参加了会议,课题主持人李然就综合各学科阅读,构建学生阅读评价机制的实施方案进行了安排部署。

（六）实施

2019年9—12月,各学科以评价为导向,以项目为驱动,从过程性评价、赛测性评价、游园式评价、激励性评价、展示评价五个方面深入实施。

（七）交流

2020年1月初,开展市级课题研究中期汇报交流会。金水区教育发展中心范双玲主任等专家与同仁对本课题今后的开展提出了宝贵的建议。

（八）延伸

2020 年 2—4 月,在新冠疫情防控期间,在停课不停学的情况下,深入研讨了"如何在线上教学和学生居家学习的情况下,持续进行学生阅读评价活动"。各年级采用了自主阅读评价、阅读打卡、阅读音频上传展示、线上读书会、读书笔记等形式,让阅读评价活动在特殊时期延展了广度与深度。

（九）总结

2020 年 4—5 月,课题组分工合作,共同整理研究资料、撰写和反复修改结项报告,并进行结项申请。

三、主要做法和经验

（一）构建评价体系

课题组经过反复研讨和实践,系统构建了小学生综合性阅读评价体系。

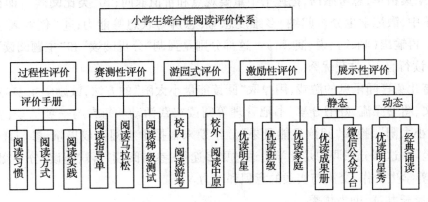

图 1 小学生综合性阅读评价体系图

（二）明确评价原则

(1)兴趣引导和激励为先的原则。

(2)过程性评价与结果性评价相结合的原则。

(3)量评与质评相结合的原则。

(4)基础阅读与个性阅读相结合的原则。

(5)注重学科综合性的原则。

(6)多元评价主体相结合的原则。

（三）进行评价实施

1.过程性评价

设计制作了集趣味性、综合性、长效性为一体的《我的阅读树》小学生综合阅读评价手册。量评、质评、交流实践是评价的三个重点。具体分为五个维度。

（1）博览群书，滋养优秀。

这部分从阅读的书目、阅读的时间、持续读书天数、评点批注数量等几个维度来设置，鼓励学生坚持每日填写，进行自我测评、自我激励。"博览"强调的是阅读的数量与广度，注重积累。同时培养学生四种能力：速读、发现、批注、质疑。这些能力一方面可以通过手册中的量表引导学生自测，也可以由教师进行测评。在艾德勒的《如何阅读一本书》中把阅读分为四个层次，这部分正是强调学生的"基础阅读"和"检视阅读"。

（2）熟读精思，积淀优秀。

这部分强调的是阅读的质量与深度，注重方法的指导。其中，老师应上好两节课：第一节"接地气课"，用好"三道题"，即必答题、抢答题、风险题；第二节"高大上课"，用好"三板斧"，即朗读者、思想者、写作者。学生学习掌握四种阅读技能：①"思维导图"，即选择画出书中的情节图、人物关系图、地理位置图等；②"优读板"，即根据导读单，有目标地阅读，采集精华，思考感悟，把握书中重要观点和价值取向；③"类比阅读"，即在立体式群文阅读中，锻炼学生分析归纳、多维度思考、思辨与联想等能力；④"创意表达"，即仿写、内化、再输出（画、写、说、演、辩）。这部分则是强调"分析阅读"和"主题阅读"。

（3）读行合一，收获优秀。

借鉴儿童喜闻乐见的游戏，用挣取"阅读能量小太阳"的方法，鼓励学生参与朗读者、读书征文、图书漂流、好书分享、书吧管理等阅读实践活动。每参与一项活动，就能获取相应的"小太阳"，换取"阅读星能量果"。学期末根据学生阅读成果量，参与评选"优胜阅读之星"。这部分强调的是让学生通过更多途径，参与阅读、喜欢阅读、分享阅读、展示阅读；培养学生合作、交流与实践的意识和能力。

（4）家长共读，助力优秀。

通过开展"优读父母三成长"系列活动，为孩子加分，助孩子成长。

自成长：为家长制定了"优读家长书目"，发起家长阅读打卡，家长会上分享读书心得，家长读书孩子加分等。

助成长：鼓励家长参与阅读评价活动，把孩子阅读身影、进度、成果等拍成照片，发朋友圈、制作班级阅读简书，或小组阅读美篇。家长的帮助和众人的点赞，化成了孩子坚持阅读的持续动力。

共成长：开展亲子共读评价活动，营造家庭阅读氛围，增进亲子感情。

（5）闪亮自己，收获优秀。

评价手册最后的"闪亮时刻"，记录着学生阅读收获，粘贴获奖照片，家长和老师给学生的评价和寄语,将激励学生向更高的目标努力生长。

《我的阅读树》评价手册卡通风格的设计贴近儿童心理,其中趣味性旅行图式的手册指南,不但给师生和家长提供了明晰的使用方法,同时易于激发学生探索和参与阅读的兴趣。"博览书目推荐"引导学生读好书,解决了家长为孩子选择书目的困难。而"家长阅读能量卡"的实施使家长和孩子"互相监督、互相反馈、互相促进",创造了平等互助的家庭阅读环境。手册随时随处都可评价的方法,使学生的每一个进步都能得到显性的肯定。评价的升级特点,具有很强的激励性,增强了学生继续努力的动力。

2. 赛测性评价

"赛测"即比赛和测试。赛测性评价的目的不是仅为了检查、甄别和选拔,而更在于关注学生阅读的过程、方法,以及相应的情感、态度和价值观等方面的指导与发展。赛测性评价主要采用"阅读指导单""阅读马拉松大赛"和"分级测评"等评估学生的阅读水平,把握学生的阅读状况,检验和改进学生的阅读行为和方式。

(1)阅读指导单。

课题组依托"班班有读"团队,根据班情与学情,为学生精读书目设计制作了"导读单",为学生精准制定阅读计划。学生阅读后,通过填一填,读一读,写一写,画一画,可以自行掌握精读策略。

以前学生自读或亲子阅读只有量的积累,没有质的保证。往往看完一本书,只是浮云一片,没有什么印象。而"导读单"会帮助学生深入解读文本,指导其在读的过程中,带着问题,带着思考把一本书读精、读透。对于科学、数学等学科的阅读,这种阅读模式的效果更显而易见。

(2)阅读马拉松大赛。

根据学校情况定期开展比赛。(优胜路小学是以口国传统节气为时间节点,划分赛事的届别,平均一个月举行一次。)比赛内容及方法为:参赛选手需要完成定向的阅读量和阅读闯关两项任务。每个年级每个班根据学生年龄和阅读情况选择参赛书籍。选手(根据学生年龄不同)在40~90分钟内同读一本新书中的指定章节,听提示音来领取阅读闯关卡并答题。根据阅读速度和阅读质量得到相应奖励。

阅读马拉松是专注与意志力的挑战,成绩并不是阅读者参与的目标,单个的阅读者通过阅读马拉松比赛联合起来,让教师、学生、家长都参与到其中,向校内外展示阅读的力量并推广阅读的行为,才是阅读马拉松的意义所在。

(3)阅读梯级测试。

分年级制定阅读梯级评价内容及标准,以阅读评介手册完成情况、口头及文本阅读测试等相结合,确定学生的阅读等级情况。本测试为每学期进行一次,具体操作方法为:由学生根据自己过程性评价情况(可以请家长协助),对照梯级评价标准先进行自评;然后组内由阅读小组长和组员进行评价,再向老师申请阅读梯级评价;教师再进行相应的项目测评;根据学生阅读水平分别授予其"优读小书迷""优读小学士""优读小硕士""优读小博士"的称号并给予奖励。本测评可以随报随评,也可以集中进行,由于学生人数较多,教师可请家长志愿者参与协助测评工作。

阅读的梯级测试标准是各年级老师根据学科课程标准中关于阅读方面的要求综合研讨制定的,这样一方面使老师评价学生阅读有据可依,同时为教师监测、管理学生阅读过程,及时发现阅读问题提供了有力途径;另一方面这种"量体裁衣"的评价方式,可以更好地帮助老师评估学生的阅读进步与程度,并且针对不同阅读能力水平的学生,多元途径指导学生合理选书,提供与其相适应的读物与指导。评价的升级特点,会激励学生不断努力,追求进步,使学生拥有愉悦的阅读体验,极大促进学生阅读品格的提升。

3. 游园式评价

打通学科界限,融合各科阅读,通过设立闯关式游戏环节,形成全学科游考模式。具体分为以下两种。

(1)校内游园式评价:分站点进行闯关式游测,如:文学站、科学站、历史站、艺术站……形式有:飞花令、猜灯谜、对对联、猜人物、对诗句、阅读旅行棋、填字游戏、现场书中情景对话等。

(2)校外研学式评价:以文化景点为背景,开展专项性阅读闯关式评价。比如在清明上河园考查学生对宋代诗词、宋代文学、宋代历史、宋代人物、宋代科学等方面的阅读。去新郑黄帝故里考查学生上古文化、神话传说、百家姓等方面的阅读水平。

此项评价为孩子们提供了一个丰富而具体,真实而有趣的阅读评价环境,学生的测评过程更加轻松愉悦。学生在活动中不断闯关,获得了极大的成就感,对于阅读兴趣的提升有很大帮助。由于考查范围广泛,可以促进学生全学科阅读。同时不同的学生可以在不同学科展现特长,发展个性,这也有利于教师对学生的全面认识。

4. 展示性评价

展示性评价活动可以帮助学生回顾阅读经历、梳理阅读成果、学会自我评定、发展自身优势。展示性评价分静态与动态两种形式。

(1)静态展示:举办书香成果展示会,对学生及班级书香资料册、主题阅读展板、《我的阅读树》评价手册、学校微信公众平台"优读时光"等阅读有形成果进行展示。

(2)动态展示:开展经典诵读、诗词大会、读书知识竞赛、读书达人秀等活动。

展示性评价为学生搭建了多样化的平台,让每一个学生都有收获阅读成果、看见自身成长的体验。

5. 激励性评价

(1)阅读荣誉称号及等级的设置和评选。

本课题根据阅读评价实施的多个维度,根据时长、范围不同,设置了不同层级的荣誉。比如,班级层面根据学生的阅读评价结果设定"优读小书迷""优读小学士""优读小硕士""优读小博士";学校层面设置了"优读明星""优读班级""优读家庭"等荣誉称号,分月度、学期和年度进行评选,表彰先进、树立榜样,形成了阅读评价的长效推进机制。

(2)阅读评价激励性载体的设置。

学校设置了多种激励性评价载体,使学生持续获得阅读的成就感,增强自信,不断进步。学校把学生阅读和学校"小明星"评价体系有机结合,把阅读作为"优胜小明星"评选的一项内容,设置了"阅读明星章""阅读明星牌""阅读明星秀""阅读明星杯""阅读榜样网络宣传"等多样的评价载体。使学生的每一个进步都能得到显性的肯定,并具有可视化,让孩子更有成就感和信心,加强了学生继续努力的动力,让评价效应更大化。

(3)阅读评价纳入考核体系的管理方法。

学校借助阅读评价体系,将阅读纳入学生综合素质评价,把阅读评价的推进落实纳入对教师平时工作的考核之中,保障阅读评价工作能够广泛、深入、持久地开展。

(四)评价主体多元

阅读评价体系建立"学生自主、同伴互评、师生互动、家长参与、社会支持"相结合的机制。评价主体多元化,切实提高了阅读评价的科学性和有效性,实现了阅读的全员化。

学生自评既尊重学生主体,又达到了促进学生自我阅读管理的教育目的。

在同伴互评的过程中应注意引导学生学会互相尊重、互相欣赏、互相鼓励,使每个人都能得到被认同的愉悦,产生对阅读共同体的归属感,避免互相指责、互相嘲讽,以及人身攻击。这样的互评活动有利于学生自信心的建立,有利于合作阅读方式的运用,有利于学习型阅读组织的建立、巩固和发展。

注意在师评中应避免"只有语文老师说了算"的单一评价标准。每位任课教师都可以在学校领取不同种类的阅读评价奖章,制定本教研组的发放标准。这种方法保证了各学科阅读的深入推进和阅读活动更好地开展,使学生的全科阅读、综合阅读得到更有力的保障和促进。

把家长也列为评价的一员能分担老师评价的工作量,并且通过其参与评价,能了解学生本阶段阅读的水平,更加引起家长对阅读的重视和督促孩子坚持阅读的力度。

通过组织学生积极参与社会性阅读活动,并得到社会相关机构的评价与鼓励,对于学生开阔视野,提升学生社会参与的责任感,以及通过阅读促进社会改变的使命感有非常积极的促进作用。

四、研究成果及成效

(一)研究成果

(1)制定了小学生阅读分类及书单。开发设计并制作了《我的阅读树》——小学生综合性阅读评价手册、阅读指导单、游园式阅读研学评价手册等过程性评价成果。

（2）开发设计了阅读马拉松测评题库、读书知识竞赛题库、阅读游园闯关评价方案、读书达人秀活动方案等赛测性评价成果。

（3）形成了一套激励性荣誉称号评价机制及表彰用品设计制作。

（4）开发、形成"优读时光"微信公众平台专栏，"优读资料册"等展示性评价成果。

（二）实施成效

通过综合性阅读评价体系根系化、网格式的构建与实施，学校阅读文化的馨香日益浓郁，班班有读的精彩不断绽放。根据调查统计，学校低年级学生年阅读量平均达到了 8 万字以上，部分学生甚至达到了十几万字。（《语文课程标准》指出小学第一学段学生阅读总量不少于 5 万字。）中年级学生年阅读量平均达到了 70 万字以上，部分学生则达到了 100 万字以上，甚至更多。（《语文课程标准》指出小学第二学段学生阅读总量不少于 40 万字。）高年级学生阅读量平均达到了 180 万字以上，部分学生则达到了 200 万字以上，甚至更多。（《语文课程标准》指出小学第三学段学生阅读总量不少于 100 万字。）阅读量的保证让优胜小学学生的学业成绩在全区遥遥领先。几百名学生参加了社会各种阅读活动获得了优秀的成绩。学校荣获了"郑州市书香校园"奖项，申报了"河南省书香校园"，荣获了"金水区阅读推广先进单位"的荣誉称号。

五、存在的问题及下一步打算

（一）存在的问题

（1）在实施过程性评价中，学生的阅读热情、毅力、习惯、时间等不同，造成阅读进度不一；个别学生出现追补的现象。

（2）家长参与度不一，促进力度差别较大。

（3）教师进行阅读评价需要时间和精力，增加了工作量。

（4）各科教师间的协调与反馈不够及时与通畅。

（5）组织学生外出游园的活动，不能大范围开展，人数太多会影响效果。

（6）校内游考式评价需要大量人力、物力、精力、财力来支持，对于班额普遍较大的学校来说压力较大。

（二）下一步打算

（1）根据课题的梳理和总结，明确亮点与不足，分析原因，调整计划，鼓励学科教研组确立校级子课题，从小处、细处着手开展更具实效的课题研究。

（2）加强评价理论知识的学习，提高认识，了解和分析现阶段研究状况，确定之后的研究方向。

（3）对学生、教师及家长进行问卷调查,进一步了解学生参与评价的效果,并对调查结果进行分析,调整研究的方向和进度。

（4）分年级细化各项评价内容,探究解决课题研究中的问题和困惑。

（5）把评价体系的研究与实施尝试扩展到其他学校,进一步论证课题研究的可行性,扩大课题研究的影响力。

参考文献

[1][美]莫提默·J.艾德勒,查尔斯·范多伦. 如何阅读一本书[M]. 北京:商务印书馆,2004.

[2]中华人民共和国教育部. 义务教育语文课程标准(2011年版)[M].北京:北京师范大学出版社,2012.

（本文为2019年度郑州市教育科学重点课题,获科研成果一等奖。课题研究单位:郑州市金水区优胜路小学,课题负责人:李然,课题组成员:胡强、张媛媛、张莉、张鑫)

初中语文名著阅读分类指导的实践研究

一、研究背景

(一)初中语文名著阅读教学现状

名著阅读是语文课程的重要组成部分,阅读能力是学生语文能力的重要体现,阅读活动又是学生语文学科核心素养培养的重要路径。因此,阅读,特别是形式多样、层次丰富的名著阅读活动,应该是语文教学的重要抓手。

近年来,国内语文教育界针对初中语文名著阅读教学进行了诸多研究。孟驰在《初中语文阅读低效教学表现及改进策略》一文中指出,当前的语文阅读教学较为低效,并提出从抓课堂、有层次性提问学生等方面加以改进。童玉香在《初中语文课堂中的文学名著阅读教学》一文中指出,在初中语文课堂教学中,教师应当激发学生名著阅读兴趣,教授学生名著阅读方法,提高学生名著认知能力。胡咏梅在《对中学生名著阅读教学的研究》一文中提出,通过引导学生带着思考进行理解性阅读的办法,改进学生进行名著阅读的手段,逐步改善当下名著阅读教学缺乏对学生阅读广度、深度和力度的困境。吴耀华在《莫让名著成为"闲书"——浅谈初中名著阅读教学策略》一文中,倡导教师要激发学生阅读名著的兴趣,教给学生阅读名著的方法,搭建阅读名著的平台,以此促进名著阅读教学的有效实施。牛雨在《探索阅读指导教学的策略》一文中,从确立阅读指导微课的有效形式,开发阅读指导微课的数据资源,构建阅读指导微课的教学平台三个方面进行阅读教学的策略分析。

以上研究都针对当下语文名著教学的低效困境,围绕激发学生兴趣、转变教学方式等方面提出了诸多改进措施,指向了问题解决的方向,为名著阅读教学研究奠定了较好的基础。但教学中仍然缺少具体的教学策略,特别是缺少创新的、个性化的、利于学生语文学科核心素养培养的名著阅读教学策略,还需要在进一步的实践研究中探索、梳理。

(二)本校初中学生名著阅读活动存在的问题

当前一个阶段,本校初中学生的名著阅读教学虽然得以开展,但也因为教学进度紧张、音视频媒体冲击等各类因素,使得学生对名著永远都处于熟悉而陌生的状态。往往只知道名著名称或梗概,而缺少兴趣、不熟悉内容。特别是不同认知特点的学生在阅读中缺乏支撑阅读兴趣的,有针对性的具体方法,无法实现阅读带来的深度认知和多维积累。

课题组希望以郑州丽水外国语学校初中部为例开展初中语文名著阅读分类指导的实践研究。通过此研究,针对学生的名著阅读学习,以丰富多样的阅读活动为办法,采用分类指导的形式,帮助不同特点的学生建立起个性化的阅读方法,继而推动名著阅读活动的有效开展,激发学生阅读兴趣,提高阅读能力,进而培养学生的综合素养,使学生真正读有所获。

二、研究过程

一年来,本课题研究分为以下四个阶段进行。

(一)准备阶段(2019 年 4 月)

(1)采用抽样调查的方式,对学校三个年级不同层次学生阅读态度和阅读情况进行分析和统计。

(2)通过各种途径,查找相关研究资料,学习国内关于名著阅读活动开展的相关理论与实践办法。

(3)确立研究方向,拟定研究方案,确定课题组研究人员分工。

(4)举行开题报告会。

(二)初步实施阶段(2019 年 5 月—2019 年 12 月)

(1)参与课题的教师按照分工,进行名著阅读分类指导的教学研讨活动,重点通过课例研究、教学研讨等形式,落实研究计划。

(2)撰写教学设计、案例、反思等,搜集、整理、留存资料,以主题汇报形式,对初步研究成果进行汇总和交流。

(3)召开中期报告会。

(三)改进实施阶段(2019 年 12 月—2020 年 3 月)

(1)开展名著阅读分类指导的课例改进观摩研讨活动。(由于疫情原因,2 月份后该活动转为基于网络的名著阅读分类指导专题线上研讨活动)

(2)结合疫情,依托网络,积极创新学生阅读活动办法。

(3)通过多种形式对学生参与情况进行调查,对本阶段所出现的问题进行分析改正并及时地调整,以保证课题的高效完成。

(四)课题结题阶段(2020 年 4 月)

(1)举办线上结题报告会。

(2)积极整理完善各种过程性资料,进行经验总结,撰写论文及研究报告,形成分类指导名著阅读的教学办法,努力达成提升名著阅读教学效果,提高学生语文学科核心素养的研究目的。

三、主要做法与经验

（一）以调研数据为基础，分析问题现状

我们以郑州丽水外国语学校初中部为研究对象，首先对学生进行了"初中语文名著阅读分层指导的实践研究"的问卷调查，主要调查结果如下。

1.学生日常阅读的书籍类型

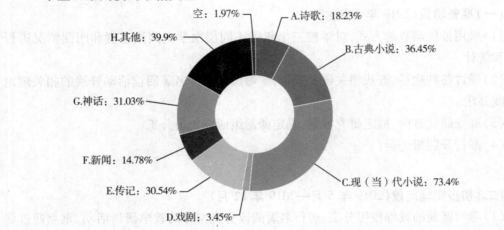

图 1　学生日常阅读书籍类型分布图

2.学生年均名著阅读量

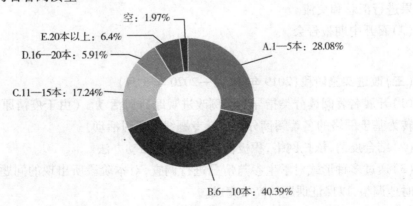

图 2　学生年均名著阅读量统计图

3.学生名著指导需求

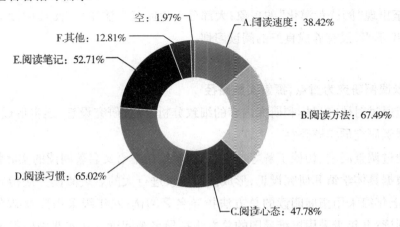

图 3　学生名著阅读指导需求统计图

4.针对自己的薄弱方面,学生阅读活动形式需求指导

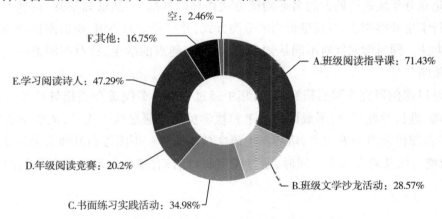

图 4　学生阅读活动形式需求统计图

5.学生阅读技巧指导需求

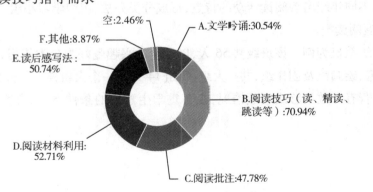

图 5　学生阅读技巧指导需求统计图

调查显示,学生名著阅读普遍存在不想读、不会读、没空读、没书读的现象。学生对

名著的兴趣一般,大多数学生是在教师的要求下才去阅读名著的;日阅读量多数不超过500字,甚至出现"阅读荒漠化"的现象;大部分学生阅读方法单一,阅读中没有积累的意识;阅读意识不强,没有养成良好的阅读习惯。

(二)以课例研究为重点,探索实施路径

课题组通过对研究目标和研究内容的细致分析,经过研究设想,逐步形成四步走,重点落脚在课例研究的实施路径。

一是通过调查问卷、访谈了解等办法,把握学校初中语文名著阅读的实际情况。

二是根据具体学情和研究设想,形成按照年级进行大的名著阅读方法指导的实践办法。其中,七年级采用拓展阅读的总方法指导名著阅读;八年级采用读写结合的总方法指导名著阅读;九年级采用思维导图的总方法指导名著阅读。在实践中使得名著阅读能够与课堂教学有机融合,使个性化的名著阅读活动成为课程或社团活动的一部分。

三是在分年级进行的大的名著阅读方法指导的基础上,从认知基础、兴趣点等不同角度进行学生分类探索,寻找最恰当的分类方式,并形成学习小组,给出阅读活动组织的依据和办法。同时形成针对不同认知水平,不同兴趣点的学生,针对不同类型名著阅读的具体策略。

四是以课例研究为重点研究办法,集中通过举行名著阅读分类指导观摩研讨课等教研活动,进行专题研讨,形成课例成果和教学反思。通过这一途径,激发学生阅读兴趣,以培养阅读能力为着力点,培养学生语文核心素养。不断提高教师名著阅读课型设计、执教能力以及研究水平。同时,通过课例研讨活动,辐射带动全校名著阅读活动的进行。

(三)以活动特点为依据,形成分类办法

1. 依据不同年级名著阅读活动的特点,形成分类办法,组织学习小组

(1)拓展阅读类。

以七年级某班为例。该班级共56人,以学生的兴趣爱好为分类依据,将学生分为朗读组、话剧组、绘画组及创作组,共4大组,每组14人。一个大组再平行分为两个小组,每小组7人。若有人数不够或超额情况,在尊重学生意愿的条件下,结合实际情况进行调整(见表1)。

表1　拓展阅读类活动分组表

朗读组		话剧组		绘画组		创作组	
朗读1组	朗读2组	话剧1组	话剧2组	绘画1组	绘画2组	创作1组	创作2组
黄易博	刘雨萱	黄致玮	徐一诺	李佳欣	娄琪钧	郜鑫	蒋金钊
生旭东	刘思彤	朱鑫彤	李佳怡	邵垣翔	刘亦涵	申慧星	曹艺霏
刘亦玢	李悦妍	鲍月妍	王辉轩	熊钰森	宋文博	李浩宇	李智
庞傅涵	崔家宝	何宜桐	冯开心	李想	宋锦鹏	尚奥宇	刘心宇
李锦坤	张天午	孟林娇	刘恒宇	杜豪伟	柴毅	赵妍	武睿轩
陈梦欣	黄康萱	张轲帆	杨茂森	辛博涵	宋勃翰	刘洋	赵嘉瑞
郭子正	杨帆	田佳其	解釾涵	徐喆涵	李一诺	杨泽宇	李雨欣

（2）读写结合类。

以八年级某班为例。该班级共56人，学生依据对读写活动主题、形式的兴趣以及合作能力，自由组合，并确定读写主题。分为8组，每组7人。若有人数不够或超额情况，在尊重学生意愿的条件下，结合实际情况进行调整。

例如：在《红星照耀中国》的阅读过程中，8个读写小组根据兴趣爱好，组内合作完成了朗读者（摘录朗读）、笔记漂流（文本批注）、小小作家站（长征手抄报、改写斯诺红色之旅）、人物专题活动（红小鬼、毛泽东、周恩来、矢德）等5个读写主题（见表2）。

表2　读写结合类活动分组表

八五读写小组							
第一组	第二组	第三组	第四组	第五组	第六组	第七组	第八组
朗读者	阅读批注	长征手抄报	改写斯诺	红小鬼小传	毛泽东小传	周恩来小传	朱德小传
王子涵	杨哲雯	宋宇轩	冯思然	张宇浩	郑子衡	吕佳彤	王昕湉
梁亦馨	胡妍希	王文卓	刘青羽	林静如	彭程程	蔡佳辉	崔航歌
李嘉钰	刘俊毅	邵嘉兴	王润芝	刘思博	时逸洋	李浩文	姬田露
王馨怡	李梦雨	时悉语	段懿轩	毕婧华	贾雅淇	徐欣冉	程砾岩
梁以琳	李佳怡	李明轩	崔亚文	岳欣宇	王思思	黄靖轩	常珂瑜
化珂珂	刘宜睿	王磊	孙琳洁	崔一平	刘烨	赵情怡	杨鸿远
薛铭翔	孙天宇	马志钰	苗森奇	丁嘉	王卓豪	王诗雨	李泊贤

（3）思维导图类。

以九年级某班为例。该班级共48人，依据学生个人的性格特点和合作能力，自由组队，确定阅读的主题方向。分为8组，每组6人。若有人数不够或超额情况，在尊重学生意愿的条件下，结合实际情况进行调整。

例如：为了激发学生的学习兴趣，促进学生主动阅读相关故事情节，教师在班级公布了关于《水浒传》的三个探究方向——故事情节类、人物性格类、综合探究类。全班48位同学,按照个人兴趣自由组合为6人小组,共8组。小组进行组内分工合作,绘制出一份符合本组探究方向的思维导图。这样便于学生对课程的衔接和教师整体把握学生的阅读情况(见表3)。

表3　思维导图类活动分组表

分组名单							
顺序	第一组	第二组	第三组	第四组	第五组	第六组	第七组	第八组
主题	拳打镇关西	杨志卖刀	风雪山神庙	武松	林冲	李逵&鲁智深	酒文化	石头
组长	禹惠迪	胡振洋	谢泽瑾	王羽凡	许荣灿	高琳婉	张清蕾	王金
发言人	禹惠迪	胡振洋	王朝恒	朱志轩	娄淇斌	高琳婉①蔡翔宇②	李昕昊	王金
组员	莫淘然	李思遥	杜荞言	宋洁	李晨锦	张怡飞	刘姝慧	李阳
	范一诺	李昀雨	王佳希	蔡日杰	李博琰	许诺言	汪哲	宋永宁
	夏源泽	申明轩	屈炳辛	潘陆陆	刘璐璐	陈琪琪	田桌正	宋楚涵
	王敬尧	刘静怡	靳潼	于子然	王研冰	高英哲	迟浩强	宋豫哲
			杨天赐					王诗蕊

(四)以活动实施为主线,梳理教学策略

1.七年级拓展阅读类教学活动方法

(1)"配音秀"。

该阅读活动以名著中某章节作为学习内容,分角色朗读,并组织评价。例如:以《西游记》第二十回"黄风岭唐僧有难　半山中八戒争先"为阅读章节,请朗读组的同学分别饰演章回中的主要人物,以角色扮演的形式朗读本章节中的精彩片段。其他同学进行点评与补充。疫情期间,师生集思广益,运用"配音秀"软件,全班进行名著配音秀。学生们相互点评,分享配音经验,既能提高其阅读兴趣,也能保持良好的阅读状态。

(2)"名著我主演"。

该阅读活动以名著中某片段作为学习内容,学生在认真阅读的基础上,发挥创造力,协同改编排演小话剧。例如:以《西游记》第二十七回"尸魔三戏唐三藏　圣僧恨逐美猴王"为阅读章节,请话剧组的同学课下提前做好准备(包括创作剧本、选定演职人员、编排演练及制作道具等)。在课堂上向全班展示最终成果,其他同学进行点评与补充。

(3)"五彩缤纷画名著"。

该阅读活动以名著中的故事情节或人物为学习内容,通过创造性的绘画活动,再现阅读成果。例如:以《西游记》为阅读书籍,绘画组的学生自主选择最喜欢的故事情节或人物,在阅读原文的基础上增添自己的想象,绘制成 A3 纸大小的手抄报,或 B5 纸大小的人物小像,并在画像旁边附加简单评价。最后,将绘画组的成果展示在"班级文化墙",其他同学进行参观与点评。

(4)"故事新编"。

该阅读活动以名著中的片段为材料,设置新情境,通过改写的形式,完成阅读和写作。例如:以《朝花夕拾》中的"范爱农"为阅读章节,创作组的同学集思广益,在原文的基础上进行增加或删改,改写范爱农的结局,并形成"新范爱农"。在全班进行传阅,其他同学进行点评与补充。

2.八年级读写结合类教学活动方法

(1)"朗读者"。

该阅读活动主要在早读课中,由小组成员摘选名著中的四字成语、典故、警句和精彩片段带领所有小组朗读。例如:以《红星照耀中国》第十章"战争与和平"为例,朗读者小组从中摘录四字成语和精彩句段,每天选派代表带领全体同学在早读前 10 分钟进行朗读、诵读,作为每日积累。疫情期间,"朗读者"活动则转为线上开展,每日由朗读者小组发布朗读内容,其他同学语音打卡,并将音频发送到本小组钉钉群内,相互监督和分享。

(2)"阅读笔记漂流"。

该阅读活动针对名著中的精彩片段进行摘录和批注,批注主要包括情节概述和语言赏析两大内容。小组成员可以从修辞、描写、炼字等多个角度赏析语言。例如:以《红星照耀中国》第八章"同红军在一起"为例,阅读笔记漂流小组开展了"红军之我见:阅读—感读"活动,并将成果通过班级漂流的形式分享。

(3)"小小作家站"。

该阅读活动要求学生用文字记录下自己阅读过程中的体验、感悟和思考,组内合作互助,形成文学再创作作品,比如手抄报、读后感、书信、名著改写、名著新编、名著缩写等。例如:以《昆虫记》为例,小组合作描摹各类昆虫的形态,附上文字解析,制作读书报告"昆虫档案";又如,以《傅雷家书》为例:小组根据该书的主要人物制作傅雷家谱,并模拟傅雷儿子的口吻给父亲傅雷写一封多年以后的回信,体会父子深情,最后将读写成果在班级文化墙展评。

(4)"人物专题活动"。

该阅读活动聚焦名著中的人物形象和情节。各小组集中阅读与人物相关的文段或篇章,分工梳理人物的成长历程,总结人物形象特点,概括人物主要事迹。最后,小组合作写出人物档案、人物小传等。以《红星照耀中国》为列,人物专题小组分别选择"少年英雄红小鬼""军事伟人毛泽东""温和文雅周恩来"等人物,集中阅读写作人物小传,并在班级阅读课中展示交流。

3.九年级思维导图类教学活动方法

（1）"百花齐放自选法"。

该阅读活动以自选思维导图，完成阅读展示为主。教师利用多媒体等多种手段向学生介绍中小学常用的8种思维导图（即圆圈图、树状图、气泡图、双重气泡图、流程图、多重流程图、括号图、桥状图）。班级的阅读兴趣小组根据组员的兴趣爱好，自行选择一本最喜欢的书籍，结合课上讲解过的一种最符合所选书籍内容和结构的思维导图进行绘制。最后将其绘制成果贴在班级文化墙上进行展示。例如：对四大名著重点人物和情节的梳理，可以形成不同类型的思维导图进行展示和讲解。

（2）"我是小小图解员"。

该阅读活动通过思维导图展示、交流，完成阅读与分享。学生利用思维导图的形式，解析并呈现一本自己最喜欢的书籍内容。绘制完毕后，班级召开阅读沙龙，将全班学生分为"讲"和"听"两个批次。轮到"听"批次的学生可自由选择感兴趣的思维导图，听"讲"批次的同学讲解自己所做的感兴趣书籍的思维导图。听众听完后，需在"讲"同学的留言板上留言，进行反馈。

（3）"图说故事"。

该阅读活动重点关注名著中的情节片段，以思维导图为梳理工具，展示情节或人物性格发展史。如《水浒传》利用丰富的故事情节，塑造了众多的经典人物。例如：描写武松的就有"景阳冈打虎""斗杀西门庆""醉打蒋门神""大闹飞云浦""血溅鸳鸯楼"等情节。学生选取一个最喜欢的水浒英雄，结合与其相关的具体故事情节，梳理出最喜爱人物的性格发展史，用思维导图的形式画出来。再如从《西游记》师徒五人中，学生选择自己最喜欢的一个人物，结合名著内容，梳理人物的个人信息。

（五）以素养提升为目标，创新阅读办法

1.关注创造性思维的发展与实践能力的培养

为了使名著阅读分类指导活动能够真正提升学生语文学科核心素养，在各类别阅读活动的具体设计和实施中，没有过多的强调文本，而是比较多地靠近阅读者——学生。重点关注名著阅读活动中创造性思维的发展与实践能力的培养。

在活动拓展阅读活动中，让学生按照自己的兴趣爱好创造并选择阅读组时，学生的阅读积极性大幅度提高，学生的创造力被激发出来。经过学生的课下讨论和课堂投票后，确定了朗读组、话剧组、绘画组和创作组的四大阅读组，并由组内成员确定各具特色的阅读活动名称："朗读者""名著我来演""五彩缤纷画名著""故事新编"。在尝试让学生在课下进行简单的阅读活动时，学生的表现令人惊喜，实践能力得到了较好的培养。

2. 创新读写结合再创作活动

在读写结合阅读活动中,教师实施文学再创造活动,努力追求创新。既走进文本,促进学生深度阅读文本,又跳出文本,创新读写结合再创作活动,充分发挥学生的创造性,培养语文学科核心素养。

以阅读八年级上册推荐名著"红星照耀中国"为例,一个活动是请同学们用 10 分钟时间浏览第三章"在保安苏维埃掌权人物",圈画出毛泽东主席的主要人生经历,引导学生梳理毛泽东主席的几件大事,制成人生大事表,最终以《湘潭少年成长记》为题,通过为毛主席写一篇小传,深化对文本的理解。在此基础上,还设置了更具有创新形式的活动:手绘长征路线图、变换人称角度,改写《斯诺的红色之旅》《重走红色之路》等等。

3. 创设线上名著阅读学习形式

在万民宅家、举国抗"疫"的特殊时期,名著阅读分类指导教学活动转变为钉钉在线直播等形式。在教学环境和教学条件的不断变化中,教师引导学生安静阅读、深入思考,用文字去表达阅读。

一是创新线上名著阅读学习方式。在积极实践分类指导下,利用信息技术工具,通过自学、合作、分享展示等方式进行线上学习。例如在思维导图阅读活动中,教师利用微信,在线上与各个学习小组的负责人进行及时的线上沟通,发布任务,听取录音,一对一指导学习和操作。二是创设基于线上学习的名著阅读活动办法。例如对"阅读笔记漂流"活动形式的线上创新。学生在撰写读后感和回信之后,不仅可以通过家校本中的优秀作业及时分享,还可以将读写内容转换成视频和电子的形式,结集成册,便于集中展览、播放和保存。学生在阅读的过程中,亲自创作、剪辑,也获得了强烈的成就感。

四、研究成效

(一)激发了学生的语文名著阅读兴趣

根据具体学情,分类开展名著阅读活动,通过多样化的语文活动,多方面提升学生的语文能力,培养学生语文学科核心素养,使略显枯燥的名著阅读变得生动有趣。

(二)提升了教师名著阅读教学的研究与指导能力

在研究过程中,课题组教师一是对于初中语文名著阅读教学的认识水平和理论水平都有所提高,能够跳出单纯的分数观点看待名著阅读教学;二是了解了名著阅读教学在国内的现状,进行了较为深入的、有针对性的教学思考;三是能够依据理论进行教学研究探索,研究分析更有逻辑,具体做法更有创造力。

（三）形成了初中语文名著阅读分类指导的基本办法

在课题研究过程中，我们依托研究计划，以课例研究为主要研究方式，通过展示、交流、反思、梳理，逐步形成初中语文名著阅读分类指导的四类基本办法。一是学生分类分组的基本方法，二是名著阅读指导的基本分类办法，三是七年级活动拓展阅读、八年级读写结合阅读和九年级思维导图阅读的共三大项 11 小项的具体教学策略，以及各大类名著阅读活动的基本评价办法。

（四）促进了学生语文核心素养的发展

在研究期间，不同年级不同兴趣不同特点的学生，在个性化的教学实践中，除了阅读量有了极大的提高，阅读视野得以拓宽外，思维品质和审美能力得以提升，书面写作和口语表达能力也得以增强，依托学生的兴趣特长，促进了学生语文核心素养的发展。

五、存在的问题及下一步的打算

（一）存在的问题

1. 课题组教师语文学科核心素养相关理论学习需要进一步加强

课题组进行的分类指导活动，使名著阅读的活动形式更丰富，与学科核心素养发展的联系更紧密，更强调在活动中培养学生综合的、多样的语文能力，提高语文核心素养，因此要求教师必须加强对语文学科核心素养相关理论的学习，从科学角度理解名著阅读活动的设计与指导，努力摆脱经验思维。

2. 名著阅读活动形式需要进一步拓展

名著阅读分类指导的初衷在于发挥学生特长，激发阅读兴趣。同时使阅读形式生动化，学生喜闻乐见。但目前已形成的三类 11 种小型阅读活动的形式仍不够丰富，方法略显传统，在激发阅读兴趣的作用上还有欠缺。阅读活动中，读、写的形式较多，听、说的形式不足，综合多种语文学科要素和跨学科学习要素的新型活动不足，还有待于进一步拓展。

（二）下一步的打算

（1）积极推广该研究成果在区域内进行实践，以名著阅读分类指导为抓手，推动名著阅读活动的深入开展，从而带动教师理论水平和实践能力的提高，以及学生语文学科核心素养培养的加强。

（2）针对存在的问题，不断丰富名著阅读分类指导从学生分类到活动设计的具体策略，进一步完善实践办法，提高教学效益。

参考文献

[1]孟驰.初中语文阅读低效教学表现及改进策略[J].科学大众,2017(12):4.

[2]童玉香.初中语文课堂中的文学名著阅读教学[J].华夏教师,2017(24):49.

[3]胡咏梅.对中学生名著阅读教学的研究[J].学周刊,2016(10):178-179.

[4]吴耀华.莫让名著成为"闲书"——浅谈初中名著阅读教学策略[J].教育现代化,2017,4(20):271-272.

[5]牛雨.探索阅读指导教学的策略[J].基础教育研究,2017(18):59-60.

(本文为2019年度郑州市教育科学重点课题,获科研成果一等奖。课题负责人:赵杨,课题研究单位:郑州丽水外国语学校,课题组成员:韩晶、席煜晨、周阳、苏佳淇)

小学阶段"以生为本"的数学作业评价改革的研究

一、课题的研究背景

《数学课程标准》评价的主要目的是全面了解学生数学学习的过程和结果,激励学生学习和改进教师教学。评价不仅要关注学生的学习结果,更要关注学生在学习过程中的发展和变化。评价包括课堂评价、作业评价、阶段性评价、过程性评价、展示性评价和终结性评价等。而今天我们课题组要研究的是评价中的一个部分,也是评价极其重要的一个环节——作业评价。虽然我们每天都在进行作业评价,但是我们的作业评价却存在诸多问题,问题罗列如下。

(一)作业形式单一,学生完成作业的积极性不高

在教学过程中,一方面学生经常完成的作业是课课练、练习卷这样的练习册,练习形式单一,题目类型雷同,并且有些题型超过了课标要求学生掌握的尺度,学生做起来困难;另一方面,课本上的题目反复做,学生对这种重复性应试的练习毫无兴趣,因此完成作业的积极性不高。

(二)作业质量不高,字体潦草,正确率低,应付了事

一方面,从小学生心理来说,年龄越小的孩子,好奇心和玩心就越重,有意注意的时间就越短。主要表现在孩子好动,玩心重,想早写完早出去玩,于是就应付了事,潦草完成。另外,孩子的学习习惯不好,对作业质量要求不高,家长只关注孩子的对错,对孩子的字体没有要求,进而影响学生的学习态度。最后,个别学生学习时注意力不够集中,越是有意注意弱的孩子,越是容易在作业中出现错误。另一方面,从家长的心理来说,有些家长怕孩子输在起跑线上,不仅要求孩子完成学校的作业,还要完成家长布置的以及课外班的作业。孩子写完一样又来一样,周而复始,永不间断,因此孩子也会用自己的方式来对抗,作业慢慢做,边玩边写,或者先玩后写,到了不得不完成时,再潦草完成,只有量而没有质,能应付家长和老师就行。

(三)作业过多,学习负担过重,学生怕做作业,进而厌学

一方面,观念保守的教师常用的提分策略是题海战术,提高分数,弱化了学生的学习能力。把学生作为解题的机器,认为练得多就会有好成绩,不可否认,在基础知识上是有一定的效果,但对于开放性的题目,学生缺乏创造力,依旧不是长久之计。另一方面,作为学生并不是只有数学这一门学科的作业,还有语文、英语、课外班的作业,学生的学习

负担很重,没有休息的时间,所以到了小学高年级,很多孩子不愿意休周末,课多作业也多,长期的高压学习模式,学生没有解压的时间,再加之进入高年级后,学生逐渐进入青春期,自主意识更强,想摆脱这种学习状态的愿望就越强烈,因此,越到高年级,厌学的孩子越多。

(四)过分注重学习结果的检测与反馈,学生完成作业兴趣低

一线的教师也有许多的无奈。一方面教师面临来自社会的压力,社会和家长在选择一个学校时,评判一个学校、教师是否优质,最主要还是看一所学校的教学质量,学校教学质量的表现主要在小升初时各校在优质中学的录取率,虽然学校不会排名,但是家长会通过各种渠道打探升学结果;另一方面,教师过分注重学习检测结果,也是学校压力的转移的结果,再加上每学期的期中、期末质量分析的成绩比对,每学年的质量抽测,虽然教研室明令禁止排名,各学校也是暗自较劲,这些压力都是造成教师过分注重学习结果检测的主要原因和表现形式。

二、课题的研究过程

(一)课题申报阶段(2019 年 2 月)

学习《关于组织申报 2019 年度郑州市教育科研课题的通知》,整理课题申报的相关材料,填写立项申报表。

(二)课题的准备阶段(2019 年 3 月—2019 年 7 月)

(1)2019 年 3 月,学校召开课题组成员准备会议,讨论整理思路,明确课题的研究方向,学习相关的理论知识。

(2)2019 年 5 月,学校组织课题组成员开展理论学习的反馈,分享自己的课题研究的想法,修改初步的研究思路。

(3)由业务领导刘晓芳副校长领导,数学教研组组长及课题主持人常青老师和学校数学组青年教师组成该课题小组。

(三)课题的实施阶段(2019 年 8 月—2019 年 12 月)

(1)2019 年 8 月,课题组成员在会议室召开课题启动会,制定研究计划,明确研究内容,以校本教研为依托,深入课题研究。

(2)2019 年 9 月初,课题组成员召开课题开题会,讨论课题开题报告的撰写,明确分工,开始课题研究的实施。

(3)2019 年 9 月中旬,在郑州市二七区外国语小学召开"二七区重点课题开题报告论证会"，本课题有幸被选作二七区课题论证的代表之一，得到郑州市教科所胡远明主任的指导。

（4）2019年10月初，课题小组对二三班、三一班、三二班、四一班、四二班、六二班共六个课题实验班的学生进行小学生作业现状的问卷调查。

（5）2019年10中旬，对各班问卷进行统计、分析、归纳，课题组针对学生问卷调查的结果制定课题研究方案，制定子课题，以子课题研究的方式开展课题研究。

（6）2019年11月，课题组主要以改变传统的作业形式为主线，对作业布置的形式进行改革。

（7）2019年11月下旬，课题组参加在二七区长江东路第三小学召开的课题中期报告论证会及中期成果展示。

（8）2019年12月，课题组初步尝试生生互评，师生互评，亲子互评等多种作业评价形式。

（9）2019年12月中旬，课题组召开课题组中期总结会，肯定成果，总结不足，并开始撰写课题中期报告。

（10）2019年12月下旬，课题组在郑州一中参加郑州市教科所组织的"郑州市重点课题中期研讨会"。

（11）2020年1月，课题组布置有特色的数学寒假作业，让学生在玩中学，在学中玩，加大亲子评价、学习小组评价。

（12）2020年2月，课题组探索疫情之下停课不停学，学生作业评价的形式。

（四）课题的总结阶段（2020年3月—2020年4月）

对子课题的资料进行整理。总结研究成果，提出存在问题，撰写结题报告。

三、课题的主要做法和经验

（一）作业减量保质，充分体现教学评价的一致性

根据对学生调查报告的分析，不同学段的学生主要体现以下几个特点。年级越低各项课后作业越少，年级越高课后作业越多（包括对学生课外学业作业的调查）；年级越低对学科学习兴趣越浓厚，年级越高对学习兴趣越淡薄；年级越低越喜欢实践性、探究性的作业，年级越高越喜欢技能练习性、学习惯性行为的作业。通过我们对低、中、高年级学生课后作业的对比，得出以下结论。一方面，低年级以阅读、实践性作业为主，学习兴趣浓厚，对学习的好奇心强；到了中年级，学生开始完成一定量的课外作业，一部分学生逐渐褪去了学习的热情，尤其是后进生更是厌烦日复一日的重复练习；到了高年级学生习惯了传统的作业评价的模式，只重学习结果，学习缺少活力，所以更喜欢不用动脑筋思考的,只要掌握技巧的口算,计算练习。另一方面,知识难度的不断加深,个别学生知识广度的匮乏,也是学生不愿意动脑子探究的原因。因此,课题组根据调查结果的分析,采取更有针对性、更有效的作业评价改革。我们将作业分成基础知识性作业和基本技能养成性作业,这两种作业类型是学生学业水平检测中需要考察的主要形式,也是学生保持或提升学业水平的保障。我们主要从学生的角度出发,从以下三个方面进行作业评价改革。

1. 以教研组为单位设计作业评价,基础知识性作业更高效

基础知识性作业主要指向学习目标,检测学习目标的达成情况(包括学生学习过程的检测)。平时的数学课后作业基本上是数学书上的练习题,教辅资料中的习题,评价单一,命题雷同,学生是否掌握都要完成,目标指向性不强。

课题组通过对传统作业的分析,对学生学情的反思,不再让学生完成这些量大不精、只重结果而不重过程的基础知识性作业。首先,以教研组为单位,从备课开始依据课标制定学期目标、单元目标、课时目标,依据目标设计课时作业命题,题目不在多,在于是否可以检测到学生学习目标的达成情况。其次,依据学习目标和指向目标的作业命题,制定操作性强的作业评价,每一道命题都要回顾是否是对每一条目标的检测。最后,依据课时作业评价反馈,查漏补缺,设计学习板块作业和单元自检作业。我们还尝试布置实践性作业,打破传统的作业模式,与生活相结合,让学生看起来,想起来,做起来,研起来,充分调动学生的学习主动性。

2. 结合课程标准要求,抓实基本技能养成性作业

通过讨论,作为数学的基础,学生的计算能力的培养依旧是学好数学的重要保障,我们把学生计算技能养成的训练归为基本技能养成性训练。我们变换多种形式对学生进行训练。低年级的学生,有的班级在每天的数学早读中进行口算比赛练习;有的班级进行听算练习。中高年级的学生,有的班级教师按照《课程标准》中的速度和正确率的要求统一命题,隔天练习5分钟口算作业;有的班级布置成学生的互动游戏,同桌两人互为学习伙伴,学生自主命题,自主互评;有的班级举行计算擂台赛,赛出擂主,其他同学进行挑战。每个月我们还要进行"计算小达人"的评选活动,以此激励学生练好基本功,提高学习兴趣。

3. 结合学习目标,细化评价标准

学习目标是依据《课程标准》各学段目标的达成来制定的。同时我们根据学习目标、作业题目,细化评价标准。教师对学生的评价标准的改革,改变了传统的只重结果,忽略过程的评价方式。我们的评价分为两个维度,一个是知识掌握的维度,主要是检测学习结果,依旧以等级、分数的形式评价;另一个维度是思维过程的展现,关注解决问题的过程,以争星争章激励性的形式评价。

我们这种基于《课程标准》,基于学习目标的作业评价形式的改革,减轻了学生的课业负担;与生活实际相结合,增强了数学的工具性;作业评价指向性明确,充分体现了教学评价的一致性。

(二)丰富多样的作业形式

在作业评价的改革中,学校不仅压缩了作业量,在作业命题上进行改变,更在多样的作业形式上下功夫。下面重点介绍一些我们现阶段常用的作业评价形式。

1. 探索实践性作业

我们的作业设计始终秉承"以生为本"的原则,"以生为本"的实质是学生能够主动参与数学活动、积极探索数学规律,熟练运用数学策略和数学知识解决问题。所以,将数学应用在生活实践中就尤为关键,这也是数学学习的终极目标。所以,我们积极探索实践性作业,与实际生活相结合解决实际问题。如:我们在学习《年、月、日》时,设计了制作2021年年历,用24时计时法记录五一假期一天的活动计划,用24时计时法写出学校的作息时间、制作活动日历……学生在"做中学,学中做"牢固掌握了所学知识概念,寻找到了年、月、日的规律,学生记得清、辩得明、解得顺,逐渐喜欢学数学,让枯燥的数字变得鲜活有生命力。

2. 自主参与命题

小学生的另一特点好胜心强,为了调动学生的主动性,我们开设"我来考考你"的数学游戏,让学生参与自主命题。命题角色的改变让学生很新奇,他们由"被考者"变成了"考官"。他们考察的对象可以是同学,家长和老师。学生们的求知欲、求胜心被完全激发出来。他们想考倒对方就必须要牢固掌握课内知识并能灵活运用,还要主动摄取课外知识提高自己的数学知识储备,尤其是想考倒成人,更需要深挖每一个知识点。作为老师,我们有目的地向孩子们"示弱",让他们主动讲解解题过程,教师还可以针对不懂的地方(解题的关键)向学生提问,引导孩子的深度思考,在师生、生生、亲子交流中,学生获得成就感,对完成数学作业,对数学学习的兴趣越来越浓厚。

3. 课外延伸性作业

课外延伸性作业是对学生课外数学阅读和课外知识掌握的检测,也是对课堂的补充。这项作业主要放在寒暑假中让学生完成。学生在假期阅读数学读本、录制视频分享阅读心得,也可以将阅读到的有趣数学知识制作成绘本故事,在班级传阅。在假期结束前我们还会评选出"小小故事家"以作激励。

(三)作业反馈性评价形式多样

1. 师评生改

师评生改是最传统的评价方式,也是最主要的评价方式。新授课后的作业反馈评价,一般采用的都是这种评价方式。师评可以高效准确地帮助学生找到作业中的错题,并有针对性辅导、改正。

2. 生生互评

在作业反馈评价中,常常采用生生互评,一般用在学生掌握基础概念、基础知识的前提下运用知识解决问题。生生互评能在学生互帮互助下，学生自主找到作业的错点并提出改正意见，学生之间互动积极性高，对错点的记忆深刻。

3. 自评自查

自评自查一般是对单元作业评价的反馈形式，通过对这一单元作业的回顾，查找自己在这一单元的薄弱环节，针对薄弱环节制定提升计划。对本单元学习的整体情况做出等级评价，分别从题目完成的正确率、书写的工整程度等方面进行评价。自评自查可以帮助学生养成阶段复习、阶段反思的好习惯。

4. 亲子互评

与孩子交流之中，尤其是与后进生交流，其实他们更多是得不到父母关注的，他们内心深处更想得到父母的认可。据调查班级中成绩不好的孩子，71%成绩不理想的孩子得不到家长的关注。虽然成绩不好，但是他们也希望家长能够看到，他们曾经努力过。因此，我们会每月举行一次随堂的月考检测，结合本月孩子的作业情况，家长从学习态度、学习目标的达成度中对孩子做一个等级评价。孩子与家长共同分析失利原因，制定有效的提升计划。

四、课题的研究成效

（一）稳抓作业质量，学业水平不断提升

通过对作业的精准分类，以教研组为单位依据课标、学习目标设计出的体现教学评一致的作业设计，减少了学生的作业量，保证了学生学业水平不降低，甚至还略有提升。就如"对症下药"一般，学生减负增效，提升学习兴趣。依据课标要求，抓实学生的数学基本技能，学生算得准、算得快，保障了学生数学知识的习得，增强了学生学习数学的自信心。可操作的评价标准的制定，让反馈有据可依，师生对作业完成的整体情况都做到了心中有数，改变以往只关注学习结果的评价，少关注甚至不关注学习过程的评价反馈方式。"改变"是为了引发学生的"质变"，学生的质疑多了，思考多了，兴趣浓了，成绩就会高了。

（二）作业形式多样，提升学生学习兴趣

学生作业形式的多样，赋予了枯燥的数字生命，让难懂的概念容易理解。课题组成员通过调查研究发现，传统的强化练习对于部分学生确实有用，但是孩子们练着练着兴趣就练淡了，积极性就练没了，尤其是对于后进生用处不大，因为这些孩子们并没有真正弄懂算理和算法。因此，除了针对知识点设计纸笔作业，还要根据课程内容、学习目标，以周、单元、月为时间节点，设计实践作业，自主命题作业、课外知识延伸的视频作业等形式多样的数学作业，发挥学生的内驱力，促使学生积极参与，挖掘学生自主探究的能力，学生完成作业的热情高涨。部分学生不仅仅按量完成，甚至超量完成，充分调动了学生

学习的主动性,学生成了作业的主人,不是为了完成应付老师和家长写作业,而是为了探寻出数学的奥秘与规律来完成作业。通过布置多样的作业,学生将知识内化,主动消化,成绩也会不断提高,比单纯的纸笔训练有趣有质。

(三)评价形式多样,促进学生主动完成作业

作业量的减少、目标指向性强、形式的多样都是为了评价做准备。依据学习目标细化的评价标准操作性更强、检测更准确。课时作业评价标准不仅关注学生的基础知识是否掌握,基本技能是否形成,更关注学生怎样掌握知识,怎样养成技能。我们充分利用家校的多样性评价,让学生充分感受自己努力是有人看到的,自己的点滴进步自己也看得清清楚楚。因此,评价的细化,不仅能够帮助教师更精准地改进教学方式,更能让学生反思自己的优劣。多方的评价会给学生更多的鼓励、更多的关注,学生自信心增强了,学习能力提升了,学习兴趣变浓了。

五、课题存在的问题和设想

本课题的研究时限是一年,短短的一年时间不可能让所有的学生都有所改变,也不可能将作业评价的改革做到至善至美。经过作业评价改革实验的班级,大部分学生都得到了或多或少的改变,尤其是学生完成作业的态度更积极了,学生思维更全面,更开阔了,但也存在一些问题有待解决。

(一)更多作业形式的研发,体现学生学习的主体性

虽然我们作业形式相较以前已经更多元了,但是小学生好奇心强,长期维持这几种形式不变,他们也会疲劳,现在我们看到的孩子已有所改观,主要在于新奇。所以,我们要有更长远的眼光,在新的作业形式研发的路上继续前行,以生为本,发挥学生主体性,永远给孩子带来惊喜,让孩子们永远带着浓厚的兴趣学习数学,积极主动完成数学作业。

(二)评价要更系统,进一步开发网络评价系统

我们在评价主体上相对比较多元,但是始终没有找到简单明了、实用性强的评价反馈形式。我们设想是否像我们的必由学学业评价系统一样,运用互联网和大数据,进行作业网络评价反馈。用真实的数据,让教师、家长、学生三方更宏观地看到孩子在课时作业、单元作业中的优势与问题。

(三)进一步推广至全校实施,推进作业评价的深度改革

在主要做法和经验中,我们只有第一部分以教研组为单位依据学习目标进行作业评价设计和基本技能养成性作业是在全校推广的,多样的作业形式和多样的评价主体方式

我们还只是在课题组成员的班级里进行试行,因为我们课题组的成员相对年轻,创新能力强,充满活力,我们有精力,有能力进行改革。但我们在老教师的班级推行还是有一定的难度,老教师教学经验丰富,但创新力和信息技术能力都较为欠缺。因此,我们考虑以教研组单位,每组安排至少一位具有创新精神的年轻教师与老教师合作来补短板,老教师传经验,年轻教师多写多思多整理,再结合校本教研,在全校全面推进作业评价的深度改革。

参考文献

[1]中华人民共和国教育部.义务教育数学课程标准(2011年版)[M].北京:北京师范大学,2012.

[2]余文森.核心素养导向的课堂教学[M].上海:上海教育出版社,2017.

[3]严育洪.让学习真正发生——小学数学任务驱动式教学解读与实施[M].济南:山东文艺出版社,2017.

(本文为2019年度郑州市教育科学重点课题,获科研成果一等奖。课题研究单位:郑州市二七区陇西小学南校区,课题负责人:常青,课题组成员:刘晓芳、刘渊、张梦香、朱佳慧)

小学语文低段看图写话方法的策略研究

——小学低段学生看图写话能力的培养研究

一、研究背景

(一)问题提出

根据最新的《语文课程标准》,小学低段学生指的是小学一年级和二年级的学生。在该学段"目标与内容"这项内容里面有一项要求是"写话"。写话的内容有很多,而"看图写话"是小学语文低年级写话教学的重要组成部分。课题成员在多年的语文教学工作中发现低段孩子看图写话的能力比较弱,经梳理总归纳后主要有以下三个方面的问题。

(1)低段学生观察不细致,不能发现图中的一些重要信息。

(2)学生只是干巴巴地把画面上的景物凌乱地写了出来,没有很好地根据画面进行想象。

(3)学生在看图写话中说与写脱节。

(二)原因分析

究其原因,主要有以下几点。

(1)低段学生无意注意占优势,对新鲜有趣的事物感兴趣。对特定的图片注意范围比较窄,停留时间短,观察不够细致。

(2)低段学生生活经历较少、经验缺乏,图片内容与生活实际联系不紧密。

(3)低段学生积累有限,词汇量小,缺乏写话素材,我手写我口时语言匮乏。

二、研究过程

(一)课题申报阶段(2019 年 3 月)

学习《关于组织申报 2019 年度郑州市教育科学课题的通知》,了解课题申报的相关材料,组建课题组,确定主持人及成员,填写立项申报表。

(二)课题准备阶段(2019 年 4 月—2019 年 5 月)

(1)2019 年 4 月,在站马屯小学会议室召开课题研究会议,商讨课题的研究思路,确定教师分工。

（2）2019年4月底，召开课题组成员会议，学习相关的理论和资料，查阅文献。

（3）2019年5月，课题组进一步明确研究过程、成员职责，寻找研究本课题的理论支撑点，并撰写开题报告。

（4）2019年5月，本课题参加了郑州市重点课题开题报告评估会。会后根据评估，商议添加副标题《小学低段学生看图写话能力的培养研究》并适当调整研究计划及人员分工。

（三）课题实施阶段（2019年6月—2020年3月）

（1）2019年6月，召开课题组会议，明确组员职责，对课题重新审视。

（2）2019年8月，通过课例研究法，初步尝试探寻小学低段学生看图写话能力的适切方法。

（3）2019年9月底，召开课题组成员扩大会议，反馈在课堂教学中我们总结的方法是否有效提升学生看图写话的能力。

（4）2019年10月，结合问题，修正方法，优化能够指导提升低段学生进行有效看图写话能力的方法。

（5）2019年11月，调查研究，梳理数据，达到研究目标。

（6）2019年11月，郑州市教育科学研究所胡元明主任一行到柴郭小学对该课题进行中期报告指导评估并提出删除第一次调查问卷内容的建议。

（7）2019年12月，课题组定期召开座谈会，及时汇报和总结研究情况，并提出遇到的新问题，撰写并线上提交中期报告。

（8）2020年2月初，疫情期间，课题组针对存在的个案问题召开线上会议，商讨研究的思路。

（9）2020年3月，探寻适切的个案研究方法，对个案进行追踪。

（四）总结阶段（2020年4月）

对课题的资料、数据等进行归纳总结。完善课题研究成果，提交结项报告。

三、主要做法和经验

（一）培养学生细致观察能力，学会从图中提取重要信息

看图写话前，第一步要解决"看"的问题。看什么？怎样看？根据年龄特点，课题组成员在实际教学中发现低年级学生因年龄小，无意注意占优势，多数对新鲜有趣的事物感兴趣，认知能力和观察能力还比较薄弱。他们对特定的图片注意范围比较窄，停留时间短，观察不够细致；对图片中的事物分不清主次，抓不住重点，忽略一些重要的人或物，

被一些无关紧要的细枝末节所吸引,抓不住重点。结合该情况,课题组成员商议,尝试如下教学方法。

1. 细致观察,注意顺序

我们指导学生看图时,注意到了引导学生注意观察的顺序。

对于部分看图写话的素材,我们可以让学生先看整体,再关注到部分,还可以由上及下,由远及近,由近及远;从左到右,从右到左;从中间到四周等。指导学生从不同的角度观察,抓住细节,养成有序观察习惯。

在二年级下册《语文园地(四)》看图写话的教学设计中,配有这样一段提示语。

看图,想一想:小虫子、蚂蚁和蝴蝶用鸡蛋壳做了哪些事情?它们有什么有趣的经历?把它们这一天的经历写下来吧!

在这节课上,课题组成员张源鸣老师还出示了下面几个词语:早上、过了一会儿、到了下午、天黑了。并告诉孩子们表达的时候,可以用上这些词语。

大部分学生在说话、写话时采用了老师出示的词语,从说、写的环节效果来看,条理更加清晰(见图1)。

```
二、阅读写话要求。
师:现在,请同学们打开课本第54页,读一读写话要求。
生:看图,想一想:小虫子、蚂蚁和蝴蝶用鸡蛋壳做了哪些事情?它们有什么有趣的经历?把它们这一天的经历写下来吧!写的时候,可以用上下面的词语:早上 过了一会儿 到了下午 天黑了。
师:明确了要求,让我们一起看看图片上都画了什么吧。
三、出示组图。
师:请同学们看一看这四幅图,说一说,小动物们用这半个蛋壳做了哪些事情呢?
生1:第一幅图,小动物们把蛋壳做成了跷跷板。
生2:第二幅图,小动物们把蛋壳做成了热气球。
生3:第三幅图,小动物们把蛋壳做成了雨伞。
生4:第四幅图,小动物们把蛋壳做成了摇篮。
师:同学们能不能用简单的一两句话来说一说,小动物们都用蛋壳做了什么吗?
生:蝴蝶、蚂蚁和小虫子用蛋壳做成了跷跷板、热气球、雨伞和摇篮。
师:三个小动物用蛋壳做了四件不同的东西,现在,请同学们再来仔细观察图片,你还有其他的发现吗?
生:我有发现,我观察到每幅图片的右下方有小圆点,但是数量不一样。我觉得这表示图片的顺序。
师:你观察得很仔细!你根据图片上的提示排列出了顺序,你们的想法和他一样吗?还有什么别的发现吗?
生:我也有发现,我观察到图片上有蓝天、白云和月亮。我发现四幅图时间不一样,有白天也有晚上。

师:你通过观察环境,发现了图片时间不一样。课文中也有四个表示时间的词语,分别是早上、过了一会儿、到了下午、天黑了。你们能看出哪个词语对应的是哪幅图画吗?
生:我发现早上对应的是第一幅图片,过了一会儿对应的是第二幅图,到了下午对应的是第三幅图,在第四幅图中,我看到了月亮,我以天黑了对应的是第四幅图。
师:你把图画和文字相结合,会观察,更会思考!相信同学们也和他一样爱动脑筋。而且我们还可以看到第三幅图,下雨了,天气也不一样,同学们,我们仔细观察。排列出了四幅图的顺序,还发现了四幅图的时间不同,天气不同。看来,仔细观察,我们就能从图片中看出更多的信息。(板书:仔细观察)
```

图1 张源鸣老师执教园地四写话课堂实录

2. 理解图意,抓住重点

一开始,确定看图写话的画是一幅图还是组图,如果只有一幅图时,让学生先看占这幅图范围较大的人、事、物、景等(见图2)。

图 2 看图写话单幅图画素材

如果是组图,就要引导学生看明白这几幅图所表达的是什么意思,知晓是什么时间,有什么人,他们在做什么,他们是怎样做的等(见图 3)。

图 3 看图写话组图素材

综上所述,经过老师的指导,学生按照一定的顺序,能够进行有目的性地观察,从而注意到图画中的细节,发现图中的重要信息,能在观察时注意看到了什么就说什么,想到了什么就说什么。

(二)联系图画信息,提升学生的想象能力

在研究中,我们抽取了管城回族区十八里河办事处辖区内低段学生为研究对象,学生因生活阅历相对较少,经验不够,大都停留在图画表面内容的描写上,很少会结合图画发挥想象力,对图画内容进行填充,只是干巴巴地把画面上的景物凌乱地写了出来。基于此,我们采取以下教学方法。

1. 进行合理预测,促进孩子丰富想象

低年级学生思维活跃,每个孩子关注的角度不同,脑海中都充满着天马行空的想法。针对这一生情,在看图写话教学中,我们在具体引导时,对素材的人物、景物、故事情节等预设开放式问题,激发学生展开思考,大胆想象,围绕主题进行预测(行为预测、环境预测、事件预测、结果预测等)。适时地为课堂留白,创设情境,让学生通过直观图片,合理预测,想象故事情节,使想象更加丰富多彩。

图4 看图写话图画素材

例如,在课例中,以二年级学生为研究对象,课题组成员张鑫老师在授课过程中,让学生大胆猜测图中包含了一个什么样的故事(见图4),河面有一座窄窄的桥,它们三个怎么过桥呢?聪明的小白兔想了什么办法……故事到这里,剩下的可以交给学生自由去想了,此时,学生将会大胆去想,完成创作。学生在编创时提出:"小兔子可以让猴子妈妈把小猴子放在后面的篮子里,走到桥中间,再把小兔子放到前面的篮子里,然后把篮子转个圈圈,这样就可以及时让小兔子去上学了,小猴子也不用饿肚子了。"不同学生观察的角度不同,思考的角度不同,编出的故事也各不相同,这些故事是那么温暖、动人,必然是一篇有趣、感人、生动的小文章。

运用开放式提问,进行合理预测是提高学生想象力,提升学生写话能力的重要方法。

2.联系生活实际,促进孩子合理想象

我们让学生不断参与社会实践,丰富学生生活体验,多观察,重体验,为学生写话提供素材支持。站马屯小学二年级的"多彩寒假"作业,就专门设置了"伴我成长"板块。

(1)我的事情我能行!做好自己的事情,学会自己穿衣服、打扫卫生、穿袜子等。

(2)生命在于运动!天气情况适宜时,坚持每天跳绳(以一分钟为单位),慢跑十分钟。

(3)音乐的力量不可估量,让我们都来热爱音乐吧!请学唱一首歌曲,再试着学习舞蹈。

(4)绘画可以陶冶情操,锻炼我们的思维能力和对美的感知。请画一幅以《幸福的一家人》为主题的绘画。

(5)我是小小科学家(科学观察日记):科学在我们的身边无处不在。小朋友们,请你在寒假期间,做一名小小园艺师,养一盆植物,观察它的样子,记录下养殖过程,完成观察日记。注意:每个星期写一次,要坚持三个星期哟!看看它会发生什么变化吧!开学后让我们一起晒晒你的成果!

例如,在"养殖自己喜欢的植物"活动中,学生观察兴趣很高,乐于想象,丰富生活体验,并将图画转化成了文字(见图5)。

图5　学生种植的荷花籽发芽图片

学生作品:

星期天,我起床后,急匆匆地去看我的荷花籽、荷花籽竟抽出了小芽,它们缠绕在一起,像拥抱在一起的小伙伴。一条条绿色的小芽就像一条又细又长的绿丝带,可爱极了。希望它们快快长大,长出美丽的花朵。

——二(一)班朱佟旭

综合以上,在课堂中应做到如下几点:运用开放式问题,让学生的思维活跃起来,与图画创造更多的联系;为课堂适时留白,给学生更多的时间思考和合理想象的空间;创设情境,让学生进行角色扮演,展开联想;联系实际生活、让学生把生活中的经历、体验融入写话中,有根据地进行合理想象。

(三)在看图写话中,培养学生说写结合能力

在平时生活中,我们发现学生很喜欢说,好像是"会说"的,一旦让写,孩子们瞬间就变了脸色,不是愁眉苦脸,就是咬着笔杆儿半天写不出几个字来,造成说与写严重脱节。究其原因:一是说话语言随意性较大,口头语言零碎化、前后联系不紧密和无固定主题的特性;二是低段学生积累有限,词汇量小,与书面语言的完整、规范、非常具体地再现生活情景相比,相差甚远。于是,我们实施如下做法。

(1)以课本语文园地中的"口语交际"版块为抓手,在课堂当中让学生多说,教师要引导语言的规范性,让学生在表述时尽可能地运用书面语言来表达。

例如,我们在执教统编教材二年级上册第一单元《有趣的动物》时,是这样进行的。(如下文《有趣的动物》课堂实录片段)

师:小朋友们,现在请你扮演你觉得最有趣的一种动物,向其他小朋友介绍一下自己吧!

生:大家好,我是大熊猫,我浑身上下胖乎乎、圆滚滚的,头部是白色毛发,有两只可

爱的小黑耳朵,眼睛四周是一圈黑色的毛,看起来非常可爱。

师:你平时喜欢生活在什么地方?你喜欢吃些什么?你是怎样睡觉的?

生:我平时生活在茂密的竹林里,我最爱吃的食物就是嫩嫩的竹子啦!我睡觉的姿势多种多样,躺着、趴着,什么睡姿都有,有时抱着树干就能睡;有时我在大太阳底下仰着睡。

师:这只大熊猫说得真不错,不但把自己的样子描述得非常清楚,还把自己的生活习性都告诉大家了。我们在描述时也要把动物的样子、生活习性、本领说完整,说清楚。

师:现在,其他的小游客可以有礼貌地适时提问。

小组互动,学生汇报交流。

在学生表达完之后,教师会给学生建议:请用连贯完整的语言表达出来。通过对日常课堂教学中的反复训练,有效解决了口头语言的随意性,为说和写的有效衔接做好铺垫。

(2)分角色朗读,通过反复有感情地朗读文本中规范的语言,让学生不断地感受语言,逐步形成一种规范的语言习惯,从而使学生较完整准确地表达,并应用到写话中。我们采取了以下措施。

语言积累训练,增加词汇储备。我们可以让学生广泛阅读,扩大阅读量。教师可具体规定本班学生,定期达标的具体内容及相关要求。如:一年级的学生每月选择自己喜欢的一本书,每周记住一首古诗,每日一句。另外除课本上要求背诵的课文,教师应挤出时间指导学生多记,还可以利用课外时间进行下列活动:①每日背一句。挑选一句你喜欢的、生动的、形象的句子。②每周背一诗、一小段话。学生选择自己喜欢的诗句,去感受古诗词的美,有能力的同学可以选择背诵下来。

经过教学实践,我们充分利用好课本中的课例与口语交际等板块,大量训练,逐渐让学生实现了规范地说,完整地说。学生会说了,知道了如何表达自己观察到的内容,日积月累,学生的词汇量丰富了,在写话时他们能够将说的内容更准确地写出来,紧密地把说的内容更好地转化成了书面语言。

(四)通过个案研究,提升学生的看图写话能力

2019年12月底,课题组针对课题中需要研究的问题——探寻出了相对适切的方法,在实际谈话和验证中,我们发现每个班级都有个别学生跟进困难的现象,于是,课题组针对存在的个案问题召开线上会议,探寻适切的个案研究方法。

个案一:该生看图写话时缺乏条理性和连贯性,在课题实施过程中,进步缓慢,效果不明显。对此,课题组对该生进行单独指导跟踪,学生有所变化。(见表1)

表1 学生个案研究记录表

个案对象	曹钰琪,7岁,女,小学二年级学生	
学生问题简述	通过平时的看图写话训练,我们发现,她在看图写话时缺乏条理性和连贯性,常常"前言不搭后语",一会儿写东一会儿写西,跳跃性强,有时重复,有时缺乏关键要素,单个的句子写得还比较完整,但把单个句子连成段落的时候却缺乏完整性	
学生基本情况	家庭情况:父母教育观念落后,多为放任式教育模式,无暇顾及她的学习和生活情况 学校情况:孩子作为一名中途转较生,对新环境不够适应,没有办法将注意力集中到学习上,无法很好地融入课堂	
教师跟踪研究	课题研究前期表现	课题研究后期表现
	她在日常看图写话练习时,缺乏条理性和连贯性,常常"前言不搭后语",一会儿写东一会儿写西,跳跃性强。例如,在二年级下册《语文园地(二)》写话中,写话要求为:写一写你的一个好朋友。向大家介绍一下他是谁?他长什么样子?你们经常一起做什么? 她写的内容是:我的好朋友是韩欣玉,她是短头发,爱笑。我们一起玩耍,一起上学,回家。她脸蛋很小,眼睛大,嘴巴小。 其次,写话时表达不到位,句子缺少要素,句子较笼统、模糊不清。例如,在描写组图"鸡妈妈保护小鸡"的看图写话中,她这样写道:小鸡妈妈发现有猫,就冲过来,救出了小鸡,让小鸡们走前面	她的看图写话开始具有条理性和连贯性,语言读起来较为通顺、流畅。例如:在二年级下册《语文园地(四)》写话中,写话要求为:小昆虫们用鸡蛋壳做了什么?它们有什么有趣的经历?把它们这一天的经历写下来吧。她能够按照时间顺序,用上表示时间的词"早上""过了一会儿""到了下午""天黑了"把四幅图描述下来。同样的组图"鸡妈妈保护小鸡",她这样写道:鸡妈妈听到自己的孩子被吓得大叫,急匆匆地跑过去保护自己的孩子,大黄猫看到鸡妈妈来了,吓得连滚带爬地跑了。鸡妈妈又带着她的孩子,开开心心地去寻找食物了
	研究措施: 1. 做一做,说一说 教师有目的、有计划、有要求的设计实践活动,引导学生去实践。例如,在让学生进行劳动时,给她布置擦桌子的任务,指导她在擦桌子时,体验劳动的先后过程。任务完成后,让她按照体验的先后顺序来说一说自己是如何去做的。在说的过程当中,强化她的顺序意识,同时,强化她动作的完整性、连续性,使她具有整体性意识 2. 鼓励学生发问,让学生敢问,培养学生会问 在看图写话的课堂上,教师要改变教学方式,调动起学生提问的积极性,通过老师的点拨,先通过补全句子,之后循序渐进,引导她通过类比自己提问,在写话时多问几个为什么,谁,在哪儿,做什么,怎么样。经过多次练习,就能掌握提问题的方法,知道从什么角度提出问题。同时,我们还要指导学生一些提问的技巧,引导她抓住主要内容和内在逻辑进行提问,这样,就能更好地使她句子要素齐全,同时还能够使句子更加清楚丰富	

个案二:该学生语言口语化,单调直白,词汇量匮乏,在训练过程中,学生虽然按要求做,但效果不理想。对此,课题组商定研究方法,进行单独指导跟踪(见表2)。

表2 学生个案研究记录表

个案对象	李艺昕,6岁,女,小学一年级学生	
学生问题简述	李艺昕作为一名一年级学生,具有低年级学生的典型性。她在看图写话时,语言过于直白,单调贫乏,过于口语化、生活化,词汇量匮乏	
学生基本情况	家庭情况:孩子父母较为溺爱孩子,把最基本的阅读和积累当作负担,认为把书本上的知识学会就可以了,而忽略了语文学科的特性,需要阅读与积累 学校情况:孩子没有养成阅读习惯,词语匮乏,在面对看图写话时,有话却写不出	
教师跟踪研究	**课题研究前期表现** 语言过于直白,单调贫乏,过于口语化。其次,她的词汇量较为匮乏,例如,在描写春天的柳条时,她写道:春天,柳条长长了	**课题研究后期表现** 语言开始规范化,书面化。同时,经过阅读与积累,语言变得更加丰富,更加生动、精彩。例如,在描写春天的柳条时,她会写道:春天来了,生机勃勃,长长的柳条随风飘扬
	研究措施: 1. 利用故事,激发学生的阅读兴趣 兴趣是最好的老师,指导阅读应从兴趣入手。对于低年级学生,故事具有强烈的吸引力,教师每日抽出十分钟的时间,通过读故事的方法激起她的好奇心,此时,抓住时机,引导她自己回家去看,自己去读 2. 经过一段时间的跟踪指导,她迷上了故事,喜欢上了阅读。以新引旧,增加词汇积累 在激发起她的阅读兴趣后,增加了阅读量,词汇量自然而然就扩大了。在接触到新词时,我们用"以新引旧"的方法,引出之前积累的同类词语。例如,在接触到"笑盈盈"时,引出关于笑的同类词语,如笑哈哈、笑眯眯、笑吟吟、笑嘻嘻等。这样,她在面对看图写话时,就能更加轻松地选择合适的词语,避免用词的单调、匮乏	

四、研究成效

经过一年的研究,在郑州市教科所胡远明主任所带领的团队的指导下,在各位同仁的帮助下,在课题组成员的共同努力下,我们对小学低段学生看图写话能力的培养研究总结出了以上四种具有可操作性的做法,究竟效果如何,为了更科学地进行验证,课题组决定用调查问卷和数据分析的方法展开调研,以验证其成效。

2019 年 11 月底,课题组进入调查研究阶段,通过"互联网＋"网络调查的方式设计了问卷,对郑州市管城回族区十八里辖区内的九所小学的低段语文教师进行调查,共发放调查问卷 52 份,回收 52 份,回收率 100％,并对相关数据进行分析,调查分析结果如下。

(一)学生会细致观察,能够发现图中的重要信息

经过老师的指导,我们的学生在看图写话时学会了有目的地观察,学会了观察图画的方法,能够观察到图画中的细节,并能根据要求发现图中的重要信息。

为了进一步求证以上结果,我们在问卷中设计了如下问题。

第 1 题:运用方法后,学生有重点地观察图片的能力有提升吗?（单选题）

表 3　学生有重点地观察图片能力统计

选项	小计	比例
A.有很大提升	49	94.23%
B.有一点提升	3	5.77%
C.无变化	0	0%
本题有效填写人次	52	

第 2 题:运用方法后,学生有序观察图片的能力有提升吗?（单选题）

表 4　学生有序观察图片能力统计

选项	小计	比例
A.有很大提升	41	78.85%
B.有一点提升	11	21.15%
C.无变化	0	0%
本题有效填写人次	52	

从结果来看,我们采用的"步入图画世界,增加观察兴趣""细致观察,注意顺序""理解图意,抓住重点",使学生观察有目的性,能够观察到图画中的细节,发现图中的重要信息,培养学生细致观察的能力。

(二)学生能够合理预测,联系生活大胆想象

学生能够根据画面进行合理想象,孩子们的思维活跃起来了,也能够与图画创造更多的联系,进行合理预测。同时,能够联系生活实际,写出有真情实感的、富有童真童趣的作品。

为了进一步求证以上结果,我们在问卷中设计了如下问题。

第3题:运用方法后,针对组图,学生合理预测的能力有提升吗?(单选题)

表5　学生合理预测能力统计

选项	小计	比例
A.有很大提升	38	73.08%
B.有一点提升	13	25%
C.无变化	1	1.92%
本题有效填写人次	52	

第4题:运用方法后,学生联系实际生活想象画面的能力有提升吗?(单选题)

表6　学生想象画面能力统计

选项	小计	比例
A.有很大提升	50	96.15%
B.有一点提升	2	3.85%
C.无变化	0	0%
本题有效填写人次	52	

从结果来看,我们运用开放式问题,为课堂适时留白,创设情境,促进学生合理预测,联系生活实际,丰富学生生活体验。这样,学生在写话时,能够将写话的素材延伸到课外,延伸到生活,进行大胆想象。

(三)学生能够说写结合,表达更加规范准确

经过日常的练习指导,学生实现了规范地说、完整地说,知道如何表达自己观察到的内容;把阅读和积累当成了习惯,词汇量更加丰富了,能够将说的内容更准确地写出来,很好地保留了说的意思,实现了说了什么就写什么。

为了进一步求证以上结果,我们在问卷中设计了如下问题。

第5题:运用方法后,学生口头表达和书面表达是否更加丰富?(单选题)

表7　学生表达能力统计

选项	小计	比例
A.丰富	38	73.08%
B.无变化	13	25%
C.不丰富	1	1.92%
本题有效填写人次	52	

第6题:运用方法后,学生书面表达是否更加规范? (单选题)

表8　学生书面表达规范能力统计

选项	小计	比例
A. 规范	38	80.77%
B. 无变化	13	19.23%
C. 不规范	1	0%
本题有效填写人次	52	

从结果来看,我们运用课本中的口语交际和课文"分角色朗读""与书交朋友""每日一诵、每日一摘抄",循序渐进地规范了学生的语言,丰富了学生词汇积累,学生能够运用所学把"说"准确地转化成"写"。根据调查结果分析,我们研究的方法是行之有效的。

五、存在的问题及下一步打算

我们课题组针对小学语文低段学生看图写话能力的培养,经过一年多的研究,基本上完成了最初的预定目标,但是我们认为该研究只是一个阶段性的成果。针对目前所存在的问题课题组进行深入思考,做出以下几点打算。

(一)调试完善策略

目前我们所总结的方法只适用于现阶段的学生,而学习的主体学生是动态的,学生情况在变,我们的策略也应该不断调试和完善,至于如何变更,只有以生定教,下一个新的研究还需要我们继续。

(二)个案研究类别化

我们的个案研究只针对个别同学,而没有将个案研究类别化。针对这一问题,我们计划把同类型问题的学生进行归类辅导和追踪研究,达到省时高效。

(三)扩大策略适用范围

在课题研究中,个别实验校根据学校情况,将刚入职的新任教师安排在一、二年级。新任教师经验较少,无法熟练运用所提供的教学策略,针对这一问题,我们课题组将会适当调整策略,使新任教师也能够通过实施该策略取得一定的成效。

参考文献

[1]陈瑶,宋璇,彭武淼,等.培养小学生语言表达能力的研究[A].《教师教学能力发展研究》科研成果集总课题组秘书处.《教师教学能力发展研究》科研成果集(第八卷).《教师教学能力发展研究》总课题组,2017:4.

[2]陈彩虹.说写 画写 善写——低年级写话教学实施策略研究[J].课程教育研究,2013(06):60-61.

[3]顾冬梅.低年级小学生写话能力培养初探[D].苏州:苏州大学,2010.

(本文为2019年度郑州市教育科学重点课题,获科研成果一等奖。课题研究单位:郑州市管城回族区十八里河镇柴郭小学,课题负责人:石玉霞,课题组成员:张鑫、杨海东、平宽阔、张源鸣)

小学英语语音练习有效性的实践研究

一、研究背景

《英语课程标准》指出,在基础教育阶段,英语语音课程的任务是:能根据拼读规律,读出简单的单词,并能在口头表达中做到发音清楚,语调基本达意。语音作为英语教学中一个重要的组成部分,它在培养学生听、说、读、写方面也起着举足轻重的作用。良好的语音语调将为口语交际打下坚实的基础。

在我们学校一部分英语教师的教学中,普遍存在这样几个现象。第一,学生的语音练习形式单一,口头练习少。语音练习多被简单枯燥的抄背单词所代替,趣味性不强。第二,语音练习缺乏情境的创设,内容的拓展性不强。多数班级的语音练习都是根据教材内容读读写写,个别班级会涉及一些绘本语音练习,但也缺乏情境的创设。第三,学生不能较好地灵活运用发音规律。一部分学生在做语音练习时,只是死记硬背语音规律,而不能较好地运用。所以,在实际的教学中并没有达到预期的效果。

基于此,我们在核心素养的指引下,结合教学实践开始对小学英语语音练习有效性进行课题研究。

二、研究过程

(一)问卷调查,初拟方案

为了深入开展《小学英语语音练习有效性的实践研究》,研究之初,我和课题组老师一起对我校的学生和家长分别做了调查问卷,尝试找出学生对英语语音练习的真正需求。从调查数据整理和分析的结果来看,67%的学生认为单一的抄写作业枯燥乏味,致使学生对语音作业缺乏兴趣,这也是与新课改相违背的,而73%的学生对"体验中学"更感兴趣。以上数据也为我们研究工作的开展提供了科学的依据和参考。

(二)理论学习,夯实基础

没有学习就没有成长,为了让研究有更多的理论支撑,在课题实施前,我和课题组老师一起认真学习了《英语课程标准》《英语语音学》《中小学外语教学》和一些优秀的英语语音教学案例,并以课题组研讨的形式对自己的英语语音教学进行了剖析和反思,进而认识到语音教学的重要性。这些先进的理论和科学的策略也为课题的进一步研究夯实了坚实的理论基础。

(三) 实战引领,丰富模式

结合学生和家长问卷的调查结果,我们初步制定了以听说读写为途径的语音练习形式。这样的方法实施了几个月,学生的兴趣和自信心得到了显著的提升。为了丰富学生的语音练习模式,我们不断实践、反思、归纳、总结和再实践。从学生实际出发,制定了"形式多元、内容丰富和有规律等"一套有效的英语语音练习模式,并在 12 月 27 日区教科室举行的中期交流活动中进行汇报展示,区教科室常立钢主任对我们的课题给予了肯定,并提出了建议。

(四) 反思完善,展示成果

通过课题的进一步研究完善,我们逐步形成了自己有效的语音练习模式,并不断整理、总结、归纳,最终形成成果。

三、主要做法和经验

经过我们一年多的探索实践,课题组教师分别从练习的形式、内容和规律等方面进行研究。最终,确定了我们语音练习的新策略,并取得了喜人的成果。

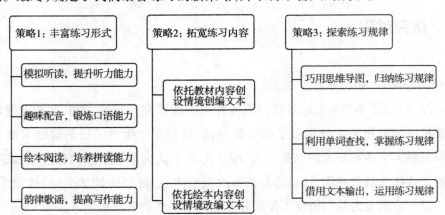

图 1 小学英语语音练习新模式

(一) 以听说读写为途径,丰富练习形式

以往的对话练习形式多是以单一的"抄写单词"为主,长此以往,学生对语音练习逐渐失去了兴趣。因此,我们新的语音练习以听说读写为基础,分别加入学生感兴趣的"模

拟听读、趣味配音、绘本阅读和韵律歌谣"等，丰富的语音练习形式，提高了学生的兴趣，增强了语音练习的有效性。

1. 模拟听读，提升听力能力

模拟听读是指利用线上网络平台布置听力模拟练习，让学生在听的过程中感知单词，在读的过程中模拟发音的一种形式。这种形式不仅可以提升学生的听力能力，还可以通过听力模仿跟读，锻炼学生的语音语调，进而提升其听说能力。

如 book，look，football，good，balloon，food，zoo，noodles，在以往的练习中，学生只是能听出单词，并不太容易区分长短音。但通过一次作业的听力练习，学生不仅清楚地听到了"oo"字母组合发长短音的区别，还清晰地了解了发音的方法及技巧等。同时老师也可以通过数据看到学生的易错点，并根据数据分析帮助学生查漏补缺。

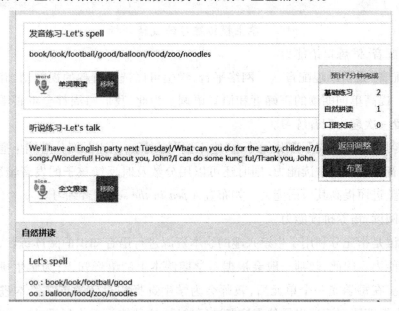

图 2　教师布置的听读模拟练习

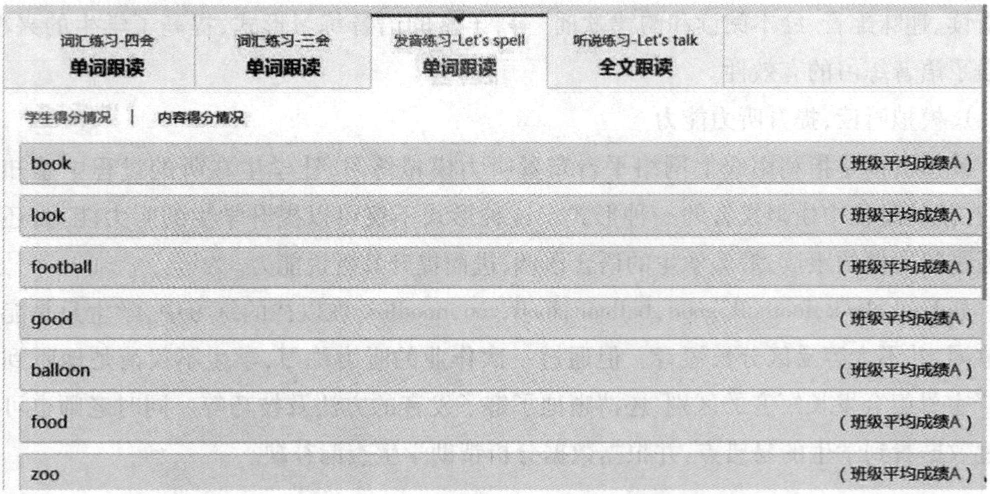

词汇练习-四会	词汇练习-三会	发音练习-"Let's spell	听说练习-Let's talk
单词跟读	**单词跟读**	**单词跟读**	**全文跟读**

学生得分情况 | 内容得分情况

book	（班级平均成绩A）
look	（班级平均成绩A）
football	（班级平均成绩A）
good	（班级平均成绩A）
balloon	（班级平均成绩A）
food	（班级平均成绩A）
zoo	（班级平均成绩A）

图3　学生模拟练习的成绩分析

2.趣味配音,锻炼口语能力

"趣味配音"是借助趣配音这一网络平台,学生可以选择有趣的视频动画配音,锻炼其口语能力,提高单词朗读的正确度和语音语调。为此,我们每周都会带领学生上一次口语课,布置一次趣味配音练习。

这种练习形式既解决了部分优等生"吃不饱"的现象,也让一部分潜能生通过模仿有趣的人物发音提升口语拼读能力,同时还可以用分数及时反馈孩子的发音情况,以便做出相应的调整进而提高其口语能力。如布置 A pea in the sea 配音练习。

3.绘本阅读,培养拼读能力

绘本阅读是指充分利用学生感兴趣的绘本资源进行语音知识的阅读练习,从而培养学生的拼读能力。因此,教师一般会根据每学期课本上的语音知识,为学生挑选相对应的阅读书目。在每学完一个单元后,教师会为学生选择相对应的英文绘本进行师生共读,并通过小组朗读表演选出最佳表演者进行奖励,这种练习方式深受学生喜爱。如,在学习了三年级上册 Unit2 后,师生共读绘本 The Red Hen,并以小组为单位选择你喜欢的角色进行朗读表演。

表1 三年级上册学生共读书目

序号	学习重点	英文书名	中文书名	拼读知识点	推荐理由
1		*The Sad Cat*	伤心的猫咪	a e i o u	不仅与课本每单元元音的发音相对应,还是课本知识的拓展
2		*The Red Hen*	红母鸡		
3	短元音	*Pip and Pog*	小猪皮普和小狗泡格		
4		*Hop*	山姆猫		
5		*Up,Pup*	狗狗站起来		
6		*The Big Hat*	大大的帽子		

这项活动的实施不仅培养了学生的拼读能力还锻炼了其口语能力。小组合作共赢的方式,让以前不敢开口的学生也主动参与了,无形中也增强了学生的自信心和口语拼读能力。

4.韵律歌谣,提高写作能力

韵律歌谣是指利用字母或字母组合的发音规律,找出更多相同字母发音的单词,并以此为媒介,创编属于自己的 chant 或歌谣等。这种形式不仅发散了学生的思维,也提高了学生的写作能力。于是,我们在每学完一个单元后,都会举行韵律歌谣创编大赛。

如,学完字母 a 的发音后,学生就联想出很多含有字母 a 和 a-e 的单词 have,gave 进而进行创编。

我们不难发现,学生的作品中运用了语音知识的纵向联系,不只是找出了含有字母 a 的单词,而且还用到了含有字母 a-e 的单词,这种从量变到质变的过程让我们更加坚定了研究的信心。

(二) 以创设练习情境为依托,拓宽练习内容

为了让语音练习更具有效性和拓展性,我们不仅丰富了语音练习的形式还依托情境拓宽了语音练习的内容。从以往以教材练习逐渐拓宽到绘本练习,从以往的单一情境逐渐拓宽到多个情境。这样不仅练习了课内的知识也拓展性地练习了课外的知识——创编文本、改编脚本,进而提高了语音练习的有效性。

1.依托教材内容创设情境,创编文本

这项内容的设计旨在利用教材内容,在教师的引导下创设一个适合的情境进行文本的创编。它不仅考虑了学生对知识的运用能力,还锻炼了学生的动手动脑能力。这样不只是起到了练习的作用,还提高了学生练习的新鲜度。

在学习 spell 单词后,我设计了这样一个对话练习环节。

(1)让学生以小组为单位把他们所学 spell 中的单词画出来。

（2）利用老师所给的情景完成文本的创设。

第二天,学生带来他们设计好的"作品"进行分享展示。这样的练习方式生动形象,学生练习的积极性也越来越高了,有效性也就自然高了。

2. 依托绘本内容创设情境,改编脚本

这项练习的设计是指根据绘本内容的学习,教师适时引导,给学生创设一定的情境,并有意识地启发学生的思维,丰富学生的语言,拓宽学生的知识结构,从而达到语音知识的再运用。

课堂实录:

在学习完绘本 *No Book*, *Just Cook* 描述 Mr. Hook 一天的事情后,老师让学生根据身边的朋友或家人,完成含有字母组合 oo 单词的绘本创编。老师给出情境——身边人的事情,启发学生去创编。

白金燕:身边人的事情,那我们就以即将到来的十岁礼节目 *Little Red Riding Hood* 为主题吧?

赵文昊:可以,老师不是让我们围绕含有字母组合"oo"的单词去创编,Hood 就刚好符合。

师:是的,赵文昊捕捉到了我们的关键信息,以围绕字母组合"oo"进行创编。其实我们不只在绘本中看到了含有字母组合"oo"的单词,还学过哪些单词含有字母组合"oo"呢?

刘若然:是啊!"oo"字母组合不仅可以发/u:/还可以发/u/像 good,food…

朱旭航:那我们接下来就想一想还有哪些单词能用在这个情境中呢?

白金燕:cook,tooth,room…

刘若然:look,balloon,afternoon…

朱旭航:是的,联系老师给的情境和我们的实际生活,我们还可以用我们学过的句型:He look like…There are some delicious food…

白金燕:那还等什么呢?我们开始吧!

白金燕:OK! Let's try to make it!

从练习中我们不难看出,以往创编时,学生们无从下手,只能写出一些简单的含有"oo"字母组合的短句。但通过老师的引导,学生们明白了:创编是在一定情景的引导下,先把脚本脉络架构起来,并在一定的框架结构中找出含有更多该字母的单词,进而在教师的引导下加入适合情景的句型,而后不断去丰富、扩充的过程。我认为,这样的创编不仅针对性强而且一点不比文本本身差。

（三）以创新练习方法为媒介，探索练习规律

为了更好地帮助学生掌握、运用单词的发音规律，我们在每学完一本书后，都会以思维导图为工具，在帮学生梳理归纳本册书语音知识的基础上，利用小试牛刀测试不同程度学生规律的掌握运用情况。

1.巧用思维导图，归纳练习规律

这种方法是指利用思维导图的形式激活学生原有的词汇储备，归纳总结语音知识。思维导图的绘制，既拓展了学生的思维空间，也拓宽了词汇的覆盖面，还促进了学生的思考。

如在复习四年级上学期语音知识时，我让学生利用思维导图的形式进行了语音知识的归纳总结。

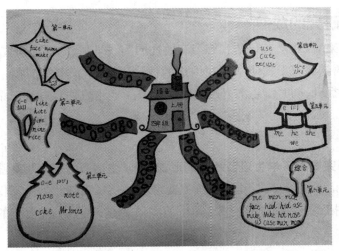

图4　学生利用思维导图进行知识的归纳总结（一）

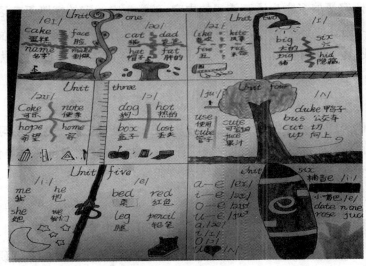

图5　学生利用思维导图进行知识的归纳总结（二）

2.利用单词查找,掌握练习规律

通过思维导图的呈现,小组在教师引导下有选择性地查找自己需要的相关单词,查找的过程不仅复习了语音知识点,也促进了大部分学生语音规律的掌握。

3.借用文本输出,运用练习规律

此方法是指学生在教师的帮助下理清思路脉络,结合语言框架,进行语言输出。文本的输出不局限于简单的口语练习,也可以是图文结合的绘本等形式的语言输出,以此去有效地运用其知识。

通过语音规律的探索,学生们语音练习的有效性提高了,也从中汲取了很多好的学习策略与方法,并在实践中不断进步。

四、课题研究的成效

经过一年以来对《小学英语语音练习有效性的实践研究》的课题研究,我们惊喜地发现:有效多元的语音练习形式使学生在一定的情境下语音知识的拓展性更强了,运用能力也有了一定的提升,同时学生的兴趣也越来越高了。这也使教师在对话教学上有了很大的进步和提升。

(一)课题研究丰富了学生语音练习的形式,使学生语音练习兴趣高涨

有效多元的语音练习形式,让语音练习变得不再枯燥乏味。学生不仅可以线上巩固练习还可以线下拓展练习。这样一来,学生们的语音越来越好了,学习的兴趣也自然更高了。

(二)课题研究拓展了学生语音练习的内容,使学生在一定的情境下有话可说

多样的练习内容使学生有了更多的选择空间,他们不仅可以在一定情境下练习课本上的内容而且还有课外内容拓展补充。这样不仅关注到了学困生而且对优等生来说也做了拓展延伸。

(三)课题研究创新了学生语音练习的方法,使学生能够轻松地探索练习规律

练习规律的探索让每位孩子都能找到适合自己的定位进而变得更加自信,让他们真正成了课堂的主人,真正地做到了有效多元的对话练习策略。

五、课题研究中存在的问题及下一步研究的方向

从2019年4月到本课题即将结束,对小学英语语音练习有效性的实践研究已有一年的时间了。在这一年中,我们有收获也有困惑,收获的是,形成了比较有效的英语语音练

习模式,学生英语口语能力也有提升,课题组老师也分别获得了:市重点课题《小学英语语音练习有效性的实践研究》立项;区课题《英语元音字母 i 拼读密码的再认识》一等奖;区"品质课堂·微研究"先进个人;区语音观摩课 Unit3 Weather(Part A Let's spell)一等奖等。

研究中仍然存在着一些问题需要我们去解决:如何检测学生线下语音练习的效果,使老师既能关注到学生的个体差异,又能兼顾学生学情的需要,使不同层次的学生都得到提高。如何让"学困生"更有自信,更愿意与大家交流;如何使一些"学困生"在语音练习中变得更自信。这是需要我们深思的。

因此,下一步我们还要针对以上出现的问题积极探索和研究,力求使我们的练习模式更加完善。相信在我们集体的努力下,我们的对话练习体系将有更大的进步,我们的学生和教师将会有更多的收获。

参考文献

[1]范芳干.小学英语语音教学的问题分析与思考[J].英语广场,2016(1):148 – 149.

[2]李富强.小学英语语音教学有效策略的探索[J].课程教学研究,2013(9):36 – 40.

[3]小学英语整体改革实验项目课题组,王蔷.小学英语课程整体改革实验系列报告之三——小学英语整体改革的理论基础及课程设计[J].中小学外语教学(小学篇),2008,31(4):1 – 8.

(本文为 2019 年度郑州市教育科学重点课题,获科研成果一等奖。课题研究单位:郑州经济技术开发区实验小学,课题负责人:樊颖颖,课题组成员:李艳霞、陈霞、史春红、张丹)

传统文化在幼儿园一日生活中渗透的实践研究

一、课题研究背景

幼儿园是孩子学习发展的重要地方，也是幼儿最早接受启蒙教育的场所。随着经济水平的提高，幼儿教育不断发展，教育水平也在不断提高，但是我们的幼儿教育却忽视了传统的民族文化。以习近平同志为核心的党中央高度重视继承和发展传统文化，并发表了重要讲话。可见，对传统文化的继承与发展是至关重要的，我们幼儿园应该在一日活动中对幼儿开展传统文化教育，让幼儿从小了解中国的传统文化，接受传统文化的熏陶，感受传统文化的魅力，培养幼儿的民族自豪感，促进幼儿的身心健康发展。

然而，在教育工作中我们发现幼儿对传统文化了解比较少。例如：在户外活动中组织幼儿玩"老鹰捉小鸡""斗鸡"等传统游戏的时候，幼儿对这些游戏几乎不感兴趣；我园在环境创设当中将中国的四大发明制作成版面，呈现在教学楼的走廊上，当幼儿初次看到这些发明的时候他们并不知道它们的作用，注意不到这些东西的存在，让这些环境创设失去了意义。传统文化的"流失"，让我们这些一线的教育工作者很心痛，传统文化教育缺失是个严重的问题，保护和传承传统文化是我们每一位教育工作者的使命，这关系到我们民族的未来。

二、研究过程

(一)课题准备阶段(2019年3月—2019年4月)

(1)组织课题组成员开展研讨会议，明确各成员的职责分工。

(2)围绕研究目标，收集、梳理文献资料，组织课题组成员学习有关理论，明确研究方向。

(二)课题实施阶段(2019年4月—2020年2月)

(1)做好开题报告工作、修改完善课题研究方案，全面启动课题研究。

(2)针对教师如何在幼儿园一日生活中渗透传统文化存在的困惑，积极开展园本教研活动，并记录教研过程，有效提升教师专业发展。

(3)根据幼儿的年龄特点选择符合幼儿身心发展规律的传统文化进行研讨，结合我园的课程进行资源整合，应用于幼儿园的一日生活当中。

(4)定期召开课题研讨会。

（5）总结分析前期的研究成果，举行中期汇报；在中期汇报基础上修订、完善课题实施方案，积累课题研究的过程性资料，为课题结项工作做好前期准备。

（三）整理总结阶段（2020 年 2 月—2020 年 3 月）
（1）对各项研究活动的资料进行总结，撰写结项报告。
（2）做好结题鉴定相关工作。

三、主要做法和经验

在课题实施的前期，我们对各项情况进行了详细的调查，编制调查问卷，对教师进行了关于传统文化教育的调查，从调查结果中发现 90% 的教师对传统文化有一定了解但不深入，他们愿意去掌握更多的中国传统文化知识，但是大部分教师对于传统文化没有准确的界定，更没有接受过专业的传统文化教育培训，因此在教育教学的过程中，老师们都不清楚如何将传统文化渗透在幼儿园的一日生活中，传统文化有哪些渗透方法，渗透在幼儿园一日生活的哪些方面。针对我园的实际情况以及教师对幼儿园如何在一日生活中渗透传统文化存在的困惑，我们课题组积极开展研讨活动，制定出详细的研究思路和实施方案。我们的研究将从传统文化寓于环境创设之中、传统节日寓于教育教学之中、传统文化与游戏活动相融合这三个方面开展。

（一）传统文化寓于环境创设之中

《3~6 岁幼儿教育发展指南》指出："创设丰富的教育环境，最大限度地支持和满足幼儿通过直接感知、实际操作、亲身体验获取经验的需要。"我园以美育为特色，比较重视环境创设，针对教师的困惑以及课题的研究目标，幼儿园对传统文化寓于环境创设之中给予高度重视，开展了一系列的教研活动。日园长牵头，保教室负责，全体教师共同参与，致力于为孩子们创设丰富多彩的环境。

1. 幼儿园的外部环境

通过研讨决定先从外部环境入手，将传统文化的一些元素融入大厅布置、公共区域的墙面布置、走廊吊饰的创设当中。幼儿园大厅是我们的门面，我们选取了最具代表性的传统戏剧进行装饰，选取了典型的京剧人物进行刻画、修饰。在布置完成后发现效果并不是很理想，形式比较单一只有观赏的价值，针对这问题，我们又进行了交流，教师们各抒己见提出很多建议，最后由保教室进行整合，制定出一个详细的实施方案。在之前做的基础上，加入了一些脸谱，制作了一个介绍戏剧面版面，投放了一些戏剧服饰，创设成一个京剧表演的舞台。这样不仅可以供幼儿和家长了解中国戏剧的文化，幼儿还可以穿上戏剧服装进行表演，在游戏中感受中国戏剧的魅力。

西楼梯间墙面上挂有十二生肖的剪纸,剪纸是我国的重要传统艺术,有着悠久的历史,十二生肖也是传统文化的重要组成部分。将十二生肖以剪纸的形式呈现,以此展示我们中华文化的博大精深。年画反映了我国社会的历史、风俗习惯,开创了我国民间艺术的先河。我们选用了生活中的各种废旧布料为创作材料,在布艺拼贴中,体现了勤俭节约的传统美德。三楼大班教师自制笛子、琵琶、柳琴等传统乐器装饰走廊,将中国的四大发明呈现在墙面上,楼梯间布置有字画、传统艺术作品,通过这些环境向幼儿传递知识信息,使幼儿在无形中接受传统文化教育,从而培养幼儿的民族意识。

2.幼儿园班级环境

每一名幼儿教师对班级环境创设都不陌生,我们每年都要进行几次更换,每年的暑假开学各个班级都会精心策划班级环境,努力打造一班一特色的文化氛围。但是在环境创设的过程中也存在着环境很高大上,实际效果却不尽人意的现象。为此我园邀请河南省美术协会会员解华老师到我园进行环境创设的专题讲座,解老师结合我园的实际情况,详细讲述了主题环创的设计版式及注意事项,老师们学习情绪高涨,积极主动地参与其中。通过本次培训,我们不仅明确了环境创设的要素和方法,而且拓宽了环境认知的思路。在解教授对我们环境创设培训的基础上,我们从幼儿的兴趣出发,结合幼儿的年龄特点、经验以及学习规律,将环境创设与传统元素相结合,打造“班班有特色”的班级环境,提高了教师的班级环境创设能力,这有利于幼儿的社会性发展及良好品质的养成。大一班以京剧为班级环境特色,大二班将传统的扎染与环境创设结合,中二班以传统民族运动会的吉祥物“中中”作为班级的吉祥物。以大一班为例:大一班以中国红为主色调,将京剧中的人物形象与值日墙和家园联系栏相结合,生动形象,激发了幼儿与家长观看与操作的欲望。主题墙的布置融入了传统建筑中屋檐与镂空的元素,室外走廊中将生、旦、净、丑四大行当以图片的形式呈现,生动直观;《有趣的脸谱》带领幼儿认识了解不同颜色的脸谱以及代表人物。

幼儿园的环境创设能够起到环境的教育启迪作用,孩子们在教育环境中生活,会受环境的影响增长见闻、拓展思维。在幼儿园的环境中,幼儿能够发现和感受传统文化的美。

(二)传统节日寓于教育教学之中

传统节日是我们传承和发扬传统文化的重要形式,传统节日的传承有助于培养幼儿的爱国情操和民族自豪感。在我园传统节日教育活动实施过程中,教师根据幼儿认知、情感及身心发展情况,结合教师专业发展素养,制定了传统节日教育的发展目标:创设情境,在情境中让幼儿感受节日的气氛,从而理解传统节日的意义;深入挖掘传统节日的文化内涵,对幼儿进行知识教育;提高幼儿的认知,在学习中开发幼儿的智力,培养幼儿的社会交往能力。

1. 我园开展传统节日遵循的原则

（1）科学性。传统节日的教育遵循幼儿的年龄特点、认知结构及发展规律，在选择活动内容时要确保准确、真实、科学。

（2）生活性。传统节日的教育贴近幼儿生活，从幼儿生活出发，在教育活动中丰富幼儿的认知。

（3）多样性。传统节日的教育创设浓厚的节日气氛，以不同的形式开展，激发幼儿学习的积极性，达到节日教育的目的。

2. 传统节日开展的形式

中国的传统节日有很多，因地域差异各地在开展传统文化教育时存在着一些差别。结合我园的实际情况，主要从春节、元宵节、清明节、端午节、中秋节、腊八节这几个主要节日作为开展传统节日教育的内容。在开展传统节日教育时我们的开展形式比之前要丰富多彩。例如：在春节的教育活动中将其分为了几个部分：一是各年龄段结合幼儿的发展特点开展不同层次的教学活动；二是幼儿动手制作与春节有关的装饰；三是进行春节联欢表演活动；四是春节庙会体验活动，将幼儿园开展与春节有关的各种民俗活动，以不同的形式将传统节日融入我们的教育教学活动中。

3. 课程的设置

我园选用的是南师大版《幼儿园渗透式领域课程》这套教材，经过两年的尝试，发现这套教材上的内容不能完全满足幼儿的发展需要。因此，在保教室的带领下，组织全体教师进行主题课程的设计。在设计课程的时候将我们的传统节日作为一个重要内容渗透在我们的主题课程中，通过创设活动情境、营造节日氛围发挥传统文化潜移默化的作用。例如：以时间为基线，基于传统节日设计了《清明》这一主题课程，将该主题分为三个目标：一是知道清明节的节气习俗，乐于参与传统节日的活动；二是通过多种形式，感受清明节的习俗；三是缅怀烈士，珍惜今天的美好生活。从《清明节气知多少》《外出踏青探清明》《清明美食汇》《我眼中的清明》四个板块展开。

（三）传统文化与游戏活动相融合

游戏是幼儿最喜欢的一种活动，我园将传统文化与幼儿喜欢的各种游戏相结合，幼儿在游戏中体验传统文化的魅力。

1. 与角色游戏的融合

案例1：中三班《水墨风情》

该班教师以江南茶文化作为班级角色游戏开展的主题。在我国传统文化中茶文化是重要的部分，其内涵丰富，茶文化也可以有多种表现方式，将茶文化以游戏的方式融入幼儿的一日活动中，可以促进幼儿对中国传统文化、特别是茶文化的认识。但是中班幼儿的生活经验有限，关于茶的认知只停留在表面，达不到品茶、鉴茶的能力水平，对于茶文化的内涵更不能理解,导致游戏开展过程中幼儿无法投入其中。

在发现问题后,我们课题组组织全体教师开展了园本教研。在教研中,教师们全体参与、剖析问题、各抒己见,最后给出一个可行的解决方案,不组织幼儿品茶、鉴茶,而是组织幼儿售卖茶,有的幼儿当收银员,有的幼儿当顾客。

大一班的幼儿在汪老师的带领下从小班开始都比较喜欢表演,并且也爱进行故事的创编,结合本班幼儿的年龄特点、生活经验和兴趣,汪老师结合传统文化中京剧这一传统元素,设计了一个以《京韵巷子》为主题的创造性游戏,游戏中开设"茶馆""棋馆""照相馆""京剧小戏迷"等不同的区域,并为幼儿提供各种传统的表演服装,让幼儿在游戏中充分发挥想象力,创造性地模仿古代京剧人物的动作,从而体会京剧文化的魅力。

2. 与户外活动的融合

《3~6岁幼儿学习指南》中指出幼儿的户外活动时间不少于2个小时,幼儿园活动也有很大一部分时间是在户外进行的,同时在户外我们可以组织幼儿进行各种游戏活动,这是幼儿最喜欢做的事情。在户外活动中我们将一些传统的民间游戏,比如"斗鸡""老鹰抓小鸡""丢手绢""踩高跷"等渗透到我们的户外集体游戏和自主游戏中,幼儿在游戏的过程中不仅身体得到锻炼,也体会到了传统游戏的内涵。

案例2:大二班"斗鸡"游戏

在集体游戏时,王老师组织幼儿进行民间"斗鸡"游戏,首先王老师为幼儿讲解了游戏玩法:每两个人一组,幼儿可以自由结合,站在小花朵的旁边,游戏开始时,两名幼儿要单腿站立,另一条腿屈膝,用手握住屈膝腿的脚腕,幼儿在花朵内用屈膝腿的膝盖互相撞击,将对方撞出花朵外或对方双脚落地,则为获胜。在说完游戏玩法后又强调了游戏规则:游戏时抬起腿不能落地,也不能随意换腿。幼儿通过感受膝盖之间的相互碰撞,体验来自同伴的竞争,游戏刚开始时发现幼儿都特别兴奋,抱着腿就向前冲,不知道躲避,在同伴的撞击下后退就碰到地面以失败告终。看到这一局面后,王老师将幼儿集合又重新给幼儿讲解游戏的技巧,幼儿在重新投入游戏后有了很大的改善。

斗鸡在我们小时候是最受欢迎的一个游戏,游戏时不需要任何器材,有一定的技巧性与难度,游戏性很强,且活动量也比较大,幼儿对斗鸡这个游戏表现出浓厚的兴趣,在斗鸡的过程中幼儿的规则意识和竞争意识得到提高,同时也感受到了传统游戏的趣味。

四、研究成效

(一)传统文化寓于环境创设之中,既提高了教师的环境创设水平,又提高了幼儿的民族意识

中国传统文化博大精深,涉及的内容也比较广泛,我们在进行环境创设时不是将传统文化直接拿来就用而是有选择地运用,并且要考虑幼儿的年龄特点以及本班幼儿喜

好。进行公共区域的环境创设时,所有教师在保教室的带领下从设计小样开始,一个图片,一个版面都要经过精心设计,如何才能将传统元素与环境更好地结合,怎样才能将传统文化传递的知识展现出来,教师经过不断的尝试,总结经验。在这个过程中老师们都学会了很多,环境创设水平也在不断实践中得到提升。大厅布置的戏剧小舞台受到幼儿们的青睐,每次离园之后这个地方就成了香饽饽,孩子们都想穿上戏剧服装表演给自己的爸爸妈妈看。孩子们在表演中感受到了中国戏剧的魅力,环境创设对幼儿产生了潜移默化的影响,幼儿的民族意识也在无形中得到提升。

(二)传统文化与游戏活动相融合,幼儿游戏活动形式增多,促进幼儿健康和谐发展

传统文化内涵丰富,我们通过教研选取贴近幼儿生活、符合幼儿身心发展特点的传统文化,作为各班开展创造性游戏的切入点,丰富了幼儿游戏活动的形式。幼儿通过体验不同的游戏形式,身心得到全面的发展。传统游戏历经劳动人民的不断革新、创编,具有丰富、灵活多变的表现形式,游戏材料更是方便易取。在户外活动中将传统游戏作为幼儿游戏活动内容,可以帮助幼儿在轻松愉悦的游戏环境中锻炼身体,提升幼儿的整体素质。

(三)将传统文化整合到课程中,既传承了传统文化,又丰富了幼儿的教育内容,可以提高幼儿的民族自豪感

以课程为载体,将传统文化整合到幼儿园的课程当中,教师的教育教学内容不再单一局限于教材,幼儿从丰富的教学内容中感受到中国传统文化的魅力。例如:在端午节的教育活动中,教师不仅讲述了节日的由来,还从"屈原投江"的故事引出包粽子、吃粽子的意义。在接下来的课程中根据不同年龄段幼儿的特点组织幼儿开展了一系列与端午节有关的活动。幼儿在多种形式的教育活动中体验传统文化,从而培养了幼儿的民族自豪感。

五、存在的问题及下一步打算

在为期一年的研究过程中,我深深感到课题研究是一个长期的过程,是发现问题并改进问题从而获得发展的过程,是一个需要我们不断探索、研究的过程。通过在幼儿园渗透传统文化的实践研究,初步得出研究结论,积累了不少经验,同时对今后的研究也有了一定的思考。

(1)传统文化有着丰富的内涵,我们现在只是将其中的一小部分渗透在幼儿园的生活中,在接下来的工作中我们将继续开发更多的传统文化资源渗透到幼儿园一日生活中。比如:尊老爱幼等传统礼仪,经典文学、皮影、陶艺等传统艺术。

(2)在传统文化的传承中,家长也发挥着重要作用。我们要充分利用家长资源,调动家长学习传统文化的积极性,接受传统文化的熏陶,对幼儿进行言传身教,促进家园共育。

参考文献

[1]中华人民共和国教育部.3～6岁儿童学习与发展指南[M].北京:北京师范大学
出版社,2012.

[2]官水凤.中华优秀传统文化融入幼儿园美育环境创设实践研究[J].课程教育研
究,2018(13):1－2.

[3]王洪英.中华优秀传统文化融入幼儿园课程的策略[J].开封教育学院学报,
2019,39(11):235－238.

[4]王欢.浅谈中国传统节日在幼儿园教育中的开发与实践[J].学周刊,2019(20):173.

[5]王淑萍,赵天俊.浅谈民间体育游戏活动对幼儿身心发展的作用[J].科教文汇
(中旬刊),2020(3):151－152.

（本文为2019年度郑州市教育科学重点课题,获科研成果一等奖。课题研究单位:
郑州经济技术开发区实验幼儿园,课题主持人:李珍,课题成员:李丹、买艳君、王亚丽、
党闪闪）

新建小学课外阅读环境建设的案例研究

一、课题研究背景

阅读是提升核心素养的突破口。2018年9月,政通路小学作为一所新建校正式开始招生,如何让这所新建学校快速地入轨运行,老师能力迅速提升,学生素养得到全面发展。结合教体局的工作重点,我们决定把阅读作为切入点来打造学校的文化品位。根据学校的实际情况和前期老师和学生的观察以及通过阅卖问卷的调查分析,还存在以下三方面的问题。

1.阅读资源有限,阅览室、图书室、书吧等硬件设施不完备

为解决新密市班大人多的现状,我校于2018年9月在学校还有40%校建工程没有完工的情况下开始招生。到目前为止学校除了教学楼、课桌椅等开学必备的硬件外,课外阅读资源极其匮乏,远远不能满足学生日常阅读需求。

2.学生阅读内容过于单一,仅限于课本、作文书和少量的文学类图书

学校除小学一年级属于区域内正常招生,2—6年级的所有学生均是来自周边其他学校的分流学生。分流学生基础不好,学校之间阅读有差异,城乡学生的阅读习惯和阅读基础差别很大。

3.教师课外阅读指导的理论知识和实践经验不足

本校七十多名老师来自周边9所学校,还有很多是新上岗的老师,队伍偏年轻化,参加过系统阅读培训的不多,缺乏阅读理论知识做支撑,没有有效的指导课外阅读的方法和策略,不能很好地指导学生进行课外阅读,抑制了学生阅读习惯的养成。

二、课题研究过程

(一)准备阶段

1.调查现状利于课题的开展

课题组成员通过问卷调查的方法,对全校的学生进行问卷调查,并分析学生的阅读现状以及存在的问题,调查的结果与预期基本一致,为研究工作的开展提供了科学的依据和参考。

2.学习理论促进认识的提高

观念是行为的先导,课题组成员以自主学习和集中学习相结合的方式学习了《学习力》丛书、《打造儿童阅读环境》等理论书籍,参加新密市阅读课程推进会,请教新密教研室专家指导阅读工作,先进的阅读指导方法和理念为我们打造阅读环境提供了很大的帮助,加深了老师们对阅读理念的理解。

（二）研究阶段

1.不断改进班级空间布局,尽量符合学生特点

书籍摆放位置从依靠窗台依次摆放到制作教室里侧小书柜,再到教室门口一侧的大书柜,书柜的颜色、布局和高度都根据儿童的特点不断进行改进。

2.筛选年级阅读书目,尝试阶梯化阅读

学校参考教育部下发的《中小学生分级阅读指导目录》和《全国中小学图书馆（室）》推荐书目,结合各年级部编版教材"快乐读书吧"的推荐书目,确定了各年级的共读书目。

3.开展多种阅读活动,提高阅读兴趣

学校开展了故事爸妈进课堂活动,期末阅读专项家长会,读书月系列活动,跳蚤书市等各种读书活动提升学生阅读兴趣。

4.加强教师阅读,提升教师修养

全校老师成立阅读小组,尝试多种阅读形式自由阅读,阅读小组组长共同商议了《政通路小学教师读书小组考核细则》,在公众号发表读书感悟,教师通过读书阅读提升了修养,通过读书反省自我、不断提升。

5.借助线上培训,课例研讨,加强教师课外阅读指导能力

参加全国百班千人共读活动,通过线上阅读专项培训,明白阅读整本书的策略,知道整本书导读课、交流课、汇报课的一般模式,在每周阅读课上进行实践探索。

6.细化阅读评价,展示阅读成果

每位学生持有《书海拾贝》,晚读后或阅读课后进行填写,每月进行"书法小明星"和"阅读达人"的评选。

（三）总结阶段

收集整理课题研究过程性资料,分析、归纳、提炼、总结,进行课题总结,形成课题论文,申请成果鉴定。

三、课题的主要做法和经验

（一）阅读硬件设施分层布置,逐步创设浓郁读书氛围

阅读硬件设施是开展阅读活动的基础,也是学生阅读的充分条件。结合学校现在正处于校建的现状,学生大部分时间在教室,或独立自主或在教师的引导下开展阅读活动。因此我们准备把一个个教室打造成和图书馆一样重要的阅读教室。

1.由图书角变图书柜,扩大藏书量,夯实阅读物质基础

学校的每个教室两侧都有宽77cm、长600cm的窗台,开始作为班级图书角,图书摆放在窗台上供学生借阅。优点:空间大,学生拿书方便。不足:不能归类,借阅归还不便。接着又在讲台旁边的窗台上设计一个小型的图书架。优点:可以分类放书。不足:位置

有局限,学生不能随意查阅。现在前门和后门之间制作一个长600cm的图书柜,由三组书柜组成,属于全开放式设计,大约能放图书800~900册,书架低于儿童的身高,便于不同身高的学生阅览。书籍由全部侧面摆放到部分正面摆放,这样图书的正面面向学生,容易激发他们的阅读兴趣和阅读欲望。图书柜的颜色采用蓝色为主,黄色间隔,既与教室的主体色调相符合,又体现了儿童活泼、烂漫的天性,从而使他们放松心情愉快阅读。

我校与六和公益组织联盟,出资二万余元为学校配置优质图书2240本,因为六和公益是专业以阅读为主的社会公益组织,每个年级根据学生的年龄和认知特点配备不同的图书,每个班级保证70本。这些图书属于正版图书,种类繁多,内容丰富。开学初,班级开展"同捐共读"活动,号召学生拿出质量高的图书,现在各班班级内图书300余本。丰富多样的阅读材料让学生的选择更加宽泛,极大地吸引了儿童的兴趣。

2.由阅读展示区到阅读晋级栏,营造班级阅读氛围

每个班级在班级文化布置中都把阅读环境作为其中一项,开设"书香小屋""阅读成果展示""好书推荐""阅读分享",充分展示学生优秀作业和作品;"阅读小明星""我是小书圣"等班级阅读晋级栏,多样的评比和展示无时不充斥着学生的视觉,阅读环境是一种气氛,以其独特的暗示,潜移默化地影响这样学生的发展。在这种评比与展示的环境中,孩子们从阅读中获得巨大的成就感,进而更多的学生恳意参与到阅读中来,产生强烈的阅读期盼。

3.因地制宜建转角书吧,形成开放阅读区

校园的建设没有完成,操场还没有开始动工,每一层楼梯拐角处,就是学生课外活动聚集处,根据教学楼的建筑特点,学校在拐角处设计了拐角书吧,学生下课时可以坐在书凳上自由阅览图书,清幽的珠帘搭配静谧的绿萝,使转角书吧成为孩子们休息、阅读的场所。

（二）推荐阅读书目,固定阅读时间,努力让阅读指导课程化

1.推荐阅读书目,形成阅读课程阶梯化

上学期,我们参考教育部下发的《中小学生分级阅读指导目录》和《全国中小学图书馆(室)》推荐书目,老师们经过精心挑选,通过致家长一封信的方式,为每个孩子提供了5本共读书目和15本推荐书目,课题组在信上与家长分享"让孩子爱读书,爱与家长一起读书之妙策"鼓励家长和孩子一起把阅读当成生活中必须要做的事。本学期又结合各年级部编版教材"快乐读书吧"的推荐书目,确定了各年级的共读书目,并开始尝试课程阶梯化,培养阅读习惯:一二年级以绘本类和桥梁书籍为主,三四年级以神话、童话类为主,五六年级以经典文学为主。学校为学生提供了丰富的阅读资源。各班每周三下午第一节课为阅读课,语文老师借助本班共读书目进行导读课、推进课、分享交流课三种课型的实施,教师有计划、有目的地实践,积极探索阅读教法,现已逐步形成导读课、推进课、分享展示课等基本课型。

2. 固定阅读时间,让课外阅读成为常规课程

阅读习惯需要长期坚持才能养成。每天阅读一小时是我校每个孩子和老师要达到的时间目标。各年级每周两次晨诵,一二年级(周一、周二),三、四年级(周一、周三),五六年级(周一、周四),由专人检查,分工明确。各年级教师开发了适合自己班级的晨诵教材,真正用诗歌开启黎明。每天中午 1 500 余人在学校就餐,就餐后 12:30—1:00 半个小时的午读时间,午读的形式多种多样,低年级老师讲绘本故事,中高年级自由阅读。晚诵是晚上半个小时诵读或亲子阅读,班级建立微信群或小黑板,每天晚上打卡签到。每周三下午第一节是全校的阅读时间,已经纳入课表中。学期之前年级内制订课程计划,上课之前上传课外阅读的教学设计和教案。在校充分的阅读时间保证阅读的有效性,防止快餐式阅读,阅读一些搞笑、猎奇的阅读材料。指导学生静下心来深入阅读,阅读更多的经典作品。

(三)丰富阅读实践活动,培养学生阅读兴趣和动力

阅读软环境是指学校读书风气。良好的课外阅读风气除了教师推荐阅读书目,学校保证阅读时间之外,还需要多种多样的阅读实践活动为学生提供展示自我的平台,督促他们养成良好的阅读习惯。

1. "故事爸妈"进课堂形式改变,丰富多样阅读生活

为了丰富学生的阅读生活,养成良好的阅读习惯,学校开展"故事爸妈进课堂"的活动实践,通过与家长的通力合作,营造家校共读的阅读氛围。开学初学校 1—6 年级每周一次"故事爸妈进课堂"活动全面展开。低年级以各种主题的绘本故事,辅助精美的绘本课件,在讲故事过程中设计一些小问题来激发学生听讲的兴趣。课题组协助高年级家长推荐整本书,或者挖掘家长资源把"故事爸妈"进课堂活动改成"家长进课堂——职业体验"。对学校层面来说,"故事爸妈"进课堂活动是学校实施阅读课程的一项,而利用家长的资源让孩子们看到不同的职业特点,不同的生活方式,拓宽了学生的生活视野,使其对生活充满好奇。

2. 综合展示阅读成果,激发学生阅读动力

(1)阅读专项家长会。每学期一次阅读专项家长会目前是各个班级一学期来阅读成果的综合展示,班级里摆放学生一学期的阅读成果,老师讲述一学期来带领孩子们进行阅读的经过,家长分享亲子阅读的经验,学生进行阅读方面的汇报。回顾班级阅读历程,盘点孩子的阅读成果:绘本集,诗歌集,整本书阅读册,亲子阅读集,假阅读之旅……到目前学校共开展两期阅读专项家长会,在家长中反响很好,家长们切切实实看到了学校和老师在推动阅读方面所做的努力,也认同孩子通过阅读收获知识,提升素养的改变,从而更加配合学校开展的各项阅读活动。

(2)读书月系列活动。四月是学校固定的读书月,在这一月当中开展丰富多彩的读书活动,参与度从班级到学校,从学生到老师和家长涵盖方方面面。自建校以来两次读

书月活动分别开展了"盘点·收获"阅读成果评比活动、"亲子·共读"家庭读书分享会、"陪伴·暖春"佳片有约活动、"真爱·梦想"教师读书会、"好书我来晒"师生晒书单活动、"好诗我来读"经典诗词诵读比赛、"好书来漂流"跳蚤书市活动、"好文我来写"读书征文比赛。每一项活动的开展都为学生提供了大量参与的平台,涌现出一大批热爱阅读,在阅读中收益的老师、学生和家长,阅读成果颇丰。在 2020 年的读书月中上交的阅读成果包括阅读竞选视频、诗歌创编、阅读清单等 18 个种类的阅读作品,极大发挥了学生和老师的个性创作,激发更多学生和教师的阅读动力。"政通路小学亲子共读开讲啦"就是根据学生和家长的故事朗诵而成为全校推广的系列朗读节目,深受广大师生的喜爱。

(四)教师阅读 + 专业培训,提升阅读指导能力

1. 成立阅读研究小组,增强教师阅读量

怎样让阅读成为"悦读",怎样正确、有效的阅读,让学生体验到阅读的快乐,老师们在不断做着尝试。

(1)自主成立专项阅读小组。

本学期教师根据自己的兴趣爱好,自主成立专项阅读小组。阅读小组采用成长共同体的形式,由教师主动申报承担组长,其他教师自主加入。由组长带领成员通过团队建设确定小组的名称、本学期小组的目标、成员的分工以及本学期的读书计划。本学期成立了十个阅读小组,分别是:阅读阅美、非常 5 + 2 美妙时光、阅来越好、快乐书屋、阅之翼、扬帆起航、心中有书、谈情说爱和梦工厂。带着对阅读教学的探索和信念,由张会峰,柴好丽,岳希娟为组长的单元整体教学、整本书阅读和绘本阅读三个专项阅读小组也迅速成立。小组成员一起制定成长计划、共读专业书籍、观摩对应的课例……

(2)专业书籍助力教师成长。

开学之后经过一段时间的课堂观察,根据老师们的需求,把《从教课文到教语文》《我就是数学》《给教师 100 条的建议》作为语文、数学新上岗老师的共读书目。分学段建立阅读分享群,每天阅读打卡分享阅读感悟,每月上交一篇根据阅读收获进行的案例改进。渐渐地,我们越读越多,《阅读力》《教室里的正面管教》《日有所诵》……其中,单元整体教学小组共读《单元整体教学理论与实务》《十种文体的小学单元整体教学设计》;整本书阅读小组共读《阅读力》《整本书分类阅读教学研究》;绘本阅读小组共读《图画书应该这样读》《玩转绘本创意读写》《绘本赏析与创意教学》,用专业书籍提升自己的教学能力,支撑自己的课堂教学。

2. 依托线上培训,提高课外阅读指导能力

从 2018 年 9 月至今,我校师生共参加 7 期阅读活动为爱读书的孩子领读导写。2019 年 9 月,全校 29 个班级共有 12 个班级八百多人参加了百班千人的读写活动。每位老师跟着百千导师从新书发布会到设计阅读单进行第一次导读课,通过学习及研讨形成

整本书导读课流程:封面作者导入,激发兴趣——精彩片段赏析,方法渗透——分享思考,预测发展——制订阅读计划。课题组成员在低段开展以主题阅读的方式进行绘本读写,把三段式结构的故事放在一起比较阅读,儿童很容易发现其规律,如《三只小猪》和《三只小猪的真实故事》。还有重复式结构,如:《彩虹色的花》《我爸爸》在一个故事中对某一情节段落进行若干次的重复。通过比较阅读,发现故事结构的特点,并学着用这样的结构开展简单的写话活动。《轻敲魔法树》《会变的小石头》《小真的长头发》《小猪变形记》等,不同作家,相同主题的全书读写可以让学生逐渐体会到阅读是那么快乐。

3.研课、磨课,使课堂教学与课外阅读相互促进。

"畅读乐写,读写并进,特色共赢,享悦童年"是学校共同追求的阅读课程建设理念。经过一年的实践探索,初步构建了"畅读乐写"的阅读课程建设体系。全校按照各年级的特点和各年段的阅读目标,初步构建低段读写绘(与绘本有约)、中段诗话创(童诗与童话阅读、创编)、高段名著评(民间故事与名著阅读与评点)。每周一节阅读课是校本课程的必修项目。阅读课又分阅读导读课、阅读推进课、阅读欣赏课、阅读交流课、读物推荐课等多种形式。从开学初各种课型的阅读课例研讨,到每一周每一学段的阅读听评课,再到学期末阅读专项汇报课。老师们从开始简单领着学生读书,到现在能够按照封面作者导入,激发兴趣——精彩片段赏析,方法渗透——分享思考,预测发展——制订阅读计划的模式规范地上一节整本书的阅读指导课。阅读推进课和交流课上借助可视化思维工具对整本书进行深入解读。高年级的阅读名著《三国演义》通过梳理人物关系图,筛选书中信息,整合人物形象,使学生们一边阅读,一边整理自己的思路和想法,从而对文本有独特的个性化解读。中年级阅读童话故事《追捕坚果大盗》,通过梳理故事情节图,启发学生边读边思考,用思维导图交流和分享,通过聆听与表达,补充阅读时忽略的部分,加深对内容的理解。

四、课题的研究成效

(一)提高学生阅读的兴趣

我校通过精心设计教室阅读环境,开展丰富的校园文化活动,提升了学生的阅读兴趣。通过推荐适合学生的阅读内容,丰富班级和学校阅读书籍种类,促进学生积极主动阅读,养成良好的阅读习惯,进而提高学生阅读书籍的数量和质量。

(二)提升教师课外阅读指导能力

在研究实践中,教师通过阅读相关的专业书籍,参加线上线下专项培训,提高了对课外阅读课程的整体认识,摸索出课外阅读导读课教学模式。在传授学生阅读方法,交流分享阅读经验的同时,能够多角度呈现阅读成果。教师的课外阅读指导能力在逐步提升,十余名教师在课外阅读读写活动中获奖。

(三)提高家长的认识度和配合意识

从课题研究前家长认为学生每学期读两三本书就可以,到现在每学期愿意为孩子买10本以上课外书的家庭达到60%以上。每学期阅读专项家长会,每周故事爸妈进课堂,让家长充分参与到班级阅读中来,从参与人数和参与效果中看到80%的年轻家长们乐于参与到学校各项阅读活动来。

五、存在问题和下一步打算

(一)研究存在的问题

1. 校园阅读环境需要整体规划

班级阅读环境可以依据班级的特点进行,学校的阅读环境需要一个整体的规划,如何凸显学校阅读特色,需要有专家的指导。

2. 捐赠图书内容杂乱,实用性不强

班级阅读图书中六和配资的图书从内容到质量都很好,适合本校各年龄段学生阅读。学生捐来的图书比较杂乱,有盗版,有漫画,还有较多适合比现在低段的学生阅读书籍。

3. 教师课外阅读指导主动学习动力不足

现在的教师教学任务繁重,特别是语文老师,使用部编版的教材教学已经占用了大量时间,对钻研课外阅读指导还仅仅停留在学校要求的层面,主动性、深入性不够。

(二)下一步研究计划

结合遇到的困惑,经过课题组成员研究,制订了下一步的工作计划。

1. 继续加强理论学习和实践研究,提升课题组成员的教研质量

2. 加大班级之间图书流动,让学生对图书内容保持新鲜感

每学期定时加大各个班级的图书流动频率,对深受学生欢迎的图书种类和书目做好统计,定期在学校橱窗和班级的版面上进行好书推荐活动,开阔学生的阅读视野。

3. 关注家庭阅读环境建设,为学生养成良好阅读习惯助力

依托"书香家庭"评比和"故事爸妈进课堂"活动,督促家庭阅读书柜和一米阅读空间的建设,为学生创设良好的家庭阅读环境,从而让每天晚上的亲子阅读落到实处。

4. 分层提升教师课外阅读指导能力

制定教师发展规划,督促教师自我发展。从合格阅读教师—阅读种子老师—阅读导师分级评价的方式促进教师阅读能力的提升。

参考文献

[1]贠玉珍.儿童图书馆阅读环境建设[J].内江科技,2019,40(9):100-101.

[2]睢瑞丹.新时代背景下农村小学生课外阅读环境的审视[J].文化创新比较研究,2019,3(18):91-92.

[3]潘娟.乡镇小学生学校阅读环境建设研究[D].扬州:扬州大学,2017.

[4]彭颖.书香校园建设框架与实证研究[D].银川:宁夏大学,2017.

[5]陈靖."让孩子爱上阅读"项目的实践报告[D].银川:宁夏大学,2014.

[6]温儒敏.谈谈阅读兴趣的养成[J].小作家选刊(小学生版),2004(11):4-5.

(本文为2019年度郑州市教育科学重点课题,获科研成果一等奖。课题研究单位:新密市政通路小学,课题负责人:郭会玲,课题组成员:王聪颖、刘学敏、岳希娟、程秀红)

小学英语科研成果转化应用的策略研究

一、研究背景

全市各级各类科研课题申报每年接近 500 项,单就我市小学英语学科各级科研成果来看,从 2016 年统计至今已多达 66 项。但是,这些科研成果在向实践转化方面存在着诸多问题:一是科研成果转化的政策和机制不够健全,不利于调动各方从事成果转化工作的积极性;二是科研成果转化的教师队伍素质参差不齐,有待进一步提高;三是部分研究成果转化范围太小,仅仅是在个别教师课堂上得以转化,且转化工作时断时续,缺乏引领,使得转化工作实效大打折扣;四是对于现有小学英语课堂存在的诸多问题缺乏系统梳理,造成问题不够聚焦,优秀科研成果无法有效服务于课堂教学实际。

具体到我市小学英语课堂教学,存在的问题主要有如下几个。

第一,英语词汇教学方法大多欠妥。日常的拼读法和音标的入门教学,增加了初学者对英语单词的学习难度,挫伤了不少学生的积极性,使得学生一开始就对英语学习失去兴趣或兴趣不高。大量的单词记忆难倒了不少小学生,死记硬背,课堂教学效率低下,事倍功半,浪费时间,效果差。

第二,不注重课堂情景的创设。不少农村小学英语教师对课堂情景创设不够,小学生缺乏英语学习的良好课堂语言环境,英语成了不少农村孩子学习的拦路虎,不会也不敢开口讲英语,长此以往,"哑巴"英语成了不少孩子的常态。

第三,课堂教学模式欠缺,为考而教的现象普遍存在。目前英语阅读教学基本侧重于"讲""练"式,教学层次与梯度欠缺,使得学生在阅读课学习中感觉无趣又不得法,加之评价失衡,阅读技巧指导不够,孩子们觉得英语文章的阅读难度大。

第四,英语课外读物的不配套问题也制约着孩子们英语学习的效果,英语阅读成了孩子们高不可攀的一道坎。

第五,评价策略不健全。偏重于对教师教学结果的评价,轻视了对教学过程与方法的评价,也不重视对教师自身素质的评价。

第六,小学英语教师水平参差不齐,课堂调控能力不强,课堂上学生的参与度不高。程度好的学生几乎包揽了课堂展示机会,潜能生不愿发言,老师调动不了小学生课堂参与的积极性。

我们相信高水平的科研工作永远是提高教学水平的助推器,将科研和教学紧密结合是提高教学水平的有效途径之一。本课题组由县级市教育行政管理部门的几位领导组成:课题负责人是教育局业务副局长樊根亮,成员分别是教育科长尹满智、教科室主任司冬梅、基础教育教研室主任张万盈、小学英语教研员吴红霞。我们将对我市小学英语教学现状进行通盘观察、分析,从历年小学英语优秀科研成果中筛选出几个比较有针对性的成果,在全市予以推广实验,以期探寻出一些成果转化的操作模式和经验。

二、研究过程

(一)确立课题研究思路

本课题分两条线同时展开:一是从教育主管部门这一层面入手,结合本市的实际情况,出台相关政策性的文件,助推并确保科研成果的顺利转化;二是通过对我市小学英语课堂教学中存在的问题进行分类归纳,从现有的小学英语优秀科研成果中,筛选出能够有效解决我市小学英语课堂教学中存在的 5 个突出问题的科研成果,将其在课堂中运用实验。

(二)制定行动研究计划

根据课题组个人工作背景和特长,进行了初步分工,明确研究目标和研究内容,制定研究计划。具体分工如下。

樊根亮:负责课题总调度,把握课题研究方向,指导制订研究计划,适时组织召开课题研究会议,监督计划的落实。

尹满智:科研成果转化的管理机制研究。

司冬梅:小学英语科研成果转化的案例研究。

张万盈:科研成果转化的教师团队培养策略研究。

吴红霞:小学英语科研成果经验推广行动研究。

(三)找准科研成果转化的两大抓手

"科研成果转化机制"和"成果转化教师团队培养",这是科研成果转化的两大抓手,只有首先解决了这两个问题,才能从根本上确保科研成果转化的实效。从 2019 年初开始,课题组成员在樊根亮副局长的指导下,先后六次召开碰头会,进行了深入细致的讨论与修改,又将初稿发放给科研专干和教学业务校长共计 98 人进行审核讨论,老师们提出了宝贵的修改意见,初步形成了《新密市小学英语科研成果转化实施意见(试用)》和《新密市小学英语教师团队培养意见(试用)》两个文件。

(四)甄选科研成果和实验点

课题组召集部分小学英语名师、骨干教师 15 人,从现有的 66 项小学英语科研成果中反复酝酿,最终选定了 5 项具有推广价值的、可以有效解决我市小学英语课堂突出问题的科研成果予以推广实验,分别是"小学英语自然拼读法应用研究""小学英语词汇教学

模式的实践研究""情景教学法在小学英语教学中的实践研究""小学英语游戏教学法的
应用研究""提高小学生英语阅读能力的策略研究"。与此相应,精心选取了五个实验点:
新密市实验小学、新密市市直第三小学、新密市金凤路小学、新密市米村镇中心学校、新
密市平陌镇中心学校。

课题组把 5 个实验点的相关教师组织起来,成立教师成长共同体,探讨了支撑本课
题的有关理论书籍,老师们共同阅读了《小学英语课程标准》《小学英语游戏教学集中
营》《好用的英语游戏教学》《丽声英语分级阅读》《英语爱"拼"才会赢》《小学英语分级
阅读教学意义内涵和途径》《Phonics 在小学英语词汇教学中的实践与研究》《小学英语教
学可视化教学策略研究》等,课题组成员知识储备得到了有效提升,为后期课题研究的顺
利开展奠定了基础。

(五)编撰科研成果推广书

课题组把五类优秀科研成果形成简易读本《小学英语科研成果推广书》,确保试点学
校小学英语教师人手一本,小学英语教研员吴红霞亲自把关,带头宣讲,手把手指导实验
点的教师领会其要义,并潜移默化达成共识,自觉运用于课堂实践。五个实验点的学科
教研活动也按照要求,均围绕"科研成果转化"这一主题展开,老师们及时撰写了相应的
研究课例、教学随笔,课题组引导实验点全体小学英语教师着力探讨了科研成果的适用
范围和操作流程,先后举行了三次"小学英语成果推广书"学后感悟的展示交流活动。

(六)在实验点组织课堂观摩实践活动

在老师们熟知推广方案的基础上,我们以实验点为单位,实验点定向承担相应科研
成果在本单位的实验推广任务。一年来,课题组引领五个实验点的老师们先后进行了三
轮课堂实践交流展示活动,使成果推广工作落地生根。老师们课前研讨,集中听评课,课
题组成员认真观察分析教师们的课堂调控方法,根据课堂反馈情况,总结经验教训,及时
调整完善教学计划,并对研究成果进行汇总、修改。市小学英语教研员再有针对性地进
行具体指导,以确保科研成果小范围实验的效果。

(七)举行市级小学英语科研成果推广交流展示活动

在各实验点小范围推广展示的基础上,课题组先后举行了两次全市性的经验推广交
流展示活动。活动议程:一是进行课堂观摩和评课议课;二是观看课题实验纪录片;三是
经验交流分享;四是教研员吴红霞对于推广的成果进行综合梳理,解读新修订的与推广
成果相配套的《小学英语优质达标课评价标准》,加入对教学过程和教学方法细致的评价
指标,有效启动了评价杠杆;五是基础教研室张万盈主任对小学英语学科科研成果在全
市的推广提出总体要求和系列安排。

三、主要做法和经验

(一)市教育主管部门在科研成果转化方面大有可为

问题1:成果转化机制缺失,评价策略不健全。

策略:把成果转化工作纳入制度化管理轨道。行政参与,教育局主动作为,开展"小学英语科研成果转化的管理机制研究",制定《新密市小学英语科研成果转化实施意见(试用)》。

具体做法:启动制度管理,讨论制定《新密市小学英语科研成果转化实施意见(试用)》,以形成我市科研成果推广的长效机制。实施方案的主要内容:一是建立组织机构,由教科室具体负责;二是纳入教学质量评价体系,发挥评价的指挥棒作用;三是设定工作流程,把推广项目筛选、成果取得人报酬、推广范围选定、推广人员确认、推广过程指导、推广效果考核、激励措施落实、后勤保障服务等全部列入实施意见中。其中,把纳入评价和表彰奖励作为重要的保障措施。

问题2:小学英语教师水平参差不齐。

策略:进行子课题研究"新密市小学英语科研成果转化的教师团队建设行动研究",在此基础上出台《新密市小学英语科研成果转化的教师团队培养意见(试用)》。

具体做法:依据当前本市的教育实际,从历史的经验中挖掘出我市教师团队建设的经验,通过面临的问题、共同的愿景等因素,形成一个自主抱团的团队。关注三个方面:教师的专业成长、成果转化的校本探索、成果转化与学校特色的培育。这在一定程度上弥补了教师团队培养方面机制的缺失问题。

教师团队培养采取这样几种方式:一是通过引导学校落实相关制度,规范教师行为;二是形成促使教师自我发展的习惯;三是形成习惯制度及价值观念;四是形成共同的价值观念体系。在新课程改革背景下,教师需要建构一种因共同志向与信念需要、教师间共同分享彼此价值观念为主的、同伴互助合作的现代教师文化。

成果转化团队作为一个"自组织""自育型"科研小组,具有与学校文化相适应的文化,包含外显的物质文化形态和内在的精神文化内涵。外显的文化包括相匹配的研究课题、体现价值追求的组风组训、课程教学资源集聚分享平台、基于组本的课题研究资料、小组成员成长档案等。内在的文化包括:以人为本、成事成人的教育境界;多元反馈、动态开放的学习系统;研究真问题、寻求有效性的教研氛围;善于反思、勇于探索的创新精神;团结合作、资源共享的和谐环境。有了专业化教师团队,才能确保科研成果的转化效果。

(二)针对小学英语课堂的突出问题进行了相应的成果转化活动

问题1:英语词汇教学方法大多欠妥,教师孤立地教,训练不得法,无法保证词汇教学效果。

策略:选取新密市实验小学作为实验点,推广科研成果"小学英语词汇教学模式的实践研究"。

具体做法:运用拼读规则、词形变化规则、同音异义异形词的对比,解决小学生记忆单词的苦恼,在词汇教学中充分运用整体教学法,缩短教师讲授时间,把更多时间还给学生,引导学生运用思维导图去观察、思考,依据词汇内部联系巧妙掌握词汇。运用"联想词群教学法",指导学生理解记忆与机械记忆相结合,依照集中分散、交替互补的原则,使学生在学习英语词汇的读音和书写形式时,不感到杂乱,从而调动学生学习英语的积极性,确保词汇课教学效果。

问题2:不注重课堂情景的创设。

策略:实验点确定在平陌镇中心学校,推广"情景教学法在小学英语教学中的应用策略研究"科研成果。

具体做法:操作模式五步:激情引趣,带入情境——形象直观,运用情境——趣味操练,凭借情境——模拟表演,体会情境——营造氛围,激发情感。在推广情境教学法过程中,老师给予学生有关语言运用技巧的指导,如教会学生根据情境猜生词词义及学会精读和泛读的方法,让学生在实际情境中不断尝试、练习,不断进步。

问题3:传统的英语单词、段落拼读教学难度大,学生不易接受。

策略:选取新密市市直第三小学为实验点,推广"小学英语课堂教学自然拼读法的实践研究"科研成果。

成果推广内容分三个板块:一是教材上 Let's spell 板块自然拼读法教学模式推广;二是英语分级阅读读物自然拼读法教学模式推广;三是英语绘本教学中自然拼读法教学模式推广。

具体做法:关注两个层面,一是教师层面,用自然拼读法教授单词、段落,掌握自然拼读的拼读、拼写的教学技巧,激发学生阅读兴趣,引导学生学会阅读。二是学生层面,在老师的帮助下,掌握自然拼读的发音规则与拼读技巧,实现"见词能读,听音能写"的能力,掌握阅读的方法、技巧,最终实现自由阅读。

问题4:课堂教学模式欠缺,学生学习兴趣不浓,为考而教现象普遍存在。

策略:选取米村镇中心学校为实验点,进行科研成果"小学英语游戏教学法有效性的策略研究"的推广实验。

具体做法:一是运用小学英语游戏教学法教授单个新词的游戏具体汇总;二是运用小学英语游戏教学法,在全部单词授完后的整体操练游戏汇总,诸如闪卡、炸弹、语速王(一口气)、拍单词卡片、开火车、左右手、按顺序、打节奏、心有灵犀、猜猜猜等;三是句子操练游戏汇总,例如自编律动、改编律动、改编歌曲、打节奏、变速。

具体做法:倡导"七步教学法",即课前热身—自由谈论—游戏导课—新知学习—玩练结合—角色表演—竞赛巩固。这样整个教学过程不脱节,让学生在课堂学习中始终保持高涨的情绪融入课堂。运用游戏教学也可以体现在理解、操练、表达三个环节之中,最大限度地从听、说、读、写四个方面培养学生学习英语的兴趣。

问题5:英语课外读物的不配套问题也制约着孩子们英语学习效果,英语阅读成了孩子们高不可攀的一道坎。

策略:选取新密市金凤路小学为实验点,推广"有效提高小学生英语阅读能力的策略研究"科研成果。

具体做法:开展课内阅读与课外阅读相结合的办法。

课内阅读的操作(两步)如下。

第一步,深入课堂,发现问题。在课题研究过程中我们更加坚定地认为,朗读在小学阶段的学习中非常重要,通过大声朗读,小学生可以更快接受所学语言并转化成自己的知识。在阅读过程中需要给予学生适当引导,发掘他们的潜能。老师在每个环节设置不同层次的问题,以帮助学生扩展思维,提高阅读质量。在此期间,教师对阅读课的思想观念在不断更新,学生也在阅读课上表现积极,活泼有序,课下时常会听到学生交流课上所学的小故事和有趣的阅读内容。

第二步,集思广益,解决问题。阅读策略的指导是学生蹒跚学步的拐杖。教学中,要根据不同年级学生特点采取不同的教学策略:针对四年级小学生,采取"师生互动型策略",老师先通过自己绘声绘色讲述故事、运用实物、播放录音、多媒体展示等多种手段引出阅读材料,使学生初步感知,并产生要阅读的兴趣。再让学生带着问题阅读,在同学的交流、老师的帮助下理解一些单词、词组的含义与用法。同时还设计一些 Yes/No 的问题或简单的选择题,让学生反复阅读,仔细体会。也可以让学生根据阅读材料的特点进行表演、复述等,凭借互动共振的效应,促进语言材料的内化。针对五六年级小学生,采取"主动参与型策略"。教师先让学生通过看文本图片自己阅读理解,阅读前,教师提出一两个指导性问题,要求学生在规定的时间内带着问题快速阅读,再提出一些细化的问题,要求学生细读课文后,生生之间或师生之间展开交流、讨论,来梳理全文信息。再让学生跟读录音,掌握正确的语音、语调,培养语感,加深对课文的理解。

课外阅读的探索:课外阅读一定要重视阅读材料的选取。小学生的词汇量小、社会经验不足,老师在选取材料时难度要相当,有趣味性,使学生有兴趣、有信心持续阅读。老师按照学生年龄段特点,利用课余时间在网上搜索,并寻求专家和同仁的帮助,尽量多掌握阅读材料,然后再从中选择适合本年级学生特点的阅读材料。比如,三年级以歌曲唱阅为主,采用播放动画观看视频,手口并用,身体也跟着动起来,先保证每位孩子会唱,之后再进行歌曲内容的阅读;四年级以绘本拼读故事会开展阅读;五年级以绘本经典故事为主;六年级以整篇文本阅读为主。

四、研究成效

(一)建立科研成果转化工作运行机制

教育主管部门尝试建立科研成果转化的运行机制,出台《新密市小学英语科研成果转化实施意见(试用)》,通过对小学英语学科试推行,较好地调动了我市小学英语老师参与科研转化的积极性。

(二)做好科研成果转化方面的教师团队培养工作

课题组抓住了制约教育科研成果转化的关键要素——教师转化团队培养,不但深入进行了"新密市小学英语科研成果转化的教师团队建设行动研究",而且在此基础上出台了《新密市小学英语科研成果转化的教师团队建设意见(试用)》,并初步落实。

(三)修订《小学英语优质达标课评价标准》

在课题组成员吴红霞的具体指导下,课题组出台了新修订的《小学英语优质达标课评价标准》,以确保研究成果在课堂上落地生根,确保成果推广的效度。

(四)把科研成果转化工作落实在课堂

课题组抓住了制约我市小学英语课堂的五个关键问题,将科研成果转化工作落实在课堂上,把"问题解决"作为研究导向,"牵牛就牵牛鼻子",把甄选出的五个小学英语科研成果作为有力抓手,极富针对性地对本市小学英语课堂进行了把脉问诊,师生均可感受到实实在在的收获。

五、存在的问题和下一步设想

(一)存在的问题

(1)科研成果转化工作还不够彻底。科研成果转化机制的建立是一个庞杂的系统工程,不可能一蹴而就,需要做好打持久战的思想准备。本课题仅仅是进行了前期的粗浅尝试,通过具体实践检验后,还会有诸多棘手的问题等着教育主管部门一一解决,在健全科研成果转化机制方面还有很长的一段路要走。

(2)教师团队培养方面还面临着一定的困难,团队培养的考评机制还不够完善。

(3)科研成果推广中还存在一些具体问题:科研成果推广过程中的"自然拼读法的推广和语词教学法推广运用"中,词汇教学操练还不够多样,语词学习的枯燥性问题还有待继续解决;还有些词汇课让学生进行总结,占用时间过多,如何有效调控,对老师也是个挑战;"游戏教学法"的运用方面,还存在片面追求趣味性的倾向等。

(二)下一步设想

(1)对于本课题研究的五项科研成果推广工作,还需要后续跟进研究和持续实验。市级层面的展示交流活动中的有关要求,需要具体落实,教育局每学期在进行教学过程下乡督导时,要注意对相应文件精神具体落实情况进行调研,并把此项研究年复一年持续开展下去,力争摸索出一条更为成熟的科研成果转化应用之路。

(2)教师团队培养方面,要进一步完善考评机制,同时需要联合有关部门齐抓共管。比如,可与教育局师训科合作,把教师培养与名师培养工程结合起来考虑,还可加大与基础教研室联手的力度,同时把本市教师进修学校等承担着教师培养任务的部门联合起来,形成一个通力合作的共同体,这将会收到事半功倍之效。

(3)教科研成果转化的机制建立问题,还需要与教育局主要领导,特别是一把手领导充分交换意见,最好把此项工作变成"一把手"工程,如此更能确保文件《新密市小学英语科研成果转化的实施意见(试用)》的实效。

参考文献

[1]中华人民共和国教育部.义务教育英语课程标准(2011 年版)[M].北京:北京师范大学出版社,2012.

[2]刘宝胤.英语,爱"拼"才会赢:聊聊自然拼读那些事儿[M].北京:外语教学与研究出版社,2014.

[3]滕春燕,赵璐.新编小学英语教材教法[M].成都:西南交通大学出版社,2015.

[4]徐金凤.Phonics 自然拼读法——中小学英语教学的好帮手[J].新课程(中旬),2013(7):134-135.

(本文为 2019 年度郑州市教育科学重点课题,获科研成果一等奖。课题研究单位:新密市教育局,课题负责人:樊根亮,课题组成员:尹满智、司冬梅、张万盈、吴红霞)

第五章

学生发展研究

关注和促进学生的发展，是贯穿我国基础教育改革的基本精神，是新一轮课程改革的基本要求和明确目标，是学校实现全面育人的根本出发点和落脚点。进行区域教育现代化的探索和实践的最终目的是推进教育事业更高质量地发展，培养全面发展的社会主义建设者和接班人。

本章节收录了各学校根据学生身心发展规律，围绕学生全面发展而开展的提升课堂教学质量、改善教学方式、改革人才培养模式的实践研究成果。如《中职美术设计专业校企合作人才培养模式实施现状及对策研究》，研究者依据国家对中职学校人才培养的要求与该校校企合作现状，对毕业生与在校生分别开展了问卷调查，通过加强管理、制定校企合作实训计划、设置课程内容的一系列实践措施，提高了学生的动手意识和能力，增强了学生的自信、眼界与人际交往能力。再如《用数学游戏提升低段学生思维能力的实践研究》，基于学科素养、学生年龄特点、本校雅慧教育的要求与需要，通过文献法和调查法聚焦学情进行课堂改革和实践探索，提升了学生的思维品质和语言表达能力，解题方法呈多样化趋势发展。

除此以外，本章还有关于学生创造性思维培养、学生快速阅读能力提升等的研究。对于学生的研究永远没有终点，相信我们能够在这些研究中看到以学生为主体，以学生发展为目标和动力进行教学改革和质量提升的实践火花。

中职美术设计专业校企合作人才培养模式实施现状及对策研究

一、课题研究背景

教育部在 2018 年指出,要深化产教融合、校企合作这一办学模式,贯彻落实国务院办公厅《关于深化产教融合的若干意见》,会合相关部门印发职业学校校企合作促进办法,形成一系列政策,继续推进现代学徒制试点工作,总结宣传一些典型案例。

国务院在 2019 年 1 月发布的《国家职业教育改革实施方案》中明确指出:中等职业学校要根据自身特色和人才培养的需求,积极寻求与条件合适的企业在人才培育、创业就业、技术革新、社会服务、文化传播等各个方面展开合作。

我校美术设计与制作专业开展了一段时间的校企合作,建立了校外实训基地,取得了一定的效果,但是还是有一些问题存在:产教融合深入程度还不够;部分学生在校企合作实训工作岗位中存在不能够很好进行实操的现象。如何能让学生在企业岗位上尽快地熟悉操作、适应对口或相关行业工作,提高对口就业率,为社会输送技能全面的中等技能型人才,现进行中职美术设计专业校企合作人才培养模式实施现状及对策研究。

二、课题研究过程

在 2019 年 4 月申报课题之后,本课题分以下三个阶段进行了研究。

(一)课题准备阶段(2019 年 5 月—2019 年 7 月)

(1)由相关老师组成课题小组。

(2)召集课题组会议和座谈,给课题组各成员安排好分工、确定任务内容,组织大家搜集、学习相关理论和知识。

(3)调查了解本校美术设计与制作专业的建设、发展情况,对发展现状进行梳理,让课题组成员做到心中有数。

(二)课题进行阶段(2019 年 7 月—2019 年 11 月)

(1)进行问卷调查分析,对我校校企合作进行的情况、问题进行梳理和分析整合。

(2)组织课题组成员碰头交流、研讨。

(3)课题组成员们就校企合作中的问题归纳总结研讨并寻求对策。

（4）进行校企合作实践活动，并在校企合作过程中及时总结，记录对策实践效果和经验。

（5）课题组成员在课题研究过程中认真撰写和课题相关的论文、反思等，做好研究活动的记录整理，以此快速提升教师们的科研素养。

（6）课题组在校企合作实践过程中，定期进行讨论，及时总结、汇报研究情况，并提出新问题。

（三）课题总结阶段（2019 年 11 月—2020 年 3 月）

对课题研究过程中积累的资料进行分类整理；完成课题结题报告并整理研究成果，最后提交课题结项报告。

三、主要做法与经验

（一）做好调查研究

1. 对本校美术设计与制作专业近两年毕业生就业、实习去向进行调查

本校美术设计与制作专业从 2017 年开始与企业开展了校企合作活动，以期提高专业办学水平和毕业生质量。笔者向本校就业办工作人员对 16、17 级本专业学生的毕业去向进行了询问调查，16 级共 21 人，仅有 2 人从事装饰行业，占比 10%，其他均未从事艺术相关行业。17 级 30 人，有 7 人在装饰公司实习，占比 23%，11 人在艺术相关行业实习，占比 37%。毕业生毕业后在本专业的就业率有提升，虽然从事专业对口行业的比率不是很高，但从事跟艺术相关工作的比率相对提高很多。

2. 对在校美术设计与制作专业学生进行校企合作问卷调查

笔者 2019 年 9 月份对参加过校企合作的本专业 18 级学生共 26 人进行了问卷调查，得到以下数据。

表1　校企合作问卷调查表

学生认为校企合作学习期间是否达到了预期的学习效果		
（共 26 人）	人数	百分比（%）
学到了	12	46
学到了，但还不满意	4	15
不好说	9	35
完全没有	1	4

（续表）

学生认为校企合作学习对专业学习或技能提高是否有作用		
（共26人）	人数	百分比（%）
非常有帮助	5	19
比较有帮助	20	77
帮助不大	1	4
没有帮助	0	0
在企业学习内容和在校所学知识是否对口、有衔接		
（共26人）	人数	百分比（%）
有些是在学校所学，有些是在企业学到的	21	81
在校实训老师教过，企业实操刚深入	2	8
脱离在校所学，在企业重新学东西	4	15
不衔接，不能学以致用	1	4
学生在校企合作学习中接受了哪些培训		
（共26人）	人数	百分比（%）
企业人员进行岗位培训	20	77
企业人员进行企业文化培训	15	58
学校组织上岗前培训	13	50
有学校教师参与的企业岗位培训	8	31
在校企合作学习中，有无企业师傅指导		
（共26人）	人数	百分比（%）
以自己动手操作为主，师傅一旁指导	19	73
以师傅操作示范为主，自己旁观学习	7	27
师傅自己工作，基本不指导	1	4
其他	1	4
学生在校企合作学习过程中，有无参加顶岗实习		
（共26人）	人数	百分比（%）
有，到企业直接顶岗	3	12
有，经过企业岗位培训后顶岗	4	15
有，机会不多，只能偶尔顶岗操作	10	38
基本没有	9	35

（续表）

如果你对以后工作岗位有所了解,是通过哪些途径		
（共26人）	人数	百分比（%）
专业学习	22	85
到企业参观学习	16	62
企业人士介绍	11	42
到企业实习	13	50
自己调查	14	54

综合教学之余与学生的沟通交流,了解到校企合作目前存在着以下问题。

（1）校企合作学习时间短,技能掌握不深入。

（2）顶岗实习的机会不多。

（3）岗位学习脱离学校所学知识。

（4）岗位工作学习太枯燥,没意思。

（5）对现在岗位上的工作学习没兴趣,不喜欢。

3. 对本专业的专业任课老师及校领导、部分学生进行访谈

课题组成员经过对本专业的专业任课老师和校领导进行访谈,并结合对学生的访谈结果,发现左右学生校企合作学习效果的重要因素有以下几方面:性别、校企合作形式、学习自身的吸引力、学习工作环境、学生自身的参与意愿（爱好）和努力程度等。针对目前我校美术设计与制作专业校企合作的这种现状和学习效果上存在的不足,课题组成员经过研究讨论提出以下可施行措施。

（1）制定出目标明确、有企业参与的实习计划,具有详细的实习项目和稳定的实训地点。

（2）学校与企业一起制定校外实习管理制度,并且严格贯彻执行。

（3）企业须重视对学生实习过程的考核,并建立与之相应的完善的考核标准。

（4）校方和企业应加强对实习生具体学习工作活动的指导、帮助。

（5）企业、学校都应该树立牢固的安全生产观念,确保学生在实习活动中的人身安全问题。

（6）尽量保证有意向学生在实训岗位直接就业。

制定以上措施的目的是希望在接下来进行的校企合作活动里改进一些具体的做法,取得更好的效果。

（二）加强管理,制定各项规章制度

为了保障校企合作按照预期进行,我们做了一系列前期铺垫工作,制定了各项具体的管理制度。

1.做好学生动员和入企住宿、就餐安排工作

（1）学生动员。

组织全体参与学生动员大会，对本次校企合作工学交替学习的性质、内容等做了介绍，指导学生做好相应的准备工作。到达企业所在地后，企业与当地主管单位领导及校领导一起进行了校企合作实训开班典礼，对学生进行了鼓励，提出了要求。

（2）入企住宿、就餐。

到达企业所在地后，与企业一起安置好学生，对餐厅和学生三餐标准进行了考察核实，规定了就餐时间，校领导对宿舍和食堂做了考察巡视。

2.制定严谨的作息、就餐制度

早上7点半督促学生去食堂吃早餐，老师检查宿舍卫生。上午8点20分和下午2点20分学生必须到达教室（比上课时间提前10分钟），由岗位学习组长点名考勤。老师随机检查纪律和学习情况。保障学生学习时间和就餐时间。

3.制定卫生制度

（1）教室卫生。

实行值日小组制，每天下午下课后轮值小组学生打扫教室及走廊卫生并由组长检查。

（2）宿舍卫生。

宿舍卫生两打扫：早7点30分和下午14点30分带队老师进入宿舍检查卫生。

4.制定上课纪律

（1）上课前手机上交。

（2）上课期间不准随意外出，上厕所需经组长同意。

（三）制定校企合作实训计划，设置课程内容

1.制定实训计划

本实训计划详细地规定了每个岗位学习的教室位置，明确了每天每节课的企业老师。特别是晚上的时间也统筹安排规划了晚自习，每天晚自习都指定有一名企业老师到教室辅导。

2.设置课程内容

（1）课程形式。

讲座；室内听课、实操；外出研学；车间见习。

（2）课程教学方式。

课程安排根据学习岗位分为雕塑、拉坯、刻花三块，均分阶段进行。

我们的做法是首先按照学生的意愿自行选择岗位小组。在第一周里，学生都可以换组听课训练，几天后，能适应的就适应了，不适应不喜欢的可以选择相对有兴趣的组待下去深入学、练。这样给了学生很大的自主选择权，拓宽了技能范围。

企业老师教给学生技能,在学习习惯上也严格要求学生,一上午的学习结束,工作台要打扫、工具要收拾归置,没完成的作品需要做保湿处理的,比如雕塑组,要把作品用保鲜膜或者塑料袋罩起来,做好全部善后工作,凳子摆正才能离开。学生养成了好的学习习惯,学习兴趣很高,技巧普遍提高很快。

(四)学习形式丰富

1. "汝瓷文化的历史与发展"文化讲座

学生入企第一天下午,陶瓷工艺大师杨云超老师就给同学们做了讲座,给同学们做了汝瓷文化的铺垫,学生们对于汝瓷这一历史悠久、源远流长的中国传统艺术形式有了一个全面和深入的了解,激起了学生的学习欲望。

2. 各组同学在岗位学习教室由企业技师进行前期的技能示范,讲解、指导实操技能

3. 中期研学,进行传统文化熏陶,润物细无声

工学交替中期,安排学生参观了当地被称为中原四大名刹之一的风穴寺,欣赏其建筑样式、了解其历史背景,并参观了当地的古街、汝瓷博物馆,开拓学生专业视野,培养对汝瓷这一中国传统艺术形式的兴趣,提高对企业岗位学习的热情。老师趁热打铁,布置了周记、心得,要求学生在晚上完成。

4. 岗位见习

学习末期安排每个岗位小组入厂车间进行岗位见习一天,二年级学生在师傅指导下可以顶岗实习,体会参与生产的感觉。

(五)学习效果评价和展示

1. 严格考核,评定等级

根据学生平时上课考勤情况和学习表现以及作业情况,各个岗位学习小组评选出金奖、银奖、铜奖和创意奖。企业对获奖同学颁发荣誉证书和纪念品,金奖同学还额外获得奖学金。

学生获奖名单:

金奖:龙腾、师瑞明、薛婉婷

银奖:韩明辉、李雅静、师振华、赵世茂、张佳禾、李豪豪

铜奖:张梦迪、张慧敏、张德豪、刘小璐、杨欣语、张莹

鼓励奖:郑亚鑫、吴亚淼、仝瑧珏、张江雨、李欢

企业杨总热烈祝贺他们并郑重承诺优先接纳学生进入企业实习、就业。

2. 作品公开展览,吸引同行交流

学生们的作品经过烧制、出窑,于12月份在本校进行展出,大小几百件精美作品,吸引了大批老师和其他专业同学前来参观,很多外校同行也来校参观交流,我校美术设计与制作专业得到了大力宣传。

（六）造型基础课程设置反思

在跟班管理校企合作学生的岗位学习过程中，我们发现学校造型基础课程设置跟企业岗位学习存在有对接不够的地方，比如在刻花岗位小组，我们发现这个学习过程用到绘画线条技法，但是在泥坯上刻线条和在纸上画线条还不是一回事，如果纸上画线条有一定功底，泥坯上刻线条会更好入手一些，另外涉及很多基础图案知识。因为我们的专业方向偏室内设计一些，另外还有课时的关系，学生在这之前并没有进行相关的勾线线条练习和基础图案知识学习，多少影响了刻花岗位初期学习学生的适应性，有的学生感觉很突然，一时难以接受，觉得来企业学的东西跟学校所学内容不衔接，心理上难免产生了一些排斥，在一定程度上影响了学习积极性。所以我们考虑着手在学校相关基础课程设置上适当调整增加这方面的内容，以便课程内容和生产实践更好对接，真正实现通过校企合作工学交替现代学徒制实训使学生专业基础理论扎实，技能全面，毕业以后能广泛就业于各艺术设计行业，适应不同设计方向的需求，成为合格的中等技能人才。

（七）劳动技能提高、环保意识增强

1. 劳动技能的提高

中职生往往在家不劳动，多数劳动技能较弱。岗位学习过程中常常需要清理，刚开始学习的几天常常因为涮抹布、清洗水桶、涮拖把不注意，污水喷溅污染墙面并产生大量泥浆堵塞下水口，还有对垃圾、废泥块随意丢弃。在企业人员和老师的细心教育下，孩子们学会了正确打扫卫生的方式方法，提高了劳动技能。

2. 节约环保意识的加强

这点在拉坯组比较明显，因为练习拉坯废泥块产生的很快，起初，企业人员发现教室的废泥桶里有很多丢弃的泥块，有些拉坯不合用了但还可以用于雕塑学习，经过认真给学生讲解这类废泥的再利用价值，学生懂得了循环利用，不可再利用的才最终丢弃。

四、研究成效

经过将近一年的研究，课题研究取得了以下成效。

（一）学生增加了技能，培养了自信，提高了眼界

有的孩子由刚入校没有任何基础、对哪门课程都很生疏，话都不多的样子，到慢慢通过基础造型课程的学习，初通门路，再到经过校企合作学习掌握了一门汝瓷工艺技能回来后，变得自信多了，并且对相关知识也积极了解，主动学习。

（二）激发了动手意识和能力

通过校企合作对汝瓷传统工艺造型技巧的学习，一些学生动手的天分被发掘，现在

学习构成基础课的表现比以前绘画基础造型学习时积极得多,且每次的作业效果也比较出色,为该生以后的个人发展奠定了良好的素质基础。

(三)关注我国传统文化

通过对汝瓷的学习、了解,很多同学对我国其他传统文化艺术开始关注起来,也为以后的课程学习打下了良好基础。

(四)人际交往能力提高

有些学生进入校门很长时间表现得明显对身边的人和班级事务漠不关心,相处两个月了班里很多同学还叫不上名字,不参与班级公共事务,老师通知的事情经常一问三不知,经过校企合作学习之后,跟班级同学互动增多,上课也积极发言了,人际交往能力大为提高。

(五)教师科研素质有了明显提高

几位专业课教师在带领实施校企合作过程中,不仅教师能力得以成长提高,积累了一些校企合作的宝贵经验,还反复探索,不断推敲,力求打造符合我校专业发展的美术设计专业造型基础课程标准和本专业校企合作人才培养方案,科研能力也得到了提高,从传授型教师向研究型教师转化,为专业的可持续发展提供了可能。

五、存在的问题及设想

虽然课题研究取得了一些成效,但还是存在一些问题。

校企合作过程中有的地方做得还不够,学生参与岗位实习培训的时长和在车间参与生产实践深入的程度都不够充分,部分学生对技能掌握得不够好,难以直接顶岗操作。还有,如果校企合作对接的企业类别更丰富些,会更加有利于学生获得技能的全面性,增加毕业以后就业于艺术设计行业的概率,因为艺术设计涵盖的专业很广泛,专业知识技能面窄的话,难以在企业立足,弃专业而选择其他行业的话,无形中对教育资源造成了浪费,同时也不利于专业自身的发展。

此外,通过与企业管理人员的交谈,企业认为中职生掌握的专业技能还不能直接上岗,学校应该对学生加强专业技能培养、改善专业设施设备,提高教师专业技能水平,进一步加强与企业需求的对接。而企业对校企合作这一活动,最希望从学校得到的支持是宣传企业品牌,基本没有其他诸如员工培训、提升生产效益、专业技术支持、协助企业完成应激性任务等方面的需求,实际为校热企冷,校企合作只存在于比较浅的表面,因此,拟提出以下对策。

(一)建立"校中厂"实训基地

1. 实训基地建设

企业应该参与到学校的专业实训基地建设中去。

2. 实训情境

(1)专业实训设备设施要具有先进性、实用性,必须贴近生产实际,实现新技术、新工艺。

(2)学校与企业一起承担投资教学实训设施。

(3)聘请企业里的高级技术人才和行业专家承担校内10%以上的实训教学任务。

3. 运行管理的要求

(1)是否有利于建立校企"双赢"的合作机制,是否有利于建立实训基地发展的长效机制。

(2)是否有利于建立调动企业员工及师生积极性的激励机制,是否有利于建立"双师"培养机制。

(二)建立"厂中校"实习基地

1. 建立稳定的、能满足教学要求的校外实习基地及多种形式的产学合作机构

2. 校企合作制度要健全,双方责权、义务明确,形成互助互利的合作机制

3. 校外实习基地管理机制须健全,使用效率要高

(三)实习内容与评价

1. 实习项目要基本涵盖学生所学知识的60%以上

2. 企业要重视对学生实习的过程性考核,并建立与之相应的考核标准

(四)校企合作办学

1. 专业课程体系建设

(1)每一学年定时召集一次专业课程建设指导会议,需要企业高技术人才一起参加专业建设、课程建设和专业教学方面的工作。

(2)校企双方有一起开发设置的专业课程。

(3)校企双方有一起编撰的专业教材。

2. 师资队伍建设

(1)建立教师进入企业顶岗实习制,并建立相应的考核制度。

(2)建立较稳定的来自企业生产一线的高技术人才教师库和相应的管理制度。

（3）聘请企业高技术和管理人才任兼职教师的比例至少要达到20%。

（4）每学年定时邀请合作企业的技术、管理人员为学生做讲座。

（五）科研合作

1. 校企双方要共同合作建立双边科研基地、科研团队和相对应的科研管理制度

2. 要把教师开发的具有一定专业科技水平的产品，或教师在教育教学管理及方法等方面的研究成果在校企合作教学实训中进行推广

如果校企双方能在以上几方面形成多方位、深层次的依赖关系并互助合作，那校、企、生三方一定是一个共赢的局面，校方、企业能得到更好的发展，学生专业素质整体会大幅提升。

在今后的校企合作实践中，我们将不断努力实践、探索、总结、反思，发现问题，寻求办法，为本专业学生专业素质的提高、专业的发展、企业的壮大，为社会输送更多的技能型人才做出不懈努力。

（本文为2019年度郑州市教育科学重点课题，获科研成果一等奖。课题研究单位：郑州市科技工业学校，课题负责人：支德银，课题组成员：杨玲玲、杨素娟、花芬、赵银燕）

开展批注式阅读，培养小学生数学思维能力的实践研究

一、研究背景

随着核心素养时代的到来，人们对自主学习能力的培养广泛关注，批注式阅读作为自主学习的有效抓手，也逐渐被人们接纳并应用。目前，批注虽然在数学阅读中有运用，却存在只是浮于表面的现象，不能有效地促进学生数学思维的发展。作为数学阅读策略之一的批注式阅读，应当具有更高的价值追求，即把批注阅读和发展学生数学思维结合起来，提升学生的思维品质。数学批注与其他学科进行的批注相比，更多凸显的是理性思考，是数学思维的发展。除了运用圈点勾画的符号批注，数学批注更注重以简练的形式呈现阅读的思考和收获。

首先，批注式阅读是关注学生数学思考过程的阅读，是进行深度阅读的有效手段。学生批注式阅读的过程即思维能力发展的过程。其次，通过查找中国知网等网站的相关文献，发现研究批注式阅读的文章有不少，但结合阅读批注促进学生思维能力培养的研究甚少，尤其是在理论指导下，提供可供操作的、可供一线教师借鉴的具体案例和方法的就更少。最后，在数学教学实践中，广大一线教师对于阅读批注的指导并不系统，更没有长期阅读的连贯性指导。所以，学生在数学学习中还是出现了很多问题，比如没有在阅读中学会思考，阅读后找不到知识之间的联系，不能将阅读思考的内容清晰呈现等，把批注式阅读系统应用于数学阅读实践中，会有效促进学生数学思维的发展，提升学生的思维品质。

基于以上三点，我们的研究主题确定为——开展批注式阅读，培养小学生数学思维能力的实践研究。

二、研究过程

（一）组织课题开题，并传达开题会专家建议，召集课题组教师进行课题研究的再次研讨，下发课题研究方案

在 2019 年 4 月份进行了课题开题后，课题组的教师针对专家在开题会议中提出的意见和建议进行研讨，进一步修改和完善方案，达成研究共识。以此为起点，我们开启了立足课堂教学实践的研究活动，不断总结和提炼批注式阅读促进学生思维能力的有效做法和案例。

同时，我们针对课题进行初步的碰撞和交流，更加精准地把握对批注式阅读的理解，理清研究思路，澄清模糊的认识。

（二）进行网络研讨

2019 年 5 月 8 日下午、5 月 19 日下午和 5 月 30 日下午，我们分别在微信群进行了三次网络研讨，针对批注式阅读在课题实施中遇到的真实问题，进行充分的交流和讨论。通过这三次的研讨和碰撞，使课题组教师对批注式阅读有了更为深入的理解，为我们的实践探索开阔了思路，在凝练智慧中促使研究走向深入。

（三）举行批注式阅读的课堂教学展示活动

课题组教师通过课题的常态化实施，开始尝试有组织、有目的的交流，在研究的过程中，交流促进了我们对批注式阅读的深入理解，同时促进了课题组教师提炼分享优秀的做法和经验，促进研究成果的不断积累和升华。课题组教师都在学校或区级层面，聚焦自我的研究课题进行课堂教学的展示活动，先后在金水区实验小学、金水区金桥学校开展了数学批注式阅读专题研讨活动，通过批注式阅读的课堂教学实践，促进对批注式阅读的深入理解和思考，并在此基础上促进课题研究的质量提升。

（四）阅读专著的出版促进课题走向深入

本课题是前期课题的延伸和深化，在整个数学阅读大课题规划研究期间，我们将课题的部分研究成果和前期的课题研究成果进行再次梳理，在大象出版社出版了《数学阅读的教与学》和《魔力数学》丛书（共 5 本），为课题组开展课题研究提供了强有力的支撑，促进课题进一步在深度思考中探索前行。

（五）在中期汇报中进一步梳理和聚焦

2019 年 12 月，我们研究的课题在金水区实验小学进行课题中期汇报。在金水区教科所的引领下，教科研专家范双玲、付晓楠莅临指导，她们先后听取了课题的中期汇报，查看了课题开展的相关资料，在课题引领中，肯定优点，指出问题，促进课题进一步实施。

（六）在接待国培、省培中展示批注式阅读的课堂教学

在实践研究的过程中，课题组教师积极总结经验，逐步形成自己对课题的理解，并有自己的方法。我们先后多次在国培、省培中展示批注式阅读的课堂教学和有效做法，不断促进批注式阅读走向深度思考，不断总结、凝练课题研究的初步成果。

三、主要做法和经验

阅读式批注是促进学生思维走向深入的有效途径。对于小学生而言，批注式阅读能够促进思考走向深入，促进阅读走向深度，能够培养学生的数学思维能力。

（一）进行质疑式批注，在质疑中促进思维走向深入

小学生在进行批注式数学阅读的过程中，如果遇到阅读的内容不理解，可以采用质疑式批注，将问题批注在这部分阅读内容的旁边，在进行阅读分享和小组交流的时候提出质疑性问题，和全班同学在数学阅读基础上讨论，在彼此的碰撞分享中促进思维走向深入。同时，教师在学生小组讨论的过程中进行巡视，发现学生在数学阅读过程中共性的质疑问题，并针对这些共性的质疑问题进行引导和施教，使数学阅读教学更有针对性。

例如，在自主阅读《有趣的反比例》一文后，学生对课题进行了质疑，提出了"'反比例'是什么？""为什么会有趣呢？""'反比例'也是一种比例吧？"等问题，自然会带着这些问题进行阅读，在不断阅读中加深对数学学习内容的理解，加深对文本的深入思考，促进其自身思维的发展。

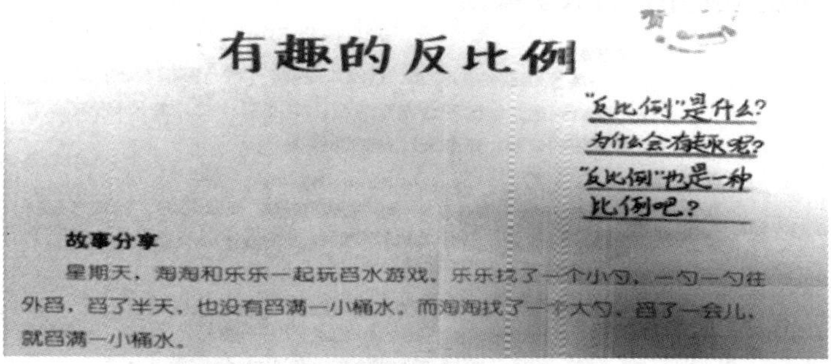

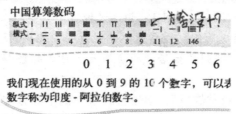

图1　质疑式批注1

再如，在阅读《古人计数》一课后，学生在自主阅读了中国算筹数码后，提出了这样的质疑："为什么中国算筹数码中，无论是纵式还是横式，都没有十呢？"学生将自己的质疑批注出来，带着质疑的问题主动查找资料，积极主动地寻找问题的答案。

图2　质疑式批注2

再如，在阅读了自然数的概念后，学生提出这样的质疑："如果是 -1，-2，是什么数呢？"当学生带着这样的质疑进行思考，学习必然是有效的，会促进思考走向深入，提升思维品质。

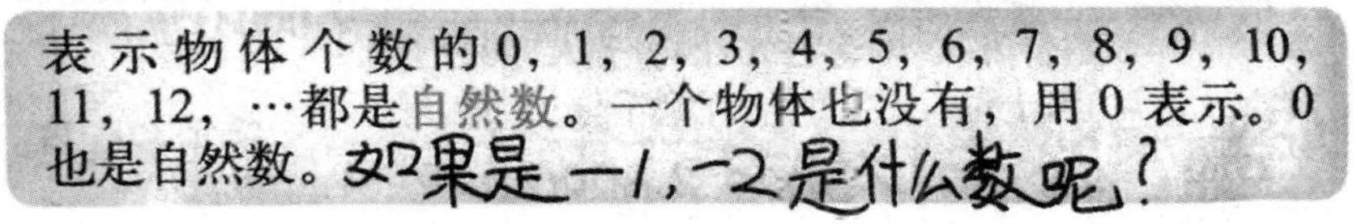

图3　质疑式批注3

在数学阅读过程中,当学生将质疑的问题批注出来,真实的思考就会呈现,这有利于学生真实地进行交流,带着质疑的问题进行阅读、思考和交流,在碰撞和交流中更好地促进思维的发展。

(二)进行归纳式批注,在归纳中促进思维走向系统

当学生在数学阅读中进行批注的时候,会进行阅读内容的"反刍",将数学阅读的内容进行再思考,尝试将"反刍"的内容进行梳理,用思维导图、知识树或表格等形式进行批注,这样的梳理也是将阅读内容进行系统的归纳,在归纳中促使自己用系统的思维看待数学阅读的内容,构建结构化理解的内容。

例如,在阅读了《有趣的反比例》一文后,一位学生将正比例、反比例的知识进行归纳、对比,并找到正反比例的异同。进行归纳式批注,能很好地促进学生对反比例的理解,促使学生在深度思考中进行数学阅读。

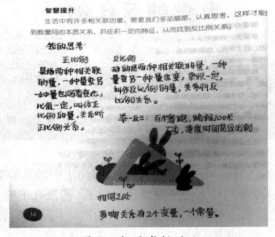

图4 归纳式批注1

(注:在阅读《有趣的反比例》后,学生利用批注将正比例、反比例的知识进行归纳、对比,找到正反比例的异同,并列举生活中的实例表述自己的理解,实现数学思维在自主阅读中的深度发展)

例如,在阅读了一篇数学故事后,学生将故事中倒推的方法进行归纳式批注,采用流程图的方式清晰地呈现出来,使自己更好地理解倒推解决问题的策略。

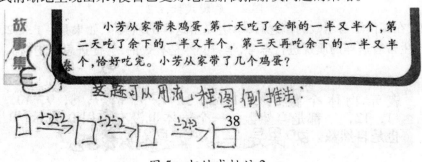

图5 归纳式批注2

（注：学生在阅读的基础上进行了分析和思考，画出倒推图，将文字转化为简练的流程图，将倒推法进行归纳式批注，清晰地呈现出对解决问题策略的理解与应用。这样，学生就学会了用图表的方式对数学阅读故事中内容进行归纳式的批注，提升和发展了自身的思维能力）

例如，学生在阅读数学故事《植树问题》后，将数学阅读后自己的思考和文中的内容有机结合，呈现出对植树问题的思考。

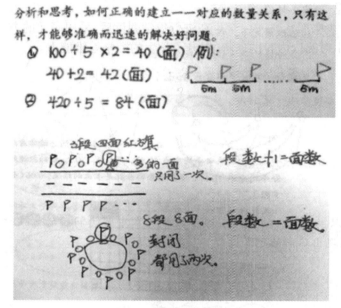

图6　归纳式批注3

（注：学生在阅读《植树问题》的数学故事后，利用批注有效整合文本内容和自己的理解思考，呈现出对于植树问题独特的见解和收获）

例如，学生在阅读了数学故事《巧分鱼钱》后，在批注中将自己的思考呈现和表达出来。下面是一位学生的归纳式批注。

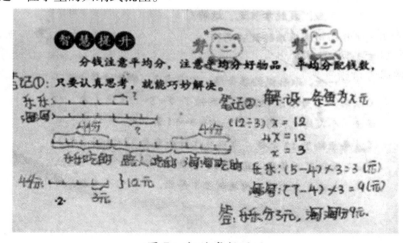

图7　归纳式批注4

（注：学生利用线段图进行题意分析，并用方程、算式等不同解决问题的方法进行归纳式批注，清晰地呈现出将故事语言转化为数学语言的过程，以及对《巧分鱼钱》数学故事的精准理解和智慧思考）

从上面这个归纳式批注中，我们看到：学生不仅认真读懂了故事，而且将自己对故事的理解和思考用图、方程和算式进行表达。这样的归纳式批注，不断将文字语言转化为算式和图形，这种转化能提升学生的思维能力，让学生在深度思考中不断逼近问题的本质，促进其进行思考和学习。

例如，《拍多少张照片》一文，学生在进行数学阅读后，采用多元的方式呈现批注的思考，这促进了学生对阅读内容的理解，提升了学生的数学思维能力。

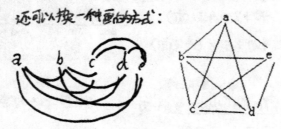

图 8　归纳式批注 5

（注："还可以换一种画的方式"，除了故事文本中解决问题的方法之外，学生采用不同的排列方式呈现出不同的思考过程）

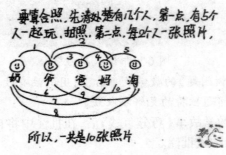

图 9　归纳式批注 6

（注："要算合照，先清楚有几个人，第一点有 5 个人一起玩、拍照，第二点，每 2 个人一张照片，所以一共是 10 张照片"，利用图示清晰地表述思考过程，再结合文字进行描述说明，使数学思考清晰可见）

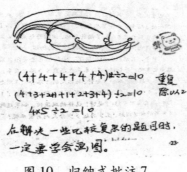

图 10　归纳式批注 7

（注：画图、列式是数学语言独特的表达方式，它能帮助我们更好地分析数学问题，进行直观表达。"在解决一些比较复杂的题目时，一定要学会画图"，学生通过亲身经历得出经验，比老师进行反复强调要深刻得多）

从这些学生的归纳式批注中，我们感受到学生强烈的归纳、梳理能力，在思考中理解数学阅读内容，在理解中促进对阅读内容的深化，加深对数学阅读内容的理解，提升学生的数学思维能力。

总之，在小学数学阅读中，教师要注重归纳式批注，将"反刍"的内容进行归纳式总结，在归纳中培育学生的思维品质，提升学生的学习能力，促进学生思维的发展。

（三）进行延伸式批注，在延伸中促进思维的内化

在数学阅读中，我们在批注时，延伸处是思维含金量最大的地方，也是学生在数学阅读后自然而然进行延伸的地方，我们可以在此处批注，将思维的过程显性呈现，促进思考走向深入。

例如，在阅读了《有趣的反比例》一文后，一位学生进行了如下的延伸式批注，将阅读的内容转化为新的事例，在举例拓展中，促进着学生对这部分阅读内容的深入理解。

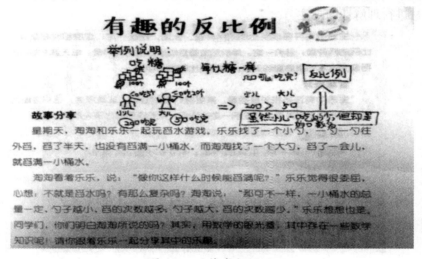

图11　延伸式批注1

（注："每个人糖一样，几口可以吃完？每次吃糖的个数与吃的次数成反比例"，学生利用画图的方式进行延伸式批注，加深对于数学阅读的理解与应用）

在上面的批注中，我们感受到：学生不仅读懂了数学故事，而且能够举例进行阐述。这样的批注是基于思考的基础上的呈现，是对故事的另一种解读，正是因为有了思考，才会有精彩的呈现。思考，才会使我们阅读的东西成为我们自己的（洛克语），在拓展延伸故事中加深对数学阅读内容的理解，提升学生的数学学习能力。

在延伸处批注，有利于学生深入思考，在积极思考过程中促进思维的发展，促进学生在动态中理解数学内容。

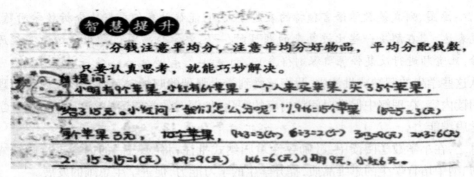

图 12　延伸式批注 2

（注："小明有 9 个苹果，小红有 6 个苹果，一个人来买苹果，买了 5 个苹果，给了 15 元。小红问：'我们怎么分呢？'"，学生写下了阅读后的"自提问"，并列举了两种解决问题的思路和方法，这是对数学思考的有效延伸）

对一个问题，我们可以举一反三，拓宽思路。在延伸的地方进行拓展和批注，是对问题本质的理解和应用，这样的拓展可以更好地促进学生在数学阅读中学会阅读，促进思维走向深刻。

作为数学阅读批注，在日常的教学中，笔者把它引进了常态的数学课堂教学，开启了对数学教材进行理解性的批注。

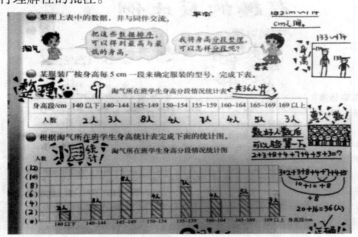

图 14　延伸式批注 3

（注：在上图的批注中，学生采用画图等方式趣味呈现"怎样对身高进行分段整理"，用列式等方法强调统计前后的人数对应。从身高的范围，到表格的整理提示，再到人数的核准，既有数的验证还有列式验证，无论是图还是文都批注出了自己的思考，思维外显化，促进深度学习的发生）

除质疑式批注、归纳式批注、延伸式批注，我们还可以进行以下几种批注。

（1）对空白点进行批注。由于数学阅读材料或教材受页码限制，在编写时，部分内容或思维的过程有所省略，当学生批注出这部分内容后，就会使思维更流畅和连贯。针对空白点进行有效批注，能促进学生在思维链接中走向深度的数学阅读。

（2）在易混处批注。在数学阅读中，我们总会在阅读数学故事时混淆某些知识点，在混淆处进行批注，能够让我们的思维更加清晰，思路更加流畅，能够促进我们在数学阅读中澄清模糊的认识，使原来模糊、易混的内容在阅读、思考、辨析中清晰起来。

（3）在难点处批注。在数学阅读的过程中，我们可以在阅读有困难的地方进行批注，这能更好地引导学生突破难点，促进思维走向深入。

关于数学批注式阅读远不止以上几个方面，作为数学教师，我们要注重引导学生进行批注式阅读，并进行有效指导，促进学生思维的发展。对于批注式阅读，当小学生养成了不动笔墨不读书的习惯，批注的内容就成为学生思维外显的重要载体，当批注式阅读能够将学生思维的过程动态展示时，这必将促进学生思维的发展，促进数学阅读走向有效。

总之，在批注式阅读的过程中，我们要注重促使学生的思维外显，提升学生的思维品质。作为教师，我们要引导学生掌握好批注式阅读，这样才能更好地促进学生在边阅读边思考中提升阅读的效能，促使学生在积极主动的思考中成长，促进学生思维的发展。

四、研究成效

在课题深入研究的过程中，我们总结了开展批注式阅读培养学生思维能力的经验，也积累了大量的批注式阅读教学的课例和经验，促进了学生思维的发展。这些研究成果，具有借鉴和参考的价值，提升了教师的数学阅读课堂实施能力。

（一）参加数学批注式阅读班级的学生的思维有了变化

通过批注式阅读的课题研究，课题组教师明显感受到：学生独立阅读、自主获取数学信息的能力显著提高，学生的数学学习自信心极大地提高了，真正在批注式阅读中促进了学生思维的发展。

我们对参加批注式阅读班级的部分学生和未参加班级的部分学生进行了小范围的检测和了解，同时准备好相同的阅读素材，通过比较分析，我们发现：参加了批注式阅读的学生比没有参加的学生在数学信息的提取、质疑的提出、问题的解决、应用创新等方面存在明显的差异，这说明批注式阅读能够帮助学生更好地实现数学语言的转化、理解和应用，提升学生的思维品质。

（二）课题组教师的科研意识和能力有了很大的提高

通过此次课题研究，课题组教师在做实文献综述的基础上，掌握了数学阅读教学方面的理论，在批注式阅读中有了自己的思考和想法，并进行尝试和探索，提升了自己的教学能力。

(三)课题产生了一定的影响

课题自实施以来,我们立足实践,以课例为载体,开展批注式阅读专题研讨活动。课题组教师认真准备每一节数学阅读课,精心设计每一个教学活动,积极研讨、改进和完善教学设计,力求充分调动学生阅读的积极性,使学生在批注式阅读的过程中学有所获,完善从理念到策略行为的转变。每次课题研讨活动都是公益活动,吸引着很多教师一起参与,一起研讨。

课题组还积极利用微信群、QQ 群、钉钉网等网络平台,将学生丰富多彩的批注式阅读成果进行展示。我们利用名师工作室微信公众号,将课题组许多优秀的学生作品进行展示,帮助学生进一步梳理批注式数学阅读的成果。疫情期间,课题组充分利用钉钉群和其他网络平台,开展联播互动、直播分享等,为学生搭建了批注式阅读成果的交流平台,通过跨班级、跨年级的交流,学生能看到不同学校的学生们的优秀作品,这样的交流使学生能够深入进行批注式阅读,促使学生在批注式阅读中提升自己的思维。

在课题组深入实施批注式阅读的过程中,我们也收获了如下的研究成果,辐射和带动更多的教师一起进行批注式阅读的研究。

2019 年 4 月,辅导耿琦璎撰写的《排练时的队形》发表在《小学生学生报(中年级)》;2019 年 5 月,辅导陈汶君撰写的《优选路线》发表在《小学生学生报(中年级)》;2019 年 8 月,辅导赵婉妤撰写的《神奇的密码》发表在《小学生学生报(中年级)》;2019 年 8 月,辅导王梧鑑撰写的《晾衣架里的数学奥秘》发表在《轻松学数学》;2019 年 8 月,辅导张歆瑶撰写的《胖"0"和瘦"1"》发表在《小学生学生报(中年级)》;2019 年 10 月,"智慧花"数学阅读社团被评为金水区 2019 年新星社团;2019 年 7 月,在 2019 河南成长学院研修中,执教数学阅读课《魔力数学》;2019 年 11 月和 2019 年 12 月先后接待国培、江西省国培课题组教师执教数学阅读课;2019 年 12 月,在河南省中原名师公益巡讲活动中,宋君老师作了《数学阅读的教与学》的专题讲座;2019 年 7 月,出版了《数学阅读的教与学》和《魔力数学Ⅰ》《魔力数学Ⅱ》《魔力数学Ⅲ》和《魔力数学Ⅳ》,其中《数学阅读的教与学》荣获郑州市委、郑州市人民政府表彰的郑州市社会科学优秀成果一等奖。

五、存在的问题及下一步打算

在课题组开展的批注式阅读中,我们虽然立足实践进行了实践探索,但仍然存在着阅读式批注指导并不系统的问题,批注式阅读还有更多的维度需要探索。所以,在今后的研究和实践中,我们会继续聚焦这些问题进行深入的思考,使思维通过批注式阅读外显,促进思维走向深入,促进数学阅读走向有效。

参考文献

[1]李光树.小学数学教学论[M].北京:人民教育出版社,2003.

[2]沃建中.小学数学教学心理学[M].北京:北京教育出版社,2001.

[3]林崇德.学习与发展[M].北京:北京师范大学出版社,1999.

[4]郑毓信,梁贯成.认知科学、建构主义与数学教育[M].上海:上海教育出版社,2002.

[5]弗赖登塔尔.作为教育任务的数学[M].上海:上海教育出版社,1995.

[6]蔡金法.中美学生数学学习的系列实证研究——他山之石,何以攻玉[M].北京:教育科学出版社,2007.

[7]蔡金法,聂必凯,许世红.做探究型教师[M].北京:北京师范大学出版社,2014.

[8]M. Neil Browne,Stuart M. Keeley.学会提问——批判性思维指南[M].北京:中国轻工业出版社,2006.

[9]范良火.教师教学知识发展研究[M].上海:华东师范大学出版社,2013.

[10]宋君.数学阅读的教与学[M].郑州:大象出版社,2019.

[11]弓爱芳.数学阅读及数学阅读能力培养的研究[D].武汉:华中师范大学,2006.

[12]房元霞,姜晶,王艳华.加强数学阅读指导,培养学生的数学自学能力[J].曲阜师范大学学报(自然科学版),2008,(3):126 – 128.

[13]沈菊萍.对中学生数学阅读能力培养的实践探究[J].数学学习与研究,2010,(12):18.

(本文为2019年度郑州市教育科学重点课题,获科研成果一等奖。课题研究单位:郑州市金水区金桥学校,课题负责人:宋君,课题组成员:刘英杰、李杉、赵萍萍、杨桦)

立足统编教材，提升小学生阅读素养的实践研究

一、研究背景

（一）宏观背景

2019年9月，全国义务教育阶段的学生统一使用部编语文新教材。统编教材在内容和形式上都有了非常大的变化，最大的变化就是大力推进阅读，在教材中专门设置"快乐读书吧""和大人一起读"和"我爱阅读"等栏目，旨在引导学生学会阅读，爱上阅读。人民教育出版社编审、教育部课程教材研究所研究员崔峦老师在第十五届全国小学低段部编语文教材研讨会上深刻阐述了部编版教材指引下小学生学习语文应该具备的五个核心素养，其中之一便是"提高学生阅读素养"，会上他着重指出阅读的素养是学生语文学习必须掌握的核心素养，阅读能力的培养是教育的核心，因为任何一门有教科书的课程都是通过阅读来实现的。

（二）微观背景

怎么样用尽、用好统编教材提供的资源，培养出现代社会需要的"会终身学习、会主动思考"的人，语文教师如何跳出原有的教学模式改变观念，如何进行有效的阅读教学和指导，如何打通课内外的时间和空间，师生带着明确目标有计划、有针对地进行阅读实践活动，最终提升学生阅读素养是非常值得研究的内容。

二、研究过程

（一）第一阶段（2019年4月—2019年5月）

课题负责人按照"易操作、便实践"的原则，依据研究内容涉及的版块进行分工。

（二）第二阶段（2019年6月—2019年8月）

（1）课题组梳理了统编教材普通单元中的阅读策略、语文要素和阅读策略单元的编排重点、意图等；还梳理了统编教材中"快乐读书吧""和大人一起读"和隐藏在教材中的导读书籍，以及指向的阅读方法。

（2）购买上海教育出版社刚出版的"整本书阅读教学"系列书进行理论学习。

（三）第三阶段（2019年9月—2020年1月）

（1）借学校"书香校园"的创建氛围，利用周三下午的阅读校本课程，尝试采用"课外阅读课内化"的实践行动，帮助学生运用课内学到的阅读策略有效阅读整本书，提高课外阅读的阅读质量。

（2）课题组成员时慧珺带领高年级教师进行"阅读活动"的尝试和研究，提高了课内外阅读实践活动的有效性，也为课题的研究提供了一手研究资料。

（3）课题组教师通过"资源共享"的方式将自己理论学习的成果——"阅读单"分享给同年级的语文教师，帮助教师设计"策略性的阅读笔记"，带动了年级整本书阅读质量的提高。

（四）第四阶段（2020年2月—2020年4月）

（1）课题组结合"世界读书日"，巧妙将超长寒假的不利转为拓宽阅读指导途径，通过全校共读《正义之士》的活动设计，为课外阅读扩宽实践路径。

（2）课题组教师通过调研，整理自己及年级组内的课堂教学实践案例和成功经验。

（3）课题负责人将群内重要话题发布在课题研究平台，通过回帖的方式进行课题相关内容的深度研究和探讨。

（4）课题主持人进行梳理、总结，把初步形成的有效实践经验整理成报告论文，准备课题结项。

三、主要做法和经验

（一）梳理统编教材，发现其中奥秘

通过梳理发现，统编教材采用"双线"，一是编排普通单元（精读与略读），在丰富的文本情境中，逐步渗透、螺旋上升地提升阅读素养。二是编排"阅读策略单元"，直接教阅读的策略。

1. 普通单元的阅读策略

阅读策略——理解：从三年级上册开始，每个年级都有关于"理解"的训练和指导，从难懂的词语、一段话到句子、课文的理解。三年级关注的是"词语""语句"和"一段话"，四年级及以后逐渐关注"课文"和"文章"，在内容层次方面发生了变化；从中段的"单一方法"到高段的"综合运用多种方法"，在方法层次方面发生了变化。

2.策略单元的阅读策略

三至六年级的统编教材编排了四个阅读策略单元,分别是三年级上册的"预测"、四年级上册的"提问"、五年级上册的"提高阅读的速度"、六年级上册的"有目的地阅读"。

以课题组时慧珺在五年级上册"提高阅读的速度"的教学实践研究为例:课前明确本课要学习的方法,让学生试着带着这种方法进行阅读实践,并根据要求记下阅读的时间。课后通过交流,与文前的提示相照应,将阅读方法具体化。教师在课堂上根据观察到的情况,请不同阅读时长的学生分享阅读效果,通过交流使学生初步体会阅读速度和阅读理解之间的关系。同时,教师发现学生在阅读中存在的问题以及本课的理解难点,再有针对性地进行指导。

3.课外有方法地阅读

梳理统编教材"快乐读书吧"和隐藏在教材中的导读书籍,以及指向的阅读方法,引导学生注重迁移运用,在阅读的实践中灵活运用阅读策略,提高阅读的质量。

经过梳理,课题组一致认为,统编教材"快乐读书吧"栏目注重阅读方法的指导,需要教师在课堂上落实好这些方法。课题组李朋在课堂实践中进行了行动研究:在《大头儿子和小头爸爸》的阅读推荐课中,根据教材中小贴士的提示,先让学生读一读目录,猜一猜每个故事的大概内容,接着让学生翻到相应的页码,看看自己是否猜对了。然后通过分享交流,一起总结目录的用处。《大头儿子和小头爸爸》的阅读方法再迁移到《七色花》的阅读,读完后,给现有目录补充一份更详细的目录,以方便阅读。学生在小试牛刀之后,会对读目录的重要性有更深刻的体会。教师在充分把握教材特点的基础上,通过导读激趣、方法指引、总结拓展等策略,实现教材指引学生快乐阅读的意图,学习一些阅读的方法,引导学生养成良好的阅读习惯。

(二)聚焦"素养",改进课内阅读教学

1.阅读教学中关注语言的实践运用

2019年5月,在课题负责人赵尚朴执教的三年级下册《火烧云》的课堂实践中,紧紧扣住"语文要素"来设计教学目标,清晰选择了教学内容,达成了预期的目标。"武"字的认写和体会"烧"字的妙用环节,给了我们新的启发:在学生的学习中只有真正从知识发生的内在规律出发,教师有意在具体的情境中将孤立的知识要素进行连接、整合,才能让学生进行有意义的建构和思考,从而帮助学生在串联、思考中完成对知识的提取、迁移和运用。

随后,课题组胡亚灵老师便将"启发"用在了课堂实践中:研读统编教材二年级下册第七单元的四篇课文,其语文要素就指向了根据提示讲演故事。《蜘蛛开店》和《小毛虫》都可直接利用课后练习的示意图,将词语教学、重点段落教学融入其中,还可依据蜘网结构引导学生展开想象,进行故事续编。这样的教学便不再是零敲碎打,而是形成了一个整体的结构,语文学习的"言"和"意"的目标也能柜互融合。

2.课内阅读教学中关注文体

2019年5月,课题组组织语文学科组进行了"根据文体进行阅读教学"的研讨活动。活动中以《在柏林》为例,语文教师就"如何根据文体设计阅读教学"进行了现场设计,并以年级组为单位进行了展示研讨活动。

"站在学生角度,关注课文文体"的阅读教学设计活动帮助我校语文教师对自己的课堂进行了反思:第一,文体意识淡薄的现象普遍存在;第二,内容分析烦琐,教学目标偏离了语文本质;第三,语用实践欠缺。利用统编教材进行教学时,教师应当落实好"用教材教""向教材学表达"等。

3.由高考的变革看我校的阅读教学

此次阅读教学研讨活动是在课题组负责人赵尚朴的策划和主持下进行的,课题组成员和学校语文老师先梳理出《基础教育》期刊中《语言文字运用在高考试卷中的考查研究》和《高考文学阅读素养测评的探索》两篇文章的要点:语文测试情境从语文阅读走向生活阅读;考试、测评题目应以具体的情境为载体,以典型任务为主要内容。对我校阅读教学的提醒是:课堂中教师需要指导学生对关键要素进行判断和把握,并有方法地在相似情境中"举一反三",在新情境中分析判断差异并将原则思路迁移运用。这就要求在阅读教学中教师要"举一",要引导学生产生、解决有价值的学习问题并承担起一定的教学任务,这样才能对学生的"反三"能力起到促进作用。

(三)设置阅读课程,精心设计课外阅读教学

从2019年9月开始,课题组开始尝试统将编教材口的课外阅读在学校课表内完成指导、分享、展示等阅读活动,以保证"和大人一起读"和'快乐读书吧"的阅读任务得以完成,保证课内学到的策略迁移运用在课外整本书阅读,从而提高阅读能力,让课外阅读课程化。

1.课内开启课外阅读教学

教师通过课内教材的阅读教学进行阅读方法的指导,学生运用课内收获的阅读方法和能力拓展阅读新书籍,在不间断的阅读实践中提升阅读能力。在课题组的引领和学校的大力支持下,各年级都制定了"阅读课课程纲要",以求阅读课的目标更清晰,课堂内的阅读时长、空间、指导、交流等质量有所保证。

2.课外进行有目的的阅读实践

(1)阅读任务多样化。

2019年10月,五年级学生在阅读"快乐读书吧"推荐的《中国民间故事》时,所要完成的阅读任务是:通过阅读《民间故事》,能了解故事内容,创造性地绘声绘色讲故事;了解民间故事的写作特点,能创编绘本;能把故事改编成剧本,通过小组分工合作,表演故事。带着这样的任务去阅读,学生不再有所谓的"压迫感",带着这样的任务去阅读,学生更期盼阅读成果展示课了。

（2）阅读任务深入化。

2020 年 4 月的"读书,让力量植根心灵"主题阅读活动,通过阅读单帮助学生在阅读一本书的过程中聚焦注意力,引导学生深入文本,通过完成阅读单中的任务让阅读策略与思考显性化,帮助教师关注学生的阅读收获和不足。

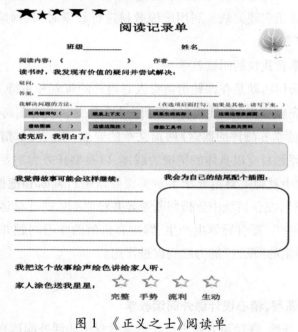

图 1 《正义之士》阅读单

3.拓宽课外阅读教学途径

2020 年寒假,受疫情影响的超长寒假让我们的课外阅读的教学不仅仅局限于学校的教室内,课题组李朋老师再次执教二年级下册的"快乐读书吧",课中不仅注重教师的针对性引导,更加入了同伴的分享、屏幕前的互动交流等,10 分钟左右的微课通过钉钉平台给二年级学生的阅读以较为充分的指导,同学们把微课指导的"运用目录"的方法运用在阅读实践中,较好地实现了教材的编排意图。

（四）为阅读的评价引导学生阅读有法

1.融入学校基因的阅读评价

基于表现性评价,我们学校探索了"为阅读的评价"策略。在阅读推荐或指导课上,教师会与本班学生共同明确我们读什么、怎么读、读到什么程度可以获得怎样的对应评价。最后,在学校的"学科印章评价"上落脚,因阅读而获得的印章会计入学校的印章评价体系中并获得相应的活动体验机会。

2. 依据"阅读笔记"的评价

从 2019 年 9 月开始,语文教师根据课外阅读内容的不同,开始改变读书笔记的设计和要求,把记录学生阅读实践过程的"阅读笔记"作为评价的重要依据。根据学生完成的阅读笔记,教师可以从中对学生"阅读策略"的运用情况做出判断,从而更有针对性地上好"阅读交流课"和"阅读汇报课"。

五年级三班在共读《城南旧事》时,老师设计了融入"串联小标题概括内容"阅读策略的阅读笔记,以判断学生是否把课内学到的"阅读时注意把握内容要点"的阅读策略迁移到课外阅读实践中。

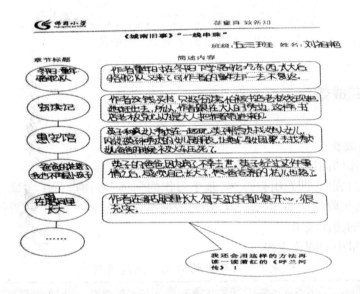

图 2　"串联小标题概括内容"阅读策略的笔记

六年级在阅读《小英雄雨来》时,把"阅读时从所读的内容想开去"这一普通单元的阅读策略和策略单元"有目的地阅读"通过阅读笔记来引导学生熟练运用这一阅读策略,有逻辑地从"封面和封底"入手,帮助学生循序渐进地提升阅读理解力。

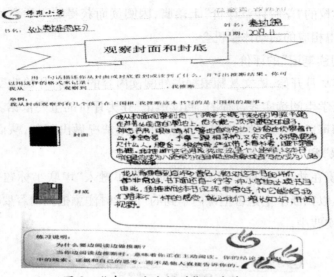

图3　"有目的地阅读"阅读笔记

四、研究成效

（一）学生成长

1.基于习作的阅读成果

课题实践过程中，课题组教师在"基于习作的阅读"方面进行了尝试，指导学生在阅读后进行写作，金牌作文期刊《作文》，郑州市网络作文大赛一等奖，区级抗疫征文，都能见到我校学生的阅读成果。

2.学业质量中的阅读素养

表1　六年级的语文学业质量对比

名称	上期平均分	下期平均分	上期优秀率%	下期优秀率	上期全区排名	下期全区排名
全区	78.6	79.6	31.8	30.2	68	68
本校	73.8	81.2	12.4	32.9	40	11

3.阅读质量大幅提高

我校是"市级书香校园"，阅读氛围比较浓厚，阅读活动系统、有效，为本课题的实践研究打下了坚实的基础。此课题开展一年来，以"绿色学业评价"和"书香少年评比"的相关数据作为依据，学生的阅读数量和深入程度都有了较大的变化。

表2　阅读情况统计表

年度	家庭更新书量/年均	每日读书时长/分钟	阅读批注率/本	阅读单使用率/本	书籍反复阅读率/本
2018	9	37	13.7%	32.9%	68%
2019	14	54	65.2%	95.1%	100%

（二）教师成长

1. 基于课题实践研究的阶段成果

课题负责人赵尚朴撰写的《统编教材背景下小学语文课内外阅读衔接的有效策略》发表于 CN 刊物《试题与研究》2019 年第 28 期"课堂艺术"栏目。

2. 把"学习阅读"落到实处的有效途径

教师树立了"文体阅读"的教学意识。在教学实践中，我们发现可以通过"文体"教学帮助学生通过学习课内的一篇课文，学会读课外的同类文章或书籍，把教材读薄，课外阅读读厚。在实践中，我们获得了可以推广的"求同存异"的小说阅读教学策略：依托要素点推进；体悟独特的语言；阅读同类（整本）小说。

3. 提高思辨阅读能力的行动核心

怎么样用尽、用好统编教材提供的资源，通过阅读培养出现代社会需要的"会终身学习、会主动思考"的人，是本课题组研究此课题的初心。课题组认为聚焦思维的阅读才能真正提高阅读素养乃至语文学科的阅读教学质量。因为，在阅读中运用大脑思考、辨别，择善而用，形成自己的观点，创造发展是阅读素养的核心。所以，在整本书阅读教学中，我们关注阅读、思考与表达的关系，其实这三者也是整本书阅读教学中理应完成的任务。

（1）原生态阅读。

读任何作品之前，学生都不可能是一张白纸。所谓原生态阅读即不带偏见地将整本书完整地读一遍，这个过程需要提醒学生：一是追求初读的心态，二是完整地阅读，三是在相对集中的时间内读完。

（2）批判性思考。

以六年级下册《鲁滨孙漂流记》教学中的根据"还原文本的事实与逻辑"提出的一个问题为例："一个人，一座孤岛，28 年的生存，何以可能？"这个总结性问题引导学生归纳、辨析和整合鲁滨孙 28 年生存的原因。问题特别强调了三个数字，这三个数字对于理解鲁滨孙冒险的内涵具有特别的意义。

（3）转化性表达。

将阅读所得转化为表达资源，读以致用，让"用"反作用于"读"。可以是"写作"，也可以是说话、交际等各种语文实践活动。如在阅读小说时，教师可以通过设计阅读任务单实现转化性表达。如六年级在共读《正义之士》时，借助阅读单中"用文字写出图画中隐藏的内容"这一任务，实现了阅读后的"写作"的表达。

4. 提高整本书阅读的质量的工具

要提升学生的阅读素养，就需要语文教师采取不同的阅读策略对学生进行定向的阅读实践训练。课题研究中，我们通过设计阅读任务或完成读书笔记侧面指导学生运用已有的阅读策略或学习运用新的阅读策略阅读整本书。这样阅读笔记（或阅读任务单）作为学生的阅读"地图"和"指南"伴随课外阅读实践，既便于课堂中师生高效优质的阅读指导和讨论,又便于学生自主深入阅读,师生利用阅读任务单一起阅读、分享、思考、感悟,提升阅读质量,提高阅读能力,将阅读的积淀融注到一个个生命个体中。

5.形成"阅读教学"集体备课模型

在课题组的组织下,学校语文教师进行了几次高质量的课堂教学研究活动,一次次活动的实践让我们逐步明了"阅读教学教什么",年级组研究"研什么"。高年级组集体备课的步骤已基本确定。

弄清课文的文体以确定教学终点。

(1)找出"课文里有什么"→区分"课文有什么"和"课文的关键处"→讨论为什么选择教这个(教材的编辑意图)→确定教学目标。

(2)摸准学生的学情,以明确教学起点。

(3)讨论教学终点和教学起点之间的落差,以及搭设怎样的"台阶",即教学环节设计。

(三)学校荣誉

2019年10月,学校被上级部门推荐,参加了省级书香校园及书香班级的评选活动。课题组李朋所带的班级被评为省级书香班级,对学校其他班级的书香创建做出了表率和示范。

五、存在的问题及下一步打算

(一)存在的问题

(1)在整本书阅读的教学过程中,教学内容的"切割"会让教学内容容易零散,对系统性和完整性达成既定的阅读目标造成了一定的阻碍。

(2)我校教师的阅读指导力如果能进一步提高,有意识、有目的、有智慧地指导学生,在学生的阅读实践中给以指导和支持的力量,学生的阅读效能、品质都将发生重要的改变,学生的阅读素养也一定会受到潜移默化的影响。

(3)我校学生运用阅读获得的信息应对新情境和完成新任务的能力测评,研究本课题组目前还没涉及,需要继续加强理论学习,对于课题的成果可以继续通过科学测评的相关数据分析再进行研究。

(二)下一步打算

(1)以"校本教研"为切入点,教师通过集体的智慧对整本书的教学内容提前进行全面而合理的规划,通过将整本书的内容"话题化"来组织教学内容,实现文本内容向教学内容转化。

（2）建议学校举行以"教师阅读能力提升"为目的的阅读实践、分享、学习等活动，树立"全学科阅读"意识，重点提升语文教师的阅读指导力。

（3）尝试通过分级阅读解决当前学校阅读教育遇到的"教什么？怎么教？教了怎么评价？"的难题，提高学生的核心阅读能力，从而帮助学生构建阅读素养。

参考文献

[1]王荣生.阅读教学教什么[M].上海:华东师范大学出版社,2016.

[2]吴欣歆.培养真正的阅读者——整本书阅读之理论基础[M].上海:上海教育出版社,2019.

[3]余党绪.走向理性与清明—整本书阅读之思辨读写[M].上海:上海教育出版社,2019.

[4]郑国民,谢锡金.提升儿童阅读能力到世界前列[M].北京:北京师范大学出版社,2013.

[5]周一贯.小学语文文体教学大观[M].上海:上海教育出版社,2017.

[6]蒋军晶,刘双双.如何设计阅读单[M].北京:中国人民大学出版社,2019.

（本文为2019年度郑州市教育科学重点课题，获科研成果一等奖。课题研究单位:郑州市二七区佛岗小学,课题负责人:赵尚朴,课题组成员:李朋、杨旭、胡亚灵、时慧珺）

初中生班级自主管理的策略研究
——以马寨一中七年级为例

一、研究背景

随着新课改的不断推进,人们逐渐认识到传统的教师道德说教的管理方式已不能适应新时期学生发展的需要,追求学生自我教育、自我发展的班级管理方式已成为广大家长及社会对学校教育的殷切希望。目前已有较多的教师及专家学者对中学生班级自主管理进行了研究,包括对班级自主管理的理论观点、看法或结构模式等,而针对具体实施措施的研究不是很多。苏霍姆林斯基指出,真正的教育是自我教育,班级管理不应该是老师约束学生,而是学生自我约束、自我管理。

经调查发现我校班级管理存在以下问题。

(1)我校的生源,本地学生占三分之一,外来务工子女占三分之二,留守儿童居多,家庭教育的缺失导致班级学生在自主管理方面缺乏具体的有效措施。

(2)学生在自习课上纪律差,自觉性差,欠缺自我约束能力。学生也不会合理安排自习时间,没有养成良好的行为习惯,自主学习和自主管理能力均较差。

二、研究过程

(一)研究目标和研究内容的制定

1.研究目标

(1)通过班级文化建设等措施,能够形成班级自主管理的行之有效的措施。

(2)能够提高学生的自主管理能力,让学生学会合理安排自我学习时间,树立自觉自立的意识,形成良好的行为习惯。

2.研究内容

(1)开展有关培养班干部等一系列班级活动,使班级学生在自主管理方面尝试采取更多行之有效的措施。

(2)以班级文化建设为主要措施,对学生的自主管理能力进行提升,使学生能够合理安排时间,养成良好的行为习惯。打造"主体德育"特色,即引导学生成为"自己教育自己的主体"。

3.主要研究工作

(1)准备阶段(2019.3—2019.4):进行理论研究、调查研究、前期实验研究;调查现有的班级管理状况,分析不同的管理方式对班级、师生的影响。

①分析班级建设管理模式的利弊,注重班级文化建设的经验交流,了解学生自主教育的愿望与实效。

②围绕如何激发学生自主管理班级,从班级文化建设的经验入手,先分析研究自己,得出超越经验的带有规律性的内容,同时搜集学校班主任围绕这一问题的成功做法,以案例的形式进行研究。

③研究的具体分工如下。

负责人曹翠红老师:负责课题申报、撰写研究计划及分工,根据研究内容制定研究措施,完成相应的研究报告。

成员姚国笑老师:负责搜集理论资料,对课题进行理论指导,对研究班级的教师和学生进行课堂观察、记录、反馈,并将研究成果形成书面材料。

成员温南老师:负责搜集课题组教师及校内其他教师的班级文化建设方案和实施前后效果,分析比较,并将其汇总、分析,形成书面报告。

成员虎彬彬老师:负责以班级文化建设为基础的自主管理模式下七年级学生课堂行为习惯的现状调查研究,并形成书面调查报告。

成员王婷老师:负责自主管理模式下七年级学生课堂行为习惯的现状调查研究。

④进行理论学习的途径:通过书籍、报纸、杂志、网络,学习相应的管理内容,并为班级的管理以及文化建设提供理论依据。

(2)实施阶段(2019.4—2019.12)。

①在准备阶段工作的基础上,对学生进行自主管理班级的基本思路和方法进行整理,其班级文化建设能促进和提升我校七年级学生自主管理班级的能力。

②以家校联系本或老师、家长、班干对学生评价的形式进行跟踪记录,观察实践中学生的成长和班级的成长,分析比较是否实行这种班级文化建设管理模式的班级,其班主任的工作重点、工作内容、工作方法、工作效果以及班主任在工作中个人内心的感受到底有什么区别。

③通过班级文化建设对学生和班级成长进行分析,总结出一套实用性较强的适合七年级的管理方法,班主任对学生怎样开展引导班级文化建设对教育契机的发现与把握等带有普遍意义的班主任工作指导论文,让课题的研究真正成为班主任工作提升的动力。

(3)总结阶段(2020.1—2020.4):在前两个阶段工作的基础上,反思研究过程,总结研究成果,初步形成具有班级文化建设特色的班级管理模式。

三、课题主要做法和经验

从2019年3月到2020年4月这一年多的时间,基于原来的计划展开研究以及相应的实践,并且在过程中不断进行方案的调整以及完善,对相关的经验及时进行总结。现将课题的一些经验和做法总结如下。

(一)生活和行为习惯方面

1.积极布置班级环境,增强主人翁意识

班级环境布置力求让教室的每一面墙都会"说话",让学生走进教室,顿觉舒畅、倍感温馨、催人奋进。大家非常积极,对班级环境建设都提出了自己的想法,在老师的指导下学生自主谋划和参与,亲自打造班级特色,部分学生家长也参与进来。

七一班的班徽几经易稿,由孩子们集思广益,制作而成。包含了七一、风帆等元素,郭宇轩妈妈(宋素丽)帮助孩子们进行电脑制作,孩子的积极带动了家长的热情,郭宇轩爸爸(郭元勋)作为一位资深广告设计人员也非常热心地帮助孩子们设计了一个新的班徽,但经过孩子们和家长的投票,孩子们还是选择了自己设计的,并由郭宇轩爸爸帮忙进行进一步的优化和制作。该班徽设计主体为圆形,代表着团结、齐心协力的精神,以蓝色为主调,因为蓝色代表着勇气、冷静、理智和永不言弃,象征着一班拼搏努力的精神。主体为书,表明一班孩子在书海里扬帆起航,自由遨游。多彩的书象征书中知识是多姿多彩的,知识是最美的行囊。星星代表着希望,下面的两个举手的人和中间的桥象征家长和老师携手合作,共同托起孩子们美好的明天!

2.通过比赛的形式来激励其管理意识

3.创建班级管理制度,巩固自主管理动机

(1)建立符合班级特点的班级公约。

依据《中学生日常行为规范》形成"七一班班级公约"。公约内容是:上课要认真、举止要文明,上课不迟到、作业按时交,纪律要遵守、卫生保持好。

(2)建立健全班级小组个人积分管理体制。

七一班建立的是班级管理小组积分制,采用了民主管理,促进了教师及学生之间的平等,充分尊重学生的意愿,并且教师对于学生来说亦师亦友,有利于新型师生关系的建立。例如,教师与学生共同商议班级的管理制度,并且促进学生形成主人翁意识。从另一个角度来看能够提升学生自我管理的积极性,并且不断对其进行强化,帮助学生体验成功的愉悦,加强自我管理。

(二)学习方面

(1)整合努力目标,激发自主管理动机。

在每个学期以及每个月的起始日,必须要求学生制定阶段目标,并且形成文字记录贴在自己的桌面上。

(2)对目标进行监控,恰当运用激励手段。

每一次周测、月考或期中考试之后,让学生自己对照之前设置的目标并进行反思,总结得失。若达到预期目标,可以对学生进行适当表扬和鼓励;若没有达到预定的目标,则由学生主动对自己提出要求,如每天多做一套本科目的试卷、每天多背 10 个单词、每天多做 3 道同类型的数学题等,形成文字,粘贴在课桌上,同桌之间互相监督。奖惩分明,把自主管理渗透到学生学习活动的每一个环节。

(3)用小组积分的制度方法来保障自主管理的落实。

（三）重视班干部的选拔和培养，增强学生自主参与班级管理的有效性

1. 班干部的选拔

（1）认真物色班干部人选。

可以通过毛遂自荐先认识想当班干的学生，在军训期间和开学第一周观察这些学生的表现，然后暂时确定班干一个月，月考后根据成绩、老师的建议，然后学生投票看这些班干是否负责，票数过半继续留任，期中考试后再次投票选举。

（2）大胆使用，不束缚手脚。

放手让班干部工作，要具体指导他们做好第一件事，当班干部完成某项工作之后，应及时表扬肯定，树立工作信心，如果失败了也不要责怪，应鼓励其继续实践，做好工作。

（3）提醒班干部注意工作方法。

传授"六少六多"真经：少向老师告状，多和同学商量；少用大声语，多说悄悄话；少出口伤人，多以理服人；少凭权压人，多用权理事；少以权谋私，多公道处事；少自以为是，多和气待人。

2. 班干部的培养

（1）激发学生内驱力。

要做到肯定班干部，让他们有归属感、安全感；树立班干部的威信；明确班干部职责；明确评价措施。

（2）"目标导向"清晰。

让每个学生、班干部清晰班级的奋斗目标。要确定最佳的培养目标，将培养工作的重点放在班干部的管理和创造才能上。

（3）教授班干部管理方法。

工作中教师要从学生的角度出发思考问题，学生就像一张白纸，班干部应具备的能力和方法，不是自身具备或自学就可以具有的，而是需要教师教，老师应帮助班干部练习、强化这种能力。

（4）让评价发挥导向作用。

对班干部也要实时评价，一件事有一件事的评价，日评价、周评价，开展好每周的班干部会议。

（5）善用激励机制。

激励机制是学生工作的长期动力，有精神荣誉方面的激励、多样的评价语、评选班级或部门优秀干部、优先参与评优优先等奖励，关爱班干部。

（四）在丰富多彩的班会和实践活动中培养自主管理能力

引导学生学会自我管理，要从打基础开始。例如，重视班级中集体活动的安排，要多准备学生间的互动节目,这是学生学习自我管理的重要途径。要建设正确、积极向上的班级文化氛围,多开展相关主题的班会,引导学生。

1. 班级精神建设——主题班会活动

表1　相关内容班会活动安排表

周别	活动内容	目的要求	活动方式
1~2周	做一个合格的中学生	让学生尽快从暑假生活中顺利过渡,实现开学收心、习惯养成、常规管理	宣读《中学生常规要求》
3周	梦想与目标	梦想是动力,目标使我们努力,制定月考目标	班会
4周	中秋节班会	过传统节日,增强爱家爱国的情怀	班会
5~6周	向国旗敬礼	以10月1日"国庆节"为教育契机,教育学生今天的生活来之不易	唱国歌,看电影《我和我的祖国》
7周	月考动员会	通过心理指导、学法指导,沉着备战,汇报成果	学生主持参与
8周	月考家长会	汇报近期活动,月考分析,制定期中目标	家长会
9~10周	励志教育	人生中最大的遗憾——我本可以	视频,班会
11周	心理健康教育	引导学生正确对待生活中的挫折,树立良好的心态	播放心理健康讲座
12周	良好的学习方法	使学生掌握良好的学习复习策略,巩固知识	生生经验分享交流
13周	感恩老师和朋友	我们的成长伴随了太多人的付出,学会体会,学会报答	视频,课件
14周	细节决定成败	教育学生关注周围生活的点滴细节	发言,讨论
15周	文明礼仪教育	加强学生文明礼仪、勤俭节约、乐于助人教育	讨论,宣誓
16周	感恩父母	教育学生感恩父母,学会孝亲,努力学习	班会,部分家长参与
17周	诚信教育	培养学生诚信的品质,为诚信考场做铺垫	名人故事
18周	别让过程留下遗憾	激发学生努力学习,积极应对期末考试	名人故事
19~20周	期末考试准备	教育学生以积极心态面对考试	交流

2. 班会自主化

要更灵活地安排主题班会活动,给予学生更高的自由度,让学生充分发挥积极性,在老师的指导下自主地设计、安排主题班会。

3. 尝试实行学生自主评价

在学习自我评价方式的过程中,教师应当积极地引导学生,帮助学生进行正确的、全面的自我评价。

4. 依托学校管理抓住教育契机

如在进行大型集会、课间操、运动会、文艺晚会等学校活动中,充分激发学生的主动性,准确定位自己的班级,与其他班级良性竞争,在竞争中提升自我。

5. 开拓自主实践活动的时间和空间

为了进一步培养学生的自主能力,延伸学生自主管理的时间,还可以组织学生之间形成体育小组、阅读小组、劳动小队等,鼓励小组成员利用课余时间多活动、多学习、多探讨。

四、经验总结

(一)更新班级管理理念,切实尊重学生的主体地位

班主任可以运用制定荣誉目标、建立合理的规章制度、选举班干部等方式鼓励学生开展自主决策,在班级日常管理中体现学生的主体地位,在课堂教学中培育学生的自主性,开发他们的积极性和创造力,从而实现学生能力和素质的提升。

(二)开展德育教育,培育学生的道德自律能力

在德育教育过程中主要是以学习先哲故事、榜样示范的方式进行,在阅读的过程中,让这些基本道德渗透到日常教育教学活动中。"德育故事会"是我们主要的德育方式,如果发现班上出现任何德育问题,我们就会抓住契机,开展行这方面的德育故事会。

(三)激发学生动机,调动自主管理的积极性

班主任要引导学生自发地进行自主管理的学习,使学生有计划性地开展自我管理的训练。所以,在引导自我管理之前要注意强化学生的自主意识。主要从两方面入手:促进学生生活和行为习惯方面的意识觉醒;培养学生学习方面的自觉意识。

(四)班主任应情感与制度并行,当好学生自主管理的强助力

班主任要在学期初就将班里每个学生的家庭情况和个人爱好熟记于心,给那些心理较为敏感脆弱、家庭不圆满的学生多一点关注,并定期电话家访或者找学生谈心聊天,刮起学生自主管理的东风,为学生自主管理做好助力工作。

（五）注重家校互联互通，做好学生自主管理的后盾

家庭环境是学生成长过程中最重要的力量，培养学生的自助管理能力需要家长的全力支持和参与。

1. 让家长会"开"在心上

开家长会之前，班主任和科任教师要精心准备发言稿，使家长、学生对家长会有正确认识，意识到家校携手合作的重要性。在家长会中，教师同样应当耐心听取家长们提出的建议，尽可能多了解每一位家长，充分发挥家长会的作用。

2. 帮助家长学习教育知识

鼓励家长与学校同步学习教育知识，主动与家长探讨学生教育技巧，共同关注学生成长，这样家长就能科学地、更好地参与到学生的教育过程中，同时助力班级管理。

3. 向家长开放课堂

我们学校的"家长开放日"活动已经常态化。主要是家长进校听课，陪学生就餐，参与学校活动和座谈等。这样做可以拉近家校的距离，同时也使家校、师生、亲子关系更加亲密。

五、课题的研究成效

（一）班级管理实现真正的自主管理

以七一班为例，我们发现，学生们已经渐渐成长为班级小主人，每个学生都从被管理变为自主管理，并且养成了好的学习生活习惯。

（二）班级的纪律意识和凝聚力大大提升

在诸如课间操、自习课和学校集会等活动中，即便没有教师在场，学生们也可以自己维持纪律，服从安排，按照班级纪律要求有序开展活动。其中进步最显著的就是大课间活动，有时因为一些事务班主任需要集体开会，这时班级有无纪律意识就非常明显了。

（三）学生自主管理能力增强

有时候在没有教师监督时，学生表现出高度的自控力，往常自习课没有教师时的吵闹现象大大减少，学生的行为规范越来越好。以七一班为例，每周、每月小组纪律卫生积分周周前两名，学生的道德素养和自主管理能力同样得到提升。

（四）家校合作效益有所提升

家校合作的频率和范围越来越大，家长开始乐意加入班级日常管理，为班级管理献计献策，为学生成长保驾护航。

（五）丰富多彩的活动花开各家

我们班积极参加学校开展的各项文体活动，如迎国庆歌唱比赛获得最美音色奖，寒假特色作业获得一等奖，期末被评为优秀班级等。

（六）班级的教育教学质量显著提高

实施班级自主管理以来，七一班学生在各方面得以改善的同时，从入学班的总评第三名（最后一名）成绩到期中的第二名，成绩明显高于七年级其他普通班，到期末成绩七科第一，经过一个学期的学习，与其他班级拉开更大的差距。事实证明，科学的学生班级自主管理可以提高班集体中同学们总体的学习成绩。

表2　三个普通班入学、期中、期末三次成绩对比

入学成绩	语文	名次	数学	名次	英语	名次	总分	名次
71	61.07	3	52.95	3	58.59	3	172.61	3
72	63.10	1	58.95	1	61.55	1	183.60	1
73	62.09	2	53.56	2	59.88	2	175.53	2

期中考试	语文	名次	数学	名次	英语	名次	总分	名次
71	64.49	2	43.23	2	55.24	3	162.96	2
72	65.18	1	42.11	3	56.35	1	163.64	1
73	62.05	3	44.95	1	55.90	2	162.90	3

期末成绩	语文	名次	数学	名次	英语	名次	政治	名次	历史	名次	地理	名次	生物	名次	总分	名次
七一平均	66.37	1	52.64	1	58.10	1	58.96	1	55.02	1	55.67	1	57.78	1	404.54	1
七三平均	65.31	2	48.79	3	54.80	2	58.21	2	53.93	2	54.98	2	46.37	2	382.39	2
七五平均	63.20	3	50.61	2	51.27	3	57.59	3	52.45	3	53.00	3	45.64	3	373.76	3

成绩的提高，增强了学生自主管理的自信心，提高了班级管理的水平，使得班级管理取得更大的进步。

（七）荣誉展示

一年以来,七一班的同学们在老师的指导下通过自己的努力学习,在学生们自己提出的"拼搏奋斗,争当优秀"的班风指引下,成长为一个充满朝气、勤奋上进、团结互助的优秀集体,并取得累累硕果。

表3　荣誉展示表

时间	获得奖项
2019 年 9 月	开学军训评比第一名、迎国庆歌唱比赛最美音色奖
2019 年 10 月	趣味运动会团体第一名、校级篮球比赛第一名
2019 年 11 月	校园广播操比赛第一名
2019 年 12 月	"展校训,晒家风"演讲比赛第一名
2020 年 1 月	期末考试总评第一、优秀班集体

六、课题存在问题及下一步打算

经课题组成员的共同努力,一年来我们取得了超过预期的成果,同时我们发现研究中仍有诸多不足。虽然课题研究期限已到,但我们仍然需要在后期的教学实践中不断地改进和完善。

（1）鉴于一些客观实际的局限性和综合因素,我们通过调查问卷、电话等形式了解到家长对于孩子们在自主管理方面的评价不够全面和客观。

（2）评价形式单一,关于对自主管理能力提高方面的评价还有待进一步完善。

（3）我们整理了大量的班级文化建设的案例和班会设计资料,然而由于课题组中的教师多数承担班主任的工作,其中一些还承担主科教学任务,日常的工作已很繁重,因而只能投入有限的精力和时间到研究当中,有些资料没有进行更好的整合。

（4）需要继续深入系统地开展学生调查和课题研究,优化班级文化建设的内容细节,丰富自主管理方面的内容。

（5）教师不仅要能上好班会课,也要能进行专业深入的研究工作,继续从班级精神建设方面（班会）提高班级自主管理能力。

在探究过程中,我们必须坚持理论与实践有机结合,在实践中发现问题,解决问题,总结经验教训,去粗取精,去伪存真,探索出一条适宜自身的有效管理路径。所以我们课题组成员依然要不断探索钻研,使自身的班级管理实践能够常学常新。

参考文献

[1]陈青.学生自主管理班级的探讨[J].校长阅刊,2006.(10):70.

[2]张秀竹.班级自主管理基本策略探究[J].天津市教科院学报,2004(2):75-78.

[3]赵福庆,王立华,徐铎厚.自主管理——创新教育的制度建构[M].济南:山东教育出版社,2004.

[4]王立华,李双红.谈自主型班级管理结构形式的构建[J].教育探索,2002(2):52-54.

(本文为2019年度郑州市教育科学重点课题,获科研成果一等奖。所在单位:郑州市二七区马寨一中,课题主持人:曹翠红,课题组成员:姚国笑、温南、虎彬彬、王婷)

小学低年级学生良好数学书写习惯的培养研究

一、研究背景

（一）低年级是学习习惯养成的关键期，小学低年级学生数学书写不规范不仅影响数学成绩还影响学生的数学学习态度

低年级是学生养成良好学习习惯的关键期。培养低年级学生养成良好的数学书写习惯，对其整个数学学习生涯都有帮助。良好的数学书写习惯影响学生的数学学习态度，有利于学生养成良好的数学思维方式，掌握良好的答题技巧。因此本课题的研究具有深远的价值和意义。

1. 学习习惯培养的重要性

众所周知，习惯对一个人的一生的发展起着十分重要的作用，同时，良好的学习习惯对学生学习进步也起着很大的作用。相关教学研究资料表明，学习成绩的高低，很大程度上与非智力因素相关，在非智力因素中，习惯占十分重要的位置。

2. 小学阶段要培养学生良好的数学书写习惯，低年级是最重要的时间

在教学中，如果能够抓住低年级这一关键期，就能够做到事半功倍。

3. 学生不规范的数学书写习惯严重影响数学学习成绩

小学低年级阶段，数学知识的难度不大，但很多学生由于书写不规范，造成了各种各样的错误，同时数学书写的好坏也影响着学生的数学学习态度。

（二）小学低年级阶段学生的数学书写存在很多的问题

在小学数学低年级阶段知识难度不大，但很多学生书写不规范，看错符号，数字写错，数位对错等。常见的书写问题有"0"书写不规范写成"6"等。这些不规范的书写，浪费学生的时间、精力，影响学生的成绩，每当考试结束，学生成绩发下来的时候，很多学生发现是书写不规范的问题，所以数学书写必须引起学生、教师以及家长的重视。

（三）家长忽视小学生的数学书写习惯

课题研究者任教学校外来务工子女较多，家长的生活压力较大，对学生的教育、习惯培养等不重视，对学生数学书写习惯的培养更容易忽视。家长只要学生能完成作业就行，不在乎学生的数学书写是否规范，由此看来，教师对学生进行良好的数学书写的培养是非常有必要的。

二、研究过程

我们将本次课题研究分为准备、实施和结题三个阶段。在准备阶段,我们建立课题领导小组,制定并论证研究方案,并向上级进行申报。随着课题的申报,进一步完善研究方案。在实施阶段对学生进行问卷调查、谈话调查,广泛搜集相关文献,结合学生的实际情况,指导学生进行数学书写,并及时给予学生回复沟通,对优秀数学书写进行表扬,拍照留存优秀数学作业。设立数学书写展览区,对优秀数学书写进行展览,实验班级设立"数学书写小蜂王",跟踪访谈典型个案指导数学书写前后的变化。汇总课题研究以来实验班级学生的书写态度变化、心理变化、行为习惯变化,形成课题研究阶段性成果。在课题的总结阶段,我们将呈现课题报告,申报课题成果。

三、主要做法与经验

在课题研究实施过程中,由于课题研究对象是低年级学生,自觉性不高,因此数学教师在讲课过程中对学生的写字姿势、书写格式进行了细致明确的要求,目的是让学生在思想上树立对数学书写的清晰认识,深刻意识到数学书写的重要性。数学书写包括数字书写是否规范、数学符号是否协调、数学答案布局是否合理、数学草稿纸是否合理利用、作图是否规范美观。

(一)与低年级家长相互配合,发挥教育合力,让家长和孩子意识到数学书写的重要性

低年级学生年龄小,自制力相对来说比较薄弱,如果能做到在校的时候有老师严抓,在家的时候有家长严抓,家校配合,一起要求,对培养小学低年级学生良好数学书写习惯有很大的促进作用。

有的家长不愿意配合老师,认为自己的孩子太小,随着孩子一天一天地成长,长大了就会写好;还有的家长认为做题时把题算对就可以了,书写习惯不重要。正是这些想法导致学生在低年级没有养成良好的书写习惯,到了高年级,更难形成良好的书写习惯。

教师和家长都要采取一些必要的方法,让孩子意识到数学书写的重要性。在平时考试时我不会因为学生成绩不好批评他们,但是我会因为卷面不整洁、字体不工整批评他们。知识学不好可以慢慢补,但是在低年级如果养不成良好的数学书写习惯,以后就更难养成了。

1. 和家长共同商定监督学生养成良好数学书写习惯的方法

在一年级新生入学开家长会的时候,让家长观看提前收集好的中、高年级学生的作业及试卷,有的书写规范成绩优秀,有的书写潦草成绩有待提高,两种作业一对比,家长就会意识到从低年级培养学生的数学书写是很有必要的,并且愿意和教师共同商定监督学生养成良好数学书写习惯的方法,对培养低年级学生良好数学书写习惯达成共识。

2. 家长反馈学生在家锻炼坐姿和数学家庭作业书写情况

家长通过录小视频的方式反馈学生在家锻炼坐姿和书写数学作业的情况,在学校我会利用早进班时间进行及时反馈,奖励学生叶子和花,让学生感受到教师对他们数学书写的关注。

3. 教师建立优秀数学书写作业相册,给学生和家长提供优秀书写作业模板参考

借助一切家校沟通平台及时向家长反馈学生的在校听课情况,课堂作业、课本、练习册的书写情况,建立优秀作业相册,给家长和学生提供优秀数学书写作业模板以供参考。

(二)教师的榜样示范作用以及对学生书写规范的引领

1. 教师给一年级学生做榜样示范,亲其师,信其道,低年级的学生对教师有极其强烈的崇拜感

教师在课堂上的板书、批改作业的评语等都会给学生留下书写的印象,从而直接影响学生的良好数学书写习惯的养成。

2. 在低年级学生开学初,和语文老师沟通明确书写坐姿,并且和各科教师一起,齐心协力规范学生的书写坐姿

(1)要有正确的坐姿。

学生写字前身体要坐直,坐姿基本要求"头要正、身要直、臂开、足安"。

(2)要有正确的执笔方法。

执笔一般是拇指、中指、食指起作用,拇指、食指、中指执笔处在"一个面",拇指、食指形成"一个圆",执笔位置距离笔尖"一个指节",就是食指从指尖开始的第一个指节。

3. 教师在低年级数学教学过程中要严格规范书写细节

关于数学书写,我和学生仔细研究了两个基本标准。一是美:0 至 9 这 10 个阿拉伯数字书写要美,数学符号的书写也要美。二是细:数学书写的格式要细致到具体标准。

数学书写中有许多细节需要注意,例如合理安排数学书写的位置,在解决综合题目时,要从左往右写,从上往下写,算式和解答的字要平整书写;学生在列加减法的竖式时,要注意数位对齐;草稿纸的使用也要合理安排,很多学生在使用草稿纸时,不会合理安排草稿纸上的书写,老是开头画一点,结尾画一点。教师可以事先教给学生在使用草稿纸时,将草稿纸进行对折再对折,分成四部分,从左往右写,从上往下写,进行演草,养成规范书写的习惯,这样学生在试卷检查时还可以在草稿纸上找到相应的解题步骤,帮助学生更好地发现错误。数学是非常严谨的学科,稍有不慎,一个小的运算符号、一个小数点都会使学生离正确答案很远,这更需要教师与家长相互配合,相互督促,从低年级就开始重视孩子的数学书写。

在刚开始数学书写时,教师就需要给学生制定严格的数学书写标准。因为先入为主的原因,低年级学生的第一次书写就显得十分重要,所以每学期第一次在作业本上书写

时,我会领着学生一起做。首先把数学作业书写的要求打在 PPT 上,让学生先看,接下来我一边解读 PPT 上的内容,一边给学生做示范。

学生列竖式时,要选择格的中间完成,并且要注意数字与数字之间留一个数字的位置;学生在写横式的时候要在每个格开始的时候,空两个数字的位置再进行书写;写等号时要注意用格尺。书写的要求讲清后,学生试写,老师巡视,发现问题,及时解决,第一次没有写好再进行第二次的规范书写,反复练习,直到写好为止。针对学生书写不规范的地方,我要求学生保留不规范的原样,然后在该页后面重新书写,目的有二:一是保持卷面干净整洁,不乱涂乱画;二是学生通过规范书写与不规范书写的鲜明对比,记忆才会比较深刻。

4. 结合低年级学生心理发展的特点,引入儿歌,吸引学生的注意力,帮助学生规范书写

培养学生良好的数学书写习惯,老师可以采用多种多样的方法。比如老师结合低年级学生的心理特点,引入自己创作的写字儿歌,例如"1 如铅笔要竖直,2 如小鸭底要平,3 如耳朵两个弯,4 如红旗迎风飘……"教师可以结合自己班级里学生的数学书写情况进行合理编排创作。学生一边歌唱,一边用手比画,可以在歌唱中自己发现书写的错误,老师也可以指导学生进行改正,以便更好地培养学生良好的书写习惯。

(三) 用评价和鼓励相结合的方式,举办丰富多彩的数学书写活动

1. 在一年级学生初写 0 ~ 9 时,举行数学书写格式美大赛

学生在全部学完 0 ~ 9 数字的书写之后,在实验班级举行数学书写格式美大赛,让孩子进行数学书写比赛。在比赛结束后,老师把学生优秀的数学书写作业在数学书写展览区进行展览,并且对优秀学生颁发奖状进行奖励。

2. 在学期末的时候对坚持认真书写的学生颁发"书写小蜂王"的鼓励

班级设置"书写小蜂王"积分榜,学生每天都有书写作业,对于书写精美规范的学生,教师不仅会在他们的作业本上写上鼓励性评语,还会奖励他一朵小红花,并记录在积分榜上,每个月积累 15 朵以上小红花的学生可以有一次抽奖的机会,奖品形式多样,激励每个学生规范自己的书写。当然学期末结束时,颁发"书写小蜂王"的奖励,这样家长看到孩子的进步,也会对孩子进行表扬,在这种肯定和激励下,学生愿意规范书写,逐渐养成良好的数学书写习惯。

(四) 书写习惯贵在坚持,班级里专门设立数学书写展览区对优秀数学书写进行定期展览

一年级的孩子年龄较小,根据其心理特点,希望得到老师和家长的关注,也期望获得老师和同学的赞扬,定期将学生优秀的数学书写进行展览有利于学生自我效能感的产生,能够产生较强的学习驱动力,也能获得其他同学的赞扬。自我的肯定以及老师、家长、同学们的肯定有利于学生长期坚持良好的数学书写习惯。

（五）同学间互相影响，相互促进，树立榜样

榜样的力量是伟大的，我会在课堂上不断表扬书写规范、整洁、认真的学生，并把他们的作业制成精美的 PPT 展示在电脑上让全班学生去欣赏，在班级多树立榜样，并鼓励学生向这些小榜样学习。

数学书写习惯的培养需要一个长期的积累过程，为了对学生进行持续的激励和奖励，在学期末对优秀家庭作业书写者、优秀课堂作业长期坚持者颁发数学"书写小蜂王"奖励，让学生意识到老师在持续关注学生的数学书写，鼓励学生在数学书写练习上应该像勤劳的小蜜蜂一样，孜孜不倦地努力。

孩子的书写一有进步就会得到同学、老师的赞扬，在这种环境下，学生的书写热情高涨，也大大提高了学习兴趣。在班级中时刻营造一种规范书写的良好氛围，在这种规范书写的良好氛围熏陶下，学生最终能够形成你追我赶比书写的局面。

（六）以问卷调查、访谈为基础，结合学生实际情况实时指导

利用问卷调查小学低年级学生在良好数学书写习惯培养过程中前后所发生的变化的同时，课题组的成员们还对学生、教师、家长进行访谈调查。

1. 对学生进行访谈，了解学生真实想法

通过对典型个案进行访谈，了解学生内心的真实想法。通过访谈引领学生回顾养成良好数学书写习惯过程中自己的变化，包括学习数学的态度、数学做题习惯、数学成绩、上课的状态等，了解低年级学生的习惯、心理变化状况，以及他们的真实感受。

2. 对教师进行访谈，了解学生成长进步

通过对实验班级教师进行访谈，了解培养学生良好数学书写习惯对其他学科产生的影响。通过与实验班级语文老师的访谈，发现学生的语文书写水平有了显著提高。

3. 与家长沟通，帮助学生解决问题与困惑

课题研究者及时加强家校沟通，了解低年级学生在数学学习方面存在的其他问题，及时发现及时解决，有利于学生良好的数学学习习惯的养成和数学态度的培养，对于整个数学学科的学习很有帮助。

四、研究成效

经过一年以来对本课题的研究，课题组成员已经逐步探索出了帮助学生养成良好数学书写习惯的方法，课题研究成效如下。

（一）学生的变化

1. 学生由被动变为主动，学习态度由敷衍变为认真

低年级学生对自己日常的作业书写越来越重视，并且能认真对待，及时发现自己在

数学书写过程中的不足和错误。之前是老师、家长发现错误,督促学生进行改正,现在学生能够发现自己的错误并自己主动改正。很多家长反映孩子们的学习态度有所改善,良好的数学学习习惯和学习态度的养成对孩子的成长和发展来说是受益终身的。

2. 书写姿势科学化

教师和家长在帮助低年级孩子养成良好的数学习惯的过程中,培养了学生良好的坐姿,学生的书写坐姿也有了明显的变化,不再是怎么舒服怎么来,在我们的不断努力下,学生的坐姿基本能达到老师的要求。

3. 数学书写规范化

学生的字迹更加美观大方、干净整洁,学生能够正确书写数字、能够明白数学符号应该和数字协调,掌握了书写的细节,养成了良好的书写习惯,明白了如何合理利用草稿纸、合理布局数学书写的答案位置,行为习惯也改善了,更可喜的是成绩也提高了,这更坚定了我们继续研究的信心。

4. 学生的学习态度和习惯朝着好的方向变化

通过各种有趣的数学书写活动的举办,孩子们更喜欢上数学课了,改变了过去对数学学科和数学家庭作业厌烦的态度。学生良好的数学书写习惯的养成,也帮助学生提高发现问题、分析问题、解决问题的能力,数学成绩也得到了提升。成绩方面,不管是期中考试还是期末考试,实验班级成绩都明显高于非实验班级。

5. 学生学习数学的内驱力逐渐增强

学生通过一段时间的认真书写,养成了良好的书写习惯,与此同时,将学习到的知识内化成自己学习和生活的自觉行为,为以后的学习打下坚实的基础。学生们喜欢上数学,也发现了自己的变化和潜力,产生了极大的自我效能感,学习数学的内驱力逐渐增强,形成了一个良性发展的循环。

(二)家长的变化

低年级的学生家长越来越重视孩子数学书写习惯的培养,教育理念、教育观念也在发生着变化,家长也学会了如何培养学生的良好书写习惯,并且积极配合老师。一个学期下来,家长看到孩子的喜人变化,更加愿意配合老师,家校合作朝着更好的方向发展。

(三)教师的变化

1. 教师教学效率提高,师生关系改善

学生的数学书写习惯越来越好,提高了数学课堂的效率,教师不再因为纠正学生的书写姿势耽误时间;教师批改作业的速度也提高了,这样可以节约出更多时间去研究教材,钻研教法,有更多的精力去提升自己的业务水平和学科素养;另外美观的书写让教师身心愉悦,有利于师生关系和谐,教师在教育教学中不知不觉会给学生创造舒适的教学环境,有利于学生的健康发展。教师乐于教,学生乐于学,这样就形成了一个良性循环。

2.课题组成员知识素养提升,教学模式改善

通过对本课题的研究,课题组成员的科研意识都得到了提高,课题组的研究成员都具备了相关方面的知识储备,提高了自身的知识素养,在培养低年级学生良好数学书写习惯的同时及时调整自己的教学模式和方法,更加有利于教学的开展。

五、存在的问题及下一步打算

(一)存在的问题

(1)由于现在社会压力比较大,一年级学生虽然是新入学学生,但是受到家长和同辈群体给予的压力,报钢琴、舞蹈、绘画、足球等辅导班,学习的时间自然就相对缩短了,写书面作业的时间就少之又少。现在的学习任务比较重,老师和家长受到现行教育体制的影响注重成绩在所难免,现在明令要求对一、二年级学生少布置书面作业,所以在某种程度上不利于学生良好数学书写习惯的养成。

(2)低年级学生自制力比较弱,良好数学书写习惯的养成需要长期坚持,需要教师进行精神鼓励,需要家长严格监督,需要形成教育合力,如果教师和家长教育不一致也在很大程度上影响低年级学生良好数学书写习惯的养成。

(3)课题组成员本身都是满工作量,在课题研究上略显精力不足,并且缺少专家的引领和定期指导。

习惯的养成本身就是一个隐性的过程,需要长久时间的验证,低年级学生良好数学书写的养成需要长期的坚持和各方的努力。

(二)下一步打算

(1)优秀习惯的养成需要一个过程,只有长期坚持才会有效,良好的数学书写习惯的养成也需要学生长期努力和坚持。良好数学书写习惯的养成需要家校合力才能发挥最大的作用,应坚持家校合力。

(2)在低年级学生养成良好数学书写习惯的过程中尝试摸索出一套切实可行的让小学生都养成良好数学书写习惯的模式,尤其是在中、高年级,数学书写影响学生的答题速度和良好思维力的形成。

(3)在课题研究结束之后争取将我的研究成果向全校进行推广,以提高全校学生的数学书写水平和数学成绩。书法是我校的特色课程,我与课题组研究讨论将数学书写与书法课程结合起来,进一步培养学生良好的数学书写习惯。

参考文献

[1]刘丽艳.小学写字教学的现状及策略研究[D].天水:天水师范学院,2016.

［2］谢膘连.浅谈小学生写字教学现状分析与策略［J］.课程教育研究,2017(7):69.

［3］赖晓瑛.小学写字教学的现状及策略研究［D］.南昌:江西师范大学,2018.

［4］陈晨.小学低年级写字教学的问题与对策［J］.读与写(教育教学刊),2017,14(11):54 +4.

［5］胡琳.新课程背景下　良好学习习惯的培养［J］.时代教育,2007(12):40 –41.

［6］黄希庭.心理学导论［M］.北京:人民教育出版社,2003.

［7］贾丽娜.小学低年级学生数学学习习惯培养的行动研究［D］.长春:东北师范大学,2012.

(本文为2019年度郑州市教育科学重点课题,获科研成果一等奖。课题研究单位:郑州市高新区长椿路小学,课题负责人:侯雪次,课题组成员:赵冰艳、徐玉雪、陈慧娇)

高段学生创造性思维培养的行动研究

一、研究背景

(一)未来社会对人才的需求,必须关注学生创造性思维的培养

未来世界需要创新型人才,其必须具备 7 个关键力,这 7 个关键力涵盖着创造性思维的要素。在《中国学生发展核心素养》中,"科学精神"具体包括理性思维、批判质疑、勇于探究等基本要点。其中,批判质疑就是一种创造性思维,勇于探究就是创造性人才的一种具体表现。"学会学习"要善于反思,反思力是创造性思维的基础。"实践创新"中也关注到学生的问题解决能力、创新意识等。所以学校育人的重要目标就是要培养具有创造性思维的学生。

(二)中国学生创造性思维培养的现状不容乐观

在 2018 年 PISA 测试中,中国四个地区的学生数学素养排名第 6,阅读素养排名第 27,科学素养排名第 10。但是在合作、创新等指标上远低于其他国家。党的十九大提出了建设教育强国的战略部署,2050 年中国要成为学习大国,只有培养学生的终身学习能力和创新性思维能力,才能实现这个目标。

(三)依据我校的办学理念和愿景,以学科教学为契机,培养我校高段学生的创造性思维

郑州市创新实验学校的办学理念是:在创造中生长。办学愿景是:创办一所面向未来的学校,一所人在中央的学校,一所遵循儿童天性的学校。基于此,学校组建了以副校长刘玉华为负责人的"高段学生创造性思维培养"的项目研究团队,在学科教学中,开发出相应的培养学生创造性思维的教学策略,助力学生成为创新型人才。

二、研究过程

本课题从 2019 年 4 月起至 2020 年 4 月止,整个课题分为准备、实施、总结评估三个阶段进行。

（一）课题准备阶段（2019 年 4 月—2019 年 5 月）

组织课题组成员进行相关理论的学习，掌握国内外相关内容的研究情况及学术信息、前沿动态。

召开课题开题会以及研讨会，确定课题意义、内容、目标，并且组织课题组成员分头进行子课题的研究。

（二）课题实施阶段（2019 年 6 月—2019 年 2 月）

1.第一阶段（2019 年 6 月—2019 年 8 月）

6 月份进行了问卷调查，了解我校学生思维层次及对影响创造性思维关键要素的认同度，了解学生在学习中的需求。

7 月份召开年级学科教师圆桌会议，确定本年级的教学计划，结合创造性思维的培养目标，制定学科教学的阶段目标。

8 月份收集整理创造性思维培养的方法和相关资料，研究高段学生的生理、心理及认知特点，制定培养创造性思维的针对性策略。

2.第二阶段（2019 年 9 月—2019 年 12 月）

9—10 月份，在各自的教学过程中，运用相应的策略进行实践，定期召开课题研讨会，解决课题研究过程中出现的问题。

11—12 月份，在实践的基础上提炼好的经验和做法，做好课题研究中期总结工作，写好各阶段小结。

3.第三阶段（2020 年 1 月—2020 年 2 月）

成员梳理、总结个人在此次课题研究中的成功与改进点；开展"学生创造性思维发展"分享会，总结、提炼好的经验做法；收集、归纳、整理课题研究相关成果。

（三）总结与结题（2020 年 3 月—2020 年 5 月）

3 月份检测研究效果，调查分析，把提炼出的培养策略汇编成册，梳理经验。

4 月份撰写课题结题报告，提交申请。

三、主要做法和经验

（一）"学生在中央"的民主氛围营造

安全民主的氛围才能让一切想法得到流通，并蓬勃地生长起来。要培养有创造性思维的人，首先他必须是一个有想法的人，敢想敢做敢尝试。在校园里，我们要营造这种想法被激发的氛围。

1. 以活动为契机,创建"校园民主的文化氛围",为培养有想法的人提供适于生长的土壤

学校提倡人在中央的理念,使每一个人的想法得到了尊重。学校决策多和老师协商,给老师提供展示自己的舞台。老师将这种体验传递给学生,鼓励学生有自己的想法。校园里的一切活动,都以学生的需求和想法为起点,征求学生的意见,让学生拿方案,老师提供支持,并在校园里设立金点子奖,于是学生的创意越来越多地呈现出来。

(1)在全校范围内征集学校校徽图案设计。

这个"征集令"一下,立刻在全校学生和家长中出现了一股设计校徽的热潮。在一个月内,共计收到作品300余件。校学生中心在对征集到的作品进行筛选和梳理后邀请了专家老师进行评审,最终评选出了不同等次的奖项,大大激发了学生的创新意识。

(2)学生自主设计制作班级文化。

我们的班名叫什么?我们的班级文化设计成什么样?节日活动怎么开展?班级管理规则谁来制定?教师把问题抛出来,学生都来参与,献计献策。根据班级小组进行分工,每个人都出一份力,于是班级"阅读区""游戏区""休息区"等区域文化就建立好了,不管是区域规则还是班级月目标,都是学生研讨协商出来的,而老师成了引领者和陪伴者,学生在这个过程中真正地发挥了自己的创意,当以尊重为前提的教育开始的时候,创新也就开始了。

2. 当"及时反思、善于反思"成为校园主流文化时,向前再创新一步才能变成可能

(1)让"活动项目在前,反思会议紧跟"成为学校常态。

每一次课堂结束,每一次活动画下句号,每一个校园故事发生之后,老师都会带着学生一起进行反思:哪里做得好,哪里做得不好,下次还可以怎么改进。反思积累了经验,无意识的好的行为通过加温变成了常态的有意识的行为,更是促进了新想法的诞生。当学生有了极强的反思能力,就会一直走在创新之路上。

(2)"反思日记"成为人人必备。

为了促进学校"善于反思"文化的建立,学校开展了"反思心得"的活动,鼓励学生和老师定期撰写心得,反思每天的做法等,"一日三省吾身"。一直在坚持的老师和学生,慢慢地发现了这种好习惯带来的改变,反思能力也日益提升。

(二)课堂是培养创造性思维的主要阵地

学生在校时间80%以上是在课堂,所以课堂是创造性思维培养的最重要的阵地,抓好课堂中的思维培养是核心所在。

1. 自学能力的培养策略

一个有创造性思维的人,首先要有不断前行和改进的目标和勇气,具有较强的自律意识,能在没有他人监管的情况下,按自己的兴奋点和兴趣自主学习。

(1)首先要帮学生建立规划意识和时间观念。学期初教学生做学期规划,制定切合

自身实际情况的策略。一定要将目标进行分解,从完成一个小目标开始,帮助学生获得成就感,并且将目标转化成关键事件,使完成事件的路径清晰、具体、可操作性强。

（2）指导学生自学的方法,提供适切的自学工具。

比如,在数学自主学习方面,老师和学生一起梳理了自学四部曲。

①看书中问题串,自己尝试解答。

②与书中解题思路进行对比,发现相同与不同。提出不懂的问题,进行记录。想出其他的思路,写在书本上。

③完成书中练习,根据自己体验的难易程度用不同符号进行标记。（非常理解√;能理解,并通过思考做出来○;不是特别清楚,不知道自己做得是否正确▽;完全不会×）

④向他人求助。（上网查资料;向同伴求助;向父母请教;向老师请教）

（3）对学生的自学能力和情况作评价反馈,并进一步进行指导。比如对学生自己独立解决问题的思路进行点评;指导学生碰到不会的问题时,怎么阅读书本材料;让学生提出不懂的问题;通过检测来评价自我评定是否真实等。

通过这样的指导,学生能提出与书中不一样的观点,通过"如果主人公是我""假设换一个时代"等不同的视角进行分析,这种非比寻常的切入视角的方式,更能打开学生的思维,避免僵化。经过一系列的培训,班级里涌现了不同领域的导师。这些小导师在某一领域有自己的过人之处,成了特定板块的班级专家。

附例:课题组成员之一的美术课自学评价量表

表1 学习过程评价量表

内容	要求	评价（★★★）
工具准备	根据老师的要求准备、带齐工具	
材料成本	合理使用老师提供的材料,不多用也不少用,做到节约环保	
资料收集	搜集中国画、抽象画的表现形式,并提供相应的图片与文字资料	
小组合作	与同伴相处融洽,能组织协调好组内学习分工,有具体的合作办法,碰到问题能相互研讨,讨论问题声音轻,不影响其他小组,能在小组合作下得出结论	
学习分享与评价	个人学习分享:根据学习单上的问题,简洁明了地介绍自己的作品,时间不超过1分钟 小组合作分享:分享小组作品,有主讲人,其他成员相互补充;分享作品时声音响亮,表述清晰,仪态端正;面对同学的提问能积极应答,合理解释,时间不超过3分钟 学习评价:自评时,能反思自己创作部分的得失以及合作时的表现;他评时,能准确指出同伴创作过程中的优缺点,并提出建议	

表2　学习成果评价量表

内容	要求	评价（★★★）
个人学习单	能按时完成相关的学习单,填写内容正确、完整;字迹工整,表述清晰;能结合搜集到的资料,提出自己的问题	
小组探究单	能按时完成相关的学习单;分工明确,实验流程规范;作品有创意,作品分享条理清晰;反思深刻,评价到位	

表3　个人学习单

《形色协奏曲——当水墨邂逅肌理》学习单			姓名:
看到这个题目,你有哪些疑问?			
你运用中国画工具进行过哪些创作?		有其他辅助工具吗?是什么?	
你想怎么用水墨的形式表现抽象画?			
通过阅读课本,在这节课中,你还想了解什么问题?			

表4　小组探究单

《形色协奏曲——当水墨邂逅肌理》探究单			小组:
姓名	方式	肌理效果	为什么产生这样的效果?
	撒盐		
	撒沙粒		
	肥皂水		
	撒木屑		
我们的反思	我们是如何分工,如何进行创作的?		
	我们在学习过程中遇到了什么问题? 是如何解决的?		
	我们还存在什么问题,希望获得什么帮助?		

2. 提问是创造性思维形成的最好路径

（1）老师在课堂上的提问不宜过多,要少要精,要有指向性。

提问目标要清晰,有指向性。把"对不对? 是不是? 同不同意?"这样的问题换成:"谁听明白了给大家讲一下?""他回答的关键地方在哪里?""你能像他这样说一说吗?""你是怎么想的?"只有让学生充分讲述自己的想法,思维才能更深刻。

（2）培养创造性思维最重要的提问是让学生提问。

会问问题才是真正用脑的开始。提问代表着学生的好奇心和求知欲,我们要善于保护这样的天性,同时借助更多的策略,帮助学生永葆学习的热情。我们在每节课,提供学生提问的机会,对于提问的学生进行大力点赞,并指导学生学会如何提出有价值的问题。

3. 在课堂中提升学生的思维层级(培养高阶思维)

缺少创造性思维的人,首先他的知识结构不合理,存在脑海里的都是一些碎片化的知识。大多数课堂,关注识记、理解和应用,却缺少分析、创造这种高阶思维。所以我们要改变课堂的学习结构,将高阶思维放在课堂上进行培养,要以解决现实中的问题和完成综合性任务来驱动教学。比如学习《颐和园》时,老师可以设计以下任务让学生选择完成。第一,给旅游公司设计一份颐和园旅游推广书,吸引更多的游客去参观。第二,如果要建造一座比颐和园更具有观赏价值的园林,请你出具一份设计报告。

类似于这种解决现实生活中问题的综合性任务,更有助于培养学生的创造性思维,提升学生解决问题的能力。

4. 养成好的学习素养,为创新做准备

(1)首先在课堂上养成四清的习惯。

四清就是看清(题目看清楚,相关重句做上记号,戓出题中易混的点)、想清(需要解决的问题属于哪个领域,需要借助哪些相关的知识,百对这样的问题用哪种策略更容易解决)、写清(规范书写格式,不管是提炼的关键字词还是画图,要让同伴能一眼看明白)、说清(整理自己的思路,并用语言表达出来,可进行提前演练,提升表达能力)。这四清,代表着一个完整的学习链条。

(2)一定要养成不懂就问的习惯。

从第一节课开始就要告诉孩子们"一个会提出问题的孩子才是真正会学习的孩子。每一个不懂就问的人都会得到点赞"。让会提问题,成为创新学习的驱动点。

(3)教孩子们一些分析的策略。

碰到难题时,可以用一些不一样的方法来解决,比如举例子、假设法、联想法等。要让孩子们提炼思考方法,形成解决某一类问题的流程图。

5. 在课堂上培养学生的质疑和批判精神

在我们的课堂中随时会听到"我同意你的观点,但我有补充""我不同意你的观点,我的想法是"这样的话语,这是课堂中的常态现象。我们提倡学生有自己的想法,并能大胆表达出来,批判性地看待生活中的一切。首先,一定要有安全宽松的氛围,让学生敢说。其次,要提供语言模板、分析的视角,让学生会说。最后,还要扩宽学生的知识面,让学生有东西可说。

(三)开展丰富的跨领域课程,助力创造性思维的培养

1. 有选择性的主题课程才有创造性

让学生在课程中个性化学习,发现自己,唤醒内心的潜能。比如《我们的节日·春节》,尝试"场馆式走班学习",开设六大场馆,学生根据自己的兴趣选择3~4个内容来学习。每一个场馆用"签证"代替相应的学习评价,在主题学习结束后根据签证的多少获得不同等级的表彰。有选择性才有创造性，"大一统"的学习往往泯灭了学生自身的特长和兴趣，没有兴趣何来创造。在课程的开放中，老师的创造能力也得到了激发，一个善于创造的老师才能培养出具有创造性的学生。

2. 创客课程

创客课程本身自带超强的创造光环，"如何用柠檬来喷雾？怎么制作出飞上天的水火箭？针怎样才能浮在水面上？"这些脑洞大开，看似不可能的课程，教会了学生如何去创造奇迹，把不可能变成可能。这就是创造力被点燃的重要时刻。学校专门开设了创客课程，带领孩子们把身边的废旧物品通过设计思考创造，做成具有新的用途的作品。

3. 阅读课程

创造离不开丰厚的知识积淀，拓宽学生的见识，才使创造有了坚实的基石。所以校园里处处都是图书馆，书籍在学生触手可及的地方。阅读分享、读书漂流、好书推荐、读书笔记、阅读网络图，各类活动，拨动了学生读书的心弦，在书本中学生又会有新的发现、新的创造。

4. 艺术课程

艺术是培养创造性思维非常好的载体，艺术的创造要与生活实际结合起来。比如让学生设计班级班徽，给学校活动设计吉祥物。校园里有可供涂鸦的黑板、白板，学生可以进行创作绘画。同时体现校园生活的心理剧、音乐剧也是学生们自己创作的，吸引了一大批粉丝。

5. 综合实践课程

培养学生的创造能力，要在实践中去发现，去想象，去落实，于是综合实践课程应运而生。比如四年级的责任课程，老师们设计了一个未来城市，在这个城市里有 15 个工作种类，以及 7 个服务中心。同学们穿越至未来城市，争做这个城市里的优秀市民。这一板块分为"入驻""市民行动""颁发勋章"三个环节。

（四）建设利用非正式的学习空间，激发对创造性思维的潜移默化的影响

空间很少会被使用到创造性思维培养的阵营里，建好并用好校园空间对创造性思维的培养有积极的促进作用。首先校园里的一切物品的设计可以模糊其功能边界，有不同需求的学生，可以经过不同的拼摆，产生不同的功用，使用过程本身就是创造性思维的一种培养。空间设计还需要给学生留有角落及秘密的空间，让学生能有安静的区域去思考、想象。同时校园里还要多一些交流互动的空间。当校园空间越来越多地被学生主宰的时候，创造的火苗才能被激发出来。

四、研究成效

（1）老师的思维不断开阔，育人方式越来越科学，创意越来越多。

（2）老师的传授者身份朝引导者、促进者、支持者身份转变。

（3）学生的想象力丰富,能大胆地表达想法,慢慢朝一个完整的"人"的成长在迈进。

（4）校园里各类成果越来越丰富,学生学业成绩有所提升,在参加的科技、艺术、社会活动竞赛中均能崭露头角。

五、存在的问题和设想

研究取得了非常显著的成果,但是也存在不少问题。比如,对创造性思维培养作用最显著的学习方式和课程是什么,老师们的自我评价不够客观,还需要时间去评价课程的价值,选择最具影响力的课程。思维发展要有创造性,必须结构化、系统化。但知识结构化、系统化需要老师自身的学识和经验充足,但我们的研究团队相对年轻,支撑不足。

未来设想:寻求高校研究者的支持,建立长线联系,用科学的原理来指导课题的发展。基于创造性思维培养的课题研究,撬动学校在育人方面的全体联动,全面发展。

参考文献

[1][英]伊恩·莱斯利.好奇心:保持对未知世界永不停息的热情[M].北京:中国人民大学出版社,2016.

[2][美]安德斯·艾利克森,罗伯特·普尔.刻意练习:如何从新手到大师[M].北京:机械工业出版社,2016.

[3][美]彼得·C.布朗,亨利·L.罗迪格三世,马克·A.麦克丹尼尔.认知天性:让学习轻而易举的心理学规律[M].北京:中信出版集团,2018.

[4][美]丹尼尔·平克.全新思维[M].北京:北京师范大学出版社,2006.

[5][英]格雷厄姆·布朗-马丁.重新想象学习:互联社会的学习变革[M].北京:中国人民大学出版社,2016.

[6][丹]克努兹·伊列雷斯.我们如何学习:全视角学习理论[M].北京:教育科学出版社,2014.

[7]任景业.分享孩子的智慧:改进教学的建议[M].长春:东北师范大学出版社,2014.

（本文为2019年度郑州市教育科学重点课题,获科研成果一等奖。课题研究单位:郑州市创新实验学校,课题负责人:刘玉华,课题组成员:夏中琳、杨佳佳、张海楠、闪娟）

用数学游戏提升低段学生思维能力的实践研究

一、课题研究的背景

（一）基于学科素养的要求

《义务教育数学课程标准》指出：数学教学活动应激发学生兴趣，调动学生积极性，引发学生的数学思考，鼓励学生的创造性思维。数学学科的特点是：具有高度的抽象性和严密的逻辑性，对学生的理解能力、思维能力要求都比较高。数学游戏不仅符合低段学生的认知和心理发育状况，还能够提升学生学习数学的兴趣，最重要的是学生能在愉快的游戏中掌握数学知识，发展思维能力。同时，数学游戏把课标的评价嵌入到游戏之中，能更有效地提高游戏效率、锻炼学生的思维能力。

（二）基于学生年龄特点的需求

思维能力是一个孩子学习能力的核心，对孩子的成长具有深远意义。如果低段学生的思维能力长时间得不到足够的发展，到高段时学习数学就非常吃力，以至于造成很多学生偏科，所以培养学生的思维能力要从娃娃抓起，这样做对于孩子未来的发展具有关键性的作用。数学游戏符合低段学生的年龄特征和身心发展特点。德国教育家弗里德里希·福禄贝尔曾说："玩耍就是儿童的工作。"数学学习是一个较艰难、较有挑战性的任务，同时也是发展学生思维的主要方式，在数学课堂中，通过正确的思维方式去开展学习，伴随着游戏积极正面的反馈，加之一定的困难和挑战，学生学习的"最近发展区"就能得到拓展，学生就能获得学习的愉悦感和成就感。所以在新课改深入推行的背景下，教师应当研究数学游戏，借助游戏创新课堂，突出学生主体性，提升学生各方面的思维能力。

（三）我校"雅慧教育"的需求

基于我校"雅慧教育"的品牌，秉承"蕴雅达慧，幸福成长"的理念，"蕴雅"——我们倡导雅言、雅行、雅事、雅趣；"达慧"——我们倡导慧心、慧手、慧眼、慧智。让学生在游戏中慧手，手动促思，培养动作思维；慧眼观察，以形促思，培养形象思维；雅言表达，以口促思，培养表象思维；雅趣游戏，以练促思，培养抽象思维。这就要求教师要善于调动学生的多种感官，创建雅慧课堂。

数学思维游戏是锻炼思维能力、提高智力水平的重要方式之一，它不仅能发掘个人潜能，而且能使人感到愉快，是开启智慧大门的金钥匙。我们低段教研组在正常教学任务完成的基础上，让低段学生在游戏的过程中加入数学元素，在游戏中巩固数学知识，提高数学思维能力。我校任兰兰老师借助扑克牌、骰子和各种棋类等,针对学生所学的教材内容设计了 10 种易操作的数学游戏,并在本校一年级 3 班和 4 班实施,学生从被动变为主动,学习数学的热情高涨,数学思维得到了一定的发展,学生更愿意自己动手动脑来解决问题,同时在期末测试中所实验的班级总体学业质量水平名列前茅,得到了学校和家长的一致认可。

基于以上思考,在小学数学教学过程中基于教材适时安排数学游戏,以多变的形式、多彩的内容扎实地训练学生思维,不仅能够提高学生的思维能力、创造力,更能提高学生的综合素质。如何利用数学游戏来提升思维能力尤为重要。

二、课题研究过程

（一）准备阶段（2019 年 3 月—2019 年 4 月）

（1）2019 年 3 月,课题组教师查阅相关的资料,撰写课题申报书,提出课题研究计划,申请立项。

（2）2019 年 4 月,课题组教师邀请了区数学教研员陈莉老师对低段数学教师的理论学习、游戏课程设计、教学实践进行指导,完善研究计划。

（二）实施阶段（2019 年 5 月—2020 年 2 月）

（1）2019 年 5 月—2020 年 6 月,分别对学生和教师进行调查问卷并分析,撰写课题开题报告。

（2）2019 年 7 月—2020 年 8 月,课题组教师全盘梳理小学低段数学学习的相应课程内容;根据一、二年级儿童发展的生理和心理特征以及学习发展的可能性,做出相应的数学游戏课程,并将其纳入学校校本课程。

（3）2019 年 9 月—2020 年 1 月,组织低段所有学生进行一次数学学习能力测试,分析学生思维状况;成立低年级雅慧数学游戏社团——思维体操,组织相关活动。撰写课题中期汇报内容。

（4）2020 年 2 月—2020 年 3 月,线上实施数学游戏课程,提高线上教学的上线率和趣味性,开发学生思维能力。

（三）收集、整理阶段（2020 年 3 月—2020 年 4 月）

（1）通过数据对比,了解学生数学学习能力、思维能力的变化。

（2）整理课题研究过程中相关资料和数据。

（四）总结阶段（2020年4月—2020年5月）

（1）讨论交流，分析汇总理论，全面总结归纳研究成果。

（2）对照课题方案进行全面的分析、总结，完成各项成果资料汇编工作，完成结题报告、论文及雅慧数学游戏册的整理，申请结题。

三、主要做法和经验

（一）问卷调查，明晰研究思路

课题前期我们进行了三方面的调查和诊断。通过问卷调查和分析，让课题的研究思路更加清晰。

1. 对学生进行问卷调查

进行有关于"低段学生数学学习喜欢的游戏类型"的调查。调查题目涉及8个方面的内容，调查情况及分析：数学老师偶尔或者是经常组织做数学游戏；96.81%的孩子非常喜欢做数学思维游戏；84.35%的学生没有报过思维训练的班；74.44%的孩子没有读过与数学游戏或者思维训练相关的书籍；学生喜欢计算记忆规律、故事具有操作性的游戏。

2. 对教师进行问卷调查

关于"数学老师在教学中实施数学游戏"的调查分析：老师们一致认为数学学科的抽象、逻辑、推理、建模的思维能力是学生非常欠缺的。老师们建议：进行游戏设计时注意设计要有效率，不要流于形式，要经济可操作，贴近课程内容，要根据学情需要，要简单，能够快速地掌握游戏规则等。

3. 对学生思维现状进行诊断分析

对"用数学游戏提升低段学生思维能力的实践研究"诊断调查及分析发现：学生在数字规律、数的运算、四宫格数独、联系推理方面的能力较强；学生在图形规律、逻辑推理、填数游戏等方面的能力较弱。

基于以上调查结果，我们的课题研究思路分别从低段老师的培养和学生的思维提升方面入手。

（二）理论学习，提升教师素养，合理选择游戏内容

结合2011版的《义务教育数学课程标准》，深度解读低段数学教学内容的知识体系。课题组购买了关于数学游戏和思维训练的书籍，包括《数学思维游戏》《燃烧吧，大脑》《数独游戏》《多元数学是野餐更是数学游戏》《魔力数学》等，这些书籍老师们互相传阅。课题负责人任兰兰老师利用教研时间，组织低段数学老师集体阅读关于思维训练的书

籍,学习理论知识。课题组的老师们每周分享读书心得,提取适合低段学生的数学游戏内容,为本周的社团活动提供游戏素材。

(三)研读教材,利用课堂教学进行学生思维能力培养

1.结合课本上的数学游戏,探寻课堂思维开发的新路径

小学数学人教版一、二年级教科书共出现 7 次数学游戏的编排。课本出现数学游戏,是因为数学游戏的形式活泼,便于提高学生运用知识的能力。集体教研时,课题组老师挖掘课本资源,研读教参,把习题当作例题进行教学。

例如:一年级下册第 86 页的数学游戏是:做动作,猜规律。在第七单元《找规律》第 1 课时的教学过程中,任老师采用动作规律导入新课,结合一年级学生好动的特点,改编例题,把动作规律当作例题教学,学生很快就在做动作的游戏中掌握了规律的含义。再如,二年级上册第 62 页的数学游戏是:看谁说得又对又快。1 只青蛙 1 张嘴,2 只眼睛 4 条腿。2 只青蛙( )张嘴,( )只眼睛( )条腿。3 只青蛙( )张嘴,( )只眼睛( )条腿。这是学生学完了 6 的乘法口诀后的练习游戏。也可以把这个游戏当作例题来讲,目的是练习 2~6 的乘法口诀。

具体流程如下:(1)游戏引入,初步表达。学生看青蛙动画后自己跟着节奏表达。(2)全班交流,渐进展开。学生自由说完后,全班开火车说。紧接着教师提出问题:"在说( )只青蛙( )张嘴,( )只眼睛( )条腿"的时候,我们运用了哪些乘法口诀? 用得最多的是几的乘法口诀? 问题抛给学生,学生进行思考、交流。最后集体总结:在说眼睛的数量时,运用的是 2 的乘法口诀;在说腿的数量时,运用的是 4 的乘法口诀。(3)总结规律,探寻奥妙。教师快速表演青蛙游戏,提出问题:你们知道老师为什么能说得这么快吗? 学生思考,观察黑板上的数字。老师提示:其实都只乘了"2"! 学生根据提示再次观察并思考:为什么都只乘了"2"呢? 最后集体总结。(4)拓展游戏,整合渗透。课本只呈现到了 3 只青蛙,这里老师可以拓展到 4 只青蛙、5 只青蛙……当老师提升到 50 只青蛙时,学生很容易能说出是 50 张嘴巴 100 只眼睛,学生不会乘法,但是 50 + 50 = 100,学生用加法计算出了结果。这里让学生再次体会加法与乘法之间的关系。最后数字大的学生加法口算不出来时,引入字母表示。a 只青蛙 a 张嘴,a×2 只眼睛……最后还可以拓展到( )只螃蟹( )张嘴,( )只眼睛( )条腿。整节课学生在愉快的游戏中巩固表内乘法口诀,初步认识字母表示数,学生的思维不仅仅局限在 6 的乘法口诀里,迁移、变式的思维能力在无形地增长。

2.课后拓展,渗透知识,培养解题思维多元化

在教学二年级上册学习 100 以内加减法时,课本借助小棒学习了不进位加和进位加,从而学习笔算的方法;借助计数器和小棒学习了不退位减和退位减。课题组的老师加入了画数线图的方法帮助学生理解笔算的算理,丰富数感,体现计算多元化的思维,同

时实现算理方法看得见、思维过程说得清楚的目的。老师布置的计算练习题,增加了一个题干要求:除了笔算的方法外,你还能用什么方法计算出结果,请试试吧。学生不仅会列竖式,还会把数线图、小棒图、计数器图、数位图画出来,充分展示了学生计算的思维过程,通过不同算法的交流,学生的解题思维也不再局限于一种算法,直观思维能力得到了很好的开发。

(四)开展数学社团,助力学生思维开发

1. 结合课后延时服务,适时开展社团

郑州市自 2019 年 10 月 8 日开始实施配餐之后,学生在校时间由原来的 5.5 个小时延长到了现在的 9.5 个小时。我和课题组老师共同研究如何高效利用学生在校的延长时间来提升学生综合素养,并和课题组的刘老师利用每周四下午社团活动的时间,开展了数学游戏拓展型课程社团——思维体操。

2. 购买学具,激发兴趣

我校课后延时的社团申报工作,采用了 51 社团的自主选择社团功能。为了增加社团活动的趣味性和参与度,课题组先自费购买了七巧板、华容道、智慧珠、汉诺塔、数独、数字迷盘、钉子板、小画板、磁扣、数学上所认识的各种图形等学具做好社团硬件服务工作。

3. 扎实开展社团工作,丰富学生课外活动

思维体操社团以玩数学游戏为载体,在游戏过程中培养学生的思维能力。通过 3 个多月的社团活动开展,课题组的老师们欣喜地看到了社团活动的另一面——开心的课堂氛围、自信的笑容、对下节课的期待……

社团活动的主要内容有:根据教材内容创设延伸性的拓展素材;结合教学内容寻求趣味性的拓展素材。

例如:人教版二年级上册第四单元《表内乘法(一)》,单元目标是在具体情境中理解乘法运算的意义;经历编制乘法口诀的过程;熟记 2~6 的乘法口诀;会用画图、语言叙述等方式理解问题和分析问题;等等。学生和家长都把会背乘法口诀表作为重点,课堂教学结束后,个别学生仍不理解乘法的含义,可以借助骰子来提升学生对乘法口诀和意义的理解。

游戏名字:骰子对对碰。

游戏准备:2~3 人为一组,每组一张记录卡,共 23 张记录卡;每人 1 个骰子,共 46 个骰子。

游戏规则:每人投一次,自由投 3 分钟,可以自行比大小,可以算加减乘。选择两人喜欢的一组,把小组内投的骰子相加、相减、相乘或乘加,选择 1 轮进行画图,并把画出的图编成一个小故事,最后再集体展示。

骰子对对碰游戏,就是通过画图、语言叙述这样的方式来检测学生对乘法和加法意义的理解。不仅再次检测和巩固了课堂教学知识,而且通过同伴的故事创编,增加了生活中数学的更多素材,联系了生活实际。还可以借助扑克牌、百宫格、百变台阶等数学游戏来巩固乘法和加法的计算能力。

(五)线上课堂改革,侧重学生思维能力发展

2020年春季因为疫情,在教育部提出的停课不停学的号召下,我校在领导的安排下采用了钉钉线上教学模式,我们课题组的研究计划根据学校教务处的安排紧跟着做了调整,用了5+1的教学内容。每天一节新授课,一周一节数学思维训练课,思维训练课的内容以数学绘本、趣味数学、数学游戏为主。课题组的老师借助网络资源,给低段学生推荐易操作的居家数学游戏,既动手又动脑,还缓解了疫情带来的心理压力。如:扑克牌系列游戏、手指操游戏、套圈游戏算总分、数学跳格子游戏等,同时课前导入也会进行一部分数学游戏,提高学生钉钉课堂上线率。除此之外,还通过微信班级群分享数学游戏,这些数学游戏受到了家长们的高度赞赏,有效地建立了友好的亲子关系,借助家长的力量共同开发孩子的思维能力。

四、研究成效

(一)学生养成了良好的思维方式

学习就是学思维。通过近一年的课题实施,我校低段学生养成了良好的学习习惯和思维方式,课堂上学生能把老师讲授或自我探究出来的方法按照正确的思维方式思考并表达出来;课堂上寻根问底的问题层出不穷;本学年的数学检测卷中,实验班任老师所任教的二(3)班和二(4)班,在解决实际问题方面的正确率有了提升,班级成绩也有了显著提升。从2019—2020学年上学期和下学期的期中测试成绩对比可以看出,实验班的成绩比之前有了明显的进步,二(3)班和二(4)班平均分居第1名和第3名,这两个班的优秀率居第1名和第2名。

(二)学生语言表达力有了明显的提升

语言是思维的外壳,通过线上线下的数学思维训练,学生的语言表达能力有了明显的提升,不管是线上还是线下,很多孩子都能积极参与课堂互动。在线上课堂连麦的过程中,长期参与社团活动的学生的发言常常令陪同听课家长点赞,给其他同学做了很好的示范作用。

(三)学生的解题方法呈多样化趋势发展

期末复习期间学生积极性不高,这是所有老师普遍遇到的问题。课题组老师受到社团课的启发,把数学游戏引入数学课堂。

例如,期末复习时把数学题目写在折纸东南西北上,同学们互相出题,互相解答。复习的效率得到了明显的提升。同一道题,给出不同解法会给予雅慧印章的激励,学生的解题思路一下子打开了。期末模拟测试卷中,个别题目很多学生都给出了不同的解题方法,学生的思维非常的活跃,大都成多样化发展。

(四)教师科研能力增强

随着课题的有效开展,课题组的老师们续写了符合低年级学生的思维训练教案,制作了相关的PPT,保存了大量的数独视频和数独练习题,同时为下一步开展数独校本课程提供了有力的素材保障;老师们通过网上查找资料,领略到了很多前沿的数学思维游戏,如加德纳趣味数学、美国奥数队总教练罗伯森数学思维、学乐数学、新加坡数学等,为常规课堂教学提供了很多的思路和想法;通过课题实施撰写了大量的教育随笔,因为社团活动和常规课堂形成了强烈的对比,让老师们有了更多的素材可写,每个月都会有教育反思呈现。在撰写教育小案例和随笔的过程中,自我反思能力有了明显的提升。同时,课题组任兰兰老师在2019年年底获得了郑州市骨干教师的称号,刘滨滨老师在雅慧杯优质课比赛中获一等奖。

(五)学校数学学科整体特色凸显

自从开展了数学思维体操社团后,家长和学生的评价都很高,数学思维体操社团在我校社团广场浏览量达到了3537次,居全校第一。在张志刚校长的支持下,学校给数学学科提供了理论和硬件的支持。购买了一批教具和学具,用于后期的数学社团和校本课程的实施。现在学校的整体课程规划已经把数学游戏列入校本课程中,在郑州市下一步的课后延时服务中,数学学科的数学游戏、数学故事、数学文化会进一步的开发和完善。

五、存在的问题和下一步的打算

(一)存在的问题

1.关于学生的思维能力提升的展示问题

随着我们课题的不断深入,学生的思维能力有了一定的提高,但只能从学生的外在表现来衡量,深层次的思维能力到底提高多少,很难判断。这需要课题组的老师继续学习有关理论知识,尤其是脑科学和心理学的知识,继续探究学生思维能力发展的有效手段和展示途径。

2.关于资料实际内化的问题

通过课题的研究,老师们对低段学生的喜好和思维能力有了新的认识,梳理出了很多方法,同时搜集到了很多先进、易操作的数学游戏和开发学生思维的资料和书籍,但由于很多资料是英文版,课题组的老师们翻译能力有限,对搜集到的数学思维方法难以系统地内化和实施。下一步可以向学校提出申请,对一线教师进行理论和解读资料的培训。

(二)下一步的打算

1.关于数学游戏的推广

此课题的研究的内容和组织形式深受学生喜爱,值得在全校推广。为了使研究更有针对性,可以由低段思维开发扩充到小学中低段。对于推广方式或者手段,值得我们下一步深入研究。

2.开发创意思维课程

学生目前具备了比较良好的思维方式,但是创新思维能力不足,下一步在我校高段可以开发新的创意思维课程体系,与超脑麦斯结合,购买相应的创意思维数学教具,发展学生的创新能力,为学生的终身发展奠定基础。

3.关于各种资料内化的问题

下一步聘请专家开展对搜集到的资料如何分类、如何有效内化、如何具体实施等的培训,并尽快找出方便快捷的翻译软件或者中文版的资料,充实数学游戏的资料库。让更多的数学老师参与到数学游戏后期的推广和实施过程中,把这些资料按年龄、年级和内容进行分类细化,争取早日推广并形成我校在数学游戏方面的特色。

参考文献

[1]中华人民共和国教育部.义务教育数学课程标准(2011 版)[S].北京:北京师范大学出版集团,2012.

[2]罗亮.寓教于乐——教育游戏研究综述[J].美与时代(下半月),2018(10):130-132.

[3]毛其林.借助数学游戏,提升小学数学教学效率[J].数学大世界(中旬),2017(1):93.

[4]刘焱.儿童游戏通论[M].北京:北京师范大学出版社,2004.

(本文为 2019 年度郑州市教育科学重点课题,获科研成果一等奖。课题研究单位:郑州市郑东新区通泰路小学,课题负责人:任兰兰,课题组成员:郑冬芳、郭真、王佳丽、刘滨滨)

小学高年级学生快速阅读能力提升的策略研究

一、研究背景

《义务教育语文课程标准》对小学高年级学生的阅读速度、阅读数量、阅读能力都有具体要求:默读有一定的速度,默读一般读物每分钟不少于 300 字;阅读简单的非连续性文本,能从图文等结合材料中找出有价值的信息,扩展阅读面;课外阅读总量不少于 100 万字;背诵优秀诗文 60 篇(段);等等。

学业质量评价中,试卷中的文字总量逐年上升,学生做不完题目的现象日益严重,只一道数学题目都会出现七八行的内容,需要学生分析后答题。据学生反映,拿到卷子后,由于阅读速度较慢,看到密密麻麻的卷子就不知所措了,导致答题水平偏低。

高年级语文教研组老师从学校学生的阅读习惯和卷面分析来看,发现学生缺乏科学的阅读方法。教师在课堂上偏重对文本的深入解读,对学生的阅读方法缺乏科学有效的指导。

本课题的研究,关键是要有效地提高小学高年级学生的快速阅读能力,通过教师指导学生学会"快速阅读"的方法,在不断地练习中,提高学生的快速阅读能力、分析能力,从而提升学生的整体学业水平。

二、研究过程

为了让学生提升快速阅读能力,课题组老师对小学高年级课内外阅读教学现状进行调查分析,寻找当前影响小学生快速阅读能力提升的主要因素,了解小学语文课程标准对高年级阅读教学的具体要求。深入学习《义务教育语文课程标准》,对高年级阅读教学目标做详细解读。对学生的阅读速度进行调查统计,对五年级老师的阅读课堂教学进行分析,对实验班级学生的阅读速度进行跟踪调查,深刻分析制约小学生快速阅读能力提升的主要因素。

针对前期调研,寻找、确定小学高年级学生快速阅读能力提升的突破口,具体研究确定小学高年级学生快速阅读能力的优化策略,开展行动研究。研究中,随着行动研究的深入,不断调研与改进行动策略,并对积累的大量具体而丰富的如何提高小学高年级学生快速阅读能力的教学案例予以分析提炼,最终形成有助于小学高年级学生快速阅读能力提升的课型。

三、主要做法与经验

（一）充分了解小学高年级学生特点，做到知己知彼

依据多年的教学经验，发现小学高年级学生有以下特点：注意力集中时间能达到 25 分钟左右；竞争意识增强，开始敬佩自己学习圈中比较优秀的同学；好奇心和求知欲都有所增强，这个时期，在生活和学习过程中，他们更喜欢追求和思考新鲜事物；学习兴趣更为广泛，学习能力也有所增强，记忆能力不断发展，有意记忆也在不断发展，开始由教师布置任务的记忆过渡到自觉的记忆；自我意识开始增强，还会通过自我形象、自我价值来引起同学的关注。

学生熟悉了老师们的语文教学模式，没有了新鲜感。需要增加新的元素，更换新的方式，他们才会欣然接受。在整个研究过程中，要一直对立学生的主人翁意识，增强他们的参与感。

学生亲自为此项速读学习取了特别的名字："快乐阅读"马拉松。

快乐：快乐地读；快速地读。

马拉松：阅读速度的提高，就像跑马拉松一样，不是一朝一夕能练成的。只要每天锻炼并进行专项训练，任何人都会比现在的自己跑得更长。

学生对阅读速度并没有概念，只是知道：课堂上，老师要求读一篇课文，某某同学总是比我先读完。本学期，我才读了两本书，可同桌却读了五本。开展速读训练前，要让学生了解自己的阅读速度，做到知己知彼。

$$阅读速度（每分钟的字数）＝总字数×60÷阅读所用时间（秒）$$

选取人民教育出版社出版的《小学五年级语文（上册）》第三课《桂花雨》一课，总字数 660 字，测试后发现学生用时参差不齐，班级平均阅读速度达每分钟 230 字，根据起点速度的高低层次，确定九名重点跟踪对象。学生读完后迫不及待计算起自己的阅读速度，纷纷找同学进行比较，并为自己定下阅读目标。

表 1　重点跟踪对象起点阅读速度统计表

姓名	用时（秒）	阅读速度	姓名	用时（秒）	阅读速度
申佳瑶	100	396	季子扬	224	177
杨若溪	116	341	牛夜瞳	245	162
朱宇博	125	317	赵子墨	300	132
侯胜涵	133	297	王朴一	315	126
王梦婷	200	198			

（二）寻找适当的练习方法，让学生的快速阅读水平日益提高

1. 眼部训练，为提升学生注意力打好基础

眼睛是收集信息的重要途径，要想提高阅读速度，就要让眼睛学会科学的运动，提高眼睛对文字的敏感度和摄入能力。眼部训练有很多种，我们从中选取趣味性较强、富有挑战性、适合小学高年级学生年龄心理特点的方法，每天挑选两种，循序渐进，做好课前练习，为提升学生注意力打好基础。

（1）固点凝视法。

固点凝视法，是提升注意力的一种基础方法，它能让人们的视觉集中时间最大限度地发挥出来，以此提升注意力。

在纯白色背景中心处插入一个黑色圆点，全身放松，双眼直视圆点，尽量不要眨眼，两分钟后，两眼迅速望向白色天花板，看看是否会出现一个白色的圆点。没有出现的话，证明注视黑点时注意力松懈了，出现的话，白色的圆点保持的时间越久越好。

（2）眼球上下左右训练法。

利用手指尖的指引，让眼球分别向上、下、左、右四个方向转动，也可以用手指在空中划出各种图形让眼球跟随转动，这样眼睛就会越来越灵活。

（3）舒尔特方格法。

舒尔特方格法是全世界范围内公认的最简单、最有效、最科学的注意力训练方法。在一张正方形的纸上，画出 1 厘米×1 厘米的方格，格子内打乱顺序写上 25 个数字。从 1 开始，按顺序寻找数字，谁用的时间越短，谁的注意力水平就越高。随着大家注意力水平的不断提高，可以制作 36、49 格表等，还可以把表格中的数字换成字母、生僻字等。

（4）迷宫训练法。

迷宫训练法，是一种视点移动训练。经过不间断的走迷宫练习，视觉范围就会越来越宽广。阅读的时候眼睛可以非常灵活地在书本、段落间顺畅地移动，同时又能保证对视觉对象的印象鲜明清楚。

（5）文字找碴法。

为了增添学习的趣味性，老师模仿小学生喜欢玩的找碴游戏，创设了"文字找碴游戏"，以此来锻炼孩子们的眼力。在一段相同的文字中，出现几处相似的字体，以小组为单位，每组一份资料，看谁最先找出来。最初练习时，字号和字间距大一些，后面字号和字间距越来越小，形成关卡，每关 5 张，十级为通关，通关后夺取胜利红旗，教师为通关者颁发"通关奖状"。让学生在步步通关的过程中，锻炼眼力，建立自信。

（6）生活观察训练。

为了让同学们在生活中也时刻注意眼部的训练，老师回忆了《梅兰芳学艺》一课，为

了让自己的眼睛变得有神,梅兰芳就紧盯飞翔的鸽子、注视水中游动的鱼儿。生活中也有很多类似的训练方法:运动中的乒乓球、运动中的钟摆、运动中的秒针等。

课堂上的时间毕竟有限,每次语文课都只能挑选一两种方法来训练,这些形式多样的注意力练习方法让学生产生了浓厚的兴趣,他们经常利用下课时间找同学 PK。

2.阅读方法勤练习,循序渐进促提高

人民教育出版社出版的《小学语文五年级(上册)》第二单元是阅读策略单元,重点就是让学生学习提高阅读速度的方法。小学高年级,课内外阅读量逐渐增加,阅读材料的类型也不断丰富,掌握、运用提高阅读速度的方法,对于增加阅读量、扩大知识面尤为重要。老师重在引导学生学习提高阅读速度的方法,并能运用到阅读实践当中,逐渐形成良好的阅读习惯。

(1)词组阅读。

在阅读过程中杜绝逐字阅读的习惯,一个视点多看几个字,阅读速度立刻就会得到提升。逐字阅读,会人为地割裂一个完整词组的意思。如果我们一眼看到一个词组,就省略了拼接理解的过程。快速阅读是建立在组块训练的基础上的一种阅读方式,是一种科学的阅读方式。

例如在教授人民教育出版社出版的《小学五年级语文(上册)》第四课《珍珠鸟》一课时,为了检验词组阅读是否有效,专门设置了以下环节:把学生按阅读水平分为两大组,两组水平相当,一组"自由默读",一组用"词组阅读"方式阅读。老师在大屏幕上出示秒表,两组同时开始计时,读完后把自己所用的时间写下来。结果显示,自由默读组用时 40 分 23 秒,平均阅读速度为每分 195 字,词组阅读组用时 31 分 33 秒,平均阅读速度为每分 251 字。词组阅读速度明显快于自由阅读。

(2)反复阅读。

任何一种技能的形成,在初期练习时,都需要不断地重复,才能把理论内化,形成大脑记忆、肌肉记忆,从而变成一种本能,这就是通常说的"由生到熟再化"的过程。

反复阅读法。通过计时反复训练一篇文章,学生根据自己的阅读速度和所定目标,为自己定下一个时间节点。不管几遍,一直到规定的时间内能轻松看完为止。在阅读训练的同时做回忆训练,每读完一遍,合上书,看自己能回忆出多少内容。经过这样反复的训练,在快速阅读的时候眼睛对文字的阅读能力和记忆状况就会得到稳步提高。

练习时,教师需要为学生做出灵活指导,不要让他们过高或过低地评估自己。

通过一段时间的练习,老师发现所有同学在快速阅读方面或多或少都有进步。但是根据文章体裁的不同,阅读速度也会受到影响,在下面挑选出的不同层次学生代表的阅读速度观察单可以发现:在阅读《将相和》一文时,只有两位同学在原基础上有所提高,其他同学都是下滑状态。

表2　阅读速度追踪记录表

姓名	《桂花雨》	《珍珠鸟》	《搭石》	《将相和》	《什么比猎豹的速度更快》	《冀中的地道战》
申佳瑶	396	402	406	398	420	428
杨若溪	341	350	361	379	383	395
朱宇博	317	340	345	360	365	371
侯胜涵	297	310	315	308	317	330
王梦婷	198	220	225	210	220	235
季子扬	177	180	182	172	183	200
牛夜瞳	162	200	202	192	200	220
赵子墨	132	150	156	155	157	158
王朴一	126	130	135	130	131	137

（3）一目多字练习。

一目多字练习是一个循序渐进的过程，可以从一目三字开始，根据练习进度，逐渐增加。练习时，大屏幕上出现词语，同时打开秒表的滴答声，要求一个滴答声要用眼睛感知两个词语。

根据学生进度，从一目三字逐渐到一目多字地练习。在五年级下学期《草船借箭》一课中，实验班开始渗透到了一目两行的快速阅读方法，逐渐再到一目多行。

一目多行，要求视点必须保持在书页的中线位置，做由上而下的垂直运动，这样眼睛的余光区就会将本页两端的文字置于整个视觉范围之内，由于余光区能够清晰地感知每一个字、每一句话、每一个段落，甚至整页的文字，因此我们就能避免目光像线式阅读一样左右来回扫描，从而保证了阅读速度的快速提升。

通过变换文字和背景颜色让学生感知一目几行，在实际阅读过程中，指导学生用尺子、并排四只手指的宽度等辅助工具或方式来进行阅读。在前期的训练过程中，由于眼睛接收的文字信息太多，对于五年级的小学生来说，他们只会选择性地吸收一些自认为最重要的信息和文字，所以不能一味地追求速度，要积极地思考，选取关键词、关键句来帮助自己理解文章。

3. 理解记忆，不可或缺

学生到底达到了什么样的水平，我们利用"理解记忆率"计算公式来评价衡量。

$$理解记忆率 = 答题总得分 \div 所有问题总分 \times 100\%$$

刚开始学习快速阅读的时候，我们利用阅读速度进步情况表来记录学生每次的阅读速度，现在我们把两个表格合二为一，同时记录阅读速度和理解记忆率。

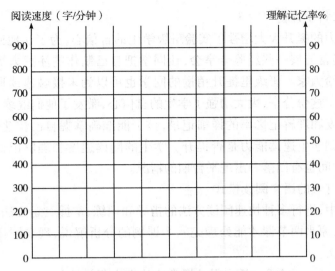

图 1　阅读速度和理解记忆率追踪登记情况

当阅读速度达到一定水平,就会进入一个相对的平台期,这段时间的阅读速度在同一个水平上停滞不前。这时就要根据学生的阅读水平,灵活安排增添新的元素,来刺激、充实他们的求知欲望,否则他们就会垂头丧气,因失去了动力而放弃。真正会读书的人需要的是最终的消化和理解,把收获运用到平时的学习和生活当中,这就需要在一定的速读基础上达到理解、记忆的能力。所以,我们应安排几种适合五年级孩子的记忆训练,根据课堂需要,灵活安排,但是不能太频繁,一周 2～3 次最为合适。

(1)闪词训练。

闪词训练,是快速阅读记忆的一种训练方法,把词语、短语、句子、段落以短时间出现,看学生能记住多少,根据记忆数量得分。

(2)听说复述训练。

"听"是我们获取信息的重要途径,"说"是输出信息,用口语表达的形式表达自己的理解、记忆内容。语文素质评价中,都会有一篇听力短文测试内容,每次测试,高年级的得分率都不高。听说训练,是提高学生听说能力的重要方法,也是锻炼学生理解记忆能力的主要途径。根据《义务教育语文课程标准》的要求:遵循学生的身心发展规律和语文学习规律,选择教学策略。我们根据学生实际水平,选择了词、句、段、篇,由浅入深进行。

词句训练时,以各种竞赛形式出现,每组词语个数逐渐增加,老师念一组词语,看自己能记住多少。段篇训练可以锻炼学生的听力、记忆、总结、复述能力。个别学生觉得听力练习过于拔高的话,可以调整为读文记忆,让他们看着文字材料练习记忆、复述。

复述是一种非常有效的自测方法,能无形中帮助我们加深印象,形成长期记忆。高手在阅读时会选定定时暂停一下,在脑子里把刚才阅读的内容复述一遍,这是一种很好的阅读习惯,因为复述就是用自己的语言重新组织刚才读到的内容。

4. 经验分享,科学评价

快速阅读能力的提升大大增强了实验班级学生的自信心,为了让他们保持这份学习的激情,我们会经常开展一些经验分享会,让同学把自己制作的注意力练习的卡片和好的速读方法介绍给大家。班级里提升稍慢的同学也可以到未接触速读训练的班级介绍自己的速读方法。这份分享,大大增强了学生的自信心,激发了他们继续学习的欲望。

通过阅读速度和理解记忆率的详细记录,孩子能准确掌握自己快速阅读的水平,老师也能清晰地看到学生速读能力是否提升。学生的阅读速度和理解记忆能力最终是得到提升的,但是中间也有回落和出现平台期的情况。

5. 形成科学有效的语文阅读模式

在语文课堂中,进行多种快速阅读方法的指导和训练,掌握一定方法后,学生的阅读速度提高了很多,原来两节课才能处理完一个课例的分析解说,现在同样的时间能多拓展一篇至两篇短文。

表3　语文阅读课堂速读方法参与模式

时间	训练方式	训练内容
课前五分钟	眼部训练、注意力训练	固点凝视法、眼球上下左右训练法、舒尔特方格法、迷宫训练法、文字找碴法
课中	阅读方法训练	词组阅读、反复阅读、一目多字练习
	记忆训练	闪词训练、听说复述训练
课后	理解记忆训练	以课例为依托,进行阅读训练 崔峦老师作序推荐《小学语文阅读课堂》
	背诵积累	《小学生必背古诗词80首》、优秀作文及文章
	计时阅读训练	班级共读书目:《水浒传》《西游记》《三国演义》《红楼梦》 推荐阅读:《青少年读史记》《中国地理》

案例:人民教育出版社2019年版《小学五年级语文(上册)》第二单元第六课《将相和》教学设计片段。本单元是阅读策略单元,主要是学习提高阅读速度的方法。

片段一:学习目标的制定

1. 速读课文,把握课文主要内容,了解"完璧归赵""渑池会面""负荆请罪"三个小故事的前因后果,初步感受三个小故事之间的联系。

2. 理解"将相和"故事的意义,拓展阅读名著的乐趣。

3. 揣摩课文语言,感受人物形象,体会课文着重用语言描写刻画人物形象的表达效果。

片段二:评价任务

学会抓关键词,利用词组阅读,尽量连词成句地读,一目多字的方法阅读,不回读,不一个字一个字地读,读后能够用自己的语言叙述故事主要内容。

四、研究成效

通过将近一年的持续研究,本课题取得了以下成效。

(1)课题组成员通过参加本课题的研究,阅读了大量的专业书籍、资料,自身综合素质得到提高。

(2)根据《义务教育语文课程标准(2011版)》对第三学段(5~6年级)阅读方面的具体要求和小学高年级学生的年龄特点,制定了一套切实可行的提升小学高年级学生快速阅读能力的好方法。

(3)通过学习,实验班级学生的快速阅读能力得到了全面提升。他们不但学会了快速阅读的好方法,而且高度集中注意力、快速提炼、概括、总结、复述的能力也在自己原有的基础上有所提高。

(4)学生在学习速读的同时,利用速读方法,阅读了大量书籍,课外阅读量大幅度增加,平均背诵篇目已达到42篇,语文素养整体有所提升。

(5)实验班学生语文学业质量水平明显提高,因为阅读速度的提升,测试时,学生有了充裕的时间来思考,数学成绩也随之提高。

为了检测阅读速度对学业质量评价的效果,课题组成员挑选了四年级下学期语文、数学平均成绩,与实验班级水平相当的两个平行班进行比较,学生进入高年级之后,各项学业平均成绩应该是有所下降,但是通过数据对比发现,实验班的语文、数学平均成绩均高于平行班级。

表4　实验班与平行班的素质评价数据对比

班级	四年级下学期		五年级上学期		五年级下学期期中测试	
	语文	数学	语文	数学	语文	数学
实验班	86.75	76.24	88.35	78.84	90.76	80.5
平行班1	86.88	75.38	85.77	77.56	85.88	75.83
平行班2	85.93	77.39	83.67	68.42	84.39	73.5

(6)班级学习氛围越来越浓,自从我们开发了一系列的速读方法练习后,班级里追逐打闹的现象大量减少,大家都在争先恐后地开发自制注意力集中小游戏,比阅读速度等。

五、存在的问题及设想

虽然我们开发了一系列速读的好方法,但是在实践中我们发现:不同的内容、不同的体裁,学生的阅读速度会有所区别,理解记忆能力也会有所偏差。想要全班均衡发展,难度实在太大,学生阅读速度悬殊甚远,在课堂上统一要求的话会造成一部分学生吃不饱,一部分学生吃不了。

所以,在下一步的研究过程中,我们将进一步对"小学高年级学生快速阅读能力的策略"进行深入研究,设想是否能通过同程度的小组设置来解决学生参差不齐的状况。

参考文献

[1]中华人民共和国教育部.义务教育语文课程标准(2011版)[S].北京:北京师范大学出版集团,2012.

[2]李冲锋.教师如何做课题[M].上海:华东师范大学出版社,2013.

[3]郑州市教育科学研究所.郑州教育重点课题研究(2018年)[M].北京:新华出版社,2019.

[4]刘志华.快速阅读训练法[M].北京:中国纺织出版社,2015.

[5][日]继本圆.快速阅读:10天提高5倍阅读速度[M].北京:机械工业出版社,2017.

[6][德]克里斯蒂安·格吕宁.快速阅读[M].北京:中信出版集团,2015.

[7]李晓晴.读懂孩子心理[M].北京:台海出版社,2018.

(本文为2019年度郑州市教育科学重点课题,获科研成果一等奖。课题研究单位:郑州市郑东新区龙子湖小学,课题负责人:刘霞,课题组成员:马志华、卢彦、魏晓星、杨艳艳)

基于学生发展素养下提高考试反思能力的实践研究

一、课题研究背景

法国哲学家笛卡尔曾指出最有价值的知识是关于方法的知识。文化知识的学习是高中学习的基础环节,考试反思是高中学习的重要提升环节,有关考试方法的知识可谓是学生在高中阶段应该具备的且最有价值的知识。那么,考试后具体该如何进行考试反思,什么样的方法是正确、科学且高效的,面对这些问题,现在很多高中学生都了解不多,很是迷茫。

高考背景:综合历年学生高考实际情况分析,学生未能取得预期的优异成绩的主要原因有如下几个。

第一,在根本上缺乏与考试技巧相关的知识。

第二,学生没有养成良好的考后反思习惯。

第三,在根源上教师未能对学生考后反思进行科学有效的指导。

学校研究背景:我校历来非常重视对考前复习的指导,但对考后反思的督促与指导不够重视。有些教师对学生的考后反思指导过度强调考试分数和名次的变化,而弱化考后对试卷整体情况的分析与把控,包括试卷中考点分值的得失,尤其是在错题的统计、归因分析等方面,没有及时地采取有效反馈措施,并进行巩固练习,导致部分学生考试中多次犯同样或同类错误,考试成绩不见起色。

2016 年 8 月,我校孙德亮校长和主抓教学业务的秦进校长充分认识到考后反思的重要性。为了学校和学生的长期发展,秦进校长曾先后两次在升旗仪式上,以如何高效落实考后反思为主题进行详细讲解,并且倡导在部分班级落实考后反思的各项措施。考后反思从 2016 年 10 月在我校部分班级开始实施,历经近三年的发展完善,取得明显成效,尤其是在高考特优生培养方面。2017 届高考优秀学生包孟晓(文科,总分 632 分,新密市文科状元)被南京大学录取,孙泓朴(理科,总分 681 分,新密市理科榜眼)被清华大学录取,吴昊(理科,总分 654 分,新密市理科探花)被浙江大学录取,包恒星(理科,总分 653 分)被浙江大学录取;2018 届优秀学生高怡君(总分 646 分,新密市文科状元)被南开大学录取,杨佳宁(总分 632 分,新密市文科探花)被河南大学录取,苏荣菲(理科,总分 667 分)被上海交通大学录取,王佳乐(理科,总分 648 分)被华中科技大学录取。他们返回母校为在校学生做学习经验交流时,都谈到考后反思对高考中取得优异的成绩起到非常积极的作用,这充分说明,我校进行的考后反思取得了初步的实践效果。考试是高中阶段检测学生学习效果的重要方式,良好的考后反思能力也是高中学生发展核心素养必备的内容之一。考后反思,就像高考航行中的指南针,对提高高中学生应试能力和考试成绩有着至关重要的作用。

二、课题的研究过程

(一)课题立项过程(2019 年 2 月—2019 年 4 月)

(1)这一阶段主要是选拔课题研究成员、组建课题研究组,以本校现在开展的考后分析活动为基础,确定立项课题题目及研究范围,并制定大致的课题研究各个阶段的工作计划。

(2)课题组成员集体学习郑州市课题立项文件,收集课题立项有关资料,讨论考后分析表中评价性问题的细节设置,预测考后分析实践活动开展中存在的潜在问题。

(二)实践过程(2019 年 4 月—2020 年 3 月)

(1)根据实践活动中出现的相关问题,对这些问题进行归纳梳理,帮助指导教师与实验班班级成员找到切实可行的改善措施与方法。

(2)课题组开展开题报告的筹备会议(2019 年 9 月),书写和修改开题报告。

(3)进行课题中期报告书写(2019 年 12 月 1 日—12 月 30 日)。

(三)结题过程(2020 年 3 月—2020 年 4 月)

(1)分类整理材料(收集考后分析调查问卷,师生的心得体会,过程性会议记录,各项活动的活动记录。)

(2)形成系统性和可操作性的考后分析模式。

(3)撰写结题报告。

三、主要做法和经验

(一)引进先进的试卷分析技术,课题研究有据可依

学校聘请河南省特级教师赵开中为课题研究顾问,将"一二六四"试卷分析技术与"三段九步"科学备考方法结合起来,灵活运用在本课题研究中,以提高课题研究的针对性与有效性。

(二)制定试卷分析统计表,课题研究有章可循

学生所学知识的掌握情况及知识应用迁移能力,通常会在考试检测中暴露出来,如果不及时进行总结反馈,类似错误还会再次出现。为了取得更加优异的成绩,为了减少考试中出现各种失误,一定要找到错题失分原因并将其归类,通过深入的试卷分析和针对性的查漏补缺来提高学生的自主学习能力。借鉴前三年考后分析的探究经验,在广大师生的意见和建议的基础上,不断探索和改进试卷分析模板,从问题设置到分析条目,一一规划,多次调整直至定稿。大型考试后,及时引导实验班学生认真填写"五步"考后反思表,提高试卷分析的时效性与针对性。

(三)成立考试反思实验班,示范引领

1. 加大班级考试反思能力,提高研究力度

2019—2020学年,成立课题研究实验班,班级课题组成员樊建楠(117班)、姚莉(206班)、岳涛(315班)、王秋娟(312班)、杨胜凯(321班)进入课题研究。为了使课题研究效果更显著,又精心挑选114、220、221、308、317、217、318七个班级,将其吸纳到考试反思课题研究实验班中。实验班级把考试反思作为班级管理的常规工作,进行了一系列活动:召开课题组教师专项研讨会,实验班开展考试分析主题班会、班级相互观摩交流会、班级考试后优秀生分析研讨会。教师对学生及班级发展进行跟踪分析,总结归纳考试反思对学生及班级总体成绩的影响。

2. 狠抓踩线生和薄弱班级,提高班级整体成绩

为了将课题研究成果扩大化——考后分析模式的针对性推广,课题组首推学校的薄弱班级尝试使用考试分析统计表,并对这些班主任进行培训指导——如何填写,如何分析,如何正确利用表格对学生进行指导。2019年4月5日,高三年级郑州市二测成绩不理想,总体成绩暂时落后。面对这种情况,课题负责人杨胜凯把试卷分析表推荐给高三年级的谢青云主任,他阅读后深受启发,在高三最后两个月有了更清晰的管理思路,以抓踩线生和薄弱班级为突破口,把考后试卷反思作为突破的有效手段,有效提高了班级整体成绩。

(四)分类指导踩线生和特优生,确保课题层次性

课题实验班的王秋娟老师针对本班的一本踩线生,绘制花名册,收集相关资料,定点跟踪。指导学生采用自我书面分析、面对面交流、老师督导、小组相互交流等多种形式进行考后反思总结活动,踩线生成绩逐渐趋于攀升状态,对考试反思兴趣增强,下阶段学习目标更加明确。学生考试反思、探究反思、合作探究等考试反思能力得到了提高,班级的整体成绩也稳步提高,由刚分班的落后名次,逐步进步到年级前两名。

同时,针对特优生展开培养。2018年10月文理分科后,成立高一理科火箭班,由课题组成员姚莉担任班主任。新学期一开始,班级就坚持每一次考试后使用考试分析统计表,让学生对自己的试卷、得分情况有整体了解,并据此对自己前段学习的长处和不足进行总结,正确评估考试能力欠缺的地方并制定下次考试目标。在学生对自己有正确评估的基础上,再对学生采取"一二六四"试卷分析指导,请优秀学生分享自己的经验,大部分学生真正体会到了考后分析能够有效解决自己学习中出现的问题的乐趣,能更好地从各

个细节把控考试节奏,用积极的心态对待成绩和排名,在期考中取得了优异成绩。

(五)精心制定各项制度,确保课题有序开展

1.制定月考反思制度

在三个年级分层次的班级中均设置了实验班,每次大型考试后,课题组教师引导本班学生书写考试试卷分析表,总结本次考试的成功经验与存在问题,明确自己以后改进的措施——学习态度、考试审题、考试心态、考试规范、考试卷面等。

2.制定考后反思主题班会制度

每次大型考试前召开主题班会,考后召开学生考试分析会,鼓励学生积极发言,相互学习,相互提高。让优秀学生分享自己的规范答题经验、学习方法、考试技巧,以便帮助更多的同学;让落后学生总结自己的失误点及学习中需要改进的地方,引起其他同学的注意;班主任整体汇总点评考试情况,记录员做好情况记录。

3.制定课题组专题研讨制度

为了增强课题研究的有效性与针对性,建立课题立项研讨、开题报告研讨、中期报告研讨、结题报告研讨等制度;为解决课题实践中出现的实际问题,实验班先后召开了考试试卷分析表格设计、审题问题、规范问题、常见错误、归因分析、如何提高做题准确率、考试心态问题等专项研讨活动。

4.定期开展交流会,确保课题研究正常有效进行

(1)毕业生返校交流会制度。

每年举办往届优秀毕业生与新高三成员的交流会,交流考试心态、应试技巧、培优补差、试卷整理、时间分配等应考策略,帮助学生提高应试能力,尽量减少常见错误的出现频率,尤其是低级错误,力争在高考中取得优异成绩,考入理想大学。

(2)三个年级小组交流会制度。

本校三个年级学生合作,进行考后反思,加强彼此间的交流。高年级指导低年级学生进行试卷分析,帮助社团成员减少考试常见错误,更有效地避免相同或类似错误发生。每次大型考试后,三个年级的学生相互交流试卷分析经验,学习他人的考试技巧,提高考后自我反思与应试能力。例如:组织参与阅读2017届优秀毕业生包孟晓、孙泓朴等学生考后反思表;参加2018届优秀学生高怡君同学的郑州市二测反思交流会;组织学生聆听2020届学生郑子涵的期中考后反思交流等。

(六)成立"超越梦想社团试卷分析社"

在前三年进行试卷分析的经验基础上,于2019年9月,学校成立试卷分析社,总社长是李明轩和张一煊,副社长是郑子涵、郑贺心。社团主要工作是引导社团成员做好考试反思,提高社团成员考试反思能力。社团目的是充分发挥社团的辐射作用,把全校的尖子生集中到试卷分析社,通过开展丰富多彩的试卷反思活动,让更多学生通过考试反思来提高总成绩。从只是简单统计失分点和得分点,到引导学生学会系统分析考后试卷,制定考后提高措施,让学生学会自己发现问题、分析问题,培养他们高超的应试能力,提高总体成绩,最大限度帮助他们在考试中取得高分。

四、课题研究成效

(一)建立考试后"五步"反思模式

表1 "五步"考后反思表

第一步	考试分数分析	应该得到的分数( ),实际得到的分数( ),失分分数( ),失分原因( )		
		努力可以得到的分数( ),通过核对答案与自己查阅资料得分( )		
		不可能得到分( ),为此花费时间( ),不得分最大的障碍是( )		
第二步	总结反思		成功之处	失败之处
		学习态度		
		学习环节		
		知识运用		
		学习效率		
第三步	改进措施	心态方面		
		审题方面		
		解题方面		
		表达方面		
		规范方面		
第四步	心灵加油站			
第五步	老师积极鼓励语言			
	老师签名: 时间: 年 月 日			

(二)考试反思实验班效果明显

实验班建立以班主任为核心、教师积极参加考试总体反思与学科反思有机结合的班级特色反思体系,提高班级学科与总体成绩。本学期,课题组班级在每次大型考试后,都及时进行考后反思,并且及时举行相应的考试反思班会活动,对学生进行培训与思想教育,提高学生的思想认识,鼓励学生积极参与,取得了较好的效果。

表2　2018—2019 学年下学期班级考试成绩对比表

高二年级	教师	月考一	期末考试
203（实验班）	樊建楠	7	3
204（实验班）	王秋娟	7	2
220（实验班）	岳涛	4	1
217（实验班）	杨胜凯	3	1

　　课题组成员姚莉老师担任 110 班班主任,在日常的考试后坚持做考后反思,认真查看考后分析情况,从学习习惯、考试细节、知识板块分类等方面,对学生进行多方位多维度的考后反思指导。学生能更快地发现考试中存在的问题,积极应对并有效解决问题,在高一大型考试中取得卓越成效:高一上学期期考新密市前十名占据四人,全员 60 人上985 线,完成年级给定目标任务,其中于永强同学以 693 分的傲人成绩夺得新密市理科状元。2019 年 6 月 23 日,高一下学期期考考试中,于静怡同学夺得新密市理科状元,赵梦雨同学取得新密市理科探花。

表3　2019—2020 学年班级考试成绩对比表

班级	教师	上期月考1	上期段考	上期期考
117（实验班）	樊建楠	4	3	1
206（实验班）	姚莉	7	4	2
312（实验班）	王秋娟	6	4	2
315（实验班）	岳涛	4	2	1
109（实验班）	徐松林	1	1	1
105（实验班）	刘世伟	6	2	1
317（实验班）	魏永刚	1	1	1

（三）提高学生考试分析综合能力

　　指导学生针对试卷中出现的问题进行分析,提出改进措施,从而提高学生的审题能力、分析问题和解决问题的能力。让学生在学习和生活中慢慢养成勤反思的好习惯,做到勤反思、勤改进,不断地提高自身的考试反思素养,不断地提升考试自信心,体会更多学习的快乐。让学生养成考试反思习惯,提高学生的应试能力,每次大型考试后,课题组教师引导本班学生书写考试试卷分析表,总结自己本次考试存在的问题,明确自己以后改进的措施——学习态度、考试审题、考试心态、考试规范、考试卷面等,召开主题班会与学生考试分析会,鼓励学生积极发言,相互学习,共同提高。

（四）提高了教师的教科研意识

在课题研究中,教师通过不断地进行理论学习、课题研讨、活动交流,对《基于学生发展素养下提高考试反思能力的实践研究》这个课题的研究有了更深的理解,更加明确实践活动方案与计划。在课题研究的过程中,引导学生进行科学有效的考后反思,及时将课题研究成果书写成经验性研究论文,课题组教师的辅导能力和科研能力都得到了有效的提升。

（五）通过学生的考后反思,提高我校教学质量

同层次 A 班 104 班,历经三个月,在高一下学期期末考试中由第五名上升至第一名,取得了极其优异的成绩。这里面有老师的汗水、同学的努力,更有考试试卷分析统计表带来的成效。

在考试反思课题的大力推动下,各年级积极行动,灵活运用到年级教育教学中去。如 2019 届高三,年级领导把一本踩线生作为高考突破口,加大对一本踩线生与薄弱班级的督促力度,采取有效措施推行考后反思,经过两个月的有效工作,高考一本上线 440 人,总评位于新密市第一名。2019—2020 学年,高三年级成立试卷分析实验班,在薄弱班级进行有效推进,薄弱班级进步很大,在郑州市第一次质量检测中,我校取得新密市总评第一的优秀成绩。

（六）试卷分析社成效明显,助推特优生卓越发展

将"超越梦想"社团实践活动与高三有效考试反思相结合,把全校特优生集中起来,成立试卷分析社,在教师的精心指导下,定期进行学法交流和试卷分析,让成员在考试后学会自我反思、自我调整、自我发展,引导学生学会分享与合作发展。通过社团活动,学生总体成绩进步很大,效果明显,高考成绩非常优秀,实现了他们的名校梦想。在 2019 年高考中,我校高分层次有明显突破,时丽珂和徐鹏辉以 626 分、618 分被南开大学和四川大学录取。多次取得新密市状元的郑贺心同学总结:"通过每次考后反思,我总结自己在本次考试中出现的问题,并且时常提醒自己,在下次考试中,尽最大努力克服类似错误,确保自己不被同一块石头绊倒两次。"

五、课题存在问题及下一步打算

（一）存在问题

经过一年的研究,我们总结出课题主要存在以下几方面的问题。

（1）在相关的课题组实验班级中,个别同学对考后反思的重视力度不够,态度不够端

正,试卷分析不主动、不深入,试卷分析只是停留在各科分数与名次上,没有系统与深层次分析考试问题并进行归因分析,平时的错题又较多,所以分析得更加不到位,达不到预期的效果。

（2）大多数教师都意识到了引导学生进行考试反思的重要性,也曾有意识地去使用,但由于平时教学任务重,缺乏相应的理论指导,对问题没有进行理性的分析,取得的效果不明显。

（二）下一步打算

针对课题实践中存在的相关问题,课题组提出下阶段课题研究设想。

（1）规范课题研究教研工作,扎实提高指导老师的业务水平。

（2）多和学生进行沟通交流,不断提高考后反思的效果。

（3）课题组教师对学生及班级发展多次进行长期跟踪分析,归纳总结考试分析对学生和班级总体成绩的影响。

（4）加强考后反思中进步较大学生的经验交流和推广,努力形成有效的考试反思策略。

我们的课题研究不会停止,考试反思问题仍然是我们学校提高成绩的关键,在课题组全体教师的共同努力以及学生的主动配合下,课题组将进一步实践研究,逐步提高我校教育教学质量。

参考文献

[1]赵瑞情.中学生社团活动研究[D].上海:华东师范大学,2008.

[2]李希贵.36天,我的美国教育之旅[M].上海:华东师范大学出版社,2006.

[3]孙其战.试论英语社团在英语习得中的作用[J].科教文汇(上旬刊),2009(6):33.

[4][美]琼·苏穆特妮,范·弗拉门德.在普通课堂教出尖子生的20个方法:分层教学[M].北京:中国青年出版社,2014.

（本文为2019年度郑州市教育科学重点课题,获科研成果一等奖。课题研究单位:新密市第一高级中学,课题负责人:杨胜凯,课题组成员:岳涛、樊建楠、王秋娟、姚莉）

大班幼儿绘画作品解读的行动研究

一、研究背景

艺术是人类感受美、表现美和创造美的重要形式,也是表达自己对周围世界的认识和情绪态度的独特方式。幼儿的绘画活动也是艺术的一种表现形式。幼儿独特的笔触、动作和语言往往蕴含着丰富的想象和情感。

在实际工作中我们发现,幼儿喜欢画画,画好后拿给成人看,教师常有以下几种回应方式:用"好,有进步""真不错"等词语简单评价;针对幼儿作品具体指导还需要画什么;请幼儿对自己的作品进行简单介绍;让幼儿去和小伙伴互相讲一讲;让幼儿把作品张贴在门口展示墙上。家长看到幼儿作品也只有"嗯,挺好看""你画得太乱了""真像"等简单回应。

幼儿的绘画作品为我们展示了他们不同的心理世界,看似凌乱却蕴含着丰富的情感。《3~6岁儿童学习与发展指南》艺术领域中建议:了解并倾听幼儿艺术表现的想法或感受,领会并尊重幼儿的创作意图。但是,无论在幼儿园还是在家里,成人多关注的是幼儿画得好不好、像不像,很少去倾听幼儿说一说:画中画了什么?有什么感受?是什么心情?为什么要画?

那么,当幼儿画出来的时候,鼓励幼儿说出自己所画的内容和表达的情感,是否更有利于幼儿身心和谐发展呢?有了这种思考,我们从绘画作品解读与幼儿情绪情感表达以及语言发展、亲子关系的加强等方面进行研究。

二、研究过程

(一)发放问卷,进行调查,了解现状

调查发现:幼儿绘画内容呈现多样性;作品讲述简单,情绪表达少;家长能在幼儿讲述绘画作品时给予简单鼓励,有效提问或者追问对绘画作品深度解读较少。大班幼儿尝试用多种材料表达自己的情感态度及对周围环境的认识,也非常愿意给同伴和成人讲述自己的绘画作品,由于自身和成人两方面的原因,导致绘画作品解读停留在简单讲述阶段。

(二)筛选样本,确定研究对象

样本满足两个条件:截至2019年8月31日年满五周岁;父母支持幼儿绘画,并能积

极参与课题研究,有时间也乐于学习绘画解读方面的知识。家长自愿报名,课题组教师筛选并确定20名幼儿为研究对象。

(三)园级主导,家园共同进行绘画作品解读

本课题中的绘画形式包括60%的自主绘画、30%的主题教学绘画和10%的亲子绘画。"解读"是指以幼儿绘画作品为媒介,通过幼儿的自主讲述和表达,让同伴和成人了解、感受和体会其情绪态度的过程。讲述包含三个层面:一是幼儿的讲述;二是成人引导幼儿进行完整表达;三是成人与幼儿共同讲述。

(四)总结提炼,研究成果推广

(1)总结提炼经验,进行成果展示。

(2)完成课题结题,进行家长回访。

(3)对实践研究资料进行整合,撰写研究报告。

表1 研究过程一览表

	时间	项目	负责人
第一阶段	2019年4月25日	课题组成员就课题论证报告进行解读、理解	孙黎利
	2019年4月26日—5月25日	课题组成员搜集资料:关于国内外儿童画现状的研究、幼儿园关于幼儿画解读的做法、关于幼儿画情绪表达的词语	史瑞峰
	2019年5月27日	课题组成员分享搜集的资料与心得	史瑞峰
	2019年5月31日	设计调查问卷《幼儿绘画作品解读的现状调查》	魏晓燕
	2019年6月3日	召开实验班幼儿家长会议,筛选参与课题的幼儿	张园丽 魏晓燕
	2019年6月10日	开题报告分享和第二阶段研究工作安排	张伊莎
第二阶段	2019年6月10日	讨论、修改调查问卷	张伊莎
	2019年6月17日—25日	发放调查问卷并回收统计	魏晓燕
	2019年6月20日	召开参与课题的幼儿家长会	史瑞峰
	2019年6月25日—8月25日	课题组成员、家长、幼儿进行自主绘画(可以用A4纸,背面写上绘画时间和当时自己的情绪和感受)	孙黎利

（续表）

	时间	项目	负责人
第三阶段	2019 年 9 月—10 月	幼儿主题绘画解读	石颖巧 魏晓燕
	2019 年 10 月 29 日	家长沙龙	史瑞峰
	2019 年 11 月 6 日	市重点课题"学生发展研究"共同体来园调研	张伊莎
	2019 年 12 月 27 日	市重点课题交流研讨	史瑞峰
	2019 年 11 月— 2020 年 1 月	亲子绘画解读	孙黎利
	2020 年 1 月—3 月	自主绘画解读	魏晓燕 石颖巧
第四阶段	2020 年 4 月	了解结题要求,分析结题条件,收集整理过程性资料	魏晓燕
	2020 年 4 月 27 日	召开课题组会议,梳理课题工作总结	史瑞峰
	2020 年 4 月 28 日	抽取部分家长进行课题回访工作	张伊莎
	2020 年 5 月	撰写结题报告	孙黎利

三、主要做法和经验

(一)观察和访谈,探析幼儿绘画解读浅显的原因

1. 成人没有引导幼儿进行情绪表达的意识

看到幼儿的画,成人先从整体是否干净、布局是否合理切入,以"像不像"或者画面"干净不干净"来评价。比如幼儿画画的时候,奶奶在旁边指点,说手指头是这样吗? 树是那样吗? 或者有爸爸嫌弃幼儿画的啥都不是,拿个手机搜图让照着画,忽视了幼儿绘画作品所表达的情感和认知。

2. 缺乏有效提问和引导

幼儿讲述时,有 50% 的家长能做到耐心听,也会用"这是什么?""他们在干什么?"来引发幼儿新的讲述。对绘画作品中最夸张、最特别的部分,幼儿讲述时最先提到或情绪激昂的地方没进行追问,导致绘画解读停在幼儿原有水平上。

3. 缺少绘画解读的相关知识

幼儿在绘画和讲述过程中的顺序是否一致,线条和色彩代表哪些不同的感觉,夸张之处对幼儿有什么特殊意义,哪些是幼儿无意忽略的地方,这都需要引起老师和家长的注意。因教师和家长缺乏相关的知识,因此不能适时感受到幼儿的感受,关注到幼儿的情绪。

（二）亲身体验法，让成人感受绘画解读的魅力

为引发教师和家长对幼儿绘画作品解读的重视，我们采用亲身体验的方法，实际感知绘画作品解读的多样性、绘画语言的丰富性和绘画能呈现人的潜意识等内容。

1. 课题组成员玩 OH 卡牌，体验绘画作品解读的多样性

主持人抽取任意一张 OH 卡牌，让课题组成员描述看到的画面，表达自己的感悟。大家发现同样一张牌，每个人的感受和解释各不相同，比如一张卡牌上有一个人一只手，大家的解读分别是"被打了一巴掌""牙疼，捂着嘴巴""抚摸爱人的脸"。我们还针对"爱"进行了 OH 卡牌联想，课题组成员体会到每个人对爱的理解各不相同，带着这份觉知去看幼儿的绘画作品，解读也会更加多元和丰富。

2. 家长用绘画进行自我介绍，感受绘画语言的丰富性

我们运用绘画做自我介绍，画出自己的名字和爱好，请其他家长来解读。在大家比较陌生的情况下，绘画拉近了彼此的距离。在绘画过程中，家长也发现仅用"像不像"和"好不好"来评价过于单一，他们也感受到绘画语言的丰富性和独特性。

3. 教师进行心理魔法壶绘画，发现绘画内容呈现的潜意识

心理魔法壶绘画是在一定的语言引导下，教师依次画出：①有一天在路上你突然被魔法师抓住并放进一个魔法壶里；②你在魔法壶里一天一夜；③后来阳光照进魔法壶；④一年过去了，这四种场景。各个要素都有象征意义，壶象征困境，通过这四幅"连环画"可以了解教师面对突发事件时的想法和采取的行为模式，教师对绘画作品的价值有了新的认识。

（三）多形式绘画活动，促进幼儿绘画解读能力的发展

1. 家庭中的自主绘画及讲述活动

我们通过微信群，指导家长和幼儿在家中进行自主绘画及讲述活动。绘画工具不限，幼儿运用多种材料，自由进行涂鸦、构图、上色，记录自己生活中的喜怒哀惧。通过给家长讲、给来访的客人讲、拍成视频或音频在课题之家或班级微信群讲，为幼儿提供讲的机会和平台。运用"大班幼儿绘画及作品解读情况记录表"，记录幼儿语言讲述和情绪表达的情况，最后装订成册，记录幼儿成长的轨迹。因幼儿讲述水平参差不齐，我们采用"一画多讲"的方法，即展示一幅绘画作品，多名幼儿来讲述。以这种隐性示范的方法，让幼儿向同伴学习讲述的方法，促使幼儿讲述内容逐步深入。

2. 幼儿园里的主题绘画及讲述活动

依托"中秋节"和"国庆节"等主题活动，幼儿在参与和体验的基础上进行"我的一家人""国庆 70 周年阅兵式"等教学主题绘画活动。幼儿的主题绘画作品，因观察视角和感受体验的不同，呈现的内容也各不相同。例如主题绘画"我是小小兵亲子运动会"，有的

画运动员走过主席台的场景,有的画航拍器拍主席台上自己的老师戴红帽子跳潇洒女兵的场景,有的画升国旗的场景……幼儿在互相观察和讲述对方作品的过程中,发现同一个亲子运动会,不同的人表达了不同的场景。对个别幼儿出现表达困难时,运用有效提问和追问,让幼儿比较完整地讲述所画内容。教师从中了解幼儿讲述的形式和方法、表达的思想和情绪。

3. 实情主导的亲子绘画及讲述活动

(1)"你一笔,我一笔":一张纸,两支不同颜色的笔,石头剪刀布决定谁先画第一笔,然后你一笔我一笔接着画。每人只能画一笔,这一笔不限时间,停笔后对方接着画,绘画过程中双方不能说话,只能按画面情形去猜测和接画。直到一方叫停,双方开始讲述自己在绘画过程中的做法和想法。家长的参与不仅让幼儿对绘画更有兴趣,还在绘画的过程中和幼儿有更多的话题可以交流。

(2)心理魔法壶:按照引导语,家长和幼儿同时绘画,这种"连环画"的绘画形式,可以连贯展示绘画者遇到突发事件时的心情、应激反应及处理的方法和情绪反应。家长和幼儿先互相欣赏对方的作品,然后讲对方的画,再讲自己的画,通过对绘画内容的解读,促进了亲子间的了解和沟通。

(3)蒙眼绘画:家长和幼儿都闭着眼睛,在纸上随意绘画,或按一定主题绘画。这个练习可以排除绘画者对他人评价的担忧,也可以排除由于不放松而引起的对绘画的恐惧和不舒适感。这对那些因寻求完美而不能胜任随意画的人来说很有帮助,因为蒙眼绘画时只关注自己的感受和情绪,注意自己的想法。通过绘画了解自己与幼儿内在性格的差异,面对谨小慎微的幼儿,成人引导时适当放松;对于自由奔放的幼儿,成人引导时注意规则建立。

(4)曼陀罗绘画:在疫情期间,对未知的恐惧、不能下楼的焦虑和看到人人戴口罩的紧张,我们指导幼儿尝试借助曼陀罗绘画,一开始幼儿或许不清楚自己要画什么,通过持续不断地添加,最后达成完美。这里面没有对错好坏,看似不合适的地方,只要继续画下去,还会成为一个亮点,犹如人生,无论前期好坏,只要不放弃,圆满终将呈现在我们眼前。

(四)多场景运用,增加幼儿绘画解读的机会

教师要给幼儿提供绘画的时间和讲述的机会。在引导幼儿讲述初期,用固定模式"我画的是……我画的过程中想到……我画完后感觉……"引导幼儿从讲述画面中的物品到讲述绘画时的想法,再到讲述画完后的心情,逐步从说事实到表达情绪。

1. 餐前、离园前讲述:体验绘画者的心情

教师会组织幼儿把当天的绘画作品拿出来,用自我解读和同伴解读的方式,彼此倾听和表达。在解读初期,幼儿容易评价:"这画的是什么呀,乱七八糟的。"教师引导:"你

猜猜看,发生了什么事情?"幼儿逐渐关注和体验同伴画面中的内容和情绪。当幼儿看到自己比较认同和喜欢的绘画作品,会在日后的创作中进行无意识的模仿,拓展了绘画及讲述的丰富性。

2.在区角中讲述:两两交流,分享心得

在区角活动时,幼儿既可以在美工区绘画,还可以到图书区讲画。诺诺把她画的"汉堡店"的画带来,一名幼儿开心地说:"这是你和小男生在汉堡店,上面有很多汉堡店的菜单,小男生是你男朋友吗?"诺诺摇摇头说:"不对不对,那是我和弟弟一起在吃汉堡,弟弟边吃边玩。"佳佳的一幅画也引起大家的兴趣:"你家里养了两只小狗,小狗有自己的餐盘,餐盘里还有骨头。"佳佳说:"那是我婶婶家,有两只小狗,我很喜欢,想去给它们喂狗粮!"自由宽松的氛围中,幼儿讲述的积极性增强,尤其被同伴猜测出绘画内容时,被认同感和成就感使幼儿精神更加愉悦!

3.在微信群里讲述:适时回应,走近童心

家长把幼儿绘画作品和讲述内容发到微信群,成人通过看和听,并结合幼儿的心理需要,给予积极的回应,幼儿的心愿得以实现。同时,家长把幼儿的作品和讲述内容制作成美篇,让更多的幼儿可以欣赏和学习,幼儿得到鼓励和心愿满足后,讲述积极性更高。

四、研究成效

(一)幼儿情感得到满足,促进了亲子关系的发展

1.了解幼儿内心需求,加深亲子关系

绘画能表达人的潜意识,当幼儿有想法和愿望时,会通过绘画呈现出来。成人在倾听幼儿讲述绘画作品时,遇到问题应进行共同探讨,帮助幼儿建立和谐情绪。例如一名幼儿在主题绘画"我的一家人"时,房子里面只有自己和妈妈,没有爸爸。教师询问后得知:因其爸爸常年出差在外,幼儿不愿意将爸爸画在房子里。其妈妈了解后很震惊,没有意识到爸爸角色的缺位,会导致幼儿与爸爸的情感隔离。后来爸爸经常和幼儿视频,购买幼儿喜欢的物品和玩具,假期还带幼儿到自己的工作地点,亲子关系逐渐融洽。

2.尊重幼儿感受,亲子互动更有效

在亲子绘画"你一笔,我一笔"时,家长发现亲子互动模式总是以自己为主,就主动调整,慢慢尝试让幼儿在前,自己在后面进行跟随,逐步增强了幼儿的自信心。家长耐心倾听并对幼儿讲述内容进行记录的过程,让幼儿感受到自己是受到重视的,也更加愿意和家长讲述自己的事情。陪幼儿画画,听幼儿讲画,家长也能更多了解孩子的心理需要,亲子互动内容更加丰富,陪伴质量也提高了。

(二)幼儿连贯讲述水平提高,促进口语表达能力的发展

1.能够使用较为丰富的词汇进行讲述

幼儿最初在绘画讲述时对画面的描述简单、直白,缺乏情绪情感的表达。成人通过提问,引导孩子说出角色情绪、想法及状态,如:你现在是怎么想的? 如果是你,你感觉怎么样? 在幼儿将自己的同一件作品反复讲述给不同对象的过程中,讲述越来越流畅,所使用的词汇也逐渐增多,画面变得生动、有趣。如逐渐会使用"暖和和、开心、孤孤单单、红红的、像仙女一样"等形容词、叠词、同义词,语言逐渐生动。

2.愿意讲话并能清楚地表达

在进行主题绘画和连环画中,幼儿为了能够将自己的作品有序地讲述出来,会积极围绕一个主题,根据画面内容讲述多个行动事件,讲述中会使用"先""又""接着""最后"等连词表明事件发生的顺序,且讲述当中修饰词的运用使讲述更加生动。幼儿还懂得按次序轮流来讲述,不随意打断别人,别人讲述时也能积极主动地回应。

(三)幼儿绘画兴趣浓厚,促进绘画技能的发展

1.更加喜欢绘画

我们关注绘画所表达的情感,允许幼儿按自己的意愿自由绘画。材料不限、画法不限、纸张大小不限,绘画地点不限,幼儿非常喜欢画,有的还期待自己能有马良的神笔,画出自己想要的所有物品。一位家长说:"春节放假在家里每天都会画,她喜欢画公主、彩虹、美人鱼、花朵等。疫情期间,看到电视里医生、护士救治病人的场景,豆豆就画了一幅画,画好后又讲给我听,她画的、讲的内容都很丰富,让我印象很深刻。孩子也越来越喜欢画画了。"

2.绘画能力得到发展

在整理作品过程中,家长和教师都发现孩子的绘画技能得到了发展。一个男孩非常喜欢恐龙,一段时间里经常练习,他画的恐龙的细节和整体形象更丰满,能从简单的线条描绘到较为丰富的形象创作,最后到点、线、面和色彩的初步融合,孩子自己也体验到绘画带来的成就感。

3.绘画表达成为一种习惯

比如当乐乐在智慧树上看到小种子成长记,就和爸爸一起种下火龙果的种子,她把这些都画了下来;当读了绘本小绿豆的故事,她会把整个故事画下来;当她想去拿东西够不着,她会在画本上画一个梯子,然后说:"如果我的手有那么长就好了,就可以够到了!"绘画成了孩子日常表达的一种方式,也渐次成了一种习惯。他们还用自己的绘画作品布置环境、美化生活呢!

五、存在的问题和设想

幼儿通过绘画表达出的负向情绪,需要有效疏导。在疏导幼儿情绪的过程中,也能发现家庭教育中的疏漏、方法的欠缺。因疫情这个特殊时期,研究中发现的个案幼儿没有能真正面对面跟踪指导,个别问题也需要更专业的心理咨询师辅导。

幼儿期的绘画活动在人的一生发展中起着至关重要的作用。经过一学年的行动研究,我们获得了绘画解读之于幼儿的情绪情感、亲子关系、语言能力、绘画能力等方面深远的影响,于是便在全园进行绘画解读方面的推广尝试,效果正在期待中。

参考文献

[1]中华人民共和国教育部.3～6岁儿童学习与发展指南[M].北京:首都师范大学出版社,2012.

[2][美]玛考尔蒂.儿童绘画与心理治疗——解读儿童画[M].北京:中国轻工业出版社,2005.

[3][美]格罗姆.儿童绘画心理学[M].北京:中国轻工业出版社,2008.

[4]杨颜.藏在儿童画中的秘密[M].上海:上海财经大学出版社,2015.

(本文为2019年度郑州市教育科学重点课题,获科研成果一等奖。课题研究单位:荥阳市第二幼儿园,课题负责人:史瑞峰,课题组成员:孙黎利、张伊莎、魏晓燕、石颖巧)

第六章

教师成长研究

新时期,科研能力已经成为教师必备的职业能力,开展教育科研工作是教师专业成长的重要方式和途径。经过科研,教师能够在发现问题和解决问题的过程中提升研究学生、课程、教学等的能力。专业成长是开展科研工作所带来的必然成效,而教师的专业成长和队伍建设作为学校发展的重要工作,也成了课题研究的重点和热点研究问题。

　　本章收录了学校在教师专业成长和教师队伍建设方面的研究和实践成果。如《初中新入职教师课堂管理能力提升的策略研究》从该校新入职教师的成长需要入手,确立了提升新入职教师课堂目标管理、课堂时间管理、课堂纪律管理能力的研究目标,以理论学习为依托、校本培训为途径、跟踪观课为重点,展开了一系列的实践活动。再如《中小学青年教师科研能力发展现状及提升策略研究——以惠济区为例》以该区青年教师的整体科研能力为研究内容,通过问卷调查的方式聚焦一线教师开展科研工作所面临的一系列困难,结合这些问题进行了开展主题培训、加强示范引领等措施,提升了青年教师的科研能力和科研员的指导能力,探索出一套提升青年教师科研能力的策略与方法,切实推进了区域内教师队伍建设,提高了教师的获得感和幸福感。

　　本章还有围绕中职青年教师专业能力提升、小学教师批判性思维能力提升、小学教师专业阅读能力提升展开的课题研究。相信这些课题研究能够带来的不仅是教师的专业成长,还有研究思路的启发和发展路径的参照。

初中新入职教师课堂管理能力提升的策略研究

一、研究背景

(一) 问题的提出

党的十八大以来,以习近平同志为核心的党中央高度重视教师队伍建设问题,正努力打造一支有理想信念、有道德情操、有扎实学识、有仁爱之心的"四有好老师"队伍。在这一庞大的群体中,新入职教师作为新生力量,是未来教育的希望和关键。

新入职教师处于教师专业发展的起始阶段,这一阶段对其整个职业生涯的发展起着奠基作用,同时也是学校实现可持续发展的助推力。新入职教师由"座位"到"讲台"的场地变化,由"学生"到"教师"的角色变化,要求他们必须在短时间内渡过教育实践新生期,并且能够灵活地将专业思想及专业知识运用于教学实践,拥有良好的课堂管理能力。然而现实中,初中新入职教师的课堂管理能力的薄弱却成为他们专业发展的瓶颈。

以 2018—2019 年为例,我校共有新入职教师 10 位。如何让这批新鲜血液尽快融入团队,提升教书育人活力,提高课堂管理能力成为亟须解决的问题。本研究尝试因校制宜做一些积极的思考和实践,旨在探索初中新入职教师课堂管理能力提升的策略。

课题组通过访谈、观课等方式对新入职教师的课堂管理现状进行了初步了解,发现他们的表现可以归纳为"三高三低":学习能力高,教学设计能力低;教学热情高,学生主体意识低;专业水平高,纪律管理水平低。

课题组根据以上现象,结合理论学习,梳理出本课题拟解决的三大问题。

1. 课堂目标管理问题

新入职教师只关注到教师的"教",忽视了学生的"学",对学生的知识储备、接受程度、心理反应、思维习惯和学习兴趣等基本学情不了解;课堂教学目标设计单一、笼统、无差异性和梯度性,不能基于课堂实际随时调整教学策略和教学评价手段,影响学习目标的达成。

2. 课堂时间管理问题

新入职教师对课堂教学时间的敏感度较低,难以准确把握课堂教学的进度,无法结合学生实际情况合理调整课堂节奏,以至于出现拖堂或者在预计时间内提前讲完课程的现象。

3. 课堂纪律管理问题

新入职教师只告诉学生要遵循的纪律规章制度,却未告知其如何落实;面对课堂突发的学生违反纪律情况,不知所措;对如何设置合理的课堂纪律评价措施也十分迷茫,导致课堂教学质量下降。

(二)研究意义

1. 为初中新入职教师提供课堂管理的方法指导

综合现行的课堂管理策略,发现其可行性和可操作性不足,策略较为粗浅,精细化不明显,一线教师往往无法真正落脚。而且策略的针对性不强,指向不明确,往往成为摆设品,这就为一线教师课堂管理能力的提升带来很大阻力。本研究在做了大量的调查以及课堂观察后,希冀能为初中新入职一线教师提供课堂管理的方法指导,并提出更为精细化和针对性的有效策略。

2. 为初中新入职教师提供课堂管理实践案例

目前,课堂管理的相关实践研究不足,而针对新入职教师课堂管理的实践案例更是少之又少。以本校 10 名新入职教师为个案研究对象,设计三个维度的课堂观察量表,并对新入职教师课堂管理进行"前测、中测、后测"的跟踪式分析。基于发现的问题,提出改进措施,再观察,再改进,不断促使新入职教师提升其课堂管理能力。对每位教师的三次课堂进行课堂实录,并对课堂实录进行记录、跟踪,将完整的教学实践案例呈现出来,借此为初中新入职教师课堂管理提供实践案例。

二、研究过程

(一)第一阶段:准备阶段(2019 年 3 月—2019 年 4 月)

(1)申请课题立项,成立以学校教学副校长、教科室主任、三位新入职教师为主的课题研究小组。

(2)进行文献搜集,了解新入职教师课堂管理现状,制定课题研究的具体方案。

(3)丰富理论素养,学习与课堂管理相关的专业理论知识,解读各相关学科的课程标准。

(4)组织开题活动,聘请专家到校进行有针对性的指导,撰写开题报告。

本阶段的重点工作是课题组帮助新入职教师进行目标设定,通过阅读专业的理论书籍、解读学科课程标准、跟随本专业名师听评课等方式,让他们找准目标,有的放矢。同时,在文献研究的基础上,通过访谈法初步了解我校新入职教师课堂管理现状,厘清研究的具体思路,制定课题研究方案。

(二)第二阶段:实施阶段(2019 年 5 月—2019 年 12 月)

(1)进一步搜集文献资料,根据开题活动时专家的建议,修改研究计划。

(2)收集研究过程中的观课数据、量表、图文资料等,进行整理归档。

（3）针对研究过程中出现的问题，调整研究方案，撰写课题的中期报告。

本阶段重点研究新入职教师课堂管理问题并提出初步的解决策略。设计课堂观察量表、开展跟踪课、完善观课量表内容。依据量表数据分析新入职教师课堂管理存在的问题，对个案进行追踪调查，并试图提出新入职教师课堂管理的解决策略。

（三）第三阶段：总结阶段（2020 年 1 月—2020 年 4 月）

（1）开展实证研究，完善研究策略。

（2）搜集跟踪课、教师成长记录册等过程性资料。

（3）整理归纳研究成果，以研究报告的形式完成结题。

本阶段重点研究新入职教师课堂管理策略的有效性和可行性。依据本研究所提出的课堂管理具体策略，新入职教师开展新一轮课堂实践。通过量表数据以及课堂观察，分析策略的有效性和可行性，并对策略做进一步调整和完善。

三、主要做法和经验

针对新入职教师在课堂目标管理、课堂时间管理和课堂纪律管理这三大方面的问题，课题组多次进行研讨，以理论学习为依托、校本培训为途径、跟踪观课为重点，展开了一系列的实践活动。

（一）压担子，以陈促新"接"起来

1. 阅读专业学理论

新入职教师重点学习了《初职教师 20 个怎么办》《有效教学的基本策略》《课堂观察：走向专业的听评课》《释放你的教育智慧》《影像中的教育学——从电影中体悟教育与人生》等和本课题研究密切相关、针对性较强的专业理论书籍，并撰写读书笔记，在课题组内进行读书分享。

2. 解读课标定标准

新入职教师对本学科的课程标准进行了深入解读，同时积极向骨干教师学习，对他们的高质量教学设计进行研究，紧紧围绕学科核心素养，设计出自己的 3 ~ 5 篇教学设计，在教研组内进行分享、讨论，并及时修改和完善。

3. 跟随名师学榜样

课题组分别于 2019 年 9 月和 10 月举办了两期新入职教师系列培训活动，邀请校内郑州市名师、骨干教师、课题专家基于本课题的主要问题和新入职教师进行交流探讨。

4. 编制量表做观察

课题组查阅有关教育类课堂观测专业书籍，如由吴江林、林荣凑编著的《课堂观察

LICC 模式（课例集）》，陈瑶编著的《课堂观察指导》，沈毅、崔允漷编著的《课堂观察：走向专业的听评课》等，对 10 位初中教师进行访谈调研，向其咨询有关课堂观察的内容，将收集到的信息进行分析、归纳、总结。通过讨论、分析、探究，依据教学目标和课程标准制定课堂观测指标体系，形成"目标管理、时间管理、纪律管理"三张量表。

（二）结对子，以老带新"熟"起来

1. 选定专业娴熟的"师父"

学校与教研组长逐一沟通，遵照双向选择的原则，为新入职教师选定适合的学科结对教师。新入职教师跟随"师父"的任教班级听评课，了解他们在课堂目标管理、时间管理、纪律管理等方面的策略，并及时做好记录。学校要求新入职教师每周至少要跟随结对教师随班听课两次，重点对比自身和"师父"在课堂管理方面的差异，对标整改；在每周一、周三的学科教研组会上，汇报一周听课的心得和自己拟在课堂管理上的改进措施。

2. 寻找志同道合的"伙伴"

学校鼓励新入职教师在同事中找一位同学科、同资历、同年龄的伙伴，和"师父"一起组成"三人行——青蓝帮帮团"。新入职教师和志同道合的"伙伴"在一起同伴互助、比学赶帮、好书分享、同课异构，发现彼此的优势，克服共同的困难，达到组团发展、共同提升的目的。

（三）搭台子，新老共融"和"起来

1. 借传统节庆"搭台子"

借 2019 年中秋节、2020 年元旦之机，我校工会组织了两次新入职教师座谈会，学校中层以上干部、教研组长、年级组长全部参与。在座谈会上，新入职教师畅谈从教以来的收获和教育教学感悟，每人分享自己在课堂管理中最成功的案例，同时提出一个最为难解的问题，并为学校的发展提建议。与会学校干部针对新入职教师的困惑各抒己见、答疑解惑，提出有针对性的解决策略。

2. 借研修论坛"搭台子"

2019 年 11 月，我校组织新入职教师参加第二届中原班主任高峰论坛，向优秀教师学习课堂管理方法，向优秀班主任领教班级管理经验。2019 年 12 月，我校借助郑州市名班主任工作室集中研修暨班主任专业素能展示活动的平台，组织新入职教师与会观摩，汲取市级名班主任的班级管理经验。两次学习结束之后，学校召开新入职教师交流会分享学习心得和感悟，新入职教师对课堂目标管理、时间管理、纪律管理又有了新的认识和理解。

3. 借跟踪课"搭台子"

依据课题研究计划和目标，课题组成员共进行了为期三个月的三次跟踪课展示，分别在 2019 年的 10 月、11 月和 12 月的月初进行。每次跟踪课后，邀请全校老师进行观摩

并填写课堂目标管理、时间管理和纪律管理量表,之后回收观察量表,由教研组相关老师进行评课,教科室老师对量表和教研组的评课意见进行归类汇总,针对性地找出每位新入职教师在课堂管理中存在的问题并提出初步解决策略,形成书面报告反馈给他们,要求他们在下次跟踪课时改进。

四、研究成效

(一)通过开展"教—学—评"一致性研究,总结出提升新入职教师课堂目标管理能力的具体策略,本校新入职教师课堂目标管理能力得以提升

作为一种有目的、有计划培养人的社会活动,教学的全部流程都是以目标为核心,并逐步接近目标的过程。因此,新入职教师要进行"教—学—评"一致性的研究,设计合理的教学目标,有利于形成积极的课堂学习环境,提升课堂管理的有效性。在这个过程中,新入职教师不仅要关注教师的"教",更要关注学生的"学",了解学生的知识储备、接受程度、心理反应、思维习惯和学习兴趣等基本学情。教学目标的设计要根据学情具有一定的差异性和梯度性,基于课堂实际随时调整教学策略和教学评价手段。

(1)在解读课程标准中,新入职教师要综合分析课程、教材、学生学习等各种要素,实现目标设计的精准性。

(2)在教学评价设计中,新入职教师要反复考虑学习目标,思考预设目标的合理性,以学习目标为归宿,进行评价设计。

(3)在学习活动设计中,新入职教师要尊重学生的学习规律,科学选择教学方法,让"教—学—评"一体化,力图追求目标实现的最大可能性。

(二)通过学校组织的跟踪课,总结出提升新入职教师课堂时间管理能力的具体策略,本校新入职教师课堂时间管理能力得以提升

1.学校助力——培养课堂时间观念

第一,在开展新入职教师跟踪课之前,通过组织开展课堂时间管理培训讲座,帮助新入职教师从潜意识中树立课堂时间管理观念,学习课堂时间管理技巧,便于日后课堂实践的开展。

第二,根据学校限定的新入职教师在上课过程中具体的讲授时间、学生自主学习时间,不断增强新入职教师课堂时间管理意识。

第三,学校制定时间管理量表,在新入职教师跟踪课中使用。

课堂观察量表是课堂观察的核心,它的设计尤为关键,贯穿整个课堂观察活动的全过程,涉及课堂主题、教学设计、信息记录与汇总、课后建议等课堂观察活动的多个维度,体现的是学校对教师课堂观察活动的本质认识。

2.个人努力——把握课堂教学最佳时域

(1)合理分配课堂教学时间,体现在教学内容和教学环节的设计上。在教学内容的设计上,应以学生为主体,教师为主导。传统的"满堂灌""填鸭式"的以教师为主体的教学与素质教育背道而驰,素质教育本着以学生为本的原则,充分发挥学生学习的主观能动性,把课堂时间较多地留给学生,培养学生的课堂主人翁意识。在教学环节的设计上,根据不同学科、不同课型、不同学情对各环节优化组合,以使课程逻辑严谨、衔接自然、节奏紧凑。

(2)把握课堂教学最佳时域,关注学生注意力集中程度和思维活跃程度。课堂时间管理不仅是一门技术,也是一门艺术,只有掌握时间管理的内在规律,才能开启时间管理的艺术大门。心理学研究表明:在45分钟的课堂内,学生的注意力集中程度和思维活跃程度在不同的时间段表现出不同的特点,这就需要教师根据时间规律有的放矢地开展教学。课堂的前5～20分钟是学生思维的极度兴奋期,学生注意力和关注度也最集中,学习效率较高,因此被称为教学的最佳时间域;20～25分钟是学生思维状态较为平稳的时段,学习状态处于课堂疲劳的低谷期;而在下课前5分钟,学生再次进入思维活跃期。因此,教师应充分把握上课后的5～20分钟的最佳时域,讲解重难点知识,促使整堂课得以顺利进行。

3.师父助力——实施"设—评—改—试—再次改—讲"授课模式

"设"是提前规划和设计好本节课的教学设计,重点卡好各环节的教学时间和学生的活动时间。"评"是师父对教学设计进行评定,重点关注时间安排是否得当,肯定亮点,指出不足,并提出自己的修改建议,可有效帮助新入职教师快速发现存在的问题,弥补不足。"改"是新入职教师针对师父提出的问题进行思考,并参考师父的建议进行修改补充。"试"是试讲,根据修改后的教学设计,随机选择一个班级进行试讲,师父和教研组人员听课,以发现实际上课过程中存在的问题,各老师集思广益,提出具体的修改建议。"再次改"是试讲后,教师根据师父和教研组人员提出的修改意见进行二次补充完善,确定正式上课的教学设计。"讲"是根据确定的教学设计在其他班级依次开展教学。

"设—评—改—试—再次改—讲"授课模式驱使着新入职教师不断反思,不断改进,不断实践,有助于新入职教师的磨炼和提升。

(三)通过个人借智和学校借力两种途径,总结出提升新入职教师课堂纪律管理能力的具体策略,本校新入职教师课堂纪律管理能力得以提升

1.个人借智优秀教师

借鉴优秀教师和经验丰富教师成功的课堂纪律管理经验,是新入职教师在课堂纪律管理中学习教育智慧的一种捷径。教育智慧是指教师在不断变化的教学情境中形成的随机应变的能力,能根据学生突发情况迅速而准确地做出判断,及时采取恰当而有效的教育措施解决问题。

(1)向优秀教师和教学经验丰富的教师请教,与他们探讨如何掌控课堂,形成良好的课堂学习氛围,聆听他们的想法,了解他们在课堂纪律管理上的方式方法。

（2）深入优秀教师课堂，身临其境感受优秀教师课堂教学氛围，观察教学身体语言，倾听教学语言艺术，总结课堂纪律管理的技巧和方法。

在向优秀教师借智的过程中，新入职教师需要投入更多的时间和精力来提高自身专业素质，深入钻研教材，熟知学生身体和心理变化特点，构建有趣、丰富、符合学生认知特点的教学活动。在充盈活泼的课堂中，学生乐学、爱学，与教师积极主动互动，课堂和谐画卷随之展开，课堂纪律问题随之消失。

2. 学校借力搭平台

（1）学习条件。

一是学校要不定期开展优秀班主任班级管理经验分享会，让优秀班主任介绍如何管班，如何与学生沟通，如何聚人心，并分享具体案例，将可操作性强、可直接使用的管理方法展示给大家。

二是学校要定期组织新入职教师参加课堂纪律管理方面的培训，帮助新入职教师掌握课堂纪律问题的预防和干预技巧。

（2）建立班主任导师制。

班主任具有较为丰富的班级管理经验，尤其是学校资历较老、带班较好的班主任。班级管理的方法可有效运用到课堂纪律管理，为营造良好的课堂纪律环境创造条件。学校可为新入职教师安排经验丰富的班主任，让其跟着班主任学习班级管理技巧，掌握班级管理方法，总结班级管理经验。

（3）实施课堂纪律管理"试运营"。

学校要为新入职教师搭建课堂纪律管理"试运营"的舞台，以提升课堂纪律管理能力为主题，随机选取一个班级让新入职教师开展"试运营"，时间为三个月至六个月。"试运营"就是把新入职教师拉到真正的"战场上"，亲身经历实战，不断地摸索课堂纪律管理的方法，大胆实验，放手去做。这是在短期内快速提高新入职教师课堂纪律管理能力的一个方法。

五、存在的问题和设想

（一）存在的问题

1. 培训较多，新入职教师力不从心

刚参加工作的新入职教师一方面要快速适应紧张的工作环境，提升专业素养，提高教学技能；另一方面，他们面对学校以及校外的各种培训显得力不从心。针对他们的培训可在短时间内提升他们的课堂管理能力，但是无疑已给其带来了身心压力，培训效果可能会有所降低。

2. 人员分散，课题组中心成员不集中

课题负责人袁丽娜老师本年度在卢氏县五里川完全中学做教育扶贫工作；研究对象

之一、课题组中心成员海月滢老师也在郸城县支教。这给课题组成员互相听评课、及时分享讨论交流造成了一定的不便。

（二）后段设想

1.学校要开展新入职教师精准培训

学校要尽可能减少新入职教师无针对性的培训，将培训的目的真正落到实处，为新入职教师留出更多的自由发展和提升反思的空间。同时，提升新入职教师的工作满意度，举办多样的文化活动，让新、老教师真正融合起来，并切实解决新入职教师的生活和工作困难，让其可安心投入到工作和学习当中。

2.课题组成员多开展线上交流

课题虽然到了结项阶段，但是针对新入职教师课堂管理能力提升的研究不会终止。我们将针对课题组成员不集中的问题，利用钉钉平台、微信群等继续开展云端教研，一方面巩固现有的研究成果，另一方面在问题的未知领域持续进行探索。

参考文献

[1]陈瑶.课堂观察指导[M].北京:教育科学出版社,2002.

[2]刘新平,张运良.教育统计与测评导论[M].北京:教育科学出版社,2013.

[3]周小山,严先元.新课程的教学设计思路与教学模式[M].成都:四川大学出版社,2007.

[4]联合国教科文组织国际教育发展委员会.学会生存——教育世界的今天和明天[M].北京:教育科学出版社,1996.

[5]闫承利.素质教育课堂优化策略[M].北京:教育科学出版社,2000.

[6]吴康宁.课堂教学社会学[M].南京:南京师范大学出版社,1999.

（本文为2019年度郑州市教育科学重点课题,获科研成果一等奖。课题研究单位:郑州市第二十三中学,课题负责人:袁丽娜,课题组成员:王海军、邓雯、李迎亚、海月滢）

中职青年教师专业能力提升策略实践研究

一、研究背景

近年来,郑州市 A 校发展迅速,每年都会聘任一批青年教师,经过培养和引领,这一批批青年教师逐渐成为学校教师队伍中新的生力军,他们热情活泼、敢于创新,给学校带来了生机与活力。然而,他们也存在一些不足:一是角色转变方面存在有不适应现象,有些刚入职青年教师在由大学生身份转向教师角色过程中,不太适应,没有教师认同感,常常还把自己当作一名大学生;二是对教育对象缺乏了解,无法做到因材施教、有的放矢;三是对教学内容把握不够全面深入透彻,在教材熟悉和掌握程度方面,他们仍欠火候,在讲授内容的重点和难点方面,他们有时把握得不够精准;四是驾驭课堂教学的能力欠佳,在组织课堂、安排教学内容、把控课堂教学节奏、设计教学情境、开展学生活动等方面都存在缺少经验、能力欠佳的现象;五是实操技能水平欠佳,在实操技能方面,他们往往水平不够,当给学生传授实操性专业技能时,不能熟练规范地给学生做示范;六是教科研能力有待提升;七是不知道如何根据学校发展和自身特长设计自己的职业生涯规划;等等。

因而,探索中职青年教师成长规律,设计中职青年教师专业能力提升的有效策略,缩短青年教师的岗位适应期,使他们在三至五年内成为学校合格教师或骨干教师,是一个非常有意义的课题。

二、研究过程

(一)准备阶段(2019 年 6 月—2019 年 8 月)

(1)筹建课题组,确定课题组成员;制定课题实施方案,明确各研究内容的负责人及其职责;建立课题组规章制度。

(2)召开课题组成员会议,学习讨论并设计研究方案,梳理研究思路,分配并明确各自研究任务。

(二)启动阶段(2019 年 9 月—2019 年 10 月)

(1)搜集有关材料,学习相关理论,梳理筹建课题组,确定课题组成员;制定课题实施方案,明确各研究内容的负责人及其职责;建立课题组规章制度;了解研究现状。

(2)设计问卷调查表,对郑州市 A 校青年教师专业能力现状进行问卷调查,然后对问卷调查信息进行整理、分类、归纳总结,分析原因。

（3）根据理论研究、调查、访谈成果，设计中职青年教师专业能力提升策略。

（三）实践研究阶段（2019 年 11 月—2020 年 2 月）

实施中职青年教师专业能力提升策略，并在实施过程中分析其优劣，不断优化这一培养策略。

（四）总结与结题阶段（2020 年 3 月—2020 年 4 月）

汇集材料，整理分析研究结果；总结研究执行情况，做好课题结项工作；撰写研究报告，全面展示研究成果；召开验收鉴定会，请专家进行评审验收。

三、主要做法和经验

（一）中职青年教师专业能力现状调查

通过问卷调查和访谈等方法，对郑州市 A 校青年教师专业能力现状进行调查，了解中职青年教师专业能力水平、优势和存在的问题。

1. 问卷调查概述

为了进一步了解当前郑州市 A 校青年教师专业能力现状，以便获取真实的数据，设计科学合理的中职青年教师专业能力的提升策略，于 2019 年 8 月对该校 65 名青年教师进行了问卷调查。

调查对象：郑州市 A 校青年教师。

调查方法：问卷调查法、访谈法等。

总共发出问卷 65 份，回收问卷 62 份，问卷回收率 95%，问卷回收有效率为 100%。根据问卷调查的情况，结合平时的观察和有针对性的访谈，对中职青年教师专业能力现状数据进行了统计和分析。

2. 该校青年教师专业能力现状调研结果与分析

调查结果显示，该校青年教师专业能力总体较好。80% 以上的中职青年教师对新的教育学、心理学理论比较了解；70% 以上的中职青年教师有较强的教学能力；50% 以上的中职青年教师被认为具有较强的科研能力，61% 以上的中职青年教师被认为具有职业生涯规划设计能力。但也存在一些问题，例如，在更新教育理论方面，有近 20% 的中职青年教师处于弱势，在教学能力方面，有近 35% 的中职青年教师感到欠缺或能力不够，在科研能力和职业生涯规划设计能力等方面，有 40% 以上的中职青年教师感到欠缺或能力不够。

（二）中职青年教师专业能力提升策略

1. 更新中职青年教师教育理念策略

学校通过讲座、培训、研讨交流等方式进行观念引领，引导青年教师形成正确的职业定位、中职学生观和中职教育观,明确自己的责任,强化使命感;认同自己的职业,强调归属感;培养阳光、快乐的心态,寻找幸福感。

在充分利用校外专家引领作用方面,学校通过定期邀请校内外教育专家或骨干教师做讲座或举行培训活动,讲授职业教育发展形势,解读"职教二十条""做一个幸福的职教人""正确的职教观"等相关内容,学校青年教师听后,深受启发,效果很好。例如2019年9月,学校邀请了河南教育学院任民教授做报告,讲授"做一个幸福的教育者",谈自己是如何做教师的,聊自己做教师的收获与喜悦,讲述自己在教育工作中对幸福的体验等。2019年11月,学校邀请职教专家余国良讲述自己的成长史,讲述他是如何一步一步在职业教育中坚定信念,认真研究,努力工作并逐步成长为一名学习型、研究型职教专家的。

在发挥学校职教专家和骨干教师作用方面,学校每学期定期组织中职青年教师座谈会,由教学副校长牵头,教务处主任组织,学校职教专家和市级以上名师列席,全体35岁及以下青年教师参加,围绕中职教师职业生涯规划、中职学生观、中职教育观等话题进行研讨。研讨中,先由教学副校长提出话题,然后参与教师分别发言,再进行研讨答疑,最后副校长总结发言。在青年教师座谈会上,教师们的研讨民主和谐,热烈充分,既有个人观点的陈述,又有平等对话和研讨,形式灵活,气氛融洽,青年教师从中受益很大,为尽快适应中职教育这一育人环境打下良好基础。

2.中职青年教师的教学能力提升策略

(1)构建科学有效的青年教师校本培训体系,不断提升中职青年教师的教学能力。

青年教师校本培训是根据中职青年教师结构、能力水平和发展需要设计的富有针对性的培训体系。这种体系既有利于调动青年教师参与培训的积极性,又能提高培训的有效性。一方面学校根据调查,归纳中职青年教师专业能力发展的共需,另一方面,引导青年教师写出个人发展规划,提出个人的发展需求。两相结合,制定出中职青年教师校本培训方案。具体来说,主要有以下三种措施。

①根据郑州市A校青年教师发展的共同需求,学校每学年定期组织青年教师利用寒暑假去外地参加培训,促进他们教学能力的提升。例如2019年去青岛进行暑假培训。培训前,教务处首先进行问卷调查,了解全体青年教师教育教学能力方面的短板和发展需求。其次,根据培训需要,确定符合要求的教育专家、培训的内容和所采取的形式,最后确定培训的地点、参加培训的人员、行程安排和纪律要求等。这种专门为学校青年教师量身定制的培训,使青年教师学习的积极性高,在学习中收获大,对他们影响深,在教育教学工作中运用的效果好。

②开展"以老带新"的拜师结对培训活动,通过"一对一"的方式,有针对性地培养中职青年教师的教学能力。在"以老带新"的拜师结对培训活动中,首先,由学校向青年教师推荐指导教师,或青年教师自己选择指导教师,双方签订培养合同,落实师徒职责。其次,指导教师和青年教师根据学校青年教师培养计划及青年教师实际情况,学期初由师徒共同制定出培养计划。最后,学校制定师徒指导考核奖励方案,考核包括指导教师听

课节数、被指导教师的教学成绩及成长表现,实行量化管理,由教研组及学校相关领导进行检评。在活动中,要求指导教师在师德、教育理念、教学能力(备课、教学设计、教学实施等方面)、教科研等方面全面指导青年教师,每学期至少指导青年教师备4节课,听评青年教师6节课。同时,要求青年教师接受指导教师的指导和帮助,每学期听指导教师或相关学科教师30节课,在指导教师的帮助下,青年教师至少上两次汇报课,学期末还要交一份质量较高的教案备留教务处。这种培训方式,针对性更强,效果更明显。

③实施"双师型"教师培养方案,引导中职青年教师不断提升其专业实操能力。学校为了加强"双师型"教师的培养工作,校企深度融合,创建专业实践基地,通过与企业对接,深入实践前沿,以真实的基于工作过程的环境引领青年教师教学能力尤其是专业教学能力的发展。学校要求各个专业部根据发展需要制定3至5年的"双师型"青年教师培养计划,报学校审定后组织实施。根据"双师型"教师的具体要求,结合学校实际,主要采取以下具体措施:一是组织中职青年教师参加国家组织的各类职业资格和职称资格的培训考试。二是充分利用学校已有资源进行"双师型"人才培养。通过科研、技术服务、技术开发、产学结合等方式组织青年教师参与工程实践和科技开发活动,提高他们的专业实操能力。三是组织青年教师参加企业挂职锻炼。根据培训计划,学校组织专业类青年教师到对口的企业进行每年至少两个月的实践锻炼,让他们去企业一线做"小学生",直接参与企业的一线工作。通过这一系列的培训活动,大大提升了他们的专业实操能力和专业教学能力。

(2)引导中职青年教师积极参加教学能力大赛,在实践中提升他们的教学能力。

根据国家教学能力大赛的精神,结合学校青年教师教学能力提升的需要,学校制定并实施了《教师教学能力大赛实施方案》,要求中职青年教师积极参加校、市、省、国家级教学能力大赛,在大赛中磨炼自己,不断提升教学能力。

在学校定期举办的校级教学能力大赛中,着重培养中职青年教师的教学基本功和综合能力。比赛的内容主要有教学设计、说课、课件制作、微课制作和两笔字展示(硬笔字和粉笔字)等。大赛每年举行一次,参照国家教学能力大赛的形式和要求,学校按学科和专业对参赛青年教师进行分组,抽签排序,同时进行,并邀请第三方专家根据打分标准评判、点评。在校级教学能力大赛中成绩优秀者,将推荐参加市级、省级、国家级教学能力大赛。目前学校已经连续举行4届,参与教师(主要以青年教师为主)500多人次,积累教学资源2万多条。教师教学能力大赛,极大地促进了教师,尤其是青年教师综合素质能力的提升,在市、省、国家三级教学能力大赛中屡获殊荣,其中获得国家级一等奖的青年教师有5名。

(3)通过量化考核激励机制,引导中职青年教师不断提升教学能力。

根据教师发展的需要,学校出台了《教师职称量化考核实施办法》,形成良性激励机制,促进青年教师教学能力的提升。在《教师职称量化考核实施办法》中,向一线教师倾斜,向教师教学能力提升方面倾斜,即教师备课量与质量、教学设计的科学性和有效性、教学实施能力、教学效果等方面分量占比较高。这一量化考核实施办法极大地提高了教师尤其是青年教师参与教学活动、专心教学业务、钻研教科研活动、不断提升专业能力的热情,也取得了丰硕的成果。截至 2019 年 12 月,学校累计评选出各星级教师60 余名,首席教师 20 余名,从首席教师中脱颖而出的、被评为市级名师等荣誉称号的10 余人次。

3. 中职青年教师科研能力提升策略

科研骨干引领,课题组团队互动,助力中职青年教师科研能力不断提升。

(1)学校通过科研骨干引领的方式,引导青年教师增强科研意识,掌握科研方法,提升教科研能力。

学校以教研组或课题组为单位,组成科研活动小组,由科研骨干教师分享其科研经验或直接采取一对一的方式对青年教师进行指导,为青年教师讲授教科研对于青年教师专业成长的意义和价值,引导他们了解课题研究的过程和环节,引导他们掌握主要的科研方法。其中,科研方法方面,重点给青年教师讲授教学反思、教学案例、课题研究等方法,引导青年教师在教育教学活动中,结合自己的工作,及时发现工作的问题,及时进行反思,及时总结,以研究的心态对待日常工作,运用所掌握的科研方法对每一个教学问题进行研究,认真写教学反思,写教学案例,进行课题研究,取得较好效果。

(2)学校采取各种鼓励制度和措施,构建浓厚的教科研文化氛围,为青年教师积极进行教科研活动打下良好的制度和文化基础,从而提升青年教师的科研能力。

在制度激励机制方面,学校近几年不断完善与科研相关的激励制度,以制度的方式,给予科研足够的资金支持和奖励,形成良性运行机制,为广大中职教师尤其是青年教师顺利进行科研打下良好的制度保障。学校专门出台《学校关于市级以上教科研课题专项经费支持办法》,保证科研经费充足。对重大科研课题或重要科研活动有专项经费支持,对专项教育科研成果或教育论文有奖励经费。2016 年学校共支出科研经费和奖励经费5 万元。2017 年学校共支出科研经费和奖励经费 5 万元。2018 年学校共支出科研经费和奖励经费 5.5 万元。2019 年学校共支出科研经费和奖励经费 5.5 万元。

另外,学校制定了科学合理的《学校教科室工作制度》和《学校课题管理办法》,既明确岗位、确定职责,又能规范管理课题,给予本校承担的各级课题有效的管理和指导,从而充分调动教师的工作积极性。

4. 中职青年教师职业生涯规划设计能力提升策略

根据教师发展需要,学校实施"梯级名师培养工程",引导中职青年教师科学规划职业生涯,不断提升其专业能力。

一方面,学校邀请教育专家给青年教师做职业生涯规划讲座,引导青年教师正确认识自己,为自己确立正确的定位,掌握设计职业生涯规划的方法,为自己制定三年或五年的职业生涯规划,确定自己的发展方向,促进自己的专业能力快速发展。

另一方面,学校通过实施"梯级名师培养工程",从全校范围内引导和激励教师树立终身学习、不断进取的职业意识,提升教师专业能力,努力打造一批学校星级名师,把优秀的推选到郑州市骨干教师、名师、杰出教师及教育名家的队伍中去。"梯级名师培养工程"为青年教师打通了快速成长的阶梯,引导中职青年教师科学规划自己的职业生涯,不断提升自己的专业能力。

表1　郑州市国防科技学校教师职业生涯规划信息表

编号:　　　　　　　　　　　　　　　　　　　　　时间:2018 年 05 月 27 日

基本材料信息	姓名	某某	性别	女	出生年份	1979	籍贯	山东
	政治面貌	党员	学历	本科	教师职务	中教二级	最高学历及毕业院校	信阳师范学院
	工作时间	2002.8	工龄	16 年	技校职称		教师资格证	中职(计算机)
	QQ 号码		特长		联系方式	手机:		家庭:
	博客		无		社会兼职		无	
	个人现任教科目或从事岗位(含兼职)			数据库应用		E-mail		

业务信息	个人简历	2020 年至今在郑州市国防科技学校工作
	发表论文、论著、出版物情况	市级一等奖 1 篇,二等奖 2 篇
	教材编写情况	无
	承担课题研究情况	无
	教育专家、学科带头人、名师、骨干教师等称号获得或培训情况	无
	双师情况	
	传、帮、带情况	和陈军伟结为对子
	班主任任职及获奖情况	2002 年 8 月—2004 年 6 月,2005 年 8 月—2006 年 6 月,2008 年 4 月至今
	优质课、示范课的讲授及获奖情况	优质课:2015 年市级一等奖,2016 年省级二等奖
	教师基本功大赛或技能大赛获奖情况	校级基本功大赛一等奖
	学生学科或技能竞赛辅导获奖情况	学生参加 flash 比赛获一、二、三等奖,省级二等奖,获优秀辅导教师
	"四评"情况	
	下乡支教经历及获奖情况	无
	参加社会活动获奖情况	无
	业务培训及继续教育(或在企业顶岗培训)情况	无

（续表）

家庭信息	家庭成员及社会关系	姓名	年龄	单位	单位性质	健康状况	备注
	丈夫	李亮	30	中国网通	企业	良好	
	家庭经济状况	一般					
	存在的困难和问题	无					
	是否需要提供帮助	否					
处罚情况	无						
个人职业生涯设计	一年规划	评中级					
	三年规划	成为骨干教师					
	五年规划	评高级					
	长远规划	成为优秀的教师					
指导意见与信息反馈							
备注							

四、研究成效

（一）中职青年教师教育理论得到不断更新

通过专家培训和科研骨干的引领,学校中职青年教师教育理论水平明显提升,职业认同感明显增强,工作积极性明显提高,与学生关系更加融洽。

（二）中职青年教师教学水平有明显提升

近三年,在优质课、信息化教学、创新杯说课比赛中,青年教师获得了骄人的成绩,取得了历史性的突破。

在郑州市优质课评比中,有 6 人获得一等奖,9 人获得二等奖。

在创新杯大赛中,从市赛、省赛,再到国赛,一路披荆斩棘,硕果累累。获得市级大赛一等奖 12 个、二等奖 16 个,获得省级大赛一等奖 6 个、二等奖 7 个、三等奖 2 个,获得国家级一等奖 4 个、二等奖 2 个。

在信息化大赛中,获得省级大赛一等奖 9 个、二等奖 7 个、三等奖 4 个,获得国家级一等奖4个、二等奖7个。

在教师基本功比赛中，获得市级大赛一等奖22个、二等奖26个，获得省级大赛一等奖15个、二等奖12个、三等奖2个。

在郑州市人社局与教育局联合组织的教师基本功比赛中，学校教师一等奖获得者3人，二等奖获得者6人。

在郑州市人社局举行的百万职工比武活动中，我校有一名汽车专业青年教师获车身修复第1名。

（三）中职青年教师教科研水平有明显提升

近几年，学校青年教师参与课题研究的热情大大提高，参与人数明显增加，参与课题的级别和质量也明显提高。具体说，青年教师参与的市级以上课题如下：《中职学校实施学分制的实践研究》（河南省规划课题）将于2020年结项；《以信息化大赛为抓手提升中职教师信息化能力策略的实践研究》（市级重点课题）已于2018年顺利结项，并获得市级一等奖；《中职教育“现代学徒制”人才培养模式的实践研究》（郑州市专项课题）已于2018年顺利结项，并获得市级二等奖；《新时代背景下在班级管理中培养中职生自信心策略研究》（市级重点课题）已于2019年顺利结项，并获得市级一等奖；《超星学习通辅助中职英语课堂教学的实践研究》（市级一般课题）已于2019年顺利结项，并获得市级一等奖；《中职学校专业技能大赛全员化实践研究》（省级重点课题）已于2019年顺利结项，并获得市级一等奖；《基于工作过程的中职“汽车涂装技术”课程改革实践与研究》（省级重点课题）已于2019年顺利结项，并获得市级一等奖，不管是数量上还是级别上都取得了很大的突破。

（四）青年教师制定了一系列的个人职业生涯规划，成为他们的专业能力提升的内驱力，效果显著

五、存在的问题及下一步打算

（一）存在的问题

（1）中职青年教师培训中，有小部分青年教师缺乏学习的主动性，缺少不断提升自我的积极性，常常是被动学习，因而培训效果不佳。

（2）有一些青年教师不够积极，不愿参加各级各类比赛，失去很多学习的机会。

（二）下一步打算

（1）针对小部分青年教师缺乏学习主动性的问题，深入了解其真正原因，学校采取一

对一的引导,促使其不断提升。

(2)针对一些青年教师不愿参加各级各类比赛的问题,深入了解其真正原因,学校采取积极措施,促使其不断提升。

参考文献

[1]郑慧琦,胡兴宏.教师成为研究者[M].上海:上海教育出版社,2004.

[2]叶澜,白益民,王枬,等.教师角色与教师发展新探[M].北京:教育科学出版社,2001.

[3][苏]苏霍姆林斯基.给教师的一百条建议[M].天津:天津人民出版社,1981.

[4]梅波.如何提高中职教师教学研究能力[J].河南科技,2012(8):32.

(本文为2019年度郑州市教育科学重点课题,获科研成果一等奖。课题研究单位:郑州市国防科技学校,课题负责人:梁礼中,课题组成员:陈大锋、胡小泊、李琨、宋惠军)

小学教师批判性思维能力提升的实践研究

一、研究背景

(一) 创新人才的培养需要提升教师的批判性思维能力

人类社会进入 21 世纪后,国与国之间最核心的竞争是人才的竞争,其中培养人才的根本就是培养其创新能力,而没有批判就没有创新。近些年的研究表明,批判性思维能力可以通过一定的方式进行培养,并被不断提高。因此,我国对批判性思维能力培养的研究明显增多,希望通过培养创新型人才,促进我国的发展,实现时代对人才需求的与日俱增。

教师的批判性思维能力水平不但对其自身专业的成长意义重大,还影响着学生综合能力的发展。国内关于批判性思维的研究大都聚焦于学生,关注教师的很少,因此,对教师的批判性思维能力提升的研究就很有实践意义。

(二) 教师批判性思维能力的现状不能适应新时代的要求

思维主导着人的行为,传统的教学观认为,教学的主要任务就是传授知识,没有认识到进行思维训练的必要性,或者是把训练思维、培养思维能力看作是学习知识的副产品,忽视思维训练的相对独立性和重要性。

从教师自身来看,现阶段教师主观上对批判性思维能力的认识存在误解,随大流的心理使他们不注重自身的批判性思维能力,职业倦怠也会在一定程度上抑制教师发展思维能力的热情。客观上,教师批判性思维能力的发展还受到高强度工作压力的限制。另外,学校当前的工作评定体系和标准也抑制了教师批判性思维能力的发展。

基于上述因素,我们选择"小学教师批判性思维能力提升"作为研究课题。通过对批判性思维相关书籍的阅读以及查阅相关的文献资料,准确把握教师批判性思维能力的内涵,借鉴专业批判性思维能力评价量表,了解目前研究者本人所在小学教师批判性思维能力的现状,针对性地分析制定提升路径,开展相应的行动研究,提升研究对象的批判性思维能力。通过本研究,探索提升小学教师批判性思维能力的策略、方法。

二、研究思路和研究过程

(一)研究思路

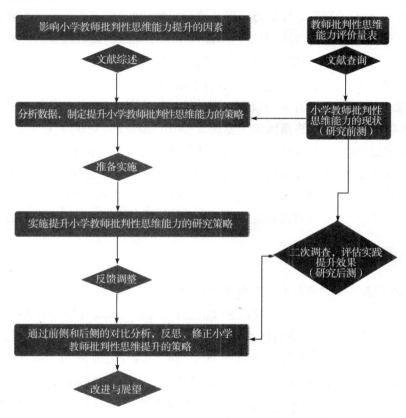

图 1　研究思路图

(二)研究的过程

1.课题准备阶段(2019 年 3 月—2019 年 6 月)

组建课题组,确定研究方案;通过问卷调查了解当前小学教师批判性思维能力现状。

2.课题实施阶段(2019 年 6 月—2020 年 3 月)

运用行动研究等方法,针对调查现状反应的问题研究提升的策略和方法,开展实践研究。

3.课题总结阶段(2020 年 4 月—2020 年 5 月)

通过问卷调查对比了解小学教师批判性思维能力的水平,梳理总结提升的有效方法,对资料进行整理、归类,汇编课题研究资料,撰写结题报告。

三、主要做法和经验

(一)甄选研究所需的小学教师批判性思维能力评价量表

要对小学老师的批判性思维能力的提升进行研究,就需要首先了解学校教师当前的现状,有针对性地制定提升策略。学校教师批判性思维能力的现状需要通过评价量表对学校教师进行评测,甄选合适的评价量表是研究中的一个重要的方面。

考虑到调查问卷的制定是科学性和专业性很强的工作,我们研究团队还不具备开发和编制问卷的能力,而小学和幼儿园的教师性别结构相似度很高,培养对象的年龄关联性比较大,我们采用借鉴的方式,将西南大学姜雪薇(2016)编制的《幼儿园教师批判性思维倾向调查问卷》稍做修改后,对淮河路小学的全体教师进行了批判性思维倾向的测评。

此问卷中的批判性思维倾向包括敏感性、自信心、成熟性、分析性、质疑性和开放性6种特质。其中敏感性、开放性和自信心3个因子主要指向教师处理信息时的态度;质疑性和分析性两个因子主要指向教师处理信息的方式;成熟性因子主要指向教师信息处理的水平。

(二)问卷调查小学教师批判性思维能力现状

该问卷一共26个题目,其中涉及敏感性的有6个题目,涉及自信心的有5个题目,涉及成熟性的有3个题目,涉及分析性的有5个题目,涉及质疑性的有4个题目,涉及开放性的有3个题目,1~5分分别代表符合真实情况的程度,非常符合=5分,比较符合=4分,不太确定=3分,不太符合=2分,极不符合=1分,依据Likert5点量表计分法,一般以4.25、3.75、3作为判断的区分点,4.25分以上为非常高,3.75~4.25分为较高,3~3.75分为一般,3分以下为较差。本次调查问卷共下发153份,回收153份,其中有效问卷153份,经过无记名的填写调查,现将结果分析如下。

表1 批判性思维能力调查问卷表

维度	最小值	最大值	平均分	总平均分
成熟性	1	5	3.88	
分析性	2	5	3.83	
敏感性	1	5	3.77	3.76
质疑性	1	5	3.74	
自信心	1	5	3.70	
开放性	1	5	3.65	

由上表可以看出,测试教师批判性思维能力的总平均分为3.76,各个维度发展不太

平衡,有高有低,其中成熟性、分析性思维能力水平相对较高,开放性和自信心思维能力水平相对较低,其中开放性的得分最低,自信心次之,质疑性、敏感性居中。

(三)分析数据,梳理小学教师批判性思维能力现状的成因与提升策略

当前我国的教育领域改革浪潮风起云涌,传授知识不再是老师的全部工作,培养能力、塑造品格、发展素养等都需要教师运用批判性思维,作出准确的判断,加之当前对批判反思型教师的呼吁,小学教师对自身专业发展的规划,开始转向对自己思维方式的关注,对遇到的教育问题进行深度思考。

课题研究团队作为学校教育教学的管理者和参与者,通过分析问卷调查数据,查阅批判性思维能力提升的文献资料,发现主客观因素均对教师批判性思维能力的提升有所影响。

1.小学教师批判性思维能力现状的主观因素分析与提升策略

一部分教师认为批判性思维就是挑刺、找毛病、抬杠等,同时认为批判性思维可以在生活中自然形成,不需要自觉地有计划地培养。

由于教师工作比较烦琐,对解决问题的速度和准确度要求较高,当遇到与曾经相类似的问题时,就会很自然地想到用以前的办法来解决。大部分教师在解决教学常见的问题时已经产生了思维定式,也就是思维方式在主观和客观的影响下总是按照同一方向同一次序考虑。

教师的职业倦怠使得疲于教学、甘于平凡、安于现状成为不少教师工作状态的真实写照。

我们只有为教师创造宽松的学习和发展环境,减少群体对个人无形的压力,鼓励教师发表独特的观点,才能让教师逐渐克服消极的从众心理,从而推动自身批判性思维能力的发展。

2.小学教师批判性思维能力现状的客观因素分析与提升策略

小学教师在批判性思维相关的知识结构体系上认识不够系统,不够全面,这在很大程度上会制约其批判性思维能力的发展。

工作量大,工作中教学质量的压力,学校事务的繁多,家长对教师期待过高,这些压力和矛盾会让不少教师感觉疲于应付,让不少教师变得越来越不敢于尝试,只是朝着单一的目标,向着人们所希望的方向前进,思维被禁锢在了现实的无奈中,批判性思维能力得不到有效的发展。

学校的评价标准和机制是学校开展工作的指挥棒,如果学校仍然强调成绩为评价学生、教师和学校优劣的主要因素,教师就会很自然地为了应对评价、考核,把教学的重心放在如何提高学生的成绩上,努力成为大众眼中的"好老师",从而忽视对自己各方面素质提升的追求。

(四)小学教师批判性思维能力提升的实践探索

1.组织开展读书交流,提升小学教师批判性思维的自觉性

小学教育教学是一个传统性比较强的实践领域,小学教师仍然普遍存在观念狭隘、思想守旧的弊端,一部分教师虽然听说过批判性思维这个概念,但认识并不全面,还有不少教师认为这就是"挑毛病",单纯地训练一个人对一切事物的质疑和否定,而不肯定优点。

因此,我们认为提高小学教师的批判性思维能力首先需要教师全面客观地认识到其重要性,从而逐步树立自我变革的观念,从主观上接受它。为此,学校成立教师读书团队,共读《思辨与立场》《深度学习:走向核心素养》《思想和行动的社会基础:社会认知论》《核心素养导向的课堂教学》等书,向全校教师进行阅读分享和交流,在研究、交流和讨论中,既加深了老师们对批判性思维的认识,又能够让老师们公开、完全、坦白地讨论自己的观点,通过别人的头脑来激发自己的思绪,使大家处于相对轻松灵活的思考气氛中,并始终维持"质疑—反思"的思维状态。

通过这样的活动促使教师对自身思维给予充分的关注,激发教学灵感,进而将批评性思维运用在教学实践中,更新教育观念,优化教学方式,提高专业能力。

2.变革教研方式,提升小学教师批判性思维的分析性和开放性

受传统的学校教研文化的影响,老师们在教研时总是顾及面子,一团和气,感觉教研就是在走形式,没有对要研讨的内容进行深度思考,或者考虑到了又顾及面子不愿意讲出来,长此以往,教师的批判性思维能力就得不到发展。因此,提升小学教师批判性思维能力就要把变革教研方式作为一个重要的策略,即引进专家资源,开展学科课堂教学切片分析。

课堂教学切片分析是一种崭新的观课评课方法,是河南大学博士生导师魏宏聚教授的研究成果,魏博士每月到校指导,改变学校传统的评课方式,一月一周期,周周有计划地开展课堂教学切片分析,形成了研、教结合的专业发展新生态。

第一周:集思广益　设计方案

第二周:观课议课　选准切点

第三周:小组共研　切片分析

第四周:典型汇报　专家指导

一年的实践研究,有 28 位老师上了切片分析研究课,30 位教师形成了专业的切片分析报告,这一研教结合的方式已经深入淮河路小学教师心中。切片分析团队经过多次研讨、论证,梳理出完整版教学切点,形成了系统的课堂教学评价标准,有效提升了教师教学专业技能,彻底改变了学校传统的评课方式。老师们对每节课进行切片分析的过程就是批判性思考的过程,在这个过程中,教师从不能意识到自己思维中的重要错误,发展到

能够逐步发现错误、尝试改善,再到有计划地进行思维技能训练,批判性思维的分析性和开放性得到了极大的提升。

3.更新课程理念,提升小学教师批判性思维的自信心和深刻性

为了满足学生发展的需要,研究开发校本课程和学校课程体系的过程成为教师批判性思维能力提升的有效过程。2019年学校与华南师范大学左璜教授签订了为期两年的课程体系建设的课题研究合作。

左璜教授在淮河路小学指导工作时,告诉大家优秀的教师要在工作中不只做执行者,更要努力做创造者,在左璜教授的引领下,课题组成员张瑜主任和闫秀娟老师主动参与到左璜教授主导成立的课程改革微团队中,以批判性思维的眼光向传统课程说不,打破常规,在专家团队的引领下实现学校整体变革。

(1)全面调研学校课程现状。

课改团队成员首先进行了全面调研,用座谈、问卷调查等方法对学校课程实然和应然状态进行调研,下图是全体教师反馈的数据和对已有课程体系的诊断结果。

教师认为学校以下所开设的课程是没有必要的:
①90名老师没有回答或填写无;35名老师认为课程都是必要的。
②有11位老师认为室内体育没有必要开设,认为这仅是一节自习课,如若真的开设则需配备室内体育场。
③有4位老师认为部分课程是存在重复雷同的,没有必要,例如老师提出"绘本课的课程有好几个的实际内容相同但名字不同"。
④有4位老师认为电影课没必要开设,有老师认为在这节课中"学生学会了不少坏毛病",还有老师认为本身教师的专业水平并不够。
⑤有3位老师提出教师自我评估不好,因为这种形同虚设的课程就应该去掉。
⑥有2位老师认为"班额过多的课程"或"一些报不满的课程"则不必要开设。
⑦1位老师提出对于"学生评价教师的"也没有必要开设;1位老师提出"综合课和品德社会课等同于自习课,没必要开设";1位老师提出"语文也能喝出来,学生积极性不大"1位老师提出"魔术等收费的课程没必要开设";几位老师提出:"竹笛课耽误学习";1位老师提出没有必要开设"知识性过强的课程";最后还有1位老师提出"应该随着课程的开展判断下学期是否开设";1位教师提出教师应该"集体备课"。

图2　学校教师对现有课程的评价

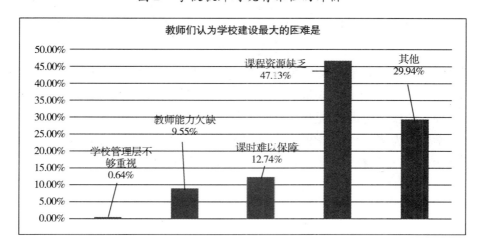

图3　学校教师对学校建设所面临困难的回答情况

（2）借助数据分析结果。

课程建设以原有的沁润文化为基础，以心理学的核心理念——知情意行为主导，依据儿童立场、学生需求进行课程构建，尝试冲破学科界限，以培养学生核心素养为根本，创生了顺应国内外教育改革趋势、满足学生发展需求的沁润课程体系。

图 4　学校开发完善的"沁润课程体系"

左教授通过实地指导和线上指导的方式，引领淮河路小学老师们开展微团队的课程建设研讨，大家在课程研讨的过程中，针对原有的课程体系，培养质疑和反省的思考态度，如"我为什么要选择这个主题进行教学""通过这个主题的学习学生可以获得哪些能力""以怎样的方式开展活动合适"以及"通过这样的活动培养了学生的什么素养"等，训练批判性思维的质疑性。研讨中，团队成员共享资源，针对共同的目标，不断挖掘、讨论、分析、解决问题，让教师在群体中感受到归属感，进而逐步认识到自己的价值，批判性思维能力的开放性、质疑性、分析性、深刻性都得到了提升。

4.重塑课堂形态，提升小学教师批判性思维的敏感性和成熟性

批判性思维有一个重要的落地原则——思辨，它不是凭空出现的，而是紧紧依托于教学实践，理论指导实践，有了教学实践才能不断改进。课题研究中，我们将批判性思维运用在课堂教学的设计和实施中，对习以为常的教法学法进行质疑性思考，敏锐地捕捉课堂中学生的反馈，强化课堂中对师生思维的关注和培养。我们主要进行了以下几方面的实践。

（1）开展基于深度学习的学科教学设计研究。

深度学习是教师主导下，以学生为主题的探究型学习活动。它强调学生不仅要掌握学科核心知识，还要运用该知识解决实际问题。深度学习背景下的教学设计并不是让教师重构一种新的教学模式，而是呈现知识本身的属性、还原学习的本质。

以小学数学为例，小学数学的深度学习教学设计首先对教材进行深入分析，针对学情制定教学目标，进行教学活动的设计，具体设计时按照以下流程。

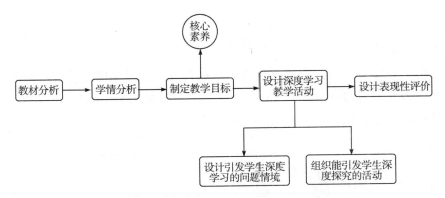

图 5　深度学习教学设计流程图

（2）开展核心素养下的单元整体教学研究。

学校的教研活动通常以课时为单位展开，备课、观课、研课活动大多以课时展开研讨，课时与课时之间的关联较少，较少开展以单元、模块为单位的结构化研究与实践，无法准确地把握课程标准的精髓。单元整体教学，就是对一个单元提前做好系统计划，有利于教师从全局上把握这一单元的内容。

通过研讨我们确定了单元整体教学的具体步骤，如下图所示。

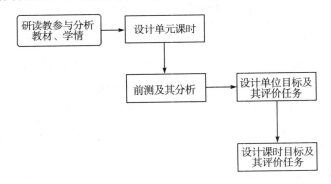

图 6　单元整体教学的具体步骤

5.改革学校评价,提升小学教师批判性思维的质疑性和成熟性

（1）完善教师管理制度,保持和谐的人际关系。

小学教师批判性思维能力的形成需要学校文化氛围的支撑，特别是思维的开放性和自信心,需要在民主开放的氛围中对小学教师产生作用。

（2）健全学校评价体系和激励机制,鼓励教师开放创新。

首先管理者应该建立鼓励反思、激励探讨的管理制度,提供老师乐于进行批判性思维的制度保障。在评价方式上,学校采用同事间互评、教师自评、对管理者匿名评价等方法,让教师感受到学校管理者对讨论、反思的重视,以此实现评价多元化、民主化和多层次化,同时要重视对教师情感、动机、人格、价值观等非量化因素的评价。

四、研究成效

经过近一年的实践研究,为了判断研究中提升批判性思维能力提升策略的有效性,课题组于2020年3月对淮河路小学教师的批判性思维能力进行了第二次调查问卷,仍然采用相同的调查问卷,问卷结束,前后数据对比如下。

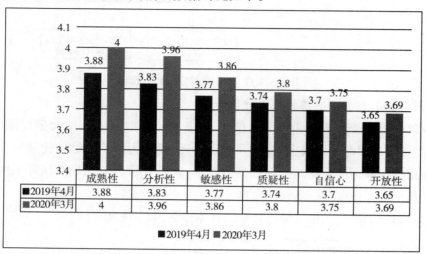

	成熟性	分析性	敏感性	质疑性	自信心	开放性
2019年4月	3.88	3.83	3.77	3.74	3.7	3.65
2020年3月	4	3.96	3.86	3.8	3.75	3.69

图7　小学教师批判性思维能力前后数据对比图

通过数据对比发现,2020年3月的调查数据跟去年的数据相比整体呈上升趋势,这说明在课题研究的这一阶段内受访对象的批判性思维能力得到了一定的提升,在各个能力维度都得到了加强,其中分析性思维能力的平均分上升了0.13,提高最多,说明教师这一年来已经逐步习惯有条理地分析与处理问题,思维逻辑性较强。但是其中开放性思维能力的平均分为3.69,仅上升了0.03,依然处于一般水平,且在各个思维维度的总排序仍然最低,从而反映出教师对于新观念,特别是与自己相反观点的接受度仍然有待加强。

五、存在的问题及下一步打算

在开展课题研究的过程中,受课题组教师的知识结构、研究水平及研究任务的复杂性等多方面的原因限制,还存在很多不足之处。

(一)教师批判性思维能力还需持续提升

在整个实践过程中,我们感到虽然老师们已经意识到提高批判性思维能力的必要性,但是教师的批判性思维能力仍然有提升空间,思维的培养与提高并不是一朝一夕能做到的,我们需要持续地研究、学习与训练。

（二）自评式问卷结果与实际之间的符合度存在差异

本研究中所用的调查问卷是自评式问卷题目，教师对自身的评价与实际的符合度会存在差异，因此，研究中的相关数据对小学教师批判性思维能力的反映准确度不够。

（三）课题组今后还需持续开展相关研究

由于教师批判性思维是一个比较抽象和复杂的概念，加之本人研究能力和相关知识储备不足，因此相应探索还很不成熟，对这一问题的阐释还不够全面，有些观念尚需进一步探讨。

我们开展本课题研究的总体构想是期望借此增强批判性思维在培养创新型人才方面的重要意义，从而在日常的教育教学中注重对学生批判性思维能力的培养，通过培养创新型人才，促进我国的发展。基于此，课题组今后将会持续开展相关研究。

参考文献

[1]武宏志,周建武. 批判性思维——论证逻辑视角[M]. 北京:中国人民大学出版社,2010.

[2][美]理查德·保罗,琳达·埃尔德. 批判性思维工具[M]. 北京:机械工业出版社,2013.

[3][美]理查德·保罗,琳达·埃尔德. 思辨与立场:生活中无处不在的批判性思维工具[M]. 北京:中国人民大学出版社,2016.

[4]董毓. 批判性思维原理和方法:走向新的认知和实践[M]. 北京:高等教育出版社,2010.

[5]杨武金. 逻辑思维能力与素养[M]. 北京:中国人民大学出版社,2013.

[6]彭小培. 大学生批判性思维的培养——以合作学习为视角[D]. 上海:华东师范大学,2019.

[7]姜雪薇. 幼儿园教师批判性思维倾向研究[D]. 重庆:西南大学,2016.

[8]刘晓丹. 人格、思维风格对批判性思维倾向的影响研究——以研究生为例[D]. 上海:上海师范大学,2013.

[9]马净净. 初中生数学批判性思维倾向的调查研究[D]. 济南:山东师范大学,2016.

[10]潘恬. 中学生批判性思维的研究[D]. 上海:华东师范大学,2018.

[11]雷蕾. 中小学教师思维能力提升策略研究[D]. 重庆:重庆师范大学,2010.

[12]周娟.批判性思维与创新型人才培养研究[D].南昌:江西师范大学,2013.

[13]俞航.大学英语教学与学生批判性思维能力的培养[J].中国高新区,2017(4):
71－73＋76.

[14]杨武金.逻辑与批判性思维能力测评与培养[J].河南社会科学,2019,27(10):
98－102.

[15]窦营山,唐汉卫.美国社会科对学生批判性思维培养的特点与启示[J].教育探
索,2020(1):90－93.

[16]董毓.批判性思维三大误解辨析[J].高等教育研究,2012,33(11):64－70.

[17]董毓.我们应该教什么样的批判性思维课程[J].工业和信息化教育,2014(3):
36－42＋77.

(本文为2019年度郑州市教育科学重点课题,获科研成果一等奖。课题研究单位:
郑州市中原区锦艺小学,课题主持人:金焕芝,课题组成员:张红、魏春霞、张瑜、闫秀娟)

中小学青年教师科研能力发展现状及提升策略研究

——以惠济区为例

一、研究背景

青年教师发展的关键点在科研。教育科研能力是青年教师必备的基本功之一。教育科研能力是一种高级的、源于教育实践而又有所超越和升华的创新能力,是教师职业能力的重要组成部分。引导教师进行研究,是培养教师科研能力、发展自我、成就自我的必由之路。然而,我区青年教师的科研能力发展现状存在一些问题。

惠济区辖区内现有 6 所公办幼儿园、37 所小学、4 所初中和 1 所高中,惠济区约有 4000 名教师,其中有 45.7% 的教师任教时间不足 5 年。由此可以看出,青年教师既是我区的新生力量,也是中坚力量,青年教师的发展直接决定着我区基础教育的发展。

通过对青年教师进行问卷调查,从课题组收回的 232 份有效问卷中发现:62.07% 的教师没有主持课题研究的经历;82.33% 的教师近 5 年公开发表科研论文的数量为零;51.73% 的教师给自己的科研能力评价为 3 分或以下;81.9% 的教师认为工作忙、压力大,没有时间从事科研工作。

以上数据表明,我区在一定程度上存在"重教轻研"的现象,青年教师无暇顾及科研,导致教师整体科研能力不强,教而不研,研而不深,教师很难通过科研发现教育规律,解读教育现象,提升教育教学质量亦难以实现。因此,如何提高青年教师的科研能力,并将研究成果应用于教学,同时提高科研人员的指导能力,形成一套教师科研能力提升的策略,是非常值得研究的课题。

为了解决上述问题,课题组成员多次切磋,认真研究,最终将课题定为《中小学青年教师科研能力发展现状及提升策略研究》。惠济区教研室给予了高度肯定,在资源配备、活动场所的选定、研究过程、研究依托学校等方面给予了大力支持和帮助。2019 年 3 月我们成立课题组,以惠济区 37 所小学、4 所初中、1 所高中和区实验幼儿园的 232 名青年教师为研究对象,开始了该课题的研究。

二、研究过程

(一)收集文献资料,选取研究学校

在 2019 年区教科室大力提升教科研能力的背景下,课题组成员多次进行理论学习,查阅材料。阅读陈大伟的《教育科研与教师成长》(2009,华东师范大学出版社)、孟万金

的《教育科研的途径和方法》（2004，华东师范大学出版社），柯铧的《中小学教师教育科研能力的培养与提高》（2015，西南交通大学出版社），潘国青、吕洪波的《让教师成为科研高手》（2017，华东师范大学出版社）等书籍，通过理论学习，不断更新教育教学观念。

同时，我们联系惠济一中、郑州市第七十九中学、惠济五中、惠济区实验小学、惠济区实验幼儿园、花园口中心校等作为定点研究学校加强交流，以便了解青年教师科研能力现状，使课题的研究更加深入。

（二）组织定期学习，进行分享交流

资料收集完成后，每月在课题组内部开展一次研讨交流活动，共 10 次，地点设在郑州市第七十九中学。从 2019 年 3 月至 2020 年 1 月，组内成员分别深入学校调研 12 次，联系专家进行区级教科研培训 8 次，课题组通过"主题研讨""研究方法和内容分享""深入学校调研""区域汇报交流"等形式，找到提升青年教师科研水平的途径。

（三）发放调查问卷，了解研究现状

课题组成员制作了《惠济区中小学教育科研现状问卷调查》，此问卷采用网络匿名的方式进行填写。主要目的是了解青年教师对教育科研的态度和认识，以及在科研能力提升方面所遇到的问题和解决办法。在问卷设计完毕后，我们对全区青年教师进行问卷调查，一共回收 232 份，回收率百分之百。

通过问卷调查我们发现：首先，关于一线教师开展教育科研的最主要困难是"自身教育科研能力不足""缺乏相关人员指导""工作忙，压力大，没时间"，此问题三个选项分别占比 66.81%、71.98%、81.9%。问卷数据还显示，老师们普遍认为提高教师教育科研能力的有效途径是"主持或参与课题研究活动"和"参加科研培训或专家讲座"，比例为 74.3%、87.6%，"同伴交流与研讨""自我反思"仅占 21%、18.8%。此问卷调查有效地帮助我们分析了教师的心理现状，为课题的进一步开展提供了依据。

其次，课题组经过认真梳理，了解到目前中小学教师的科研现状还存在不同学校及不同教师年龄结构而引起的区域差异。其中，小学与初中在校级和校际间的科研形式、科研激励机制、科研示范引领、科研环境、团队科研能力、同伴互助关系存在着很大的不同。小学、幼儿园以入职近三年的教师为主，科研形式以团队形式为主；初中学校重点以个人科研实践为主，学校的科研引领不够充分。总之，中学和小学虽有差异，但是我们一致认为：科研能力的提升与个人素养提升和学校质量的提高密不可分。

（四）课题实施情况

表1　课题实施流程表

时间	完成任务
2019 年 3 月	确定课题的研究方向、计划、内容,组织协调、规划部署总的研究工作
2019 年 4 月	1.调查、梳理中小学青年教师科研的现状、心理需求及科研能力提升的制约因素 2.初步制定中小学青年教师科研能力培养提升的培训活动 3.进行中小学青年教师科研能力的现状问卷调查
2019 年 5 月	1.吴亮、谢留娟老师前往区实验小学参加该校开题报告会,并作指导,提出改进建议 2.构建惠济区中小学青年教师科研提升体系,确定科研能力提升过程中分阶段要求及提升目标
2019 年 6 月	1.课题组成员在郑州市第七十九中学召开集中研讨会,收集整理前期资料、照片,交流研究收获 2.根据惠济区教科室关于 2019 年课题开题报告的指导要求,在郑州市第七十九中学综合楼党员活动室对青年教师进行开题报告培训 3.区教科室邀请郑州市教科所综合研究室胡远明主任到惠济区实验幼儿园做题为《依教科研平台助力专业提升》的开题报告 从青年教师的科研困惑入手,有针对性地对选题和撰写报告进行逐个培训
2019 年 7 月—8 月	1.8 月,吴亮、谢留娟老师邀请郑州市教科所综合研究室胡远明主任到惠济区实验幼儿园做关于课题研究的专题讲座 2.继续进行中小学青年教师成长、培养策略与途径的实践探索
2019 年 9 月—12 月	1.邀请郑州市教科所综合研究室胡远明主任到惠济五中做关于课题选题的培训讲座 2.谢留娟老师到铁炉寨小学指导河南省教育科学规划课题《小学少先队活动课程实施现状及对策研究》的开题报告,并提出建议 3.区教科室组织青年教师参加本年度市级道德课堂子课题的结项研讨会,地点:区实验小学 4.吴亮、谢留娟老师深入惠济一中进行课题调研 5.根据实践情况及时反馈研讨,补充完善青年教师成长、培养策略与途径 6.谢留娟老师 11 月 21 日到开元路小学为全体教师做《如何成功申报课题》专题培训
2020 年 1 月—3 月	1.分享微视频《如何进行课题研究》 2.结项指导

三、主要做法和经验

（一）以"专题培训"为杠杆,提升中小学教师科研能力

教师不知道为什么做科研,也不知道怎样做科研,更不知道做科研有哪些步骤。这些问题一一摆在青年教师的面前。要想提升青年教师的科研能力,必须解决这些"拦路虎"。为此我们通过集中培训来为青年教师解惑答疑,借助专家的力量为青年教师搭建科研提升的平台和交流的机会。2019 年 11 月 19 日—2020 年 3 月 20 日我们进行了系统培训。具体步骤如下。

1. 确定培训对象

依据市级立项文件与各单位实际,确定初选对象 200 人,由各中心校推荐有意向参加课题研究人员组成首批培训对象。

2. 入校调研与访谈

通过对部分校长与教师的访谈,梳理出以下问题:学校层面,教师申报课题的积极性较弱,学校很希望教师们了解做课题的价值与意义;教师层面,教师不知道怎样选题,以为别人都做过了自己就不能做了,不知道如何填写立项评审书,不明白课题研究的基本流程。

3. 梳理以往课题研究中出现的常见问题

课题名称不完整或课题名称表述方式不对(结论式、疑问式、论文式等);课题研究没有问题(研究目标、研究内容)或者课题、目标和内容不一致;等等。

4. 课题培训的内容设计

5. 邀请各级专家适时指导

近一年来,区教科室邀请各级专家精准引领。首先,吴亮主任针对我区课题出现的"问题不明确、目标不清晰、题目不规范"等问题,在老鸦陈小学做选题专项培训。我们从郑州市教育科学课题论证设计模板入手,以三大案例贯穿其中,对每一部分进行详细讲解;邀请省教科院韩和鸣主任在惠济区香山小学做《教师如何开展课题研究》主题讲座,从"问题提出,问题产生的原因、对策和措施,取得的成效、结论"等方面进行指导;在课题结项阶段,面对老师们"结项难"的困惑,区教科室邀请市教科所胡远明主任做《如何撰写优秀的结项报告》专题讲座,可谓课题结项的"及时雨",获得老师们的一致赞誉。

6. 发挥评价导向与发展功能,提升区域课题指导率

"课题做了、报告写了"与"做得怎样、写得如何"是两个概念,为了使课题做得有质量,老师们在做中、写中得到提升,区教科室巧妙利用评价"杠杆",在开题报告、中期报告等关键性节点上,将中心校、局直学校对课题组的指导纳入考评体系,作为年终考核的一项重要指标。此举大大提升了基层学校的课题指导率,课题组成员的科研能力也在无形中得到提升。

表2　惠济区2020年省、市、区级课题中期报告活动反馈表

序号	单位	省级课题数量	市级课题数量	区级课题数量	合计	活动照片	中期材料	活动信息发布	课题指导率（H/F）
1	东风路小学		5	7	12	3	11		92%
2	区艺术小学		1	9	10	3	10	1	100%
3	区试验幼儿园	1	1	9	11	3	9	1	82%
4	惠济一中		7	7	10	3	7		70%
5	郑州市二十中	1	4	7	12	3	12		100%
6	大河路中心校		6	9	15	3	16	1	100%
7	江山路中心校		1	12	13	3	13		100%
8	迎宾路中心校	1	11	4	16	3	16	1	100%
9	新城中心校	1	6	8	15	3	15	1	100%
10	区实验小学	1	8	5	14	3	13	1	93%
11	古荥中心校	3	3	13	19	3	19	1	100%
12	长兴中心校		9	6	15	3	15	1	100%
13	花园口中心校	1	7	10	18	3	18	1	100%
14	教科室		6		6	3	6	6	100%
15	郑州市第六十中学	1	1		2	3	2	1	100%
16	郑州市科技中等专业学校			2	2	3	2		100%
17	郑州四中实验学校	1		3	4	3	4	1	100%
	合计				194		188	17	96%

（二）以示范引领为抓手，在参与分享中成长

1. 组织召开"示范级"开题（中期、结题）报告会

在此阶段，我们的原则是示范先行。组织已经立项的87名课题主持人和各单位业务领导齐聚一起，使他们了解开题报告会的组织形式，以"初中名著阅读有效评价机制研究"为范例，论证研究内容的可行性及能否达成目标，制定研究计划，课题组成员分工合理。在此次培训中，通过课堂观摩、开题报告、专家点评等形式，使参与者对开题报告会的基本流程了然于心。

2. 中心校内部的开题（中期、结题）报告会

在此阶段，以中心校为单位，参会人员为中心校范围内课题组全部成员、业务领导、科研员。在研讨阶段，由课题主持人一一汇报，参会者对其研究目标、研究内容，从可行性与达成度等方面进行探讨评判，最后由科研员点评指导。

3. 打破校域界限,扩大交流范围

在我区,一些中心校仅有两三项课题,在交流分享与思维碰撞中稍显劣势。因此,在课题研究的各个阶段,为扩大交流,促进各课题之间的相互影响,我们要求各中心校之间、局直学校之间合作召开"开题""中期""结项"报告会,达到了较好的效果。一位仅入职两年的教师张晓莹在参与跨校研讨会后,兴奋地表示:"在我们学校,我以为课题研究是这样的,今天参加了区实验的研讨会,学到了许多好的做法,真是受益匪浅。"

4. 一线调研,在"发现问题"中"解决问题"

区教科室主任吴亮带领课题组成员深入惠济一中、郑州市第七十九中学、惠济五中、惠济六中、惠济区实验小学、铁路寨小学、花园口小学等学校,听课观摩、调研,指导青年教师从课堂教学、班级管理等方面发现问题,把问题化作课题,去研究解决。

调研中,课题组成员采用交流、引导式调研指导模式,在面对面的交流中,谈问题、聊思考、探做法,引导一线教师发现问题,探索解决问题的途径与方法。经过近一年的努力,区实验的课题立项数量从2018年的3项骤升至6项。吴亮主任从大框架给予老师们建议,强调课题研究要确立目标,选定恰当的研究内容,完善研究方案,将课题做实、做细,做出特色。

5. 荟萃优秀案例,分享交流促发展

为提升教师课题研究的热情及科研思辨力,区教科室收集了区域内的优秀科研成果,出版了惠济区教科研成果汇编《一路芬芳》,分为"校长视窗""教师成长""教育随笔"三个篇章,收录惠济区优秀科研成果论文44篇,此举极大激发了老师们的科研热情,在分享交流中促进了教师们的科研能力。

(三)利用各种平台,提升教师科研力

1. 关注老胡聊科研公众号

针对我区教师入职时间短、科研能力急需提升这一现状,区教科室组织教师加入老胡科研工作群,关注老胡聊科研公众号。老胡聊科研公众号上,胡主任经常展示一些典型的课题科研案例及开题、中期报告的常规模式,给广大教师提供了极大的便利。

2. 分享课题研究微视频

对于刚入职的青年教师来说,相当一部分教师认为做课题研究、搞科研是高大上的事情,对科研心存敬畏。为使广大一线教师更好地理解科研、深入科研,区教科室吴亮主任制作了关于课题研究的微视频,通俗易懂,形象生动,受到一线教师的一致好评。

3. 借助郑州教育科研杂志,推广相关科研成果

区教科室定期组织教师研读优秀科研成果,分享心得。鼓励教师们将教学及教育管理中的所思所悟转化成文字,分享给更多同仁。区教科室每月选稿、荐稿至郑州教育科研杂志,并作为考核各单位教科研工作的依据。2019年3月至2020年3月,惠济一中王樾老师的《曲径通幽处 禅房花木深》、惠济区南阳小学周颖颖老师的《走过的路,唱过的歌》、惠济区香山小学王爽老师的《孩子,我陪你慢慢长大》等 15 篇优秀稿件在郑州教育科研杂志刊登。

4.组建科研智库团队,为科研添翼助力

结合我区 2019 年中小学教师科研能力提升方案和惠济区教研室智库建设实施方案,组建我区科研智库团队。充分利用省级名师、中原名师、常态名师、省市级骨干教师等人才资源,选拔优秀教师组建了智库团队,加强团队建设,实行青年教师导师制,建立教科研帮带制度。

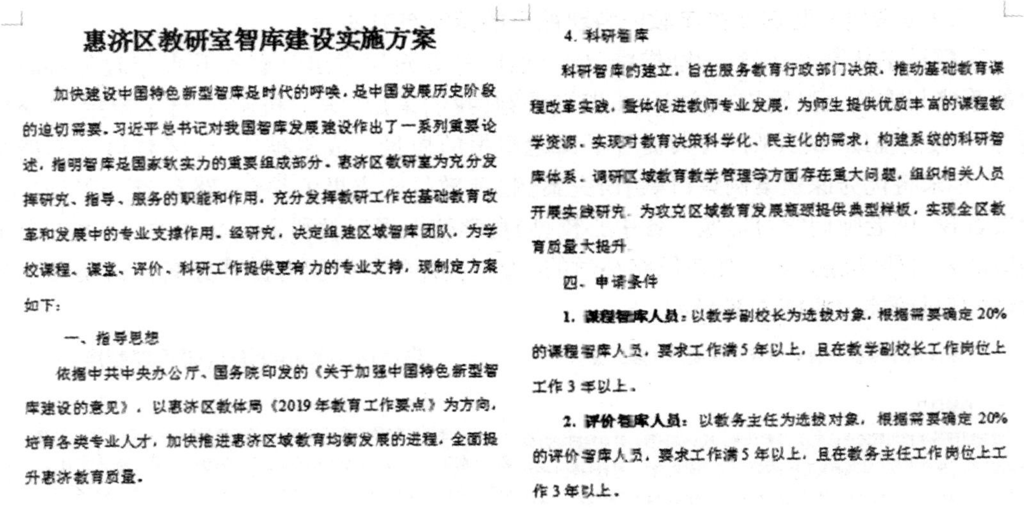

惠济区教研室智库建设实施方案

加快建设中国特色新型智库是时代的呼唤,是中国发展历史阶段的迫切需要。习近平总书记对我国智库发展建设作出了一系列重要论述,指明智库是国家软实力的重要组成部分。惠济区教研室为充分发挥研究、指导、服务的职能和作用,充分发挥教研工作在基础教育改革和发展中的专业支撑作用。经研究,决定组建区域智库团队,为学校课程、课堂、评价、科研工作提供更有力的专业支持,现制定方案如下:

一、指导思想

依据中共中央办公厅、国务院印发的《关于加强中国特色新型智库建设的意见》,以惠济区教体局《2019年教育工作要点》为方向,培育各类专业人才,加快推进惠济区域教育均衡发展的进程,全面提升惠济教育质量。

4. 科研智库

科研智库的建立,旨在服务教育行政部门决策,推动基础教育课程改革实践,整体促进教师专业发展,为师生提供优质丰富的课程教学资源,实现对教育决策科学化、民主化的需求,构建系统的科研智库体系。调研区域教育教学管理等方面存在重大问题,组织相关人员开展实践研究,为攻克区域教育发展瓶颈提供典型样板,实现全区教育质量大提升。

四、申请条件

1. 课程智库人员:以教学副校长为选拔对象,根据需要确定20%的课程智库人员,要求工作满5年以上,且在教学副校长工作岗位上工作3年以上。

2. 评价智库人员:以教务主任为选拔对象,根据需要确定20%的评价智库人员,要求工作满5年以上,且在教务主任工作岗位上工作3年以上。

图 1 惠济区科研智库建设实施方案部分截图

四、研究成效

(一)青年教师的科研能力得到提升

2019 年以来,全区青年教师的科研能力得到一定程度的提升。主要表现在:一是 2019 年全区青年教师在各级各类专业杂志上发表论文远超 2018 年,如在郑州市 2019 年度科研论文评比活动中,我区 50 篇论文获奖 43 篇,获奖率 86%,其中一等奖获奖率 34%;二是在郑州市各学科调研考试中,中学语文、数学和英语学科的成绩得到大幅攀升;三是学校科研氛围日渐形成,用科研指导教学的风气正逐步形成;四是教师申报课题的积极性日益提高。

(二)提升了科研员的指导能力

吴亮主任、谢留娟老师、赵盼老师、陶如意老师指导各中心校举行开题、中期交流活动,课题组成员到惠济一中、惠济六中、郑州市第七十九中学进行课题调研,通过听课、汇报、交流、指导等活动,撰写调研报告,使课题组成员的指导能力和论文撰写能力得到一定程度的提升。

一年来,课题组成员陶如意老师在《中国教师》专业杂志发表论文《基于初中生英语学习困难的实践研究》;赵盼老师的科研论文《一代清流女儿红　侠客柔肠照心头》入选教科研成果汇编《一路芬芳》,同时入选《郑州教育科研》(2019 第 4 期);谢留娟老师在《郑州教育科研》(2019 第 5 期)发表教育随笔《唤醒》,在《小学教学》(省级 CN)发表科研论文《合作学习,我们"备"什么》。

(三)探索出一套提升青年教师科研能力的策略与方法

区教科室从制度保障、激励措施、成果推广等方面探索出一套提升青年教师科研能力的策略与方法。激励措施方面,如省级课题,我们采用"滚动机制""自主申报""择优推荐""考核辅助"的原则,大大提升了课题申报的质量。成果推广上,区教科室不遗余力,一年来将优秀课题案例集《课题研究案例》和教科研成果汇编《一路芬芳》汇集成册,分发各校,供老师们学习借鉴。各中心校、局直学校根据区教科室的相关要求,也出台了相应的教科研实施方案。如东风路小学的《青年教师的科研能力提升方案》、区实验小学的《教育科研能力实施方案》等。

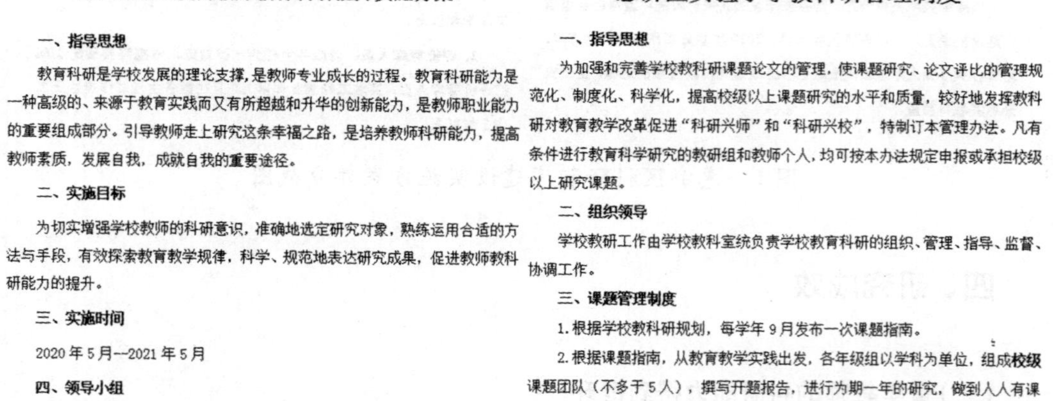

东风路小学提升教师教育科研能力实施方案

一、指导思想

教育科研是学校发展的理论支撑,是教师专业成长的过程。教育科研能力是一种高级的、来源于教育实践而又有所超越和升华的创新能力,是教师职业能力的重要组成部分。引导教师走上研究这条幸福之路,是培养教师科研能力,提高教师素质,发展自我,成就自我的重要途径。

二、实施目标

为切实增强学校教师的科研意识,准确地选定研究对象,熟练运用合适的方法与手段,有效探索教育教学规律,科学、规范地表达研究成果,促进教师教科研能力的提升。

三、实施时间

2020 年 5 月--2021 年 5 月

四、领导小组

惠济区实验小学教科研管理制度

一、指导思想

为加强和完善学校教科研课题论文的管理,使课题研究、论文评比的管理规范化、制度化、科学化,提高校级以上课题研究的水平和质量,较好地发挥教科研对教育教学改革促进"科研兴师"和"科研兴校",特制订本管理办法。凡有条件进行教育科学研究的教研组和教师个人,均可按本办法规定申报或承担校级以上研究课题。

二、组织领导

学校教研工作由学校教科室统一负责学校教育科研的组织、管理、指导、监督、协调工作。

三、课题管理制度

1. 根据学校教科研规划,每学年 9 月发布一次课题指南。
2. 根据课题指南,从教育教学实践出发,各年级组以学科为单位,组成**校级**课题团队(不多于 5 人),撰写开题报告,进行为期一年的研究,做到人人有课

图 2　各学校教科研实施方案

(四)青年教师的幸福感得到提升

青年教师有的是热情,但热情中缺乏理性思考,这些青年教师只顾自己讲授课程,缺乏对学生的关注与对学生已有认知的把握,教学效果不甚满意。课题实施一年来,部分青年教师的教学行为悄悄发生着变化,由"为教而教"变为"教中有研"。这些青年教师直面问题,以问题为导向,把问题变课题,在课题研究中助力教学,体验研究的快乐。

一年来,部分青年教师在参与课题研究的过程中,提高了学科素养与管理能力,其任教学科的教学质量不断攀升,思考力、探究力、敏感力大幅提升,与之相适应的是,这些教师的生活力(即感受生活的能力、处理各种矛盾与问题的能力等)也随之提升,可谓收获满满。古荥中心校的武贞老师深有感触地说:"做课题研究提高了我们班的教学成绩,还

少了不少烦恼。以前我总解决不好生活中的各种矛盾,后来我发现,面对问题,深入思考问题背后的原因,我就能解决掉一部分矛盾。"不得不说,课题研究促进了青年教师思维层次的提升。

五、存在问题及下一步打算

(一)科研目的依然功利化
部分年轻教师依然认为做科研就是为了评职称,为科研而科研,没有尝到科研带来的甜头,亦未能感受到科研带来的相关效应。所写的论文没人阅读,认为科研助教来得太慢,不如多让学生做几道练习题。

(二)青年教师教学任务繁重,各学科各自为战,缺乏整合

(三)青年教师初入岗位,首要任务就是完成教学任务,提高学科成绩,在每天的忙乱与应对中无暇顾及科研
2020年,274名教育部直属师范院校毕业生签约惠济,将进一步助推惠济教育的发展。高素质青年教师的汇入,也为我们提出了新的课题:如何快速促进青年教师的成长,提升青年教师的科研能力。下一步,我们将把一年来的研究成果继续在全区、各个中心校推广,力争惠及每一位青年教师。

(四)继续提炼相关研究成果,总结出提升青年教师科研能力可持续发展的一般规律
指导各中心校、局直学校在区研究成果的基础上,进一步完善、细化本单位的科研提升方案。

参考文献
[1]李希贵.面向个体的教育[M].北京:教育科学出版社,2014.
[2]郑州市教育科学研究所.郑州教育重点课题研究(2015—2016学年)[M].北京:新华出版社,2017.

(本文为2019年度郑州市教育科学重点课题,获科研成果一等奖。课题研究单位:郑州市惠济区教学研究室,课题负责人:吴亮,课题组成员:谢留娟、陶如意、赵盼、刘小伟)

基于需求的区域教师精准培训项目实践研究

一、研究背景

(一)宏观背景

教师培训是促进教师专业发展、提高教育教学质量的有效路径。近年来,党中央、国务院多次发文,要求"深化中小学教师培训模式改革,全面提升培训质量""组织高质量培训,使教师静心钻研教学,切实提升教学水平"。2013 年,教育部《关于深化中小学教师培训模式改革全面提升培训质量的指导意见》提出了"增强培训针对性,确保按需施训""改进培训内容,贴近一线教师教育教学实际""转变培训方式,提升教师参训实效""强化培训自主性,激发教师参训动力"等指导意见;2018 年 2 月,教育部等五部门颁布《教师教育振兴行动计划(2018—2022 年)》,并提出了"加强教师培训需求诊断,优化培训内容"的主要措施。

(二)存在问题

郑州市经开区教师培训存在的主要问题有如下几个。

(1)培训内容理论性过多,缺乏针对性。

(2)教师学习积极性和主动性不高,与教师对培训的强烈需求不匹配。

(3)培训效益低,培训效果不能在教育教学工作中有效"落地"。

(三)原因分析

(1)培训内容往往基于培训部门自身的考量或培训教师而定,忽略了教师的实际需求。

(2)培训缺乏整体化、序列化设计。

(3)培训以讲座式为主,方式单一,缺乏培训主体的有效参与。

(4)缺乏跟进指导及评价督导。

二、研究过程

(一)准备前阶段(2018 年 12 月—2019 年 2 月)

面向全区所有公办学校征集教师培训需求和工作建议。

（二）准备阶段（2019 年 3 月—2019 年 4 月）

成立课题组，围绕"教师精准培训"，查阅文献，收集资料，学习研讨国内外关于教师培训的先进理念和经验，确定课题研究的方向，制定课题研究方案，制订计划。

（三）实施阶段（2019 年 5 月—2019 年 12 月）

（1）完善教师培训项目方案，开展教师培训项目。

（2）通过问卷调查和访谈，开展教师培训工作的评估，进一步了解培训需求。

（3）总结反思，优化后期培训项目实施方案。

（四）结项阶段（2020 年 1 月—2020 年 4 月）

提炼区域教师精准培训的经验，明确有待改进和提升的部分；整理、分析课题研究过程性资料，撰写结题报告；制定后续工作推进规划。

三、主要做法和经验

（一）深入调研，明确培训需求

实现教师培训的精准化，首先要明确"哪些人需要培训、需要什么培训、用什么方式培训"。我们从不同角度做了三次关于教师培训需求的调研。

（1）面向全区中小学（幼儿园）进行调研，了解各学校教师培训需求及全区各级各类教师群体培训需求。

（2）开展座谈、访谈及问卷调查，了解老师们对已开展培训项目的评价及进一步的培训需求。

（3）面向九龙学区小学语、数、英教师分别开展培训需求调研，了解他们的教学困惑及培训需求。

（二）基于问题，科学设定培训目标——以 2019 年九龙学区小学数学教师素养提升培训项目为例

科学的培训目标，应基于教育教学中面临的问题、教师专业发展的需求、培训对象等一系列因素，是选择培训课程、培训内容、培训方式、培训评价手段的基础和核心。

如通过对九龙学区小学数学教师的调研了解，我们发现老师们最期待的培训为教材解读指导、教学方法指导、教学设计指导、教学管理经验分享。因此，我们设定了九龙学区 2019 年小学数学教师素养提升培训项目的总目标：进一步强化对课标的理解和运用，提高教育教学和课堂管理技能，熟练掌握符合学科教学规律的教学模式或课堂教学流程,转变传统课堂形态,提升课堂教学设计能力和学法指导能力。

(三)聚焦主题,精选培训课程——以微型课题研修培训项目为例

精准培训之"精",关键在高质量的课程设计。培训课程的设计,应遵循针对性、实用性、有效性的原则,以教师专业发展需要为核心,以提高教师实践能力为取向,以激发教师专业自主性、提高终身学习力为着力点。

如针对老师们面临的普遍性问题——"做科研难",我们通过调查发现,在提高教师教育科研能力培训中,老师们最感兴趣的是"如何将研究成果用于教学实践"。因此我们在设计 2019 年微型课题研修培训项目的课程时,一方面,考虑课程内容的系统性、整体性和内在一致性;另一方面,考虑理论与实践相结合。通过与专家提前沟通研讨,围绕培训主题设计了如下课程。

表 1 经开区 2019 年微型课题研究专项研修课程设计方案

模块一:微型课题研究全流程	
上午	专题讲座:《微型课题研究选题与实践》 ● 微型课题研究如何选题 ● 微型课题研究的架构与框架 ● 结合微型课题研究案例剖析全流程 ● 作业布置:每人围绕自己教学中的问题,设计一个教师个人微型课题研究方案
下午	专题讲座:《推进"基于多样化研究方法"的自主微型课题研究》 ● 自主微型研究目的与特征 ● 自主微型研究的六种方法 ● 自主微型研究的推进策略 ● 课程研究方法与报告案例
晚上	课题研讨 ● 培训内容复盘研讨 ● 制定微型课题方案
模块二:优秀课题方案展示	
上午	专题讲座:《见微知著真中有趣》 ● 微电影创意写作教学策略 ● 一线教师怎样做小而美的课程 ● 微课题研究时间操作案例

（续表）

模块二：优秀课题方案展示	
下午	分享展示：教师个人微型课题优秀成果展示 ●分享对微型课题的认识 ●探讨做微型课题的体会 ●展示做微型课题的成果 ●微型课题对个人的影响
晚上	课题研究深入 ●培训内容复盘研讨 ●课题内容深入研究
模块三：教科研先进学校观摩	
上午	微型课题研究先进中小学之一：嘉兴市第一中学
下午	微型课题研究先进中小学之一：嘉兴市实验小学
模块四：互动交流研讨	
上午	针对"教育科研课题互动研讨" ●分组交流研讨 ●具体课题交流 ●培训收获总结 ●作业展示，专家点评

（四）立足实效，灵活培训方式

根据调查结果，我们发现，中小学教师更期待由经验丰富的一线专家做教学展示、经验交流、研讨互动、案例分析、实地考察观摩等参与式的培训方式。

表2 关于"收获最大、最期待的培训组织模式"的调查结果

选项	小计	比例
A.专家讲座、报告型	472	25.2%
B.与专家研讨互动、交流对话型	632	33.74%
C.观摩名师课堂教学型	1372	73.25%
D.同行介绍经验、教学展示、共同研讨型	1009	53.87%
E.案例分析、参与式培训型	1012	54.03%
F.专题沙龙型	410	21.89%
G.在专家或名师的指导下自学、反思型	615	32.84%
H.在专家或名师指导下进行课题研究型	609	32.51%

（续表）

选项	小计	比例
I. 实地考察、观摩型	1016	54.24%
J. 网络培训	163	8.7%
K. 其他	50	2.67%

表3　关于"您最希望哪些人担任培训教师"的调查结果

选项	小计	比例
A. 教育行政部门领导	203	10.84%
B. 教研、科研、培训人员	736	39.3%
C. 高校教师、专家	723	38.6%
D. 名师、特级教师	1342	71.65%
E. 经验丰富的一线教师	1605	85.69%
F. 其他	55	2.94%

在教师精准培训项目的实践中,我们从教师培训需求出发,结合项目内容,选择合适的培训模式,提升培训效果。

1. 突出参训者主体地位的"体验式"培训

教育教学中"学生为主体,教师为主导"的理念,在教师培训中同样适用。教师期待以主人翁的姿态参与到培训过程中,希望自己的培训需求被听到、被满足,期待"所给"为"所需",期待与培训专家互动对话,与培训伙伴交流分享。

（1）设计实施体验式培训项目。如心理健康教师绘画艺术治疗专题培训,全程采用体验式培训模式,参训教师参与绘画体验,互动分享,在做中学、学中做。

（2）在项目实施过程中,设计体验活动。如到名校实地考察,观摩学习;培训课程开始环节,进行主题分享;培训课程结束环节,与专家面对面交流互动,分享收获,研讨问题;组织小组讨论、案例研讨、头脑风暴、成果展示等活动。

2. 多种培训方式相结合的"套餐式"培训——以2019年九龙学区小学数学教师培训项目（10月份课程）为例

九龙学区小学数学教师关于"差异化课堂教学的理论与实践"主题培训采用专家示范上课、本校教师同课异构、专题讲座、沙龙研讨、交流对话等多种培训相结合的方式进行,互相补充,相得益彰,既体现了参训教师的主体地位,也发挥了培训专家的主导地位。

表4　九龙学区10月份数学教师培训方案

主题	时间	内容	形式
研修视角：差异化课堂教学的理论与实践	10月26日上午	人教五上《数学广角——植树问题》	专家示范上课
		人教五上《数学广角——植树问题》	九龙教师同课异构
		《善用"合作"，促学生学力提升》	讲座、交流
	10月26日下午	教学点评	交流
		《如何进行有效的教学设计》	沙龙研讨

3.线上线下相结合的"混合式"培训——以经开区教师阅读培训项目为例

教师的学习具有自主性、自觉性和目的性；而教师的学习时间和空间具有不稳定性。线上线下相结合的"混合"培训模式，成为教师培训的有效路径。

2019年，我们启动了经开区教师阅读培训项目，采用线上线下相结合的方式，推动教师阅读工作。本项目为教师提供在线共读平台，老师们可以依托线上平台阅读指定书目及相关拓展资料、观看经典导读视频、分享交流、发表话题、组织讨论，平台自动记录教师参与读书活动的次数、时长，记录过程性评价资料。线上共读流程如下图所示。

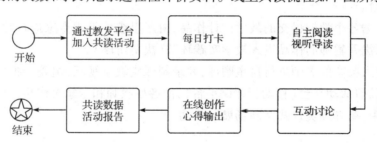

图1　线上共读流程图

老师们也可以购买书籍进行线下阅读。我们邀请书籍作者开展线下主题报告，学校定期组织线下读书沙龙。

（五）落脚实践，实现培训效益——以经开区教师阅读培训项目为例

教师培训的效果取决于教师教育教学水平是否得到提升，是否能有效促进教师专业发展。但教师培训效果的落地及其评价是一个系统、复杂甚至是漫长的过程，是本课题研究到现在面临的最大难题，我们也做了一些有效的探索和实践。

在教师阅读培训项目的实施过程中，我们除了以过程性评价督促教师积极参与读书活动外（评价方案如表5），还开展了基于阅读书目的教育教学活动。以赛促学，以学促教，使阅读活动不止步于阅读，而是落脚于教育教学实践，实现培训效益的最大化。

表5 教师阅读线上评分方案

评价项目	评价细则	权重
课堂互动	参与投票、问卷、抢答、选人、讨论、测验、小组任务等课程活动可以获相应分数,计分达10分为满分	5%
课程音视频	课程视频/音频全部完成得满分,单个视频/音频分值平均分配,满分100分	45%
访问数	访问数达330次为满分	15%
讨论	发表或回复一个讨论得2分,获得一个赞得1分,最高100分	30%
阅读	资料模块中专题阅读总时长达到60分钟为满分	5%

2019年暑假,教师共读书目为《追求理解的教学设计》,我们围绕本书,设计了课堂教学设计比赛活动。

初赛:围绕《追求理解的教学设计》的理念,各学校自行组织教师进行课堂教学设计,并上传至学校的教师阅读活动平台。各学校通过内部评选和审核,每校推荐2篇优秀作品到区级平台。

复赛:根据各个学校提交的教学设计作品,由区里统一组织专家进行综合评审,最终遴选出20位优秀教师的作品进入教学实践环节(决赛阶段)。

决赛:进入决赛的老师进行自主磨课,并录制课堂教学视频,组委会把视频上传到郑州市经开区教研活动平台(移动听评课平台),由各校教师和专家对作品进行评审。

大赛结束,举办颁奖仪式及现场展示活动。

(六)实现精准,推进培训校本化——以九龙学区小学数学教师素养提升培训项目为例

在实践的过程中,我们发现,培训效果始终离老师们的需求、我们的期待,离"精准"有一定的距离。细思原因,在于学校之间、教师个体之间的差异。即使同一类群体,比如校长,每个学校的办学理念、发展规划不同,校长的关注点、对同一个关注点的关注度就会有差异;对同一个主题,比如教师阅读,每个学校教师阅读的推进方式和程度,阅读的书目种类不同,每个教师的阅读兴趣和积累也有很大的个体差异。区级以上的培训项目因其面向的群体及任务,显然不能真正满足学校和教师发展的个性化需求。而校本培训以其组织的自主性、内容的针对性、方式的灵活性等特点,更能聚焦于教育教学面临的实际问题。我区目前校本培训开展现状不容乐观,我们也带动一些学校做了一些探索和实践。

比如我区东部九龙学区的学校均属于原农村学校划转,师资结构比较复杂。一部分老师为中老年教师,多数中师毕业,目前是学校骨干力量,但受教育理念和专业素养限制,教学方法基于经验,传统老套,个人成长动力不足;另外一部分老师是2014年之后经开区公开招聘的30岁以下的年轻教师,本科及以上师范学校毕业,专业基础好,但是受

学校条件限制,教研氛围不浓,老教师传帮带作用不强,专业成长较慢。所以教师的培训需求与辖区其他学校存在明显差异。针对特殊情况特殊需求,我们对九龙学区小学语文、数学、英语教师进行了专门的调研。在此基础上,我们设计了为期一年,分学科集中开展9次共计27场针对性、系列化的培训项目。从2019年8月份开始实施,截至目前,已开展4次计12场培训。以小学数学教师培训项目为例,8月份、10月份已实施的培训内容如下。

表6 九龙学区8月份小学数学教师培训方案

时间	内容	目标	形式
8月18日上午 8:30—11:30	1. 讲座:《基于小学数学核心素养试卷命制与试题研发》 2. 根据给定的教学内容,进行部分题型的设置	1.了解试卷命制过程中的核心要素以及基本技术 2.能命制一些创新题	专题讲座 现场作业
8月18日下午 13:30—16:30	《核心素养理念下的小学数学课例解读》	1.了解当下课堂教学之中,如何体现学科素养 2.学会剖析具体案例中对于核心素养培育的具体举措	专题讲座 案例视频 现场问答
8月19日上午 8:30—11:30	1.《数学课程标准关照下的"教与学"解读》 2.现场进行关于课标的测试	1.了解课标的基本理念 2.掌握基本理念在教学之中的应用	专题讲座 现场测试 视频观摩
8月19日下午 13:30—16:30	1.《观课:教师素养提升的应然之举》 2.根据一个教学片段,写出评价意见	1.掌握基本的观课视角 2.能在具体的案例中进行有效评析	专题讲座 视频观摩 现场评课

表7 九龙学区10月份小学数学教师培训方案

主题	时间	内容	形式	目标
研修视角:任务型课堂教学的理论与实践	10月13日 上午8:30—11:30	1. 人教二上《角的初步认识》	九龙教师展示课	1.了解"任务型"课堂教学的主要关注点,学会有效地进行教学设计 2.了解教学反思的重要性及核心要点 3.掌握计算教学中如何帮助学生明晰算理,提升计算能力
		2. 人教二上《角的初步认识》	专家示范课	
		3. 人教三上《数字编码》	九龙教师展示课	
		4. 人教三上《数字编码》	专家示范课	
	10月13日 下午13:30—16:30	1. 教学设计与课堂反思	沙龙研讨	
		2.《计算教学策略漫谈》	主题讲座	

（续表）

主题	时间	内容	形式	目标
研修视角：差异化课堂教学的理论与实践	10月26日上午8:30—11:30	1. 人教五上《数学广角——植树问题》	专家示范课	1. 在课堂教学之中，如何帮助学生学会合作，促进学力提升 2. 在有效的教学设计中，促进对教材的理解，教学设计能力的提升，逐步提升专业素养
		2. 人教五上《数学广角——植树问题》	九龙教师展示课	
		3. 微讲座《善用"合作"，促学生学力提升》	主题讲座交流对话	
	10月26日下午13:30—16:30	1. 教学点评	交流对话	
		2.《如何进行有效的教学设计》	沙龙研讨	

四、研究成效

（一）教师阅读培训项目、九龙学区校本培训项目、教科研培训项目的顺利进展和取得的良好培训效果，为教师系列化培训项目的开展、校本培训的推进及线上线下相结合的"混合研修"模式提供了示范和经验借鉴

（二）从问卷调查结果看，近77%的教师对过去一年开展的培训项目是满意的

表8　关于过去一年参加过的培训满意度的调查结果

选项	小计	比例
A. 非常不满意	82	4.38%
B. 基本不满意	164	8.76%
C. 不确定	190	10.14%
D. 基本满意	1145	61.13%
E. 非常满意	292	15.59%
本题有效填写人次	1873	

表9　关于培训收获的调查结果

选项	小计	比例
A. 提高了科研能力	982	52.43%
B. 提高了教育教学应用能力	1380	73.68%
C. 掌握了一些现代教育技术与方法	1215	64.87%
D. 开阔了教育视野	1631	87.08%

（续表）

选项	小计	比例
E. 更新了知识结构	1291	68.93%
F. 帮助解决了教育实践中遇到的问题	1126	60.12%
G. 其他	161	8.6%
本题有效填写人次	1873	

（三）促进了教师专业成长，提升了区域教师整体水平

2019年，在各级优质课比赛中，我区教师荣获国家一、二等奖共30余人，省级奖项20余人，市级奖项200余人；教研成果方面，在上报市级的76项课题中75项课题通过结项，通过率高出全市30个百分点，68项课题获得市优秀教科研成果，优秀率高出全市近30个百分点，22项课题获得市优秀教科研成果一等奖，高出全市12个百分点；教师发展方面，49名教师被评为省级名师、骨干教师和郑州市"千人教育名家"培训对象，尤其是8名老师被评为"郑州市第六届名师"，占全区教师总数的11.59%，高出郑州市近10个百分点（郑州市占比是2.17%）。

五、存在问题及今后设想

（一）存在问题

（1）对调查问卷的结果分析缺乏交互式、相关性分析，对教师培训需求的了解还不够全面、深入。

（2）由于时间、专业人员缺乏等原因，一部分培训项目缺乏后续的跟踪督导，没有从根本上解决培训的"落地"问题。

（3）教师培训的效果更应通过对教师教育教学产生的实际作用来进行评估，而这个效果受到教师个体、时间等多方面因素的影响。所以关于教师培训效果的有效评价，还是一个难题。

（二）今后设想

（1）探索教师培训的有效评价策略及研训一体化模式，加强培训项目后期的实践指导与效果督导，促使教师把培训所学、所得真正应用于教育教学实践中。

（2）出台《郑州经济技术开发区校本培训制度》，进一步推进校本培训的有效开展。

参考文献

[1]《国家中长期教育改革和发展规划纲要(2010—2020 年)》[J].实验室研究与探索,2018,37(6):273.

[2]教育部关于深化中小学教师培训模式改革全面提升培训质量的指导意见[J].中小学教师培训,2013(7):3-4.

[3]中共中央国务院关于全面深化新时代教师队伍建设改革的意见[J].人民教育,2018(Z1):7-13.

[4]五部门印发《教师教育振兴行动计划(2018—2022 年)》[J].陕西教育(高教),2018(5):80.

[5]周德锋.县域教师团队精准培训解析[J].中国成人教育,2018(17):141-144.

[6]周波.教师精准培训:内涵、理念、特征与意义[J].继续教育研究,2018(4):75-78.

[7]穆肃,周腾,温慧群.中小学教师终身学习能力现状的分析:精准发展的渴求[J].终身教育研究,2017,28(5):38-44.

[8]周波.中小学教师精准培训模式探析[J].教育实践与研究(C),2017(5):23-29.

[9]刘从华.教师精准培训怎样落地[N].中国教育报,2017-06-07(011).

(本文为 2019 年度郑州市教育科学重点课题,获科研成果一等奖。课题研究单位:郑州经济技术开发区教育文化体育局,课题负责人:张利红,课题组成员:张艳玮、李颖、孟璠、胡慧芳)

小学教师专业阅读能力提升的实践研究

一、研究背景

教师专业阅读是基于教师专业发展的阅读,无论对于自身的成长还是学生的发展都具有非常重要的意义。任何学科的教师,如果没有专业阅读的训练,没有相对成熟的专业素养,均难以真正承担起"复活知识"的重任。朱永新也多次提出:教师的专业阅读能力水平不仅是学生成长的前提,也是整个教育发展的前提。

在现实中,我校教师阅读还存在教师阅读自主性与阅读现状参差不齐;阅读过程中善读不思;阅读内容比较浅薄;能利用阅读所得联系实际教学,促进课堂教学实践的较少等现状,急待解决提升。

二、研究过程

(一)准备阶段(2019年4月—2019年5月)
(1)明确课题组分工,健全课题组交流制度。
(2)收集课题相关资料,进行理论学习与研讨。
(3)制定教师阅读情况的调查问卷,完成问卷的整理、分析。
(4)制订课题研究计划,撰写开题报告。

(二)实施阶段(2019年6月—2020年2月)
(1)落实课题研究方案,召开课题研究会议,开展课题研究活动。
(2)开展针对性研究活动,有选择地阅读教育名篇。
(3)开展系列读书活动、展示评比活动,确保活动质量与效果。
(4)定期召开研讨活动,做好中期评估,总结经验,发现不足,进行反思。
(5)开展课题研究,进行个案追踪与访谈、理论研讨、指导与培训,推广成功经验等。
(6)收集整理课题研究的阶段资料,进行中期成果汇报。
(7)不断总结反思研究过程,形成初步的课题研究成果,完成课题研究阶段报告。

(三)总结评估阶段(2020年3月—2020年4月)
(1)多角度整理、分析课题资料。
(2)整理过程性资料:论文、反思、随笔等。
(3)通过资料的汇总、数据的分析,进行总结提炼,撰写课题结题报告。

三、不同阶段措施及主要做法和经验

（一）前期准备阶段

课题负责人组织课题组成员认真研学课题方案,明确课题研究的意义、内容、方法和思路,进行明确具体的分工。

1. 填写问卷调查,了解现状

课题前期,根据课题研究目标,确立调查方向,通过问卷调查的方式,对全校的老师进行问卷调查。教师阅读情况的调查结果如下。

表1　关于第1题"您喜欢阅读吗？［单选题］"的调查结果

选项	小计	比例
A. 不喜欢	0	0%
B. 一般	36	38.71%
C. 喜欢	56	60.22%
D. 酷爱	1	1.08%
本题有效填写人次	93	

表2　关于第2题"您读书的原因是什么？［多选题］"的调查结果

选项	小计	比例
A. 纯粹是爱好,喜欢读书	46	49.46%
B. 由于工作的压力必须读书充实自我	39	41.94%
C. 教育教学上遇到难题需要求助各类书籍去解决	52	55.91%
D. 其他	18	19.35%
本题有效填写人次	93	

表3　关于第3题"您平常都读些什么书呢？［多选题］"的调查结果

选项	小计	比例
A. 所教学科经典书籍	56	60.22%
B. 各种教参教材教法	49	52.69%
C. 教育学、心理学等书籍	40	43.01%
D. 各类报纸和杂志	40	43.01%

（续表）

选项	小计	比例
E. 休闲娱乐和养生类书籍	51	54.84%
F. 文学作品类书籍	49	52.69%
G. 其他	21	22.58%
本题有效填写人次	93	

2. 调查访谈，探寻原因

在对全体教师问卷调查的基础上，组织课题组成员分学科对教师阅读情况进行个别访谈，有针对性地发现存在的问题及成因，了解不同学科教师、不同年龄教师对专业阅读的需求，为之后的研究提供参考依据。

3. 召开会议，商议策略

为加深对本课题研究现状的了解，多次集中学习，查阅大量的文献书籍资料，如《教师阅读地图》《给教师的阅读建议》等，为课题研究提供支持。

4. 阶段研讨，修订方案

适当调整课题研究目标，为接下来研究工作的开展提供依据。

（二）课题实施阶段

1. 激发专业阅读意愿，做好阅读规划

为全面提高全校教师的专业阅读能力，提升教育教学理论水平和文学素养，课题组制定了学校教师专业阅读实施方案，提出了每年努力阅读 40 本书，做到每日三个坚持、每月三个展示、每学期三个汇报、每学年三个评选。每位教师根据学校的方案和自身实际情况制订有针对性、可操作、有弹性的教师个人阅读计划，为自己的专业发展和素养提升制定清晰可行的目标及成长路径。

2. 成立专业阅读小组，做好阅读引领

（1）校级读书小组。为确保读书活动的顺利开展，学校成立了 7 个读书学习活动小组。提出口号，明确共同目标，制定读书规则，确立管理要求，小组成员分工明确，各负其责，随时记录并统计反馈教师的阅读情况。

（2）青年教师阅读小组。除每月完成学科阅读组的共读书目外，还增加了每月共读书阅读任务。每周进行一次反思，每两周进行一次阅读交流会，分享阅读收获，展示阅读成果。

（3）校级核心阅读小组。在河南阅读推广人孟素琴老师的支持下，组织 10 位积极上进的年轻教师，成立了市直二小整本书阅读核心项目组。共同商议每月的共读书目，每日安排值日教师提醒、统计、总结；每周撰写读后反思，召开主题读书会。10 位教师从未退缩，一日不落，坚持至今。

3. 丰富各类阅读活动，推动深入阅读

为避免阅读的枯燥乏味，我们多种形式相结合，以提高我校教师专业阅读的兴趣和效率。

（1）每周的教研会上，读书为先。学科教研会上，会前十分钟的读书交流是必不可少的环节之一。内容、角度、形式自由选择，随便聊，围绕同一本书聊。先后提出了"聊聊我最爱的一本书""对我帮助最大的一本书"等各种话题，引导教师进行有深度思考的读书交流活动。

（2）每月一次校级读书会，展示分享。围绕每月共读书目，由组内教师轮流承担导读任务，帮助老师梳理书籍的内容精要，了解阅读的方向，品析重要的章节和观点，引发阅读的兴趣和欲望。同时，针对不同书籍的内容特点和难易程度，交流选择适宜的阅读方法和策略，提高阅读的实效性。

（3）各项目组读书会，分层次同步进行。为促进不同层面教师的专业成长，成立了青年教师专业阅读小组、晨诵阅读组、图画书小组、读写结合阅读小组、单元整体教学阅读小组等。定期组织读书交流活动，针对共读所得，交流阅读感悟。每个阅读小组都设置专人统计打卡情况，及时汇总督促，保障每位教师都能养成每日阅读的习惯。

（4）多种读书比赛，促进阅读收获。为引发教师的深度思考，学校定期召开读书沙龙活动，根据书籍的内容，确定不同的交流主题。在校领导的带领下，教师们积极交流、踊跃发言，有理论上的体会，有实践中的感悟，有自己的成长，也有身边人的变化，让我校教师专业阅读这潭流动不畅的水变成激情澎湃的源源活水。

（5）多彩展示方式，注入阅读能量。如：每日打卡活动，由阅读小组成员每天统计、每周反馈、每月计分。学校定期组织阅读成果展示活动，如读书笔记展评、感悟集锦展评等，使教师在丰富多元的阅读展示活动中，分享自己成长的喜悦。

4. 重视实践反思应用，促进专业成长

为引领教师与好书为友，不断提高教师专业阅读理论素养和教育教学潜力，针对各阅读小组实际情况，组织"青年教师课堂展示""晨诵课比赛""整本书阅读课展示"等课堂展示活动，通过全校教师观课、磨课、议课，在阅读与实践之间建立联结，有效地促进了教师的专业成长。

5. 完善阅读评价体系，加速专业提升

为实现有效的专业阅读，我校制定了详尽的教师阅读管理评价体系，进行自我剖析、自我调整、自我反思。

（1）制定专业阅读方案。

学校制定方案开展了"书香教师"与"阅读种子教师"的评选活动。通过自评、互评、学校总评，将读书活动纳入教师综合考核，进行表彰、奖励，以此激发教师的阅读兴趣与动力。

（2）专业阅读分层评价。

阅读小组评价体系。每月在全校范围内评选优秀"阅读之星"。这样的评价形式，有利于培养教师持久阅读习惯的养成。

梯级阅读评价体系。确定了青年教师、骨干教师、名师三个读书平台，进行等级评价，并级级向上递推。

（3）专业阅读整体评价。

整体评价主要包括阅读内容、阅读数量、阅读时间、参与阅读活动情况、阅读与反思情况这五个方面的评价。评价的目的就是鼓励教师们要在活动中得到锻炼，获得成长。

（三）主要做法和经验

课题研究以来,经过一系列的调查、分析、研讨,全组成员共同总结出了一些关于教师专业阅读的策略。

1.专业阅读科学选书策略

对于教师的阅读,读什么样的书,读什么,显得尤为重要。

（1）列出书单,确立方向。

学校建议老师在阅读前,有意识地参考高人气网站,为自己列出书单,让自己有书可读。通过关注公众号,寻找自己感兴趣的书籍。让每名教师列出三本想要阅读的书目,这样更容易选到适合自己专业成长的好书。

（2）关注名师,实力推荐。

结合国内外名师著作,课题组成员罗列之后,根据教师专业阅读需求,有的放矢地进行专业书籍推荐。对于关注良好的课堂秩序,实现高效课堂效率的需求,我们推荐阅读:魏书生的《教学工作漫谈》等。这些书籍有案例的分析,可操纵性强,能够迅速指导教学设计,更有利教师在专业成长过程中少走弯路、避免障碍。

（3）梳理分类,精准选书。

书籍浩如烟海,这就更需要我们会选书、选好书、为书分类。我们将学校现有书籍和教师意见征集提供的书籍进行归类梳理,通过梳理,我们总结出:教育名著类、理论视野类、专业教育类、拓展教育类、心理学类、学科学习类、教材专业类等类别的书籍,可供教师们选读。

2.专业阅读理解内化策略

（1）关注索引目录,了解内容提要。

一本书中,排在正文之前的文字包括目录、内容摘要或索引等。教师可在阅读,尤其是阅读专业书籍的过程中,有意识地关注每本书的目录,利用目录或索引,形成对书籍的整体认知,将书籍知识的精华浓缩,达到事半功倍的效果。

（2）及时批注摘抄,加强理解记忆。

俗话说:"好记性不如烂笔头。"阅读时的摘抄与记录,是提升个人阅读能力的有效途径之一,而不是阅读的必然障碍。在课题研究过程中,我们总结了以下批注和摘记要点的方法:①符号圈点。②写写记记。③批注有向。④批注种类。我们更需要坚持摘抄、记录,并及时批注自己阅读时的独特感受,让它们成为我们教育教学工作中最顺手的"拐杖"。

（3）坚持阅读反思,撰写阅读感受。

适度的反思,能帮助我们审视内在的自我,找出自己的不足,从而突破原来的自我,获得新的成长。这就要求教师做到:①读前先思。根据所阅读书籍的题目、目录、摘要等对全书进行整体猜想。②读中反思。撰写教学随笔或日记,记录或批注阅读过程中对教学工作有启发价值和能引发深度思考的知识及内容要点,发现自己教学中存在的问题,有针对性地解决教学工作中出现的困惑与问题。③读后反思。阅读全书后,建立联结,在反思中提升、蜕变。

（4）绘制思维导图，梳理加深理解。

借助思维导图工具辅助阅读，能有效地阅读，吸收书籍精华内容，收获新知。我们引导老师们根据阅读书籍以思维导图的方式呈现，进行对比式阅读。

通过阅读《思维导图阅读法》《你的第一本思维导图练习本》等书籍，总结了绘制思维导图的几种方法：圆圈图、桥型图、逻辑结构图、鱼骨头图等。每读完一本书，就利用绘制思维导图的方式梳理阅读的内容，在绘制与交流的过程中，老师们学到了绘制思维导图的技巧，而且了解了不少书籍的内容概要、整体思路，收获颇丰。

（5）阅读联系实际，实践指引理解。

就教师个人而言，要从自身发展出发，在培养浓厚的读书兴趣和永恒的读书习惯基础上，合理安排并实施自己的阅读计划。应尽快从着重阅读教案、教参、练习题集、考试指导方面图书转向阅读教育理论方面的图书，特别是教育名著。阅读的时候不要仅仅停留在文字表面，要从文字表达中跳出来，联系我们的工作与生活的实际案例，加深我们阅读文本的理解程度，达到从容驾驭课堂的目的。

（6）整合撰写书评，加深阅读感受。

书评可帮助读者选择阅读范围、培养阅读习惯、提高阅读欣赏能力，为读者提供实实在在的阅读和选书的指南。

我们要指导教师养成关注书评的习惯。一是关注并整合书评要点，将每本书中人们对这本书的评价整合起来；二是尝试自己撰写书评，结合自己深受感触的一个点或结合自身体验和经历，也可以全面概括书籍内容等。

3. 专业阅读实践应用策略

（1）与课堂教学相结合。

阅读是所有学科学习活动的支点，任何一个学科的学习都离不开阅读。如在阅读了《抢救阅读50招》这本书后，我校阅读课程组的老师们梳理了班级读书会的技巧，绘制思维导图，在语文教研活动中展示分享，有效促进了我校阅读课程的规范化与有效化。

（2）与听课、评课相结合。

对教师来讲，听课与评课是对课堂进行仔细观察并给予评价的活动。自本课题研究以来，我们阅读了《听王荣生教授评课》一书，我校教师的理解、思维能力得到了明显的提升，不仅能够将阅读所得的专业知识应用于课堂实践中，听课、评课方面的思维、表达能力也得到了明显的提升。

（3）与管理育人相结合。

在瞬息万变的现代社会里，教师的工作不仅仅是单纯的知识讲授，而是要注重知识、能力、素养三位一体的综合发展。课题研究过程中，我们给班主任老师推荐了《班主任工作漫谈》《老师怎样和学生说话》等有关班级管理和德育教育的书籍，抓实学生的养成教育。

除了班主任管理工作，我们同时督促教师在课堂上注重德育教育的渗透，我校马亚萍执教了《倒不了的老屋》一课，她从童话故事的人文主题对学生进行德育教育，指导学生在体验的过程中学习童话反复的文体结构，有效地指导学生进行读写训练，达成了教书育人的教育目标。

四、研究成效

我校的课题研究工作在学校领导的指导下,对过程中出现的问题,研讨出了相应的策略,已取得一定的阶段性成果。

1. 教师专业阅读兴趣更高

课题研究以来,各项读书的开展凝练了教师的教学智慧,提升了教师的专业修养。从老师们的言谈举止与交流研讨中,我们看到教师对专业书籍的阅读兴趣更高了,阅读面更广了,阅读速度更快了。原先一些老师自由散漫的现象不见了,校园随处可见教师认真备课、精心辅导、主动工作的情景,老师们身上传递的是积极上进、自信奋发的能量。

2. 教师专业阅读习惯养成

大部分教师已经养成较好的阅读习惯,能够坚持每天阅读,并结合教学工作反思、实践、应用、再反思、再实践,基本实现了"让阅读成为一种习惯,让读书像呼吸一样自然"的状态。有的教师已经习惯睡前阅读了,如果哪天没看书,连觉也睡不踏实了。也有更多的老师,出门随身带着一本书,只要有时间便会拿出来看看。2019 年 5 月至 2020 年 4 月,全校 131 名教师坚持每日打卡,其中 98 位教师每日坚持,从未间断。

3. 教师教学观念发生改变

在专业的优秀书籍中,老师们汲取了营养,开阔了视野,丰富了知识。我校教师掌握了用书中的理念解决教学实际问题的方法,在听课、评课、教研活动中,从教师的教学设计和评课发言可以看出,教师能够结合阅读获得的智慧,以此为依据,展开研讨,能够引用所读书籍中的理论来解释说明一些教育教学现象。

4. 教师教学能力大幅提升

在长期的阅读积累中,我校教师的课堂教学能力有了大幅提升,从学习目标的制定,到教学过程的设计;从备课的预设,到课堂的生成;从有效的提问,到机智的理答,都有了明显的改善。如:语文老师从《"教课文"到"教语文"》中学到了如何从制定清晰可行的学习目标着手设计评价任务,真正意义上做到了"一课一得",实现"教课文"到"教方法"的转变;数学老师在阅读了《吴正宪谈数学》之后,对数学学科的博大精深及技能技巧有了更深入的思考。

5. 教师专业阅读成果丰硕

(1)丰富活动,促进成长。各读书小组相继开展了"读书笔记"展评,召开了"沟通从心始 妙语架桥梁""静心读书 用心成长""阅读点亮智慧书香润泽心灵""品味书香 浸润心灵"等读书沙龙交流活动。通过读书交流会,提高了教师们的工作水平与积极性,促进了教师专业水平的快速提升。

(2)撰写征文,彰显智慧。学期末组织教师围绕"读教育专著,做智慧教师"的主题,撰写征文。我校共 131 名教师,上交征文 106 篇,教师分别从不同章节、不同角度,联系实际谈了自己的读书体会,有很多教师的见解很独到,很深刻,这充分说明大家在"发展",该课题取得了不错的成效。

五、存在的问题及下一步打算

经过近一年的实践研究,每个读书小组成员每天保证半小时以上的研读、精读,撰写读书笔记、读书心得。教师的专业阅读状况有了很大的改善,但仍存在一些问题未能很好解决。

(1)能够每天坚持阅读打卡、分享感悟的教师达到90%,还有个别年龄偏大或身体欠佳的极少部分教师处于被动状态。

(2)教师阅读的深度理解在不断地坚持中有了一定改进,但是还有欠缺。

(3)专业阅读的策略使用不够熟练,与预期效果相比还存在一定差距。

(4)阅读后的思考过于片面。

根据课题研究目前取得的成果和存在的问题,课题组成员决定从以下几个方面改进实施办法。

第一,继续加强理论与实践的联系,提高阅读的内在动力。组织结合实际教育教学工作的阅读沙龙活动,由关注书中内容转向关注书中理论或观点对实际工作的帮助和促进;关注课堂教学行为的改变,并建立理论依据。引导教师真正变"要我读"到"我要读",增加阅读的主观能动性。

第二,借助多种方式对教师专业阅读进行指导和引领。请身边的一些专家名师结合专业书籍进行分享式交流和问题式解读,发挥专业的阅读水平引领人的作用,提高阅读理解,既能读的进,又能有所思。

第三,加强对教师阅读策略的指导和提炼。

第四,按照课题规划总结经验,及时反思,找出不足。在以后还需要从观念上进行转变,不断反思、总结,寻求解决办法,引领自己阅读的呈螺旋式提升。

参考文献

[1]莫国夫.拯救教师的专业阅读[J].河南教育(基教版),2015(9):45-47.

[2]马朝宏.读书 读事 读人 读己[N].中国教师报,2019-01-02(007).

[3]朱永新.专业阅读造就幸福教师[J].教育家,2017(15):65-67.

[4]潘红星.专业阅读造就幸福教师[J].上海教育,2020(31):73.

[5]成尚荣.山顶上的拥抱——教师专业阅读的几点建议[J].新课程评论,2018(12):7-12.

[6]牛菁.校外教育教师专业能力培养途径的实践研究[D].上海:华东师范大学,2010.

[7]黄悦.为教师专业发展植入阅读基因——嘉定区推进教师阅读的几点思考与做法[J].现代教学,2018(Z1):8-9.

(本文为2019年度郑州市教育科学重点课题,获科研成果一等奖。课题研究单位:新密市市直第二小学,课题负责人:靳凡玮,课题组成员:黄丽娜、陈晓丹、刘喜红、苏小红)